ALASKA

LA CITADELLE DE GLACE

(Tome 1)

Titre original :
ALASKA
Traduit de l'américain par
Françoise et Guy Casaril

Éditeur original :
Random House (New York)

ISBN : 2-266-04203-3

JAMES A. MICHENER

ALASKA

1. La citadelle de glace

PRESSES DE LA CITÉ

Ce livre est un roman, fondé sur des faits historiques. Mais les événements qu'il relate, les lieux, les personnages sont souvent fictifs. Une note en fin de volume permet de distinguer le domaine de la réalité et celui de l'imagination.

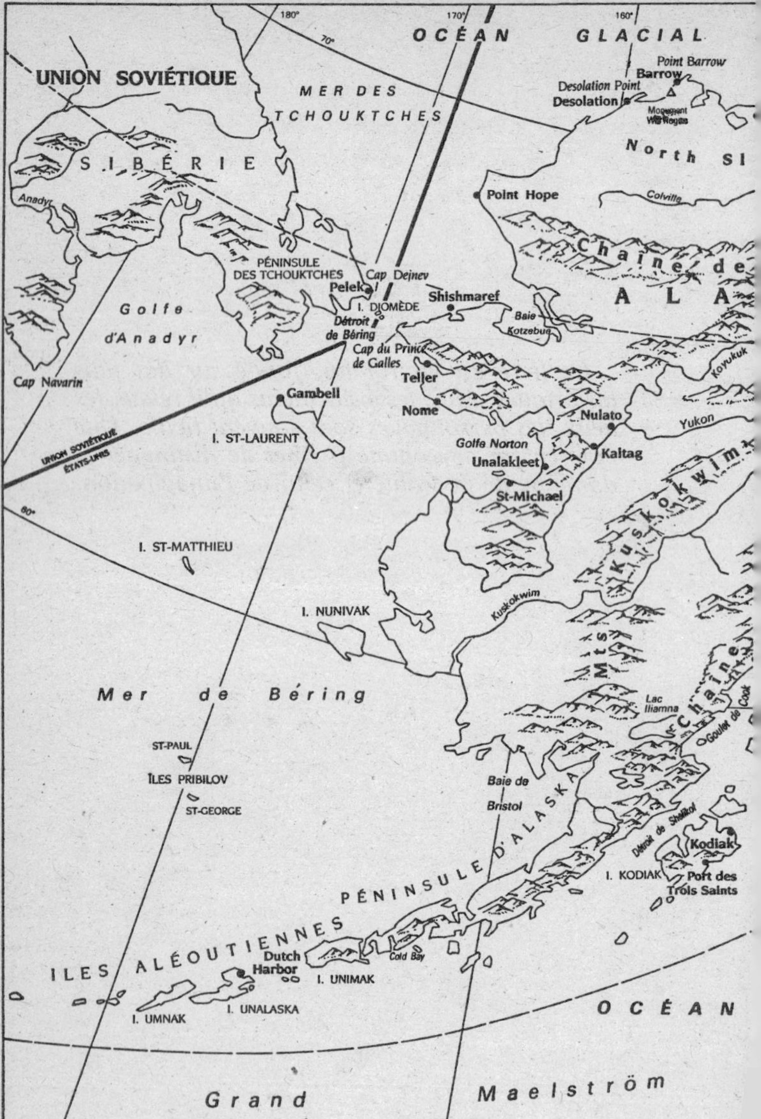

180°
170°
160°
70°
OCÉAN GLACIAL
UNION SOVIÉTIQUE
MER DES TCHOUKTCHES
Point Barrow
Barrow
Desolation Point
Desolation
North Sl
SIBÉRIE
Anadyr
Point Hope
Colville
Chaîne de
A L A
PÉNINSULE DES TCHOUKTCHES
Cap Dejnev
Pelek
Shishmaref
I. DIOMÈDE
Golfe d'Anadyr
Détroit de Béring
Baie Kotzebue
Cap du Prince de Galles
Koyukuk
Teller
Cap Navarin
Gambell
Nome
Nulato
Yukon
I. ST-LAURENT
Golfe Norton
Kaltag
UNION SOVIÉTIQUE
ÉTATS-UNIS
Unalakleet
St-Michael
Kuskokwim
60°
I. ST-MATTHIEU
Kuskokwim
I. NUNIVAK
Mts
Chaîne
Mer de Béring
Lac Iliamna
Goulet de Cook
ST-PAUL
ÎLES PRIBILOV
ST-GEORGE
Baie de Bristol
Détroit de Shelikof
Kodiak
PÉNINSULE D'ALASKA
I. KODIAK
Port des Trois Saints
ILES ALÉOUTIENNES
Dutch Harbor
Cold Bay
I. UNIMAK
I. UMNAK
I. UNALASKA
OCÉAN
Grand Maelström
170°
300 km
160°

150°
140°
130°
120°
70°
ARCTIQUE
MER DE BEAUFORT
Prudhoe Bay
Pipeline
rans-Alaska
Brooks
SKA
Porcupine
Fort Yukon
Yukon Flats
Circle
Fairbanks
Eagle
Yukon
Dawson
Chicken
Klondike
Stewart
Macmillan
Pelly
Grand Lac
de l'Ours
Cercle Polaire Arctique
TERRITOIRES
DU NORD-OUEST
Mackenzie
CANADA
TERRITOIRE
DU YUKON
Mont Mc Kinley
(Denali)
Alaska
Sustina
Talkeetna
Tok
Copper
Montagnes Rocheuses
Alcan Highway
Whitehorse
Teslin
Vers
Dawson Creek
Liard
Matanuska
Anchorage
Valdez
Lac
Bennett
Col de Chilkoot
Skagway
Haines
COLOMBIE
BRITANNIQUE
Kenai
Chaîne de St-Élie
Dt. du Prince
Guillaume
I. KAYAK
Baie de
Yakutat
Goulet de Taku
Juneau
Stikine
Chaîne Côtière
Baie du Glacier
ARCHIPEL
ALEXANDRE
Petersburg
Wrangell
Sitka
I. BARANOV
Ketchikan
I. AFOGNAK
Golfe d'Alaska
Passage Dixon
Dt. d'Hécate
ÎLES DE LA
REINE
CHARLOTTE
PACIFIQUE
d'Alaska
Cartographie d'après J.-P. Tremblay

MER DE BARENTZ
NOUVELLE-ZEMBLE
(Novaia- Zemlia)
MER DE KARA
Ienisseï
TERRE DU NORD
(Severnaia-Zemlia)
TERRE FRANÇOIS-JOSEPH
(Zemlia Frantse-Iosifa)
Cercle Polaire Arctique
OCÉAN
MER DES LAPTEV
Lena
I. DE NOUVELLE SIBÉRIE
UNION SOVIÉTIQUE
SIBÉRIE
Iakoutsk
MER DE SIBÉRIE ORIENTALE
Kolyma
I. WRANGEL
MER DES TCHOUKTCHES
ÎLES DIOMÈDE
Cap Dejnev
Cap du Pr. de Galles
Détroit de Béring
MER D'OKHOTSK
KAMTCHATKA
Cap Navarin
I. ST-LAURENT
I. NUNIVAK
Petropavlovsk
I. BÉRING
ÎLES DU COMMANDEUR
MER DE BÉRING
I. PRIBILOV
I. ATTU
I. AGATTU
ILES ALÉOUTIENNES
PÉNINSULE D'ALASKA
I. KISKA
I. AMCHITKA
I. TANAGA
I. LAPAK
I. ADAK
I. ATKA
I. UMNAK
I. UNALASKA
I. UNIMAK
OCÉAN
50°
60°
150°
160°
170°
180°
170°
160°
Cartographie d'après J.-P. Tremblay

30°
20°
10°
0°
MER DE NORVÈGE
SPITZBERG
(Svalbard)
10°
20°
30°
GROËNLAND
PÔLE NORD
I. ELLESMERE
GLACIAL ARCTIQUE
MER DE BAFFIN
60°
I. AXEL HEIBERG
I. DEVON
TERRE DE BAFFIN
80°
I. MELVILLE
I. BANKS
I. VICTORIA
MER DE BEAUFORT
Barrow
Cercle Polaire Arctique
Grand Lac de l'Ours
Mackenzie
TERRITOIRES DU NORD-OUEST
CHAÎNE DE BROOKS
ALASKA
TERRITOIRE DU YUKON
CANADA
Grand Lac des Esclaves
Lac Athabasca
Tanana
CHAÎNE D'ALASKA
Yukon
MONTAGNES ROCHEUSES
ALBERTA
I. KAYAK
Juneau
Edmonton
ARCHIPEL ALEXANDRE
I. KODIAK
COLOMBIE BRITANNIQUE
GOLFE D'ALASKA
ÎLES DE LA REINE CHARLOTTE
PACIFIQUE
ÎLE VANCOUVER
Seattle
150°
140°
130°
ÉTATS-UNIS

1.

L'affrontement des blocs

Il y a environ un milliard d'années, longtemps avant que les continents ne se séparent pour définir les anciens océans ou que leurs propres contours ne se déterminent, une petite protubérance surgit à l'angle nord-ouest de ce qui deviendrait plus tard l'Amérique du Nord. Aucune montagne élevée, pas de ligne de côte précise, mais un bloc fermement enraciné dans du rocher massif, qui resterait attaché en permanence à l'Amérique du Nord primitive.

Sa position, si fixée qu'elle fût en relation à la masse terrestre plus vaste, ne resta pas longtemps à ce qui semblait l'angle nord-ouest; des études effectuées vers le milieu de notre siècle ont montré que les caractéristiques de surface de la Terre reposent sur des plaques souterraines massives qui se déplacent sans discontinuer, prenant tantôt une position tantôt une autre, et se heurtent souvent. En ces temps anciens, la future Amérique du Nord glissait et tournait à assez vive allure; parfois la protubérance se trouvait à l'est ou au nord, ou même, plus surprenant encore, en plein sud. Pendant une longue période, elle servit de pôle Nord temporaire à la Terre entière. Mais elle se trouva plus tard près de l'équateur et eut alors un climat tropical.

Il s'agissait en fait d'un appendice fixé à une masse terrestre aux mouvements désordonnés mais toujours en relation avec d'autres continents potentiels comme l'Europe, et surtout l'Asie, à laquelle elle serait intimement associée. De toute manière, le comportement erratique de cette petite verrue de rocher attachée au grand corps n'aurait pas permis de prévoir sa position actuelle.

Ce fragment persistant était destiné à former la souche du futur Alaska, mais pendant cette première période de formation et longtemps après, il demeura simplement un noyau ancestral, auquel s'ajouteraient les parties postérieures, plus importantes, de l'Alaska.

Au cours d'une de ces interminables dérives, il y a environ un demi-milliard d'années, le noyau s'arrêta temporairement à peu près où se trouve aujourd'hui l'Alaska, c'est-à-dire non loin du pôle Nord, et se le représenter à ce moment-là ne manque pas d'intérêt. Le pays, en période de subsidence après des ères de soulèvements violents, émergeait à peine des mers qui ne s'étaient pas encore séparées sous la forme des océans que nous connaissons. Aucune montagne importante ne rompait le profil bas, et comme ni arbres ni fougères ne s'étaient encore développés, l'Alaska, promontoire mineur, demeurait nu. En hiver, même à ces latitudes élevées, il tombait peu de neige — phénomène qui caractériserait toujours l'Alaska septentrional. Les mers environnantes, souvent prises par les glaces, engendraient si peu de précipitations que les grands blizzards, fréquents à l'époque en d'autres parties du monde, ne se produisaient pas. Le peu de neige qui tombait était chassé ici et là par des vents hurlants : ils balayaient le sol à nu ou se contentaient de jouer avec les flocons.

Alors comme de nos jours, la nuit hivernale était très longue. Pendant six mois, le soleil demeurait très bas dans le ciel — quand il apparaissait ; et pendant une saison de même durée, il ne se couchait que très peu de temps et il régnait une chaleur étouffante. Les différences de température, sous un ciel qui ne contenait pas moins d'humidité relative que maintenant, étaient incroyables : de 50 degrés Celsius en été à 85 degrés au-dessous de zéro en hiver. En conséquence, les plantes qui essayaient de pousser — aucune d'entre elles ne ressemblait à celles que nous connaissons maintenant —

devaient s'accommoder de ces fluctuations étonnantes ; des mousses préhistoriques, des buissons bas aux racines profondes avec peu de ramure et presque pas de feuilles s'accrochaient à la mince couche de terre à côté de fougères adaptées au froid, dont les racines se glissaient souvent dans des crevasses du rocher.

Aucun animal que nous reconnaîtrions ne hantait la région ; les grands dinosaures étaient encore loin dans l'avenir, les mastodontes et mammouths qui domineraient un jour ces contrées amorceraient leur genèse seulement dans plusieurs millénaires. Mais la vie avait commencé, et dans la moitié méridionale du petit promontoire des formes en évolution quittaient la mer pour faire des essais de survie sur la terre.

En ces journées reculées et incertaines, le petit Alaska semblait en suspens, ne sachant pas où son continent maternel dériverait ensuite, ni quel seraient son climat et son destin. Il faisait figure de potentialité, rien d'autre. Il pouvait devenir une multitude de choses différentes ; il pouvait s'attacher à n'importe lequel des trois continents ; il pouvait s'agrandir à partir de son noyau ancestral et construire un avenir miraculeux.

En fait, il allait soulever de grandes montagnes, les plus hautes d'Amérique du Nord. Il allait accumuler de vastes glaciers, sans équivalent dans le monde. Il allait abriter, pendant des générations avant l'arrivée de l'homme, des animaux surprenants de noblesse. Et quand il accueillerait enfin des êtres humains errants, venus d'Asie ou d'ailleurs, il deviendrait la demeure de peuples comptant parmi les plus passionnants que cette Terre ait connus : les Athapascans, les Tlingits et, beaucoup plus tard, les Eskimos et les Aléoutes.

*
**

Mais il nous faut d'abord comprendre comment ce banal noyau ancestral a pu agréger à sa masse les nombreux éléments de terrains qui finiraient par s'associer pour constituer l'Alaska de notre ère. Telle une araignée à l'affût des mouches qui passent, le noyau demeura passif, mais il s'adjoignit tous les blocs qui passaient à sa portée — agglomérat de roches, considérables par la taille et aventureuses par leurs déplacements. D'où provenaient ces blocs disparates ? Comment des masses si énormes pouvaient-elles se mouvoir ? Si elles se mouvaient, qu'est-ce qui les emportait vers le nord et l'Alaska ? Et comment se comportaient-elles quand elles butaient contre le noyau ancestral et son escorte ?

L'explication forme un récit d'une complexité subtile, car les divers blocs se déplacent avec une merveilleuse délicatesse : mais la violence cataclysmique ne manque pas, chaque fois que ces masses à la dérive heurtent un noyau fixe. Cette partie de l'histoire de l'Alaska est une des plus instructives que nous offre la Terre.

Les caractéristiques visibles de la planète, y compris ses océans, reposent sur six à huit grandes plaques souterraines identifiables — l'Asie en est une, de toute évidence, et l'Australie une autre — auxquelles s'ajoutent une vingtaine de plaques plus petites, chacune clairement définie ; de leurs mouvements lents, presque imperceptibles, dépendent les positions relatives des continents et des océans.

À quelle vitesse une plaque peut-elle se déplacer ? La distance actuelle de la Californie à Tokyo est de huit mille deux cent quatre-vingt-quatre kilomètres. Si la plaque nord-américaine avançait sans discontinuer vers le Japon à la vitesse minimum d'un centimètre par an, San Francisco bousculerait Tokyo dans près de huit cent trente millions d'années. Si le mouvement de la plaque s'accélérait à trente centimètres par an, la collision se produirait au bout de vingt-sept millions d'années, ce qui n'est guère long, sur l'échelle des temps géologiques.

Donc le déplacement d'un bloc, de n'importe où en Asie, dans l'océan Pacifique ou en Amérique du Nord, vers les côtes en formation de l'Alaska ne présentait aucune difficulté insurmontable. Accordons assez de temps et de mouvement aux plaques respectives, n'importe quoi pourra se produire...

***

Dans l'une des lointaines étendues vides du Pacifique Sud, une masse terrestre de quelque amplitude et truffée d'îles depuis longtemps disparues s'éleva des eaux. On lui a donné le nom de Wrangellia et si elle n'avait pas bougé elle aurait produit un groupe d'îles comme l'archipel de Tahiti ou celui des Samoa. Au lieu de cela, pour des raisons inconnues, elle se brisa et ses deux moitiés se déplacèrent en direction du nord avec une partie de la plaque Pacifique ; la moitié orientale aboutit en Idaho le long de la Snake River, et la partie occidentale se fixa à la péninsule de l'Alaska. Nous pouvons l'affirmer avec certitude, car des savants ont comparé la structure des deux segments dans le moindre détail et chaque couche du terrain qui a atterri en Idaho correspond parfaitement à une couche émigrée en Alaska. Les strates de rocher ont été posées à la même époque, dans le même ordre, avec la même épaisseur relative et la même orientation magnétique. La correspondance est absolue, vérifiable dans de nombreuses stratifications.

Au cours des millénaires, des blocs errants similaires semblent s'être rattachés au noyau Alaska. À maintes reprises d'énormes masses rocheuses — parfois de la taille du Kentucky ou de la Bretagne — ont dérivé sans relâche vers le nord depuis leur lieu d'origine et se sont heurtées à ce qui se trouvait déjà là. Il se produisait alors des déchirements soudains, le paysage existant changeait, et l'Alaska s'agrandissait.

Parfois, deux blocs plus petits se heurtaient très loin de l'Alaska, fusionnaient puis formaient pendant des ères entières une île quelque part dans le Pacifique. Puis leur plaque dérivait imperceptiblement vers l'Alaska, un jour elle le touchait, si doucement que même les oiseaux de l'île ne s'apercevaient pas de l'accostage, mais l'ancienne île continuait d'avancer, écrasait les obstacles, envahissait la côte de l'Alaska à l'époque ou se laissait submerger par elle, si bien qu'aucun observateur de la surface n'aurait pu déceler où et comment s'était opérée la jonction de cette nouvelle terre à l'ancienne.

De toute évidence, lorsque huit ou dix de ces blocs se furent associés au noyau ancestral, aucun élément de la structure d'origine ne se trouva au contact de l'océan : elle était entourée de tous côtés par les terrains captifs. Une grande péninsule était en train de se former — une des plus vastes de la terre, avec une immense trompe tournée vers l'Asie. Il y a environ soixante-dix millions d'années, cette péninsule naissante commença à prendre vaguement la forme de l'Alaska actuel, mais peu de temps après elle acquit une particularité que nous ne lui connaissons plus.

Un passage surgit des mers pour relier l'Alaska à l'Asie — ou inversement — et devint si large et permanent qu'il offrit une liaison terrestre continue entre les continents. Sur le moment, ce changement ne provoqua guère d'avantages, car il existait sur Terre peu d'animaux et bien entendu aucun être humain susceptible de profiter du pont mystérieusement construit, mais quelques dinosaures aventureux semblent l'avoir utilisé pour venir d'Asie.

Avec le temps ce pont de terres disparut, envahi par les mers. L'Asie et l'Alaska se séparèrent, et ce dernier demeura libre de recevoir d'autres blocs à la dérive, pour doubler et même tripler sa taille.

*
**

Nous voici prêts à observer le relief particulier de l'Alaska. Quand la moitié septentrionale du contour actuel fut plus ou moins déterminée — quoique en attente de ses derniers blocs — la plaque Pacifique heurta apparemment la plaque continentale sur laquelle reposait le noyau originel de l'Alaska, et elle le fit avec une violence si grande et persistante qu'une grande chaîne de montagnes (aujourd'hui la chaîne de Brooks) s'éleva en direction est-ouest. Dans la région déserte et sans neige du nord des montagnes, bien au-delà du cercle polaire arctique, apparurent une multitude de petits lacs, si nombreux qu'ils ne seraient jamais comptés.

La chaîne elle-même, à l'origine très haute et mystérieusement composée de plaques de calcaire superposées, subirait l'érosion du vent et du gel et se briserait sous l'action des pluies d'été ; les sommets les plus hauts n'atteignent pas trois mille mètres — moignons de montagnes jadis deux fois plus élevées. Mais ils demeurent une chaîne noble, l'essence de l'Alaska.

Au sud s'étendirent des vallées spacieuses qui accueillaient le soleil hiver comme été, parfois d'un froid glacial, mais agréables la majeure partie de l'année. La neige y tombait dru, les animaux y menaient une vie prospère, tout était prêt pour la venue de l'homme — et le resta pendant des millénaires, jusqu'à ce qu'il apparaisse enfin.

À une époque largement postérieure, une nouvelle collection de masses terrestres, d'origine très diverse, se mirent en branle pour compléter la forme essentielle de l'Alaska actuel. Elles arrivèrent avec une telle violence titanesque qu'une chaîne de montagnes entièrement nouvelle se forma, à environ cinq cents kilomètres de la vieille chaîne de Brooks et presque parallèle à celle-ci : la chaîne d'Alaska, majestueux cordon de pics déchiquetés, beaucoup plus récents que les sommets de la Brooks et donc beaucoup moins érodés. Jeunes, abrupts, de formes hardies, formidables à tous égards, ces pics poignardent l'air glacé à des altitudes de quatre, cinq, six mille mètres et davantage. Le mont Denali, gloire de l'Alaska, atteint presque sept mille mètres et constitue l'une des montagnes les plus sublimes des deux Amériques.

La vieille chaîne de Brooks et la jeune chaîne d'Alaska forment l'ossature jumelée de la région et lui donnent des espaces vierges aux sommets puissants que l'homme n'a pas encore explorés dans sa totalité. Parfois, vu d'avion, l'Alaska semble une forêt de milliers de pics, la plupart sans nom, tous différents sous leur manteau de neige.

Et chaque sommet a été formé par un segment de la plaque Pacifique heurtant de plein fouet la plaque nord-américaine ; submergée sur la ligne d'impact, elle provoqua de tels chocs et de tels déplacements de forces que les grandes montagnes se sont soulevées. Quand on survole à présent les monts splendides de l'Alaska, on voit aussitôt la preuve de la puissance de la plaque Pacifique dans sa dérive vers le nord et l'est. Aujourd'hui même, le visiteur de la baie de Yakutat peut observer la poussée de la plaque dans l'Alaska à la vitesse constante de cinq centimètres par an. Comme nous le verrons plus tard, cela produit dans la région de violents tremblements de terre et le mont Saint-Élias, non loin, avec ses cinq mille quatre cent quatre-vingt-douze mètres, prend de l'altitude chaque année.

Une autre région de l'Alaska montre de façon encore plus révélatrice l'action de la grande plaque Pacifique. À l'ouest de ce qui est devenu aujourd'hui l'Alaska continental ne se trouvait autrefois que de l'eau, et de l'eau turbulente, car en ces lieux une mer arctique, la mer de Béring, rencontrait un océan, le Pacifique. Des vagues sombres marquaient leur affrontement, et formaient la demeure de phoques et de morses, d'oiseaux marins qui planaient au ras des eaux à l'affût de poissons, ainsi que d'une des plus gracieuses créations de la nature : l'élégante loutre de mer, dont le visage rond moustachu rappelle les traits d'un vieux grincheux. Dans ces eaux nageait également le poisson qui devait rendre l'Alaska célèbre par la suite : le saumon, aux migrations si étranges.

À cet endroit, le choc des plaques provoqua un magnifique chapelet d'îles, les Aléoutiennes, et deux des manifestations les plus spectaculaires de la nature — les tremblements de terre et les volcans. En un siècle, si l'on considère toute la surface de la Terre et tous les tremblements de terre qui se produisent, trois ou quatre des dix séismes les plus violents ont eu lieu le long des Aléoutiennes ou dans les environs immédiats. Les plus destructeurs sont souvent ceux qui ont leur origine en profondeur, sous l'océan, car des glissements de terrain de dimensions gigantesques déplacent des millions de tonnes de terre sous-marine. Ces modifications puissantes créent d'immenses vagues océaniques qui se manifestent sous forme de raz de marée — ou plus exactement de *tsunamis* — capables de traverser l'océan

Pacifique entier à des vitesses parfois supérieures à huit cents kilomètres à l'heure.

Un tremblement de terre sous-marin dans les Aléoutiennes constitue donc un danger potentiel pour les îles Hawaii, car, six ou sept heures après le séisme en Alaska, le tsunami qui en résulte peut frapper l'archipel avec une violence dévastatrice. Sans bruit, sans provoquer, en surface, une vague de plus d'un mètre de hauteur, le tsunami transmet son énergie avec une violence qui irradie très vite ; s'il ne rencontre aucun obstacle sur son chemin, il continue jusqu'à ce que sa puissance se dissipe. Mais s'il heurte une île, les vagues d'un mètre de haut arrivent sans bruit mais sans répit jusqu'à ce qu'elles recouvrent le sol d'environ deux mètres d'eau. Cette inondation fait peu de dégâts par elle-même, mais quand ces eaux accumulées repartent violemment vers la mer, les destructions et les ravages peuvent être affolants.

Il se produit sans cesse des tremblements de terre le long de la chaîne Aléoutienne, des milliers chaque siècle, mais par bonheur la plupart d'entre eux sont mineurs. De nombreux séismes sous-marins déclenchent des tsunamis, mais ils ont rarement assez d'amplitude pour menacer Hawaii, même si les raz de marée locaux ont souvent un énorme pouvoir destructeur.

Les forces tectoniques qui créent des situations génératrices d'activité sismique produisent des volcans, et les Aléoutiennes sont donc devenues l'une des régions les plus volcaniques du monde, avec une quarantaine de volcans échelonnés le long de la chaîne. Il est rare qu'une île n'ait pas son cratère, et certains cratères ne semblent pas associés à une île antérieure mais constituent des points isolés au milieu de la mer. D'autres paraissent sur le point de devenir des îles, fument au-dessus de la surface pendant cent ans, s'affaissent pendant un demi-siècle puis passent leur tête sulfureuse au-dessus des vagues pour lancer des flammes dans la nuit.

En raison de l'abondance d'activité volcanique le long des Aléoutiennes — il s'agit vraiment d'un chaudron qui bouillonne —, l'Alaska occupe une place d'honneur, peut-être la première, sur la Ceinture de Feu, la chaîne ininterrompue de volcans qui entoure l'océan Pacifique partout où la plaque Pacifique entre en contact violent avec d'autres plaques.

Si l'on commence par la Terre de Feu, à la pointe méridionale de l'Amérique du Sud, les volcans remontent sur la bordure occidentale du continent (Cotopaxi, Lascar, Misti) puis le long du Mexique (Popocatépetl, Ixtaccihuatl, Orizaba, Paracutín), dans l'ouest des États-Unis (Lassen, Hood, Saint Helens, Rainier) et enfin dans les Aléoutiennes, où ils sont si nombreux et si communs que presque personne ne connaît leur nom (souvent donné pour commémorer un marin russe).

La Ceinture de Feu continue de façon spectaculaire le long de la côte orientale de l'Asie, avec les nombreux volcans du Kamtchatka, le mont Fuji et les autres volcans du Japon, une série stupéfiante de volcans en Indonésie et en Nouvelle-Guinée, jusqu'aux magnifiques Ruapehu et Tongariro de Nouvelle-Zélande.

Et comme pour prouver l'étonnante capacité de cette région à engendrer une activité volcanique violente, en plein milieu de l'océan Pacifique s'élèvent les deux beaux volcans d'Hawaii, Mauna Loa et Mauna Kéa. Si l'on considère la base à partir de laquelle ils se dressent, très loin sous la surface des eaux, il faut les compter parmi les plus hautes montagnes de la terre et ce sont ses plus hauts volcans.

Mais aucune des zones volcaniques le long de la Ceinture n'est aussi regroupée et aussi passionnante à étudier que les quelques dizaines de cratères qui se pressent le long de la chaîne Aléoutienne ; à vrai dire, ces îles pourraient très bien devenir un parc universel pour démontrer au monde la majesté des phénomènes volcaniques et la puissance des plaques tectoniques en mouvement.

***

Quel est l'avenir de l'Alaska, géologiquement parlant? Pour des raisons intéressantes, que nous évoquerons, il faut s'attendre à ce que, dans un temps relativement lointain — peut-être vingt mille années —, l'Alaska soit de nouveau réuni à l'Asie par l'ancien pont de terres, alors que toute communication terrestre avec le reste des États-Unis sera probablement coupée.

Et comme les grandes plaques de la Terre ne restent jamais en repos, nous pouvons prévoir l'arrivée en Alaska d'autres masses continentales, mais n'y comptons pas trop pendant encore plusieurs millions d'années. Cet événement futur provoquera sans doute de nombreux commentaires, s'il existe encore à ce moment-là des êtres vivants se souvenant de l'histoire.

La ville de Los Angeles se trouve en ce moment à plus de trois mille huit cents kilomètres au sud de l'Alaska central, et comme elle se déplace lentement vers le nord à mesure que la faille de San Andréas glisse irrésistiblement, elle est destinée à faire partie de l'Alaska un jour. Si le mouvement continue à raison de cinq centimètres par an, ce qui est souvent le cas, il faut s'attendre à ce que Los Angeles arrive au large d'Anchorage dans vingt-six millions d'années environ — soit à peu près le temps qu'il a fallu aux autres blocs du Sud pour prendre position contre le socle ancestral.

Il faut donc considérer que les deux traits principaux de l'Alaska sont sa beauté étonnante, mais aussi son hostilité implacable. Sa mosaïque complexe de terrains disparates a produit des montagnes élevées, des volcans et des glaciers sans équivalent. Mais dès le départ, le pays ne se montra jamais hospitalier pour ses habitants. Les animaux et les êtres humains qui sont venus sur ce promontoire ont dû s'adapter au froid intense, aux grandes distances et à de maigres ressources alimentaires. En d'autres termes, les hommes et les femmes qui y ont survécu ont toujours appartenu par la force des choses à une race particulière. Aventureux et héroïques, ils acceptaient de se battre contre les grands vents, les nuits sans fin, les hivers glacés, la nécessité cruelle de chercher sans cesse sa nourriture. Un peuple proche de cette terre sans merci, parce qu'il ne pouvait en être autrement, mais aussi à cause de l'ivresse du défi.

L'Alaska susciterait toujours le meilleur d'eux-mêmes chez une poignée d'hommes et de femmes audacieux, mais ceux que n'exalterait pas l'affrontement ou qui refuseraient de se soumettre à ses règles strictes se sentiraient rejetés par ce pays glacé et le fuiraient avant qu'il ne les tue.

Le nombre d'habitants ne fut jamais très important, car dans la toundra glacée du versant nord, pas plus de quelques milliers d'hommes et de femmes n'affronteraient en même temps les rigueurs du climat. Dans les magnifiques vallées entre les chaînes, peu d'êtres s'adapteraient aux alternances extrêmes de la température, et même dans les enclaves plus faciles et dans les îles du sud, la population ne s'entasserait pas, alors qu'elle pouvait, avec infiniment moins d'effort, jouir du climat plus accueillant de la Californie.

Mais parce que l'Alaska se trouve au carrefour de l'Amérique du Nord et de l'Asie, il a été et il sera toujours important ; et comme il domine ce carrefour, il occupe une place que seuls les grands cerveaux de la région ont appréciée à sa juste valeur. Il y a toujours eu et il y aura toujours quelques Russes et quelques Américains capables de mesurer ce rôle capital — ce sont eux qui ont fait l'histoire de ce pays étrange et attirant.

2.

La citadelle de glace

A diverses périodes des temps reculés, pour une série complexe de raisons qui n'ont pas encore été élucidées, la glace commença à s'amonceler aux pôles en de vastes quantités, s'épaissit et s'étendit de plus en plus, puis finit par créer d'immenses calottes qui empiétèrent sur les continents voisins. De la neige tomba avec une telle densité qu'elle ne pouvait plus fondre comme elle l'aurait fait dans des circonstances plus ordinaires. Elle s'entassa donc à des hauteurs sans précédent, et la pression des couches supérieures devint si considérable que la neige du bas se transforma en glace. La neige continua de tomber et la glace de se former jusqu'à atteindre à certains endroits plus de deux mille mètres d'épaisseur. Le poids devint si énorme et la pression si puissante que certaines parties de la surface de la Terre, lourdement chargées, commencèrent à s'enfoncer de façon sensible : des sols qui se trouvaient autrefois au-dessus de la surface des océans furent comprimés au niveau de la mer ou au-dessous.

Si, dans une région donnée, cette énorme accumulation de glace reposait sur un plateau plat, il en résultait une énorme calotte de glace en expansion continue ; mais comme la surface de la Terre, par suite des circonstances violentes de sa formation, était irrégulière, sillonnée de montagnes et de vallées, la glace qui se trouvait sur une pente (et c'était le cas le plus fréquent) se mit à glisser vers le bas sous la force de la pesanteur, et son poids était si colossal qu'elle entraîna avec elle une masse de débris composée de sable, gravier, rochers et parfois blocs d'une taille gigantesque. Ce transport latéral de matériaux se produisait chaque fois que le champ de glace se déplaçait, mais quand un champ de neige s'accumulait sur un plateau puis commençait à envoyer des glaciers dans des vallées à la pente très abrupte, les conséquences se révélaient encore plus spectaculaires : la glace formait un glacier mouvant qui arrachait le fond de la vallée et griffait les versants en laissant des traces si prononcées qu'on les verrait encore des millénaires plus tard.

Ces glaciers ne pouvaient pas « couler » éternellement ; en arrivant dans des lieux plus bas et moins froids, leur tête commençait à fondre pour former d'énormes fleuves qui charriaient la glace, les boues et les rochers jusqu'à la mer. Ces fleuves glaciaires étaient d'un blanc laiteux, colorés par les particules de rocher qu'ils charriaient, et à mesure qu'ils déposaient leur fardeau rocheux, des terrains naissaient des détritus du champ de glace en train de fondre.

Si la vallée que suivait le glacier se terminait à la côte, la glace pouvait avoir une épaisseur énorme à son arrivée au bord de l'océan ; alors, des fragments du glacier, parfois de la taille d'une cathédrale, parfois plus grands, se brisaient avec des craquements retentissants qui se réverbéraient dans l'air glacé sur des dizaines de kilomètres, tandis que l'iceberg ainsi formé s'écrasait dans l'océan, où il naviguerait isolément pendant des mois, peut-être des années et des années. Le soleil scintillait sur ses hautes flèches de glace, les vagues jouaient à ses pieds, les oiseaux primitifs saluaient au passage sa majestueuse beauté.

Avec le temps, bien entendu, les grands icebergs fondaient et ajoutaient leur eau à l'océan ; les nuages se chargeaient de cette eau, la transportaient à l'intérieur des terres et la déposaient sous forme de neige fraîche sur le champ de glace en expansion qui alimentait les glaciers.

Normalement — si l'on peut appliquer ce mot à une

fonction naturelle forcément variable par son caractère même —, il s'établissait un équilibre entre la formation de glace et sa disparition lorsqu'elle fondait dans l'eau, de sorte que les champs de glace n'envahissaient pas des terrains sans couverture glaciaire dans le passé ; mais, au cours de ce que l'on a appelé les âges glaciaires, cet équilibre fut troublé et de la glace se forma plus vite que la fusion ne pouvait la dissiper. Pendant des siècles, le mystère à l'origine de ces déséquilibres a fasciné les meilleurs esprits.

On a suggéré pour expliquer les âges glaciaires sept ou huit facteurs éventuels : l'inclinaison de l'axe de la Terre vers le soleil, car si une portion de la Terre s'éloignait de la chaleur du soleil, même légèrement, de la glace se formerait ; le déplacement des pôles de la Terre, car ils ne sont pas fixes et se sont trouvés à certaines périodes près de l'équateur actuel ; l'orbite elliptique de la Terre autour du Soleil, qui dévie assez sensiblement pour que la distance de la Terre au Soleil varie beaucoup au cours d'une année ; des changements au sein du Soleil même, provoquant des variations d'intensité de la chaleur émise ; des modifications chimiques de l'atmosphère ; des modifications physiques des océans ; et d'autres possibilités originales et attrayantes.

Le facteur temps, associé à ces variables, n'est parfois que d'une seule année, mais ce chiffre atteint dans d'autres cas cinquante ou cent mille ans. Échafauder une théorie qui explique comment ces variables interviennent pour produire un âge glaciaire constitue un problème manifestement ardu, qui n'a pas encore été résolu. Pour prendre un exemple facile, si quatre facteurs différents d'un problème complexe opèrent selon des cycles de treize, dix-sept, vingt-trois et trente-sept ans respectivement et si tous les quatre doivent coïncider pour produire le résultat désiré, il faut attendre cent quatre-vingt-huit mille soixante et onze ans (13 × 17 × 23 × 37) avant que les conditions voulues coïncident. Mais si l'on peut obtenir des résultats assez satisfaisants par la coïncidence des deux premiers facteurs seulement, deux cent vingt et un ans (13 × 17) suffiront.

Une intéressante théorie soutient qu'à une époque relativement récente des périodes de glaciation importante sur l'Europe et l'Amérique du Nord se sont produites en conformité avec trois cycles inexpliqués d'environ cent mille ans, quarante et un mille ans et vingt-deux mille ans. À ces intervalles, pour des raisons que l'on ne comprend pas pleinement, la glace commença à s'accumuler et à s'étendre, pour couvrir des régions qui, pendant des millénaires, n'avaient connu ni champs de glace ni glaciers. Les causes en sont naturelles et nous en comprendrons peut-être un jour le mécanisme ; en fait, les écrivains de science-fiction rêvent qu'elles deviendront maîtrisables, de sorte que nous pourrions empêcher les futurs âges glaciaires d'envahir l'Europe et l'Amérique du Nord comme dans le passé.

Curieusement, bien qu'une calotte glaciaire permanente soit parvenue avec le temps à recouvrir le pôle Sud, qui se trouve sur un continent, aucune ne s'est formée au pôle Nord, qui est sur une mer. Les glaciers qui ont recouvert l'Amérique du Nord provenaient de calottes du Canada ; ceux qui ont submergé l'Europe, des pays Scandinaves ; et ceux qui ont envahi la Russie, de sites voisins de la mer de Barents. Et comme en Amérique du Nord les glaces se sont déplacées principalement vers le sud, l'Alaska ne s'est jamais trouvé sous une couche massive de glace. Le Wisconsin et le Massachusetts furent recouverts, ainsi qu'une douzaine d'autres États américains, mais pas l'Alaska. Nous associons à l'Alaska l'image d'un pays froid et nu, couvert de glace et de neige, mais au cours de tous ses millénaires d'existence il n'a jamais connu autant de glace qu'un État plus hospitalier comme le Connecticut, le Massachusetts ou l'État de New York.

Le monde a connu de nombreux âges glaciaires, dont deux qui ont duré de nombreux millénaires, pendant lesquels la majeure partie de l'Europe et de l'Amérique du Nord a été écrasée sous des monstrueuses épaisseurs de glace. Des vents hurlaient alors sur des étendues désertes infinies et les nuits glaciales semblaient perpétuelles. Quand le soleil apparaissait, il demeurait stérile et ses rayons se reflétaient sur des surfaces mortes. Toute vie visible avait péri : herbes et arbres, vers et insectes, poissons et autres animaux. Pendant ces longues périodes de désert glacé où régnait la désolation, la chaleur et la vie devaient paraître bannies sans retour.

Mais chaque âge glaciaire prolongé fut suivi par de joyeux intervalles de longueur égale, où la glace battit mystérieusement en retraite pour libérer de sa prison gelée une terre bouillonnante d'énergie, capable de restaurer la vie dans toutes ses manifestations. De l'herbe poussa pour nourrir les animaux, qui se hâtèrent de revenir. Des arbres grandirent, certains portèrent des fruits. Les champs enrichis par des minéraux non utilisés depuis longtemps donnèrent des récoltes abondantes et les oiseaux se remirent à chanter. Ce qui deviendrait plus tard le Wisconsin ou l'Autriche explosa de vie dès que le soleil ramena la chaleur et le bien-être. Le monde retournait à la vie.

Ces deux premiers grands âges glaciaires se sont produits il y a si longtemps (disons : sept cents millions d'années) qu'ils ne nous concernent guère, mais il y a environ deux millions d'années, quand l'histoire était sur le point de commencer, une série d'âges glaciaires beaucoup plus brefs survint, et leur étendue et leurs caractéristiques ont été si bien définies qu'on leur a donné des noms — en Amérique : Nebraskan, Kansan, Illinoian, Wisconsin ; en Europe : Gunz, Mindel, Riss et Würm. Et comme la dernière glaciation est subdivisée en trois parties, cela fait au total six « âges glaciaires ». Oublions ces noms, nous n'y ferons plus allusion ; mais deux faits significatifs doivent rester en mémoire : la dernière de ces six époques glaciaires s'est achevée il y a seulement quatorze mille ans, avec des résidus glaciaires existant encore il y a sept mille ans, de sorte que les hommes et les femmes vivant à cette époque ont connu un âge glaciaire. D'autre part, l'étendue et le retrait de la calotte glaciaire du pôle indiquent que nous devons prévoir pour dans environ vingt mille ans une autre avancée glaciaire vers le sud jusqu'à New York et l'Iowa.

A ce moment-là — si tant est que l'histoire du passé permette de prédire l'avenir — l'Alaska sera un endroit sans glace et relativement attrayant où les résidents de nos États du Nord pourront chercher refuge.

⁂

L'Alaska évita la submersion sous l'énorme poids d'eau glacée, mais il fut cependant attaqué par des glaciers isolés formés dans ses propres montagnes. Certains étaient d'une taille importante. Dans les régions du Nord, au cours des âges glaciaires inférieurs, un doigt glacé recouvrit la chaîne de Brooks, sculpta et lima les montagnes, construisit de belles vallées. Beaucoup plus tard, des glaciers d'une certaine étendue se formèrent dans la chaîne d'Alaska, au sud, et aujourd'hui encore d'énormes champs de glace, avec leurs tentacules de glaciers, existent à l'extrême sud, où les précipitations constantes, apportées par les vents du Pacifique, maintiennent la couverture de neige. La glace se forme alors exactement comme dans les premiers champs de glace du passé.

Mais la majeure partie de l'Alaska a échappé à l'action des glaciers. Au fond de la chaîne de Brooks, il n'y en avait pas ; ni dans la vaste partie centrale entre les montagnes ; et dans certaines régions isolées du Sud, il ne s'en forma pas non plus. Jamais plus de trente pour cent de la région ne fut couverte de glace.

Néanmoins, les âges glaciaires récents créèrent en Alaska un effet plus spectaculaire que partout ailleurs en Amérique, et cela pour une raison qui devient évidente dès qu'on la mentionne. Si une couche de glace de près de deux kilomètres d'épaisseur couvre une grande partie de l'Amérique du Nord, l'eau qu'elle emprisonne a dû venir de quelque part — elle ne peut pas être tombée mystérieusement de l'espace interstellaire. Elle ne peut pas *arriver* sur la surface de la Terre ; elle ne peut venir que d'eau existant déjà. En d'autres termes, elle a dû être volée aux océans. Et c'est ce qui s'est apparemment produit : des vents secs soufflant sur les océans soulevèrent d'énormes quantités de vapeur d'eau qui tomba en pluie froide dans les hautes latitudes et en neige vers les pôles. Une fois comprimée en glace, elle commença à se répandre et recouvrit des sites restés nus jusque-là, si bien que les précipitations ultérieures furent surtout de la neige. Cette neige alimenta à son tour les glaciers existants et en créa de nouveaux.

Au cours de la période récente qui nous concerne, ce vol d'eau continua des milliers d'années ; les champs de neige prirent une ampleur immense et les océans se vidèrent dangereusement. En fait, quand le niveau des océans du monde — tous les océans du monde — fut au plus bas, il y a environ vingt mille ans, il se trouvait à cent mètres au-dessous du niveau actuel. Les côtes de tous les États américains qui s'ouvrent sur l'Atlantique se situaient à des dizaines de kilomètres plus à l'est ; une grande partie du golfe du Mexique se trouvait à sec, la Floride n'était pas une péninsule, ni Cape Cod un cap. Les îles des Antilles étaient agglutinées en de vastes blocs insulaires, et l'on ne pouvait absolument pas distinguer la côte du Canada, car elle se perdait sous la banquise.

Cet abaissement radical du niveau des océans signifiait que des contrées autrefois séparées se trouvaient réunies par des langues de terre relevées au moment du retrait des eaux. Ainsi l'Australie se rattacha à l'Antarctique, Ceylan à l'Inde, Chypre à l'Asie Mineure, l'Angleterre au reste de l'Europe. Mais le plus étonnant de ces traits d'union fut celui de l'Alaska à la Sibérie, car il réunit deux continents et permit aux animaux et aux hommes de passer de l'un à l'autre. Ce fut aussi le seul qui reçut un nom : les savants l'ont baptisé Béringia, la terre perdue de la mer de Béring.

La malchance voulut que les géographes inventent pour désigner ce phénomène d'émergence de terres l'expression « pont continental ». En effet l'image que nous nous faisons d'un pont risque d'induire en erreur. La liaison Alaska-Sibérie n'était pas un pont au sens ordinaire, une structure étroite permettant de passer, mais un fond marin exposé : seulement cent kilomètres d'est en ouest (d'un continent à l'autre), mais mille kilomètres du nord au sud. Au plus large, il couvrait la distance de Paris à Copenhague (en Amérique, d'Atlanta à New York). Il était quatre fois plus large que la majeure partie de l'Amérique centrale actuelle d'un océan à l'autre, et un homme debout au milieu n'aurait nullement eu l'impression de se trouver sur un pont, mais en plein continent. Ce fut pourtant une voie de passage et l'histoire du peuplement de l'Alaska commence par l'ouverture de ces espaces aux premiers immigrants.

*
**

Il y a environ trois cent quatre-vingt-cinq mille ans, les océans et les continents se trouvaient à peu près à la place où nous les connaissons aujourd'hui et le pont continental d'Asie était « ouvert ». Un animal gigantesque, pesant, ressemblant beaucoup à un éléphant démesuré mais doté d'énormes défenses tournées vers l'avant, prit lentement le chemin de l'est, suivi par quatre femelles et leurs petits. Ce n'était nullement le premier de son espèce à s'aventurer sur le pont, mais il comptait parmi les plus intéressants car sa vie symbolisait l'aventure sublime dans laquelle s'étaient engagés les animaux de son temps.

Il s'agissait d'un mastodonte, et nous lui donnerons ce nom, car il fut l'ancêtre de ces nobles animaux massifs qui s'établirent en Alaska. De toute évidence, un million d'années auparavant, il était issu de la même souche qui devait produire l'éléphant, mais en Afrique, en Europe et plus tard en Asie centrale, il avait acquis les caractères qui permettaient de le distinguer de son cousin éléphant : défenses plus grosses, garrot plus bas, pattes plus puissantes, corps couvert de poils beaucoup plus visibles. Mais il se comportait à peu près de la même manière, recherchait le même genre de nourriture et vivait à peu près au même âge.

Lorsqu'il traversa le pont — moins de cent dix kilomètres d'Asie en Alaska — Mastodonte avait quarante ans et pouvait compter sur environ quarante autres années de vie s'il échappait aux félins féroces qui se repaissaient de sa chair. Ses quatre femelles, beaucoup plus jeunes que lui, avaient une espérance de vie encore plus longue, ce qui est fréquent dans le règne animal.

Au moment où les neuf mastodontes entrèrent en Alaska, ils rencontrèrent quatre types de terrain radicalement différents, sans point commun avec le pays qu'ils venaient de quitter en Asie. Tout au nord, en face de l'océan Arctique, une étroite bande de désert arctique formait un pays sinistre et effrayant de sables mouvants sur lesquels presque rien de comestible ne poussait. Au cours des dizaines de semaines d'hiver où le soleil ne paraissait jamais, la terre se recouvrait d'une neige fine qui ne s'entassait jamais car les vents intenses la balayaient sur le paysage nu jusqu'à ce qu'un épaulement ou un contrefort de rocher l'arrête.

Comme aucun animal de son espèce ne pouvait survivre longtemps dans ce désert, Mastodonte évita instinctivement le Grand Nord ; il lui restait trois autres régions à explorer, sans doute plus accueillantes. Juste au sud du désert et se confondant avec lui à divers égards, s'étendait une autre bande relativement étroite, une toundra perpétuellement glacée jusqu'à trente à soixante centimètres de la surface, mais riche en vie végétale quand la couche supérieure du sol était assez sèche pour permettre la croissance de plantes. Là, de succulents lichens poussaient en abondance ainsi que des mousses riches en éléments nutritifs et parfois même des buissons bas avec des branches assez vigoureuses pour fournir des feuilles comestibles. Aucun arbre véritable ne poussait, bien entendu, car les étés étaient trop courts pour permettre la floraison ou le développement suffisant de branches. Mastodonte et sa famille trouveraient donc de quoi manger pendant les longs étés où la journée presque permanente activait la croissance végétale, mais il leur faudrait partir à l'approche de l'hiver.

Il ne restait plus que deux zones riches entre les glaciers du nord et du sud ; la première constituait une région splendide, hospitalière, la grande steppe d'Alaska, dont l'herbe riche poussait généreusement la plupart du temps et fournissait même un peu de nourriture les années de disette. Peu de grands arbres s'élevaient normalement sur la steppe mais dans quelques coins isolés, protégés des vents violents, des groupes d'arbustes bas prenaient pied, en particulier le saule nain, dont Mastondote appréciait les feuilles. Quand il avait très faim, il aimait arracher l'écorce du saule avec ses puissantes défenses, et parfois il restait des heures au milieu d'un bosquet de saules à flâner en grignotant une tranche d'écorce ; et en été, il se protégeait de la chaleur intense en cherchant un peu d'ombre entre les branches basses.

La quatrième région à sa disposition était plus vaste que les précédentes, car à l'époque l'Alaska avait un climat assez doux qui permettait et encourageait la croissance d'arbres dans des régions autrefois dénudées et qui le redeviendraient quand les températures baisseraient de nouveau. Le peuplier, le bouleau, le pin et le mélèze poussaient en grand nombre, et Mastodonte, qui aimait les arbres car il pouvait se repaître de leurs feuilles abondantes sans se baisser, partageait ces forêts avec de petits animaux des bois comme la moufette tachetée. Après son repas, Mastodonte pouvait se gratter le dos contre les troncs vigoureux des pins et des mélèzes.

Entre les largesses des terres boisées et la richesse plus limitée mais plus stable de la steppe, Mastodonte et sa famille pouvaient manger très bien, mais comme ils entraient en Alaska au printemps, il se dirigea naturellement vers la région qui ressemblait le plus à son ancien habitat de Sibérie, la toundra, car il était certain d'y trouver de l'herbe et des buissons bas. Il se trouva vite confronté à un problème intéressant, car la chaleur du soleil, qui avait permis à ces plantes de pousser, faisait également fondre les vingt ou vingt-cinq centimètres supérieurs du permafrost, transformant le sol ramolli en une sorte de boue collante. Apparemment, l'humidité n'avait nulle part où aller : la terre, au-dessous, était glacée et le demeurerait pendant d'innombrables années. À l'approche de l'été, des milliers de lacs peu profonds se dégelaient et la boue s'épaississait — parfois Mastodonte en avait jusqu'aux genoux.

Pataugeant et dérapant ainsi au milieu de la toundra aqueuse, il lui fallait lutter contre les myriades de moustiques qui venaient d'éclore pour tourmenter tout ce qui bougeait. Parfois quand il arrachait une de ses énormes pattes au marais boueux dans lequel il s'enlisait lentement, le bruit de succion de la patte libérée retentissait à de longues distances.

Mastodonte et son groupe continuèrent de paître sur la toundra pendant presque tout ce premier été, mais quand le refroidissement des rayons solaires signala l'approche de l'hiver, il commença à dériver peu à peu vers le sud et la steppe rassurante, où de l'herbe perçait la mince couche de neige. Au début de l'automne, alors qu'il se trouvait à la limite de la toundra et de la steppe, il crut un moment que les saules nains, bas sur l'horizon, l'invitaient à passer l'hiver dans leur refuge ; mais la disparition du soleil détermina sa décision finale et quand les premières neiges tombèrent sur la forêt entre les grands glaciers, Mastodonte et sa famille avaient gagné les bois qui leur fourniraient toute la nourriture dont ils auraient besoin.

Les six premiers mois passés en Alaska s'étaient révélés très positifs pour Mastodonte, mais il ignorait bien entendu qu'il était passé d'Asie en Amérique du Nord ; il n'avait fait que suivre une meilleure source de nourriture. En réalité, il n'avait même pas quitté l'Asie, car pendant toutes ces années, l'Alaska faisait en fait partie du grand continent ancien.

*
**

Au cours de ce premier hiver, Mastodonte s'aperçut qu'il n'était nullement le seul, avec ses congénères, à occuper cet habitat favorable : une véritable ménagerie l'avait précédé dans cet exode du continent asiatique. Un matin glacé où il broutait le bout des branches d'un saule, debout dans la neige molle, il entendit un bruit de branches brisées qui l'inquiéta. Prudemment, il s'écarta de peur qu'un ennemi tapi dans le haut des arbres ne lui saute dessus ; et ce n'était pas trop tôt, car, à l'instant où il se détournait du saule, il vit sortir d'un bosquet voisin son ennemi le plus redoutable.

C'était un machérode, une sorte de tigre pourvu de griffes puissantes et possédant sur la mâchoire supérieure deux dents effrayantes, incroyablement acérées et longues de près d'un mètre. Mastodonte savait que « Dent-de-sabre » ne pouvait pas enfoncer ces dents menaçantes dans la peau épaisse de son dos ou de ses flancs bien protégés, mais si le tigre parvenait à assurer une bonne prise sur son dos, il parviendrait à les planter dans la peau plus molle de la base du cou. Mastodonte n'avait qu'un instant pour se défendre de cet ennemi affamé ; et avec une agilité surprenante pour un animal aussi gros, il pivota sur sa patte de devant gauche, traça un demi-cercle avec son corps massif et affronta Dent-de-sabre qui chargeait.

Mastodonte disposait bien entendu de ses longues défenses, mais il ne pouvait pas empaler son adversaire en lui fonçant dessus — elles n'étaient pas adaptées à cette tactique. Son cerveau minuscule envoya des signaux qui firent tracer aux défenses de larges moulinets et, au moment où le félin bondit, espérant bien les éviter, la défense de droite projetée avec une force colossale toucha les pattes de derrière de Dent-de-sabre ; le coup ne culbuta pas le félin ni ne l'immobilisa, mais il détourna l'attaque et engendra une souffrance qui mit l'animal en fureur sans le désarmer.

Il se réfugia entre les arbres en boitant, se ressaisit, puis contourna rapidement sa proie pour pouvoir l'attaquer par l'arrière : un bond géant lui permettrait d'atterrir sur le dos de Mastodonte pour lui perforer le cou. Le félin était beaucoup plus rapide que le mastodonte et, après une série de feintes qui fatiguèrent le gros animal obligé de les contrer, Dent-de-sabre bondit enfin, non sur le plat du dos comme il l'aurait voulu, mais à moitié sur le dos et à moitié sur le flanc. Aussitôt, il essaya de grimper pour assurer sa victoire, mais Mastodonte, avec un remarquable instinct de conservation, s'élança sous les branches basses pour griffer ses flancs, et si le félin n'avait pas lâché prise, Mastodonte l'aurait écrasé contre un tronc.

Repoussé deux fois, le grand félin — peut-être neuf fois plus gros que nos tigres actuels — poussa un grognement furieux, se tapit entre les arbres et rassembla ses forces pour un dernier assaut. Cette fois, avec un bond plus puissant que les autres, il se lança sur Mastodonte de côté, mais l'énorme animal était prêt : il pivota de nouveau sur sa patte de devant gauche et fit tracer à ses défenses un vaste arc de cercle qui toucha Dent-de-sabre en plein vol et l'envoya rouler entre les arbres, une patte grièvement blessée.

Dent-de-sabre n'insista pas. Il s'éloigna avec des feulements de protestation, ayant appris que pour festoyer d'un mastodonte, il ne devait pas le chasser tout seul mais à deux, ou même à trois ou quatre, parce qu'un mastodonte rusé était fort capable de se défendre.

L'Alaska hébergeait à l'époque de nombreux lions, énormes et beaucoup plus velus que ceux qui leur succéderaient. Ils ne possédaient ni belles crinières ni queues à panaches et les mâles n'avaient pas cette allure royale qui deviendrait un jour leur trait essentiel ; ils étaient ce que la nature voulait qu'ils fussent : de grands félins dotés de remarquables capacités pour la chasse. Comme Dent-de-sabre, ils avaient appris à ne jamais attaquer isolément un mastodonte, mais une bande de six ou sept pouvait très bien le cerner et le tuer, aussi Mastodonte ne s'aventurait jamais dans des secteurs où plusieurs lions pouvaient se dissimuler. Il évitait les défilés rocheux couverts d'arbres et les canyons profonds qui auraient permis à des groupes de lions de l'attaquer depuis les versants. Parfois, quand il avançait bruyamment en écrasant les jeunes arbres trop serrés, il apercevait dans le lointain une bande de lions en train de se repaître d'un animal qu'ils avaient pourchassé ; aussitôt il changeait de direction pour ne pas attirer leur attention.

L'animal aquatique que Mastodonte rencontrait

souvent était l'énorme castor, qui l'avait suivi dans sa migration d'Asie. De taille gigantesque, avec des dents capables d'abattre de grands arbres, ces castors passaient leurs heures de travail à construire des barrages, que Mastodonte observait souvent de loin ; mais quand le travail était terminé, ces grandes bêtes, dont la lourde fourrure brillait sous le soleil froid, aimaient s'amuser et chahuter : leur agilité différait tellement des mouvements pesants de Mastodonte que leurs cabrioles le stupéfiaient. Jamais il ne vivait à proximité des castors aquatiques, mais il les observait avec des yeux perplexes lorsqu'ils se livraient à leurs jeux après le travail.

Mastodonte avait surtout des relations avec les nombreux bisons des steppes, énormes ancêtres du bison d'Amérique. Ces animaux hirsutes à la tête basse et aux cornes puissantes, parallèles au sol, paissaient dans la plupart des endroits que Mastodonte aimait fréquenter. Parfois un si grand nombre de bisons se réunissaient dans la même prairie que tout l'espace en semblait couvert. Ils broutaient tous avec la tête tournée dans la même direction. Mais si un dent-de-sabre se glissait furtivement vers un traînard, sur un signal que Mastodonte ne parvenait pas à déceler, les centaines de bisons géants prenaient la fuite pour éviter les crocs redoutables du félin, et le tonnerre de leurs sabots faisait trembler la steppe.

Parfois, il rencontrait des chameaux. Ces grands animaux balourds, qui broutaient le haut des arbres, ne semblaient adaptés nulle part ; ils se déplaçaient lentement, ruaient férocement contre leurs ennemis, mais se rendaient très vite quand un dent-de-sabre parvenait à s'accrocher à leur dos. Rarement Mastodonte et un couple de chameaux avaient brouté au même endroit ; mais chaque fois les deux animaux, si différents, s'étaient ignorés ; et souvent plusieurs mois passaient avant que Mastodonte ne revoie un chameau. C'étaient de mystérieuses créatures et il se contentait de les laisser tranquilles.

Ainsi, placide et pesant, Mastodonte menait une vie peu mouvementée. S'il se défendait contre les dents-de-sabre, évitait de tomber dans des marécages dont il ne pourrait pas s'extraire et fuyait les grands incendies allumés par la foudre, il avait peu de chose à craindre. Il disposait de nourriture en abondance. Il était encore assez jeune pour attirer et retenir des femelles. Et le temps ne lui semblait ni trop chaud et humide en été, ni trop froid et sec en hiver. Il avait la belle vie et il suivait son chemin avec une dignité courtoise. D'autres animaux, comme les loups et les dents-de-sabre, cherchaient parfois à le tuer pour se nourrir, mais lui-même n'appréciait que l'herbe et les feuilles tendres — il en consommait trois cents kilos par jour. De tous les habitants de l'Alaska en ces jeunes années, c'était le plus sympathique.

⁂

Une curieuse condition physique limitait le mouvement des animaux en Alaska car le pont continental de Béringia ne pouvait exister qu'au moment où les calottes glaciaires polaires s'étendaient suffisamment pour emprisonner de vastes quantités d'eau auparavant dans les océans. Le pont ne pouvait exister que si le manteau de glace était immense.

Les glaces occupaient tout le Canada occidental ; elles n'atteignirent jamais l'Alaska en une masse continue mais envoyèrent les tentacules de glaciers qui avec le temps parvinrent à la côte du Pacifique et formèrent une série de barrages glaciaires infranchissables par les animaux et les hommes. Entrer en Alaska de l'Asie était alors facile, mais on ne pouvait en sortir vers l'intérieur de l'Amérique du Nord. Fonctionnellement parlant, l'Alaska devint une partie de l'Asie. Il le resterait pendant de longues périodes.

À aucun moment, autant que nous sachions, aucun animal, aucun homme n'a pu traverser le pont et continuer directement vers l'intérieur de l'Amérique ; mais comme des mastodontes, des bisons et des moutons sont réellement passés d'Asie sur le continent américain — ainsi que des hommes — nous devons conclure que ces migrations se sont produites seulement après un séjour prolongé dans la citadelle de glace de l'Alaska.

On en trouve des preuves diverses. Certains animaux venus d'Asie en Alaska y sont restés, tandis que leurs frères se répandaient dans le reste de l'Amérique du Nord au cours d'un intervalle où les barrières glaciaires étaient couvertes. Mais les deux souches furent si totalement séparées quand les barrières se refermèrent qu'au cours des millénaires chaque branche acquit des caractéristiques uniques.

Les migrations d'animaux sur le pont continental ne se firent pas toujours dans la même direction. S'il est vrai que les animaux les plus spectaculaires — mastodontes, dents-de-sabre, rhinocéros — vinrent d'Asie enrichir le nouveau monde, d'autres animaux, comme le chameau, originaires d'Amérique, allèrent offrir leurs étonnantes capacités à l'Asie. Et l'échange intercontinental qui eut les conséquences les plus remarquables se produisit également dans le sens est-ouest, vers l'Asie.

Un matin où Mastodonte flânait entre les peupliers près de la berge d'un marais dans le centre de l'Alaska, il vit s'avancer du sud une ligne d'animaux beaucoup plus petits que ceux qu'il avait vus auparavant. Comme lui, ils marchaient sur quatre pattes; mais ils n'avaient ni défenses, ni toison épaisse, ni grosse tête, ni membres pesants. C'étaient des bêtes élancées, aux mouvements vifs, à l'œil alerte, et Mastodonte les observa et les étudia avec un intérêt instinctif. Pas une seule attitude, pas un seul mouvement ne lui indiqua qu'ils risquaient de se montrer dangereux. Il les laissa donc s'approcher, s'arrêter, le regarder, puis passer.

C'étaient des chevaux, le plus beau cadeau du nouveau monde à l'ancien. Ils partaient vers l'Asie, d'où leurs descendants, des millénaires plus tard, se disperseraient miraculeusement dans toute l'Europe. Comme ils étaient beaux, ce matin-là, lorsqu'ils croisèrent Mastodonte au cœur de l'Alaska, où ils feraient halte quelque temps en ce début de leur long pèlerinage!

On ne saurait mieux observer nulle part ailleurs les relations subtiles de la nature. Glace haute, océans bas.

Pont ouvert, passage vers l'intérieur fermé. Mastodontes pesants en route vers l'Amérique du Nord, chevaux délicats partant pour l'Asie. Mastodontes avançant vers l'inévitable extinction, chevaux galopant vers une expansion inimaginable. L'Alaska, dans ses confins de glace, a servi de relais de poste pour tous les voyageurs, quelle que fût la direction de leur migration. C'était vraiment une citadelle de glace, et la vie entre ses murs gelés pouvait être agréable, quoique exigeante.

*
**

Quelle tristesse de savoir que tous ces animaux imposants que nous venons d'observer — retenus en Alaska au cours du dernier âge glaciaire et de ses entractes de climat plus doux — appartiennent à des espèces éteintes (en général avant même l'apparition de l'homme). Les grands mastodontes ont disparu, les féroces félins à dents-de-sabre se sont évanouis dans les brouillards des marécages au bord desquels ils chassaient. Les rhinocéros ont prospéré quelque temps puis sont tombés lentement dans l'oubli. Les lions n'ont pu trouver aucune niche permanente en Amérique du Nord, et même le chameau n'a pu survivre dans son pays d'origine. Comme l'Amérique du Nord serait plus séduisante si elle avait conservé ces grands animaux pour animer le paysage ! Mais ce n'était pas son destin. Ils demeurèrent quelque temps en Alaska, puis se dirigèrent vers leur fin.

Certains immigrants parvinrent cependant à s'adapter et leur présence embellit encore les décors d'Amérique : le castor, le caribou, l'orignal majestueux, le bison et le mouton. Un autre animal splendide traversa le pont d'Asie et survécut assez longtemps pour cohabiter avec l'homme. Il avait de grandes chances d'échapper à l'extinction, et la manière dont il livra cette bataille pour sa survie constitue une épopée du règne animal.

*
**

Le mammouth laineux vint d'Asie beaucoup plus tard

que le mastodonte, plus tard même que les animaux que nous venons de citer. Il arriva à un moment de transition rapide, vers la fin d'une période relativement douce, avant le début d'un intervalle sévère. Il s'adapta si facilement à son nouveau milieu qu'il se multiplia et devint l'un des cas d'immigration les plus réussis, l'archétype des animaux d'Alaska en ces temps reculés.

Ses ancêtres lointains avaient vécu en Afrique tropicale — éléphants de taille colossale, dotés de longues défenses et d'énormes oreilles qu'ils agitaient sans cesse à la manière d'éventails, pour abaisser la température de leur corps. En Afrique, ils broutaient les arbres bas et arrachaient l'herbe avec leur trompe préhensile. Admirablement bâtis pour la vie en climat tropical, c'étaient des bêtes splendides.

Quand ces éléphants se déplacèrent lentement vers le nord, ils se transformèrent progressivement en animaux idéalement adaptés à la vie dans les zones arctiques. Par exemple, leurs immenses oreilles diminuèrent jusqu'à n'être plus qu'à environ un douzième de leur taille sous les tropiques, car ils n'avaient plus besoin de s'éventer pour lutter contre les grosses chaleurs ; il leur suffisait de s'exposer quelques instants aux vents de l'Arctique pour se rafraîchir.

Ils se débarrassèrent également de la peau lisse qui les avait aidés à demeurer au frais en Afrique, et acquirent à la place une épaisse toison dont chaque poil pouvait atteindre un mètre ; après plusieurs millénaires dans les climats froids, ils étaient si couverts de ces poils qu'ils avaient l'air de couvertures ambulantes mal cardées.

Mais cette toison ne suffisait pas à les protéger des rafales glacées de l'Alaska en hiver — et à l'époque où nous nous situons à présent, l'avancée des glaces était à son maximum — et le mammouth, déjà recouvert d'une couche épaisse de poils protecteurs, acquit une deuxième couche voisine de la peau, constituée de laine serrée si efficace qu'il pouvait résister à des températures incroyablement basses.

Le mammouth se modifia également à l'intérieur. Son estomac s'adapta à l'alimentation différente qu'il trouvait à Béringia — les herbes basses et dures, beaucoup plus nutritives que les feuillages des arbres d'Afrique. Ses os devinrent plus petits, de sorte que le mammouth moyen, nettement moins grand que l'éléphant, exposait au froid une moindre surface. Son train avant devint beaucoup plus lourd et plus haut que son train arrière, si bien que son profil ressembla moins à celui d'un éléphant et davantage à celui d'une hyène, toutes proportions gardées : en forte pente vers l'arrière à partir du garrot.

En un sens, le changement le plus spectaculaire, sans être le plus fonctionnel, survint à ses défenses. En Afrique, elles poussaient de sa mâchoire supérieure à peu près parallèlement, se courbaient vers le bas puis partaient droit devant. Elles constituaient des armes redoutables, que le mâle utilisait pour défendre le droit de conserver telle ou telle femelle dans son troupeau. Elles permettaient également de faire ployer des branches pour brouter.

Dans les terres arctiques, les défenses des mammouths subirent une modification remarquable. Tout d'abord, elles devinrent beaucoup plus grosses que celles des éléphants d'Afrique : dans certains cas, elles mesuraient plus de quatre mètres. Mais surtout, après avoir poussé vers le bas et l'avant, comme celles de l'éléphant, elles s'écartaient du corps et formaient une belle courbe vers le bas. Si elles avaient continué dans cette direction, elles auraient constitué des armes d'attaque et de défense à la fois énormes et puissantes, mais au moment où elles semblaient le mieux remplir ce but, elles retournaient arbitrairement vers l'axe central et leurs pointes finissaient par se rencontrer et même se croiser à l'avant de la tête du mammouth.

Dans cet état bizarre, elles gênaient le mammouth en été, et lui étaient vaguement utiles en hiver pour chasser la neige accumulée sur les mousses et les lichens comestibles. D'autres animaux, le bison par exemple, parvenaient au même résultat en poussant la neige à gauche et à droite avec leur grosse tête.

Protégé contre les froids extrêmes de l'hiver, adapté à

la nourriture abondante de l'été, le mammouth proliféra et domina le paysage longtemps après la disparition du mastodonte, beaucoup plus gros. Comme tous les autres animaux de la première période, le mastodonte avait subi les attaques du féroce dent-de-sabre, mais avec l'extinction progressive de ce tueur, les seuls ennemis du mammouth furent les lions et les loups qui essayaient de voler les jeunes. Bien entendu, quand un mammouth devenait vieux et faible, des meutes de loups réussissaient à le pourchasser à mort, mais c'était sans conséquence, car si la mort n'était pas venue sous cette forme, elle l'aurait fait sous une autre.

Les mammouths vivaient de cinquante à soixante ans, avec de temps en temps un rude gaillard qui dépassait soixante-dix ans. Et, dans une certaine mesure, la célébrité qu'a connue cet animal est liée à sa façon de mourir. Fort souvent, en Sibérie, en Alaska et au Canada — assez souvent pour justifier des études statistiques — des mammouths, des deux sexes et de tous les âges, se sont enfoncés dans des fosses marécageuses et y ont trouvé la mort, se sont fait prendre dans des inondations soudaines charriant des graviers, et sont morts sur les berges de rivières où leurs carcasses s'échouaient.

Si ces morts accidentelles se produisaient au printemps ou en été, des prédateurs, notamment des corbeaux, détruisaient rapidement les cadavres, en laissant seulement des os nus et de longues bandes de poils qui disparaissaient vite. On a trouvé en divers endroits des accumulations de ces os, qui ont permis de reconstituer ce que nous savons du mammouth.

Si la mort accidentelle avait lieu à la fin de l'automne ou au début de l'hiver, le cadavre de l'animal se recouvrait souvent d'une épaisse couche de boue collante qui gelait avec les grands froids hivernaux. Le corps se trouvait conservé exactement comme dans un congélateur, toute putréfaction devenant impossible. Le plus souvent, le printemps et l'été provoquaient un dégel, la boue protectrice perdait ses cristaux de glace et le cadavre se décomposait. Les chairs se désintégraient alors, mais le gel avait retardé la décomposition d'une saison.

A de rares occasions cependant, qui deviendraient en fait assez nombreuses avec le passage du temps, la congélation deviendrait permanente pour une raison ou une autre, et le cadavre serait conservé intact pendant mille ans, trente mille ans, cinquante mille ans. Puis, au jour lointain où des humains sillonneraient les vallées de l'Alaska central, un homme curieux verrait émerger d'une masse en train de dégeler un objet qui ne serait ni de l'os ni du bois conservé. Il creuserait et se trouverait en face des restes intacts d'un mammouth laineux mort en ces lieux des millénaires auparavant.

Une fois nettoyée l'accumulation de boue visqueuse, un objet remarquable, unique au monde, apparaîtrait : un mammouth entier, avec ses longs poils en place, ses grandes défenses qui s'enroulaient et se touchaient au bout, le contenu de son estomac exactement tel qu'au moment où il broutait, ses dents énormes en si bon état que l'on pourrait calculer, à cinq ou six ans près, son âge à sa mort. Il ne s'agissait pas bien entendu d'un animal debout, propre et grassouillet, dans un bel écrin de glace bleutée ; il était aplati, couvert de boue, honteusement sale, et les articulations de ses jambes commençaient à se détacher, mais il demeurait entier et révélait à ceux qui l'avaient découvert quantité de renseignements.

Et c'est très important. Nous connaissons les grands dinosaures qui ont précédé le mammouth de plusieurs millions d'années parce qu'au cours des millénaires leurs os ont été envahis par des dépôts minéraux qui ont conservé les structures les plus fines du squelette. Nous disposons dans ce cas non pas d'os réels mais d'os pétrifiés, comme il existe du bois pétrifié, sans un seul atome du matériau d'origine. Jusqu'à une découverte récente dans le Grand Nord de l'Alaska, aucun être humain n'avait vu un os de dinosaure, même si chacun pouvait voir dans les muséums d'histoire naturelle les pétrifications magiquement conservées de ces os — photographies en pierre d'os depuis longtemps disparus.

Mais, dans le cas des mammouths conservés par congélation en Sibérie et en Alaska, nous avons les os réels, les poils, le cœur, l'estomac — et un incomparable trésor de connaissances. La première de ces découvertes glacées semble s'être produite par hasard en Sibérie au cours du XVIIIe siècle. D'autres ont suivi, à intervalles réguliers. Un mammouth remarquablement entier a été découvert il y a peu de temps près de Fairbanks, en Alaska, et nous devons nous attendre à d'autres découvertes du même genre avant la fin du siècle.

Pourquoi est-ce le mammouth que nous découvrons dans un état aussi excellent de conservation ? On a trouvé parfois d'autres animaux, mais peu, et rarement dans la condition des plus beaux spécimens de mammouths. Une des raisons doit être le nombre considérable d'individus dans cette espèce. En outre, le mammouth avait tendance à vivre dans des régions où la conservation dans la boue glacée était possible. Notons aussi la taille des os et des défenses ; de nombreux oiseaux ont dû mourir dans ces régions à la même époque, mais comme ils n'avaient pas de gros os, leurs squelettes n'ont pas survécu pour maintenir leur peau et leurs plumes en place. Plus important, ce groupe particulier de mammouths est mort pendant une période de glaciation où la congélation instantanée n'était pas seulement possible mais probable.

Quoi qu'il en soit, le mammouth laineux a joué un rôle unique, d'une valeur inestimable pour les êtres humains : en se congelant rapidement à sa mort, il a continué d'exister pour nous apprendre comment l'on vivait en Alaska, lorsque la citadelle de glace fonctionnait comme un refuge pour les grands animaux.

*
**

Par une journée de la fin de l'hiver, il y a de cela vingt-huit mille ans, Matriarche, une grand-mère mammouth âgée de quarante-quatre ans et commençant à sentir son âge, conduisit le petit troupeau de six dont elle était responsable sur une prairie en pente douce qui s'achevait sur la rive du grand fleuve connu plus tard sous le nom de Yukon. Elle leva sa trompe très haut pour renifler l'air de plus en plus tiède et faire signe aux autres de la suivre, puis elle entra dans un bosquet de jeunes saules qui longeait le fleuve ; quand les autres furent à ses côtés, elle leur donna le signal du repas, constitué par les pointes de branches de saule en train de bourgeonner. Ils se mirent à manger, à grand bruit et en se déplaçant constamment car ils étaient contents de se rattraper un peu après les maigres rations de l'hiver. Et tandis qu'ils se gavaient, Matriarche poussait des grognements d'encouragement.

Elle avait dans son troupeau deux filles, chacune avec deux petits, femelle et mâle pour l'aînée, mâle et femelle pour la plus jeune. Matriarche imposait aux six membres du groupe une discipline sévère, car les mammouths avaient appris que la survie de leur espèce ne dépendait guère des grands mâles aux défenses ostentatoires ; ils n'apparaissaient qu'au milieu de l'été pour la période de rut ; le reste de l'année, on ne les voyait nulle part, et ils ne prenaient donc aucune responsabilité pour l'alimentation et l'éducation des jeunes.

Obéissant aux instincts de sa race et aux pulsions spécifiques liées à sa nature de femelle, Matriarche consacrait sa vie entière à son troupeau, et surtout aux petits. Elle pesait à ce moment-là mille cinq cents kilos et pour se maintenir en vie il lui fallait chaque jour quatre-vingts kilos d'herbes, lichens, mousses et petites branches ; lorsque cette quantité considérable lui manquait, elle connaissait les déchirements de la faim car ce qu'elle mangeait contenait un minimum d'éléments nutritifs et se trouvait complètement absorbé par son corps en moins de douze heures ; elle ne se gavait pas pour ruminer ensuite, comme d'autres animaux qui remâchent leur herbe pour en extraire toute la valeur. Non, elle se remplissait avec de vastes quantités d'aliments de basse qualité et se débarrassait rapidement des restes. Manger demeurait donc sa préoccupation essentielle.

Cependant, si dans sa recherche constante de nourriture elle soupçonnait que ses quatre petits-enfants n'obtenaient pas leur part, elle se privait pour les laisser manger en premier. Elle aurait fait de même si les jeunes mammouths n'appartenaient pas à sa famille mais se trouvaient sous sa garde pendant que leurs propres mère et grand-mère fourrageaient ailleurs. Même quand son estomac se contractait, vide et douloureux, en lui adressant des avertissements urgents, elle s'occupait d'abord des petits et attendait qu'ils aient trouvé de l'herbe et des branches pour brouter les pointes de bouleau et cueillir les bonnes herbes avec sa noble trompe.

Ce trait, qui la distinguait des autres grand-mères mammouths, s'était développé à cause de son affection monomaniaque pour ses enfants. Des années plus tôt, avant que sa fille cadette ait mis bas son premier petit, un vieux mâle très puissant s'était joint à son troupeau pendant la saison du rut et, pour une raison inexplicable, était resté avec le troupeau après la fin des accouplements alors qu'il aurait dû se joindre aux autres mâles qui fourrageaient de leur côté jusqu'à la saison du rut suivante.

Matriarche n'avait fait aucune objection quand ce vieux mâle était apparu pour s'occuper de ses filles — trois, à l'époque — mais elle montra des signes d'impatience quand il resta au-delà de la période où sa présence était désirée, et de plus d'une manière, par exemple en le chassant des meilleurs herbages, elle lui indiqua qu'il devait quitter les femelles et leurs petits. Comme il refusait d'obéir, elle se mit en colère, mais dut se borner à exprimer ses sentiments car il était moitié plus lourd qu'elle, possédait des défenses énormes et la dominait autant par son agressivité que par sa grande taille. Elle se contenta donc de pousser des grognements et de montrer son déplaisir en faisant des moulinets avec sa trompe.

Or un jour, comme elle surveillait le vieux bonhomme, elle le vit bousculer une jeune mère qui éduquait sa fille d'un an — ce qui aurait été admissible car les mâles, traditionnellement, avaient droit aux meilleurs pacages — mais cette fois-là Matriarche eut l'impression que le mâle chassait aussi le petit, et elle ne put le tolérer. Avec un cri perçant, elle se jeta sur l'intrus sans tenir compte de sa taille supérieure et de ses capacités au combat (car il n'aurait pas pu couvrir les filles de Matriarche s'il n'avait pas été capable de chasser d'autres mâles moins puissants qui désiraient la même chose). Son désir de protéger ses jeunes était si intense qu'elle repoussa de plusieurs pas l'animal, beaucoup plus gros qu'elle.

Mais avec sa force considérable et ses immenses défenses croisées, il affirma vite son autorité ; en une contre-attaque rageuse, il se jeta sur elle avec une telle violence qu'il lui brisa la défense droite vers le milieu. Pour le restant de ses jours, elle serait une femelle vieillissante, avec une défense et demie. Déséquilibrée, l'air gourd comparée à ses sœurs, elle trottait sur la steppe avec sa défense brisée et la perte de cette masse d'ivoire l'obligeait à compenser en penchant sa lourde tête légèrement à droite, comme si elle regardait avec ses petits yeux plissés des choses que nul autre ne pouvait voir.

Jamais elle n'avait été jolie, ni même gracieuse. Elle ne possédait pas la ligne impressionnante de ses ancêtres éléphants, car elle formait une sorte de triangle lourd avec pour sommet le dôme de sa tête et comme base le sol où se posaient ses pieds ; le côté de devant tombait à la verticale devant son visage, avec sa trompe pendante ; quant à l'autre, ce n'était qu'une longue pente laide, de son avant-train élevé à son arrière-train nain. Et comme pour rendre son apparence presque informe, tout son corps était recouvert de poils longs, parfois emmêlés et feutrés. Elle était aussi un paillasson ambulant, et elle avait même perdu le peu de dignité qu'auraient pu lui donner de belles défenses régulières.

Oui, elle manquait de grâce, avec son moignon de défense, mais son amour passionné pour les jeunes mammouths qui tombaient sous sa protection la dotait d'une incontestable noblesse de comportement, et cette énorme créature pleine de gaucherie faisait honneur au concept de maternité.

*
**

En ces années, au plus fort de l'âge glaciaire, Matriarche disposait pour nourrir sa famille d'un terrain plus hospitalier à bien des égards que du temps des mastodontes. L'Alaska se composait toujours de quatre parties : désert arctique au nord, toundra gelée en permanence, steppe riche d'herbages, puis bande possédant assez d'arbres pour porter le nom de bois, ou même de forêt. Mais la steppe s'était agrandie, et son mélange d'herbes comestibles et de saules nains nutritifs fournissait suffisamment de fourrage aux mammouths qui la parcouraient.

En fait, cette vaste zone s'avéra très hospitalière pour ces énormes animaux au pas lourd, et les savants qui ont essayé de reconstituer la vie en Alaska il y a vingt-huit mille ans ont donné à ce terrain le nom explicite de « steppe à mammouths ». Non sans raison, car ce fut cette immense étendue enfermée dans la citadelle de glace qui permit aux mammouths au dos en pente d'exister en grand nombre. Au cours de ces siècles, il semblait bien que les mammouths, avec les caribous et les antilopes, seraient toujours les principaux occupants de cette steppe qui porterait un jour leur nom.

Matriarche se déplaçait sur la steppe comme si elle avait été créée pour elle seule. Le pays entier lui appartenait, mais elle concédait que pendant quelques semaines chaque été elle avait besoin des services des grands mâles, cantonnés le reste du temps sur leurs propres territoires. Pourtant, elle savait qu'après la naissance des petits la survie des mammouths ne dépendrait que d'elle, et c'était donc elle qui choisissait les pacages et donnait le signal du départ quand la famille devait abandonner un territoire appauvri pour en chercher un autre plus riche.

Un petit troupeau de mammouths comme celui de Matriarche pouvait parcourir en une année plus de six cents kilomètres et elle connaissait donc de vastes régions de la steppe. Au cours des pèlerinages qu'elle dirigeait, elle se familiarisa avec deux choses surprenantes, qu'elle ne parvint jamais à comprendre mais dont elle sut s'accommoder. Les parties les plus riches de cette steppe offraient une diversité d'arbres comestibles dont les mastodontes disparus avaient dû connaître les ancêtres — mélèze, saule nain, bouleau, aulne — mais récemment, en quelques endroits privilégiés, abrités des tempêtes et alimentés en eau, une nouvelle espèce d'arbres avait fait une timide apparition, des arbres beaux à voir, mais du poison pour l'estomac. Ils étaient particulièrement tentants parce qu'ils ne perdaient jamais leurs feuilles, longues et fines, en forme d'aiguille ; mais même en hiver, quand les mammouths ne trouvaient presque rien à manger, ils les évitaient, car s'ils avalaient ces aiguilles appétissantes ils tombaient malades et parfois même en mouraient.

C'était le plus haut des arbres de la steppe : l'épicéa, dont l'arôme particulier attirait les mammouths et les repoussait à la fois. L'épicéa émerveillait Matriarche : elle n'osait certes pas goûter à ses aiguilles, mais elle s'était aperçue que les porcs-épics, ses compagnons dans la forêt, faisaient leurs délices de ces feuilles empoisonnées, et elle se demandait souvent pourquoi. Elle n'avait pas remarqué qu'avant de manger les aiguilles d'épicéa, les porcs-épics montaient vers la cime des arbres. L'épicéa, aussi malin que les animaux autour de lui, avait mis au point pour se protéger une stratégie défensive surprenante de sagacité. Dans ses copieuses branches basses qu'un mammouth vorace aurait pu détruire en une matinée, l'arbre concentrait une essence volatile qui donnait mauvais goût à ses branches. Mais les hautes branches qu'aucun mammouth ne pouvait atteindre même avec sa longue trompe, demeuraient succulentes.

Dans les rares endroits où poussaient des épicéas, ils participaient à la deuxième énigme. De temps à autre, au cours des longs étés, quand l'air devenait lourd, quand l'herbe et les buissons semblaient secs comme de l'amadou, un éclair sillonnait le ciel, suivi d'un vacarme effrayant, comme si mille arbres étaient tombés au même instant. Aussitôt après, bien souvent, le feu prenait dans l'herbe, mystérieusement, sans la moindre raison. Ou bien un immense épicéa se trouvait fauché, comme par le choc d'une défense gigantesque ; de son écorce s'élevait un tortillon de fumée, puis une petite flamme, et presque au même instant la forêt entière flambait et la steppe elle-même se transformait en champ de feu.

Quand cela se produisait, et Matriarche avait survécu à six de ces incendies, les mammouths avaient appris à se diriger vers la rivière la plus proche et à se submerger jusqu'aux yeux en gardant le bout de la trompe au-dessus de l'eau pour respirer. Pour cette raison, les conducteurs de troupeaux comme Matriarche voulaient toujours savoir où se trouvait l'eau la plus proche ; quand l'incendie faisait rage soudain sur la steppe, ils battaient en retraite vers ce refuge, car ils avaient appris qu'une fois complètement encerclés par le feu ils n'auraient guère de chance de se sauver. Au cours des siècles, quelques mâles audacieux avaient réussi à traverser la ceinture fatale, et c'était leur expérience qui avait enseigné aux mammouths leur stratégie de survie.

Vers la fin d'un été où la terre était particulièrement sèche, des flèches de lumière et des craquements assourdissants emplirent l'air. Matriarche vit que le feu avait déjà pris près d'un vaste bosquet d'épicéas, et elle comprit que sous peu les arbres allaient exploser en immenses bouffées de flammes qui prendraient au piège tous les êtres vivants. Vite, elle força son troupeau vers l'endroit où elle savait qu'une rivière attendait. Mais l'incendie se répandit si vite qu'il engloutit les arbres devant elle avant qu'elle puisse sortir de la forêt. Au-dessus de sa tête les essences contenues dans la végétation explosaient et lançaient des étincelles vers le sol et les aiguilles sèches. Bientôt, les cimes des arbres et le tapis d'aiguilles au-dessous d'eux furent en flammes et les mammouths se trouvèrent confrontés à la mort.

Matriarche, au milieu des tourbillons de fumée âcre, dut prendre sa décision : ramener son troupeau en arrière vers la steppe ou continuer à travers les arbres en feu jusqu'à la rivière. On ne saurait dire qu'elle raisonna — « si je reviens en arrière, les herbes en feu ne tarderont pas à nous encercler » —, mais elle prit la bonne décision. Sans cesser de barrir pour que tous puissent la suivre dans la fumée, elle se jeta à travers le mur de flammes, le traversa et trouva un passage dégagé jusqu'à la rivière où ses six compagnons plongèrent dans l'eau salvatrice tandis que l'incendie de forêt faisait rage autour d'eux.

Mais voici le plus surprenant : Matriarche avait appris qu'en dépit des destructions du feu elle ne devait pas abandonner la région ravagée. Le feu, malgré ses dangers, demeurait un des meilleurs amis des mammouths, et Matriarche devait maintenant enseigner à ses jeunes comment l'exploiter. Dès que les flammes se calmèrent — elles devaient consumer plusieurs centaines de kilomètres carrés avant de s'éteindre tout à fait — elle ramena son troupeau à l'endroit où ils avaient failli perdre la vie et elle leur apprit à arracher des plaques d'écorce avec leurs défenses sur le tronc des épicéas brûlés. Purifié par le feu qui avait chassé les essences nocives, l'épicéa était devenu non seulement comestible mais savoureux, et les mammouths affamés s'en gavèrent. L'écorce avait été rôtie spécialement pour eux.

Quand le feu s'éteignit de toutes parts, Matriarche maintint son troupeau au voisinage de la région brûlée, car les mammouths avaient appris qu'aussitôt après ce genre de cataclysme les racines des plantes vivaces dont les parties visibles venaient d'être brûlées formaient très rapidement des milliers de nouvelles pousses — la nourriture la plus raffinée dont un mammouth pût rêver. Plus important encore, les cendres des grands incendies fertilisaient le sol, le rendaient plus nutritif et plus friable, si bien que les jeunes arbres poussaient ensuite avec une vigueur accrue. Pour la steppe à mammouths et son mélange d'arbres et d'herbe, un incendie de grande envergure de temps en temps constituait une bénédiction, car à sa suite herbes, buissons, arbres et animaux prospéraient.

Étrange paradoxe : le feu redoutable, auquel Matriarche n'avait échappé que de justesse à plusieurs reprises, constituait pour elle et ses successeurs un facteur de progrès. Elle n'essaya jamais de résoudre cette énigme ; elle se contentait de se protéger des dangers et de profiter des avantages.

Au cours de ces années, certains mammouths décidèrent de retourner en Asie, où ils avaient vécu leur jeunesse, mais Matriarche n'eut aucun désir de se joindre à eux. L'Alaska qu'elle connaissait si bien était un endroit agréable et elle en avait fait son foyer. L'abandonner lui paraissait impensable.

Mais, au cours de sa cinquantième année, des changements commencèrent à se produire qui envoyèrent des ondes, de vagues suggestions, à son minuscule cerveau, et l'instinct la prévint que ces changements étaient irréversibles : le moment approchait où elle se sentirait contrainte de partir seule, d'abandonner sa famille pour chercher un endroit tranquille où mourir. Elle ne possédait bien entendu aucune conscience de la mort, elle ne comprenait pas que sa vie s'achevait, n'avait pas à proprement parler de prémonition concernant le jour où elle quitterait sa famille et les steppes où elle se trouvait si bien. Mais les mammouths mouraient, et ils le faisaient selon un rituel ancien qui leur ordonnait de s'écarter du troupeau, comme pour transmettre à leurs successeurs par ce geste symbolique la steppe familiale, ses rivières et ses saules.

Quels facteurs avaient provoqué cette sorte de prise de conscience nouvelle ? Comme les autres mammouths, Matriarche avait reçu à sa naissance un système dentaire complexe qui lui fournirait, pendant la longue durée de sa vie, douze énormes dents composites, plates, sur chaque mâchoire. Ces vingt-quatre dents monstrueuses n'apparaissaient pas toutes à la fois dans la bouche du mammouth, mais cela n'avait pas d'importance ; chaque dent était assez grosse pour qu'une seule paire suffise à bien mastiquer. À certains moments, l'animal possédait jusqu'à trois paires de ces énormes meules, et sa capacité de mastication devenait immense. Mais cela ne durait pas longtemps parce que, avec le passage des années, chaque dent avançait irrésistiblement vers l'avant de la mâchoire, puis tombait. Quand il en arrivait à sa dernière paire de dents, le mammouth sentait que ses jours étaient comptés, car une fois la dernière paire désintégrée, continuer de vivre sur la steppe lui serait impossible.

Matriarche avait encore quatre grosses dents, mais comme elle les sentait avancer sans cesse, elle savait que son temps était limité.

*
**

Quand la saison du rut commença, les mâles arrivèrent de loin. Le vieux mâle qui avait brisé la défense droite de Matriarche était encore si puissant au combat qu'il avait réussi, les années précédentes, à défendre sa place auprès des femelles du troupeau. Bien entendu, il ne retournait pas chaque année auprès de cette famille, mais à plusieurs reprises il était revenu — plutôt vers cette région qu'il connaissait bien que vers un groupe particulier de femelles.

Cette année-là, sa cour aux filles de Matriarche fut assez négligente, mais la présence du vieux mâle eut un effet remarquable sur l'aîné des petits de la fille cadette, un jeune mâle bien bâti, mais pas encore assez mûr pour quitter le troupeau des mères. Il observa l'action vigoureuse du vieux mammouth et ressentit de vagues désirs. Un matin où le vieux mâle s'occupait d'une femelle qui n'appartenait pas à la famille de Matriarche, le jeune mâle, contre toute attente et sans préméditation, voulut faire des avances à la jeune personne. Aussitôt, le vieux mammouth furibond se jeta sur lui et le corrigea sans pitié, à grands coups de ses longues défenses croisées au bout.

Quand Matriarche s'en aperçut, sans même savoir ce qui avait provoqué la querelle, elle se jeta de nouveau sur le vieux mâle. Il la repoussa sans peine et l'écarta pour pouvoir continuer sa cour à la jeune femelle inconnue. Ensuite, son devoir accompli, il quitta le troupeau et disparut comme toujours dans les collines au pied du glacier. On ne le reverrait plus pendant dix mois, mais il laissait derrière lui six femelles pleines et un jeune mâle très intrigué, prêt à faire lui-même sa cour l'année suivante. Longtemps avant que la saison du rut ne revienne, ce jeune mâle partit un jour tout seul dans un bosquet de sapins près du grand fleuve, où l'un des derniers félins à dents-de-sabre survivants en Alaska attendait dans les branches d'un mélèze. Quand le jeune mammouth passa à sa portée, le félin sauta sur lui et enfonça ses deux redoutables cimeterres dans sa nuque.

Le mammouth n'avait aucune chance de se défendre ; le premier coup de dents du félin était mortel, mais dans son agonie il poussa un barrissement puissant qui retentit sur la steppe. Matriarche l'entendit ; elle savait que le jeune mâle était en âge de quitter la famille, mais il était encore sous sa garde et sans hésiter elle galopa aussi vite que le permettait son corps lourd couvert de poils, droit vers le dent-de-sabre accroupi sur sa proie morte.

Dès qu'elle l'aperçut, elle comprit d'instinct que c'était son ennemi le plus dangereux sur cette steppe. Il avait le pouvoir de la tuer, mais elle était dans une telle fureur qu'il ne lui vint pas à l'esprit de se protéger. Un des jeunes mammouths dont elle était responsable venait d'être attaqué et elle ne connaissait qu'une réaction : détruire l'agresseur si possible, sinon perdre la vie dans la tentative. Avec un barrissement de rage, elle se jeta de son pas bancal sur le dent-de-sabre — qui esquiva aisément sa charge. Mais à la surprise du félin, elle se retourna avec un tel acharnement qu'il dut abandonner le cadavre dont il comptait se repaître, et il se retrouva acculé au tronc d'un gros mélèze. Matriarche, voyant son adversaire dans cette position, projeta tout son poids en avant pour le pourfendre avec ses défenses, ou au moins l'empêcher de s'esquiver.

Pour une fois, la défense droite brisée, grosse et arrondie, s'avéra utile. Matriarche en frappa le dent-de-sabre et l'écrasa contre l'arbre. Quand elle sentit la lourde défense s'enfoncer dans la cage thoracique, elle poussa plus fort, sans se soucier de ce que le félin enragé pourrait lui faire.

La défense brisée avait blessé le dent-de-sabre, mais malgré ses côtes gauches cassées, il gardait la tête claire : il s'écarta d'un bond pour éviter une deuxième charge.

Avant que le félin puisse rassembler ses forces pour une contre-attaque, Matriarche le bloqua au sol, au pied d'un arbre, avec sa défense gauche intacte. Puis, avec une vitesse que le dent-de-sabre ne put ni prévoir ni éviter, Matriarche souleva son énorme patte et lui martela la poitrine.

Sans cesser de barrir à tue-tête, elle continua d'écraser à coups de patte le puissant félin. Toutes ses côtes se brisèrent, et même l'une de ses longues dents splendides. Quand elle vit le sang jaillir des blessures, Matriarche devint comme folle et ses cris augmentèrent encore quand elle s'aperçut que le corps de son petit-fils, le jeune mammouth, gisait inerte dans l'herbe. Elle continua de piétiner le dent-de-sabre comme une forcenée, puis, quand sa rage fut enfin assouvie, elle se mit à gémir entre les deux cadavres.

Comme pour son propre destin, elle n'avait pas une conscience très nette de ce qu'était la mort, mais la mort avait toujours intrigué le clan de l'éléphant et ses cousins, surtout lorsqu'elle frappait un parent ou un animal auquel le survivant était associé. Le jeune mâle était mort, cela ne faisait aucun doute, et en quelque manière vague, Matriarche comprenait que son merveilleux potentiel était perdu à jamais. Il ne ferait la cour à aucune femelle dans les étés à venir ; il ne lutterait contre aucun mâle vieillissant pour établir son autorité ; et il n'engendrerait aucun successeur avec l'aide des filles et des petites-filles de Matriarche. Une chaîne venait d'être brisée, et pendant plus d'une journée Matriarche veilla auprès du cadavre comme si elle espérait le ramener à la vie. Mais à la fin du deuxième jour, elle s'éloigna des deux animaux morts, sans même se rendre compte que pendant tout ce temps, elle n'avait pas une seule fois regardé le dent-de-sabre. C'était son petit-fils qui comptait, et il était mort.

Comme sa mort était survenue à la fin de l'été, la décomposition commença sur-le-champ ; des corbeaux et d'autres prédateurs attaquèrent le cadavre. Le destin ne voulut pas qu'il se congèle dans la boue pour l'édification de savants, vingt millénaires plus tard, mais une autre mort qui se produisit au cours des dernières journées d'automne eut des conséquences très différentes.

Le vieux mâle qui avait brisé la défense de Matriarche, et provoqué indirectement la mort du jeune mammouth, s'était éloigné du troupeau comme s'il avait la force de survivre encore de nombreuses saisons de rut. Mais les exigences de cette saison-là avaient été lourdes. Il avait couvert plus de femelles que d'habitude et avait dû se défendre contre quatre ou cinq jeunes mâles envieux qui se jugeaient en droit d'imposer leur autorité. Pendant tout l'été, il s'était dépensé à l'amour et au combat, sans manger beaucoup ; l'automne venu, ses ressources vitales commencèrent à baisser.

Cela commença par un étourdissement au moment où il remontait sur la berge du grand fleuve. Il avait souvent parcouru cette piste, mais cette fois il trébucha et faillit tomber sur la pente boueuse qui ralentissait sa marche. Puis il perdit la première de ses quatre dernières dents, et il sentit que deux autres branlaient. Beaucoup plus grave, l'approche de l'hiver le laissait indifférent : normalement, il aurait dû manger des quantités extravagantes pour entasser des réserves de graisse qui le protégeraient du froid dès que la neige tomberait. Ne pas se soumettre à l'impératif : « Nourris-toi, car les blizzards arrivent ! » mettait sa vie en danger — et pourtant c'est ce qu'il fit.

Le jour de la première chute de neige, un vent violent souffla de l'Asie et les flocons glacés tombèrent presque parallèlement à la terre. Matriarche et les cinq membres de sa famille aperçurent le vieux mâle dans le lointain, à l'endroit qui porterait plus tard le nom de site du Bouleau (*Birch Tree Site*). Il avait la tête basse, et ses grosses défenses semblaient posées sur le sol, mais ni Matriarche ni les autres n'y prirent garde. Ils ne se soucièrent pas non plus de sa sécurité, car c'était son problème, et ils savaient qu'il avait eu le choix.

Quelques jours plus tard, quand ils le revirent, il ne se dirigeait pas vers un refuge ou un pacage. Il demeurait immobile au même endroit, et Matriarche, toujours dévouée, se dirigea vers lui pour voir s'il était capable de se débrouiller seul. Mais quand il la vit s'avancer, quand il sentit qu'elle allait troubler sa solitude désirée, il s'écarta pour l'éviter, sans se précipiter comme il aurait fait autrefois, mais péniblement, avec des grognements pour protester contre l'intrusion. Elle ne lui imposa pas sa présence, car les vieux mâles comme lui, elle le savait, préféraient qu'on les laisse seuls. La dernière fois qu'elle le vit, il retournait vers le fleuve.

Deux jours plus tard, la neige tombait dru et Matriarche conduisit sa famille vers les bosquets d'aulnes dans lesquels elle se réfugiait souvent pendant les longs hivers. Sa plus jeune petite-fille, animal au tempérament curieux, partit explorer les berges du fleuve. Elle reconnut bientôt le mâle qui avait passé avec le troupeau une bonne partie de l'été : il était tombé dans une crevasse pleine de boue et il piétinait, incapable de s'en extraire. Elle barrit pour appeler à l'aide et prévenir les autres. Quelques instants plus tard, Matriarche, ses filles et ses petites-filles accoururent sur les lieux de l'accident.

À leur arrivée, la situation du vieux mâle enlisé dans la boue collante était si désespérée que Matriarche et son troupeau ne pouvaient plus lui être d'aucun secours. La neige et le froid redoublèrent, et les femelles regardèrent, impuissantes, le vieux mammouth épuisé se débattre en vain, barrir pour implorer de l'aide, puis succomber enfin à la succion irrésistible de la boue et au froid glacial. Avant la tombée de la nuit, il était congelé dans son tombeau de boue, seul le sommet de sa tête bulbeuse dépassait, et, le matin venu, tout fut enseveli sous la neige. Il demeurerait ainsi, miraculeusement vertical, pendant les vingt-huit mille années suivantes, sentinelle spirituelle du site du Bouleau.

*
**

Matriarche, obéissant aux pulsions qui commandaient depuis toujours la race des mammouths, demeura auprès de son tombeau pendant deux jours, puis, quoique encore intriguée par la mort, elle l'oublia complètement, rejoignit sa famille et la conduisit vers l'un des meilleurs endroits où passer un long hiver, dans le centre de l'Alaska. C'était une enclave vers le fond occidental d'une vallée arrosée par deux cours d'eau — un petit qui gelait très vite et un plus grand qui conservait de l'eau courante presque tout l'hiver. Là, protégés même des vents les plus violents, ses filles, ses petits-enfants et elle-même demeuraient la plupart du temps immobiles pour conserver la chaleur de leur corps et ralentir la digestion du peu de nourriture qu'ils trouvaient.

Une fois encore, sa défense brisée s'avéra efficace : le bout arrondi arrachait très bien l'écorce des bouleaux dont les feuilles avaient disparu depuis longtemps, et il permettait de repousser la neige pour mettre au jour les herbes et les plantes enfouies. Elle ne savait pas qu'elle se trouvait enfermée dans une immense citadelle de glace, car elle n'avait nul désir de se diriger vers l'est (dans ce qui serait un jour le Canada) ou vers le sud (la Californie). Sa prison de glace était de dimensions énormes et elle ne s'y sentait nullement prisonnière, mais quand le sol glacé commença à se dégeler et que les saules risquèrent quelques pousses timides, elle prit conscience — sans pouvoir se l'expliquer — de grands changements survenus dans les régions où elle avait régné pendant tant d'années. Peut-être à cause de son odorat perçant, peut-être à cause de bruits nouveaux, elle comprit — peu importe en fait la façon dont lui parvint le message — que la vie sur la Steppe à Mammouths avait été altérée, et sûrement pas en bien.

Sa prise de conscience devint plus précise quand elle perdit l'une de ses dernières dents ; puis, un soir où elle flânait avec sa famille, elle tomba sur un spectacle qui troubla ses yeux affaiblis. Sur les berges du fleuve qu'elle suivait se trouvait une forme comme elle n'en avait jamais vu. On aurait dit un nid d'oiseau renversé sur le sol, mais infiniment plus gros. Sous les yeux de Matriarche, il en sortit des animaux qui marchaient sur seulement deux pattes ; ils ressemblaient aux oiseaux aquatiques qui fréquentaient les bords de l'eau, mais en beaucoup plus grands. L'un d'eux, en voyant les mammouths, se mit à faire du bruit. D'autres se déversèrent de l'immense nid et Matriarche s'aperçut que sa présence provoquait beaucoup d'excitation.

Puis, plusieurs de ces animaux, beaucoup plus petits qu'elle ou même que le plus jeune de ses petits-enfants, se mirent à courir vers elle. La vitesse à laquelle ils se déplaçaient la mit en alerte : le troupeau allait affronter un danger nouveau. Instinctivement, elle voulut s'écarter, puis elle pressa le pas et se mit à courir en barrissant de toutes ses forces.

Très vite, elle se rendit compte qu'elle n'était pas libre d'aller où elle désirait : où qu'elle essaie de s'enfuir avec son troupeau, l'une des créatures surgissait des ombres pour l'empêcher de passer. Quand le jour commença, la confusion augmenta, car partout où Matriarche cherchait à conduire sa famille, ces êtres la précédaient, inlassables, pareils à des loups en train de traquer un caribou blessé. Ils ne s'arrêtaient jamais et, à la tombée de la nuit, ils provoquèrent un surcroît de terreur en faisant jaillir un feu sur la toundra. Les mammouths furent saisis de panique, persuadés que l'herbe sèche de l'été précédent allait s'enflammer en un incendie impossible à maîtriser, mais cela ne se produisit pas. Matriarche regarda ses enfants, perplexe, incapable de concevoir l'idée qu'ils avaient d'« un feu qui n'est pas incendie », mais ressentant très bien la stupéfaction qu'aurait provoqué ce paradoxe.

Le lendemain, les nouveaux animaux étranges continuèrent de pourchasser Matriarche et ses mammouths, et quand le troupeau fut épuisé, les nouveaux venus isolèrent la plus jeune des petites-filles de Matriarche. Une fois le jeune animal détaché du troupeau, les poursuivants le cernèrent ; ils tenaient dans leurs pattes de devant, celles dont ils ne se servaient pas pour marcher, des branches d'arbres auxquelles ils avaient fixé des pierres. Ils s'en servirent pour frapper le mammouth encerclé et le blesser jusqu'à ce qu'il se mette à barrir pour appeler à l'aide.

Matriarche, à la tête du troupeau, entendit le cri et revint sur ses pas, mais quand elle voulut porter secours à sa petite-fille, plusieurs de ces créatures étranges se détachèrent du groupe et frappèrent avec leurs branches pour la forcer à se retirer. Les cris de sa petite-fille devinrent si pitoyables que Matriarche frémit de rage, poussa un barrissement puissant, traversa le cordon des assaillants et, sans s'arrêter, s'avança vers l'endroit où le jeune mammouth menacé s'efforçait de défendre sa peau. Matriarche chargea les créatures et les repoussa à grands coups de sa défense brisée.

Triomphante, elle allait conduire en lieu sûr sa petite-fille terrorisée, quand l'un des êtres insolites émit un son ressemblant à « Varnak ! » Aussitôt, un autre animal un peu plus grand et plus lourd que les autres, bondit vers le jeune mammouth, se laissa tomber entre ses pattes meurtrières et, d'un coup vertical, enfonça l'arme qu'il portait dans le ventre de la bête.

Matriarche comprit que la blessure de sa petite-fille n'était pas fatale, mais lorsque le troupeau voulut prendre la fuite pour obtenir un peu de répit de ses agresseurs, la jeune blessée fut incapable de suivre le rythme. Toute la famille ralentit, Matriarche vint auprès de sa petite-fille et les énormes bêtes purent ainsi s'échapper.

Mais, à leur vive surprise, les petites silhouettes sur deux pattes ne se tinrent pas pour battues. Elles se rapprochèrent de plus en plus et, le troisième jour, profitant d'un moment d'inattention pendant que Matriarche conduisait les autres dans un de ses refuges, les créatures entourèrent de nouveau la jeune blessée. Voulant écraser ces intrus une fois pour toutes, Matriarche revint sur ses pas pour défendre sa petite-fille, mais lorsqu'elle se lança sur les agresseurs pour les transpercer avec sa défense brisée, comme elle avait fait avec le dent-de-sabre, l'un d'eux, armé seulement d'une longue tige de bois et d'une autre plus courte enflammée au bout, s'avança hardiment et la força à reculer. Elle aurait pu résister au long bout de bois, bien qu'il fût prolongé par une pierre pointue, mais non au feu qu'on lui lançait en plein visage. Elle essaya en vain d'éviter ce brandon fumant : impuissante, elle dut reculer, les yeux pleins de fumée et de flammes, tandis que sa petite-fille se faisait massacrer.

Avec des cris perçants qui ressemblaient beaucoup aux hurlements des loups quand ils se jettent enfin sur leur proie blessée, les créatures dansèrent et sautèrent autour du mammouth abattu, puis se mirent à le dépecer.

De loin, cette nuit-là, Matriarche et le reste de ses enfants virent de nouveau le feu qui flambait mystérieusement sans engloutir la steppe... Ce fut de cette manière troublante et tragique que les mammouths, si longtemps en sécurité dans leur citadelle de glace, firent la connaissance de l'Homme.

3.

Ces gens du Nord

Environ vingt-neuf mille ans avant l'ère actuelle — c'est-à-dire avant l'année de référence 1950, où le système de datation au carbone devint fiable pour la mise en ordre des événements préhistoriques — la famine régnait dans la protubérance orientale de l'Asie, connue plus tard sous le nom de Sibérie. Nulle part elle ne frappa avec plus de férocité que dans une cabane de boue séchée orientée vers le Levant. Dans une grande pièce creusée à presque un mètre au-dessous du niveau du sol environnant, une famille de cinq personnes allait affronter l'hiver imminent avec des réserves de nourriture limitées et peu d'espoir d'en trouver davantage.

Leur demeure n'offrait aucun confort, hormis une légère protection contre les vents hurlants de l'hiver, qui soufflaient presque sans discontinuer à travers la moitié de la cabane qui s'élevait au-dessus du sol — constituée de branches grossièrement entrelacées puis couvertes d'une couche de boue. Cette cabane n'était qu'une case-grotte, mais elle comportait un élément essentiel : au milieu du sol, un endroit pour le feu. Sur ce foyer des branches souvent humides dégageaient la fumée qui donnait de l'arôme à ce qu'ils mangeaient, tout en irritant sans fin leurs yeux.

Les cinq personnes tapies dans cette habitation misérable en cette fin d'automne avaient pour chef un homme résolu, nommé Varnak, l'un des chasseurs les plus redoutables du village de Nurik. Il avait pour épouse la femme Tevuk, âgée de vingt-quatre ans et mère de deux fils bientôt en âge d'accompagner leur père sur les traces des animaux dont la viande nourrirait la famille. Mais, cette année-là, les animaux étaient devenus si rares que, dans certaines cases-grottes, les jeunes adultes commençaient de murmurer : « Peut-être n'y aura-t-il plus à manger que pour les jeunes, et il va être temps que les vieux s'en aillent. »

Varnak et Tevuk ne voulaient rien entendre de tout ça. Ils avaient, certes, une très vieille femme à leur charge, mais elle était si précieuse pour eux qu'ils seraient morts de faim plutôt que de la priver. On l'appelait l'Ancienne. C'était la mère de Varnak et il avait décidé de l'aider à survivre jusqu'au bout de sa vie parce que personne dans le village n'était plus sage qu'elle. Oui, personne d'autre ne pouvait rappeler aux jeunes le passé héroïque dont ils étaient les héritiers.

— D'autres disent : « Laissons mourir les vieux », mais je n'en ai pas l'intention, déclara un soir Varnak à sa femme.

— Ni moi, répondit Tevuk.

Et comme elle n'avait elle-même ni mère ni tantes, elle savait que les paroles de son mari s'appliquaient seulement à sa propre mère. Elle était prête, elle aussi, à veiller sur cette vieille femme résolue tant qu'il resterait un peu de vie. Ce serait difficile, car l'Ancienne ne se laissait pas manœuvrer et personne d'autre (ou presque) que Tevuk ne voulait s'occuper d'elle, mais le lien de reconnaissance entre les deux femmes demeurait fort et indissoluble.

Quand Varnak, dans sa jeunesse, avait cherché une épouse, il avait concentré ses attentions sur une jeune femme d'une rare beauté, que plusieurs hommes courtisaient ; mais sa mère, qui avait perdu son mari assez jeune dans un accident de chasse au mammouth laineux, vit nettement qu'il arriverait malheur à son fils s'il se liait à cette femme, et elle entreprit de le convaincre que sa vie serait bien meilleure s'il s'alliait à Tevuk, plus âgée, pleine de bon sens et dotée d'une capacité de travail peu ordinaire.

Varnak, captivé par la plus jeune, avait résisté au conseil de sa mère et allait prendre la séductrice, mais l'Ancienne barra l'ouverture de leur cabane et ne permit pas à son fils de sortir pendant trois jours — jusqu'à ce qu'un autre homme ait capturé l'enchanteresse.

— Elle lance des charmes, Varnak. Je l'ai vue ramasser de la mousse et chercher des bois de cerfs pour les réduire en poudre. Je te protège de ses sorts.

Inconsolable d'avoir perdu la jeune beauté, Varnak refusa longtemps d'écouter sa mère, mais quand sa colère tomba, il put regarder Tevuk d'un œil clair et il vit que sa mère avait raison : Tevuk serait aussi utile que maintenant lorsqu'elle deviendrait une vieille de quarante ans.

— Elle est de ces femmes qui prennent de la force avec les saisons, Varnak. Comme moi.

Et Varnak avait découvert que c'était la vérité.

À présent, dans cette passe difficile où il n'y avait presque rien à manger dans la case-grotte, Varnak appréciait doublement ses deux excellentes femmes, car son épouse parcourait les environs à la recherche de la moindre nourriture pour leurs deux fils, pendant que sa mère réunissait non seulement ses petits-fils, mais aussi les autres enfants du village, pour chasser la faim de leur esprit en leur contant les traditions héroïques de la tribu.

— Dans les temps anciens, notre peuple vivait dans le Sud, où il y a beaucoup d'arbres et toutes sortes d'animaux à manger. Vous savez ce que signifie « sud »?

— Non.

Dans l'obscurité glacée de l'hiver, elle le leur expliquait.

— Cela veut dire « chaud ». Ma grand-mère me l'a appris. Le Sud est là où il n'y a pas d'hiver sans fin.

— Pourquoi ces gens sont-ils venus ici?

Ce problème avait toujours intrigué l'Ancienne et elle l'aborda avec la vague compréhension qu'elle en avait.

— Il y a des gens forts et des gens faibles. Mon fils, Varnak, est très fort, vous le savez. Comme Tourak, l'homme qui a tué le grand bison. Mais quand notre peuple vivait dans le Sud, nous n'étions pas forts, et d'autres nous ont chassés de ces bonnes terres. Nous sommes partis vers le nord, où le pays était moins bon ; ils nous ont également chassés de là. Un été, nous sommes arrivés ici, et c'était beau, tout le monde a dansé, disait ma grand-mère. Mais que s'est-il passé ensuite ?

Elle posa cette question à une fillette de onze saisons, et celle-ci répondit :

— L'hiver est venu.

— Oui, l'hiver est venu, confirma l'Ancienne.

Son résumé de l'histoire du clan — et de l'humanité — correspondait étonnamment à la réalité des faits. La vie humaine était apparue sous des climats chauds et humides, où la survie s'avérait aisée, mais dès qu'un grand nombre de gens fut rassemblé — disons, au bout d'un million d'années —, la compétition pour l'espace vital devint inévitable et des groupes plus entreprenants commencèrent à s'éloigner vers le nord et la zone plus tempérée. Dans ce climat plus uniforme, ils inventèrent peu à peu les premières techniques humaines, comme l'agriculture saisonnière et l'élevage des animaux, qui permettraient l'éclosion des formes supérieures de civilisation.

Puis, de nouveau, à l'époque de la trisaïeule de l'Ancienne, ou même avant, la compétition pour des sites favorables reprit ; mais cette fois, ce furent les gens les moins capables qui durent s'en aller, en laissant les mieux adaptés régner sur les zones tempérées. Ainsi, les régions subarctiques de l'hémisphère Nord commencèrent à se peupler de gens évincés des climats plus hospitaliers. La pression s'exerçait toujours à partir des terres plus chaudes du Sud, et toujours les peuples de la périphérie étaient contraints à vivre sur des terres froides et arides qui parvenaient mal à les nourrir.

Il existait pourtant une autre interprétation de ce mouvement vers le nord, et l'Ancienne la relata fièrement aux enfants du village.

— Certains, des hommes et des femmes de courage, aimaient les pays froids et la chasse aux mammouths et aux caribous. Ils appréciaient les jours sans fin de l'été et n'avaient pas peur des nuits d'hiver comme celle-ci.

Elle regardait chaque enfant tour à tour, pour essayer de leur instiller un sentiment de fierté pour leurs ancêtres.

— Mon fils est un homme courageux comme ça. Et aussi Tourak, qui a tué le bison. Quand vous grandirez, vous devez devenir comme eux et combattre les mammouths.

La vieille femme avait raison. La plupart des hommes qui venaient dans le Nord s'attaquaient sans peur à la baleine et au morse, ne reculaient pas devant l'ours polaire et le mammouth laineux. Ils recherchaient le phoque et la loutre de mer pour leur fourrure, qui leur permettait de survivre aux hivers arctiques, et ils avaient appris les secrets de la glace, de la neige et des blizzards soudains. Ils trouvèrent des moyens de combattre les moustiques féroces qui les assaillaient chaque printemps en hordes capables de masquer le soleil, et ils enseignèrent à leurs fils l'art de pister les animaux pour la fourrure et la chair, de sorte que la vie puisse continuer après leur mort.

— Tels sont les gens du Nord, dit l'Ancienne.

Elle aurait pu ajouter qu'aucune race plus hardie n'avait jamais existé sur cette Terre.

— Je veux que vous deveniez comme eux, conclut-elle.

Une des fillettes se mit à pleurer.

— J'ai faim.

Alors, l'Ancienne prit un bout de gras de phoque séché dans la tunique de peau de phoque qu'elle portait en hiver. Elle le partagea entre les enfants sans rien garder pour elle.

Un jour, au changement de saison, quand il n'y eut pour ainsi dire plus aucune lumière du jour dans le village, la vieille faillit perdre courage, car l'un des enfants qui s'étaient réunis dans la cabane sombre pour écouter ses légendes lui demanda :

— Pourquoi ne retournerions-nous pas dans le Sud, où il y a à manger?

— Autrefois, les gens se posaient souvent cette question, dut-elle répondre en toute sincérité. Parfois même, ils se jouaient la comédie et disaient : « Oui, l'an prochain nous retournerons là-bas », mais ils n'en avaient pas vraiment l'intention. Nous ne pouvons pas revenir. Vous ne pouvez pas revenir. Vous êtes à présent des gens du Nord.

Jamais elle ne considérait sa vie dans le Nord comme un handicap, et elle ne permettait pas à son fils et à ses petits-enfants de l'envisager ainsi. Mais à mesure que l'enfer de l'hiver avançait vers sa fin — déjà les jours rallongeaient, mais le froid augmentait et la glace devenait plus épaisse —, elle attendait que les enfants soient endormis puis murmurait à son fils et sa bru affamés :

— Encore un hiver comme celui-ci et nous mourrons tous.

Car ils survivaient seulement en rongeant des bouts de peau de phoque, qui leur fournissaient peu d'énergie.

— Où aller? demanda son fils.

— Un jour, mon père a poursuivi un mammouth pendant quatre jours. Il l'a suivi vers l'est, à travers les terres désertes. Et de là-bas, il a aperçu des champs de verdure.

— Pourquoi ne pas partir vers le sud? demanda Tevuk.

— Il n'y a jamais eu de place pour nous dans le Sud, répondit l'Ancienne à sa belle-fille. Pour moi, le Sud est exclu.

Ainsi donc, en ces journées de frustration de l'avant-printemps où l'hiver tourmentait de plus belle ces gens du côté ouest du pont continental, le redoutable chasseur Varnak, voyant sa famille mourir lentement de faim, se mit à poser des questions sur le pays de l'Est. Il tomba sur un vieil homme qui lui raconta ceci :

— Un matin, quand j'étais jeune et sans rien de mieux à faire, je suis parti vers l'est, oui. Le soir venu, avec le soleil encore haut dans le ciel car c'était en été, je n'ai pas eu envie de rentrer chez moi, et j'ai donc continué pendant deux jours. Le lendemain, j'ai vu quelque chose de surprenant.

— Quoi? demanda Varnak.

Les yeux du vieillard brillèrent comme si l'incident s'était produit l'avant-veille.

— Le corps d'un mammouth mort.

Il s'arrêta pour permettre à Varnak d'assimiler l'importance de cette révélation. Comme le jeune homme ne réagissait pas, il s'expliqua :

— Si un mammouth a vu une raison de traverser ce pays désert, des hommes devraient avoir eux aussi une raison de le faire.

— Peut-être, répliqua Varnak. Mais tu as dit que le mammouth était mort.

L'homme éclata de rire.

— Exact. Mais il avait une bonne raison d'essayer. Et tu as toi aussi une bonne raison. Parce que si tu restes ici, tu crèveras de faim.

— Si je pars, m'accompagneras-tu?

— Je suis trop vieux, répondit l'homme. Mais toi...

Ce jour-là, Varnak réunit les quatre membres de sa famille.

— Quand l'été viendra nous partirons du côté du soleil levant.

L'itinéraire qu'il suivrait était praticable depuis deux mille ans. Certains hommes avaient aperçu le pont, mais ne l'avaient pas trouvé engageant. Sur ses mille kilomètres du nord au sud, des vents violents soufflaient avec une telle constance qu'aucun arbre ni arbuste n'avait pu s'y établir. Les herbes et les mousses étaient si rares qu'aucun grand animal ne pouvait y survivre. En hiver, le froid était tellement accablant que même les lièvres et les rats restaient sous terre, et peu d'hommes s'étaient aventurés par là, même en été. S'y installer pour y vivre semblait impensable.

Mais cette zone inhospitalière n'était nullement infranchissable car, d'ouest en est — la direction que les gens de Varnak suivraient s'ils tentaient la traversée —, la distance ne serait guère de plus de cent kilomètres. Bien entendu, Varnak l'ignorait, mais tout ce qu'il avait glané au sujet de précédentes tentatives suggérait une distance assez courte.

— Nous partirons quand le jour sera égal à la nuit, annonça-t-il à sa mère.

Elle l'approuva de tout cœur et se hâta de répandre la nouvelle dans le village.

Quand on apprit que Varnak comptait chercher de la nourriture vers l'est, il y eut plus d'une discussion passionnée dans les cases-grottes, et plusieurs hommes décidèrent qu'ils feraient bien de l'accompagner. À la veille du printemps, quatre ou cinq familles se mirent à envisager sérieusement la possibilité d'émigrer. Au bout du compte, trois d'entre elles promirent fermement à Varnak :

— Nous partirons aussi.

Le jour de mars choisi par Varnak, seul moment de l'année où le jour et la nuit sont égaux sur la Terre entière, Varnak, Tevuk, leurs deux fils et l'Ancienne se préparèrent au départ, accompagnés de trois autres chasseurs, leurs femmes respectives et leurs huit enfants.

Les dix-neuf migrants se rassemblèrent à l'est de leur village. Ils avaient une allure redoutable : les hommes s'enveloppaient dans d'énormes fourrures ; ils portaient de longues piques comme s'ils partaient en guerre, et leurs cheveux noirs en broussaille leur tombaient sur les yeux. Ils avaient la peau d'un jaune foncé et des yeux noirs brillants — quand ils regardaient vivement à gauche et à droite, en un geste familier, ces yeux semblaient aussi prédateurs que ceux d'un aigle.

Les cinq femmes étaient vêtues dans des styles différents, avec des peaux décorées de coquillages à l'ourlet, mais leurs cinq visages se ressemblaient étrangement et portaient les mêmes tatouages — des bandes verticales bleues dont certaines couvraient le menton et d'autres couraient sur toute la longueur du visage, près des oreilles percées pour recevoir des boucles sculptées dans de l'ivoire blanc. Quand elles marchaient, c'était toujours d'un pas vif, même la vieille femme. Et lorsque les quatre traîneaux qui transporteraient les biens des quatre familles se trouvèrent en position, ce furent les femmes qui se saisirent des courroies et se préparèrent à tirer.

Les dix enfants formaient comme un bouquet de fleurs des champs car leurs vêtements étaient de formes et de couleurs variées : tuniques courtes avec des bandes de bleu et de blanc, longues houppelandes et lourdes bottes. Tous portaient sur la tête un ornement quelconque, un bout de coquillage brillant ou d'ivoire.

Le moindre vêtement était précieux, car les hommes avaient risqué leur vie pour ramener les peaux et les femmes avaient eu du mal à les tanner et à préparer les nerfs pour les coudre. Un pantalon d'homme soigneusement cousu pour protéger du froid et de l'eau devait durer la majeure partie d'une vie d'adulte. Rares étaient les hommes, sur cette péninsule, qui posséderaient jamais deux de ces pantalons.

Le plus important demeurait cependant les bottes, dont certaines montaient jusqu'au genou ; chaque groupe de familles devait avoir une femme capable de confectionner des bottes avec des grosses peaux, sinon les hommes du groupe auraient les pieds gelés pendant leurs chasses sur la glace. C'était même une des raisons pour lesquelles Varnak tenait à conserver sa mère en vie : depuis deux générations, personne dans le village n'avait fait d'aussi bonnes bottes qu'elle. Ses doigts n'étaient plus aussi alertes, mais ils restaient forts et parvenaient encore à enfoncer les nerfs de renne dans la peau de phoque la plus épaisse.

Les hommes de cette expédition étaient de faible taille. Varnak, le plus grand, ne mesurait pas plus d'un mètre soixante-huit et les autres étaient sensiblement plus petits. Aucune des femmes ne dépassait de beaucoup un mètre cinquante et l'Ancienne n'atteignait même pas cette taille. Les enfants étaient tout petits et les trois bébés minuscules, excepté leur grosse tête ronde.

Sur leurs petits traîneaux aux glissières en bois de cerfs et en os, les voyageurs tiraient derrière eux la pitoyable réserve d'outils et d'objets réunis par leur peuple au cours de dix mille ans de vie dans l'Arctique : des aiguilles en os, extrêmement précieuses, des peaux pas encore cousues en vêtements, des bols peu profonds taillés dans du bois dur ou de l'os, des cuillères de cuisine à long manche en ivoire ; aucun meuble, mais un coussin de nuit pour chacun, et plusieurs couvertures de fourrure par famille.

Mais ils ne quittaient pas l'Asie avec seulement ces maigres possessions matérielles ; dans leur tête ils emportaient une compréhension extraordinaire du Grand Nord. Les femmes comme les hommes avaient appris des centaines de règles pour survivre à l'hiver arctique et de recettes efficaces pour trouver de la nourriture en été. Ils connaissaient tous la nature des vents et le mouvement des étoiles qui les guidaient pendant la nuit hivernale. Ils avaient toutes sortes de trucs pour se protéger des moustiques qui, sinon, les auraient rendus fous ; surtout ils avaient observé les caractéristiques des animaux, et savaient les pister, les tuer et utiliser toutes les parties de leurs corps (même leurs sabots) quand le sacrifice était réussi.

L'Ancienne et les quatre jeunes femmes maîtrisaient cinquante manières différentes d'utiliser un mammouth abattu. Et aussitôt après la mort de la proie, l'Ancienne se précipitait vers la carcasse en criant aux hommes de découper le corps comme ci et comme ça ; elle s'assurait surtout qu'on lui réservait les os dont elle avait besoin pour fabriquer d'autres aiguilles.

Sur leurs quatre traîneaux et dans leurs esprits, nos voyageurs emportaient un autre élément précieux, sans lequel aucun groupe ne peut survivre longtemps. Sur le traîneau, dissimulés dans un coin bien protégé, ils emportaient des morceaux de coquillages nacrés, des bouts d'ivoire précieux sculptés de façon étrange, ou des cailloux polis d'une forme séduisante à l'œil. Ces babioles avaient à certains égards plus de valeur que le reste du chargement, car certains de ces objets anciens parlaient des esprits qui surveillent la vie des humains, d'autres évoquaient la façon de se concilier les animaux pour s'assurer qu'il y aurait de la nourriture à portée en cas de besoin, d'autres encore servaient à apaiser les grandes tempêtes pour que les chasseurs ne se perdent pas dans les blizzards, et certains cailloux et coquillages étaient conservés comme des trésors, simplement à cause de leur extraordinaire beauté. Par exemple, l'Ancienne conservait dans une cachette secrète la première aiguille d'os dont elle s'était servie. Elle n'était plus aussi longue que dans le passé, et sa blancheur d'origine avait vieilli en un or lustré, mais son utilité suprême de génération en génération l'avait investie d'une telle beauté que le cœur de l'Ancienne se gonflait de joie de vivre chaque fois qu'elle la regardait.

Ces Tchouktches qui se dirigeaient vers l'Alaska il y a vingt-neuf mille ans étaient des hommes à part entière. Ils avaient peut-être le front bas, la ligne des cheveux très près des yeux, et leurs mouvements semblaient parfois simiesques, mais des êtres exactement semblables, en Europe méridionale, créaient déjà un art immortel sur les plafonds et les parois de leurs grottes, composaient des mélopées pour le feu, la nuit, et des récits représentant leur expérience de la vie. Le groupe de Varnak n'emportait aucun bien matériel, mais ce qu'il avait appris lui permettrait d'affronter les situations qui se présenteraient. Ils ne disposaient pas d'une langue écrite, mais ils comprenaient le désert arctique et la steppe, respectaient les animaux avec lesquels ils partageaient ces espaces, et savaient apprécier les merveilles qui se produisaient autour d'eux chaque année. Dans des ères postérieures, d'autres hommes et d'autres femmes au courage et à la compétence comparables s'aventureraient dans ces terres inconnues avec un acquis mental guère plus riche que celui de ces errants à la tête sombre.

Comme pour d'autres migrations qui auraient des conséquences colossales dans l'histoire du monde — l'ouverture de deux continents à la race humaine —, il faut noter les limites de celle de Varnak. Lui et ses compagnons ne se rendirent jamais compte qu'ils passaient d'un continent à un autre ; ils ne pouvaient pas savoir que ces énormes masses terrestres existaient, et l'auraient-ils su, ils auraient considéré l'Alaska de l'époque comme une partie de l'Asie, et non de l'Amérique du Nord. L'idée qu'ils traversaient un pont ne les aurait même pas effleurés, car le paysage difficile qui les entourait ressemblait à tout sauf à un « pont ». Enfin, ils ne ressentaient pas cette expédition comme une migration : leur voyage ne couvrirait pas plus de cent kilomètres, et, comme Varnak le leur rappela, le matin du départ :

— Si les choses ne vont pas mieux là-bas, nous pourrons toujours revenir l'été prochain.

Malgré cela, s'il avait existé une muse de l'Histoire pour conserver le souvenir de ce jour, elle aurait baissé les yeux de son Olympe pour exulter :

— Quelle splendeur! Dix-neuf petits bonshommes emmitouflés dans des fourrures franchissent le seuil entre deux continents vides.

*
**

À la fin de la première journée, tous les voyageurs, sauf les tout-petits, comprirent que l'expédition allait s'avérer extrêmement difficile. Ils n'avaient, depuis leur départ, vu aucune trace de vie, hormis des herbes basses couchées par les rafales incessantes du vent. Aucun oiseau dans le ciel, aucun animal sur terre n'épiait la procession désordonnée ; aucun ruisseau ne coulait, nul poisson ne longeait les berges glacées.

Comparée au pays relativement riche qu'ils avaient connu avant la famine, cette région s'annonçait sinistre et inhospitalière. Le soir venu, quand ils redressèrent leurs traîneaux pour se protéger du vent, ils s'aperçurent que les glissières s'étaient usées faute de neige.

Le deuxième jour ne fut pas véritablement plus mauvais, mais les voyageurs commençaient à désespérer, car ils ne savaient pas que, cinq jours plus loin de cet enfer, ils atteindraient les terrains sensiblement plus accueillants de l'Alaska : ils s'avançaient dans l'inconnu.

Il en alla de même pendant les deux jours suivants. Ils ne trouvèrent aucune nourriture et les maigres réserves qu'ils avaient emportées diminuaient dangereusement.

— Demain, nous ne toucherons pas à nos réserves, dit Varnak lorsqu'ils se blottirent à l'abri de leurs traîneaux le troisième soir. Parce que je suis certain qu'après-demain nous tomberons sur de meilleures terres.

— Si le pays doit être meilleur, demanda un homme,

pourquoi ne pas compter sur la nourriture que nous y trouverons ?

— S'il y a du gibier, il nous faudra des forces pour le poursuivre et pour le combattre quand nous l'aurons rattrapé, raisonna Varnak. Pour cela, nous devrons nous remplir le ventre.

Le quatrième jour, personne ne mangea. Les mères portèrent leurs enfants affamés et essayèrent de les consoler. Dans la tiédeur du printemps, tous survécurent à cette journée épuisante, et le cinquième jour, en fin d'après-midi quand Varnak et un autre homme s'en retournèrent d'une de leurs reconnaissances, ils annoncèrent la bonne nouvelle : à une journée de marche, il y avait de meilleures terres. Ce soir-là, avant le coucher du soleil, Varnak distribua le reste de leurs provisions. Tout le monde mangea lentement, en mâchant jusqu'à ce qu'il ne reste presque rien sous la dent, savourant chaque bouchée qui descendait dans la gorge. Au cours des jours suivants, il leur fallait trouver des animaux ou mourir.

Au milieu de l'après-midi du sixième jour, une rivière apparut, avec des buissons rassurants sur les rives. Varnak déclara aussitôt :

— Nous campons ici.

Il savait que s'ils ne trouvaient rien à manger dans un lieu si favorable, il n'y avait plus d'espoir. On mit les traîneaux en position et les chasseurs installèrent au-dessus une sorte de tente basse. Ils indiquèrent aux femmes et aux enfants qu'ils devraient se contenter de cette demeure pour le moment. Et pour confirmer leur décision de ne pas errer plus loin avant d'avoir trouvé de quoi manger, ils allumèrent un petit feu pour chasser les moustiques.

En début de soirée, le même jour, le plus jeune des adultes repéra une famille de mammouths en train de brouter près de la berge : une grand-mère à la défense droite brisée, deux jeunes femelles et trois animaux beaucoup plus jeunes. Ils semblaient résider en cet endroit, vers l'est, et même quand Varnak et cinq autres Tchouktches partirent pour les observer, les animaux levèrent la tête un instant dans leur direction, puis se remirent à paître.

Dans la nuit tombante, Varnak prit la tête des opérations.

— Nous devons encercler les animaux, un homme dans chaque direction, avant le jour. Et à l'aurore, nous serons en position pour isoler l'un des plus jeunes du reste du troupeau. Ensuite, nous l'abattrons.

Les autres tombèrent d'accord, car Varnak avait plus d'expérience.

— Je vais me poster à l'est, dit-il, pour barrer le passage aux mammouths s'ils essaient de retourner à des pâturages par là-bas.

Il ne le fit pas en ligne droite, pour éviter de passer trop près des animaux. Il plongea dans la rivière, la traversa à la nage et s'enfonça dans les terres avant de partir vers l'est. Il se mit à courir, sans perdre de vue les six énormes bêtes, et, au prix d'un effort qui aurait épuisé n'importe quel homme bien nourri, le petit chasseur affamé, hors d'haleine sous la lune, gagna la position clé qu'il désirait occuper. Il retraversa la rivière à la nage et prit son poste de guet derrière un rideau d'arbres. Si les mammouths désiraient s'enfuir vers l'est, ils tomberaient sur lui.

Au lever du jour, les quatre Tchouktches se trouvaient en position, chacun avec deux armes : une massue courte et un long épieu dont l'extrémité et les côtés étaient renforcés par des éclats acérés de silex. Pour tuer un mammouth, un homme devait enfoncer son épieu près d'un centre vital puis frapper l'animal blessé, titubant, jusqu'à ce qu'il s'effondre. Leur longue expérience leur avait enseigné que la première poursuite, le combat décisif, puis le dernier acte autour de l'animal blessé, jusqu'à sa mort, pouvaient prendre trois jours, mais ils étaient prêts. Ils savaient qu'ils devaient aller jusqu'au bout ou mourir de faim.

Ils encerclèrent les mammouths par une journée tiède de mars, et Varnak les avertit :

— N'essayez pas de frapper la vieille grand-mère. Elle est trop avisée. Concentrez-vous sur l'un des plus jeunes.

Les mammouths les aperçurent juste au moment où le

soleil apparut. Ils se dirigèrent vers l'est, comme Varnak l'avait prévu, mais ils n'allèrent pas bien loin car, lorsqu'ils se rapprochèrent de lui, il s'élança hardiment vers eux en brandissant sa massue d'une main et son épieu de l'autre. Troublée, la vieille grand-mère rebroussa chemin pour conduire son troupeau vers l'ouest, mais deux autres Tchouktches se précipitèrent vers elle. Désespérée, elle obliqua vers le nord, sans tenir compte des épieux et des massues, en emmenant ses compagnons.

Les mammouths s'étaient libérés mais, pendant toute la journée, qu'ils courent dans un sens ou dans un autre, les chasseurs résolus demeuraient sur leurs talons. À la tombée de la nuit, les animaux et les hommes comprirent que, si habiles que fussent les mammouths à les éviter, les hommes gagneraient la partie.

La nuit venue, Varnak ordonna à ses compagnons d'allumer un autre feu pour chasser les moustiques, car il se doutait, à juste titre, que cela attirerait l'attention des mammouths épuisés. Ils restèrent non loin, et le lendemain au point du jour ils étaient encore visibles. Mais le camp où attendaient les femmes et les enfants des Tchouktches se trouvait maintenant très loin.

Pendant toute la deuxième journée, les mammouths fatigués essayèrent de s'enfuir, mais Varnak prévoyait chacune de leurs décisions. Où qu'ils aillent, il les attendait avec son redoutable épieu et sa massue, et vers la fin de l'après-midi, il aurait réussi à isoler une jeune femelle si la vieille grand-mère n'avait pas prévu à son tour la manœuvre. Elle s'était jetée sur lui avec sa défense brisée. Oubliant sa proie, il avait fait un bond de côté à l'instant où la redoutable défense allait l'éventrer. Une fois la vieille grand-mère écartée, l'épieu brandi, il avait chassé le jeune mammouth vers l'endroit où les autres hommes attendaient.

Habilement, en suivant des tactiques mises au point depuis des siècles, les chasseurs cernèrent la jeune femelle isolée et se mirent à la tourmenter avec tant d'adresse qu'elle fut incapable de se protéger. Mais elle pouvait barrir, et ses cris de terreur attirèrent la grand-mère qui revint sur ses pas, fonça droit sur les chasseurs menaçants et les dispersa comme autant de feuilles tombées d'un bouleau.

Pendant un instant, on put croire que la vieille femelle, dans sa sagesse de mammouth, avait vaincu les hommes. Mais Varnak ne pouvait pas le permettre. Sachant que sa vie et celle de tout son groupe dépendaient de sa manœuvre suivante, il plongea la tête la première entre les pattes du jeune mammouth. Il savait que d'un seul coup la patte puissante pouvait l'écraser, mais il n'avait pas le choix. Avec la violence du désespoir il enfonça son épieu dans les entrailles de la bête, puis s'écarta en roulant sur lui-même. Il ne la tua pas sur le coup ; la blessure n'était même pas mortelle, mais la souffrance fit chanceler l'animal, et lorsqu'il se releva les autres chasseurs poussaient des cris de joie et s'élançaient derrière leur proie. Incapable de récupérer son épieu qui pendait du ventre du mammouth, Varnak se saisit de sa massue et rattrapa les autres en hurlant.

La nuit tomba. De nouveau les Tchouktches allumèrent un feu, espérant que les mammouths resteraient dans les parages. Les grands animaux étaient si épuisés qu'ils ne pourraient pas aller bien loin. À l'aube, la chasse reprit. Guidés par une piste de sang, encouragés par le fait qu'elle semblait de plus en plus large à mesure que la journée avançait, les Tchouktches continuaient de courir.

— Nous nous rapprochons, dit enfin Varnak. Chacun à son poste.

Ils virent que les énormes bêtes s'étaient blotties dans un bosquet de bouleaux. Varnak prit l'épieu du plus jeune Tchouktche et conduisit ses hommes vers leur proie.

Il lui fallait maintenant neutraliser la grand-mère, qui piaffa à plusieurs reprises et barrit sa détermination de lutter jusqu'au bout. Rassemblant tout son courage, il s'avança de quelques pas, seul contre la grande bête. Pendant un bref instant elle hésita, tandis que les autres hommes attaquaient le mammouth blessé, sans protection, à coups de massue et d'épieu.

Quand la vieille femelle s'en aperçut, elle baissa la tête et fonça sur Varnak. Il courait un danger mortel et il le savait, mais il savait aussi que s'il laissait cette vieille bête enragée s'attaquer à ses hommes, elle était bien capable de les détruire tous et de sauver le jeune mammouth. Varnak, faisant preuve d'un courage dont peu d'hommes pouvaient se vanter, bondit en face de l'énorme animal en train de charger et le frappa de son épieu. Décontenancée, la vieille femelle recula, ce qui permit aux autres hommes d'achever leur proie.

Le mammouth blessé s'écroula sur ses genoux ; du sang giclait de plusieurs blessures. Les trois Tchouktches bondirent sur la carcasse et frappèrent avec leurs épieux et leurs massues jusqu'à la mort. Quand la bête expira, ils agirent suivant des règles observées depuis des milliers d'années : ils lui tranchèrent le ventre pour mettre à jour les entrailles, cherchèrent l'estomac plein d'herbes à moitié digérées et mangèrent goulûment à la fois les parties solides et les liquides. Leurs ancêtres avaient appris que ces matières contenaient des éléments nutritifs essentiels à la vie. Ensuite, leur vigueur restaurée après des jours de privations, ils dépecèrent le mammouth en quartiers de viande assez gros pour nourrir leurs familles respectives jusqu'en plein été.

Varnak n'avait joué aucun rôle dans la mise à mort proprement dite ; il avait infligé au mammouth la première blessure, puis il avait repoussé la vieille matriarche quand celle-ci aurait pu troubler la chasse. À présent, épuisé, privé de nourriture pendant de si longues journées, vidé par la chasse difficile du peu de forces qui lui restait, il s'appuya contre un arbre bas, haletant comme un chien au bout de son rouleau, trop fatigué pour partager la viande déjà en train de griller sur le nouveau feu. Mais il se rendit pourtant vers l'énorme carcasse, joignit les mains en forme de coupe et but une partie du sang qu'il avait fourni à son peuple.

*
**

Quand les chasseurs eurent fini de dépecer le mammouth, ils prirent une décision traditionnelle. Au lieu de transporter la masse de viande, d'os et de peau, à l'endroit où leurs familles les attendaient, ils décidèrent d'établir leur campement non loin de la carcasse, dans un bosquet de bouleaux. Les deux plus jeunes hommes partirent donc chercher les femmes, les enfants et les traîneaux.

Le déplacement se fit aisément, car les femmes étaient tellement affamées qu'en apprenant le succès de la chasse, elles voulurent partir sur-le-champ. Les hommes leur expliquèrent qu'il fallait déplacer le campement tout entier et elles se hâtèrent d'enlever la couverture qui servait de tente et de charger les traîneaux. Quelques heures plus tard, lorsque les femmes et les enfants aperçurent le mammouth abattu, ils poussèrent des cris de joie, abandonnèrent leurs traîneaux et se précipitèrent vers le feu où des portions de viande rôtissaient.

Un groupe de chasseurs comme celui de Varnak ne pouvait espérer tuer un mammouth qu'une fois par an. Avec une chance exceptionnelle ou la présence à leur tête d'un chasseur particulièrement habile, ils parvenaient parfois à en abattre deux. Comme il s'agissait d'un événement fort rare, certains rituels s'étaient établis au cours des siècles. L'Ancienne, en tant que gardienne de la sécurité spirituelle de la tribu, alla se camper devant la tête tranchée de l'animal et l'apostropha en ces termes :

> *Ô, noble mammouth qui partage la toundra avec nous, qui règnes sur la steppe où coule la rivière, nous te remercions pour le don de ton corps. Nous nous excusons de t'avoir pris la vie et prions que tu aies laissé derrière toi de nombreux enfants qui viendront à nous dans l'avenir. Par respect pour toi, nous faisons cette prière.*

Tout en parlant, elle trempa les doigts de sa main droite dans le sang du mammouth, puis les posa sur les lèvres de toutes les femmes et de tous les enfants, qui devinrent rouges. Pour les quatre chasseurs dont dépendait la survie de son peuple, elle frotta avec ses doigts sanglants d'abord le front de l'animal mort, puis les fronts des hommes, tout en adjurant la bête d'impartir à ces hommes valeureux une plus profonde compréhension de son espèce, pour qu'ils se montrent plus efficaces dans leurs futures chasses au mammouth. Ce fut seulement après avoir accompli ces rites sacrés qu'elle se permit de fouiller parmi les entrailles à la recherche de tripes solides capables d'être travaillées en une sorte de lanière à coudre.

Pendant ce temps, son fils désossa l'épaule droite et quand l'omoplate énorme fut dégagée, blanche comme de l'ivoire au soleil, il se mit au travail avec un burin de pierre qui faisait jaillir des éclats d'os. Bientôt il eut entre les mains un grattoir résistant, aux bords tranchants, dont il se servirait pour découper la viande du mammouth avant de l'entasser dans des endroits frais. Son travail au burin s'avéra important pour deux raison : il lui fournit un outil à découper fort utile sur le moment — et qui, presque trente mille ans plus tard, serait mis au jour par des archéologues, démontrant que des êtres humains avaient réellement vécu sur le site du Bouleau à l'aube de l'histoire du Nouveau Monde.

Chacun des neuf adultes fut chargé d'une responsabilité spéciale à l'égard du mammouth mort : l'un rassembla les os qui serviraient de poutrelles pour la demeure qu'ils construiraient plus tard ; un autre lava la peau précieuse et se mit à la tanner avec un mélange d'urine et d'acide distillé à partir d'écorce d'arbre. Les poils des pattes seraient tissés en une sorte de drap commode pour faire des coiffes, et l'on mit de côté le cartilage qui reliait le sabot à la patte pour fabriquer une espèce de mucilage. L'Ancienne continua de vérifier chaque morceau de viande, à la recherche d'os solides et fins pour faire des aiguilles, et un homme aiguisa de gros os pour renforcer le bout de son épieu.

Sans agriculture organisée, ne sachant ni faire pousser ni conserver des aliments d'origine végétale, les Tchouktches ne pouvaient compter que sur leurs compétences de chasseurs, d'ailleurs remarquables. La poursuite du mammouth, source majeure de nourriture, demeurait pour eux fondamentale et ils étudiaient donc ses habitudes, apaisaient son esprit pour le rendre favorable, calculaient les meilleurs moyens de le duper, et le chassaient sans relâche. Tout en dépeçant celui qu'ils venaient d'abattre, ils examinèrent chaque aspect de son anatomie et essayèrent de prédire comment il se serait comporté dans des circonstances différentes ; quand il fut absorbé par la tribu comme une sorte de divinité, les quatre hommes tombèrent d'accord :

— Le moyen le plus sûr de tuer un mammouth est la façon dont Varnak a procédé. Se laisser tomber sous son ventre et donner un coup d'épieu vertical.

Rassérénés par cette conclusion, ils prirent leurs fils à part et leur enseignèrent la manière de tenir l'épieu à deux mains, de tomber par terre le visage tourné vers le haut et de frapper le ventre d'un mammouth enragé tout en priant les Grands Esprits de vous protéger des pattes meurtrières. Quand ils eurent tout appris aux garçons, en leur montrant comment tomber tout en contrôlant la position de l'épieu, Varnak fit un clin d'œil à l'un des chasseurs. Cette fois, quand l'aîné des enfants bondit et se jeta au sol la tête vers le haut, ce chasseur couvert d'une peau de mammouth sauta soudain en l'air en poussant des hurlements fantastiques et se mit à taper du pied à quelques centimètres de la tête du gamin. Le jeune fut si terrifié par cette explosion inattendue qu'il lâcha son épieu et se couvrit le visage.

— Tu es mort ! cria le chasseur au gamin affolé.

Mais Varnak condamna sa lâcheté avec un argument beaucoup plus grave.

— Tu as laissé le mammouth s'échapper. Nous mourrons tous de faim.

On rendit donc l'épieu à l'enfant et vingt fois de suite il se jeta au sol, le visage vers le haut, pendant que Varnak et les autres piétinaient en hurlant autour de sa tête. Chaque fois, à la fin du numéro, ils tiraient la leçon de son comportement.

— Oui, tu as eu l'occasion de frapper le mammouth. Si c'était un mâle, il t'aurait sans doute tué, mais ton épieu serait enfoncé dans son ventre, et nous qui restons aurions eu une chance de le poursuivre et de l'abattre.

Ils continuèrent ces exercices jusqu'à ce que l'enfant, en face d'un vrai mammouth, sente qu'il avait une bonne chance de le blesser assez grièvement pour que les autres puissent achever la bête. À la fin de la séance, Varnak félicita le gamin.

— Je crois que tu sauras, à présent.

Et l'enfant sourit.

Aussitôt, les hommes se tournèrent vers le garçon suivant, un enfant de neuf ans. Quand ils lui tendirent un épieu et lui ordonnèrent de se lancer par terre sous le corps du mammouth en train de charger, il s'évanouit.

*
**

Au nouveau campement près des bouleaux, les Tchouktches déchargèrent leurs maigres possessions et se préparèrent à construire leurs abris grossiers. Comme ils allaient tout recommencer, ils auraient pu chercher à améliorer le style de leur logement, mais ils n'en firent rien. Ils n'inventèrent ni l'igloo de glace ni la yourte de peaux, ni la cabane au-dessus du sol, construite en pierres et en branchages, ni aucun autre type satisfaisant d'habitation. Ils se contentèrent du genre de case qu'ils avaient en Asie : un creux boueux au-dessus du sol, recouvert d'une sorte de dôme de branches tressées et de peaux, enduit de boue. Comme auparavant, l'excavation n'avait ni cheminée pour évacuer la fumée, ni fenêtre pour laisser entrer la lumière, ni porte gondée pour empêcher de passer les petits animaux. Mais chaque trou couvert constituait un foyer, et c'était là que les femmes cuisinaient, cousaient et élevaient leurs petits.

À cette époque, l'espérance de vie était d'environ trente et un ans, et à force de mâcher constamment de la viande et du cartilage, les dents avaient tendance à s'user avant le reste du corps — si bien que la cause de la mort était souvent la faim. Les femmes avaient en général trois enfants qui vivaient et trois autres qui mouraient, à la naissance ou peu après. Une famille restait rarement au même endroit pendant longtemps, car les animaux disparaissaient ou devenaient méfiants ; les humains partaient alors à la recherche d'autres proies. La vie était difficile et les plaisirs peu nombreux, mais il n'existait aucune guerre entre tribus ou groupes de tribus — surtout parce que les groupes vivaient si éloignés les uns des autres qu'ils n'avaient aucune raison de se chamailler pour le droit à un territoire.

Les ancêtres avaient appris patiemment, en cent mille années d'essais et d'erreurs, certaines règles de survie dans le Nord, et elles étaient rigoureusement observées. L'Ancienne les répétait sans fin à son clan :

— Ne pas manger la viande devenue verte. Au début de l'hiver, s'il n'y a pas assez de nourriture, dormir presque toute la journée. Ne jamais jeter un bout de fourrure, si graisseux qu'il soit devenu. Mammouth, bison, castor, renne, renard, lièvre et souris, chasse-les dans cet ordre mais n'oublie jamais la souris car c'est elle qui te maintiendra en vie pendant les périodes de famine.

L'expérience, longue et cruelle, leur avait aussi appris une leçon fondamentale :

— Quand tu cherches une compagne, va toujours dans une tribu éloignée, car si tu prends une femme de ton groupe de cabanes, il en résultera de l'horreur.

Se conformant à cette règle sévère, elle avait autrefois ordonné elle-même l'exécution d'une sœur et d'un frère qui s'étaient mariés. Elle avait refusé de leur accorder grâce bien qu'ils fussent les enfants de son propre frère.

— Il le faut ! avait-elle crié aux membres de la famille. Et avant qu'un enfant ne naisse. Car si nous permettons à un de ces enfants-là de venir parmi nous, *Ils* nous puniront.

Elle ne précisait jamais qui étaient *Ils*, mais elle avait la conviction profonde qu'ils existaient et exerçaient de grands pouvoirs. Ils établissaient les saisons, ils faisaient venir les mammouths, ils veillaient sur les femmes enceintes, et pour tous ces services ils méritaient le respect. Ils vivaient, croyait-elle, au-delà de l'horizon (où que ce fût). Parfois, dans les plus mauvais moments, elle se tournait vers le bord le plus lointain du ciel et s'inclinait vers les Invisibles qui, seuls, avaient le pouvoir d'améliorer la situation.

Les Tchouktches connaissaient des moments de joie extrême : quand les hommes abattaient un mammouth vraiment énorme ou quand une femme accablée par une grossesse difficile mettait enfin au monde un enfant mâle fort. Par les nuits d'hiver où la nourriture était rare et aucun confort possible, ils bénéficiaient pourtant d'une joie spéciale : dans les cieux du Nord, les mystérieux Invisibles suspendaient de grands rideaux de feu qui emplissaient le ciel de myriades de couleurs, en des formes dansantes, et d'immenses épieux de lumière qui brillaient d'un horizon à l'autre en un colossal étalage de puissance et de majesté.

Les hommes et les femmes sortaient alors de la boue glacée de leurs misérables cabanes, dans la nuit étoilée, et tournaient leurs visages vers les cieux tandis que les Autres-au-delà-de-l'horizon animaient ces lumières, suspendaient les couleurs et lançaient de grands jets de feu à travers le firmament. Alors le silence se faisait, et les enfants appelés pour assister à ce miracle s'en souviendraient jusqu'à la fin de leurs jours.

Un homme comme Varnak pouvait espérer assister à une parade céleste de ce genre vingt fois dans sa vie. Avec de la chance, il participerait à la mise à mort d'à peu près le même nombre de mammouths, pas davantage. Et vers la trentaine — l'âge de Varnak à ce moment-là — il devait s'attendre à une diminution rapide de ses forces puis à leur disparition. Il ne fut donc pas surpris le matin d'automne où Tevuk lui annonça :

— Ta mère ne peut pas se lever.

Il courut à l'endroit où elle était couchée, par terre, sous les bouleaux. Il vit aussitôt qu'elle allait mourir et se pencha pour la réconforter autant qu'il pourrait, mais elle n'avait nul besoin de lui. En ses derniers moments, elle désirait seulement regarder le ciel qu'elle avait aimé et se décharger de ses responsabilités à l'égard des gens qu'elle avait aidés, guidés et protégés pendant si longtemps.

— Quand viendra l'hiver, murmura-t-elle à son fils, rappelle bien aux enfants de dormir beaucoup.

Varnak l'enterra dans le bosquet de bouleaux ; dix jours plus tard, la tombe fut recouverte par la première neige de l'année. Les vents balayaient les flocons sur la steppe, et comme ceux-ci s'entassaient au pied des cabanes, Varnak se demanda : « Ne devrions-nous pas hiverner au village que nous avons quitté ? » Il consulta les autres adultes mais leur conseil fut unanime :

— Mieux vaut rester où nous sommes.

Sur cette résolution, les dix-huit nouveaux habitants de l'Alaska, avec assez de viande séchée pour passer l'hiver le plus rigoureux, s'enfoncèrent dans leurs cases pour se protéger des tempêtes imminentes.

*
**

Varnak et ses compagnons n'étaient pas les premiers à avoir fait la traversée d'Asie en Alaska. D'autres semblent les avoir précédés, en différents endroits, au cours de plusieurs millénaires, en se déplaçant peu à peu, arbitrairement vers l'est, au cours de leur recherche constante de nourriture. Certains faisaient le voyage par curiosité, ce qu'ils trouvaient leur plaisait et ils restaient. Certains se disputaient avec leurs parents ou leurs voisins, et partaient donc sans but précis. D'autres se joignaient passivement à un groupe et n'avaient jamais l'énergie de retourner. Certains poursuivaient des animaux si vite et si loin qu'à la fin de la chasse ils restaient sur place ; d'autres étaient séduits par la beauté d'une fille de l'autre côté du fleuve que suivaient leurs parents. Mais aucun, autant que l'on sache, ne traversa jamais avec l'intention de s'installer dans un nouveau pays ou d'explorer un nouveau continent.

Et lorsqu'ils parvenaient en Alaska, les mêmes motivations subsistèrent. Jamais ils ne partirent consciemment occuper l'intérieur de l'Amérique du Nord ; les distances et les obstacles étaient si grands qu'aucun groupe d'êtres humains n'aurait pu vivre assez longtemps pour accomplir la traversée à lui seul. Bien entendu, si le chemin du Sud n'avait pas été bloqué par les glaces à l'arrivée de Varnak et de ses compagnons, et s'ils avaient été poussés, ils auraient sans doute pu atteindre le Wyoming au cours de leur vie, mais, comme nous l'avons vu, le corridor du Sud fut rarement ouvert en même temps que le pont. Et même si Varnak avait décidé d'atteindre l'intérieur de l'Amérique — à supposer qu'il puisse nourrir un tel dessein, ce qui était impossible — il aurait dû attendre des millénaires que le passage se libère des glaces. Cent générations auraient vécu et seraient mortes avant que ses descendants puissent atteindre le nord des États-Unis actuels.

Sur la centaine de Tchouktches qui passèrent de Sibérie en Alaska à l'époque de Varnak, environ un tiers durent retourner à leur point de départ après avoir découvert qu'en général l'Asie se montrait plus hospitalière. Les deux tiers qui restèrent furent tous emprisonnés dans la citadelle de glace, ainsi que leurs descendants. Ils devinrent Alaskans ; avec le temps, tous leurs souvenirs furent liés à ce beau pays ; ils oublièrent l'Asie et ne surent jamais rien de l'Amérique du Nord. Varnak et ses dix-sept compagnons ne retournèrent jamais en arrière, pas plus que leurs descendants.

Quel nom faut-il leur donner? Quand leurs ancêtres s'étaient aventurés pour la première fois dans le Nord, on les avait appelés avec mépris Ceux-qui-fuient-le-Sud, peut-être parce que les anciens résidents savaient que si les nouveaux venus avaient été plus forts, ils ne se seraient pas laissé évincer de ces climats favorables. Pendant une période où ils n'avaient pas pu trouver de sites acceptables pour leurs campements, on les avait appelés les Errants, puis lorsqu'ils avaient fini par trouver un endroit sûr, à la pointe de l'Asie, ils avaient pris le nom de la région : ils étaient devenus des Tchouktches. On aurait pu les appeler Sibériens, mais comme ils s'étaient associés à l'Alaska (sans le vouloir ni le savoir) ils acquirent le nom générique d'Indiens, et seraient différenciés plus tard comme des Athapascans.

En tant que tels, il mèneraient une existence prospère dans la partie centrale de l'Alaska et connaîtraient un essor remarquable au Canada. Une branche vigoureuse s'installerait dans les belles îles qui constituent l'Alaska méridional, et, si improbable que cela aurait paru à Varnak, certains de ses descendants, des millénaires plus tard, partiraient vers le sud, jusqu'en Arizona, où ils deviendraient les Indiens Navajos. Les spécialistes ont démontré que la langue de ces Navajos est aussi proche de celle des Athapascans que le portugais l'est de l'espagnol, et il est impossible que ce soit l'effet du hasard. Les deux groupes sont forcément liés.

Ces Athapascans errants n'ont en revanche aucune relation avec les Eskimos des périodes ultérieures. Et nous ne devons pas nous les représenter comme une vague puissante d'émigration en éventail, destinée à apporter sa civilisation dans des terres inhabitées. Rien de commun avec les Pèlerins anglais qui traversèrent l'Atlantique en un exode résolu, adoptant des lois provisoires à bord des bateaux avant de débarquer au milieu des Indiens. Il est fort probable que les Athapascans se sont répandus dans toute l'Amérique sans avoir jamais l'impression de partir de chez eux.

Ainsi, Varnak et son épouse (par exemple), déjà âgés, auraient tendance à rester où ils se trouvaient dans le bosquet de bouleaux, mais, quelques années plus tard, un de leurs fils et son épouse jugeraient peut-être avantageux de bâtir leur cabane un peu plus loin vers l'est, où les mammouths sont plus nombreux. Ils partiraient. Mais ils garderaient sans doute des contacts avec leurs parents restés près des bouleaux, et, le temps passant, leurs propres enfants décideraient à leur tour de s'en aller vers des lieux plus accueillants, tout en conservant eux aussi des relations avec leurs parents, et même peut-être avec les vieux Varnak et Tevuk, au site des Bouleaux. De cette manière, insensiblement, des gens peuvent peupler un continent entier en avançant seulement de quelques kilomètres à chaque génération — si on leur accorde vingt-neuf mille ans pour le faire! Ils peuvent ainsi passer de Sibérie en Arizona sans jamais s'éloigner de leur foyer.

De meilleures chasses, le goût de l'aventure, l'insatisfaction provoquée par l'oppression — telles sont les motivations séculaires qui incitent certains hommes et certaines femmes à partir même en temps de paix. Ce fut sans doute en écoutant ces voix que les hommes et les femmes de ces temps anciens s'établirent peu à peu dans les deux Amériques, sans même en prendre conscience.

Pendant cette période de peuplement, l'Alaska jouerait un rôle crucial pour des régions comme le Minnesota, la Pennsylvanie, la Californie et le Texas, car il constituerait le creuset des tribus qui allaient s'établir dans ces diverses contrées. Descendants de Varnak et de Tevuk, héritiers du courage remarquable de l'Ancienne, ils implanteraient des cultures nobles dans des pays où la glace était rare, et ne conserveraient aucun souvenir de l'Asie. Ces colons et les différents groupes qui les suivraient au cours des millénaires seront le plus beau cadeau de l'Alaska à l'Amérique.

*
**

Quatorze mille ans avant l'ère actuelle, l'itinéraire terrestre fut temporairement submergé par la fonte de la calotte polaire. Un des peuples les plus avenants du monde vivait dans des régions relativement peuplées à la pointe orientale de la Sibérie. C'étaient les Eskimos, des chasseurs asiatiques trapus, à la peau sombre, qui portaient leurs cheveux coupés droit au-dessus des sourcils. Une race hardie, car leur existence dépendait des risques qu'ils prenaient en s'aventurant sur l'océan Arctique et les eaux voisines pour chasser les grandes baleines, les morses aux longues défenses et les phoques rusés. Aucun peuple au monde ne vivait plus dangereusement et dans un climat plus inhospitalier que ces Eskimos, et parmi eux aucun ne se donnait autant de mal, en ces années, qu'un petit bonhomme robuste, aux jambes arquées, nommé Ougruk. Il connaissait toutes sortes de difficultés.

Il avait pris pour épouse, trois ans plus tôt, la fille de l'homme le plus important de son village — Pelek, au bord de la mer — et sur le moment, il s'était vraiment demandé pourquoi une jeune personne aussi séduisante s'était intéressée à lui, parce qu'il n'avait pour ainsi dire rien à offrir. Pas de kayak pour chasser les phoques, pas de part de l'un des grands oumiaks dans lesquels les hommes partaient en groupe traquer les baleines qui glissaient au large du promontoire, pareilles à des îles flottantes. Il ne possédait rien, n'avait que deux ou trois peaux de phoque pour se protéger des mers glaciales, et, plus grave encore, il n'avait plus de parents pour l'aider à faire son chemin dans le monde très dur des Eskimos. Pour couronner le tout, il louchait — et d'une manière particulière, qui mettait tout le monde en fureur. Si vous regardiez son œil gauche, croyant qu'il s'en servait, l'œil gauche semblait s'esquiver et vous aviez l'impression de ne plus rien regarder. Mais si vous passiez aussitôt à l'œil droit, l'œil droit bougeait à son tour et vous retombiez dans le vide. Parler à Ougruk n'était pas facile.

La raison mystérieuse pour laquelle Nukliet, la jolie fille du chef de village désirait épouser le pauvre louchard, apparut peu après le festin des noces : Ougruk découvrit que sa jeune mariée était enceinte, et dans les bateaux on chuchota même que le père était un robuste harponneur du nom de Shaktoulik, qui avait déjà, malgré son jeune âge, deux épouses et trois autres enfants. La situation d'Ougruk ne lui permettait guère de protester contre la duperie, ni d'ailleurs de protester contre quoi que ce fût. Il se mordit donc la langue, s'avoua heureux d'avoir pour épouse, même dans ces circonstances, une aussi jolie fille que Nukliet, et se jura de devenir le meilleur marin des divers bateaux arctiques que possédait son beau-père.

Le père de Nukliet refusa de prendre Ougruk dans son équipage, car la chasse à la baleine était une occupation dangereuse, et chacun des six hommes du lourd bateau devait être un expert. Quatre ramaient, un tenait le gouvernail, le dernier lançait le harpon, et ces postes étaient occupés depuis longtemps dans l'oumiak du chef du village. Lui-même barrait. Shaktoulik harponnait. Et quatre gars robustes aux nerfs de granit souquaient aux avirons. Dans de nombreuses expéditions contre les baleines, ces hommes avaient prouvé leur mérite, et le père de Nukliet ne songeait pas à briser son équipe simplement pour caser son peu estimé gendre.

Mais il accepta de donner à Ougruk un kayak, pas un des meilleurs, mais assez robuste pour ne pas couler — « léger comme une brise de printemps dans les sapins, étanche comme une fourrure de phoque » — quelle que soit la violence des vagues. Ce kayak ne répondait pas vite aux coups de pagaie, mais il était cent fois meilleur que tout ce qu'Ougruk avait jamais rêvé de posséder, et l'Eskimo ne dissimula pas sa reconnaissance. Ses parents, tués par une baleine qui avait renversé leur bateau, ne lui avaient rien laissé.

Au milieu de l'été, quand les grands animaux marins se déplacent, le beau-père d'Ougruk, aidé par Shaktoulik, lança son oumiak depuis la plage de gravier du village de Pelek. Avant de partir pour une expédition qu'ils savaient dangereuse, ils indiquèrent, avec force haussements d'épaules, qu'Ougruk pouvait utiliser le kayak. Peut-être tomberait-il sur un phoque somnolent : le village avait toujours besoin de fourrure et de viande. Tout seul sur la plage, non loin du grossier kayak, il regarda de ses yeux plissés les hommes les plus capables de Pelek partir en prononçant des prières et des cris.

Quand leurs têtes ne furent plus que six points sur l'horizon, Ougruk poussa un soupir résigné, se tourna vers sa hutte pour voir si Nukliet regardait, et soupira de nouveau en ne l'apercevant pas. Il se dirigea vers le kayak, écœuré, étudia sa ligne peu élégante et murmura :

— Dans celui-là, on ne pourrait même pas rattraper un phoque blessé.

Il était long, environ trois fois la taille d'un homme, et complètement recouvert de peau de phoque étanche pour rester à flot par les mers les plus mouvementées. La seule ouverture était juste suffisante pour les hanches d'un homme ; la peau de phoque était ensuite fixée serré autour de la taille du chasseur. Les tendons de baleine avec lesquels la peau de phoque était cousue au kayak, souples quand ils étaient secs, formaient des liens imperméables une fois mouillés.

Ougruk se glissa dans l'ouverture, tira la partie supérieure de la peau de phoque autour de sa taille et l'attacha solidement pour que l'eau ne puisse pas pénétrer même si le kayak se retournait. Si cela se produisait, Ougruk n'aurait qu'à pagayer violemment pour que le kayak se redresse. Bien entendu, si un homme attaché dans son kayak se montrait assez téméraire pour attaquer un morse adulte, les défenses de l'animal risquaient de percer la couverture ; l'homme, projeté dans la mer, se noierait, car les Eskimos ne savaient pas nager ; d'ailleurs le poids de ses gros vêtements imbibés d'eau aurait suffi à l'entraîner par le fond.

Au moment où l'oumiak de chasse à la baleine disparut dans le lointain, Ougruk fit l'essai de sa pagaie de sapin et partit en mer, vers l'est. Il n'escomptait guère trouver des phoques, et s'il tombait sur un gros il n'aurait pas su s'en dépêtrer. Il partait simplement en reconnaissance et s'il avait la chance de repérer une baleine qui faisait surface, ou un morse en train de paresser, il noterait la direction prise par l'animal et en informerait les autres à leur retour. Car si les Eskimos étaient certains de la présence d'une baleine ou d'un gros morse dans un secteur donné, ils se faisaient forts de le traquer.

Il ne vit aucun phoque, ce qui ne le déçut nullement car il n'était pas encore très sûr de ses talents de chasseur. Il voulait d'abord se familiariser avec les manies de son kayak avant de le conduire au milieu d'un troupeau de phoques. Il se contenta donc de pagayer vers la terre lointaine, que l'on voyait parfois par beau temps de l'autre côté de la mer. Personne de Pelek n'était jamais allé sur la côte d'en face, mais tout le monde connaissait son existence car on voyait souvent ses collines basses briller sous le soleil, l'après-midi.

Assez loin de la côte, à plusieurs milles nautiques au sud de l'endroit où devait se trouver l'oumiak à ce moment-là, il vit sur sa droite un spectacle qui le pétrifia : une baleine noire flottait à la surface de l'eau, sur toute sa longueur. Sa queue puissance la poussait nonchalamment vers lui. Elle était énorme, beaucoup plus grosse que toutes celles qu'Ougruk avait pu voir sur la plage quand les hommes dépeçaient leurs prises. Bien sûr, il était mauvais juge, car les chasseurs de Pelek avaient attrapé seulement trois baleines au cours des sept années précédentes. Mais celle-ci était un colosse, nul ne pourrait le nier, et Ougruk devait impérativement prévenir l'oumiak de la présence du monstre. Tout seul, il ne pouvait rien. Six des meilleurs hommes de Sibérie seraient nécessaires pour venir à bout de l'animal géant.

Mais comment avertir son beau-père ? N'ayant pas d'autre choix, il décida de rester avec la baleine qui nageait paresseusement vers le nord, espérant que, tôt ou tard, son itinéraire croiserait celui de l'oumiak.

La manœuvre s'avéra délicate, car si la baleine se sentait menacée par un objet inconnu non loin d'elle, elle pouvait en trois ou quatre battements de sa queue puissante rattraper le kayak, l'écraser, le couper en deux d'une bouchée, tuer l'homme et détruire son frêle canot ; tout l'après-midi, seul dans son bateau, Ougruk suivit donc la baleine en essayant de rester invisible. Chaque fois que l'animal soufflait, montrant qu'elle était toujours là, il se réjouissait. À deux reprises, l'énorme bête plongea et disparut. Ougruk n'en menait pas large, car sa proie pouvait refaire surface n'importe où, et même accidentellement sous le kayak — ou bien se perdre à jamais en fuyant entre deux eaux. Mais il fallait bien que la baleine respire, et après une absence prolongée, la gigantesque créature sombre remontait, soufflait un grand jet d'eau vers le ciel et continuait sa promenade paresseuse en direction du nord.

Une heure avant que le soleil, réticent à se coucher, descende effleurer la terre vers le nord, Ougruk calcula que si les hommes de l'oumiak avaient continué dans la direction convenue, ils devaient se trouver nettement au nord-est de l'endroit où se dirigeait la baleine. Ils allaient donc la manquer complètement. Il décida alors de quitter l'animal ; en pagayant de toutes ses forces, il avait des chances de rattraper les six chasseurs.

Mais il se trouvait à l'ouest de la baleine, et il fallait qu'il passe à l'est, en évitant bien entendu d'inciter l'animal à l'attaquer, mais en perdant le moins de temps et d'espace possible. Il se rappela que, selon la tradition, les baleines avaient une mauvaise vue, mais une ouïe excellente. Il décida donc de passer très vite devant la baleine en faisant le moins de bruit possible.

La manœuvre l'exposait au danger, mais il ne devait pas seulement tenir compte de sa sécurité personnelle. Depuis son enfance, on lui avait enseigné que la responsabilité suprême d'un adolescent ou d'un homme était de ramener une baleine sur la plage pour que tout le village puisse s'en repaître et utiliser les énormes os pour la construction, ainsi que les précieux fanons pour les divers usages que permettaient leur souplesse et leur résistance. Attraper une baleine pouvait ne se produire qu'une fois dans toute une vie, et Ougruk se trouvait en position de le faire, car s'il conduisait les chasseurs à la baleine pour qu'ils la tuent, il partagerait les honneurs et il serait loué pour sa ténacité dans la poursuite de l'immense animal.

Au moment de se lancer devant la tête même de la baleine, un fait curieux le soutint dans sa décision vitale : si peu que lui eût laissé son pauvre père, il avait cependant hérité d'un talisman possédant un pouvoir et une beauté extraordinaires. C'était un petit disque circulaire tout blanc, d'environ deux doigts de diamètre ; il avait été fait dans l'ivoire d'un des rares morses tués par son père, et à sa surface des signes finement gravés représentaient l'océan rempli de glaces et les créatures qui y vivaient et le partageaient avec les Eskimos.

Ougruk avait regardé son père graver ce disque et en polir les bords pour leur donner un beau fini, et comme ils s'étaient tous les deux rendu compte depuis le début qu'une fois terminé ce disque serait un objet vraiment spécial, il n'était nullement ridicule que son père ait prédit :

— Ougruk, il te portera bonheur.

Acceptant cela sans discussion, l'enfant de neuf ans n'avait pas cillé quand son père lui avait percé la lèvre inférieure avec un couteau pointu en os de baleine et avait garni l'incision avec des herbes. La plaie s'élargirait en guérissant, car on y insérerait chaque mois des morceaux de bois de plus en plus gros et la lèvre inférieure finirait par former une étroite bande de peau entourant et délimitant un trou circulaire.

Au milieu du processus, le trou s'infecta, comme c'était souvent le cas, et Ougruk dut rester couché sur le sol de terre battue, tremblant de fièvre. Pendant trois jours et trois nuits de malheur où son esprit s'était mis à errer, sa mère appliqua des herbes à sa lèvre et entassa des cailloux chauds contre ses pieds. Puis la fièvre se calma, et quand il reprit conscience, l'enfant vit avec satisfaction que le trou guéri avait presque la taille requise.

Ougruk n'oublierait jamais le jour où on le conduisit à une hutte sinistre des confins du village. On le fit entrer cérémonieusement dans un des endroits les plus sales et les plus encombrés qu'il eût jamais vus. Le squelette d'un homme était accroché à l'un des murs de terre, le crâne d'un phoque à l'autre. Des sacs sales, en peau de phoque cousue, gisaient sur le sol à côté d'un tas de peaux puantes sur lequel dormait l'occupant de la hutte. C'était le chaman du village de Pelek, le saint homme capable de lancer des prières pour maîtriser l'océan et de converser avec les esprits qui amenaient les baleines près du promontoire. Lorsqu'il sortit de l'ombre pour s'avancer vers Ougruk, il lui parut redoutable — grand, dégingandé, avec des yeux enfoncés dans le crâne et des dents manquantes, les cheveux extrêmement longs et emmêlés couverts d'une crasse qui n'avait pas été enlevée depuis des dizaines d'années. Le chaman émit des bruits incompréhensibles, prit le disque d'ivoire, observa son élégance (visiblement surpris qu'un homme aussi pauvre que le père d'Ougruk puisse posséder un tel trésor), puis tira sur la lèvre inférieure de l'enfant et de ses doigts sales enfonça le disque dans le trou. Non sans douleur, le tissu durci de la cicatrice pinça le disque solidement dans la position qu'il occuperait tant qu'Ougruk vivrait.

L'insertion était douloureuse ; il le fallait pour que le disque ne tombe pas, mais une fois le bel objet en place, tout le monde pouvait voir — la plupart avec envie — qu'Ougruk le louchard, si démuni jusque-là, possédait désormais un trésor : le labret le plus beau de toute la côte orientale de Sibérie...

Comme il lançait son kayak à toute allure en travers du passage de la baleine, il lécha sa lèvre inférieure et la présence rassurante du labret magique lui donna du courage. Sa langue toucha l'ivoire sculpté des deux côtés, et il put sentir la baleine qui y était représentée. Cela le persuada de sa chance, et non sans raison, car au moment où il passa, si près que la baleine aurait pu bondir sur le kayak d'un seul coup de sa queue gigantesque et l'écraser avec son passager, la bête paresseuse enfonça la tête sous l'eau, sans daigner se préoccuper du petit objet qui traversait les eaux si près d'elle.

Mais lorsque le kayak fut en sécurité, la baleine souleva son énorme tête, souffla de grands volumes d'eau et ouvrit la bouche machinalement, comme pour bâiller. Ougruk se retourna au bruit du jet d'eau, vit la taille de la gueule à laquelle il venait d'échapper, et son immensité l'épouvanta. Dans son adolescence, il avait participé au dépeçage de quatre baleines, dont deux grosses, mais aucune n'avait une tête ou une gueule aussi gigantesques. La bouche caverneuse demeura ouverte pendant presque une minute, grotte noire capable d'engloutir le kayak tout entier, puis elle se referma avec nonchalance, un jet d'eau minuscule sortit, et la baleine énorme s'enfonça de nouveau sous la surface de l'eau, toujours dans la direction approximative de l'endroit où Ougruk pensait trouver ses compagnons dans leur oumiak. Il fit claquer son labret porte-bonheur contre ses dents, et rama avec plus d'énergie que jamais.

Il se trouvait maintenant à l'est de la baleine et se dirigeait vers le nord, si loin en mer que les promontoires de son village n'étaient plus visibles, ni d'ailleurs la côte d'en face. Il était vraiment seul sur la vaste mer arctique, sans rien pour le soutenir en dehors de son labret et de l'espoir d'aider les gens de Pelek à attraper cette baleine.

Comme on était au milieu de l'été, il n'avait pas peur que la venue du crépuscule lui fasse perdre la baleine. Tout en pagayant, il pouvait voir de temps en temps, par-dessus son épaule, la créature qui continuait d'avancer. La lumière argentée de l'été éternel lui permettait de s'assurer que la baleine poursuivait bien sa route vers le nord avec lui ; mais chaque fois qu'il l'apercevait, il croyait revoir la bouche monstrueuse, la caverne noire qui représentait l'autre monde contre lequel le chaman mettait parfois en garde, quand il entrait dans une de ses transes. S'élancer vers le nord dans la grisaille d'une nuit arctique suivi par une baleine sombre nageant dans les sillons profonds de la mer mettait à l'épreuve le courage d'un homme, et Ougruk aurait sans doute rebroussé chemin, malgré son désir de se conduire bien si la présence du labret ne l'avait pas rassuré.

A l'aube, la baleine continuait encore vers le nord ; avant que le soleil ne s'élève beaucoup au-dessus de l'horizon où il avait traîné toute la nuit, Ougruk crut voir vers le nord-est un point sombre, sûrement l'oumiak. Il cessa aussitôt de surveiller la baleine et se mit à pagayer avec rage vers ce qu'il supposait être le bateau. Il ne se trompait pas : pendant un instant où il se trouva en même temps que l'oumiak sur la crête des vagues, il vit les six hommes en train de ramer, et eux le virent aussi. Agitant sa pagaie, il fit le signal indiquant qu'une baleine avait été repérée, et donna la direction suivie par l'animal.

À une vitesse surprenante, l'oumiak fonça vers l'ouest pour intercepter le monstre, sans tenir aucun compte d'Ougruk : seule la baleine importait, non le messager. Ougruk le comprit, et lança son frêle kayak sur un cap qui lui permettrait de rattraper l'oumiak juste au moment où il atteindrait la baleine. Les hommes du grand bateau haletaient d'excitation ; la baleine continuait d'avancer majestueusement, inconsciente du danger imminent ; et Ougruk le solitaire pagayait comme un forcené sans trop savoir ce que serait son rôle dans l'acte suivant ; et autour d'eux, dans toutes les directions, la houle longue de la mer arctique, sans les icebergs du printemps, sans les oiseaux, sans un seul cap, golfe ou baie en vue. Dans l'immensité solitaire, ces créatures du Nord se préparaient au combat.

Quand les hommes de l'oumiak aperçurent enfin la

baleine, ils ne purent évaluer exactement la taille du monstre ; ils voyaient tantôt la tête, tantôt la queue, jamais l'animal dans toute sa longueur, et ils se dirent donc qu'il s'agissait simplement d'une baleine ordinaire. Cependant, quand ils se rapprochèrent, l'animal encore ignorant de leur présence sortit soudain de l'eau ; pour une raison connue d'elle seule, la baleine se cambra complètement au-dessus de la surface, révélant son corps entier. Puis, avec une force colossale, elle se tourna sur le flanc comme pour se gratter le dos et replongea dans la mer au milieu de gerbes d'eau gigantesques. Les six Eskimos comprirent qu'ils se trouvaient en face d'un colosse qui, s'il se laissait prendre, nourrirait leur village pendant de nombreux mois.

Le beau-père d'Ougruk n'eut que quelques ordres à lancer. On prépara les vessies de phoque gonflées qui ralentiraient la baleine si les chasseurs parvenaient à la harponner. Chacun des quatre rameurs vérifia les épieux dont il se servirait quand ils se rapprocheraient de la baleine et le grand Shaktoulik, à la proue de l'oumiak, cala ses genoux contre le plat-bord du bateau et saisit de ses mains puissantes le harpon qu'il lancerait dans les parties vitales de la baleine. Ougruk était encore loin derrière.

Le harpon, dont Shaktoulik prenait un soin extrême, était une arme puissante. Sa longue hampe se terminait par un silex pointu, aussitôt suivi par des barbelures en forme de crochet, sculptées dans de l'ivoire de morse. Mais même cette arme mortelle se serait avérée inefficace si le harponneur l'avait lancée à la main, comme un épieu, car la force ainsi produite n'aurait pas suffi à pénétrer la peau épaisse de la baleine, protégée par du lard ; le miracle du système eskimo n'était pas le harpon, mais le bâton à lancer le harpon, qui multipliait par trois ou quatre la force de pénétration de la tige barbelée.

Le bâton de jet, morceau de bois d'environ soixante-quinze centimètres de long et taillé d'une forme très étudiée, avait pour effet d'augmenter considérablement la longueur du bras de l'homme. L'arrière, qui possédait une sorte de rainure où l'on posait le manche du harpon, se nichait dans le coude replié du lanceur. La longueur du bâton suivait le bras de l'homme et se prolongeait bien au-delà du bout de ses doigts ; c'était contre le bois que le harpon reposait. Vers l'avant, il y avait une prise de doigt qui permettait à l'homme de garder le contrôle du harpon et du bâton, et, non loin, un endroit lisse grâce auquel le pouce pouvait immobiliser le long harpon au moment où l'homme se préparait à lancer. Bien campé sur ses jambes, le harponneur plaçait son bras droit, porteur du bâton, aussi loin que possible vers l'arrière et vérifiait que le manche du harpon se trouvait bien dans sa rainure. Puis, d'un geste large, parallèlement à la surface de la mer et non de haut en bas comme on pouvait s'y attendre, il projetait brusquement son bras droit en avant, lâchait le harpon à ce moment précis, et, grâce à la double longueur de bras que cela lui donnait, le harpon à pointe de silex partait vers la baleine avec une force suffisante pour percer la peau la plus épaisse. En appliquant le même principe, douze mille ans plus tard, le petit David lancerait un caillou mortel contre le géant Goliath. Il fallait parfois des années d'entraînement pour parvenir à une précision suffisante, mais, une fois que les divers gestes étaient synchronisés, cette espèce de harpon-fronde devenait une arme redoutable.

Il paraît incroyable que des hommes aussi primitifs aient pu inventer un instrument si curieux et si compliqué, mais les chasseurs de différents continents l'inventèrent : on l'a appelé *atlatl*, d'après le nom de l'arme découverte au Mexique par les Européens, et toutes ses versions se ressemblent. Des hommes, sans aucune connaissance en ingénierie et en dynamique, ont compris que leurs harpons seraient trois fois plus efficaces s'ils le projetaient avec leur atlatl au lieu de le lancer directement. Cette découverte complexe témoigne d'une capacité intellectuelle remarquable, mais pour l'apprécier à sa juste valeur, nous ne devons pas oublier que, pendant cent mille ans, les hommes ont passé la plupart de leurs heures de veille à tuer des animaux pour se nourrir ; aucune occupation n'était pour eux aussi vitale, aussi n'est-il peut-être pas si surprenant qu'au bout de vingt mille ou trente mille ans d'expérimentation ils aient découvert le meilleur moyen de lancer un harpon : par un mouvement de fronde latéral, un peu comme un enfant maladroit lance une balle.

Ce jour-là, le chef eskimo avait calculé à la perfection son avancée vers la proie. De sa position initiale un peu sur la droite, le plus près possible derrière l'animal, il comptait avancer rapidement sous un angle qui permettrait à Shaktoulik de frapper juste derrière l'oreille droite ; en même temps, les deux rameurs de gauche auraient l'occasion de frapper avec leurs épieux, de même que le capitaine, depuis sa place à la barre, derrière les autres. Cette manœuvre permettrait aux quatre Eskimos du côté gauche de l'oumiak de blesser l'énorme créature, peut-être pas mortellement, mais assez pour la rendre vulnérable aux attaques suivantes, jusqu'à la victoire finale. Une bataille de profonde stratégie s'engageait.

Mais au moment où l'oumiak se rapprocha, la baleine prit conscience du danger et, par une réaction automatique qui stupéfia les hommes, elle pivota sur elle-même et projeta méchamment son énorme queue. Le capitaine, voyant son oumiak détruit si la queue le frappait, vira de bord, mais l'homme de l'avant, Shaktoulik, et son harpon furent d'autant plus exposés ; au passage de la queue un aileron frappa le harponneur à la tête et aux épaules et le projeta dans la mer. Aussitôt, d'un mouvement de toute évidence accidentel, la queue puissante s'abattit, écrasa Shaktoulik et l'entraîna sans connaissance sous la surface de l'eau, où il mourut. La baleine avait remporté la première manche.

Le capitaine évalua aussitôt la situation et agit d'instinct. Il s'écarta de la baleine, chercha Ougruk des yeux, aperçut le kayak à peu près à l'endroit où il s'attendait à le trouver, dirigea l'oumiak vers lui et lui cria :

— À bord !

Ougruk n'était que trop heureux de participer au combat mais il savait aussi que le canot dans lequel il pagayait appartenait à son beau-père.

— Le kayak ?

— Laisse-le, répondit le capitaine sans hésitation.

Tous les bateaux étaient précieux, et celui-ci ne faisait pas exception, mais la capture d'une baleine passait avant tout, et quand Ougruk embarqua dans l'oumiak, le kayak partit à la dérive.

Il était entendu depuis longtemps que si Shaktoulik ou le capitaine mouraient ou se perdaient en mer, le premier rameur — celui de l'avant à gauche — prendrait la place vacante. C'est ce qu'il fit, laissant son propre poste vide. Au début, Ougruk supposa que la place lui reviendrait, mais son beau-père, conscient des limites de ses capacités, changea rapidement l'ordre de ses rameurs et plaça Ougruk sur le banc arrière-gauche, sous sa surveillance directe. C'était là qu'il pouvait faire le moins de tort, et les Eskimos, sans une pensée ou presque pour le sort malheureux de Shaktoulik, reprirent leur chasse interrompue.

Le monstre, se sachant attaqué, adopta plusieurs stratagèmes pour se protéger, mais ce n'était pas un poisson — il lui fallait de l'air pour respirer — et il devait donc refaire surface de temps en temps. Or chaque fois ces maudites petites bestioles dans leur embarcation venaient le tourmenter. Elles avaient peu de succès mais ne renonçaient pas pour autant car elles savaient qu'en obligeant la baleine à réagir à leurs intrusions elles parviendraient à l'épuiser ; le moment viendrait où, fatiguée de fuir, vidée par la nécessité de plonger et de souffler sans relâche, l'animal deviendrait enfin vulnérable.

Ce combat inégal occupa entièrement la première journée ; les hommes savaient très bien qu'un seul coup de cette queue redoutable, une seule bouchée de ces énormes mâchoires suffiraient à les terrasser. Mais ils n'avaient pas le choix : ou bien les Eskimos capturaient leurs proies dans l'océan, ou bien ils mouraient ; abandonner la lutte ne leur venait jamais à l'esprit. Quand le soleil baissa vers l'horizon, du côté du nord, indiquant le début de ce qui correspondait à la nuit, les hommes de l'oumiak n'interrompirent donc pas leur poursuite. Tout au long du crépuscule d'argent qui se prolongea en beauté jusqu'à une aurore également argentée les six petits Eskimos pourchassèrent la grande baleine.

Le deuxième jour vers midi, le chef jugea que l'animal se fatiguait ; il était temps de porter un maître coup. Il remit donc l'oumiak en position, derrière la baleine, et fonça pour que son nouveau harponneur puisse frapper avec précision, ainsi que les deux rameurs de gauche et lui-même. Dès le début de la manœuvre, il lança un coup de pied dans le dos d'Ougruk.

— Prépare ta lance !

Et il regarda avec mépris son inepte gendre farfouiller sous son banc à la recherche de l'arme, nouvelle pour lui.

Au moment de l'attaque, Ougruk n'avait pas encore trouvé sa lance, pour l'excellente raison que l'ancien occupant du banc arrière gauche l'avait emportée à son nouveau poste. Quand la baleine glissa sur le côté gauche de l'oumiak l'homme devant Ougruk frappa, mais Ougruk ne put rien faire, et le chef, le voyant les bras ballants, se mit à l'insulter tandis que leur proie s'éloignait, le flanc droit en sang.

— Espèce d'idiot, si tu l'avais frappée toi aussi, nous l'aurions eue !

Pendant la journée, son beau-père continua de répéter cette conjecture, et les autres chasseurs de l'oumiak commencèrent à croire que l'incapacité d'Ougruk à se servir de sa lance était la seule cause de leur deuxième échec. L'hostilité devint si vive que le louchard ne put éviter de se défendre.

— Je n'avais pas de lance. On ne m'en avait pas donné.

Les autres fouillèrent l'oumiak et durent se rendre à l'évidence, mais, trop contents de faire porter sur un autre le poids de leurs propres erreurs, ils continuèrent de grommeler :

— Si Ougruk avait su se servir de sa lance, nous aurions pris cette baleine.

Pendant la deuxième nuit où la baleine resta visible de temps à autre lorsqu'elle levait sa queue gigantesque au-dessus des flots, le chef distribua des rations de nourriture et permit à ses hommes de boire un peu d'eau. Tous savaient que la réserve de provisions s'épuisait et qu'il faudrait faire l'effort suprême le lendemain ou jamais. Tôt dans la matinée, le chef remit son oumiak dans la position qu'il jugeait la meilleure — légèrement à l'arrière, légèrement à l'est. Avec une grande habileté, il plaça le harponneur de l'avant dans l'angle où il pourrait faire le plus de dégâts, mais quand l'homme porta son coup, la pointe du harpon toucha un os et fut déviée. L'homme assis devant Ougruk assena de nouveau un bon coup, profond mais non mortel, puis vint le tour d'Ougruk. Quand il se leva, il sentit son beau-père lui lancer un coup de pied. Il brandit l'épieu emprunté, visa, frappa de toutes ses forces et la pointe s'enfonça profondément dans la baleine.

Mais il était inexpérimenté et dans cet instant de triomphe il oublia de bloquer les genoux et les pieds contre le bordage de l'oumiak. Surtout, il ne lâcha pas son épieu et il se trouva entraîné dans l'eau.

A l'instant où il s'écrasait dans l'eau glacée, pris entre l'oumiak et la baleine en mouvement, il entendit son beau-père lancer un juron et le vit planter impeccablement son épieu dans l'animal, puis reprendre son équilibre en repoussant habilement l'épieu, selon la règle, comme pour l'enfoncer plus profondément.

À bord de l'oumiak, dans la bousculade, une voix cria :

— Suivons la baleine ! Elle est blessée.

D'autres lancèrent :

— Repêchons Ougruk ! Il est vivant.

Après un instant d'hésitation, comme la baleine ne pouvait pas s'échapper et qu'Ougruk ne savait pas nager, le chef décida qu'il valait mieux s'occuper d'abord de ce dernier. Quand Ougruk fut hissé à bord, avec de l'eau salée gouttant de son labret porte-bonheur, son beau-père lui lança en ricanant :

— Tu nous as fait perdre la baleine... deux fois.

Ce n'était vrai qu'en partie, parce que l'animal était moins gravement blessé que les hommes ne l'avaient supposé. Il lui restait assez de force pour nager très vite et, à la fin de cette troisième journée, les Eskimos durent reconnaître qu'ils l'avaient perdue. Désespérés d'avoir manqué de si peu la capture d'une baleine géante, ils s'en prirent de nouveau à Ougruk, l'accusèrent de leur défaite et lui reprochèrent de ne pas avoir frappé la baleine et d'être tombé par-dessus bord. Ainsi naquit dans cet oumiak démoralisé l'idée illogique qu'ils auraient sûrement capturé la baleine s'ils ne s'étaient pas arrêtés pour sauver Ougruk.

— Oui, il est tellement maladroit qu'il est tombé de l'oumiak, et quand nous nous sommes arrêtés pour le repêcher, la baleine s'est échappée.

Le jeune Eskimo écouta ces accusations, mordit son labret et se dit : « Ils oublient que c'est moi qui leur ai signalé la baleine. » Et quand son beau-père, dans un accès d'illogisme ridicule, se mit à lui reprocher d'avoir en plus perdu le kayak, Ougruk conclut que le monde était devenu fou : « Il m'a ordonné de l'abandonner ; je le lui ai demandé deux fois et il me l'a ordonné deux fois. »

Quelle amertume ! Tous les membres de la communauté s'étaient retournés contre lui et l'avaient rabaissé sans aucune raison, en lui faisant porter le poids de leurs propres insuffisances ! Ougruk comprit sur-le-champ qu'il serait inutile de se défendre contre des accusations aussi irresponsables. Mais son silence ne lui valut aucun répit, car les hommes de l'oumiak se trouvaient maintenant confrontés à un autre problème : il leur faudrait trois jours pour rentrer chez eux et ils n'avaient aucune nourriture et très peu d'eau. Accablés, ils renouvelèrent leurs attaques contre Ougruk, et un membre de l'équipage proposa même de le jeter par-dessus bord pour calmer les esprits qu'il avait offensés. De l'arrière de l'oumiak, le chef lança sèchement :

— Je ne veux plus entendre parler d'une chose pareille.

Mais il n'en cessa pas pour autant d'accabler le malheureux louchard.

Puis, du côté de l'est, les hommes aperçurent pour la

première fois les promontoires du pays d'en face, et en fin d'après-midi, sous le soleil, le pays leur parut engageant et digne d'attention. Il ne se composait pas de montagnes pareilles à celles qu'ils connaissaient, de leur côté de la mer vers l'ouest, mais de collines douces, sans arbres, mais accueillantes. Impossible de savoir si la contrée était habitée ou non, et ils ignoraient également s'ils pourraient y trouver de quoi manger, mais il y aurait à coup sûr de l'eau douce. Tous approuvèrent la décision du chef de mettre le cap vers la côte et de chercher un accostage sûr.

Les hommes s'avancèrent vers ce pays inconnu avec une très sérieuse appréhension : que se passerait-il si cet endroit manifestement hospitalier contenait des gens? Effectivement, lorsqu'ils dépassèrent un petit cap protégeant une baie, ils constatèrent, le cœur tremblant, qu'un petit village s'était établi dans ce refuge. Avant même que le chef puisse ralentir l'oumiak, sept kayaks rapides à un seul homme se détachèrent de la côte et entourèrent le bateau. Les inconnus étaient armés, et ils auraient peut-être lancé leurs épieux si le beau-père d'Ougruk n'avait pas levé ses deux mains vides au-dessus de sa tête, avant de les porter à sa bouche pour faire le geste de boire.

Les étrangers comprirent, se rapprochèrent de l'oumiak et le fouillèrent des yeux à la recherche d'armes ; voyant Ougruk et un autre homme rassembler les épieux de chasse à la baleine et les ranger sous les bancs, ils laissèrent l'oumiak les suivre à terre, où un homme âgé, visiblement leur chaman, leur souhaita généreusement la bienvenue.

Ils restèrent trois jours à Shishmaref — comme le site s'appellerait plus tard. Ils mangèrent à peu près la même chose que chez eux et apprirent des mots nouveaux très proches de leur propre langue. Ils ne pouvaient pas converser facilement avec ces gens de la rive orientale de la mer de Béring, mais ils parvenaient à se faire comprendre. Les gens du village, Eskimos de toute évidence, leur racontèrent que leurs ancêtres habitaient cette baie depuis de nombreuses générations ; et les os dont ils se servaient pour la construction de leurs maisons indiquaient qu'ils chassaient à peu près les mêmes animaux marins que les gens de Pelek. Ils se montrèrent amicaux, et quand Ougruk et ses compagnons s'en allèrent, les adieux furent chargés d'émotion.

Cette visite à l'Est permit aux hommes de l'Ouest de survivre jusque chez eux, et au cours de cette longue traversée l'antagonisme contre Ougruk se cristallisa. Quand ils accostèrent à Pelek, le jugement officiel était devenu le suivant : Shaktoulik et Ougruk sont tombés tous les deux par-dessus bord ; des démons nous ont fait perdre le meilleur et sauver le mauvais.

Ce dogme se répandit à terre de façon si convaincante que tout le monde, dans les huttes, le prit pour argent comptant et Ougruk fut mis à l'écart. Mais il n'était pas au bout de ses peines, car un ennemi plus puissant que les hommes de l'oumiak s'éleva contre lui : le chaman, mélange de saint, de prêtre, de nécromancien et de voleur, prétendit bientôt qu'en passant insolemment sous le nez de la baleine Ougruk était la cause directe de la mort de Shaktoulik — on savait très bien que ce harponneur très expérimenté était plus que capable de se tirer de n'importe quel danger naturel. De toute évidence, une force mauvaise avait lancé un charme néfaste contre lui et le coupable était bien entendu Ougruk.

Le chaman, secouant ses longues mèches sales, trahit alors la raison profonde qui motivait son attaque : il chuchota à qui voulait l'entendre qu'en toute justice jamais un minable comme Ougruk ne devrait posséder un labret doté de pouvoirs magiques, représentant d'un côté une baleine et de l'autre un morse ; et il amorça les manœuvres perfides qui avaient déjà fonctionné à son avantage dans des situations similaires du passé. Son but réel, qu'il n'avait avoué à personne, même pas aux esprits, n'était que de s'emparer du labret.

Il déplora bruyamment la mort du harponneur Shaktoulik, pleura en public la perte d'un si noble jeune homme, et essaya d'obtenir l'aide du beau-père d'Ougruk et de Nukliet, la jolie fille mariée au louchard.

Mais il rencontra un obstacle sérieux, car à la surprise de tous, y compris de son père, Nukliet ne prit pas parti contre son lourdaud de mari ; elle le défendit. Elle fit valoir l'injustice des attaques lancées contre lui et convainquit peu à peu son père que, loin d'avoir saboté leur expédition, Ougruk en était à certains égards le héros.

Pourquoi cette attitude? Elle savait que leur fille n'avait pas été engendrée par Ougruk et que son père et tout le village s'étaient désolés quand elle avait épousé le louchard. Mais quatre années s'étaient écoulées et elle avait constaté à maintes reprises les qualités de caractère de son époux. Il était droit. Il travaillait au mieux de ses capacités. Il adorait leur petite fille et s'en occupait comme si c'était la sienne, et il partageait toujours avec sa femme le peu qu'il possédait, alors que la plupart des jeunes hommes estimés de tous traitaient leurs épouses avec mépris.

Pendant ces quatre années, elle avait en particulier comparé le comportement d'Ougruk à celui de Shaktoulik, le père naturel de son enfant, et plus elle avait observé la conduite du beau harponneur, plus elle avait apprécié celle de son peu séduisant mari. Shaktoulik se montrait arrogant, trompait ses deux femmes, ne se souciait pas de ses enfants, et avait trahi sa méchanceté profonde de vingt façons honteuses. Il volait les épieux des autres et s'en vantait en riant. Il prenait leurs femmes et les mettait au défi de l'en empêcher. Sans doute était-il brave à la chasse, chacun en convenait, mais sur tous les plans humains il s'était avéré lamentable, et Nukliet le reconnaissait, même si personne d'autre n'osait l'avouer. Quand le chaman se mit à faire ses simagrées sur la mort de Shaktoulik, la jeune femme ouvrit les yeux, tendit l'oreille et comprit quel genre de toile le méchant homme commençait à tisser.

Curieusement, tout en reconnaissant la bonté d'Ougruk, elle ne parvenait pas encore à le croire intelligent, et elle exprima donc ses craintes à son père, non à son mari.

— Le chaman cherche à chasser Ougruk de Pelek.

— Et pourquoi?
— Il convoite une chose que possède Ougruk.
— Mais quoi donc? Le pauvre bougre n'a rien.
— Il m'a, moi.

Avec un instinct remarquable, Nukliet avait percé à jour la deuxième raison qui poussait le chaman à se débarrasser d'Ougruk. Il convoitait le beau labret, mais seulement pour accroître ses pouvoirs de chaman — et son autorité sur le village. Pour lui-même, pour sa vie d'homme dans la case de l'orée du village, il désirait Nukliet, sa fille et il espérait tirer profit de son rang. Il avait reconnu en elle une de ces femmes — peu nombreuses, d'après son expérience — qui confèrent de la grâce à tout ce qu'elles touchent. Quatre ans auparavant, il s'était demandé, perplexe, pourquoi elle épousait Ougruk au lieu de devenir la troisième épouse de Shaktoulik, mais il comprenait à présent que sa décision venait de sa force de caractère et de sa détermination : elle voulait être première, non troisième. Il se persuada que s'il lui offrait maintenant la chance de devenir sa propre épouse, la femme de l'homme le plus puissant de la communauté, elle sauterait sur l'occasion.

De cent manières, cet homme bizarre vivait dans l'illusion. Dans le monde dangereux de l'Arctique, la capture d'un morse pouvait faire la différence entre la vie et la mort, et les Eskimos devaient donc apaiser l'esprit du morse. Qui pouvait s'en charger, sinon le chaman? L'hiver, il savait détourner les violents blizzards. Quand régnait la sécheresse, il faisait tomber la pluie. Lui seul pouvait garantir une grossesse à une femme sans enfant, ou bien provoquer la naissance d'un fils. Avec une conviction profonde, il reconnaissait quels Eskimos étaient possédés par des démons, et — toujours à grand prix — il les exorcisait juste avant que le clan ne prenne les armes pour les abattre. En deux circonstances extrêmes, il avait deviné que si les esprits n'étaient pas apaisés, le clan n'aurait aucun espoir de survie. Sans le moindre scrupule de conscience, il avait désigné un responsable, que le village avait alors banni.

Personne à Pelek ne songeait à contester le pouvoir de

ce despote. On savait que des forces inconnues gouvernent le monde : seul le chaman pouvait les maîtriser, ou du moins se les concilier pour qu'elles fassent le minimum de mal. À cet égard, il jouait plusieurs rôles utiles : quand un Eskimo mourait, le chaman guidait comme il convient son esprit à son lieu de repos, au moyen de rituels complexes, et confirmait au clan qu'aucune force malveillante n'errerait près de la côte pour en éloigner les phoques et les morses. Il s'avérait particulièrement efficace quand les chasseurs partaient dans leur oumiak. Ses incantations les rassuraient puisqu'elles devaient les protéger des esprits malfaisants capables d'acculer au désastre une entreprise déjà bien assez dangereuse par elle-même. Au plus fort de l'hiver glacé, quand toute vie avait apparemment disparu de la Terre, l'espoir revenait au clan quand le chaman ordonnait aux esprits de terrasser les mers glacées et de faire revenir à Pelek les brises tièdes du printemps. Aucune communauté ne pouvait survivre sans un chaman puissant, et même ceux qui avaient souffert de son fait reconnaissaient l'importance cruciale de ses services. Au pire, certains lançaient :

— Je regrette tout de même qu'il ne soit pas meilleur homme.

Le chaman de Pelek avait acquis son empire sur les autres d'une façon naturelle, presque par accident. Enfant, il s'était senti différent, car il pouvait regarder dans l'avenir alors que les autres en étaient incapables. Il était également très sensible à la présence de forces, bonnes ou mauvaises. Mais, surtout, il découvrit très tôt que le monde est un endroit mystérieux, où les grandes baleines se déplacent selon des règles indiscernables par l'homme, et que la mort frappe de façon arbitraire. Ces mystères le troublaient, comme tous les hommes, mais à l'inverse des autres, il s'attacha à les conquérir.

Il le faisait en réunissant des objets de chance et de pouvoir, qui lui permettaient d'exercer ses intuitions (c'était la raison même pour laquelle il convoitait le labret puissant d'Ougruk). Il se fabriqua un sac de peau de castor, la fourrure luisant à l'extérieur, pour ranger des cailloux de forme spéciale et des morceaux d'os pleins de significations. Il apprit tout seul à siffler comme un oiseau. Il développa ses dons d'observation, ce qui lui permit de voir des situations et des relations dont les autres ne s'apercevaient pas. Et quand il fut certain de posséder les capacités d'un chaman, il maîtrisa l'art de parler avec des voix différentes et de placer sa voix de plusieurs manières, si bien que tous ceux qui le consultaient au sujet de leurs appréhensions et de leurs angoisses pouvaient entendre les esprits répondre à leurs questions.

Il rendait de bons services à sa communauté. A vrai dire, sa seule faiblesse était son insatiable désir de pouvoir, que la jeune Nukliet fut la première du village à découvrir et à dénoncer. Déjà soucieuse de l'impuissance de son brave mari devant cet autoritaire chaman, elle fut très vite amenée à s'inquiéter pour elle-même. Percevant un danger réel, elle demanda à son père de l'accompagner au bord de la mer, qui commençait à se couvrir de glaces.

— Ne comprends-tu pas, père? Il ne s'agit pas d'Ougruk ou de moi. En réalité, c'est ton pouvoir qu'il convoite.

Le chef de village, doté d'un pouvoir considérable dans une communauté eskimo, tourna en ridicule les craintes de sa fille.

— Les chamans s'occupent des esprits. Les chefs s'occupent de la chasse.

— Si leurs pouvoirs continuent d'être séparés...

— Il ne vaudrait rien dans un oumiak et encore moins dans un kayak.

— Mais, s'il soumettait à lui les gens qui vont dans l'oumiak?

Elle n'aboutit à rien avec son père, trop préoccupé à emmagasiner assez de réserves pour l'hiver imminent. Dans les semaines qui suivirent, elle le vit peu car il partit avec ses hommes sur la grande mer où la glace se formait. Au soulagement de tous, il réussit à ramener suffisamment de phoques gras et un petit morse. Le chaman bénit la prise et expliqua aux gens que les chasses avaient connu un tel succès parce qu'Ougruk était resté à terre.

⁂

Ce fut un hiver difficile. Sans baleine sur la plage, bien des denrées nécessaires manquèrent au petit village de Pelek. La longue nuit s'installa et la mer gela le long de la côte jusqu'à une très grande distance. Comme Pelek se perchait à la pointe extrême de la péninsule des Tchouktches, le village se trouvait assez loin du cercle arctique vers le sud, et donc le soleil apparaissait brièvement, même en plein milieu de l'hiver — orbe froid et réticent qui dégageait peu de chaleur — puis, sans doute effrayé de s'aventurer si loin vers le nord, s'enfuyait au bout de deux maigres heures, suivies de vingt-deux heures de ténèbres glacées.

L'effet de ce froid sur la mer était spectaculaire. Non seulement l'eau gelait, mais les plaques se soulevaient, se brisaient et se bousculaient. D'énormes blocs de glace, plus hauts que le plus haut des épicéas du Sud, s'élevaient de la surface, pareils à des décombres étranges lancés par quelque géant malveillant. L'effet était saisissant ; une surface déchiquetée et sillonnée de crevasses, où l'on ne pouvait pas se déplacer en traîneau sans que de monstrueuses tours de glace vous forcent à faire sans cesse des détours.

Mais entre ces grands blocs se trouvaient de vastes secteurs où la mer glacée restait plate. Là, les hommes et les femmes venaient pêcher. Avec de gros pilons de bois, conservés de génération en génération, ils frappaient sur la glace jusqu'à ce qu'elle se brise, puis ils plaçaient dans ces trous les lignes pourvues d'hameçons d'ivoire qui leur fournissaient leur nourriture d'hiver. Creuser les trous était pénible, attendre des heures qu'un poisson vienne mordre vous glaçait les os, mais les gens de Pelek devaient s'en accommoder s'ils ne voulaient pas souffrir de la faim.

Pendant les longues heures d'obscurité, les Eskimos, comme les prudents Sibériens avant eux, dormaient beaucoup pour conserver leur énergie, mais parfois des groupes d'hommes s'aventuraient très loin sur les glaces, jusqu'à l'endroit où l'eau demeurait libre, pour tenter d'attraper un ou deux phoques, car ils avaient besoin de ce lard très riche pour combler les carences de leur régime. Quand ils en tuaient un, le responsable dépeçait aussitôt l'animal et se gavait du foie, mais les hommes rapportaient au village les quartiers de viande et de lard, et à l'approche de Pelek, ils annonçaient la bonne nouvelle à grands cris. Leurs épouses et leurs enfants couraient vers la grève et sur la glace pour les aider à traîner la viande tellement convoitée. Pendant deux jours, sans interruption, les gens de Pelek festoyaient.

Mais en ces hivers pénibles, les Eskimos de Pelek restaient la plupart du temps près de leurs huttes, en repoussant périodiquement la neige qui menaçait de les engloutir, souvent blottis autour de leurs maigres feux. Aucun Eskimo de cette partie du Grand Nord ne vivait en igloo ; ces maisons de glace, ingénieuses et parfois très belles, avec leurs dômes splendides, existeraient plus tard, et à des milliers de kilomètres à l'est de Pelek. Les Eskimos d'il y a quatorze mille ans habitaient dans des cabanes creusées à même le sol, surmontées par un assemblage de bois, d'os de baleine et de peaux de phoque. Elles ressemblaient beaucoup à celles des Sibériens de l'époque de Varnak, quinze millénaires auparavant.

Dans l'hiver sombre, craintes et superstitions s'épanouissaient, et c'était pendant cette période d'oisiveté forcée et nerveuse que le chaman pouvait le mieux jeter ses sorts. Si une femme enceinte avait du mal à accoucher, il savait de qui c'était la faute et n'hésitait pas à désigner le coupable. Il n'avait pas le pouvoir de vie et de mort — réservé à l'ensemble de la communauté — mais il pouvait influencer la décision. Seul dans sa petite hutte aux abords immédiats de Pelek, vers l'intérieur, loin de la mer qu'il cherchait à éviter, il s'installait au milieu de ses cailloux et de ses charmes, de ses bouts d'os et d'ivoire précieux, de ses rameaux de sapin qui avaient pris en poussant des formes prémonitoires — et il jetait ses sorts.

Cet hiver-là, il jeta ses sorts d'abord contre Ougruk, non sans raisons solides ; avec ses manières douces et ses yeux de travers, Ougruk était le genre d'homme capable de devenir chaman. Et le labret porte-bonheur pouvait aussi l'y aider. Mieux valait le faire exclure du village. Cette tactique semblait logique, car il y avait peu de chance que sa désirable épouse l'accompagne, si Ougruk partait. Elle resterait, à n'en pas douter. Et quand le chaman se serait attribué les pouvoirs que détenait Nukliet, le père de la jeune femme deviendrait à son tour vulnérable.

Ces hommes et ces femmes de Pelek, douze mille ans avant la naissance du Christ, onze mille ans avant le miracle grec, comprenaient parfaitement les passions et les pulsions qui animent l'homme et la femme. Ils savaient apprécier leurs relations avec la terre, la mer et les animaux qui vivaient dans l'une et l'autre. Et aucun d'eux ne comprenait mieux ces forces que le chaman, hormis la peu banale Nukliet, dont il était obsédé.

— Ougruk, murmura-t-elle dans la case sombre, je crois qu'il nous rendra la vie impossible dans ce village pendant les mois qui viennent.

— Il me déteste. Il monte tous les hommes contre moi.

— Non, celui qu'il déteste vraiment, c'est...

Elle montra du doigt l'endroit où son père dormait. Et elle expliqua à son mari qu'il était, lui Ougruk, seulement le premier de la liste. Elle serait la deuxième mais ils représentaient seulement des objectifs intermédiaires, des étapes permettant au sorcier d'atteindre son but réel.

— Quel but réel?

— Détruire mon père. S'emparer de son pouvoir.

Ougruk, sur les instances de sa femme, réfléchit aux manigances du chaman et comprit qu'elle avait raison. Une sorte de rage froide se forma en lui. Il essaya de concevoir une riposte pour se défendre et défendre Nukliet contre les premiers assauts du chaman, puis pour protéger son beau-père contre l'attaque du sorcier, mais il dut avouer son impuissance. Le chaman jouait dans le village un rôle essentiel ; tout ce qui lui porterait tort mettrait en danger la communauté entière. Ougruk était paralysé.

Sa fureur initiale se mua en une douleur sourde, un malaise qui ne quittait jamais son esprit et qui provoqua une réaction curieuse. Le louchard se mit à dissimuler dans la neige qui entourait la hutte de son beau-père des morceaux d'os de baleine et du bois rejeté sur la plage par les marées de l'été précédent. Il acquit des peaux de phoque et prit plusieurs longueurs de nerf sur des cadavres d'animaux. À mesure qu'il rassemblait tout cela, un plan commença à germer. Il revit le groupe sympathique de huttes sur la côte orientale de la mer, où il avait été si bien accueilli avec ses camarades de chasse alors qu'ils n'avaient plus rien à manger. Souvent il se disait : « Je serais mieux là-bas. »

Quand il eut discrètement réuni assez de matériaux divers pour envisager sérieusement ce qu'il pourrait en faire, il mit Nukliet et son beau-père dans le secret. L'idée qu'il leur révéla était révolutionnaire.

— Un kayak à trois places. Un homme pagaie à l'avant, un autre à l'arrière, Nukliet et l'enfant au milieu.

Son beau-père rejeta aussitôt cette ineptie.

— Les kayaks n'ont qu'une place. Quand on veut une embarcation à trois places, on construit un oumiak.

Mais Ougruk, si lent d'esprit qu'il parût, jugeait la nécessité plus importante que la tradition.

— En haute mer, un oumiak peut embarquer de l'eau et tout le monde coule. Mais un kayak, en toutes circonstances, peut tourner sur lui-même et se remettre à flot. Tout le monde survit.

Son beau-père continua d'insister pour un oumiak, mais Ougruk déclara avec une force surprenante pour un homme aussi timide :

— Seul un kayak pourra nous sauver.

L'homme plus âgé sauva la face en changeant de sujet.

— Et où irions-nous avec un kayak de ce genre ?

— Là-bas, répliqua Ougruk sans hésiter, l'index gauche braqué vers l'est, par-delà la mer glacée.

En cet instant décisif, l'idée de quitter ce village sans retour, avec sa famille, devint une réalité tangible.

Ougruk se mit donc à construire un kayak et la nouvelle parvint aux oreilles du chaman. Accroupi au milieu de ses amulettes magiques, ses vêtements en haillons puant de crasse et de sueur, le sorcier chevelu jeta plus de sorts que jamais et posa aux uns et aux autres des questions pertinentes.

— Pourquoi construit-il ce kayak ? Quel mauvais dessein Ougruk-le-Louchard a-t-il dans l'esprit ?

Le chef, en entendant ces insinuations, répondit carrément :

— Mon stupide gendre a perdu mon bon kayak pendant la chasse à la baleine l'été dernier. Je l'oblige à le remplacer.

Ce mensonge associa automatiquement le chef à l'entreprise. Il s'aperçut qu'il était prêt, lui aussi, à quitter Pelek pour toujours et à tenter sa chance dans le monde au-delà de la mer — tout en sachant que là-bas il ne serait plus chef. Il renoncerait aisément à la gloire discrète de conduire son peuple de décision en décision. D'autres hommes prendraient la barre de l'oumiak pour poursuivre la baleine ; des hommes meilleurs, plus jeunes et plus forts, combattraient le morse et partageraient la viande après la curée. Mieux que sa fille et son gendre, le chef pouvait apprécier tout ce à quoi il renoncerait en s'en allant. Mais il savait aussi qu'il était impuissant du fait que le chaman s'était retourné contre lui.

Quand le nécromancien apprit que le nouveau kayak, dont les membrures se dressaient sur la neige, aurait trois ouvertures, il en déduisit que les trois personnes contre lesquelles il complotait se préparaient à échapper à son emprise ; aux derniers jours de l'hiver, avant que la grande mer ne fonde et ne permette d'utiliser oumiaks et kayaks, il décida d'attaquer et manœuvra de façon à imposer son autorité.

— Il n'y a jamais eu de kayak à trois places. Les esprits s'insurgent contre ces corruptions. Et pour quelle raison, ce kayak ? Le chef se prépare à abandonner Pelek et s'il apporte ses compétences de chasseur ailleurs, nous mourrons de faim.

Lorsqu'il proféra ces paroles, tous comprirent qu'il menaçait de condamner le chef à une existence cruelle : il devait rester dans le village pour diriger la chasse, mais il devait également, poussé par la honte, remettre au chaman le pouvoir qu'il exerçait sur la communauté. Dans la chasse, il serait un homme libre ; dans tout le reste, un prisonnier suspect.

Seule la foi des Eskimos en leur chaman permettait un châtiment aussi diabolique ; le seul secours envisageable pour le chef et ses enfants était la fuite. Ils activèrent donc la construction du kayak, et à la fin du printemps, quand les neiges fondirent et que la mer commença à se dépouiller de sa couverture glacée, Ougruk et le chef se hâtèrent de terminer leur bateau, tandis que Nukliet — initiatrice en un sens de la stratégie de fuite — réunissait toutes les choses nécessaires qu'elle entasserait à ses pieds pendant la traversée de la mer. Quand elle comprit combien l'espace serait limité, elle vit tout ce qu'il lui faudrait abandonner. Elle en eut le cœur gros mais sa résolution demeura aussi ferme.

Si elle avait hésité, si son mari l'avait mécontentée d'une manière ou d'une autre, elle aurait eu, en ces jours de printemps, de nombreux prétextes pour abandonner la conspiration, parce que le chaman commença à appliquer son plan pour se débarrasser d'Ougruk et neutraliser le père du Nukliet. Un jour, quand il n'y eut plus beaucoup de glace en mer et que les fleurs commencèrent à percer, il se présenta à la hutte du chef accompagné par trois jeunes hommes qui portaient à bout de bras un vieux kayak usé à une seule place ; d'une voix rauque, la tête rejetée en arrière comme s'il s'adressait aux esprits, il cria :

— Ougruk, dont les mauvaises actions ont permis à la grande baleine de s'enfuir, qui apporte malheur sur malheur à Pelek, les esprits qui nous guident et les hommes de ce village ont jugé que tu devais nous quitter.

Les voisins, sortis des huttes proches, restèrent sans voix en entendant cette déclaration implacable. Même le chef, à la tête de ces gens pendant tant d'années avec une compétence cent fois confirmée, eut peur de prendre la parole. Dans le silence craintif qui suivit, Nukliet s'avança à côté de son mari, tenant par la main sa fillette de quatre ans. Par ce geste simple, elle faisait savoir que si Ougruk était expulsé, elle l'accompagnerait.

Le chaman escomptait qu'Ougruk partirait sur-le-champ, mais la décision de Nukliet déjouait ce plan, et les visiteurs se retirèrent confus, en emportant leur kayak. Ce revers temporaire n'incita nullement le chaman à renoncer à son projet de restructurer le village et trouver une épouse, et, cette nuit-là, des jeunes gens qui ne furent jamais identifiés se glissèrent près de la maison du chef et saccagèrent le kayak à trois places.

Nukliet, sortie de bonne heure pour ramasser du bois de chauffage, fut la première à découvrir cet acte de vandalisme. Elle ne se laissa pas aller à la panique. Sachant que des regards devaient l'épier, car la hutte qu'elle habitait semblait maudite par les esprits protecteurs du village, elle continua son chemin vers la grève à la recherche du bois d'épaves que la mer rejetait après les grands gels d'hiver. A son retour, elle en avait une bonne brassée. Elle éveilla les hommes et leur recommanda de ne pas se lamenter en public quand ils verraient ce qu'il était advenu de leur kayak.

Sans un mot, Ougruk et son beau-père sortirent pour inspecter les dégâts. Le jeune homme décida que les membrures brisées étaient remplaçables et la coque de peau éventrée facile à recoudre. En trois journées, les deux hommes remirent l'embarcation en état, mais chaque soir ils l'engageaient à moitié dans leur hutte et Ougruk dormait assis dans l'ouverture qui restait dehors, la tête appuyée sur ses bras croisés, posés sur la peau de phoque.

Les Eskimos de l'époque, et ceux des ères ultérieures, fort pacifiques, ne se livraient jamais à des massacres. Le chaman avait déclaré la guerre à ces hommes, mais il n'était pas libre de les tuer, ou de les faire tuer. Les gens ne l'auraient pas toléré. Cependant il avait le droit, en tant que chaman, de mettre le village en garde contre des personnes susceptibles de porter malheur. Il le fit avec ferveur et efficacité.

Il fit observer que les yeux loucheurs d'Ougruk prouvaient sa malveillance.

— Sinon, pourquoi les esprits obligeraient-ils les yeux d'un homme à se croiser ?

Pour amuser la galerie, il loucha pendant un moment et rendit hideux son visage déjà laid. Au cours de ses diatribes, il se gardait bien d'attaquer le chef, toujours respecté ; au contraire, il le louait abondamment pour ses compétences à la barre de l'oumiak de chasse, dans l'espoir de provoquer une scission entre les deux hommes. Il y serait parvenu s'il n'avait pas commis une erreur capitale.

Poussé par son désir de plus en plus violent d'obtenir Nukliet, il la suivit un soir où elle cueillait les premières fleurs de l'année. Captivé par sa beauté sombre et la grâce de ses gestes tandis qu'elle s'arrêtait ici et là pour observer la végétation printanière, il courut vers elle et, sans écouter les appels de la raison, chercha maladroitement à l'embrasser. Pendant son adolescence, Nukliet avait connu plusieurs jeunes gens très séduisants, pendant plusieurs mois elle avait été la compagne du beau Shaktoulik, et elle connaissait donc les hommes. Mais même au prix d'un effort insencé, elle ne pouvait imaginer comme partenaire sexuel ce chaman répugnant. Surtout, elle avait découvert avec Ougruk le genre de compagnon que les femmes apprécient le plus. Sa douceur et sa bravoure avaient fait oublier à Nukliet le défaut de son regard. Il se montrait toujours aimable avec les autres, mais résolu une fois sa décision prise. Dans son défi au chaman, il avait fait preuve de courage, et pour la construction du nouveau kayak il avait démontré son habileté. Nukliet, pleine de maturité à vingt ans, savait qu'elle avait beaucoup de chance d'être tombée sur lui.

Le chaman adipeux, avec ses cheveux poisseux et ses vêtements puants, n'avait rien de bien désirable en dehors de ses relations avec les esprits et de sa capacité à les faire travailler à son profit. Et quand il voulut la saisir, Nukliet s'aperçut qu'elle était prête à défier même ces pouvoirs-là.

— Va-t'en, espèce de dégoûtant.

Elle le repoussa d'un geste sec et dans son écœurement eut une réaction malencontreuse : elle lui rit au nez. Pour lui, c'était intolérable. En s'éloignant, il jura de détruire cette femme et tous ceux qui lui étaient associés, même sa fillette innocente. Le village de Pelek serait débarrassé de ces êtres maléfiques.

De retour dans sa hutte isolée où il communiquait avec les forces qui gouvernent l'univers, il s'enferma dans sa colère et échafauda toute une série de complots pour châtier cette femme qui l'avait raillé. Il envisagea le poison, le poignard, la noyade en mer ; puis ses passions effrénées se calmèrent et il prit sa décision. Le lendemain, au lever du soleil, il rassemblerait la population du village et prononcerait l'anathème contre le chef, sa fille, le mari de celle-ci et leur enfant. Il déclamerait alors la liste des mauvaises actions qu'ils avaient commises ; la honte s'emparerait du village et l'hostilité des esprits. Ses accusations seraient si violentes qu'à la fin de son discours la foule, prise de folie, déciderait peut-être de surmonter l'aversion naturelle des Eskimos pour le meurtre et d'abattre ces quatre victimes propitiatoires pour s'épargner le châtiment des esprits.

Mais aux premiers feux de l'aurore, quand il voulut réunir les gens pour les conduire à la hutte du chef où il prononcerait ses imprécations, il trouva presque tout le village déjà rassemblé sur la grève. Il se fraya un chemin dans la foule et vit ce qu'ils observaient. Sur l'horizon, trop loin pour être rattrapées même par le plus rapide des oumiaks, trois silhouettes nichées dans les trois ouvertures protégées du nouveau type de kayak s'éloignaient vers le monde inconnu de l'autre rivage.

⁂

La haute mer était agitée et quelques icebergs erraient encore à la dérive vers le sud ; il faudrait donc trois journées entières à ces émigrants audacieux pour passer d'Asie en Amérique du Nord. Mais en cette aube claire, tout paraissait possible, et ils se dirigeaient vers l'est d'un cœur léger — sentiment que jugerait improbable toute personne associée à la mer. Les promontoires de l'Asie disparurent ; devant, il n'y avait encore rien. Ils continuèrent de ramer, avec le soleil dans les yeux. Seuls sur la mer immense, sans trop savoir ce que les jours suivants leur réservaient, ils retenaient leur souffle chaque fois que leur kayak filait au creux d'une vague plus forte, puis soupiraient de soulagement quand il s'élevait sur la crête suivante. Ils ne faisaient qu'un avec les phoques en train de jouer dans l'embrun, ils se sentaient cousins des morses aux défenses recourbées en route vers les territoires de reproduction du Nord. Quand une baleine soufflait dans le lointain puis plongeait, ses ailerons de queue battant le vide, le chef criait :

— Ne bouge pas d'ici, nous reviendrons.

Leur départ précipité de Pelek avait suscité des instants d'une telle gravité qu'ils résumaient une vie. Nukliet était revenue de sa rencontre avec le chaman le visage blême, dans un état de choc. Quand son père lui avait demandé ce qui s'était passé, elle avait simplement répondu :

— Nous devons partir dans la nuit.

— Impossible ! s'était écrié Ougruk.

— Il le faut.

Elle n'avait rien ajouté. Elle n'avait ni expliqué qu'elle avait repoussé et ridiculisé le chaman, ni avoué que sa conduite avait mis toute la hutte en danger : il était désormais impossible de l'occuper plus longtemps.

Les hommes, s'apercevant qu'un interdit avait été transgressé, avaient seulement demandé :

— Cette nuit même ?

Elle avait hoché la tête, puis, comprenant qu'elle devait fournir la réponse la plus forte possible, celle qui éliminerait d'emblée toute discussion, elle avait lancé :

— Nous partirons dès que le village se sera endormi, sinon nous mourrons.

Le deuxième instant inoubliable s'était produit lorsque ces émigrants-par-la-force-des-choses étaient parvenus sur la plage. Ougruk et son beau-père transportaient le kayak sans bruit, l'épouse et la fillette s'étaient chargées des possessions de la famille. Les hommes mirent l'embarcation à la mer et aidèrent Nukliet à s'installer dans l'ouverture centrale, où elle tiendrait la fillette pendant la traversée, puis le chef voulut naturellement occuper la place de l'arrière, poste de commande du kayak, car il supposait qu'il dirigerait l'expédition. Mais Ougruk le devança et dit d'une voix calme :

— Je piloterai.

Son beau-père n'avait pas insisté.

À présent, loin de la côte et à l'abri des représailles du chaman, les quatre Eskimos dans leur frêle kayak adoptèrent les routines qui marqueraient les longues heures des trois journées suivantes. À l'arrière, Ougruk imposait une cadence lente mais régulière : deux cents coups de rame du côté droit puis un grognement.

— Change !

Et deux cents coups sur la gauche. À l'avant, le chef faisait travailler ses muscles puissants sans se ménager, comme si leur progression dépendait de lui seul ; c'était surtout lui qui entraînait le bateau. Au milieu, Nukliet donnait de l'eau douce aux deux hommes, puis des morceaux de lard à mâcher pendant l'effort.

La fillette, toujours consciente de la fatigue qu'elle imposait à sa mère, essayait parfois de s'asseoir sur le bord de l'ouverture, mais Nukliet la ramenait toujours contre elle :

— Si nous nous retournons pendant que tu es là-haut, comment ferons-nous pour te sauver ?

Et Nukliet la gardait sur ses genoux.

Ils ne s'arrêtèrent pas à la nuit, car il était important de continuer d'avancer dans la pénombre argentée. Quand le soleil finit par se cacher en ces premiers jours de l'été, Ougruk et son beau-père adoptèrent un rythme plus lent, mais qui leur permit de maintenir constamment la proue du bateau dans la direction de l'est. Aucun homme ne pouvait pagayer sans arrêt et, au lever du soleil, les deux rameurs somnolèrent tour à tour, d'abord le chef, puis Ougruk. Quand ils le firent, chacun prit soin de coincer sa précieuse rame dans l'ouverture, contre sa jambe, pour pouvoir la récupérer au plus vite.

Nukliet ne dormit pas les deux premiers jours ; elle encouragea sa fille à le faire, et quand la tête de l'enfant endormie reposait contre la sienne, elle se sentait plus mère que jamais, car sur cette grande mer houleuse, rien d'autre qu'elle, Nukliet, ne protégeait sa fille de la mort. Mais elle éprouvait deux autres sensations presque aussi fortes. Pendant toute la traversée, elle laissa son pied gauche contre la peau du phoque contenant l'eau douce, pour s'assurer qu'elle était bien là, et son pied droit contre la rame de secours, qui deviendrait nécessaire si par malheur l'un des deux hommes perdait la sienne. Elle s'imaginait en train de saisir la pagaie pour la remettre soit à son mari, soit à son père ; et là, sur le vaste désert de la mer, elle éprouva la certitude que si pareil accident se produisait, ce serait son père et non Ougruk qui perdrait sa rame.

Le matin du troisième jour, incapable de rester éveillée, elle s'endormit. S'apercevant qu'elle avait laissé sa fille sans protection, elle s'écria :

— Père, vous devez tenir l'enfant un moment.

Elle voulut faire passer la fillette à l'avant, mais Ougruk s'interposa.

— Donne-la-moi.

En sombrant dans le sommeil, Nukliet songea avec des larmes dans les yeux : « Ce n'est pas sa fille, mais elle emplit cependant son cœur. »

***

L'après-midi de ce troisième jour, les terres de l'Est devinrent visibles, ce qui incita les hommes à ramer avec davantage de vigueur, mais la nuit tomba avant qu'ils n'atteignent la côte, et quand les étoiles brillèrent — un peu plus que d'habitude car elles luisaient aussi de l'espoir des quatre immigrants silencieux —, le kayak continua d'avancer résolument, avec Nukliet qui serrait de nouveau son enfant, un pied contre l'eau rassurante, l'autre contre la rame de secours.

Peu après minuit, les étoiles disparurent et un grand vent se leva. Soudain, car le temps change rapidement dans cette région, une tempête tomba sur eux et le kayak se mit à basculer dans d'énormes creux, puis à s'élever en craquant à des hauteurs terrifiantes. Les deux hommes devaient ramer de toutes leurs forces pour empêcher leur frêle esquif de se retourner, et juste au moment où ils ne pouvaient plus supporter la douleur cuisante dans leur bras, Ougruk hurlait par-dessus le tumulte du vent :

— Change!

En un rythme parfait, ils changeaient de côté et maintenaient leur mouvement vers l'avant.

Nukliet, à chaque glissante du bateau, serrait davantage son enfant contre elle, mais la fillette ne pleurait pas, ni ne s'abandonnait à la peur. Quoique terrifiée par la violence de la mer, devenue toute noire, elle se contentait de serrer un peu plus fort le bras de sa maman.

Puis une vague gigantesque surgit des ombres. Le chef cria :

— Fini!

Le kayak bousculé se mit à tourner vers la gauche, totalement englouti sous la grosse vague.

Il était convenu depuis mille ans que lorsqu'un kayak se retournait, l'homme qui pagayait, d'un vigoureux coup de pagaie, en tordant son corps, essayait de renforcer le mouvement de rotation dans le même sens pour faire faire à l'embarcation un tour complet. Submergés dans l'eau noire glacée les deux hommes obéirent à ces instructions traditionnelles, en forçant sur leurs rames et en projetant leur poids de façon à profiter de l'élan. Nukliet fit automatiquement de même, car on le lui avait enseigné dès sa naissance, et même la fillette savait que leur salut reposait sur la rotation ininterrompue du kayak : elle s'accrocha à sa mère et contribua à maintenir l'élan.

Quand le kayak se trouva au maximum de submersion, avec ses passagers la tête en bas dans les eaux meurtrières, le miracle de sa conception se manifesta : la peau de phoque parfaitement ajustée maintint l'eau au-dehors et l'air au-dedans. Dans ces conditions, l'embarcation légère pouvait continuer de tourner et de se redresser, victorieuse des forces redoutables de la tempête. Quand les voyageurs chassèrent l'eau salée de leurs yeux, ils virent à l'est les premiers signes du jour naissant. Ils s'aperçurent aussi que la terre était proche. Les vagues se calmèrent, la mer s'apaisa. Les deux hommes continuèrent de pagayer sans bruit tandis que Nukliet séchait sa fille, qu'elle avait protégée des profondeurs.

Ils accostèrent avant midi, sans savoir si le village où ils s'étaient rendus un jour se trouvait au nord ou au sud. Peu importait : ils sauraient le découvrir. Les deux hommes halèrent le kayak à terre. Nukliet les arrêta un instant, plongea la main sous la peau de phoque et en sortit la rame de secours. Debout entre les deux hommes, elle leva la pagaie dans l'air clair du matin.

— Elle était inutile. Vous saviez ce qu'il fallait faire.

Elle les embrassa tous les deux ; d'abord son père, par respect pour tout ce qu'il avait fait dans l'ancien pays et ce qu'il ferait dans le nouveau, puis son mari courageux pour l'amour qu'elle lui portait.

Ce fut ainsi que ces Eskimos au visage rond et à la peau foncée s'établirent en Alaska.

***

Il y a douze mille ans — et maintenant la chronologie devient nettement plus fiable, car des archéologues ont découvert des objets datables : fonds de cabane en pierre et même restes de villages longtemps oubliés —, un groupe d'Eskimos différents des autres éléments de cette race remarquable vivait à plusieurs endroits proches du côté alaskan du pont continental. La raison de leur différence demeure obscure car ils parlaient la même langue que les autres Eskimos ; ils s'étaient adaptés à peu près de la même manière à la vie dans les climats froids ; et à certains égards ils étaient même plus habiles à vivre efficacement aux dépens des animaux qui arpentaient les terres ou nageaient dans les mers voisines.

De plus petite taille que les autres Eskimos, et plus sombres de peau, comme s'ils provenaient à l'origine d'une autre région de Sibérie, ou même de l'Asie centrale, plus loin vers l'ouest, ils étaient restés sur les terres situées à l'ouest du pont continental suffisamment longtemps pour acquérir les traits culturels fondamentaux des Eskimos installés là. Cependant, quand ils passèrent en Alaska, ils s'établirent à part, et provoquèrent le soupçon, voire l'hostilité de leurs voisins.

Cet antagonisme entre groupes n'était pas exceptionnel. Le groupe originel de Varnak, après son arrivée en Alaska, avait peuplé, avec ses descendants, connus sous le nom d'Athapascans, la majeure partie du pays. Quand les Eskimos d'Ougruk survinrent sur la côte, les Athapascans établis depuis longtemps, qui monopolisaient les régions les plus accueillantes entre les glaciers, les reçurent avec hostilité. Une règle s'établit : les Eskimos s'accrochèrent aux rivages, où ils purent conserver leur ancien style de vie, associé à la mer, tandis que les Athapascans se groupèrent dans les terres, plus favorables à la chasse qu'ils pratiquaient. Des décennies s'écoulaient souvent sans qu'un groupe empiète sur le territoire de l'autre, mais quand cela se produisait, il y avait souvent des contestations, des affrontements, et parfois mort d'hommes. En général, les Athapascans, plus vigoureux, remportaient la victoire. Après tout, ils avaient occupé ces terres des millénaires avant l'arrivée des Eskimos.

Il ne s'agissait peut-être pas de l'antagonisme traditionnel dans le monde entier des hommes de la montagne envers les hommes de la côte, mais l'on n'en était pas loin. Et si le peuple d'Ougruk avait du mal à se défendre contre les Athapascans plus agressifs, la troisième vague de migrants, plus petits de taille et plus doux de caractère, paraissait incapable de se protéger contre les uns et les autres. Très vite, il devint évident que jamais ils ne pourraient maintenir leur position dans l'une des meilleures régions de l'Alaska, et les deux cents et quelques membres de leur clan s'interrogèrent sur leur avenir.

Malheureusement, juste en ce moment de déclin de leur bonne étoile, leur sage le plus vénéré, un vieillard de trente-sept ans, tomba si malade qu'il ne put les guider. Tout partit à l'abandon, les décisions les plus urgentes furent ajournées ou oubliées. Par exemple, au cours de ses errances forcées, le groupe s'était établi provisoirement dans le sud, fort attirant, de la péninsule qui constituait la partie le plus occidentale de l'Alaska pendant les millénaires où la montée des eaux avait englouti le pont continental. Bien entendu, depuis que le passage avait réémergé, il n'y avait pas d'océan à moins de cinq cents kilomètres, mais le groupe vivait dans l'abondance grâce à des ressources naturelles encore plus riches et variées.

Pour des raisons qui n'ont jamais été expliquées et ne le seront peut-être jamais, à cette époque-là — vers douze mille ans avant l'ère actuelle — la faune de l'Alaska et de la Terre entière, proliféra à un rythme inconnu jusque-là. Non seulement la diversité des espèces animales fut extraordinaire, mais le nombre d'individus devint excessif, et, plus inexplicable encore, chaque spécimen était beaucoup plus gros que ses descendants ultérieurs. Les castors? Énormes. Les bisons? Des monuments velus. Les orignals? De véritables tours, à la ramure plus grande que certains arbres. Et le bœuf musqué à longs poils? D'une taille vertigineuse. C'était l'époque des animaux géants, et les hommes qui vivaient parmi eux avaient beaucoup de chance, car abattre une seule de ces bêtes assurait leur survie pendant de nombreux mois.

Comme au temps de Varnak le chasseur, le roi de la steppe, le plus gros et le plus majestueux de tous les animaux, demeurait le mammouth. Au cours des quinze millénaires depuis que Varnak avait poursuivi Matriarche sans réussir à la tuer, les mammouths étaient devenus plus gros et plus nombreux, de sorte que la région occupée par ce groupe d'Eskimos hébergeait ces énormes créatures en telle quantité que n'importe quel adolescent élevé du côté oriental de ce pont continental se flattait de les connaître. Il n'en voyait pas tous les jours, ni même tous les mois, mais il les savait présents autour de lui, comme les ours géants et les lions rusés.

Un de ces jeunes gens se nommait Azazrouk. Âgé de dix-sept ans et grand pour son âge, il était asiatique à tout point de vue : cheveux d'un noir intense, peau d'un jaune foncé, yeux très étroits, bras plus longs que ceux de ses camarades. Sans aucun doute ses ancêtres appartenaient aux Mongols d'Asie. Fils d'un homme âgé en train de mourir, il aurait dû naturellement exercer à sa maturité la même autorité que son père, comme celui-ci l'espérait, mais avec le passage des années, il s'était peu à peu avéré que ce ne serait pas le cas. Le père n'avait jamais reproché à son fils ses faiblesses, mais il ne parvenait pas à cacher sa déception.

En fait, avec les meilleures intentions du monde, le vieil homme ne parvenait pas à trouver un seul domaine dans lequel son fils puisse contribuer au bien-être du clan. Il ne savait pas chasser ; il n'avait aucune habileté pour tailler des pointes de flèches acérées dans les blocs de silex ; et il ne montrait aucune aptitude pour conduire les hommes à la bataille contre leurs oppresseurs. Certes, il avait la voix forte quand il voulait s'en servir, et il aurait pu s'imposer pendant les discussions, mais il préférait parler si doucement qu'il paraissait parfois presque efféminé. Mais c'était tout de même un garçon juste, son père le savait et l'ensemble de la communauté aussi. La question importante demeurait : comment exercerait-il sa charge si une crise l'exigeait ?

Son père, dans sa sagesse, s'était aperçu que très peu d'hommes au cours d'une vie pouvaient éviter les grands moments d'épreuve. Les chefs de naissance, comme lui-même, en rencontraient constamment. Quand ils chassaient les animaux, construisaient les cabanes et déterminaient où se dirigerait le clan, leurs décisions avaient force de loi pour leurs pairs. Le fardeau de l'autorité justifiait ces privilèges. Mais il avait également observé que l'homme moyen, que rien ne qualifiait pour exercer une autorité, connaissait lui aussi des moments où tout est en suspens. Dans ces circonstances un homme doit agir très vite, sans prendre le temps de délibérer ni de calculer soigneusement toutes les possibilités. Le mammouth pourchassé se retourne à l'improviste, et il faut que quelqu'un l'affronte. Le kayak se retourne dans une turbulence du torrent et quand le rameur essaie de le retourner de la manière habituelle, en augmentant sa vitesse de rotation, il rencontre un rocher — que fait-il ? Un homme qui évite les désagréments de son mieux se trouve confronté soudain à un bravache qui cherche à l'intimider. Les femmes n'échappaient pas non plus à cette exigence et devaient juger les situations instantanément : un bébé se présentait par le siège à la naissance — que faisaient les matrones ? Une adolescente refusait de menstruer — comment fallait-il procéder ?

La vie dans la citadelle de glace de l'Alaska plaçait constamment les êtres humains en face de difficultés, et, à l'âge de dix-sept ans, Azazrouk aurait dû posséder déjà un caractère bien trempé. Ce n'était pas le cas, et son père mourant s'interrogeait encore sur l'avenir de son fils.

Un jour, vers la fin du printemps, les Athapascans des régions du nord lancèrent malencontreusement un raid contre le clan. Le vieil homme agonisait, et son fils resta près de lui au lieu de se joindre aux guerriers qui tentaient bien en vain de défendre leurs biens. À l'approche de la mort, le père murmura :

— Azazrouk, tu dois conduire notre peuple en un endroit plus sûr.

Avant que le jeune homme n'ait le temps de répondre ou même de faire comprendre à son père qu'il avait entendu son ordre, la mort soulagea les craintes du vieillard.

Ce ne fut pas une grande bataille, simplement la continuation de la pression exercée par les Athapascans sur tous les Eskimos, où qu'ils fussent. Mais comme elle coïncida avec la mort de son chef de longue date, le clan en fut troublé, et les hommes déconcertés s'assirent devant leurs huttes dans la soirée printanière en se demandant que faire. Pas un seul, et surtout ceux qui s'étaient battus, ne se tourna vers Azazrouk en quête d'un conseil ou même d'une suggestion. On le laissa donc seul. Confronté au mystère de la mort et soupesant les dernières paroles de son père, il sortit du village et marcha à l'aveuglette jusqu'à ce qu'il tombe devant un torrent qui dévalait du glacier, vers l'est.

Comme il essayait de démêler les pensées qui se bousculaient dans sa tête, il baissa les yeux par hasard vers le torrent et remarqua qu'il était presque blanc, car il charriait des myriades de bouts de pierre arrachés à des roches de la face du glacier. Pendant un moment, cette blancheur l'émerveilla et il se demanda si elle ne constituait pas une sorte de présage. Tout en réfléchissant à cette possibilité, il vit, dans la boue noire qui constituait la berge du torrent, un étrange objet, brillant et de couleur dorée : un petit morceau d'ivoire de la taille de deux doigts, peut-être arraché à une défense de mammouth ou bien apporté dans les terres des siècles plus tôt à la suite d'une chasse au morse. Mais ce qui le rendait le plus remarquable — même en ces premiers instants, dans la main d'Azazrouk —, c'était que le hasard ou la main d'un artiste mort depuis longtemps avait conféré à l'ivoire la forme d'un être vivant, peut-être un homme, peut-être un animal. Pas de tête, mais un torse, des membres sur ce torse et une main (ou une patte) clairement définie.

Azazrouk fit tourner l'objet en tous sens dans la lumière douce, étonné par sa présence particulière : c'était de l'ivoire, à n'en pas douter, mais aussi quelque chose de vivant... Posséder un trésor pareil créa chez le jeune homme une sorte d'illumination et lui donna soudain un but. Impossible de croire que la découverte de cette petite créature pleine de vie le jour précis de la mort de son père, quand la confusion régnait dans le clan, fût l'effet du hasard. Azazrouk comprit que si les Grands Esprits l'avaient conduit jusqu'à ce talisman, c'était pour le destiner à une mission importante. Aussitôt, il décida de garder secrète sa découverte. Il dissimula la figurine dans un pli de la peau de daim qu'il portait, et elle y resterait jusqu'au jour où les esprits qui la lui avaient envoyée lui révéleraient leurs intentions.

Puis, au moment où il allait quitter le torrent dont les eaux turbulentes demeuraient aussi blanches que le lait d'une vache musquée, un chœur de voix le fit sursauter — les voix des esprits qui lui avaient envoyé la figurine d'ivoire et présidaient aux fortunes de son clan. En une belle harmonie de chuchotements que nulle autre oreille n'aurait entendue, les voix lui annoncèrent : « Tu seras le chaman. » Puis elles se turent.

Ce message, qui aurait suscité des transports de joie dans le cœur de tout Eskimo ordinaire, car il présageait une grande autorité et des relations constantes avec les esprits qui dirigeaient la vie, emplit le pauvre Azazrouk de consternation. Depuis sa plus tendre enfance, il avait vu son père, rusé et sagace, en opposition déclarée avec les divers chamans associés à son clan : il reconnaissait le caractère unique de leurs pouvoirs, le fait que le peuple et lui-même devaient compter sur leur intercession dans le domaine spirituel, mais il leur reprochait leurs empiétements constants sur ses prérogatives temporelles et il avait prévenu son fils :

— Garde-toi des chamans. Obéis à leurs instructions pour tout ce qui concerne l'esprit, mais pour le reste, évite-les.

Le vieil homme détestait particulièrement les habitudes négligées des chamans, leurs peaux de bêtes sales et leurs cheveux longs collés par la crasse, quand ils accomplissaient leurs mystères et rendaient leurs jugements.

— Un homme n'a pas besoin de sentir mauvais pour être sage.

Et l'adolescent avait eu plus d'une occasion de constater la justesse des critiques de son père.

Un jour, quand Azazrouk avait dix ans, un Eskimo décharné s'était joint au clan en proclamant avec arrogance qu'il était chaman ; il s'offrait pour remplacer un vieux sage qui venait de mourir. Le chaman décédé passait pour meilleur que la moyenne, et les faiblesses du nouveau faiseur de miracles sautèrent vite aux yeux de tous. Il n'attirait ni mammouth ni ours sur les terrains de chasse — ni enfants mâles sur les lits des accouchées ; la vie spirituelle du village ne fut ni améliorée ni amendée, et le père d'Azazrouk s'était servi du malencontreux exemple de cet incapable pour condamner tous les chamans.

— Ma mère m'a appris qu'ils étaient essentiels et je le crois encore. Comment pourrions-nous vivre avec des esprits qui pourraient nous attaquer si nous n'avions pas leur protection ? Mais je préférerais que les chamans vivent dans la forêt de sapins et nous protègent depuis là-bas.

Azazrouk, la figurine d'ivoire cachée contre son ventre, les oreilles bourdonnantes des échos du torrent près de lui, commença cependant à se demander si les esprits ne lui avaient pas envoyé son nouveau trésor pour ratifier leur décision sur son pauvre destin : serait-il le chaman dont son peuple avait besoin ? Cela le fit frémir et il essaya de repousser l'idée, à cause des lourdes responsabilités impliquées. Il envisagea même de jeter dans le torrent la figurine importune. Mais lorsqu'il saisit l'ivoire dans le pli de sa taille, la petite créature parut lui sourire — même sans visage. Et ce sourire invisible était tellement chaleureux et engageant qu'Azazrouk, si tourmenté qu'il fût par la mort de son père et ces événements étrangers, fut contraint de sourire à son tour, puis de rire et enfin de bondir en l'air, pris par une sorte de joie délirante. Il reconnut alors qu'il venait de recevoir l'invitation, ou peut-être l'ordre, de devenir le chaman de son clan. Et en cet instant d'acceptation spirituelle de son destin, les esprits montrèrent leur approbation en provoquant un miracle.

D'entre les sapins qui bornaient le torrent magique survint un mammouth, un vieux solitaire, de taille normale mais énorme dans les ombres du soir. Quand il vit Azazrouk, il ne s'arrêta pas, ni ne fit un écart ; au contraire, il s'avança, oubliant le danger qu'il courait. En arrivant à environ quatre longueurs de son corps, il s'arrêta, regarda le jeune homme et demeura sur place. Ses pattes monstrueuses légèrement enfoncées dans la terre molle, il se mit à brouter des branches de sapin et de saule comme si l'Eskimo n'existait pas.

Azazrouk se retira lentement, un pas à la fois, jusqu'à l'orée du bois. Puis, en une sorte de transe mystique, il se dirigea solennellement vers le village où des femmes préparaient le cadavre de son père pour l'enterrement. Plusieurs hommes, surpris par sa mine grave, se tournèrent vers lui.

— Je vous ai apporté un mammouth, annonça-t-il simplement.

La chasse commença.

Quatre jours plus tard, à cause de ses encouragements ardents, les hommes parvinrent à abattre le grand animal, et le village comprit qu'à l'instant de la mort de son père l'esprit de ce sage était passé dans le corps de son fils. N'avait-il pas prédit que le mammouth solitaire partirait vers l'est pendant deux jours après le premier coup d'épieu, puis reviendrait deux jours plus tard à la recherche d'un site familier pour mourir ? Et l'animal était effectivement revenu non loin de l'endroit où Azazrouk l'avait découvert. A sa mort, sa carcasse se trouvait presque à l'endroit où elle serait consommée.

— Azazrouk possède un pouvoir sur les animaux, dirent les hommes et les femmes tout en dépeçant le mammouth et en festoyant de sa viande riche.

Et cela parut se confirmer. Deux semaines plus tard, deux lionnes attaquèrent et blessèrent d'un coup de patte à la nuque un des hommes du village. Tout le monde supposa que le pauvre homme mourrait — on savait que les lions ont tellement de poison dans les griffes que nul n'échappe à la mort. Mais Azazrouk s'était précipité pour chasser les lionnes puis avait aussitôt placé sur la blessure saignante un emplâtre de feuilles et de mousses de la forêt. À la surprise du clan entier, l'homme blessé continua de vaquer à ses affaires et put tourner le cou comme s'il ne lui était rien arrivé.

*
**

Quand Azazrouk assuma l'autorité spirituelle, il prit

plusieurs décisions, qui consolidèrent son pouvoir et le rendirent plus acceptable par son peuple que tout autre chaman, de mémoire d'homme. Il refusa, systématiquement avec une énergie exemplaire, toute responsabilité dans les autres domaines : guerre, gouvernement et chasse ; il répétait sans cesse que c'étaient les prérogatives du chef, homme audacieux et éprouvé de vingt-deux ans pour qui Azazrouk éprouvait un grand respect. Ce chasseur courageux connaissait parfaitement les habitudes des animaux et ne demandait jamais à quiconque de faire une chose qu'il n'était pas prêt à accomplir lui-même. Sous sa direction le clan serait aussi bien protégé qu'avant, sinon mieux.

En outre, Azazrouk établit des pratiques qui n'avaient jamais été essayées auparavant dans son peuple. Il ne voyait aucune raison justifiant qu'un chaman vive à l'écart des autres et reste sale et mal vêtu. Il continua d'occuper la hutte de son père — un trou dans le sol entouré de murs de bois et de pierre — et de prendre soin de son pantalon en peau de caribou et de sa cape de peau de phoque. Il se mit à la disposition des gens qui avaient des problèmes, et s'occupa surtout des enfants pour les aider à prendre un bon départ. En particulier, il leur assignait des devoirs : les fillettes devaient apprendre à traiter les peaux des animaux et les os des mammouths et des rennes ; les garçons devaient savoir chasser et fabriquer les accessoires indispensables à la chasse. Il voulait que la tribu ait un tailleur de silex expérimenté, un autre homme sachant maîtriser le feu, un troisième habile à suivre les pistes des animaux.

Azazrouk croyait que la plupart de ses pouvoirs provenaient de sa connaissance des animaux ; chaque fois qu'il se déplaçait sur les vastes terres entre les glaciers, il étudiait les bêtes qui partageaient ce paradis avec lui. Peu lui importait leur taille. Il savait où se cachaient les petits gloutons et comment les blaireaux traquaient leurs proies. Il comprenait le comportement des renardeaux et les artifices des rats et des minuscules créatures qui creusaient sous le sol. Parfois, quand il chassait ou aidait les autres chasseurs, il se sentait momentanément loup à l'affût d'un troupeau, mais son plus grand plaisir demeurait les plus grands animaux : le mammouth, le grand orignal, le bœuf musqué, l'effrayant bison et le puissant lion.

L'homme possédait une certaine dignité à cause de son intelligence supérieure et de son habileté manuelle, mais la taille même de ces animaux leur conférait une noblesse particulière — notamment du fait que dans ces régions aux hivers glacés, ils avaient trouvé des moyens de se protéger et de survivre jusqu'à ce que le printemps tiédisse l'air et fasse fondre les neiges. Ils étaient à leur manière aussi sages que n'importe quel chaman. En les étudiant, Azazrouk espérait déceler leurs secrets et en tirer parti.

Mais après l'étude de ces animaux, quand il eut associé leur sagesse à ce qu'il avait appris sur les êtres humains, un autre domaine de l'esprit demeurait, que ni lui ni les animaux ne pouvaient pénétrer. Qu'est-ce qui faisait rugir les grands vents venus d'Asie? Pourquoi avait-on plus froid dans le Nord que dans le Sud? Qui alimentait les glaciers, quand chacun constatait qu'ils mouraient au moment où leur mufle touchait la terre sèche ou la mer? Qui appelait les fleurs jaunes à la vie au printemps et les fleurs rouges à l'automne? Et pourquoi des enfants naissaient-ils presque en même temps que des vieillards mouraient?

Il passa les sept premières années de sa vie de chaman à se débattre avec ces questions, et avec le temps, il définit certaines règles. Les cailloux luisants qu'il avait ramassés, les menues babioles que sa mère appréciait, les bâtons et les os qui possédaient un pouvoir de présage, l'aidaient lorsqu'il désirait invoquer les esprits pour parler avec eux. Il apprenait beaucoup de choses au cours de ces dialogues, mais il conservait toujours derrière ses paupières l'image du morceau d'ivoire doré en forme d'animal ou d'homme — un homme en train de sourire, peut-être, bien qu'il n'eût pas de tête. Et il se mit à voir le monde comme un lieu amusant où il se passait des choses ridicules. Un homme ou une femme pouvaient obéir à toutes les règles et éviter tous les dangers, mais tomber cependant dans une situation absurde dont leurs voisins et les esprits eux-mêmes ne pouvaient s'empêcher de rire, parfois furtivement mais la plupart du temps aux éclats. Le monde était tragique, des hommes de courage et des animaux puissants mouraient de façon arbitraire, mais il était aussi tellement absurde que parfois même les crêtes des montagnes semblaient se tordre de rire.

⁂

Au cours de sa neuvième année comme chaman, le rire cessa. Une maladie venue de la mer frappa le village ; puis, à peine les cadavres furent-ils enterrés que les Athapascans arrivèrent de l'est. Les mammouths quittèrent la région, les bisons les suivirent, la faim s'installa. Un jour, alors que tout semblait conspirer contre le clan, Azazrouk convoqua les anciens du village, dont plus de la moitié étaient ses aînés, et leur annonça sans ambages :

— Les esprits envoient des avertissements. Il est temps de partir.

— Où ? demanda le chef des chasseurs.

Avant qu'Azazrouk énonce une suggestion, plusieurs hommes avancèrent des réponses négatives.

— Nous ne pouvons pas aller vers la demeure de la Grande Étoile. C'est là que se trouvent les peuples qui chassent la baleine.

— Et nous ne pouvons pas aller où le soleil se lève. C'est là qu'habitent les gens des arbres.

— Le Pays des Baies Brisées serait favorable, mais les tribus de ces contrées sont redoutables. Elles nous repousseront.

Une fois écartées ces options logiques, ce malheureux groupe, si petit qu'il ne représentait aucun pouvoir, parut exclu de toutes parts. Un homme timide, qui n'avait vraiment rien d'un chef, suggéra :

— Nous pourrions revenir d'où nous sommes venus.

Pendant un long silence, les anciens envisagèrent ce retrait, mais ils ne conservaient plus le moindre souvenir du pays que leurs ancêtres avaient quitté deux mille ans auparavant : il existait des récits traditionnels d'exode décisif d'ouest en est, mais personne ne se rappelait plus à quoi ressemblait la patrie d'origine ni les raisons puissantes qui avaient incité les ancêtres à la quitter.

— Nous sommes venus de par là-bas, dit une vieille femme en agitant la main dans la direction de l'Asie. Mais qui sait pourquoi?...

Personne ne savait et cette première délibération sur le sujet n'aboutit donc à rien. Mais quelques jours plus tard Azazrouk vit une fillette couper les cheveux d'une amie avec une coquille de palourde.

— Où as-tu trouvé ce coquillage? demanda-t-il.

Les fillettes lui apprirent que, selon une tradition de leur famille, plusieurs de ces coquillages avaient été jadis apportés au village par des hommes d'allure étrange qui parlaient leur langue d'une curieuse façon.

— D'où venaient-ils?

Les fillettes l'ignoraient, mais le lendemain elles conduisirent leurs parents à la hutte du chaman, et ceux-ci lui apprirent qu'ils n'avaient pas connu les hommes-aux-coquillages.

— Ils sont venus avant notre époque. Mais la grand-mère disait qu'ils étaient arrivés de par là-bas.

D'après les souvenirs, les inconnus venaient du sud-ouest. Ils ne ressemblaient pas aux gens du village mais s'étaient montrés aimables et avaient dansé. Oui, tous ceux que les parents avaient entendus parler de ces hommes-aux-coquillages affirmaient qu'ils avaient dansé.

Ce furent ces renseignements de hasard, sans le secours d'aucun raisonnement logique, qui incitèrent Azazrouk à envisager un départ vers l'endroit d'où étaient venus les coquillages. Après de longues négociations, il se décida : aucune autre région ne leur était ouverte et continuer au même endroit s'avérerait de plus en plus mauvais ; leur seul espoir reposait dans des pays inconnus et supposés habitables.

Mais il ne pouvait pas recommander un voyage aussi périlleux sans la ratification des esprits. Pendant trois longues journées il resta pour ainsi dire immobile dans sa case, ses fétiches étalés autour de lui ; dans le noir, quand la faim eut induit en lui une sorte de stupeur, les esprits lui parlèrent — des voix venues de loin, parfois dans des langues qu'il ne comprenait pas, parfois aussi nettes que le meuglement d'un orignal par un matin glacé :

— Azazrouk, ton peuple meurt de faim. Des ennemis l'insultent de tous côtés. Vous n'êtes pas assez puissants pour combattre. Vous devez partir.

Il l'avait accepté, et il trouva étrange que les esprits répètent une chose aussi évidente, mais à la réflexion il revint sur son jugement : « Ils procèdent pas à pas, se dit-il, comme un homme vérifierait de la glace fraîche. » Un peu plus tard, les esprits en vinrent au fait :

— Il vaudrait mieux, Azazrouk que vous partiez vers la Grande Étoile, au bord de la terre glacée, pour chasser la baleine et le morse à la manière d'autrefois. Si vous avez du courage et des hommes audacieux, partez là-bas.

En se frappant le front du plat de la main, il s'écria :

— Mais notre chef n'a pas assez de guerriers !

— Nous le savons, répondirent les esprits.

Profondément déçu, Azazrouk se demanda pourquoi les esprits recommandaient d'aller au nord alors qu'ils en connaissaient les risques, mais ce qu'ils lui dirent ensuite l'emplit de colère froide.

— Dans le Nord, vous construiriez des oumiaks pour chasser au large la grande baleine. Vous poursuivriez le morse et péririez s'il vous attrapait. Vous mettriez à mort le phoque et le poisson à travers la glace. Vous vivriez comme votre peuple a toujours vécu. Dans le Nord, vous feriez tout cela.

Ces paroles étaient tellement insensées qu'Azazrouk suffoqua. L'air se bloqua dans sa gorge et il tomba en avant au milieu de ses fétiches, sans connaissance. Il demeura longtemps ainsi, et dans ses rêves déments, il comprit qu'en lui donnant ces ordres impossibles, les esprits essayaient de lui rappeler qui il était, ce que sa vie avait été pendant des générations sans nombre : même si son clan vivait dans les terres depuis deux mille ans, il demeurait un peuple de la mer glacée, qu'aucun autre peuple ne pouvait défier sans risque. Il était un Eskimo, possesseur d'une tradition merveilleuse, et même le passage des générations ne pouvait pas effacer ce fait suprême.

Quand il revint à lui, purifié de ses craintes par les messages insistants des esprits, ceux-ci lui parlèrent plus doucement :

— Vers le sud-ouest, il doit y avoir des îles, sinon comment les inconnus auraient-ils pu apporter des coquillages ?

— Je ne comprends pas, cria-t-il.

— Îles, mer. Mer, coquillages. Un homme peut trouver son héritage sous des formes différentes.

Et ils se turent sur ces mots.

Le matin du quatrième jour, Azazrouk apparut devant la population inquiète qui avait passé la nuit précédente devant sa hutte, et entendu d'étranges sons venir de l'intérieur. Grand, sec et maigre, propre, les yeux enfoncées dans le crâne et enflammés par une illumination comme il n'en avait jamais connu, il annonça :

— Les esprits ont parlé. Nous irons par là-bas.

Il tendit le bras vers le sud-ouest.

Mais quand il rentra dans sa hutte, où le peuple ne pouvait pas le voir, sa résolution céda et il se laissa accabler par les risques du voyage et les distances à parcourir jusqu'à ces terres inconnues qui n'existaient peut-être pas. Puis il s'aperçut que la petite figurine d'ivoire se moquait de lui, tournait ses craintes en ridicule et participait, de sa manière intemporelle, à la sagesse qu'elle avait acquise lorsqu'elle faisait partie d'un grand morse, puis quand elle avait attendu dix-sept mille ans dans la boue d'un torrent glaciaire, en regardant dériver devant elle tout un univers de poissons morts, de mammouths foudroyés et d'hommes insouciants.

— Ce sera gai, Azazrouk. Tu verras sept mille couchers de soleil, sept mille levers de soleil.

— Trouverai-je un refuge pour mon peuple ?

— Est-ce important?

En rangeant la petite figurine dans son étui, il l'entendit continuer de rire — du rire des vents sur la crête d'une colline, de l'allégresse d'une baleine quand elle crève la surface après une longue poursuite sous-marine, de la gaieté d'un jeune renard pourchassant des oiseaux à l'aveuglette : l'écho merveilleux et sacré d'un univers ne se souciant guère que l'homme trouve un refuge ou non, du moment qu'il prend un plaisir espiègle à la recherche.

⁂

Les dix-neuf années pendant lesquelles Azazrouk conduisit son peuple errant à l'aventure dans le sud-ouest de l'Alaska comptèrent parmi les plus magnifiques que cette région du monde connaîtrait jamais. Le règne animal, à son zénith, fournissait une abondance inépuisable de nobles bêtes bien adaptées à ce pays stupéfiant. Les montagnes étaient plus hautes, à l'époque; les glaciers plus puissants; les torrents plus impétueux. Dans ce pays débordant d'énergie, chaque élément forçait l'émerveillement, depuis les hivers si froids que les animaux prudents s'enfouissaient sous terre, jusqu'aux étés qui emplissaient les plaines d'une multitude de fleurs.

En ces années, le pays semblait immense, aucun homme n'aurait pu le traverser d'un bout à l'autre, ni explorer la multitude des cours d'eaux glaciaires et des sommets vertigineux. De presque partout, le voyageur pouvait voir des montagnes enneigées, et la nuit dans son sommeil il entendait non loin les lions puissants et les grands loups. Sans parler des ours bruns, aussi hauts que les arbres quand ils se dressaient sur leurs pattes de derrière — et ils le faisaient souvent, comme pour se vanter de leur taille. Beaucoup plus tard on les appellerait « grizzly », et de tous les animaux qui s'approchaient des campements quand les voyageurs s'arrêtaient, c'étaient les plus surprenants. S'il y avait de la nourriture, ils se montraient aussi doux que les moutons de la basse montagne, mais s'ils étaient vexés ou mis en rage par un comportement inattendu, ils s'avéraient capables d'éventrer un homme d'un seul coup de leurs redoutables pattes.

À cette époque, les ours mesuraient plus de cinq mètres de haut, et ils terrorisaient les novices. Pour Azazrouk, qui avait appris à consulter les animaux, c'étaient des amis énormes, gauches et imprévisibles. Il ne les recherchait pas, mais quand ils apparaissaient aux abords du campement de son peuple, il leur parlait ; s'il tombait sur eux par hasard, il s'asseyait sur un rocher, calmement, pour leur demander si les baies étaient mûres sous les bouleaux, ou ce que mijotaient les puissants bisons. Les grands ours, assez énormes pour l'éventrer d'un coup de dents, l'écoutaient attentivement et s'approchaient parfois pour se frotter à lui : ils sentaient qu'il n'avait pas peur et ne lui faisaient donc aucun mal.

Il n'en alla pas de même avec un jeune chasseur. Voyant l'ours avec le chaman et ignorant qu'il existait une relation spéciale entre l'homme et la bête, le chasseur attaqua le grand ours. Celui-ci, surpris par ce changement soudain, écarta le jeune homme. Mais quand ce dernier l'attaqua une deuxième fois, l'animal riposta d'un coup de sa patte droite, qui faillit décapiter l'assaillant. Cette fois, les soins du chaman et ses pansements de feuilles et de mousse demeurèrent sans effet ; l'homme mourut sans même reprendre conscience, et le camp ne revit jamais cet ours-là.

Pourquoi ce groupe tout à fait ordinaire d'Eskimos mit-il dix-neuf ans à trouver un nouveau foyer ? Tout d'abord ils n'étaient pas partis vers un but précis ; ils se contentaient de dériver, en essayant un emplacement après l'autre. Ensuite, les fleuves demeuraient parfois en crue pendant deux ou trois étés de suite et des montagnes formaient obstacle. Mais le principal responsable de cette durée fut le chaman lui-même : chaque fois qu'il tombait sur un endroit agréable, il se croyait arrivé et il avait tendance à ne plus bouger jusqu'à ce que l'adversité le contraigne à un autre déplacement pour survivre.

Les gens le laissaient toujours décider, car ils sentaient que dans une période de changements si radicaux, il leur fallait le soutien sans réserve des esprits. Une fois, vers la fin, quand ils furent bien établis sur les berges d'un immense lac où les poissons pullulaient, ils eurent envie de rester. Même quand les esprits prévinrent le chaman qu'il était temps de repartir, ils traînèrent pendant deux ans le long de la rive ; mais le jour où ils arrivèrent au bout du lac, vers l'ouest, où un fleuve partait à la recherche de la mer, ils rassemblèrent tout de même leurs maigres possessions et se remirent en route, soumis.

Au cours de l'année suivante, la dix-septième de leur pèlerinage, ils se trouvèrent confrontés à des problèmes beaucoup plus graves que de coutume, car une expédition sommaire de reconnaissance leur apprit qu'ils n'entraient pas seulement dans une nouvelle région, mais sur une étroite péninsule bordée des deux côtés par l'océan. Les esprits les encouragèrent à s'enfoncer sur cette péninsule et quand ils se retrouvèrent au contact immédiat de la mer, après une absence de deux mille ans, des changements formidables commencèrent à se produire, comme si des souvenirs raciaux longtemps enfouis remontaient à la surface.

Réagissant à l'air salé et aux embruns du ressac, ces errants, qui n'avaient jamais mangé de coquillages ni pêché de poissons dans la mer, se mirent à faire l'un et l'autre avec enthousiasme. Des artisans construisirent des petits bateaux peu différents des kayaks de leurs ancêtres ; les modèles qui ne tenaient pas bien la mer furent abandonnées aussitôt et l'on améliora ceux qui paraissaient les mieux adaptés. De vingt manières, dont la plupart semblaient insignifiantes, ces Eskimos d'autrefois redevinrent un peuple de la mer.

Azazrouk, aussi craintif que quiconque dans un monde aussi différent de celui de son enfance, fut encouragé à poursuivre par le soutien inflexible de ses fétiches. Chaque fois qu'il les étalait dans sa hutte de peaux près de l'océan, ils confirmaient leur approbation — les encouragements les plus ardents lui venaient de la petite figurine d'ivoire. Un soir où, au-dehors, les vagues déferlaient avec un bruit de tonnerre, il dit à l'objet :

— Je crois que tu voulais nous conduire à la mer. As-tu déjà vécu ici ?

Et par-dessus la tempête, il crut entendre le rire de la figurine. Des jours plus tard, quand les mers se calmèrent, il fut certain d'avoir entendu des éclats de rire dans le petit sac de peau.

Le clan passa l'année à s'enfoncer davantage vers l'ouest, en explorant la péninsule comme s'il devait trouver de l'autre côté de la colline suivante le refuge qu'il cherchait. Mais parfois dans le lointain, les hommes apercevaient la fumée de feux inconnus, et cela signifiait qu'ils n'étaient pas encore en sécurité. Dans cet état d'esprit insatisfait, ils parvinrent à la pointe occidentale de la péninsule et la question qu'ils se posèrent allait orienter leur histoire pour les douze mille années suivantes : fallait-il qu'ils s'accrochent à la péninsule, ou bien qu'ils s'élancent vers les îles inconnues ?

Rarement un peuple a eu l'occasion de prendre en un temps limité une décision aussi grave ; les sociétés font bien entendu des choix, mais ceux-ci ont tendance à s'insinuer discrètement sur une longue période — et ils résultent souvent du refus de choisir. Un moment aussi capital se produirait des millénaires plus tard, quand les peuples noirs d'Afrique centrale durent décider de migrer des régions tropicales vers les terres plus fraîches du Sud, en bordure des océans ; ou bien quand un groupe de pèlerins, en Angleterre, dut décider que la vie serait probablement meilleure sur l'autre rivage de l'Atlantique.

Pour le clan d'Azazrouk, le moment crucial survint lorsqu'ils décidèrent, après de pénibles délibérations, de quitter la péninsule pour tenter leur chance sur le chapelet d'îles qui s'étalait vers l'ouest. Ce fut une décision audacieuse, et des deux cents personnes qui avaient abandonné dix-huit ans auparavant leur village relativement sûr, moins de la moitié avait survécu pour aller dans les îles. Mais de nombreux enfants étaient nés en chemin. En un sens, ce fut une chance, car la majorité de ceux qui suivraient la décision seraient plus jeunes et davantage prêts à s'adapter à l'inconnu.

Le groupe qui suivit le chaman dans le détroit vers la première île ne manquait pas de vigueur, mais il lui faudrait beaucoup d'énergie physique et de courage moral pour survivre dans ces territoires inhospitaliers. L'archipel se composait d'une douzaine de grandes terres entre lesquelles choisir, et de plus de cent petites îles, certaines réduites à de simples récifs. Elles offraient un spectacle étonnant : plusieurs avaient de hautes montagnes, d'autres de grands volcans enneigés presque toute l'année. Le peuple d'Azazrouk, émerveillé, explora la grande île qui porterait plus tard le nom d'Unimak, puis traversa la mer jusqu'à Akutan, puis Unalaska et Umnak. Ensuite, ils essayèrent Seguam, Atka et Adak, à la forme torturée. Puis un matin, dans leurs explorations vers l'ouest, ils aperçurent sur l'horizon une île peu accueillante, protégée par une barrière de cinq hautes montagnes s'élevant de la mer pour défendre ses accès vers l'est. Azazrouk, découragé par ces abords inhospitaliers, cria à ses rameurs, dans le premier bateau :

— À la suivante !

Mais lorsque le convoi dépassa le cap du nord, le chaman vit s'ouvrir devant lui une large baie splendide prolongée par une plaine centrale de laquelle s'élevait un grand volcan au contour parfait. Sa beauté couronnée de neige dormait paisiblement depuis dix mille ans.

— Ce sera ton pays, chuchotèrent les esprits. Vous y vivrez dangereusement mais connaîtrez de grandes joies, promirent-ils pour rassurer les voyageurs.

Confiant, Azazrouk mit le cap vers la côte, mais les esprits l'arrêtèrent :

— Au-delà de l'autre cap, il y a mieux.

Effectivement, quand il continua son exploration, Azazrouk découvrit une baie profonde entourée de montagnes et abritée du côté nord-ouest (d'où venaient les tempêtes) par un chapelet d'îles formant comme une main protectrice. Sur la côte orientale de cette baie, il trouva un estuaire, une sorte de fjord flanqué de montagnes, et lorsqu'il parvint à son embouchure, il cria :

— Voici ce que les esprits nous ont promis !

Ce fut là que son clan errant établit sa base.

À peine les voyageurs étaient-ils installés sur Lapak une saison entière, que dans une île beaucoup plus petite vers le nord, un volcan minuscule, s'élevant à peine à trente mètres au-dessus de la mer, explosa en une gerbe éblouissante de vapeurs enflammées — on eût dit une baleine soufflant du feu et non de l'eau. Les nouveaux venus ne pouvaient pas entendre les étincelles siffler en retombant dans la mer, ni savoir que sur la côte opposée, sous des nuages de vapeurs, un fleuve de lave apparemment inépuisable se déversait dans la mer. Mais ils admirèrent le spectacle continu — et les esprits assurèrent à Azazrouk qu'ils l'avaient organisé pour lui souhaiter la bienvenue dans sa nouvelle patrie. Et comme le jeune volcan soufflait chaque fois qu'il était sur le point d'exploser, les nouveaux venus l'appelèrent Qugang — le Siffleur.

Lapak, de forme brisée, rectangulaire, mesurait trente-quatre kilomètres d'est en ouest dans sa plus grande largeur, et dix-huit kilomètres du nord au sud entre ses bras tendus. Onze sommets, dont certains s'élevaient à six cents mètres d'altitude, marquaient le périmètre extérieur, mais la côte des deux baies était habitable et même engageante par endroits. Aucun arbre n'avait jamais poussé sur l'île, mais l'herbe verdoyante s'étalait généreusement partout et des arbustes bas apparaissaient dans le moindre vallon abrité du vent. Le trait le plus marquant, en dehors des deux volcans et des montagnes protectrices, était l'abondance de petites criques : comme les esprits l'avaient annoncé, c'était une île entièrement tournée vers la mer ; tout homme qui choisissait d'y vivre savait qu'il ne pourrait subsister que par la mer ; ils passerait son existence soumis à ses vagues, ses tempêtes et sa générosité.

Quand Azazrouk étudia son nouveau domaine, la présence de plusieurs petites rivières s'enfonçant dans l'intérieur le rassura.

— Elles nous apporteront de la nourriture. Sur cette île notre peuple pourra vivre en paix.

Avant l'arrivée du clan d'Azazrouk, jamais l'île n'avait été habitée, bien que de temps à autre les tempêtes eussent sans doute jeté vers ses côtes un chasseur dans son kayak solitaire ou l'équipage d'un oumiak. En effet un matin, des enfants qui s'amusaient dans une vallée ouverte sur l'océan tombèrent sur trois squelettes d'hommes, morts dans un isolement atroce. Mais aucun groupe n'avait essayé de s'y installer et l'on supposait qu'aucune femme n'avait posé le pied sur Lapak avant l'arrivée du peuple d'Azazrouk.

Un jour, cependant, un groupe d'hommes parti à la pêche sur l'une des rivières qui descendaient des flancs du volcan central se trouva pris par la nuit et chercha refuge au fond d'une grotte creusée dans une paroi rocheuse dominant la mer de Béring que limitait le chapelet d'îles. Le matin venu ils découvrirent, stupéfaits, que leur grotte était déjà occupée par une femme incroyablement vieille, et ils coururent l'annoncer à leur chaman :

— Miracle ! Une vieille femme se cache dans une grotte !

Azazrouk les suivit. Il leur demanda d'attendre à l'entrée de la grotte pendant qu'il étudiait cet événement étrange. Vers le fond de la grotte, il se trouva en face des traits desséchés, parcheminés d'une femme d'autrefois dont on avait campé debout le corps momifié. Elle semblait vivante et presque impatiente de partager avec son visiteur les aventures qu'elle avait vécues pendant les millénaires passés.

Il resta longtemps avec elle, en essayant de se représenter comment elle avait atteint cette île, quelle avait été sa vie, quelles mains aimantes l'avaient placée dans cette position abritée et respectueuse. Elle semblait si désireuse de lui parler qu'il se pencha comme pour tendre l'oreille ; et à voix basse il se dit ces paroles de réconfort comme si elle-même les prononçait :

— Azazrouk, tu as conduit ton peuple chez lui. Vous ne voyagerez plus.

À son retour dans sa hutte, près de la côte, chaque fois qu'il fit appel à ses cailloux et à ses os fétiches il entendit la voix rassurante de l'ancienne orienter ses décisions, et une grande partie du bonheur dont son peuple jouit dans l'île de Lapak vint des sages conseils de cette femme.

***

Sans arbre, avec guère d'espace favorable au peu d'agriculture que l'on pratiquait à l'époque, comment les immigrants comptaient-ils vivre ? Des largesses de la mer, car les océans semblaient avoir prévu les besoins de ces gens audacieux et les comblaient avec générosité. Avaient-ils faim ? Chaque baie, chaque crique regorgeait de buccins, de coquillages, de mollusques et d'algues de l'espèce la plus nutritive. Désirait-on quelque chose de plus copieux ? Avec une ligne de boyau de phoque et un hameçon sculpté dans un os de baleine, on pouvait pêcher dans les baies sans risque de revenir bredouille. Et si un homme trouvait un long bout de bois parmi les épaves rejetées sur la grève, il pouvait se pencher sur un rocher et pêcher en eau profonde. Avait-on besoin de bois de construction pour des huttes ? Il suffisait d'attendre la tempête suivante : sur la grève, juste devant chez soi, s'entasserait une énorme pile de bois.

Pour celui qui avait l'audace de quitter la terre pour s'aventurer sur l'océan, les richesses semblaient inépuisables. Il lui suffisait de posséder des mains habiles pour construire un kayak à une place, et assez de courage pour confier sa vie à ce frêle esquif que même la plus petite lame risquait d'écraser contre un écueil. Avec son kayak, un homme pouvait ramer jusqu'à deux milles de la côte pour attraper de beaux saumons au corps élancé. À dix milles, il trouverait des flétans et de la morue. Mais s'il préférait, comme la plupart, la chair plus riche des grands mammifères marins, il pouvait chasser les phoques ou s'aventurer en haute mer pour mettre son courage à l'épreuve contre les gigantesques baleines et les morses puissants.

Repérer une baleine n'était pas aussi difficile qu'on pourrait le croire, car les îles de l'archipel, par leur disposition même, permettaient à des bêtes de cette taille de passer seulement dans certains chenaux. Lapak se trouvait entre deux d'entre eux. Les baleines nageaient si près des promontoires qu'on les apercevait régulièrement, mais leur chasse demeurait un combat douteux. Souvent les plus courageux de l'île pourchassaient une baleine pendant trois jours et la blessaient grièvement, sans pour autant la ramener à la côte. Les larmes aux yeux, ils regardaient s'éloigner la baleine condamnée, qui allait mourir en mer et serait rejetée sur des rivages lointains où elle nourrirait un groupe d'inconnus n'ayant joué aucun rôle dans sa capture. Mais aussi, certains matins, il arrivait que telle ou telle femme de Lapak partie de bonne heure ramasser des goémons aperçoive non loin de la côte un objet flottant d'une taille si énorme qu'il s'agissait forcément d'une baleine. Pendant un instant, elle se disait qu'un animal vivant s'était aventuré près des côtes, mais, ne le voyant pas bouger au bout d'un moment, elle partait prévenir les hommes en courant, soudain au comble de l'excitation.

— Une baleine ! Une baleine !

Alors, ils se précipitaient vers leurs kayaks, rattrapaient le géant défunt et attachaient des peaux de phoque gonflées à la carcasse pour la maintenir à flot pendant qu'ils la halaient lentement vers la côte. Lorsqu'ils la dépeçaient, tandis que les femmes battaient les tambours, ils voyaient les blessures fatales infligées par une autre tribu et trouvaient même des têtes de harpon derrière l'oreille de la baleine. Ils remerciaient alors les inconnus qui avaient combattu cette baleine pour que Lapak puisse s'en nourrir.

Il se passa quelque temps avant que le peuple d'Azazrouk découvre la véritable richesse de son île, mais un matin où le chaman se trouvait au milieu du premier oumiak à six hommes construit dans l'île (par un chasseur valeureux nommé Shougnak), le bateau dériva au milieu du chapelet d'îlots conduisant au petit volcan. Comme ces écueils étaient dangereux, Azazrouk avertit Shougnak.

— Pas trop près de ces rochers !

Mais le chasseur, plus jeune et plus hardi que le chaman, avait vu quelque chose bouger dans les masses de goémons entourant les écueils et il continua. Quand l'oumiak se rapprocha des algues emmêlées, Azazrouk aperçut un animal qui nageait, d'un aspect si étonnant qu'il poussa un cri. Les autres lui en demandèrent la raison, et il ne put que montrer le miracle au milieu des vagues.

Ce fut ainsi que les hommes de Lapak firent la connaissance de la fabuleuse loutre de mer, qui ressemble beaucoup à un petit phoque car elle est bâtie de la même façon et nage à peu près comme lui. Celle-ci mesurait environ un mètre cinquante, avait une magnifique ligne effilée et se sentait manifestement à l'aise dans les eaux glacées. Mais ce qui avait laissé Azazrouk sans voix — et les autres aussi, dès qu'ils virent l'animal — c'était son visage, ressemblant trait pour trait à celui d'un bonhomme moustachu en train de vieillir avec élégance dans la joie et la sagesse, après avoir bien profité de la vie. Même front plissé, même regard vif injecté de sang, même moustache frisée mal entretenue. De cette apparition de la loutre de mer, exagérée par les conteurs, naîtrait la légende de la sirène. De fait, son visage est tellement humain que, plus tard, des chasseurs, émerveillés par cette vision marine, renonceraient à tuer la loutre de peur de commettre involontairement un meurtre.

Dès l'instant où il rencontra cette créature étonnante, Azazrouk comprit intuitivement qu'elle était spéciale, mais ce qui se passa ensuite le convainquit, ainsi que Shougnak à la barre de l'oumiak, qu'ils venaient de faire la connaissance d'un animal vraiment rare. Derrière la première loutre survint une mère allongée sur le dos comme une baigneuse nonchalante, en train de prendre le soleil dans un bassin paisible ; sur son ventre, dépassant des vagues, un bébé loutre s'était perché, parfaitement à l'aise pour observer paresseusement le monde. Cette scène touchante enchanta Azazrouk, car il adorait les nouveau-nés et révérait les mystères de la maternité, bien que n'ayant lui-même ni épouse ni enfants. Quand la mère et l'enfant dérivèrent devant l'oumiak, il lança aux rameurs :

— Quel berceau ! Regardez-les !

Mais les chasseurs regardaient quelque chose d'encore plus extraordinaire : derrière les deux premières loutres venait un mâle plus âgé, qui flottait lui aussi sur le dos. Ce qu'il faisait était incroyable. Sur son ventre, maintenu en équilibre par les muscles, se trouvait un gros caillou. L'animal, en se servant de ses pattes de devant comme un homme de ses mains, cassait sur ce caillou des palourdes de rochers et autres crustacés. Il les cognait jusqu'à ce que leur coquille se brise, puis il prenait leur chair et l'enfournait dans sa bouche souriante.

— Est-ce un caillou sur son ventre ? s'écria Azazrouk.

Les hommes de la proue le confirmèrent et à cet instant Shougnak, toujours tenté de jeter sa lance sur tout ce qui bougeait, donna un coup de pagaie si habile que l'arrière de l'oumiak vira près de la loutre en train de faire la planche. D'un coup de sa lance acérée, Shougnak transperça le mangeur de palourdes sans méfiance et le hissa à bord.

Plus tard, il dépouilla la loutre en secret, jeta la chair à ses femmes pour un ragoût, et quand la peau fut traitée, au bout de quelques mois, il la porta drapée sur ses épaules. Tous s'émerveillèrent de la douceur du poil, de son brillant et de son épaisseur sans équivalent. Le commerce de peau de loutre de mer avait commencé — de même que la rivalité entre Azazrouk le chaman bienveillant et Shougnak le maître-chasseur.

Ce dernier vit dès le début que la fourrure de loutre de mer serait particulièrement appréciée par les hommes. Le commerce des peaux vers des contrées lointaines ne débuterait que des millénaires plus tard, mais chaque adulte de Lapak désira posséder une peau de loutre, ou deux, ou trois. Ils pouvaient obtenir toutes les peaux de phoque qu'ils voulaient, et elles faisaient des vêtements admirables, mais c'était la loutre de mer que les îliens convoitaient, et nul autre que Shougnak n'était en mesure de leur en fournir.

Il s'aperçut vite que chasser ces loutres avec un

oumiak à six hommes serait une perte de temps, et en se fondant sur des souvenirs tribaux, il ordonna à ses hommes de construire des répliques des anciens kayaks. Dès que ces bateaux tinrent bien la mer, il enseigna à ses hommes comment chasser avec lui, en groupe. Sans bruit, ils rôdaient sur les flots jusqu'à ce qu'ils tombent sur une famille de loutres, avec un des gros mâles en train de casser des palourdes. Les jours fastes, les hommes de Shougnak en ramenaient au village jusqu'à six, et très vite les îliens jetèrent la chair pour ne conserver que la peau. Bientôt, le massacre des loutres devint épouvantable et Azazrouk dut intervenir.

— Tuer les loutres est mal.

Shougnak, bon et même doux pour tout ce qui ne concernait pas la chasse, résista aussitôt.

— Nous avons besoin des peaux.

Manifestement, personne n'avait réellement *besoin* des peaux, car les phoques demeuraient très nombreux et l'on trouvait la viande de loutre trop dure. Tous ceux qui avaient déjà des vêtements de peau de loutre les adoraient et les autres ne cessaient de presser Shougnak de leur rapporter des peaux.

L'opinion du chasseur se justifiait de façon fort simple.

— Les loutres ne servent à rien ni à personne, là-bas. Elles se contentent de nager et de casser des palourdes sur leur ventre.

Mais Azazrouk comprenait mieux le monde :

— Les animaux de la terre et de la mer ont été engendrés par les Grands Esprits pour permettre à l'homme de vivre.

Cette idée commença à l'obséder et, un matin, il monta dans la grotte de la vieille femme momifiée, où il demeura longtemps en sa présence comme pour la consulter.

— Suis-je ridicule de penser que les loutres de mer sont mes frères? demanda-t-il.

Mais seul l'écho de sa voix lui répondit.

— Shougnak aurait-il raison de les chasser comme il le fait?

De nouveau le silence.

— Supposons que nous ayons raison tous les deux, Azazrouk d'aimer les animaux et Shougnak de les tuer?

Il s'arrêta, puis posa une question qui intriguerait plus d'un philosophe par la suite :

— Comment deux choses aussi différentes seraient-elles vraies en même temps?

Ensuite, comme tous les hommes et toutes les femmes qui ont consulté des oracles à travers l'histoire, il trouva la réponse en lui-même. Il projeta sa propre voix vers la momie et l'entendit lui répondre, avec une assurance généreuse :

— Azazrouk doit aimer et Shougnak doit tuer, vous avez raison tous les deux.

Elle ne dit rien d'autre, mais dans la grotte silencieuse, Azazrouk modela la phrase qu'il ferait chanter dans l'esprit de son peuple des îles : « Nous vivons aux dépens des animaux, mais nous vivons aussi avec eux. »

Alors Azazrouk expliqua comment il percevait les intentions des esprits et beaucoup l'écoutèrent, mais la plupart convoitaient néanmoins les peaux de loutre. Ils lancèrent donc à mots couverts une campagne contre leur chaman, en prétendant qu'il s'opposait à la chasse aux loutres parce qu'elles ressemblaient à des êtres humains — mais tout le monde savait, bien entendu, que c'étaient seulement de gros poissons recouverts d'une fourrure de grande valeur.

La communauté de l'île se divisa : d'un côté les défenseurs du chaman, de l'autre les partisans du chasseur ; et dans des milliers de ces communautés primitives de l'Asie et de l'Alaska on assista à des divisions similaires, les rêveurs contre les pragmatiques, les chamans responsables du bien-être de leur peuple contre les grands chasseurs qui se donnaient pour tâche de les nourrir. Pendant les ères qui suivirent, l'inévitable lutte allait continuer, et le problème divisa toujours les hommes de bonne volonté.

Sur l'île de Lapak le conflit se cristallisa par un matin d'été où Shougnak se préparait à sortir en kayak pour attraper des loutres. Le chaman l'arrêta sur la grève.

— Nous n'avons plus besoin de loutres mortes. Laisse vivre ces créatures.

Son ascétisme et son caractère mystique avaient fait de lui un être complètement à part des autres. Il était doux, mais les rares fois où il prenait la parole, les autres se sentaient tenus de l'écouter.

À l'inverse, Shougnak, trapu, large d'épaules et pourvu de grosses mains lourdes, avait dans son regard la flamme sauvage du grand chasseur. Il semblait rougeaud, à la différence des îliens typiques, jaunes ou bruns, et trois lignes parallèles à ses yeux permettaient de le reconnaître de loin. La première n'était autre qu'un gros os de baleine enfoncé dans le septum de son nez et dépassant de chaque narine. La deuxième consistait en une arrogante moustache raide, d'un noir de jais. Et la troisième, qui faisait le plus d'effet, se composait d'une paire de labrets de petite taille placés aux coins de sa bouche et reliés entre eux, par-dessus son menton, par trois rangs d'une chaîne finement sculptée dans de l'ivoire de morse. Il se vêtait des peaux des lions de mer qu'il avait attrapés et quand il se redressait, avec ses bras puissants qui élargissaient son torse, il passait pour redoutable.

Ce matin-là, il n'avait pas l'intention de laisser le chaman interrompre sa chasse, et quand Azazrouk voulut le faire, il l'écarta d'un geste doux. Azazrouk savait que Shougnak avait la force de le terrasser d'un revers de main, mais pouvait-il trahir ses responsabilités envers les animaux ? Il revint barrer le passage à Shougnak. Cette fois, le chasseur s'impatienta. Sans aucune intention d'irrévérence, car il aimait bien le chaman dans la mesure où celui-ci s'occupait de ses propres affaires, il le repoussa brusquement. Azazrouk tomba. Shougnak monta dans son kayak, s'éloigna vers le large à coups de pagaie rageurs, et continua sa chasse.

L'île connut des heures de tension. Au retour de Shougnak, Azazrouk l'attendait, et les deux hommes discutèrent pendant plusieurs jours. Le chaman plaida contre ce qui aboutirait selon lui à l'extermination des loutres de mer, et Shougnak répliqua en s'entêtant dans son réalisme : puisque les animaux se trouvaient manifestement dans ces eaux pour qu'on les utilise, il avait l'intention de les utiliser.

Azazrouk, pour la première fois en ses longues années de pouvoir, perdit son calme et fulmina de façon ridicule contre tous les chasseurs et leurs kayaks de maraudeurs. Il se montra si insultant que les gens commencèrent à se détourner de lui. Il s'était comporté de façon si stupide à leurs yeux, il les avait tellement écœurés, qu'il ne lui restait plus qu'à renoncer à son autorité. Il le comprit vite et un matin, avant que les autres s'éveillent, il réunit ses fétiches, abandonna sa hutte près de la mer et se dirigea tristement vers le fond d'une baie écartée. Comme mille chamans avant lui, il apprenait que le conseiller spirituel d'un peuple a tout intérêt à ne pas se mêler des querelles politiques et économiques.

C'était un vieillard de presque cinquante ans. Son peuple appréciait toujours qu'il les ait conduits dans cette île, mais personne ne voulait plus qu'il se mêle des affaires. On voulait un chef plus raisonnable, comme Shougnak — fort capable, s'il s'y appliquait, d'apprendre à consulter les esprits et à les concilier.

Azazrouk finirait donc ses jours en exil dans sa case isolée. Sur les côtés de la baie, il pourrait ramasser assez de coquillages, de mollusques et d'algues pour survivre. Quelques jours après son installation, Shougnak au grand cœur lui donnerait un kayak. Azazrouk n'avait jamais beaucoup pagayé, mais il devint assez habile. Souvent, il s'aventurait loin de la côte, vers le nord, vers les eaux qui avaient attiré de tout temps son peuple. Là, au milieu des vagues, il parlait aux phoques et s'entretenait avec les grandes baleines qui passaient. De temps à autre, s'il apercevait un groupe de morses en route vers le nord, il les appelait. Parfois, dans la tiédeur de l'été, il passait la nuit entière — à peine deux ou trois heures — sous les étoiles pâles, seul sur le vaste océan, en paix avec la mer.

Mais les heures qu'il préférait demeuraient celles où il se trouvait au milieu des goémons près d'une famille de loutres de mer. La mère flottait sur le dos avec son bébé sur le ventre ; les grands yeux du petit brillaient au nouveau monde qu'il découvrait ; le vieux mâle moustachu, heureux, faisait la planche avec son caillou sur le ventre et deux palourdes dans ses grosses pattes.

De tous les animaux qu'Azazrouk avait connus — et ses amis étaient légion, depuis le mammouth gigantesque jusqu'au lion rusé — c'étaient ces loutres de mer qu'il appréciait le plus. Vers la fin de ses jours, sans aucune justification rationnelle, il se prit à penser que ces créatures remarquables représentaient mieux que toute autre les esprits qui l'avaient inspiré et guidé au long de sa vie honorable et productive : « Ce sont elles qui m'ont appelé quand nous vivions sur les steppes arides, dans l'est. Ce sont elles qui sont venues, la nuit, me rappeler l'existence de l'océan, foyer de mon peuple. » Un matin, à son retour d'une traversée nocturne sur cet océan maternel, il s'assit au milieu de ses fétiches, il les sortit de leurs petits sacs pour leur permettre de respirer et de lui parler ; surpris mais ravi de sa surprise, il s'aperçut que le bout d'ivoire sans tête qu'il aimait tant n'était pas un homme mais une loutre de mer en train de paresser, allongée sur le dos. En cet instant il découvrit que le monde est un, qu'il existe une unité spirituelle entre mammouth, baleine, oiseau et homme. Cette certitude emplit son âme d'allégresse.

On ne le découvrit que plusieurs jours plus tard. Deux femmes enceintes entreprirent le long voyage jusqu'à sa hutte pour s'assurer auprès de lui que leurs bébés seraient en bonne santé. Elles s'arrêtèrent à la porte et l'appelèrent. Ne recevant pas de réponse, elles le supposèrent en mer. Puis l'une d'elles remarqua son kayak vide, remonté très haut sur la grève, et elle en déduisit qu'il devait être dans la hutte. À leur entrée, les deux femmes le trouvèrent assis par terre, le corps basculé vers l'avant sur sa collection de fétiches.

***

Le chapelet d'îles au milieu desquelles Azazrouk avait conduit son clan porterait plus tard le nom d'Aléoutiennes ; ses résidents seraient des Aléoutes. Rarement la terre a porté un groupe de gens aussi étrange et aussi complexe. Isolés, ils définirent un style de vie unique. Hommes et femmes de la mer, ils obtenaient des flots tous leurs moyens de subsistance. Comme chaque groupe se suffisait à lui-même sur son île, ils n'éprouvèrent pas le besoin, en ces débuts du monde, d'inventer la guerre. En sécurité dans un milieu gouverné par leurs esprits bienveillants, ils menaient une vie heureuse. Ils connaissaient des tragédies : la famine menaçait parfois, et les tempêtes soudaines qui déferlaient sur les grandes mers dont ils dépendaient privaient la plupart des familles d'un père, d'un mari ou d'un fils. Ils n'avaient pas d'arbres, aucun des magnifiques animaux qu'ils avaient connus sur le continent, ni aucun contact avec les Eskimos du Nord ou les Athapascans du centre. Mais ils vivaient en relation étroite avec l'esprit de la mer et le mystère du petit volcan qui crachait au large de leurs côtes — sans parler des baleines, des morses, des phoques et des loutres de mer.

Beaucoup plus tard, remarquant le bras accueillant que l'archipel tendait vers l'Asie — constituant presque un pont continental à sa manière — des savants imagineraient qu'une tribu particulière de Mongoloïdes d'Asie aurait franchi ce pont supposé jusqu'au groupe occidental des Aléoutiennes, puis aurait peuplé l'ensemble de l'archipel d'ouest en est. Cela ne s'est pas passé ainsi. Les Aléoutiennes ont été colonisées d'est en ouest par des Eskimos comme Azazrouk et son peuple. S'ils avaient tourné vers le nord après avoir traversé le vrai pont continental, rien ne les aurait distingués des Eskimos de l'océan Arctique. Mais en prenant la direction du sud, ils devinrent des Aléoutes.

Azazrouk, qui demeurerait vénéré dans les légendes de l'île comme le Grand-Chaman, avait légué à sa mort deux choses importantes. Pour ses expéditions sur l'océan, vers la fin de sa vie, il avait conçu une coiffure aléoute qui deviendrait peut-être le couvre-chef le plus remarquable du monde. Sculpté dans le bois — mais on pouvait aussi se servir d'os de baleine — ce « bonnet » montait droit à l'arrière jusqu'à une certaine hauteur. De là il descendait en pente vers l'avant tout en s'élargissant, et se prolongeait devant les yeux de façon fort gracieuse, en une longue visière qui protégeait le regard du marin des éclats éblouissants du soleil. Par sa forme seule il méritait l'attention mais au point où l'arrière vertical rejoignait la longue pente vers l'avant, Azazrouk fixait cinq ou six plumes de belle allure, ou bien des tiges de fleurs mortes, ou encore des bouts de fanons de baleine décorés, placés de façon à se recourber en avant au-dessus de la visière. Oui, ce chapeau de bois était une œuvre d'art, parfaite dans toutes ses proportions.

Quand un groupe de six ou sept Aléoutes, chacun dans son kayak, chacun avec son « chapeau azazrouk », visière en avant, plumes penchées, fonçait sur l'océan, le spectacle était inoubliable ; plus tard, quand les peintres européens qui accompagnaient les explorateurs en firent des dessins, ces chapeaux devinrent le symbole de l'Arctique.

L'autre apport du chaman à sa civilisation fut encore plus durable. Les enfants nés à Lapak ne cessaient de le harceler pour qu'il leur raconte les légendes passionnantes de l'« autre pays » d'où venait le clan. Il en parlait toujours comme de la Grande Terre, et effectivement, avec ses glaciers et sa collection fascinante d'animaux, c'était un pays magnifique. L'abandonner avait représenté pour la tribu une défaite désolante. Avec le passage du temps, les deux mots finirent par représenter l'héritage perdu. Le Grand-Pays se trouvait à l'est, au-delà du chapelet d'îles, et constituait un noble souvenir.

L'expression aléoute pour Grand-Pays était Alaxsxaq. Quand les Européens arrivèrent aux îles Aléoutiennes, leur première escale dans cette région de l'Arctique, ils demandèrent aux gens comment s'appelaient les terres de l'Est. Ils répondirent « Alaxsxaq », et dans les langues européennes, cela devint Alaska.

4.

Les explorateurs

Le jour de l'an 1723, à Iakoutsk, point extrême de l'empire russe en Sibérie, un cosaque d'Ukraine de taille gigantesque, révolté par les exactions du gouverneur, lui trancha la gorge.

Sur-le-champ six jeunes fonctionnaires — car trois n'y auraient pas suffi — s'emparèrent de lui, l'entravèrent et le ligotèrent à un poteau sur la place d'armes, en face du fleuve — la Lena. Après dix-neuf coups de knout sur son dos nu, on lui lut la sentence :

> *Trophime Jdanko, cosaque au service du tsar Pierre (que le Ciel protège son auguste vie !), vous serez transporté dans les fers à Saint-Pétersbourg pour y être pendu.*

Le lendemain à sept heures du matin, des heures avant le lever du jour à cette latitude nordique, un peloton de seize soldats partit pour la capitale de la Russie, située à plus de six mille cinq cents kilomètres à l'ouest. Au bout de trois cent vingt jours de voyage fort difficile à travers les solitudes désertiques dépourvues de pistes de la Sibérie et de la Russie centrale, ils parvinrent à ce qui passait pour de la civilisation : Vologda, où des messagers rapides galopèrent en avant-garde pour informer le tsar de ce qu'il était advenu de son gouverneur à Iakoutsk. Six jours plus tard, le peloton livra son prisonnier, toujours dans les fers, à une prison humide. Le gardien qui referma la porte de son cachot sans lumière lui lança :

— On sait tout sur toi, Jdanko. Vendredi matin, la corde !

Mais à dix heures et demie le lendemain soir, un homme encore plus grand et plus redoutable que le cosaque sortit d'une demeure imposante des rives de la Neva et sauta dans une voiture à deux chevaux qui l'attendait. Quoique emmitouflé de fourrures, il était nu-tête et le vent glacé de novembre ébouriffa son épaisse tignasse. Dès qu'il s'assit, quatre cavaliers armés jusqu'aux dents prirent place à l'avant et à l'arrière de la voiture, car il s'agissait de Pierre Romanov, tsar de toutes les Russies, destiné à rester dans les mémoires avec l'épithète de Grand.

— À la prison des quais ! lança-t-il.

Le cocher s'engagea dans les ruelles verglacées et le tsar se pencha pour lui crier :

— Content qu'on ne soit pas au printemps, hein ? Tu serais dans la boue jusqu'au moyeu.

— Si c'était le printemps, Sire, répliqua l'homme avec un soupçon de familiarité nettement perceptible dans la voix, nous ne passerions pas par ces bourbiers.

— Ravale ce mot-là, lança le tsar. L'an prochain, ce seront des rues pavées.

Quand la voiture arriva devant la prison, que Pierre avait installée sagement près des quais, où il savait que des marins de tous les pays maritimes d'Europe ne manqueraient pas de se quereller, il sauta de voiture avant que la garde ait le temps de former les rangs, se dirigea d'un pas vif vers le portail barricadé et frappa à grand bruit. Il se passa du temps avant que la sentinelle somnolente se hisse de son lit en grommelant et passe le nez au guichet minuscule, placé au centre de la lourde porte.

— Qu'est-ce que c'est que ce boucan ? À une heure pareille !

Pierre, sans montrer le moindre déplaisir de se voir retardé par le garde-chiourme, annonça en souriant :

— Le tsar Pierre.

La sentinelle, invisible derrière son guichet, ne trahit aucun étonnement ; il savait depuis longtemps que le souverain faisait souvent de ces visites surprises.

— J'ouvre tout de suite, Sire !

Bientôt les portes grincèrent sur leurs gonds. Quand elles furent assez écartées pour que la voiture puisse passer, le cocher fit signe à Pierre de sauter derrière lui et entra dans la cour de prison à grand fracas — déjà le souverain s'éloignait à larges enjambées en appelant à tue-tête le chef des geôliers.

Le bruit avait réveillé les détenus longtemps avant que les gardes-chiourme ne se secouent, et dès qu'ils virent qui leur rendait visite à cette heure tardive, ils se mirent à le bombarder de leurs réclamations.

— Sire, on m'a enfermé contre toute justice !

— Sire, attention à votre canaille de gouverneur de Tobolsk. Il m'a volé mes terres

— Tsar Pierre, justice !

Sans un regard pour les criminels qui criaient, mais en notant mentalement leurs accusations contre tel ou tel représentant de son gouvernement, il se dirigea directement vers la lourde porte de chêne qui barricadait l'entrée principale du bâtiment. Il frappa impatiemment avec le heurtoir de fer, tandis que la sentinelle de l'entrée, en pantoufles, criait à pleins poumons.

— Mitrofan ! Mitrofan ! C'est le tsar.

Aussitôt Pierre entendit les échos d'une activité fébrile derrière les portes massives construites en bois qu'il avait emporté d'Angleterre.

Moins d'une minute plus tard, le geôlier Mitrofan avait fait ouvrir la porte et s'inclinait très bas.

— Sire, je suis impatient d'obéir à vos ordres.

— Tu as intérêt ! lança l'empereur en donnant à son fonctionnaire une claque sur l'épaule. Fais-moi chercher le cosaque Trophime Jdanko.

— Je l'amène où, Sire ?

— Dans la pièce rouge en face de ton bureau.

Certain que son ordre serait promptement exécuté, il se dirigea sans escorte vers la pièce dont il avait ordonné lui-même la construction quelques mois auparavant.

Elle n'était pas grande, car en ces premières années de sa nouvelle capitale, Pierre l'avait conçue exactement pour l'usage qu'il allait en faire. Elle ne contenait qu'une table et trois chaises. Cela suffisait pour les interrogatoires : une chaise derrière la table pour le responsable, une autre à côté de la table pour le secrétaire qui notait les réponses et la troisième en face pour ce détenu, assis avec la lumière de la fenêtre tombant sur ses yeux. Pour les interrogatoires de nuit, la lumière viendrait d'une lampe à huile de baleine accrochée au mur derrière la tête du policier. Pour donner au cadre le caractère solennel exigé par le but poursuivi, Pierre avait fait peindre les murs d'un rouge sinistre.

En attendant la venue du prisonnier, Pierre déplaça les meubles, car il ne voulait pas souligner le fait que Jdanko était un détenu. Sans solliciter d'aide, il avança la table vers le centre, plaça une chaise d'un côté et les deux autres en face. Puis il se mit à faire les cent pas, sans parvenir à maîtriser son énergie débordante. Quand il entendit des pas dans le couloir de pierre, il essaya de se rappeler le cosaque rebelle qu'il avait jadis condamné à la prison : un énorme Ukrainien moustachu, de la même taille que lui, envoyé à Iakoutsk à sa libération de prison pour assurer la police militaire et faire appliquer les ordres du gouverneur civil ; un excellent soldat avant tous ces ennuis, et au souvenir de ces jours meilleurs, le tsar grommela :

— Encore heureux qu'ils ne l'aient pas pendu là-bas.

Le loquet grinça et la porte s'ouvrit devant Trophime Jdanko, un mètre quatre-vingt-huit, épaules larges, cheveux noirs, fière moustache tombante, immense barbe qui pointait en avant quand son possesseur avançait le menton pour défendre un argument. À la sortie de la cellule, au milieu des gardiens, le geôlier lui avait appris l'identité de son visiteur nocturne, et dès qu'il entra, le grand cosaque, toujours dans ses fers, s'inclina très bas et dit sans humilité excessive mais avec un respect sincère :

— Sire, vous me faites honneur.

Pendant un instant, le tsar Pierre, qui détestait les

barbus et avait envisagé de les interdire dans son empire, dévisagea son visiteur hirsute d'un œil sombre. Puis il sourit.

— Geôlier Mitrofan, vous pouvez lui enlever ses fers.

— Mais, Sire, c'est un assassin !

— Les fers ! rugit Pierre.

Et quand ils tintèrent sur les dalles de pierre, il ajouta d'une voix douce :

— Maintenant, Mitrofan, vous allez sortir avec les gardiens.

Comme l'un de ceux-ci hésitait visiblement à laisser le tsar seul avec ce criminel notoire, Pierre gloussa de rire, se rapprocha du cosaque et lui lança une bourrade dans le bras.

— Je me suis toujours bien entendu avec ce gars-là.

Les autres se retirèrent.

Après leur départ, Pierre fit signe au cosaque de prendre une des deux chaises, puis il s'assit sur la chaise d'en face, posa les coudes presque au milieu de la table et dit :

— Jdanko, j'ai besoin de ton aide.

— Elle vous est acquise depuis toujours, Sire.

— Mais cette fois, je ne veux pas que tu assassines mon gouverneur.

— Il ne valait rien, Sire. Il vous a volé au moins autant qu'à moi.

— Je le sais. Mais les rapports sur ses détournements ont mis beaucoup de temps à me parvenir. Je ne les ai reçus que le mois dernier.

Jdanko fit la grimace, puis avoua :

— Pour un homme innocent, le voyage de Iakoutsk à Saint-Pétersbourg dans les fers n'est pas une partie de plaisir.

Pierre éclata de rire.

— Si quelqu'un était capable d'en réchapper, c'était bien toi... Je t'avais envoyé en Sibérie, reprit-il d'un ton grave, en pensant qu'un jour j'aurais besoin de toi là-bas. Ce moment est venu.

Il se tut et sourit au colosse, qui posa les deux mains sur la table, très écartées, et regarda le tsar droit dans les yeux.

— Eh bien? demanda-t-il.

Pierre ne répondit pas. Il se mit à se balancer d'avant en arrière, visiblement troublé par un sujet trop ardu pour une explication simple. Sans quitter le cosaque des yeux, il posa enfin la première question importante.

— Puis-je encore te faire confiance?

— Vous connaissez la réponse, dit Jdanko sans humilité ni équivoque.

— Peux-tu garder des secrets importants?

— On ne m'en a jamais confié. Mais... Oui, je suppose.

— Tu n'en es pas sûr?

— Je n'ai jamais été mis à l'épreuve sur ce point.

Comprenant que cela pouvait passer pour de l'impudence, il se hâta d'ajouter d'une voix ferme :

— Oui, si vous m'ordonnez de me taire. Oui.

— Jure de ne rien répéter.

— Je le jure.

Pierre, satisfait de cette promesse, se leva brusquement, s'élança vers la porte et l'ouvrit pour crier dans le couloir :

— Apportez-nous de la bière. De l'allemande.

Et quand le geôlier Mitrofan entra avec un pichet de bière brune et deux chopes, il trouva le cosaque condamné à mort et le tsar assis côte à côte au milieu de la pièce comme deux amis, la table derrière eux.

Après une longue gorgée de bière, Jdanko avoua :

— C'est la première depuis un an!

Puis Pierre lança la conversation sur le sujet qui occuperait le plus clair de son temps au cours des mois à venir, et tout le temps de Jdanko pendant le reste de ses jours.

— Je suis très inquiet pour la Sibérie, Trophime.

Pour la première fois, il l'appelait par son prénom, et tous les deux en comprirent l'importance.

— Ces chiens de Sibériens sont difficiles à mater, répondit le cosaque. Mais ce sont des toutous comparés aux Tchouktches de la péninsule.

Le tsar se pencha en avant.

— Ce sont ces Tchouktches qui m'intéressent. Raconte.

— J'en ai rencontré deux fois ; les deux fois, ils m'ont battu. Mais je suis sûr qu'on peut en venir à bout si l'on sait s'y prendre.

— Qui sont-ils ?

Le tsar temporisait. Les qualités de combattants de ces Tchouktches perchés tout au bout de son empire ne l'intéressaient guère. Chaque groupe ethnique rencontré par ses soldats et ses administrateurs dans leur avancée irrésistible vers l'est s'était avéré difficile au début, mais soumis dès que l'on installait un gouvernement solide et appliquait résolument la force. Les Tchouktches feraient de même, à n'en pas douter.

— Je vous l'ai signalé dans mon premier rapport : ils sont plus proches des Chinois, je veux dire par leur physique et leurs coutumes, que de vous les Russes, ou de nous les Ukrainiens.

— Mais ils ne sont pas les alliés des Chinois, j'espère ?

— Aucun Chinois ne les a jamais vus. Et pas beaucoup de Russes non plus. Votre gouverneur... (légère hésitation) celui qui est mort... avait une peur bleue des Tchouktches.

— Mais tu es allé au milieu d'eux ?

Jdanko fut tenté de jouer au héros, mais se retint.

— Deux fois, Sire. Mais sans l'avoir choisi.

— Raconte-moi. Si tu m'en as fait le rapport, j'ai oublié les détails.

— Je ne vous l'ai pas mentionné, Sire, parce que je ne m'en suis guère sorti à mon honneur.

Dans la pièce silencieuse, à minuit passé, il raconta au tsar ses deux tentatives de s'embarquer vers le nord à partir de sa base de Iakoutsk, sur la rive gauche de la grande Lena, le plus grand fleuve de l'est. La première fois, il avait échoué à cause de l'opposition des tribus sibériennes hostiles qui infestaient la région.

— Que peux-tu me dire de la Lena ?

— Un fleuve majestueux, Sire. Vous a-t-on parlé des bouches de la Lena ? Peut-être cinquante bras différents se jettent dans le Grand Océan du Nord. Un véritable désert d'eau. Je m'y suis perdu.

— Mais tu n'as sans doute jamais rencontré un seul

Tchouktche sur la Lena et ses cinquante embouchures, n'est-ce pas ? demanda Pierre doucement, avant d'ajouter, d'un ton hésitant : À ce que j'ai appris, les Tchouktches se trouveraient beaucoup plus à l'est.

Jdanko mordit à l'appât.

— Oh, oui ! Sur la péninsule. Où s'arrête la terre. Où finit la Russie.

— Comment sais-tu ça ?

Le cosaque se pencha en arrière pour prendre sa bière sur la table, puis se tourna vers Pierre et avoua :

— Je ne l'ai dit à personne, Sire. La plupart des gens impliqués sont morts. Vos fonctionnaires de Iakoutsk, et ce maudit gouverneur, ne s'intéressaient pas à ça, comme si mes découvertes n'avaient aucune valeur. Je suis à peu près sûr qu'aucun de nos hommes de Saint-Pétersbourg ne s'y serait pas intéressé non plus. Vous êtes le premier Russe qui s'en soucie. Et je sais exactement pourquoi vous êtes venu ce soir.

— Ah bon ? Et pourquoi suis-je ici, Jdanko ? demanda Pierre en souriant aimablement, nullement offensé par cette sortie intempestive contre ses administrateurs.

— Vous croyez que je sais quelque chose d'important sur ces terres de l'Est.

— Oui, je soupçonne depuis un certain temps qu'au cours de ton périple sur le fleuve au nord de Iakoutsk, tu ne t'es pas contenté de descendre la Lena jusqu'à ses nombreuses embouchures, comme l'indique ton rapport.

— Où croyez-vous que je suis allé ? demanda Jdanko comme s'il s'agissait d'un jeu.

— Je pense que tu es sorti sur l'océan du Nord et que tu as navigué vers l'est jusqu'à l'autre fleuve.

— La Kolyma, oui. Et j'ai découvert qu'elle se jetait dans l'océan par plusieurs embouchures.

— Je l'ai appris par d'autres, qui y sont allés, répondit le tsar comme s'il commençait à s'ennuyer.

— Mais personne n'y était parvenu par la mer, lança Trophime sèchement.

Pierre éclata de rire.

— C'était au cours d'un deuxième voyage, dont je me suis bien gardé de parler à votre méprisable gouverneur...

— Tu as réglé son compte. Laissons son âme en paix.

— Et j'ai donc rencontré les Tchouktches.

Les mains de Pierre se mirent à trembler, car la révélation du cosaque permettrait peut-être de répondre aux questions lancinantes que l'on se posait dans les cercles érudits de Paris, Amsterdam et Londres, sans parler bien entendu de Moscou. Les meilleurs géographes du monde, des hommes qui rêvaient rarement, avaient donné au tsar deux versions différentes de ce qui se trouvait dans l'angle nord-est de son empire, dans des confins ensevelis sous le brouillard et figés plus de la moitié de l'année sous d'immenses gâteaux de glace.

— Sire, lui avait-on appris à Paris, au niveau du cercle polaire arctique et juste au-dessous, votre Russie est reliée à l'Amérique du Nord par une bande de terre ininterrompue. L'espoir de trouver un passage maritime de la Norvège au Japon autour de la pointe orientale de la Sibérie est vain. Dans le Grand Nord, l'Asie et l'Amérique ne forment qu'une seule terre.

Mais à Amsterdam et à Londres, on avait essayé de le persuader du contraire.

— Sire, retenez nos paroles. Si vous trouvez des navigateurs assez courageux pour partir d'Arkhangelsk, dépasser la Nouvelle-Zemble et les bouches de la Lena...

Il ne les avait pas interrompus, ne désirant pas révéler que c'était déjà accompli.

— ... vous découvrirez qu'ils pourront, s'ils le souhaitent, continuer de la Lena vers la Kolyma puis contourner le dernier cap et redescendre tout droit vers le Japon. La Russie et l'Amérique sont séparées par une mer. Et cette mer doit être navigable en été.

Après ses voyages historiques en Europe et son séjour dans un chantier naval de Hollande, Pierre avait accumulé pendant des années tous les éléments d'information qu'il avait pu glaner dans les récits de voyages plus au moins fantaisistes et les rumeurs, ainsi que les preuves solides et les spéculations astucieuses des géographes et des philosophes. En cette année 1723, il avait fini par se convaincre qu'il existait bien un passage océanique ouvert une grande partie de l'année entre ses possessions de l'Est et l'Amérique du Nord. Sûr de son fait, il s'intéressait maintenant à d'autres aspects du problème, et pour les résoudre, il lui fallait en savoir plus long sur les Tchouktches et le pays inhospitalier où ils vivaient.

— Parle-moi de ton second voyage, Jdanko. Celui où tu as rencontré les Tchouktches.

— Cette fois-là, en arrivant aux bouches de la Kolyma, je me suis demandé : « Au-delà, quoi ? » J'ai navigué par beau temps de longs jours, grâce à un habile batelier sibérien, un homme sans peur. Pas plus que moi il ne comprend les étoiles et nous ne savons donc pas jusqu'où nous sommes allés. Mais je sais une chose : nous étions très au nord du cercle polaire, parce que pendant tout ce temps le soleil ne s'est pas couché une seule fois.

— Et qu'as-tu trouvé ?

— Un cap, puis les côtes tournent brusquement vers le sud. Et quand nous avons essayé d'accoster nous sommes tombés sur ces maudits Tchouktches.

— Que s'est-il passé ?

— Ils nous ont repoussés. Deux fois. En batailles rangées. Et si nous avions essayé de débarquer à tout prix, je suis sûr qu'ils nous auraient tués.

— Tu n'as pas pu parler avec eux ?

— Non. Mais ils étaient prêts à faire du commerce avec nous et ils connaissaient la valeur de ce que nous avions.

— Tu leur as posé des questions ? Par signes, je veux dire.

— Oui. Ils nous ont répondu que la mer continuait sans fin vers le sud ; mais qu'il y avait des îles juste au-delà des brouillards.

— Tu es allé dans ces îles ?

— Non.

Le tsar ne put dissimuler sa déception et le cosaque lui rappela :

— Sire, nous étions très loin de chez nous... dans un petit bateau, et nous ne pouvions pas deviner où se trouvaient ces îles. Pour vous dire la vérité, nous avons eu peur.

Le tsar Pierre se sentait obligé de connaître la situation dans toutes les parties du vaste domaine dont il était empereur. Il ne répondit pas à cet aveu sincère d'échec et de frayeur, mais après une longue gorgée de bière, il dit :

— Je me demande ce que j'aurais fait à ta place.

— Qui sait ?

Jdanko haussa les épaules, et Pierre se félicita que le cosaque ne se soit pas écrié « Oh, Sire, je suis sûr que vous auriez continué », car lui-même n'en était pas si certain. Un jour, pendant la traversée de la Hollande en Angleterre, il avait été pris par une furieuse tempête de la mer du Nord et il comprenait qu'un homme dans un petit bateau puisse être saisi de peur.

Puis il frappa dans ses mains, se leva et se remit à arpenter la pièce.

— Écoute, Jdanko. Je sais déjà que la Russie et l'Amérique du Nord ne se touchent pas. Et je veux faire quelque chose à ce sujet, mais dans l'avenir, pas pour l'instant.

L'interrogatoire semblait terminé, le tsar prêt à repartir pour son palais encore inachevé et le cosaque vers le gibet. Jdanko, qui se battait pour sa vie, tendit hardiment le bras et saisit la manche droite de Pierre, en veillant bien à ne pas toucher sa personne.

— Au cours des échanges avec les Tchouktches, Sire, j'ai obtenu deux choses susceptibles de vous intéresser.

— Lesquelles ?

— Franchement, Sire, je désirerais les échanger contre ma liberté.

— Je suis venu ici ce soir pour te rendre ta liberté. Tu quitteras ces lieux et logeras au palais, près de mes appartements.

Jdanko se leva et les deux colosses se dévisagèrent droit dans les yeux. Un grand sourire illumina le visage du cosaque.

— Dans ce cas, Sire, je vais vous donner mes secrets sans rien réclamer, et avec reconnaissance.

Il se baissa pour baiser l'ourlet du manteau doublé de fourrure de son souverain.

— Où sont-il donc, ces secrets? demanda Pierre.

— Je les ai fait sortir en douce de Sibérie ; ils sont cachés chez une femme que j'ai connue dans le temps.

— Faut-il aller chez elle cette nuit?

— Cela en vaut la peine.

Sur ces mots, Trophime Jdanko laissa ses fers sur les dalles de la prison, accepta la cape de fourrure que le tsar ordonna au geôlier de lui donner, franchit la porte de chêne aux côtés de Pierre et monta dans la voiture qui attendait tandis que les quatre cavaliers en armes se mettaient en place pour les protéger.

Ils quittèrent les quais du fleuve, où Jdanko put voir les charpentes nues de nombreux bateaux en construction, mais avant de parvenir au quartier du palais ils tournèrent brusquement le dos à la Neva. Dans l'obscurité de deux heures du matin, ils trouvèrent une ruelle misérable et s'arrêtèrent devant une masure protégée par une porte sans gonds. L'occupant à moitié endormi, quand il finit par ouvrir les yeux, apprit à Jdanko :

— Elle a déménagé l'an dernier. Vous la trouverez trois rues plus loin, la maison à la porte verte.

Une fois là-bas, ils apprirent que la brave Maria avait bien gardé le paquet précieux que le prisonnier Jdanko lui avait envoyé de Iakoutsk. Elle n'exprima ni surprise ni plaisir en reconnaissant son ami Trophime, et pour une excellente raison : en voyant les soldats, elle prit le grand bonhomme à côté de Jdanko pour un policier quelconque, chargé d'arrêter le cosaque accusé d'avoir volé le contenu du paquet.

— Tenez, murmura-t-elle en remettant un baluchon graisseux entre les mains du tsar.

Puis, à Jdanko :

— Je suis désolée, Trophime. J'espère qu'ils ne te pendront pas.

Le tsar, impatient, ouvrit le paquet. Il contenait deux peaux, d'environ un mètre cinquante chacune, avec la fourrure la plus douce, la plus fine et la plus solide qu'il eût jamais vue. Elle était d'un marron qui luisait dans la faible lumière, et chaque poil semblait plus long que ceux des peaux qu'il connaissait, bien que les marchands lui apportassent seulement les plus belles. C'étaient les peaux des précieuses loutres de mer qui habitaient les eaux glacées à l'est du pays des Tchouktches. Ces deux peaux étaient les premières qui parvenaient dans le monde occidental. Dès l'instant où il examina ces fourrures remarquables, Pierre apprécia leur valeur et se représenta aussitôt l'immense importance qu'elles prendraient dans les capitales d'Europe si l'on pouvait en fournir des quantités suffisantes.

— Excellent, dit Pierre en se tournant vers le capitaine de ses gardes. Dis à cette femme qui je suis et donne-lui quelques roubles pour la remercier de les avoir gardées.

Quand l'officier lui remit les pièces d'or, Maria tomba à genoux et embrassa les bottes du tsar.

Ce geste ne mit pas fin à cette nuit extraordinaire, car avant même que la femme ne se relève, Pierre cria à un des gardes :

— Va le chercher !

Sans attendre le retour de l'homme, le tsar força un Jdanko stupéfait à s'asseoir sur l'unique chaise du taudis. Le garde apporta un long rasoir à l'air meurtrier.

— Aucun homme, Jdanko ! cria le tsar. Aucun, même pas toi, ne logera dans mon palais avec une barbe.

Et sans attendre, à grands coups qui arrachaient au passage de grosses plaques de peau, il entreprit de soulager le cosaque de sa barbe.

Trophime ne protesta pas : en tant que sujet du tsar, il savait que la loi lui interdisait de porter la barbe ; et en tant que cosaque, il n'était pas question qu'il fasse la grimace quand le rasoir mal affûté arrachait la racine des poils ou lui coupait le visage. Stoïque, il ne bougea pas jusqu'à la fin du rasage, puis se leva, essuya le sang sur son nouveau visage, et dit :

— Sire, accrochez-vous au trône. Parce que vous ne ferez jamais un bon coiffeur.

Pierre lança le rasoir à un garde, qui le laissa tomber par terre plutôt que de se couper. Posant le bras autour des épaules du cosaque éberlué, le tsar l'entraîna vers leur voiture.

⁂

La découverte d'une merveilleuse fourrure nouvelle dans les confins orientaux de la Sibérie ne détourna nullement Pierre le Grand de ses principales intentions pour cette région. Bien entendu, il demanda à son tailleur, un Français appelé Des Arbes, de monter ces fourrures sur trois de ses tenues de cérémonie, mais il les oublia vite, car il s'intéressait avant tout aux frontières de la Russie, à ses relations avec ses voisins, et à sa sécurité dans l'avenir. Parfois, le sang lui montait soudain à la tête comme pour le prévenir que, malgré sa force, il demeurait mortel. Il se concentrait alors sur les trois ou quatre grands projets nécessitant toute son attention. La Russie n'avait encore aucun port de mer digne de ce nom, et surtout aucun port en eaux chaudes. Les relations avec le puissant Empire ottoman n'étaient pas bonnes. L'administration même de la Russie laissait beaucoup à désirer, surtout dans les régions éloignées de Saint-Pétersbourg, où une lettre d'instructions mettait parfois huit mois à arriver ; si le destinataire se montrait négligent, la réponse ne parvenait parfois à la capitale que deux ans plus tard. Le réseau routier était lamentable sur tout le territoire, en dehors d'une route passable entre les deux plus grandes villes. Et quant à l'Est, au-delà de l'Oural, personne dans l'entourage du pouvoir ne semblait savoir ce qu'il s'y passait.

Si importantes que fussent les fourrures — et une bonne partie de la richesse russe provenait des trappeurs du désert sibérien — la découverte providentielle des magnifiques loutres de mer dans les eaux voisines du pays des Tchouktches ne provoqua pas une action immédiate. Pierre le Grand avait appris au cours de son séjour en Europe occidentale que son pays serait confronté en Extrême-Orient à deux dangers potentiels : la Chine d'une part, et de l'autre la puissance européenne qui allait s'emparer de la côte ouest de l'Amérique du Nord. Il savait déjà que l'Espagne, par l'intermédiaire du Mexique, avait solidement pris pied sur la région de l'Amérique tournée vers l'océan Pacifique ; personne ne contestait son autorité au sud, jusqu'au cap Horn. En étudiant les cartes à sa disposition, de plus en plus complètes chaque année, Pierre voyait très bien que si l'Espagne tentait d'étendre son domaine d'influence vers le nord, comme elle le ferait probablement, elle finirait par entrer en conflit avec les intérêts russes. Il s'intéressait donc beaucoup à ses agissements.

Mais avec l'intuition qui assiste souvent les grands hommes, surtout quand ils portent la responsabilité d'une patrie, il prévoyait que d'autres nations, devenues plus puissantes que l'Espagne, chercheraient également à étendre leur pouvoir sur la côte Pacifique de l'Amérique du Nord. Si la France ou l'Angleterre, installées l'une et l'autre sur la côte Atlantique, décidaient de pousser vers l'ouest, la Russie risquait de subir des pressions de ces pays à la fois sur sa frontière occidentale d'Europe et sur sa frontière orientale du Pacifique.

Pierre adorait les bateaux, avait navigué et croyait que si sa vie avait évolué différemment il aurait fait un bon capitaine au long cours. La possibilité que possèdent les bateaux de naviguer librement sur les eaux du monde ne laissait pas de le fasciner. Il était sur le point de réaliser son grand dessein : faire de la Russie une puissance maritime européenne ; et cette décision avait valu de tels avantages à son empire qu'il envisageait de construire une flotte en Sibérie si les conditions le permettaient. Encore fallait-il d'abord qu'il connaisse ces conditions.

Il passa donc beaucoup de temps à étudier une vaste entreprise destinée à lancer un vaisseau russe de construction robuste dans les eaux sibériennes, avec mission d'explorer la région, non dans un but précis, mais pour réunir toutes les informations générales dont peut avoir besoin le souverain d'un empire pour prendre des décisions sages. Sur la question vitale du lien continental entre la Sibérie et l'Amérique du Nord, son opinion était faite, mais il possédait dans la région des intérêts commerciaux considérables. Il avait déjà établi des échanges profitables avec la Chine par voie de terre, et il voulait savoir si la voie de mer ne serait pas plus avantageuse. Il aurait aimé commercer avec le Japon à n'importe quelle condition, car les rares produits en provenance de ce pays mystérieux qui parvenaient en Europe étaient d'une telle qualité que le Japon le passionnait autant qu'il intriguait les autres puissances. Surtout, il avait envie de savoir ce que manigançaient l'Espagne, l'Angleterre et la France dans cet océan important, avant de déterminer ce qu'elles seraient en mesure de faire un jour. Quatre-vingts ans plus tard, le président américain Thomas Jefferson — qui ressemblait sur bien des plans au tsar Pierre — se poserait à peu près les mêmes questions au sujet de ses possessions récemment acquises le long du Pacifique.

Quand ses idées parvinrent à l'état d'écume neigeuse — étape qui précède souvent la réflexion la plus constructive —, il fit venir ce sacré cosaque en qui il avait confiance, cet homme rude et illettré qui semblait en savoir sur la Sibérie bien plus que les administrateurs diplômés envoyés là-bas, pour gouverner. Après quelques joutes préliminaires pour vérifier l'énergie et l'intérêt de Jdanko, il parvint à une conclusion favorable.

— Trophime, tu as vingt-deux ans, un âge magnifique. C'est le moment où l'homme parvient à son sommet. Par Dieu, j'aimerais avoir encore vingt-deux ans.

Il fit signe à Jdanko de s'asseoir à côté de lui sur le banc et continua.

— J'ai l'intention de te renvoyer à Iakoutsk. Et peut-être plus loin. Peut-être jusqu'au Kamtchatka.

— Placez-moi sous un meilleur gouverneur cette fois, Sire.

— Tu ne seras sous aucun gouverneur.

— Sire, que puis-je faire tout seul ? Je ne sais ni lire ni écrire.

— Tu ne seras pas seul.

Le cosaque se leva.

— Je ne comprends pas.

— Tu seras sur un bateau. Placé sous le commandement du meilleur marin que nous pourrons trouver.

Sans laisser à Trophime le temps d'exprimer sa surprise, le tsar s'anima, le ton monta, il se mit à agiter les bras.

— Tu iras à Tobolsk recruter des charpentiers. À Ienisseisk tu prendras des hommes qui savent travailler le goudron. Puis à Iakoutsk, où tu connais tout le monde, tu pourras choisir des hommes que tu conduiras à Okhotsk. C'est là que tu construiras ton bateau. Un gros. Je te donnerai les plans...

— Sire, coupa Jdanko, je ne sais pas lire.

— Tu apprendras. À partir d'aujourd'hui. Et tu ne révéleras à personne pourquoi tu apprends. Je veux que tu prennes un emploi sur les quais. Dans les chantiers de construction navale...

— Je ne m'y connais guère en bois.

— Ne perds pas ton temps avec le bois. Écoute, juge, compare. Tu seras mes yeux et mes oreilles.

— À quelle fin?

— Pour me conseiller. Je veux choisir le meilleur de tous. Un homme qui connaît vraiment les bateaux. Qui sait mener les hommes. Et surtout, Jdanko, il faut qu'il soit aussi brave que toi.

Le cosaque ne répondit pas. Il n'essaya pas de jouer la fausse modestie et de nier sa bravoure, car c'était son audace, en Ukraine, qui avait attiré l'attention du tsar sur lui lorsqu'il avait quinze ans. Et Pierre savait que pour un homme ne connaissant rien à la mer, descendre la Lena et longer la côte jusqu'au pays des Tchouktches, puis en revenir sain et sauf, représentait un sacré courage.

Prenant le bras de Jdanko, le tsar s'écria :

— J'aimerais être le capitaine de ce bateau, avec toi pour commander les troupes. Nous partirions de la côte du Kamtchatka, où qu'elle soit, et nous naviguerions jusqu'en Amérique.

Trophime passa donc ses journées à travailler dans le chantier naval, et ses nuits à apprendre à lire. Il découvrit que la plupart des constructions navales entreprises à Saint-Pétersbourg — et il y en avait des quantités — n'étaient pas dirigées par des Russes mais par des hommes compétents venus d'autres pays d'Europe. Le précepteur à qui on l'avait confié, Soderlein, était originaire d'Heidelberg, en Allemagne, comme deux des docteurs en médecine de la cour. L'enseignement des mathématiques se trouvait entre les mains de brillants professeurs de Paris. Des érudits d'Amsterdam et de Londres écrivaient des livres sur toutes sortes de sujets. L'astronomie, à laquelle Pierre s'intéressait beaucoup, était représentée par des savants éminents de Lille et de Bordeaux. Et chaque fois qu'il fallait trouver des solutions pratiques à des problèmes précis, Trophime découvrit aux postes clés des Anglais et des Écossais — surtout ces derniers. C'étaient eux qui dessinaient les plans des bateaux, construisaient les escaliers à double révolution des palais, enseignaient aux paysans les soins à donner aux animaux, géraient les finances. Un jour où Pierre et Trophime discutaient de l'expédition encore brumeuse vers l'est, le tsar expliqua au cosaque :

— Pour les idées, adresse-toi aux Français et aux Allemands. Mais pour l'action, engage un Anglais ou un Écossais.

Un jour où Jdanko apporta des lettres à l'Académie de Moscou, il la trouva peuplée de Français et d'Allemands ; et le portier qui lui fit visiter les salles récemment aménagées lui chuchota :

— Le tsar s'est payé les hommes les plus intelligents de l'Europe. Ils sont tous ici.

— Et qu'est-ce qu'ils font ? demanda Trophime en serrant son paquet.

— De la pensée.

Au cours du deuxième mois de son éducation, Jdanko apprit autre chose sur son tsar : les Européens, surtout les Français et les Allemands, faisaient peut-être « de la pensée ». Mais Pierre et un groupe de Russes comme lui faisaient « du gouvernement ». Ils contrôlaient les capitaines, indiquaient où irait l'armée et quels bateaux seraient construits. Pas d'erreur possible, c'étaient eux qui gouvernaient la Russie. Cela lui posait des problèmes, car s'il devait aider le tsar à choisir le marin qui commanderait la vaste expédition du Pacifique, il se sentait obligé de trouver un Russe capable de diriger une entreprise de cette ampleur. Or, plus il étudiait les hommes sur les quais, plus il écoutait de rapports à leur sujet, plus il comprenait qu'aucun Russe n'aurait les compétences nécessaires. Il n'osait pas l'avouer à Pierre, mais le jour où le tsar lui demanda où en était son enquête, il dut se résoudre à dire la vérité.

— Je vois deux Allemands, un Suédois et un Danois qui feraient l'affaire. Mais les Allemands, avec leurs façons hautaines, ne pourraient pas s'imposer à des Russes comme moi, et le Suédois s'est battu contre nous trois fois dans les guerres de la Baltique avant de passer dans notre camp.

— Nous avions coulé tous ses bateaux, lança Pierre en riant. S'il voulait continuer d'être marin, il fallait bien qu'il vienne chez nous. Tu parles de Lundberg, n'est-ce pas?

— Oui. Il est très bien. Si vous le choisissez, je lui ferai confiance.

— Et qui est le Danois? demanda Pierre.

— Le capitaine de deuxième rang Vitus Béring. Ses hommes disent du bien de lui.

— Moi aussi, répondit le tsar, et l'on en resta là.

Mais une fois seul, Pierre passa de longues heures à vérifier ce qu'il savait de Béring : « Rencontré il y a vingt ans quand notre flotte d'entraînement s'est arrêtée en Hollande. Nos amiraux avaient tellement besoin d'hommes connaissant la mer qu'ils l'ont nommé sous-lieutenant sans examen. Un bon choix, car il a gravi rapidement les échelons ; capitaine de quatrième rang, puis de troisième et de deuxième rang. Bien combattu pendant notre guerre contre la Suède. »

Plus jeune que Pierre de huit ans, Béring avait pris sa retraite, avec honneur, au début de 1724, et s'était installé dans le magnifique port finnois de Vyborg, où il espérait passer le restant de ses jours entre son jardin et le spectacle des vaisseaux qui remontaient le golfe de

Finlande vers Saint-Pétersbourg. À la fin de l'été de la même année, on le convoqua en Russie pour une audience avec le tsar.

— Vitus Béring, jamais je n'aurais dû vous autoriser à prendre votre retraite. Nous avons besoin de vous pour une entreprise extrêmement importante.

— Votre Majesté, j'ai quarante-quatre ans. Je m'occupe de mon jardin, plus des bateaux.

— Vous plaisantez ! Si l'on n'avait pas besoin de moi ici, je partirais à votre place.

— Mais vous êtes un homme spécial, Votre Majesté.

Béring disait la vérité. Il était lui-même de petite taille, tout rond avec des joues roses, une bouche tordue et des cheveux qui lui tombaient sur les yeux ; mais Pierre mesurait presque quarante centimètres de plus que lui et possédait une présence imposante faisant totalement défaut au capitaine. Le Danois, lent mais compétent, du type bouledogue, était parvenu à son grade élevé davantage par sa détermination farouche que par des qualités manifestes de chef. C'était ce que les marins anglais appellent volontiers un « chien de mer » : quand ils ont planté les dents dans une proie, rien ne peut les faire renoncer.

— Vous êtes spécial vous aussi, capitaine Béring, à votre manière, et d'une manière vitale pour ce projet.

— Quel est votre projet ?

Détail caractéristique de Béring, dès le début il attribua le projet au tsar. L'idée, quelle qu'elle fût, appartenait à Pierre, et Béring se sentait honoré de devenir son agent.

Jdanko n'entendit pas ce que Pierre répondit à cette question de Béring, mais il laissa plus tard un mémorandum assez important où il assure que Pierre avait parlé à Béring à peu près dans les mêmes termes qu'à lui-même : « Il lui a expliqué qu'il désirait en connaître davantage sur le Kamtchatka, savoir où se terminaient les terres des Tchouktches et quels pays européens avaient établi des colonies sur la côte occidentale de l'Amérique. » Jdanko aurait juré qu'ils n'avaient pas discuté de l'existence d'un passage maritime entre le territoire russe et l'Amérique du Nord : « Pour les deux hommes, c'était un fait acquis. »

Pendant plusieurs semaines, Jdanko vit le petit Danois joufflu aller et venir dans les chantiers navals, puis le capitaine disparut.

— On l'a convoqué à Moscou pour discuter avec des académiciens, apprit un ouvrier à Jdanko. Un de ces types de France et d'Allemagne qui savent tout mais sont incapables de nouer eux-mêmes leur cravate. S'il les écoute, il aura des ennuis.

Deux jours avant Noël, fête que Jdanko aimait beaucoup, le capitaine Béring, de retour à Saint-Pétersbourg, fut convoqué par le tsar à une réunion à laquelle assista Jdanko. À l'instant où le cosaque entra dans la salle de travail du palais, il s'écria :

— Sire, vous avez travaillé trop dur. Vous n'avez pas l'air bien.

Sans tenir compte de la remarque, Pierre fit signe aux deux hommes de s'asseoir, et prit un ton solennel.

— Vitus Béring, je dois vous nommer capitaine de premier rang, parce que je désire que vous entrepreniez la mission importante dont nous avons parlé l'été dernier.

Béring voulut lui objecter qu'il n'était pas digne d'un tel honneur, mais Pierre, continuellement malade depuis qu'il avait sauté sans hésiter dans les eaux glacées du golfe de Finlande pour sauver un marin en train de se noyer, et qui commençait à craindre que la mort mette fin prématurément à ses grands desseins, balaya d'un geste ces formules de politesse.

— Oui. Vous traverserez notre empire jusqu'à ses confins orientaux, vous construirez là-bas des bateaux et dirigerez les explorations dont nous avons parlé.

— Majesté, je considérerai que c'est votre expédition, naviguant sous votre commandement.

— Bien. J'enverrai avec vous nos hommes les plus capables, reprit Pierre. Et je vous donne pour principal collaborateur un cosaque qui connaît ces régions, Trophime Jdanko. Il a toute ma confiance. C'est un homme qui a fait ses preuves.

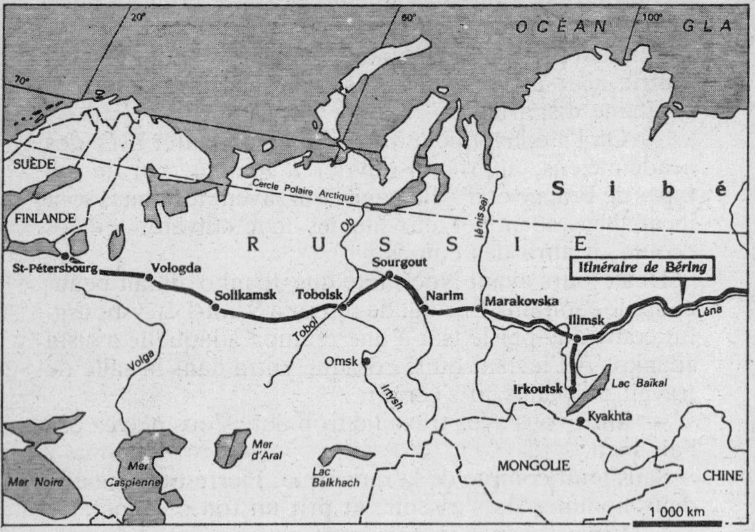

Quand le tsar se leva pour s'avancer vers son cosaque, le petit Béring, au milieu, parut comme une colline entre deux montagnes.

Un mois plus tard, avant d'avoir eu l'occasion de préciser les détails de l'exploration, le tsar Pierre, appelé à juste titre le Grand, mourut prématurément à l'âge de cinquante-trois ans. Le gouvernement de la Russie échut à sa veuve, Catherine Ire, femme extraordinaire née dans une famille paysanne de Lituanie, orpheline très jeune, et mariée à l'âge de dix-huit ans à un dragon suédois qui l'abandonna après une lune de miel de huit jours d'été. Maîtresse de plusieurs nobles bien placés, elle tomba entre les mains d'un homme politique russe influent qui la présenta à Pierre. Elle donna au tsar trois

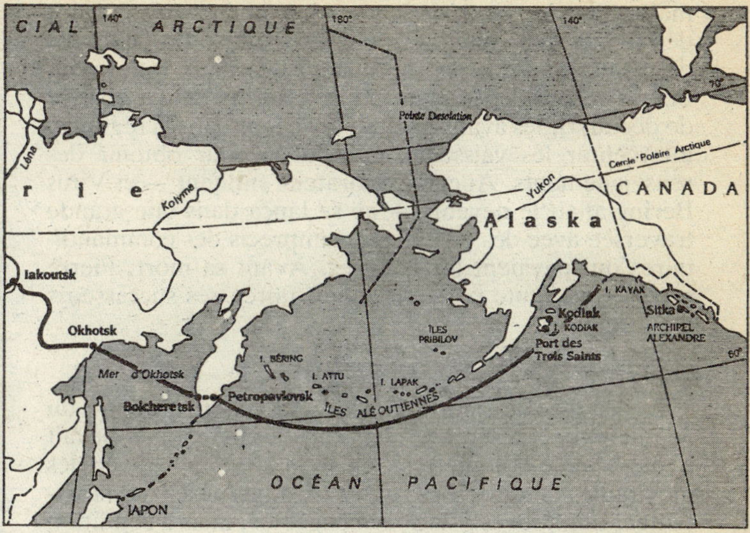

enfants, à la suite de quoi il l'épousa. Elle s'avéra une épouse remarquable et, son mari défunt, ne songea qu'à réaliser ses projets restés en suspens. Le 5 février 1725, elle remit à Béring, avec ses ordres, le titre temporaire qu'il conserverait jusqu'au terme de l'expédition : capitaine de la flotte.

Ces ordres se réduisaient à trois paragraphes confus griffonnés par Pierre lui-même peu avant sa mort. Les instructions concernant la traversée de la Russie et la construction des bateaux étaient claires, mais ce qu'il convenait de faire ensuite avec ces bateaux le paraissait beaucoup moins. Les amiraux jugèrent que Béring devait déterminer si l'Asie orientale était ou non reliée à l'Amérique du Nord ; d'autres, comme Trophime

Jdanko, qui avaient parlé à Pierre en personne, estimaient que le tsar désirait organiser une reconnaissance de la côte américaine, et peut-être annexer à la Russie d'éventuels territoires inoccupés. Les deux interprétations s'accordaient sur un point : Béring devait essayer de découvrir les avant-postes européens dans la région et intercepter les vaisseaux européens pour obtenir des renseignements. Aucun explorateur éminent — et Vitus Béring allait le devenir — ne se lança dans une grande traversée avec des ordres aussi imprécis des commanditaires qui payaient les factures. Avant sa mort, Pierre savait sans doute ce qu'il voulait faire ; ses successeurs l'ignoraient.

***

La distance de Saint-Pétersbourg à la côte orientale du Kamtchatka, où seraient construits les bateaux, s'élevait à neuf mille kilomètres, plus de dix mille avec les inévitables détours. Les routes ? Dangereuses ou inexistantes. Les fleuves ? Parfois navigables, mais à condition d'avoir des bateaux. Il faudrait recruter des ouvriers en chemin, dans des petites villes isolées sans main-d'œuvre qualifiée. Il faudrait s'aventurer dans de vastes étendues désertes qu'aucun groupe de voyageurs n'avait jamais traversées. Plus irritant encore, l'administration de Saint-Pétersbourg n'avait aucun moyen de prévenir ses représentants dans la lointaine Sibérie de l'arrivée imminente d'une bande d'hommes résolus qui allaient leur présenter des exigences impossibles à satisfaire sur place. Au bout de la deuxième semaine, Jdanko déclara à Béring :

— Ce n'est pas une expédition. C'est de la folie.

Cela resterait vrai pendant la majeure partie du voyage.

Les vingt-six meilleurs hommes de Béring, conduisant vingt-cinq chariots chargés de matériaux indispensables, partirent en avant-garde et il les suivit peu après avec six compagnons, dont son aide, Trophime Jdanko, avec qui il avait noué des relations solides et efficaces. Au cours du voyage en troïka jusqu'à Solikamsk, village insignifiant marquant le début des terres désertiques, les deux hommes eurent l'occasion de découvrir leurs qualités et leurs faiblesses, ce qui était essentiel car le voyage prendrait des années.

Vitus Béring, découvrit Jdanko, était un homme aux principes stricts. Il respectait le travail bien fait, louait volontiers les hommes qui se comportaient bien et exigeait autant de lui-même que d'autrui. Il ne restait pas plongé dans les livres, ce qui rassura le cosaque pour qui l'alphabet avait posé des problèmes, mais comptait beaucoup sur les cartes, qu'il étudiait assidûment. Il ne semblait pas extrêmement religieux, mais il priait. Ce n'était pas un glouton, mais il appréciait un bon repas et un verre de temps en temps. Surtout, il respectait les hommes. Conscient d'être un Danois qui commandait à des Russes, il essayait de ne jamais se montrer arrogant, tout en faisant comprendre qui donnait les ordres. Il avait cependant une faiblesse qui troublait le cosaque, dont l'autorité sur ses hommes s'appuyait sur une méthode différente. Aux moments critiques, comme tous les officiers russes, Béring convoquait ses subordonnés et les consultait sur la situation qu'ils allaient affronter. Lorsqu'ils avaient formulé leurs recommandations, ils devaient les soumettre par écrit, pour qu'il ne soit pas seul à encourir le blâme si les choses tournaient mal. Ce qui troublait Jdanko, c'est que Béring écoutait les objections de ses assistants et les prenait souvent pour base de ses décisions.

— Moi, je leur demanderais leur opinion, mais je brûlerais ensuite le papier qu'ils ont signé, grommelait Jdanko.

Mais, ce défaut mis à part, le grand cosaque respectait son capitaine et s'attachait à bien le servir.

Pour sa part, Béring voyait en Jdanko un homme courageux et résolu, capable en période de crise (comme il l'avait prouvé à Iakoutsk) de tuer son supérieur quand le comportement irrationnel de celui-ci menaçait la position de la Russie en Sibérie. Quand le tsar Pierre avait parlé de Trophime à Béring, il ne lui avait rien caché :

— L'homme qu'il a tué le méritait. Jdanko a fait mon travail à ma place.

— Dans ce cas, pourquoi l'avoir ramené à la capitale les fers aux pieds?

— Il fallait le calmer un peu, avait-il répondu, avant de préciser en riant : J'avais toujours eu l'intention de l'utiliser plus tard à un beau projet. Le vôtre.

Béring reconnaissait la force énorme, physique et morale, du cosaque, mais il l'appréciait surtout pour une raison spéciale : Jdanko avait descendu la Lena en bateau et navigué dans les mers du Nord. Il remarqua aussi l'appétit pantagruélique de son assistant, la promptitude avec laquelle il se mettait en colère pour pardonner aussi rapidement, et sa tendance, quand se présentait un défi, à choisir la voie la plus difficile. Dès le début du voyage, Béring décida de ne jamais solliciter le conseil de Jdanko mais de s'appuyer sur lui en cas d'ennui. À Solikamsk, il eut l'occasion de mettre à l'épreuve ses théories concernant le cosaque.

Solikamsk était l'un de ces minuscules relais où les voyageurs s'arrêtaient seulement pour obtenir un repas graisseux et, à prix d'or, de l'avoine pour leurs chevaux. Il ne se composait que de seize cabanes grossières et d'un gros bonhomme d'aubergiste répondant au nom de Pavloutski, qui commença de se plaindre dès que les hommes et les chariots de Béring se présentèrent.

— Jamais je n'en ai vu autant. Comment voulez-vous donc...

Béring expliqua que la nouvelle impératrice avait ordonné cette entreprise en personne, mais Pavloutski gémit de plus belle.

— Elle vous l'a peut-être dit à vous, mais pas à moi.

Ce qui était exact. Le pauvre homme, habitué à un courrier solitaire se rendant de temps à autre de Vologda à Tobolsk, était submergé par cet afflux inattendu.

— Je ne peux rien faire pour vous.

— Si! répliqua Jdanko. Vous asseoir ici et la fermer!

Il souleva l'aubergiste et le planta sur un tabouret en le menaçant de lui rompre le cou s'il prononçait un seul mot de plus. Ensuite, le cosaque ordonna à ses hommes et à ceux de Pavloutski de partager entre les membres de l'expédition les provisions qu'il y aurait — toutes les provisions — et le fourrage entre les chevaux. Comme le relais lui-même ne put fournir qu'une partie du nécessaire, il ordonna également de fouiller les cabanes voisines et de ramener non seulement de la nourriture mais des femmes pour préparer les repas et des hommes pour panser les bêtes.

En moins d'une demi-heure, Jdanko avait mobilisé presque toute la population de Solikamsk, et du crépuscule jusqu'à minuit, les villageois coururent d'un bout à l'autre du hameau pour satisfaire les besoins des voyageurs. À une heure du matin, quand ses deux tonneaux de bière furent vides, Pavloutski s'avança humblement vers Béring :

— Qui va payer tout ça?

Béring montra Jdanko. Celui-ci posa le bras sur les épaules de l'aubergiste en un geste rassurant.

— La tsarine, voyons. La tsarine. Je vais te donner un billet à ordre que la tsarine honorera.

Et, à la lumière vacillante d'une lampe à huile de baleine, il inscrivit :

> *Le capitaine de la Flotte Vitus Béring a demandé ici trente-trois repas et quarante-sept chevaux. À payer au relais Ivan Pavloutski de Solikamsk.*

En remettant le billet à l'aubergiste médusé, il lui assura :

— Je suis sûr qu'elle paiera.

En toute sincérité, il l'espérait.

De Solikamsk, ils voyagèrent en troïka sur les champs glacés jusqu'à la halte importante de Tobolsk, mais les neiges étaient si périlleuses à l'est de cette ville qu'ils durent attendre presque neuf semaines. Jdanko en profita pour sillonner la région et réquisitionner d'autres soldats, malgré les protestations des commandants locaux. Béring, pour sa part, ordonna à un moine et au juge d'un petit village de se joindre à l'expédition, si bien que le jour où la troupe put enfin quitter Tobolsk, elle se composait de soixante-sept hommes et quarante-sept chariots.

À leur départ de cette ville relativement confortable, ils étaient déjà en chemin depuis exactement cent jours, et ils avaient couvert la respectable distance de deux mille deux cent cinquante kilomètres au cœur de l'hiver. Mais à Tobolsk s'arrêtaient les relais de poste réguliers et il leur fallait maintenant longer des rivières, traverser des étendues désertiques, contourner dans l'ombre des montagnes hostiles. La précieuse troïka avec ses fourrures chaudes fit place au char à bancs, puis au simple cheval de selle. Enfin, il fallut marcher dans la neige glacée.

Au début de l'été 1725, ils n'avaient parcouru que trois cent cinquante kilomètres — Tobolsk, Sourgout, Narim —, mais ils tombèrent bientôt sur un réseau fluvial qui leur permit de voyager rapidement en chalands. Le jour où ils parvinrent à la forteresse menaçante de Marakovska, Béring dit des prières pour un missionnaire remarquable, le métropolite Philopeï, qui avait converti les païens de la région au christianisme quelques années auparavant.

— Quelle noble entreprise d'apporter l'enseignement de Jésus-Christ à des âmes humaines, dit le Danois à son assistant.

Mais Jdanko avait d'autres problèmes.

— Comment allons-nous faire passer nos hommes et tout ce bagage par-dessus la montagne jusqu'à l'Ienisseï ?

Ils y parvinrent au prix d'un effort surhumain, et, pendant les quelques semaines qui suivirent, leur vie fut facile : ils purent descendre en bateau par une série de rivières jusqu'à la petite ville d'Ilimsk, ainsi que le grand fleuve dont Jdanko avait jadis exploré la basse vallée — la Lena. Mais ils se trouvaient déjà à l'entrée de l'hiver et ils durent renoncer à toute tentative de continuer vers l'est. Dans des cabanes misérables, avec à peine de quoi calmer leur faim, ils survécurent à l'épouvantable hiver 1725-1726. Ils ajoutèrent à leur effectif trente forgerons et charpentiers. Ils étaient à présent quatre-vingt-dix-sept au total, et s'ils atteignaient jamais le Pacifique avec au moins une partie des matériaux de construction qu'ils transportaient, ils seraient en mesure de construire des bateaux. Aucun d'entre eux, sauf bien entendu Béring, n'était monté sur un vrai bateau ni n'en avait construit, et Jdanko n'avait navigué que sur de petites embarcations improvisées, mais comme le déclara un charpentier du nom d'Ilya lorsqu'on le racola pour l'expédition :

— Si un homme peut construire une barque pour la Lena, il peut construire un vaisseau pour Dieu sait quel océan nous trouverons au bout de la route.

Vitus Béring, rarement découragé par des conditions qu'il ne pouvait pas maîtriser, s'impatienta vite dans cette détestable prison de neige, et il montra à Jdanko et ses hommes à quel point il pouvait être têtu. Ne pouvant se diriger ni vers le nord ni vers l'est, il lança :

— Voyons donc ce qu'il y a vers le sud.

On lui parla alors de la ville importante d'Irkoutsk, à presque cinq cents kilomètres d'Ilimsk, dont le voïvode actuel était autrefois en poste à Iakoutsk, la ville vers laquelle ils se dirigeaient, et dont Jdanko avait assassiné le gouverneur.

— Quel genre d'homme, cet Ismaïlov? demanda Béring à son assistant.

— Je le connais bien! Un des meilleurs! répliqua Trophime d'un ton enthousiaste.

Cela suffit à lancer les deux hommes dans la neige, dans l'espoir de recueillir des faits nouveaux que le voïvode pouvait connaître sur la Sibérie.

Ce voyage vers le sud s'avéra infructueux, car le voïvode d'Irkoutsk n'était plus l'Ismaïlov que Jdanko avait connu. Le gouverneur actuel n'avait jamais mis le nez dans les pays à l'est d'Irkoutsk et ne serait donc d'aucun secours pour les voyageurs. Mais il ne demandait qu'à les aider.

— Grigori Voronov, de Saint-Pétersbourg, à votre service. On m'a envoyé ici il y a trois ans.

Apprenant que Jdanko avait exploré l'Est sibérien jusqu'au village d'Okhotsk, il l'interrogea longuement sur ces marches orientales de sa province. Les découvertes que Béring allait sans doute faire l'intéressaient aussi.

— Je vous envie vraiment. Quelle chance de naviguer sur ces eaux arctiques !

Quand les trois hommes eurent discuté pendant une heure, Voronov appela un serviteur.

— Va dire à Mlle Marina que les messieurs apprécieraient un thé et un plateau de friandises.

Peu après entra dans la pièce une belle fille robuste de seize ans, aux yeux brillants et aux larges épaules, avec une allure qui proclamait : « Maintenant, c'est moi qui commande ! »

— Qui sont ces hommes, père ?

— Des explorateurs envoyés par la tsarine... À propos de la traite des fourrures, ajouta-t-il en se tournant vers Béring, j'ai de bonnes nouvelles... et des mauvaises. À Kyakhta, dans le sud, aux confins de la Mongolie, des marchands chinois achètent nos fourrures à des prix ahurissants. Au cours de votre voyage, entassez tout ce que vous pourrez.

— Aucun danger, sur la frontière mongole ? demanda Béring.

On lui avait appris que les relations sino-russes étaient tendues. Ce fut Marina qui répondit, d'une voix que l'excitation faisait trembler :

— J'y suis allée deux fois. Des hommes tellement étranges. Un peu Russes, un peu Mongols et pour beaucoup Chinois. Et si vous voyiez ce marché !

La mauvaise nouvelle du voïvode concernait la route conduisant à Iakoutsk par voie de terre.

— Des agents m'ont affirmé que cela reste le trajet le plus difficile de toute la Sibérie. Seuls les plus braves s'y risquent.

— Je l'ai fait trois fois, répondit Jdanko doucement, se hâtant d'ajouter avec un sourire, drôlement froid, je peux vous dire.

— J'adorerais y aller, s'écria Marina.

Et quand les visiteurs s'en allèrent pour préparer leur départ dans le nord, Béring remarqua :

— Cette jeune personne semble prête à partir n'importe où.

De retour à Ilimsk, après cinq cents kilomètres de

terrain difficile, Vitus Béring et son compagnon reprirent leur attente sur les rives de la Lena, encore gelée. Quand la débâcle du printemps libéra enfin les vallées et les cours d'eau, ils descendirent en chaland jusqu'à la place forte orientale de Iakoutsk — à plus de mille quatre cents kilomètres. Là, Trophime montra à Béring la partie de la Lena sur laquelle il s'était lancé à deux reprises, et lorsque le capitaine danois vit cette immense étendue d'eau, si semblable en un sens à l'océan Arctique, son respect pour son assistant redoubla.

— J'aimerais bien descendre ce fleuve, dit-il avec une émotion sincère. Mais mes ordres m'appellent vers l'est.

— Si notre expédition est couronnée de succès, répondit Jdanko, peut-être reviendrons-nous en remontant la Lena, non?

— J'aimerais voir ces cent bouches dont vous parlez, répondit Béring.

*
**

Il fallut tout l'été 1726 et une partie de l'automne pour franchir les mille trois cents kilomètres de Iakoutsk à Okhotsk, port désolé sur l'immense mer qui porte le même nom — des mois pendant lesquels le mot redoutable de Sibérie prit tout son sens pour les voyageurs. De vastes étendues désertiques sans une seule habitation à perte de vue. Parfois des collines et des montagnes, avec des torrents impétueux à passer à gué. Chaque groupe d'hommes était suivi par des loups à l'affût d'un accident qui leur offrait une victime sans défense. Des neiges hors de saison survenaient du nord, coupées soudain par des vagues inattendues de chaleur provenant du sud. Aucun homme ne pouvait anticiper son étape de la journée et la parcourir sans encombre. Prévoir à une semaine ou un mois de distance relevait de la folie.

Quand on rencontrait, sur les plateaux désolés de ces régions perdues, un voyageur solitaire venant en sens inverse, ou bien il ne parlait aucune langue connue, et l'on ne pouvait obtenir aucun renseignement de lui ; ou bien c'était un assassin enfui de quelque horrible lieu de détention, invisible depuis la piste. Cette Sibérie-là terrifiait les malfaiteurs, et une condamnation sur ces terres désespérées signifiait en général la mort. À cette époque-là, la pire de toutes les régions de cette immensité était celle que devait affronter le capitaine de la Flotte Vitus Béring. À la fin de l'automne, la moitié à peine de ses chariots étaient arrivés au rendez-vous de l'est, et il eut l'impression qu'il n'aurait jamais de flotte à commander.

Les voyages d'aller et retour entre Iakoutsk et Okhotsk cette année-là furent si épuisants que les porteurs accablés par leurs charges s'effondraient souvent à leur arrivée. Béring dut faire le trajet à cheval, car ni les chariots ni les traîneaux ne pouvaient traverser les montagnes et les marécages des plaines. Même les traîneaux de fret furent bloqués par les neiges. Au début, Jdanko resta dans l'ouest pour surveiller le matériel, puis débordant d'énergie, il fit deux voyages aller et retour coup sur coup.

À son arrivée, harassé et amaigri, il croyait bénéficier de quelque repos, mais les neiges annonciatrices de l'hiver se mirent à tomber et Béring apprit qu'un petit groupe de ses hommes restait encore bloqué dans une mauvaise passe. Sans que le capitaine ait à le lui demander, Jdanko se porta volontaire.

— Je les ramènerai.

Avec quelques hommes de sa trempe, il repartit sur les pistes enneigées pour ramener le matériel vital. Ce fut une intervention providentielle car ce groupe de traîneaux transportait une partie de l'outillage nécessaire aux charpentiers.

Béring et ses hommes avaient parcouru plus de huit mille kilomètres depuis leur départ de Saint-Pétersbourg, en comptant les détours et les retours en arrière, et ils s'engageaient dans leur troisième hiver ; ce n'était pourtant que le début de leurs difficultés, car il leur fallait construire deux bateaux sans matériaux convenables et sans expérience. Et l'on décida qu'il serait plus rapide de le faire non pas dans la ville relativement bien équipée d'Okhotsk mais de l'autre côté de la mer, sur la péninsule encore vierge de Kamtchatka.

Une fois prise cette décision hasardeuse, il leur fallut résoudre une autre série de problèmes : une embarcation provisoire, construite à la hâte à Okhotsk, les débarquerait sur la côte *occidentale* de la péninsule, alors que l'exploration devrait débuter de la côte *orientale*. Sur quelle côte fallait-il dans ce cas construire les bateaux ? Selon son habitude, Béring consulta ses subordonnés, et deux opinions se firent jour. Tous les Européens et les hommes formés à l'européenne recommandèrent un débarquement à l'ouest, la traversée des hautes montagnes de la péninsule, et l'établissement du chantier de construction à l'est.

— De là, vous pourrez naviguer directement vers votre objectif.

Mais les Russes, et en particulier Trophime Jdanko, qui connaissait les eaux du Nord, répliquèrent que la seule décision raisonnable serait de construire les bateaux sur la côte ouest, la plus proche, puis de contourner la pointe sud du Kamtchatka avant de commencer le travail sérieux dans le nord.

La recommandation de Jdanko ne manquait pas de bon sens — elle permettrait à Béring d'éviter le transport meurtrier du matériel de construction à travers la chaîne centrale du Kamtchatka, avec ses sommets de quatre mille cinq cents mètres — mais elle avait un défaut très grave : personne à l'époque ne savait jusqu'où s'étendait le Kamtchatka vers le sud, et si Béring suivait l'avis du cosaque, il risquait de perdre une année pour rien à essayer de contourner un cap, où qu'il soit. En réalité, ce cap ne se trouvait pas à plus de deux cent cinquante kilomètres de l'endroit où les bateaux auraient pu être construits, et Béring aurait pu l'atteindre aisément en cinq ou six jours de mer. Mais aucune carte de l'époque ne reposait sur des certitudes, et certaines plaçaient le cap à presque mille kilomètres dans le sud.

Malgré les vigoureuses protestations de Jdanko, Béring décida d'accoster sur la côte occidentale, en un lieu solitaire et balayé par le vent du nom de Bolcheretsk, hameau de quatorze huttes misérables. De là, dans l'été finissant, l'indomptable Danois, âgé maintenant de quarante-sept ans, lança une opération qui stupéfia ses hommes et enflamma l'imagination des marins et explorateurs qui l'apprirent par la suite. Il décida qu'il ne pouvait pas se permettre un quatrième hiver à ne rien faire, et il ordonna de transporter tout le matériel, y compris le bois de construction, avec des traîneaux à chiens à travers la péninsule, sur des montagnes qui seraient couvertes de neige. Il pourrait ainsi avoir des bateaux prêts à appareiller vers le nord dès la fin de l'hiver. Jdanko, en voyant partir les premiers hommes lourdement chargés, frémit à la perspective de ce qui les attendait. Comme prévu, il prit l'arrière-garde avec le matériel le plus précieux.

— Dans ces montagnes, dit-il à ses hommes en serrant les dents, il y a parfois un sacré blizzard. On l'appelle le *purga*, et quand il fait rage, chaque homme doit creuser son trou !

Lorsqu'il parvint au point le plus haut de l'itinéraire en février, la température tomba à moins quarante-cinq degrés et bien qu'en général aucun vent ne soufflât par un froid pareil, le redoutable *purga* se mit à rugir, venu du nord de l'Asie, projetant devant lui la neige et les glaçons comme des balles. Jamais Jdanko ne s'était trouvé pris dans une tempête aussi violente, mais il en avait entendu parler.

— Creusez ! cria-t-il à ses hommes.

Avec rage, ils creusèrent dans la neige, à l'abri d'énormes rochers, des trous de trois, quatre et cinq mètres, puis ils s'y glissèrent tandis que la neige en refermait l'entrée.

Jdanko dut creuser presque jusqu'à six mètres avant de trouver une base solide, et il craignit qu'à cette profondeur il ne risque d'être complètement recouvert et incapable de se dégager. Pendant toute la durée de la tempête, il ne cessa de remonter à mesure que la neige et la glace tombaient, si bien qu'à l'aurore, lorsque le vent se calma, il put se dégager vite et se mettre à la recherche de ses compagnons. Lorsqu'ils sortirent de leurs terriers blancs, deux des hommes parlèrent de rebrousser chemin et d'autres les auraient soutenus si Jdanko, avec la fierté farouche qui motivait la plupart de ses actes, n'avait pas d'un coup de poing bien ajusté étalé le premier protestataire dans la neige. Il lui sauta aussitôt dessus, à la manière d'un chat sauvage, et se mit à lui marteler le crâne ; peut-être l'aurait-il tué si l'un des hommes qui n'avaient rien dit n'était alors intervenu.

— Non, Trophime !

Le colosse se redressa, honteux — non d'avoir corrigé l'homme, mais de l'avoir fait avec excès.

Il aida l'homme à se relever et lui lança en riant :

— Tu as travaillé assez dur pour aujourd'hui. Passe à l'arrière... Mais n'essaie pas de t'enfuir. Tu ne t'en sortirais pas, ajouta-t-il.

Cette traversée de la péninsule en plein hiver fut l'un des moments les plus cauchemardesques de l'expédition, mais Béring tint ses hommes en main, et quand ils arrivèrent sur la côte orientale, il leur ordonna aussitôt de déblayer la neige pour commencer la construction. Il avait choisi pour son chantier naval un endroit vraiment perdu, mais jamais dans toute sa vie aventureuse Vitus Béring ne se montra autant à son avantage. On pouvait croire qu'il construisait le bateau à lui tout seul, car il était toujours à l'endroit où sa présence serait le plus nécessaire. Pendant les longues aurores et les longs crépuscules du printemps, il passa sur le chantier dix-huit heures par jour, et chaque fois qu'un détail des plans dessinés à Saint-Pétersbourg paraissait incompréhensible, il essayait de le déchiffrer, ou il le modifiait sans hésiter. Ses dons d'improvisation étaient incroyables.

Le goudron pour calfater le bateau avait été perdu en route. À quoi bon chercher un responsable ? Quelque part sur les dix mille kilomètres qui les séparaient de la capitale — sur l'un des radeaux pendant la descente d'une des rivières sans nom, pendant le trajet effroyable entre Iakoutsk et Okhotsk, ou bien au cours d'un des deux blizzards des cols du Kamtchatka — on avait perdu le goudron et le *Saint-Gabriel* (comme on décida d'appeler le bateau) ne pourrait pas prendre la mer : si on ne le calfatait pas, les jointures de son bordage laisseraient entrer assez d'eau pour le faire couler en vingt minutes.

Pendant presque une journée entière, Béring réfléchit au problème, puis il lança un ordre simple.

— Coupez ces mélèzes.

Il en fit abattre une quantité, les fit débiter en longueur puis distilla de leur écorce une sorte de substance collante qui, mêlée à de grandes herbes dures, fit un calfatage passable. La construction se poursuivit.

Ce fut cependant une autre invention qui lui valut sa popularité auprès de ses hommes.

— Aucun marin ne devrait s'embarquer sans avoir un coup de gnôle pour se réchauffer par une nuit glacée.

Il leur fit cueillir, sur ses indications, diverses herbes, racines et aromates, et quand ils en eurent réuni une quantité suffisante, il entreprit de les faire fermenter. Après plusieurs faux départs, il finit par obtenir une boisson forte qu'il baptisa cognac. Ses hommes enthousiastes en firent ample provision.

Dans une perspective plus pratique dans l'immédiat, il ordonna à d'autres hommes de faire bouillir de l'eau de mer pour réunir des réserves de sel, et il demanda à Jdanko d'attraper le plus de poisson possible pour faire de l'huile qui remplacerait le beurre. On sala les gros poissons pour remplacer la viande, dont on manquait, et d'autres hommes tressèrent des herbes solides ensemble pour fabriquer des cordes de secours, en cas d'urgence. En quatre-vingt-dix-huit jours, du 4 avril au 10 juillet, cet homme construisit pour ainsi dire à lui seul un bâtiment hauturier avec lequel il ferait l'un des premiers grands voyages d'exploration de l'histoire. Et après s'être accordé un repos de quatre jours, il appareilla. Il se produisit alors l'un des mystères de la mer : cet homme audacieux, qui avait bravé de tels obstacles et déjà passé trois ans et demi à se rapprocher de son but, ne navigua vers le nord que trente-trois jours, vit un autre hiver se rapprocher, et se hâta de regagner sa base du Kamtchatka, où il arriva après seulement cinquante et un jours de croisière, aller et retour, bien que le *Saint-Gabriel* possédât dans ses cales un an de provisions et de médicaments pour quarante hommes.

De retour à terre, avec de grosses neiges prêtes à tomber, les hommes s'entassèrent dans des cabanes improvisées et passèrent l'hiver 1728-1729 sans rien faire. Un groupe de Tchouktches, interrogé par Béring, lui apprit que par beau temps ils avaient souvent vu une côte mystérieuse de l'autre côté de la mer, mais le temps resta si mauvais que Béring ne vit rien.

Aux premiers beaux jours du printemps, il lança de nouveau le *Saint-Gabriel*, navigua hardiment vers l'est pendant trois jours, puis perdit courage et mit le cap sur Okhotsk. Cette fois, ironie du sort, il prit par le sud comme Trophime Jdanko l'avait suggéré deux ans plus tôt, et il doubla facilement la pointe méridionale du Kamtchatka. S'il avait suivi cet itinéraire aisé la première fois, il aurait pu naviguer pendant des mois dans le Pacifique Nord, et aurait évité la pénible traversée de la péninsule à travers les blizzards.

Il fallait qu'il rentre à Saint-Pétersbourg, et comme il connaissait à présent les avantages et les inconvénients du réseau sibérien de routes et de rivières, il ne mit que sept mois et quatre jours. Il s'était absenté plus de cinq ans pour cet héroïque voyage, mais n'avait guère passé plus de trois mois en mer — dont la moitié en trajets de retour.

Comme il avait reçu des instructions fort vagues, on ne pouvait dire que son expédition se soldait par un échec. Bien entendu, il n'avait pas confirmé la conviction de Pierre le Grand sur l'existence d'un détroit entre l'Asie et l'Amérique, et il n'avait pas navigué assez loin pour rencontrer des établissements coloniaux espagnols ou anglais. Mais l'intérêt des Russes et des Européens pour le Pacifique Nord redoubla grâce à lui, et il avait effectué les premiers pas qui feraient de cette région inhospitalière une partie de l'empire russe.

*
**

Moins de deux mois après son retour dans la capitale et malgré les critiques qui lui reprochaient de n'avoir pas navigué soit vers l'ouest pour rejoindre la Kolyma, soit vers l'est pour prouver que l'Asie était bien séparée de l'Amérique du Nord, Vitus Béring, le Danois têtu eut la témérité de proposer au gouvernement russe une deuxième expédition du Kamtchatka, non pas avec cent hommes, comme la première, mais dans une perspective telle qu'il lui en faudrait au bout du compte plus de trois mille. Et avec ses arguments, il présenta un devis précis démontrant qu'il réaliserait cet exploit pour dix mille roubles.

Son coup d'éclat, pendant cette négociation, fut de refuser carrément d'avouer que sa première tentative se soldait par un échec. Quand les critiques voulaient l'attaquer pour ses erreurs prétendues, il leur souriait avec indulgence et faisait observer :

— Mais j'ai fait tout ce que m'avait ordonné le tsar.

— Vous n'avez pas trouvé d'Européens.

— Il n'y en avait pas, répliquait-il.

Et il continuait d'insister pour que le gouvernement le renvoie.

Cependant, il n'était pas question de dépenser dix mille roubles à la légère, et Béring admettait lui-même que son expédition risquait d'en coûter douze mille. Les responsables du gouvernement se mirent donc à éplucher les qualifications du Danois et interrogèrent ses principaux collaborateurs, dont le cosaque Trophime Jdanko. Celui-ci n'avait rien eu à reprocher à Béring pendant la première expédition. Comme ni famille ni affaire pressante ne le retenaient en Russie occidentale, il était prêt à repartir dans l'est.

— Béring? Un excellent meneur d'hommes, assura-t-il aux hauts fonctionnaires. Je commandais les troupes, et je peux vous assurer qu'il savait faire travailler ses subordonnés et les contenter — ce n'était pas si facile. Oui, je serais fier de collaborer de nouveau avec lui.

— Mais pourquoi n'est-il pas allé assez loin vers le nord pour démontrer que les deux continents ne se rejoignent pas?

— Le tsar Pierre lui-même m'a dit un jour...

À ces mots, les responsables restèrent pantois.

— Le tsar? Le tsar vous aurait consulté?

— Mais oui. Il est venu me voir juste avant qu'on me pende.

On interrompit aussitôt l'interrogatoire pour vérifier si Pierre le Grand s'était bien rendu à une prison des quais pour discuter avec un détenu cosaque du nom de Trophime Jdanko. Le geôlier Mitrofan le confirma, et l'on se hâta de poser d'autres questions à Jdanko.

— Pierre le Grand, que son âme honorée repose en paix, songeait déjà à l'expédition en 1723. Il a dû répéter à Béring ce dont nous avions discuté ensemble. Il savait déjà que la Russie ne touche pas l'Amérique et il désirait en apprendre plus long sur l'Amérique.

— Pourquoi?

— Parce qu'il était tsar. Normal, qu'il sache, non?

Ils assaillirent le cosaque de questions pendant une matinée entière, mais apprirent seulement que Vitus Béring avait rempli la mission du tsar en tous points, sauf la découverte des Européens — et que Jdanko avait hâte de repartir avec lui.

— Mais il a cinquante ans, fit observer l'un des fonctionnaires.

— Aussi capable à cinquante ans qu'un homme de vingt, répliqua le cosaque en toute sincérité.

Quelqu'un insista :

— Dites-moi, confieriez-vous dix mille roubles à Vitus Béring?

— Je lui ai déjà confié ma vie, et je suis prêt à le refaire.

Cet interrogatoire, parmi d'autres, eut lieu en 1730 — Trophime avait alors vingt-huit ans — et dans les années qui suivirent on discuta beaucoup : fallait-il lancer l'expédition entièrement par mer, ce qui serait plus rapide et meilleur marché, ou bien par terre et mer, ce qui permettrait au gouvernement de Saint-Pétersbourg d'en apprendre davantage sur la Sibérie? Il fallut deux ans pour parvenir à une décision, et quand Béring quitta la capitale par la voie de terre, on était en 1733 et il avait cinquante-trois ans.

De nouveau, Jdanko et lui furent immobilisés pendant deux hivers atroces par les neiges de la Russie centrale, et de nouveau il fut retardé à Okhotsk, et ses vrais ennuis commencèrent, car à Saint-Pétersbourg les comptables remirent au Trésor russe des rapports effarants.

— Ce Vitus Béring, qui nous a assuré que son expédition coûterait dix mille roubles, douze mille au plus, en a déjà dépensé plus de trois cent mille avant de quitter Iakoutsk. Et il n'a pas encore posé le pied à bord de ses bateaux. Comment est-ce possible ? Ils n'ont encore rien construit.

Et les comptables nerveux conclurent par une prédiction pertinente :

— Cette expérience ridicule de dix mille roubles finira par nous en coûter deux millions.

Dans une crise de rage mesquine et futile, les autorités diminuèrent de moitié la solde de Béring et refusèrent de le nommer amiral comme il le souhaitait. Il ne s'en plaignit pas, et lorsqu'il eut pris quatre années entières de retard sur ses prévisions, il se contenta de serrer la ceinture, de maintenir le moral de ses hommes et de poursuivre la construction de ses bateaux. Enfin, sept ans après avoir quitté la capitale, en 1740, il lança le *Saint-Pierre*, dont il prendrait le commandement, et le *Saint-Paul*, qu'il confia à son jeune assistant, Alexeï Tchirikov. Le 4 septembre de la même année, il lança les deux bateaux pour leur grande exploration des eaux septentrionales et des terres qui les bordaient.

Ils traversèrent bravement la mer d'Okhotsk, contournèrent la pointe sud du Kamtchatka et relâchèrent au port construit depuis peu de Petropavlovsk, qui prendrait une importance cruciale au cours des cent cinquante années suivantes. Il se trouvait au fond d'une baie étonnante, orientée vers le sud, à l'abri des tempêtes. De longs bras de terre protégeaient les bateaux à l'ancre et le long de la côte s'élevaient des maisons confortables pour les officiers et des baraquements pour les équipages. Aucun civil n'y habitait encore, mais c'était une implantation maritime splendide, qui prendrait vite de l'importance. Ce fut là que Béring et Jdanko passèrent leur huitième hiver depuis leur départ de Saint-Pétersbourg.

Parmi les hommes qui logeaient dans les maisons blotties près de la grève se trouvait un naturaliste allemand de trente-deux ans, doté de capacités exceptionnelles : Georg Steller. On l'avait emmené avec des astronomes, des interprètes et d'autres savants pour prêter à l'expédition une certaine dignité intellectuelle. Il était capable de le faire mieux que tout autre. Dans son avidité d'apprendre, il avait fréquenté quatre universités allemandes — Wittenberg, Leipzig, Iéna et Halle — et il partait avec Béring bien résolu à élargir les connaissances humaines. Pendant le voyage à terre, il avait examiné tout ce qui lui tombait sous les yeux concernant la géographie, l'astronomie et l'histoire naturelle de la Russie, depuis la mer Baltique jusqu'à l'océan Pacifique. Au terme de ce pénible voyage avec ses insupportables retards, il avait hâte de prendre la mer, de visiter des îles inconnues et de poser le pied sur les côtes inexplorées d'Amérique du Nord. Dans son inébranlable enthousiasme, il dit à Jdanko :

— Avec un peu de chance, nous pourrons découvrir des centaines de nouvelles espèces d'animaux, d'arbres, de fleurs et d'herbes.

— Je croyais que toutes les herbes étaient pareilles.

— Oh, non !

Et le jeune Allemand, dans son russe approximatif, montra à Jdanko deux douzaines de variétés d'herbes, lui expliqua comment elles fleurissaient, comment les animaux les utilisaient et le grand bien qu'elles pourraient faire si les hommes les cultivaient intelligemment.

Désireux de détourner la conversation d'un sujet qui ne l'intéressait guère, Jdanko fit observer :

— Parfois vous parlez des oiseaux et des poissons comme si c'étaient des bêtes.

— Mais ce sont des bêtes, Trophime !

La leçon qui suivit dura presque toute la matinée, puis le cosaque l'interrompit soudain.

— Pour moi un oiseau est un oiseau et une vache est une bête.

— Sans aucun doute, Trophime ! s'écria Steller en riant. Et pour vous un aigle est un oiseau et un flétan est un poisson. Mais pour un savant, toutes ces créatures, y compris l'homme, sont des animaux.

Jdanko se leva brusquement et tonna :

— Je ne suis pas un poisson. Je suis un homme.

Steller réagit comme si le colosse n'était qu'un enfant sur les bancs de l'école.

— Voyons, élève Trophime, comment appellerez-vous un poulet? À certains égards on dirait un oiseau, mais il court sur le sol.

— Si ça a des plumes, c'est un oiseau.

— Mais il a aussi du sang. Il se reproduit sexuellement. Pour le savant, c'est un animal.

— Quels nouveaux animaux comptez-vous trouver?

— C'est une question ridicule, Trophime. Comment saurais-je ce que je vais trouver avant de l'avoir trouvé?

Il sourit, puis ajouta à la réflexion :

— J'ai entendu parler d'un animal remarquable, la loutre de mer.

— J'ai eu un jour deux peaux de loutre de mer.

Steller voulut apprendre tout ce que le cosaque savait de cet animal légendaire, et Trophime lui raconta ce dont il se souvenait de ses peaux, qu'il avait données au tsar, bénie soit sa mémoire. Elles étaient splendides sur ses capes. Steller se pencha en arrière, dévisagea le cosaque et lui dit avec de l'admiration dans la voix :

— Trophime, vous devriez être savant. Vous remarquez tout. C'est merveilleux, vraiment.

Puis il reprit son rôle de pédagogue :

— Mais comment appelleriez-vous une loutre de mer? Elle nage comme un poisson, vous le savez. Mais ce n'est manifestement pas un poisson, vous le savez aussi.

— Si ça nage, c'est un poisson.

— Mais si je vous jetais par-dessus bord vous nageriez vous aussi. Est-ce que cela fait de vous un poisson?

— Je ne sais pas nager. Je reste un homme.

*
**

Les deux bateaux demeurèrent au mouillage dans le

port de Petropavlovsk, immobilisés par des incidents agaçants. Pour profiter au mieux de l'été, ils auraient dû prendre le large avant le milieu d'avril ; l'appareillage fut annoncé pour le 1er mai, mais à la fin de ce mois-là, des charpentiers faisaient encore des réparations et des modifications. On apprit alors que la réserve de biscuits de marin sur laquelle comptait l'expédition était complètement avariée : il faudrait sans doute passer au port un autre hiver. Au cours d'une réunion d'urgence, l'état-major proposa et ratifia un plan d'action.

Ce fut alors que la science — si chaudement louée par l'Allemand Steller — intervint pour saboter toute l'entreprise. Certains savants du siècle précédent avaient admis à la suite de rumeurs qu'il existait de vastes terres entre l'Asie et l'Amérique du Nord. Selon la légende, elles auraient été découvertes par l'indomptable navigateur portugais Dom Joao Da Gama en 1589, et elles contenaient d'immenses richesses. On les avait baptisées Terra Da Gama, et comme le pays qui en prendrait possession le premier en tirerait d'énormes profits, les Russes espéraient que Béring découvrirait l'île, relèverait ses côtes, laisserait Steller l'explorer pour ses minerais, et dissimulerait les faits aux autres nations.

Comme les bateaux ne pouvaient pas appareiller avant juin, et que la saison serait donc très courte, on passerait évidemment la majorité des beaux jours à chercher la Terra Da Gama, en réservant un minimum pour l'exploration de l'Amérique. Donc le 4 mai 1741, les sages de l'expédition, et ils étaient nombreux, décidèrent que leur premier objectif serait la Terra Da Gama et signèrent le procès-verbal de leurs noms : commandant Vitus Béring, capitaine Alexeï Tchirikov, astronome Louis de Lisle de La Croyère et sept autres. Retardés par une malchance tragique, ils se lancèrent donc le 4 juin 1741 dans la recherche futile d'une terre qui n'existait pas et qui portait le nom d'un Portugais légendaire qui n'avait jamais navigué nulle part, pour la bonne raison qu'il n'avait jamais existé lui non plus.

Après avoir constaté qu'il n'y avait aucune Terra Da Gama et qu'il n'y en avait jamais eu, les bateaux se dirigèrent vers l'est, puis la malchance voulut qu'un coup de vent les sépare ; chaque capitaine chercha l'autre scrupuleusement pendant deux jours entiers, mais les deux bateaux ne reprirent jamais contact. Le *Saint-Paul* de Tchirikov n'avait pas coulé, il continua sa route et le *Saint-Pierre* de Béring fut incapable de le rattraper. Après avoir tourné en rond inutilement quelques jours, Béring remit le cap à l'est, et les deux bateaux russes s'avancèrent vers l'Amérique à l'insu l'un de l'autre.

Peut-on reprocher au capitaine de la Flotte Béring — pour lui donner son grade accordé à titre temporaire au début de cette malheureuse expédition — d'avoir laissé ses deux bateaux se séparer ? Non. Avant d'appareiller, il avait donné des instructions très précises pour maintenir le contact et il avait, de son côté, suivi ces indications. Comme bien des fois au cours de sa longue exploration des mers orientales, il fut victime de la malchance ; les tempêtes séparaient les bateaux et les brouillards épais rendaient toute réunion impossible. C'est le hasard, non la mauvaise volonté, qu'il faut rendre responsable. Le fait que les deux bateaux naviguaient vers les côtes d'Amérique du Nord démontre que ses ordres étaient clairs et furent obéis.

Puis, le 16 juillet, la malchance de Béring cessa. À midi et demi, le crachin s'arrêta et dans les brouillards qui s'entrouvraient apparut le panorama de montagnes enneigées le plus sublime de toute l'Amérique. Perchées sur ce qui deviendrait l'angle de la frontière entre l'Alaska et le Canada, elles s'élevaient, splendides, jusqu'à quatre mille huit cents, cinq mille quatre cents et cinq mille sept cents mètres, avec, blottis autour des pics, une vingtaine de sommets à peine inférieurs. Un spectacle magnifique qui justifiait toute la traversée, et les Russes s'enflammèrent à l'idée qu'ils pourraient obtenir un jour la souveraineté sur ce pays splendide. Quelle émotion lorsque apparût dans toute sa beauté la montagne que Béring appela Saint-Élie ! Des Européens avaient découvert l'Alaska.

Mais les mers qui protègent ce pays enchanté du Nord permettent rarement à ces spectacles de durer. Quelques heures plus tard, le journal de bord du *Saint-Pierre* déclare : « *Nuages rapides, air épais, impossible de prendre les relevés de terrain, car la côte est dissimulée par de gros nuages.* » Et le lendemain matin : « *Nuages lourds et pluie.* » Tout vaisseau qui tenterait de naviguer dans ces eaux répéterait à satiété la même observation : « Nuages lourds et pluie. »

Le troisième jour, quand aurait dû commencer l'exploration de la terre découverte, le journal de bord précise : « *Vent, brouillard, pluie. La terre ne doit pas être très loin, mais les brumes et la pluie nous empêchent de la voir.* » Et Béring, qui découvrit l'Alaska pour l'Europe, ne posa jamais le pied sur le continent. Cependant, quatre jours après avoir aperçu le mont Saint-Élie, il tomba sur une île longue et mince, qu'il appela également Saint-Élie, car s'était le saint de ce jour-là. Plus tard, les Russes la rebaptiseraient Kayak, à cause de sa forme.

Et il se produisit alors une des plus incroyables débâcles des expéditions de Béring. Préoccupé avant tout de la sécurité de son bateau et de son retour à Petropavlovsk, Béring décida de ne jeter qu'un coup d'œil à l'île, mais Steller, peut-être le cerveau le plus brillant de ces voyages, protesta à la limite de l'insubordination : depuis dix ans, toute sa vie était orientée vers le moment suprême où il pourrait enfin poser le pied sur une terre nouvelle. Il fit un tel raffut que Béring, à regret, lui accorda une brève visite dans l'île. Au moment où il quitta le bateau, un clairon du bord entonna une sonnerie en fanfare ironique, comme si un haut personnage s'en allait, et tous les marins éclatèrent de rire. Steller n'emmena qu'un aide, Trophime Jdanko, qu'il avait réussi à convaincre de l'importance des sciences. Dès qu'ils accostèrent, les deux hommes se mirent à courir en tous sens, à ramasser des cailloux, à regarder les arbres, à écouter les oiseaux. Ils essayèrent d'observer tout à la fois, sachant que le *Saint-Pierre* risquait de prendre le large d'un moment à l'autre. A peine avaient-ils passé sept ou huit heures à terre qu'un signal du bateau avertit Jdanko qu'il allait appareiller.

— Herr Doktor Steller! Vite!
— Je ne fais que commencer.
— Le bateau nous appelle.
— Laissez-le appeler.
— Herr Doktor, ils insistent.
— J'insiste moi aussi.

Non sans de bonnes raisons. Il avait étudié en Allemagne pendant de longues années pour se préparer à une occasion comme celle-là, et il avait rongé son frein pendant huit ans à travers la Russie jusqu'au Kamtchatka, puis était resté confiné sur un bateau pendant des semaines, et quand il débarquait enfin sur le continent américain, ou une de ses îles à moins de cinq kilomètres de la côte, on ne lui laissait même pas une journée pour accomplir son travail. C'était rageant, grossier et dément, et il le dit à Jdanko. Mais le cosaque, en un sens officier du bateau, avait appris à obéir aux ordres, et le capitaine de la Flotte Béring signifiait que la chaloupe devait retourner immédiatement et avec Steller.

En fait Béring avait donné l'ordre :

— Faites-lui signe de venir à bord tout de suite ou nous appareillons sans lui.

Il devait songer à son bateau. Il aurait pu accorder au savant allemand deux ou trois jours à terre, mais il n'oubliait pas les instructions convenues avant le départ du Kamtchatka : « En toutes circonstances, le *Saint-Pierre* et le *Saint-Paul* devront être rentrés à Petropavlovsk le dernier jour de septembre 1741 ou avant. »

— Steller! lança Jdanko en s'avançant vers le savant en sueur, dont les bras étaient chargés d'échantillons de toute sorte. Je monte dans la chaloupe et vous venez avec moi.

Malgré toutes les protestations de l'Allemand, il le traîna vers la côte. Ce soir-là, le journal de bord porta la remarque suivante :

> *La yole est retournée avec de l'eau, et l'équipage a signalé qu'il avait vu les restes d'un feu, des pas d'hommes et un renard en fuite. L'adjoint Steller a ramené plusieurs sortes d'herbes.*

Un peu plus tard, pendant l'appareillage, Béring renvoya Jdanko avec plusieurs hommes de l'équipage sur l'île Saint-Élie pour une mission qui symbolisait son désir personnel de faire du bon travail pour ses maîtres russes. Mais cette fois, il n'autorisa pas Steller à les accompagner, car il avait appris le refus de l'Allemand d'interrompre ses recherches la première fois.

> *Les hommes qui revinrent avec la petite yole avaient annoncé la découverte d'une cabane à moitié souterraine, un peu comme une cave, mais sans personne. Ils avaient trouvé dans cette cabane du poisson séché, des arcs et des flèches. Le capitaine commandant de la Flotte ordonna alors à Trophime Jdanko d'apporter à cette cabane un certain nombre d'objets, au nom du gouvernement : treize aunes de tissu vert, deux couteaux, du tabac chinois et des pipes.*

Ce fut de cette manière discrète et généreuse que débuta le commerce lucratif de la Russie avec les indigènes de l'Alaska. Le compte rendu par Georg Steller de cette journée mémorable fut plus acerbe : « *J'ai passé dix ans à me préparer pour une mission de quelque importance et l'on ne m'a laissé que dix heures pour la remplir.* »

Mais si Béring ne sut pas apprécier ce que fit Steller pendant le temps qui lui fut alloué, l'histoire a rendu justice au savant allemand, car au cours de ces brèves heures passées à terre, il perçut l'importance du nord de l'Amérique, le caractère de ses confins occidentaux, et leur importance potentielle pour la Russie. Son travail ce jour-là constitue l'un des plus beaux exemples de ce que peut faire l'intelligence humaine dans des limites très étroites.

Vitus Béring n'était pas le premier Européen à voir l'Alaska. En effet, au moment où son bateau, le *Saint-Pierre*, perdit contact avec le *Saint-Paul*, le capitaine de ce dernier, Alexeï Tchirikov, passa près de trois journées entières à chercher son compagnon de route, puis inscrivit dans son journal de bord :

À la cinquième heure de la matinée, nous avons cessé de rechercher le Saint-Pierre *et poursuivi notre chemin avec l'assentiment de tous les officiers du* Saint-Paul.

Le jeune capitaine procéda à son exploration sans une seule bavure. Le 15 juillet 1741, la veille du jour où Béring repéra le groupe de sommets, Tchirikov aperçut la terre à environ 55° de latitude. Il longea la côte vers le nord et passa près de la belle île que les Russes occuperaient plus tard, Baranov, devant la baie splendide où allait s'élever leur capitale, Sitka. Au passage, ils virent un volcan couronné de neige d'une forme presque parfaite, qui porterait le nom d'un explorateur ultérieur de beaucoup plus grande réputation — Edgecumbe —, mais ils ne prirent pas le temps d'explorer les parages, qui comptent parmi les plus beaux de la région.

Un peu plus vers le nord, le capitaine Tchirikov envoya cependant dans une autre île une chaloupe sous les ordres du premier maître Dementiev, assisté de dix hommes armés. La chaloupe disparut au milieu d'un essaim de petites îles et l'on n'en entendit plus jamais parler. Après six jours d'angoisse où le mauvais temps l'empêcha d'intervenir, le capitaine Tchirikov laissa partir trois autres hommes dans une deuxième barque — le bosco Savelev, le charpentier Polkovnikov et le calfat Gorine — à la recherche de la première chaloupe. À la dernière minute, le matelot Fadiev lança :

— Je veux bien partir, moi aussi.

Et on le lui permit.

Cette barque disparut elle aussi, et les hommes du *Saint-Paul* durent prendre des décisions atroces. Ils n'avaient plus aucune embarcation de secours pour pouvoir aller chercher de la nourriture ou de l'eau douce, et il ne leur restait que quarante-cinq tonneaux d'eau.

À la première heure de l'après-midi, les officiers parvinrent à la décision suivante, qu'ils mirent par écrit : retourner directement au port de Petropavlovsk sur la côte est du Kamtchatka ; ordonner à l'équipage de recueillir l'eau de pluie et commencer le rationnement.

Ainsi la grande expédition proposée par Vitus Béring touchait-elle à sa fin, cahin-caha, sans grand résultat positif. Aucun officier n'avait posé le pied sur l'Alaska proprement dit ; les explorations scientifiques avaient avorté ; aucune carte utile n'avait été dressée ; et l'on déplorait déjà la perte de quinze hommes. L'aventure que Béring se faisait fort de mener à bien pour dix mille roubles en coûterait au bout du compte deux millions, comme les comptables l'avaient prédit. Tout cela seulement pour prouver que l'Alaska existait, et que la Terra Da Gama n'existait pas.

*
**

Et le pire restait à venir. Quand le bateau de Béring, le *Saint-Pierre*, mit le cap à l'ouest de l'endroit où il avait aperçu les hautes montagnes, il suivit plus ou moins la courbe régulière des îles Aléoutiennes. Mais le bâtiment répondait si mal qu'avec le vent contraire il ne parvenait pas à avancer de plus de seize ou dix-sept milles nautiques par jour. De temps à autre les vigies signalaient une des îles, et plusieurs des grands volcans qui marquent l'archipel furent parfaitement visibles avec leurs sommets couverts de neige découpés sur le bleu du ciel.

Les marins n'eurent guère l'occasion d'apprécier toutes ces beautés, car ils subirent une attaque de scorbut d'une virulence rare. Sans aliments frais ni suffisamment d'eau pour accompagner leur biscuit, ils virent leurs jambes enfler ; ils avaient du mal à garder l'équilibre et souffraient de violentes crampes d'estomac. Leurs yeux devinrent vitreux. Chaque jour leur sort empirait et les notes du livre de bord se transformèrent en une litanie de lamentations.

Violente tempête et vagues énormes... toute la journée les vagues ont balayé le pont des deux côtés... Tempête terrible... vingt et un hommes portés malades... Alexeï Kiselev, par la volonté de Dieu mort du scorbut... vingt-neuf hommes portés malades...

Pendant les derniers jours où une activité normale resta possible, le *Saint-Pierre* se rapprocha de la côte de l'île de Lapak, celle où le grand chaman Azazrouk avait conduit ses émigrants douze mille ans auparavant, et les marins de Béring rencontrèrent les îliens qui leur fournirent de l'eau et de la viande de phoque — ce qui les aida à survivre pendant le mois de septembre.

Comme la plupart des jeunes officiers étaient immobilisés par le scorbut, Trophime Jdanko prit le commandement de la chaloupe et il demanda à Georg Steller de l'accompagner. Ce fut une décision heureuse, car peu de temps après l'accostage, l'Allemand se mit à cueillir des herbes en sautant de joie.

— Pas de temps pour ces bêtises ! protesta Jdanko.

Mais Steller lui brandit une poignée de plantes sous le nez en criant :

— Trophime ! C'est un antiscorbutique ! Je peux sauver tous les malades.

Il continua sa cueillette et engagea trois enfants aléoutes pour l'aider car il était certain que ces herbes au goût acide combattraient le scorbut. Si on l'avait laissé faire, il aurait peut-être sauvé même les membres de l'équipage dont la mort avait déjà figé le regard.

Mais l'homme qui devait exercer l'influence la plus durable à la suite de cette brève visite fut Trophime Jdanko : en fin de journée, il tomba sur une cabane creusée assez profond dans le sol à la façon d'autrefois, mais pourvue d'une façade de pierres posées avec grand soin et couverte d'un toit robuste en os de baleine et poutres de gros bois échoué sur l'île ; il voulut en savoir davantage sur la personne qui avait réalisé une aussi bonne construction. Quand le bonhomme, effrayé, finit par s'avancer timidement, les cheveux noirs sur ses yeux et un gros os de morse passé dans le septum de son nez, Jdanko lui tendit une partie des choses que le capitaine Béring lui avait remises pour se concilier les indigènes.

— Voilà. Du tabac chinois. Un miroir. Regarde-toi. N'es-tu pas joli garçon, avec cet os au milieu de la figure ? Ce beau tissu, c'est pour ta dame, je suis sûr que tu en as une avec ta belle gueule. Tiens, une hache, une pipe. Encore du tabac ?

L'Aléoute qui reçut ces largesses, dont le capitaine Béring voulait se débarrasser avant de retourner en Sibérie, comprit qu'on lui offrait des cadeaux ; le miroir miraculeux prouvait à lui seul que selon la coutume de son peuple, il devait donner quelque chose en retour à cet énorme étranger, plus haut que lui d'au moins deux têtes. Mais en voyant la magnificence des présents de Jdanko, notamment la hache de métal, il se demanda vraiment ce qu'il pourrait offrir à son tour sans paraître mesquin. Puis il se souvint.

Il fit signe à Jdanko de le suivre et ils entrèrent ensemble dans une sorte d'entrepôt souterrain, duquel l'Aléoute sortit deux défenses de morse, deux peaux de phoque et, du coin le plus sombre, la fourrure d'une loutre de mer plus longue et plus belle que celles offertes au tsar par Trophime. Mesurant plus de deux mètres de long, elle était d'une douceur et d'une souplesse sans égales. Un cadeau magnifique, et Jdanko fit comprendre à l'Aléoute qu'il l'appréciait.

— Il y en a beaucoup par ici ? demanda-t-il en désignant la mer.

L'homme montra qu'il comprenait en agitant les bras en l'air pour représenter une grande quantité. Puis il indiqua que son kayak, sur la grève, était le meilleur de l'île pour les attraper.

Steller, pendant ce temps, avait réussi à ramasser une grosse brassée d'herbes sauvages, qu'il avait déjà commencé à mâchonner énergiquement. Quand le bosco fit signe que la chaloupe allait repartir, l'Allemand appela Jdanko et lui offrit une poignée de ses herbes salvatrices dont l'acide ascorbique combattrait les effets du scorbut. En voyant la loutre de mer, il rappela à Trophime leur conversation, car il espérait recevoir cette peau pour augmenter sa maigre collection. Mais le cosaque ne l'entendait pas de cette oreille-là. Il lui tourna le dos.

— Une merveille, cette île, dit-il. Je me demande comment elle s'appelle.

L'Allemand fit alors la preuve de son intelligence étonnante. Tendant à Jdanko sa poignée d'herbes, il se tourna vers l'Aléoute et, avec des mouvements des mains et des lèvres bien orchestrés, il lui demanda quel nom son peuple donnait à l'île.

— Lapak, répondit l'homme.

Steller se pencha, toucha le sol, puis se leva et étendit ses bras comme pour embrasser l'île entière.

— Lapak ? demanda-t-il.

L'indigène acquiesça de la tête.

En se retournant pour admirer l'île, Steller remarqua sur la côte nord un splendide cône de rocher qui émergeait des flots. Par gestes, il demanda s'il s'agissait d'un volcan, et l'Aléoute le confirma.

— Est-ce qu'il explose ? Feu ? Lave coulant dans la mer ? Sifflements ?

Steller posa toutes ces questions et reçut des réponses. Ravi d'avoir découvert un volcan en activité, il essaya d'en apprendre le nom, mais c'était un concept d'un ou deux degrés trop difficile pour le langage par signes inventé par les deux hommes en une demi-heure, et le naturaliste n'apprit pas qu'au cours des douze mille années depuis qu'Azazrouk avait aperçu pour la première fois le volcan naissant, à moins de trente mètres au-dessus de la surface des eaux, l'îlot avait connu des centaines d'éruptions, tantôt s'élevant très haut dans l'air, parfois retombant presque sous les vagues. Il avait alors une altitude intermédiaire, environ mille mètres, et il était coiffé par une légère couche de neige à son sommet. En aléoute, il s'appelait Qugang, le Siffleur, et lorsque Trophime Jdanko eut admiré sa belle silhouette toute proche au-dessus des vagues, il lança à Steller :

— J'aimerais revenir ici.

— Moi aussi, répliqua l'Allemand en reprenant ses herbes.

***

L'élixir que prépara Steller s'avéra une cure presque parfaite contre le scorbut, car il fournissait tous les éléments nutritifs qui manquaient au régime abondant mais mal équilibré de biscuit et de lard de porc salé. Mais, par une de ces ironies fréquentes dans l'histoire de la mer, tous les hommes même qui auraient pu échapper à la mort en prenant la potion au goût amer refusèrent catégoriquement d'y goûter. Steller en but, ainsi que Trophime, convaincu des compétences du savant allemand, et trois jeunes officiers, qui sauvèrent ainsi leur vie. Les autres s'obstinèrent dans leur refus, encouragés par le capitaine Béring lui-même qui lança :

— Emportez ça tout de suite ! Vous voulez me tuer ?

Steller pesta contre cette folie. Comment pouvait-on refuser une substance qui vous éviterait de mourir ? Mais, entre eux, les matelots murmuraient :

— Aucun maudit Allemand ne me fera boire de l'herbe.

Vers la mi-octobre, longtemps après la date prévue du retour à Petropavlovsk, les hommes du *Saint-Pierre* avarié par les tempêtes commencèrent à mourir en série des suites du scorbut. Le livre de bord devint de plus en plus lugubre.

Coup de vent d'une violence extrême. Aujourd'hui j'ai commencé à souffrir du scorbut, mais je ne me compte pas parmi les malades.

Douleurs affreuses dans les pieds et les mains. J'ai eu du mal à rester debout pendant mon quart. Malades : trente-deux.

Décédé par la volonté de Dieu le soldat Karp Petchenoï de Iakoutsk. Obsèques en mer.

Ivan Petrov, charpentier du bord, est mort.

Le petit tambour, Ossip Tchenstoï, de la garnison sibérienne, est mort.

À dix heures, décès du clairon Mikhaïl Totopstov. Le grenadier Ivan Nebaranov est mort.

Le 5 novembre 1741 le *Saint-Pierre* se mit en panne au large d'une des îles les plus désolées des mers septentrionales, très au-delà de l'arc des Aléoutiennes. Le capitaine Béring, gravement atteint du scorbut lui-même, rassembla ses officiers pour étudier en toute objectivité leur situation tragique. En début de séance, Jdanko lut le rapport préparé par le médecin du bord, lui-même trop malade pour participer.

— Nous n'avons plus assez d'hommes pour assurer la manœuvre du bateau. Douze sont déjà morts. Trente-quatre sont dans un tel état de faiblesse qu'ils risquent de passer bientôt. Nombre total d'hommes assez forts pour manier les cordages : dix ; et sur ces dix, sept ne se déplacent qu'avec difficulté. Nous n'avons aucune nourriture fraîche et très peu d'eau.

Confronté à ces faits, Béring n'avait guère le choix. Il recommanda d'échouer en cet endroit isolé le bateau avec lequel il avait rêvé d'accomplir tant d'exploits. Ensuite, on construirait un refuge où les marins les plus malades auraient peut-être une chance de survivre à l'hiver imminent. Ce fut fait, mais sur les quatre premiers hommes que l'on envoya à terre, trois moururent dans le canot de sauvetage — le canonnier Dergatchev, le matelot Emilianov, le soldat sibérien Popkov — et le quatrième, le matelot Trakanov s'éteignit juste au moment où on le posait sur le sol.

Puis survint un blizzard de décès : Stepanov mourut, puis Ovtsine, Antipine et Esselberg. Enfin, la note la plus douloureuse du journal de bord.

> *En raison de la maladie, je dois cesser de tenir régulièrement ce journal.*

Le 1er décembre 1741, jour le plus sombre de tout le voyage, le capitaine Béring fit appeler son assistant Jdanko. Dans un sursaut d'énergie remarquable pour un homme si âgé et si malade, il fit le tour du campement et encouragea chacun en assurant que l'hiver se passerait comme tous les autres hivers difficiles qu'ils avaient vécus ensemble. Il refusait de reconnaître que la situation était désespérée et lorsque Jdanko essaya de lui dépeindre les périls dans lesquels ils se trouvaient, le vieil homme s'arrêta, regarda son collaborateur et lança :

— Je ne m'attendais pas à ce qu'un Russe en pleine santé parle en ces termes.

Jdanko, comprenant que son capitaine n'avait plus tous ses esprits, le reconduisit vers sont lit, mais ne put forcer le vieux lion à se coucher. Béring continua d'aller et venir en donnant des ordres pour l'amélioration du camp. Enfin il chancela, essaya de s'accrocher au vide, et tomba dans les bras de Jdanko.

On le déposa, sans connaissance, sur le lit dont il ne se relèverait jamais. Le deuxième jour, il dormit ; mais le troisième, il exigea qu'on lui rende compte en détail de tout ce qui se passait sur le bateau, puis il sombra de nouveau dans le coma — signe de la miséricorde divine, assura Jdanko, à cause des souffrances extrêmes que le vieux lutteur traversait. Le 7 décembre, par un temps glacial, il voulut qu'on le porte à bord du *Saint-Pierre*, mais le cosaque s'y opposa. Dans ses moments de lucidité, Béring discutait intelligemment de tout ce qui restait à faire pour que l'expédition passe pour un succès. À son avis, la meilleure solution serait de ne pas bouger de tout l'hiver, de démolir le *Saint-Pierre*, puis de construire avec le bois un bateau plus petit — une hourque — avec laquelle on gagnerait Petropavlovsk à la voile, quand le temps tournerait au beau. Ensuite, on construirait un autre bateau, plus résistant, et l'on repartirait pour explorer sérieusement les terres alléchantes proches du grand nid des montagnes qui tombaient jusqu'à la mer.

Jdanko l'encourageait dans tous ses rêves, et cette nuit du 7 décembre, il dormit à côté de cet extraordinaire Danois qu'il avait appris à respecter et à aimer. Vers quatre heures du matin, Béring s'éveilla avec une pléiade de nouveaux projets — les autorités de Saint-Pétersbourg les approuveraient, il en était certain — mais quand il essaya de les expliquer en détail il passa à la langue danoise. Aucun de ses Danois n'était plus en vie pour le comprendre.

— Il faut dormir, petit capitaine, murmura Jdanko.

Peu après cinq heures, le vieux marin mourut sur cette île balayée par les tempêtes.

Mais les survivants se serrèrent les coudes, comme Béring l'avait escompté. Malgré les blizzards et le manque de nourriture, les quarante-six courageux qui restaient étudièrent la topographie de l'île et ses possibilités, puis firent exactement ce que Béring avait prévu : avec les bois de démolition du *Saint-Pierre*, ils construisirent une hourque à qui ils donnèrent le même nom : onze mètres de long, moins de quatre mètres de large ; un mètre soixante de profondeur. Dans cette embarcation frêle et pleine à craquer, les quarante-six hommes franchirent les trois cent six milles nautiques qui les séparaient de Petropavlovsk, où ils débarquèrent le 27 août 1742, neuf ans et cent soixante-trois jours après leur départ de Saint-Pétersbourg, le 18 mars 1733.

À leur arrivée, ils apprirent que le second bateau de l'expédition, le *Saint-Paul*, avait eu sa part d'ennuis lui aussi. Sur les soixante-seize officiers et matelots partis en juin, cinquante-quatre seulement étaient rentrés en octobre, quatre mois plus tard. Ils s'affligèrent sur la disparition de quinze marins compétents près d'une île splendide. Et l'un des officiers leur indiqua :

— Sur le trajet du retour à Petropavlovsk, le scorbut a tué les autres...

Le pire que l'on puisse reprocher à Vitus Béring, c'est sa malchance. Tous les événements semblaient conspirer contre lui. Ses bateaux firent eau ; les provisions qu'il escomptait n'arrivèrent pas à temps, se perdirent ou furent volées. Beaucoup d'autres capitaines dirigèrent des traversées beaucoup plus longues que la sienne dans l'espace et le temps, du Kamtchatka à l'Alaska, sans subir d'attaques de scorbut aussi virulentes. Mais il était tellement marqué par un destin contraire qu'au cours de sa croisière relativement brève, il perdit trente-six hommes sur un bateau et vingt-deux sur l'autre. Et il mourut sans même avoir rencontré les Européens qu'il cherchait.

Et pourtant ce petit Danois bedonnant laissa derrière lui un héritage d'honneur et une tradition de la mer qui inspira la marine d'une grande nation. Il avait sillonné les mers septentrionales avec une énergie qui galvanisait les hommes et son entourage, et dans aucun de ses livres de bord il n'est fait état une seule fois de mécontentements contre le capitaine ou d'agitation parmi les matelots sous ses ordres.

Dans les mers qu'il parcourut de façon si inefficace, deux témoignages nous restent de sa valeur. L'eau glacée qui se trouve entre les océans Arctique et Pacifique porte son nom : c'est la mer de Béring, et elle lui a emprunté plus d'un trait de caractère. Elle est austère ; elle gèle dur ; il y est difficile de naviguer quand la glace prend ; et elle punit ceux qui se méprennent sur sa puissance. Mais elle accueille une vie animale abondante et récompense généreusement les bons chasseurs et les bons pêcheurs. C'est une mer qui mérite de porter le nom d'un homme rude comme Béring, et dans notre récit nous la rencontrerons à maintes reprises, toujours avec respect. À la fin du siècle qui suivit l'expédition de Béring, des milliers d'hommes viendraient peupler ses côtes et certains trouveraient dans ses sables magiques la fortune dorée de Crésus.

Les Russes donnèrent également le nom de Béring à l'île désolée où il mourut, et aucun bon marin n'eut jamais un monument funéraire plus lugubre. Mais il y aura toujours des critiques pour prétendre que Béring n'était pas un bon marin.

— Aucun bon marin n'a vu aussi grand, prétendent-ils.

L'histoire ne se sent pas à l'aise pour arbitrer ce genre de débat.

*
**

L'exploration de l'Alaska fut l'œuvre de deux types d'hommes radicalement différents : d'un côté des explorateurs tenaces de réputation bien établie (comme Vitus Béring et d'autres personnages historiques que nous rencontrerons bientôt) ; de l'autre, de rudes aventuriers sans nom, des hommes de profit, qui obtinrent souvent des résultats plus constructifs que les savants désintéressés dont ils suivaient les traces. Au début du développement, cette deuxième vague d'hommes en mouvement se composa d'aigrefins, de voleurs, d'assassins et de voyous nés en Sibérie ou déportés là-bas. Leur devise, lorsqu'ils se lancèrent à la conquête des îles Aléoutiennes, était brève mais juste :

« Dieu est haut, le tsar est loin. Mais nous sommes dans les îles, faisons donc ce qu'il faut. »

Trophime Jdanko, échappé par miracle à l'hiver de famine sur l'île Béring, devint un de ces aventuriers-commerçants à la suite d'un étrange concours de circonstances. Il était rentré au port d'Okhotsk, au bout de la route de Russie, et il supposait qu'on allait le rapatrier chez lui. Mais il s'aperçut peu à peu, pendant les six mois d'attente, qu'il n'avait en réalité aucun désir de rentrer dans l'Ouest : « J'ai quarante et un ans. Mon tsar est mort. Qu'ai-je à faire à Saint-Pétersbourg? Ma famille est morte. Qu'ai-je à faire en Ukraine? » Plus il réfléchissait à ses perspectives limitées, plus il était tenté de rester dans l'Est, et il commença à demander quelles étaient ses chances d'obtenir un poste du gouvernement. Très vite, il apprit ainsi un des faits de base de la vie russe :

— Quand il y a un bon poste dans une province non russe, comme la Sibérie, c'est toujours un fonctionnaire né en Russie proprement dite qui l'obtient. Les autres, inutile de poser leur candidature.

Le meilleur emploi de l'État que pouvait espérer, à Okhotsk, un Ukrainien comme lui, était une place de manœuvre au nouveau port en construction pour lancer le commerce avec le Japon, la Chine et les Aléoutiennes — si ce commerce se développait un jour, ce qui paraissait peu probable, puisque les ports des deux premiers pays étaient fermés aux bateaux russes, et que les Aléoutiennes ne possédaient aucun port. Découragé, et ne sachant trop quels malheurs pouvaient lui échoir s'il retournait à Saint-Pétersbourg maintenant que des têtes nouvelles se trouvaient au pouvoir, il traînait sur le port, au soleil, un matin de juin 1743 quand un homme, manifestement sibérien (peau sombre, traits de type mongol, pas de cou) l'accosta en ces termes :

— M'appelle Poznikov, noble marchand. Avez l'air costaud.

— J'ai rencontré plus costaud que moi.

— Jamais navigué ?

— Je suis allé en face.

Il tendit le bras vers l'Amérique et le marchand resta bouche bée. Il le prit par le bras et le fit pivoter pour l'examiner de plus près.

— Vous étiez avec Béring ?

— Je l'ai enterré. Un grand homme.

— Venez avec moi, que je vous présente ma femme.

Le marchand conduisit Jdanko à une maison bien bâtie et meublée donnant sur le port. Mme Poznikov, visiblement impérieuse de caractère, n'était pas sibérienne.

— Pourquoi me présentes-tu cet ouvrier ? lança-t-elle sèchement à son mari.

— Ce n'est pas un ouvrier, répondit-il d'un ton humble. C'est un marin.

— Où a-t-il navigué ?

— En Amérique... Avec Béring.

À ce nom, la femme s'avança vers Trophime, le fit pivoter pour l'examiner avec soin comme son mari dans la rue, et fit tourner sa grosse tête à gauche et à droite comme si elle espérait le reconnaître. Puis elle haussa les épaules et demanda avec un soupçon de mépris :

— Toi ? Tu étais avec Béring, toi ?

— Deux fois. Son assistant.

— Et tu as vu les îles là-bas ?

— Je suis descendu à terre deux fois, et comme vous le savez nous y avons passé un hiver entier.

— Je ne le savais pas, répliqua-t-elle.

Elle ordonna à Trophime de s'asseoir et à son mari d'aller chercher une boisson à base d'airelles, abondantes dans la région. Puis elle se racla la gorge et reprit son interrogatoire.

— Dis-moi, cosaque, y avait-il vraiment des fourrures dans ces îles ?

— Partout où nous sommes allés.

— Mais les gens du premier bateau qui est rentré, celui du capitaine Tchirikov, m'ont dit qu'ils n'avaient pas vu de fourrures.

— Ils ne sont pas descendus à terre, comme nous.

Elle se leva brusquement et se mit à faire les cent pas dans la pièce, puis elle s'assit à côté de son mari et lui posa la main sur le genou, comme pour lui demander conseil ou lui imposer silence.

— Cosaque, demanda-t-elle très lentement, accepterais-tu de repartir dans les îles? Pour mon mari, n'est-ce pas? Pour nous rapporter des fourrures?

Jdanko respira à fond pour dominer l'émotion qu'il ressentait à la perspective qui s'offrait d'éviter une vie morne en Russie occidentale.

— Si c'est possible..., répondit-il.

— Que veux-tu dire? Tu l'as déjà fait.

Elle agita la main pour écarter toutes les objections :

— Les équipages, les bateaux... C'est à ça que sert Okhotsk. Partiras-tu? lança-t-elle en se campant devant lui.

À quoi bon retarder sa réponse enthousiaste :

— Oui, dit-il.

Au cours des discussions qui suivirent sur l'organisation, ce fut Mme Poznikov qui fixa les principes.

— Tu iras jusqu'au nouveau port de Petropavlovsk, dans un bon vaisseau d'Okhotsk appartenant à l'État : mille milles marins de traversée facile. De là-bas, tu ne seras qu'à six ou sept cents milles de la première île ; tu construiras ton bateau et tu prendras la mer au début du printemps. Pêche et chasse tout l'été. Retour à l'automne. Quand tu arriveras ici, Poznikov apportera tes fourrures à Irkoutsk...

— Pourquoi si loin? demanda Jdanko.

— C'est la capitale de la Sibérie! lança-t-elle. Tout ce qui est bien dans cette partie de la Sibérie vient d'Irkoutsk... Je viens d'Irkoutsk, précisa-t-elle en feignant la modestie. Mon père y était voïvode.

Et quand elle prononça le mot, Trophime et elle se montrèrent mutuellement du doigt et éclatèrent de rire.

— Qu'y a-t-il de si drôle? demanda Poznikov.

Sa femme prit le cosaque par le poignet et le secoua énergiquement.

— Oui, il était avec Béring! Je l'ai vu de mes yeux avec Béring... Cela fait combien d'années?

— Dix-sept, répondit Trophime. Vous nous avez apporté du thé et votre père nous a parlé du commerce des fourrures en Mongolie.

Après un instant de silence, il ajouta :

— Êtes-vous jamais retournée à ce marché mongol près de la frontière?

— Oh oui ! C'est là que je l'ai rencontré, répondit-elle en montrant son mari impassible, sans lui témoigner d'affection mais avec un grand respect. Ivan, lança-t-elle aussitôt en frappant dans ses mains, j'engage ce cosaque tout de suite. Ce sera notre capitaine.

*
**

Ivan Poznikov, à cinquante ans passés, s'était endurci au cours des hivers cruels de Sibérie, mais surtout à cause des méthodes violentes qu'il avait dû pratiquer dans ses échanges avec les Tchouktches, les Kalmouks et les Chinois. Il était de grande taille, un peu plus petit que Jdanko, mais plus large d'épaules et aussi puissant des bras. Il avait des mains énormes, et plusieurs fois où il s'était trouvé en danger de mort, ses longs doigts s'étaient crispés autour du cou de son adversaire et n'en avaient plus bougé jusqu'à ce que l'homme tombe inerte entre ses mains. En affaires, il se montrait aussi brutal, mais au cours des années sa femme n'avait cessé de lui en imposer et il la laissait diriger la famille et le commerce.

Quand Trophime rencontra les Poznikov en ce matin de printemps, il se demanda comment cette femme dynamique, fille d'un voïvode envoyé de la capitale, avait consenti à épouser un simple marchand sibérien. Mais dans les semaines qui suivirent il se rendit compte qu'à eux deux ils dominaient le commerce de la fourrure dans tout l'est du pays, et il se rappela l'intérêt qu'elle avait montré pour cette activité à Irkoutsk, quand elle était encore jeune fille. Apparemment, elle avait vu en Poznikov sa meilleure chance de se faire initier aux mystères de la Sibérie orientale. Elle avait donc tiré un trait sur ses ambitions sociales, l'avait pris pour mari et avait multiplié par six le volume de ses affaires. C'était elle qui contrôlait la vente et prenait la plupart des décisions majeures. Poznikov avouait volontiers :

— Je m'en tire mieux quand je l'écoute.

Un jour où les deux hommes travaillaient sur le projet de comptoirs commerciaux dans les Aléoutiennes, Poznikov laissa échapper une remarque banale laissant supposer que Madame — comme les deux hommes l'appelaient — avait sans doute fait les premiers pas vers lui.

— Nous étions sur la frontière mongole, et sa connaissance précise des prix des fourrures m'étonna. Je lui dis : « Vous êtes merveilleuse ! » À ma vive surprise, elle me répondit carrément : « Vous êtes merveilleux vous aussi, Poznikov. Ensemble, nous ferions une excellente équipe. »

Et les deux hommes passèrent à un autre sujet.

Quand il devint manifeste que la préparation de la première traversée aux Aléoutiennes prendrait beaucoup plus de temps que prévu, Mme Poznikov remarqua :

— Il est temps d'aller chercher nos fourrures à Kyakhta sur la frontière mongole.

Elle proposa à Jdanko d'engager six armées pour les escorter sur les huit cents premiers kilomètres de steppe, hantée par des bandits entre Okhotsk et la Lena. Quand on en vint aux détails, Trophime apprit qu'il ne protégerait pas seulement le marchand et son épouse, mais aussi leur fils de seize ans, adolescent orgueilleux et mal élevé qui répondait au prénom fort mal choisi d'Innokenti.

Au cours de leurs premières heures ensemble, Trophime apprit que le fils était arrogant, têtu, brutal à l'égard des inférieurs et honteusement gâté par sa mère. Innokenti avait réponse à tout et désirait prendre toutes les décisions. Comme il était de grande taille, ses opinions arrêtées exerçaient plus de poids qu'elles n'en auraient eu autrement, et il prenait un malin plaisir à dire à Jdanko ce qu'il avait à faire — il n'avait guère plus de considération pour lui que pour un serf. Comme le trajet jusqu'à Iakoutsk s'élevait à plus de douze cents kilomètres, le voyage avec les peaux ne s'annonçait pas comme une partie de plaisir.

Pour détendre l'atmosphère tandis qu'ils avançaient dans les terres désolées de Sibérie, Trophime inventa un quatrain sans tête ni queue, comme ceux que sa mère lui chantait en Ukraine :

D'Irkoutsk à Ilimsk, à Iakoutsk, à Okhotsk,
Pourquoi tous ces noms à coucher dehors?
D'Okhotsk à Iakoutsk, à Ilimsk, à Irkoutsk
Quand on est cosaque, il faut être fort.

— Quelle chanson idiote! lança Innokenti. Taisez-vous!

Mais les six gardes avaient déjà adopté les noms difficiles et le rythme brisé. Bientôt toute la colonne sauf le jeune homme chantait *D'Okhotsk à Irkoutsk* et les kilomètres monotones parurent plus supportables.

À peu près à mi-chemin de Iakoutsk, ils campèrent un soir sur le versant dénudé d'une montagne sibérienne. Enchanté du voyage, satisfait par la sympathie que lui témoignait le couple Poznikov, Trophime décida de parler au grand marchand sans cou et aux moustaches tombantes.

— J'ai apporté une fourrure particulière, lui confia-t-il au clair de lune. Je crois qu'elle a de la valeur. Accepterez-vous de la vendre pour mon compte quand vous aurez les vôtres de Mongolie?

— Avec plaisir. Où est-elle?

De sa blouse ample, Trophime sortit la peau remarquable qui lui avait été offerte dans l'île de Lapak. Dès que Poznikov toucha le poil, avant même de la rapprocher de la lumière, il dit :

— Loutre de mer.

— Oui.

Le marchand siffla entre ses dents.

— Je ne savais pas qu'elles pouvaient atteindre cette taille.

— Là-bas, les mers en sont pleines.

Dans les minutes qui suivirent, Jdanko comprit pourquoi le Sibérien au cou de taureau avait si bien réussi, même avant d'épouser son éminente femme. Poznikov régla la lampe à huile pour qu'elle éclaire la fourrure sans en révéler la présence aux six gardes, qui risquaient de fureter. Puis il souleva les bords l'un après l'autre, vérifia la qualité en frottant entre ses doigts, et tira dessus, d'abord doucement pour s'assurer que les poils n'avaient pas été collés à la peau, puis d'un coup sec quand Jdanko tourna la tête un instant. La fourrure était bien réelle, bien que d'un type peu courant. Il la posa contre son visage, puis souffla dessus pour séparer les poils et étudier les subtiles variations de couleur sur leur longueur. Soudain, en un geste qui surprit Trophime, il appuya les deux mains très fort contre la fourrure et écarta les poils pour voir la peau même de l'animal et juger si elle était saine. Quand ce fut fait, il s'éloigna de la lampe pour que nul ne puisse le voir sauf Jdanko, leva sa main droite au-dessus de sa tête et laissa se dérouler sur toute sa longueur cette splendide peau.

Lorsqu'il revint dans la lumière, il dissimula la fourrure, s'assit à côté de Trophime et lui remit la peau entre les mains.

— Il faut que Madame la voie, chuchota-t-il.

Il se glissèrent sans bruit jusqu'à la tente.

— Nous avons trouvé un trésor, annonça-t-il à sa femme et à Innokenti en faisant signe à Trophime de la dérouler devant eux.

Dès qu'elle vit la fourrure, elle essaya d'évaluer sa valeur avec une série de trucs totalement différents de son mari. Cette femme imposante de trente-quatre ans se leva et, prenant des poses de princesse, drapa la fourrure autour de ses épaules, fit quelques pas, pivota, revint vers son fils et s'inclina devant lui comme s'il l'avait invitée à danser.

Alors seulement elle donna son opinion.

— Belle fourrure. Une fortune.

— Combien? demanda Trophime d'une voix hésitante.

— Sept cents roubles...

Trophime en resta bouche bée.

— Il y en a des centaines, là-bas.

Elle étudia la peau, la soupesa dans ses mains, la fit glisser contre sa joue.

— Peut-être neuf cents!

Malheureusement, Innokenti assistait à la scène. Le lendemain, il ne put s'empêcher de se vanter auprès d'un des gardes sibériens :

— Nous avons une peau d'une espèce nouvelle. Elle vaut plus de mille roubles.

Et les jours suivants, l'homme raconta aux autres gardes :

— Dans ces balles qu'ils n'ouvrent jamais, ils ont des centaines de peaux qui valent quinze cents roubles chacune.

Ainsi commença le complot.

Au moment où la caravane s'engagea dans un canyon entouré de collines basses, sur un coup de sifflet de l'un des Sibériens, les six gardes se jetèrent sur les Poznikov et leur défenseur personnel, Jdanko. Sachant qu'il fallait d'abord se débarrasser de ce dernier, les trois gardes les plus costauds tombèrent sur Trophime avec des massues et des couteaux. Ils comptaient bien le tuer sur le coup, mais, avec un instinct acquis au cours de ses nombreux combats, le cosaque devança chacune de leurs manœuvres et parvint à les tenir en échec.

À la stupéfaction des trois autres gardes qui avaient attaqué les trois Poznikov en escomptant une victoire facile, la famille se mua en tigres de Sibérie ou pis encore. Mme Poznikov se mit à hurler et à faire des moulinets autour d'elle avec sa canne de marche, qu'elle manipulait avec rage et précision. Son fils, loin de prendre la fuite comme n'importe quel gamin de seize ans pris de peur, saisit l'un des hommes par le bras, lui fit perdre l'équilibre et le projeta contre un arbre. Le garde s'écroula. Aussitôt, Innokenti lui sauta dessus et le terrassa à coups de poing. Mais le plus valeureux s'avéra Poznikov lui-même. Il maîtrisa son assaillant, l'étrangla avec ces énormes mains puis bondit au secours de Jdanko qui tenait encore ses trois agresseurs en respect.

L'un de ces derniers braquait vers la gorge de Trophime un long couteau pointu. Poznikov se jeta sur lui, le renversa mais ne put le désarmer aussitôt, et le gardien désespéré lui planta le couteau dans le ventre, tira vers le haut puis sur le côté et laissa l'arme achever son œuvre dans la blessure. Poznikov, se sentant mortellement blessé, hurla quelque chose à sa femme dans une curieuse langue de Sibérie. Aussitôt, celle-ci cessa ses moulinets et s'élança vers son mari.

Dès qu'elle vit ce qui s'était passé, elle comprit qu'il allait mourir. Elle saisit le manche du long couteau, l'arracha aux entrailles de son mari, et lança autour d'elle des regards fous. Voyant l'homme que son fils venait de mettre hors de combat, elle bondit et lui enfonça le couteau dans la gorge. Elle se jeta ensuite sur l'homme que son mari avait renversé et elle le poignarda trois fois dans la poitrine en poussant un cri sauvage.

Les quatre autres gardiens, horrifiés par les actes de cette femme prise de folie, voulurent s'enfuir sans plus songer aux balles qu'ils croyaient pleines de fourrures de loutre. Mais Innokenti fit trébucher l'un d'eux, le cloua au sol et cria à sa mère de lui donner le couteau. Il poignarda l'homme plusieurs fois.

Trois vauriens sibériens et le marchand avaient perdu la vie dans le canyon, et quand Trophime et Innokenti eurent enterré Poznikov sous un tas de pierres, Madame fit en toute sincérité le bilan du combat.

— Innokenti s'est montré très brave, je suis fière de lui. Et je savais ce que je faisais quand j'ai pris ce couteau. Mais nous serions tous morts si Jdanko n'avait pas retenu les trois premiers si longtemps. Et avec une telle vaillance...

Elle s'inclina devant lui et ordonna à son fils de faire de même, par respect pour son comportement digne d'un vrai cosaque. Le jeune homme, accablé par la mort de son père, refusa.

Craignant que les trois gardes en fuite ne renouvellent avec des comparses leur tentative d'attaquer la caravane, les voyageurs délibérèrent sur la meilleure façon de protéger leur vie et leur chargement. Comme ils avaient parcouru plus de la moitié du chemin, ils décidèrent de continuer : il ne restait que trois cent vingt kilomètres. Le matin, après des adieux éplorés à la tombe d'Ivan Poznikov, marchand-combattant, ils s'élancèrent sur un des espaces les plus désolés du monde : les plateaux dénudés de la Sibérie centrale, où les journées s'étiraient dans un vide absolu, sans rien qui arrête l'œil jusqu'à l'horizon. Chaque nuit, le vent hurlait.

Sur ces terres où chacun se trouvait à l'épreuve, Trophime apprécia vraiment la famille extraordinaire dont il faisait maintenant partie, en un sens. Ivan Poznikov s'était avéré sans peur dans la vie, courageux dans la mort. Sa veuve Marina, tout à fait admirable, l'égale de n'importe quel homme en matière de commerce, pouvait devenir redoutable avec un couteau à la main. En l'observant qui s'adaptait à la perte de son mari et aux rigueurs de la marche, il comprit pourquoi Ivan lui avait volontiers cédé la direction de ses affaires. Maintenant, dans la partie la plus dangereuse de leur voyage, elle montait la garde pendant que les hommes dormaient. Elle mangeait aussi frugalement qu'eux, parcourait les chemins difficiles sans une plainte et aidait à panser les chevaux. Elle sourit quand Trophime lui lança ce qu'il jugeait le plus beau des compliments :

— Vous êtes un cosaque en jupons!

Innokenti posait un problème. Il s'était extrêmement bien conduit pendant l'attaque de leur caravane, et s'était battu comme un homme de trois fois son âge. Mais il demeurait très désagréable, comme si le fait de tuer un homme l'avait rendu plus arrogant. Il éprouvait pour Trophime un dédain viscéral, l'autorité de sa mère lui déplaisait et il avait tendance à faire toutes sortes de choses agaçantes qui empêchaient les adultes de lui accorder leur confiance. Malgré ses qualités, il ne serait jamais estimable. Trophime l'entendit se plaindre :

— Trois voleurs morts, mais le cosaque n'en a pas tué un seul. C'est une femme et un gamin qui ont sauvé la caravane.

Mme Poznikov ne le laissa pas aller plus loin.

— Nous savons qui nous a protégés ce soir-là. Par miracle, je pense. Qui a tenu tête aux trois hommes?...

Et c'était Jdanko qui les guidait au milieu de ces déserts pleins de dangers. Il choisissait les endroits où faire halte et se portait volontaire pour monter la garde pendant la nuit. Il surveillait les pistes des ours, s'engageait le premier dans les gués et se comportait à tous égards comme un vrai cosaque. Mais malgré ces preuves constantes de compétence, Innokenti refusait de le considérer autrement que comme un serf. Il obéit cependant à Trophime pendant tout le trajet — mais avec l'intention de se débarrasser de lui à l'arrivée.

Les voyageurs, en quatorze journées périlleuses sur les pistes solitaires, parvinrent sur la colline d'où ils purent contempler la majestueuse Lena. Épuisés, ils s'arrêtèrent pour prendre quelque repos et Jdanko, les yeux posés sur le large fleuve, ne put s'empêcher de dire :

— Quand vous aurez vendu les fourrures, vous aurez des roubles à la place des peaux. Et nous devrons nous soucier de retourner sans encombre à Okhotsk.

— Cette fois, nous engagerons des gardes honnêtes, répondit Madame.

À Iakoutsk elle dut résoudre un problème différent : trouver les marchands honnêtes pour remonter ses balles en chaland sur la Lena jusqu'aux grands marchés de la frontière mongole ; elle fit appel à d'anciennes relations de son mari et conclut un accord prometteur. Avant d'envoyer les peaux, elle prit les marchands à part pour leur montrer la fourrure spéciale qu'elle leur confiait dans le lot.

— Loutre de mer. Rien de pareil au monde. Et je peux en fournir des quantités régulières.

Les hommes examinèrent la fourrure exceptionnelle et demandèrent pourquoi son mari n'avait pas accompagné un chargement aussi précieux.

— Il est parti avec nous mais nos gardes l'ont tué. Aidez-moi à en trouver six qui ne me tueront pas sur le chemin du retour.

Ils lui fournirent des hommes de confiance, choisis dans leurs propres équipes.

— Apportez-nous toutes les peaux de loutre de mer que vous pourrez trouver. Les marchands chinois vont se battre pour cette fourrure.

Elle leur fit une promesse :

— Vous me reverrez souvent à Iakoutsk.

Et en revenant à Okhotsk elle discuta avec Trophime et son fils des meilleurs moyens d'exploiter les îles Aléoutiennes.

Le lendemain de leur arrivée dans cette bourgade en train de se transformer en ville, Madame convoqua Trophime et lui dit carrément :

— Cosaque, tu es un homme formidable. Tu as du courage et de la cervelle. Il faut que tu restes avec moi. J'ai besoin de toi pour contrôler les îles de la fourrure.

— Je n'ai pas l'intention de me marier, répondit-il.

— Qui parle de mariage ? J'ai besoin de toi pour mes affaires.

— Je suis un marin. Je n'entends rien aux affaires.

— Je t'apprendrai... Poznikov, paix à son âme, était marchand depuis des années. Mais il n'avait rien fait jusqu'au jour où je lui ai mis de l'acier dans les os.

— Ce qui m'intéresse, ce sont les îles.

— Cosaque, nous nous emparerons de ces îles, toi et moi. Et de toutes les fourrures qu'elles contiennent.

Elle s'avança vers lui et, haussant progressivement le ton :

— Mais ni toi ni moi n'y parviendrons sans l'autre. Cosaque, j'ai besoin de toi.

Mais Trophime Jdanko connaissait son destin.

— Je partirai dans les îles. Je vous rapporterai des fourrures. Mais c'est vous qui les vendrez.

Il ne voulut pas démordre de ce principe simple. Et Madame dut dissimuler — très mal — sa contrariété.

— Soit. Mais tu emmèneras Innokenti avec toi. Enseigne-lui la sagesse et la maîtrise de soi. Il n'a ni l'une ni l'autre.

— L'emmener ? Je n'en ai guère envie. Il est déjà perdu, j'en ai peur. Mais je l'emmènerai.

Elle le prit par le bras.

— Au diable la sagesse et la maîtrise de soi. Enseigne-lui à être un homme de confiance, comme son père et comme toi. Sinon j'ai bien peur qu'il ne le devienne jamais.

*
**

Tout charpentier de marine sérieux se serait arraché les cheveux en voyant dans quel baquet lamentable Trophime Jdanko et Innokenti Poznikov (maintenant âgé de dix-huit ans) se proposaient de traverser la mer de Béring avec onze autres hommes, de Petropavlovsk à l'île d'Attu, la plus occidentale des Aléoutiennes. Pour la carcasse du bateau, on s'était servi de bois vert, mais non pour les bordages, constitués de peaux de phoque — certaines assez épaisses pour résister aux chocs, d'autres si fines que n'importe quel glaçon pourrait les éventrer. Comme il n'y avait pour ainsi dire aucun clou au Kamtchatka, le petit nombre que l'on avait réuni avait servi pour les pièces maîtresses de bois. Quant au reste, on s'était contenté de nerfs de morse et de baleine et un marin s'écria :

— Ce truc-là, n'a pas été construit, mais cousu.

En fait, ce n'était guère mieux qu'un oumiak de peau de phoque vaguement renforcé et assez grand pour contenir treize marchands de fourrure et leur matériel — notamment leurs fusils. En fait, il y avait tellement d'armes à feu à bord que le bateau ressemblait à un arsenal flottant. Les hommes étaient impatients de les utiliser ; mais la barcasse fragile avait peu de chance d'atteindre les Aléoutiennes et encore moins d'en revenir chargée de peaux. Jdanko, n'écoutant que sa bonne étoile, appareilla cependant par un jour du printemps 1745 avec l'intention bien arrêtée de s'emparer de l'Alaska pour l'empire russe, et de ses richesses pour son équipage de sac et de corde.

C'était une bande sauvage, prête à prendre des risques et bien décidée à faire fortune dans le commerce des peaux. Avant-garde de l'expansion de la Russie vers l'est, ils allaient devenir l'archétype de la colonisation russe en Alaska.

Quel genre d'individus étaient-ils ? On peut distinguer trois groupes : de vrais Russes venus de l'État relativement petit centré autour de Saint-Pétersbourg et Moscou ; des aventuriers de toutes les autres parties de l'empire, notamment des Sibériens de l'Est ; enfin un groupe curieux qui portait le nom difficile de *promychlenniki* — vagabonds sans lois, d'origine diverse, auxquels les tribunaux avaient donné le choix entre la mort et une servitude forcée aux Aléoutiennes. Malgré ces différences, on les appelait tous Russes.

Ce sinistre ramassis reçut au départ la bénédiction de vents favorables qui ne cessèrent de gonfler leur voile improvisée. Après vingt jours de traversée facile, sans un coup de rame ou presque, Jdanko annonça :

— Peut-être demain. Ou après-demain.

Le grand nombre de phoques qu'ils voyaient leur réchauffait le cœur, et un matin à l'aurore, Innokenti aperçut vers l'est, rebondissant au gré des vagues, sa première loutre de mer.

— Trophime ! appela-t-il (car il continuait de traiter le cosaque comme un serf), c'en est une ?

Le petit bateau encombré ne permettait guère de déplacements, mais Trophime se pencha et regarda dans la lumière matinale.

— Je ne vois rien.

— Là ! Là ! Elle nage sur le dos ! cria Innokenti, agacé et impatient.

Trophime vit alors l'un des spectacles les plus étranges et les plus charmants de la nature : une loutre de mer en train de nager sur le dos avec un bébé blotti sur le ventre. Tous les deux, parfaitement à l'aise, semblaient prendre plaisir aux dessins que traçaient les nuages dans le ciel. Trophime ne pouvait être sûr qu'il s'agissait de loutres, mais ce n'étaient pas des phoques. Il passa à l'arrière, prit la barre et manœuvra vers les deux animaux.

Ne sachant ni ce qu'était un bateau, ni ce qu'était un homme, la mère loutre continua de nager paresseusement tandis que les chasseurs se rapprochaient. Même quand Innokenti leva son arme pour viser, elle ne tenta pas de fuir. Elle entendit un claquement violent, sentit une brûlure dans sa poitrine et coula instantanément au fond de la mer de Béring, morte et d'aucune utilité pour personne. Son bébé qui continuait de flotter, fut assommé d'un coup d'aviron et coula par le fond lui aussi. Dans les années qui suivraient, sept sur dix de toutes les loutres abattues par les chasseurs inexpérimentés qui tiraient trop tôt, couleraient avant que l'on puisse s'emparer de leur fourrure. Avec le premier coup de feu d'Innokenti, l'extermination débuta.

Ayant perdu une vraie loutre de mer — en tout cas Trophime et les autres l'assuraient —, le jeune homme n'était pas de la meilleure humeur un peu plus tard ce matin-là quand l'un des hommes cria : « Terre ! » Il ne prit aucun plaisir à voir émerger des brumes qui l'entouraient l'île solitaire d'Attu.

Arrivés à l'angle nord de l'île, ils longèrent le rivage pendant une journée entière. Ils n'y trouvèrent que des falaises inhospitalières et des espaces qui paraissaient nus, sans arbres ni buissons. Ils passèrent devant une baie mais la côte rocheuse était si sauvage de chaque côté de l'entrée que tenter d'y accoster semblait fort téméraire. Ce soir-là, en se couchant, Innokenti observa d'un ton geignard :

— Attu n'est qu'un rocher.

Mais le lendemain matin après avoir contourné un promontoire bas, à la pointe est de l'île, ils se trouvèrent en face d'une large baie bordée de grèves sablonneuses accueillantes et de vastes prairies. Ils accostèrent avec précaution puis, supposant l'île inhabitée, s'engagèrent dans les terres. À peu de distance de la baie, ils découvrirent le miracle d'Attu : où qu'ils aillent ils foulaient un trésor de belles fleurs, d'une variété inouïe — pâquerettes, crocus rouges, lupins de toutes les couleurs, fumeterres, chardons étoilés, et deux espèces qui les émerveillèrent : des iris violets et des orchidées vert-de-gris.

— C'est un jardin ! s'écria Trophime.

Innokenti, qui s'était détourné, lança soudain :

— Regardez !

À l'autre bout de la prairie s'avançait une procession

d'indigènes portant le couvre-chef remarquable de leur île : longue visière vers l'avant, arrière vertical et des bouquets de plume plantés sur la couronne. Jamais ils n'avaient vu de Blancs ; jamais les envahisseurs, mis à part Jdanko, n'avaient vu d'îliens. De part et d'autre la curiosité était extrême.

— Ils sont gentils et doux, jusqu'à preuve du contraire, assura Jdanko à ses hommes.

Mais il eut du mal à les en convaincre, car chaque îlien avait un os assez long planté horizontalement dans le nez et un ou deux labrets dans la lèvre inférieure. Leur allure semblait si sauvage qu'Innokenti cria :

— Tirez dessus !

Trophime s'y opposa et s'avança en présentant dans ses mains tendues une poignée de perles de verroterie. Quand ils les virent briller au soleil, les îliens discutèrent entre eux à voix basse, puis l'un d'eux s'approcha de Jdanko pour lui offrir un morceau d'ivoire sculpté. Ainsi débuta l'exploitation sérieuse des îles Aléoutiennes.

Les premiers contacts furent agréables. Les îliens formaient un groupe organisé : ces hommes de petite taille, aux visages sombres typiquement orientaux, marchaient pieds nus, se vêtaient de peaux de phoque et se tatouaient le visage. Leur langue ne ressemblait à aucune de celles que Jdanko et ses hommes avaient entendues, mais leurs larges sourires exprimaient un caractère accueillant.

Mais lorsque Jdanko et son équipe s'avancèrent vers l'une des huttes dans lesquelles vivaient les îliens, deux choses se produisirent : de toute évidence, les hommes d'Attu ne voulaient pas que les inconnus entrent en contact avec leurs femmes et leurs enfants ; et quand les Sibériens entrèrent de force dans l'une des cabanes, ils furent désagréablement surpris par l'obscurité de cette grotte souterraine, par le désordre qui y régnait et par l'odeur épouvantable de poisson séché et de gras de phoque en train de rancir. Une certaine tension s'ensuivit et l'un des hommes de Jdanko grommela avec mépris :

— Ils ne sont pas humains !

Cela devint vite l'opinion générale.

Néanmoins, dans plusieurs des huttes les nouveaux venus trouvèrent de petits tas de peaux de phoque, mais sans savoir si les îliens accepteraient d'en faire commerce. Et dans deux habitations il y avait des peaux de loutre de mer fort bien tannées. Leur longue recherche, commencée à Okhotsk et poursuivie par leur traversée de la mer de Béring dans leur invraisemblable bateau, semblait couronnée de succès.

Jdanko, qui était astucieux, n'eut aucun mal à expliquer aux hommes d'Attu que s'ils lui apportaient des peaux de phoque, il leur donnerait en échange certaines choses de son bateau ; mais il leur fit comprendre ensuite que les nouveaux venus désiraient surtout des peaux de loutre de mer. Ce ne fut pas aussi facile, parce que depuis des siècles les îliens avaient appris que la loutre de mer était l'animal le plus rare de leurs eaux. Et qu'elle ne se laissait pas attraper si facilement. Les Sibériens finirent cependant par convaincre les îliens de partir dans leurs kayaks pour leur ramener des fourrures, surtout des loutres.

Un jeune îlien du nom d'Ilchouk voulut enseigner à Innokenti les rites de son île. Plus âgé que le Sibérien de cinq ans, c'était un chasseur expérimenté et il avait activement participé à la capture de l'unique baleine ramenée à terre par les hommes d'Attu au cours des dix années précédentes. Avec les fanons de l'animal les sœurs d'Ilchouk avaient fabriqué de nombreux objets utiles et deux paniers qui, outre leur rôle pratique, constituaient de véritables œuvres d'art.

Quand il vit ces paniers et d'autres objets fabriqués en os de baleine et en ivoire, Trophime commença à changer d'avis au sujet des îliens d'Attu. Et le jour où Ilchouk l'invita avec Innokenti dans sa hutte, il se rendit compte qu'ils ne vivaient pas du tout comme des bêtes. L'ordre régnait dans la hutte, organisée à peu près comme une maison en Sibérie, sauf qu'elle était presque entièrement creusée dans le sol ; et quand les vents d'hiver se mirent à souffler, Trophime comprit vite pourquoi les habitations étaient aussi basses : les bourrasques les auraient emportées si elles avaient été plus hautes.

Au creux de l'hiver, les tensions entre les deux groupes éclatèrent, car les nouveaux venus, avides de fourrures, voulurent que les îliens continuent de chasser malgré le mauvais temps, tandis que les hommes d'Attu, au fait de la violence des tempêtes hivernales, savaient qu'ils devaient rester à terre jusqu'au printemps. Ce fut Innokenti, âgé de dix-neuf ans et de plus en plus brutal dans ses relations avec les autres, qui exerça les pressions les plus violentes. Très fier d'appartenir à la famille qui avait établi le commerce des fourrures en Sibérie orientale, il n'acceptait pas l'intrusion d'hommes comme Jdanko et voulait diriger lui-même l'accumulation des balles et les opérations qui promettaient d'en obtenir davantage. Trophime, de vingt-cinq ans l'aîné de ce jeune blanc-bec, lui abandonna le contrôle de la chasse des fourrures, mais résolut de tenir en main tout le reste.

Dès que les tempêtes cessaient, et il y avait parfois deux ou trois jours de suite relativement calmes, Innokenti ordonnait à Ilchouk et à ses hommes de prendre la mer ; s'ils se montraient réticents, il se mettait en colère. Bientôt les hommes d'Attu s'aperçurent que progressivement, par étapes dont ils ne pouvaient même plus se souvenir, ils étaient devenus les esclaves des étrangers. Ce sentiment se cristallisa quand deux des hommes d'Innokenti s'approprièrent des jeunes femmes de l'île, avec des résultats si agréables qu'un troisième Sibérien jeta son dévolu sur une des sœurs d'Ilchouk.

Il y eut de la rancœur, mais à Attu les relations entre hommes et femmes d'âge adulte étaient traditionnellement assez souples, et les querelles qui auraient sans doute surgi ailleurs n'éclatèrent pas. Les îliens, en revanche, n'admirent pas l'insistance intransigeante d'Innokenti à leur faire prendre la mer alors que leur instinct et leur longue expérience leur conseillaient de rester à terre. Ils s'opposèrent à cette modification radicale de leur système de vie. Un jour sans brume où Innokenti demanda à Ilchouk et quatre de ses hommes de sortir en mer, ceux-ci se rebiffèrent. L'incident se termina rapidement : Innokenti braqua son fusil et ordonna par gestes :

— Partez ou je tire.

À regret, ils s'embarquèrent, en montrant le ciel comme pour dire : « Nous vous avons prévenu ! » Ils étaient encore en vue de la terre quand un grand vent s'éleva du côté de l'Asie, et apporta des bourrasques de pluie glacée tombant parallèlement à la mer. Deux kayaks détruits, leurs occupants noyés. Quand Ilchouk ramena les bateaux survivants à la côte il invectiva Innokenti avec rage, et celui-ci subit les reproches pendant plusieurs minutes sans rien dire. Mais quand les autres hommes d'Attu se joignirent aux récriminations et l'entourèrent de trois côtés, il perdit son calme, leva son arme et tira sur l'un des protestataires. Ilchouk, en voyant l'homme tomber, mortellement blessé, voulut se précipiter sur Innokenti, mais deux des Sibériens s'emparèrent de lui, le jetèrent à terre et le tabassèrent à coups de pied dans la tête.

Trophime, en entendant les coups de feu, abandonna son travail — il construisait une cabane en bois d'épave — et survint sur le lieu de la querelle. Par sa taille et son autorité il ramena un peu d'ordre dans ce qui aurait sans doute dégénéré en émeute et abouti à la mort de tous les envahisseurs. Ce fut la dernière fois qu'il devait exercer son autorité sur les hommes.

— Qui a fait ça? cria-t-il.

Innokenti s'avança d'un pas, sans vergogne.

— Moi. Ils m'attaquaient.

Les autres le soutinrent, le menton en avant, agressifs, Jdanko comprit aussitôt que le commandement de l'expédition était passé à Innokenti.

— La guerre a commencé. Que chacun veille sur sa peau, dit-il tristement.

Mais Innokenti donna des ordres précis.

— Amenez notre bateau plus près de nos huttes. Et tout le monde dort ensemble, personne avec les femmes indigènes.

L'homme qui avait pris pour partenaire de lit la sœur d'Ilchouk ne tint pas compte de la recommandation. Deux matins plus tard, quand le brouillard d'hiver se leva, on trouva sur la plage son cadavre percé de plusieurs coups de poignard.

La guerre devint sournoise, silencieuse : mouvements d'ombres et représailles soudaines. Avec seulement douze hommes y compris lui-même, Trophime essaya de rétablir son autorité en faisant la paix avec les îliens beaucoup plus nombreux. Il aurait sans doute réussi si une sale affaire n'avait pas compromis définitivement ses chances. Ilchouk, dans sa sagesse, se désolait de la détérioration des relations. Accompagné de deux autres pêcheurs il s'avança pour discuter avec Trophime d'une sorte de trêve. Innokenti, qui les observait avec quatre de ses partisans, les laissa s'approcher, puis sur son signal les Russes braquèrent leurs armes et abattirent les trois membres de la délégation de paix. Le lendemain, quand une des jeunes filles de l'île accusa Innokenti d'avoir assassiné son frère dans l'embuscade, il le confirma en la tuant à son tour.

En vain, Trophime tenta d'arrêter le massacre. Coup sur coup six autres îliens furent abattus. Après quoi, tout le monde se résigna à accepter le nouvel ordre qui régnait à Attu. Lorsque le retour du printemps permit de pratiquer de façon régulière la chasse à la loutre de mer, Innokenti et son groupe avaient si rigoureusement organisé la vie de l'île que les kayaks sortirent régulièrement et rentrèrent avec les fourrures convoitées par les marchands. On a du mal à comprendre comment onze hommes — cinq Sibériens, trois criminels russes sans envergure, deux hommes natifs d'autres régions de l'empire et le gamin Innokenti — purent s'imposer ainsi à la population entière d'une île mais c'est ce qui se produisit. Leur principal argument fut manifestement le meurtre : huit hommes, puis deux douzaines, puis trente exécutés de sang-froid, aux moments et dans les endroits capables de créer l'effet d'intimidation le plus vif. Très vite tout le monde apprit, à Attu, que si les chasseurs-pêcheurs tardaient à faire ce que les étrangers désiraient, quelqu'un serait abattu — en général le pêcheur réfractaire et parfois plusieurs de ses amis.

On a encore plus de mal à expliquer pourquoi Trophime Jdanko laissa tout cela se produire. Mais quand les hommes se trouvent constamment sous tension, ils prennent des décisions à la suite d'événements qui échappent à leur contrôle. C'est le hasard qui décide, non la réflexion. Chaque incident sanglant survenu à Attu renforçait l'autorité d'Innokenti et affaiblissait celle de Jdanko. Il ne participa lui-même à aucune scène de meurtre : cosaque entraîné à tuer sur l'ordre du tsar, il avait appris que le meurtre se justifie seulement s'il permet d'obtenir une paix efficace. À Attu, le massacre gratuit d'Innokenti n'apporta pas la paix mais seulement davantage de fourrures. Vers le milieu de l'été la situation s'était tellement dégradée que la seule stratégie raisonnable consistait à quitter l'île avec les fourrures accumulées et mettre le cap sur Petropavlovsk.

Quand Trophime le suggéra, la plupart des hommes étaient si pressés de quitter Attu qu'il regagna un minimum d'autorité, mais une fois encore le hasard intervint contre lui. Vers le milieu de juillet 1746 il organisa le départ des hommes de façon à filer discrètement, mais une femme de l'île surprit le manège et en informa les pêcheurs, qui décidèrent d'assassiner tous les étrangers avant qu'ils gagnent leur bateau.

Quand les balles de fourrure furent embarquées et les douze survivants sur le point de prendre le large, les îliens tentèrent de se jeter sur eux. Innokenti s'y attendait : lorsque la masse des hommes et des femmes s'élança en hurlant vers le bateau, il ordonna à ses hommes de tirer dans le tas, puis de recharger et de tirer de nouveau. C'est ce qu'ils firent, avec une efficacité meurtrière.

Quand ce premier groupe d'envahisseurs venus de Russie passer un hiver dans les Aléoutiennes repartit enfin sur la mer de Béring, il avait abattu, depuis le jour de son débarquement, soixante-trois Aléoutes.

***

La traversée de retour fut un cauchemar affreux. Dans leur frêle bateau sans pont, avec une voile modeste fixée à un mât fragile, il leur fallait vaincre les vents contraires venus d'Asie. Il leur fallut subir successivement : une vergue brisée, la cale envahie par l'eau, la nourriture putréfiée, un marin pris de folie menacé de mort par Innokenti s'il ne cessait pas de délirer, d'interminables tempêtes qui menacèrent de les faire chavirer pendant des jours et des jours. Trophime, le seul homme à bord connaissant la mer, prit le commandement du pitoyable bateau et le maintint à flot davantage par son courage que par ses compétences. Quand leur vie parut en danger et que certains conseillèrent de lancer les balles de fourrure par-dessus bord pour alléger le bateau, il l'aurait peut-être fait si Innokenti ne s'était pas interposé avec une volonté de fer.

— N'y touchez pas ! Mieux vaut mourir en essayant de rentrer avec nos fourrures que vivre sans elles.

Quand la tempête s'apaisa, le bateau rentra à son port d'attache avec des balles intactes : le commerce des fourrures avec les Aléoutiennes était lancé.

Lorsque Trophime et Innokenti accostèrent à Petropavlovsk, une surprise les attendait : pendant leur absence, Mme Poznikov avait installé son quartier général dans ce nouveau port excellent et construit sur une hauteur, non loin de la grève, une maison spacieuse avec une belle vue du premier étage.

— Pourquoi une si grande maison ? lui demanda Trophime.

— Parce que nous allons y vivre tous les trois, répondit-elle carrément.

Il resta sans voix, et elle poursuivit :

— Tu te fais vieux, cosaque. Et je ne rajeunis pas.

Il avait quarante-quatre ans, elle trente-sept. Il ne se sentait pas vieux du tout, mais son expérience à Attu, où il avait perdu son autorité sur ses hommes, venait de lui enseigner qu'il n'était plus le jeune Ukrainien infatigable pour lequel le monde représentait une aventure sans fin.

Il demanda un peu de temps pour réfléchir à ce que cette femme suggérait, se promena le long des quais, regarda les petits bateaux au mouillage, et imagina les îles vers lesquelles ils se rendraient un jour. Deux faits s'imposaient : Mme Poznikov était une femme remarquable. Et il avait besoin des îles et des terres de l'Est.

Ce serait pour lui un honneur d'avoir pour épouse une femme comme Madame, et travailler avec elle au commerce des fourrures lui plairait assez. Mais avant de s'engager, il désirait convenir avec elle de certaines choses. Il retourna donc à la maison neuve et attendit dans le salon, assis tout raide comme un homme d'affaires nerveux sollicitant un prêt de son banquier.

— Madame, j'ai admiré votre mari et je respecte ce que vous avez accompli avec lui. Une association avec vous pour le commerce des fourrures me ferait honneur. Mais jamais plus je ne partirai aux Aléoutiennes sans un vrai bateau.

Étonnée par cette réponse extraordinaire à sa demande en mariage, elle éclata de rire et s'écria d'une voix tonnante :

— Cosaque, viens voir!

Elle le conduisit, le long de la grand-rue de Petropavlovsk, jusqu'à un chantier naval en bonne et due forme qui n'existait pas au départ de Trophime, deux ans plus tôt.

— Regarde! lança-t-elle fièrement. Voici le bateau que je fais construire pour toi.

Il regarda les membrures robustes et dut avouer :

— Parfait pour les Aléoutiennes.

Après le mariage, elle voulut forcer son fils Innokenti à prendre le nom de Jdanko et à appeler Trophime « père » — ce qu'il refusa.

— Ce maudit serf! Ce n'est pas mon père.

Et même quand quelqu'un l'appelait « le fils adoptif du cosaque », il grinçait des dents. Gênée par ce comportement, sa mère le fit venir en présence de son mari.

— À partir de ce jour, nous sommes tous des Jdanko, dit-elle, et une nouvelle vie passionnante nous attend. Vous allez conquérir les îles l'une après l'autre. Puis l'Amérique.

Trophime protesta que cela s'avérerait sans doute plus difficile qu'elle ne le supposait, mais elle s'écria :

— Notre destin se trouve vers l'est, toujours vers l'est. Mon père a quitté Pétersbourg pour Irkoutsk. J'ai quitté Irkoutsk pour le Kamtchatka. Les fourrures et la fortune nous attendent là-bas.

Ce fut ainsi que le cosaque ukrainien Trophime Jdanko acquit un bateau qu'il convoitait, une femme qu'il admirait et un fils qu'il détestait.

*
**

Bientôt, grâce à l'exemple offert par Mme Jdanko, la cour de Saint-Pétersbourg découvrit qu'il y avait des moissons de fourrures à récolter dans les Aléoutiennes, et l'on encouragea des jeunes aventureux à s'associer pour tenter leur chance dans les îles. Ces groupes sans organisation stricte se composaient surtout de cosaques formés à la dure école de la Sibérie — et aucune meute d'envahisseurs plus cruels ne se jeta jamais sur un peuple primitif. Habitués à faire appliquer une discipline de fer parmi les tribus illettrées de Russie orientale, ils inventèrent de nouvelles atrocités pour les doux Aléoutes sans méfiance. Les précédents de brutalités établis par Innokenti Jdanko lors du premier contact sur l'île d'Attu devinrent la norme pendant toute l'avancée des cosaques vert l'est, et les maraudeurs découvrirent d'autres supplices lorsqu'ils accostèrent sur les grandes îles du milieu de l'archipel.

Bien entendu, quand le premier groupe qui survint à Attu après Trophime et Innokenti voulut débarquer de son bateau de peau de phoques, les indigènes, saisis de rage, se rappelant ce qui s'était produit, envahirent la plage et abattirent sept marchands. Cet événement enracina dans la pensée russe l'idée que seuls la poudre et le knout pourraient venir à bout de ces sauvages Aléoutes. Mais une autre expédition accosta à Kiska, l'île suivante de l'archipel, et fut bien accueillie par des indigènes n'ayant rencontré aucun Blanc. Les cosaques inaugurèrent cependant sur cette île un règne de terreur qui produisit quantité de fourrures et quantité d'Aléoutes morts.

Sur Amchitka, l'île suivante, de grande étendue, les îliens se soumirent vite aux envahisseurs impitoyables.

Ils durent se taire quand les nouveaux venus volaient leurs femmes. Ils durent sortir en mer par tous les temps pour chasser la loutre. Sur le nombre de loutres tuées par les nouvelles méthodes introduites par les Russes, plus de la moitié coulaient inutilement au fond de la mer de Béring ; mais comme celles qu'on ramenait à terre atteignaient des prix de plus en plus élevés quand les caravanes les apportaient à la frontière mongole, la chasse augmenta de plus belle, ainsi que les atrocités.

En 1761, Mme Jdanko, impatiente de voir avant sa mort les Aléoutiennes et l'Alaska sous le contrôle des Russes, remplaça le bateau déjà vieilli de Trophime par un bâtiment neuf construit avec de vrais clous, et elle fit embarquer pour la première traversée son fils Innokenti, homme mûr de trente-quatre ans connu pour son acharnement impitoyable à ramener les cargaisons les plus lourdes. Pour protéger son investissement dans le bateau, Madame suggéra que Trophime en prenne le commandement, malgré ses cinquante-neuf ans.

— Cosaque, tu as l'air d'un homme de trente ans et ce bateau vaut cher. Évite les rochers.

Ce n'était pas une parole en l'air, car il en allait des bateaux comme des loutres massacrées : sur cent bâtiments construits par les Russes dans la région, une bonne moitié coulait à la suite de défauts de construction, et la moitié qui restait à flot était commandée par des capitaines si incompétents qu'un grand nombre s'écrasait contre les rochers et les récifs.

Au cours de la décennie suivante, les Jdanko, père et fils adoptif, sautèrent plus d'une petite île pour accoster directement à Lapak, le beau pays gardé par son volcan, dont Trophime parlait souvent quand il racontait ses aventures avec le capitaine Béring. Lorsque le bateau contourna la côte nord de l'île et que Trophime vit le paysage inoubliable qu'il avait exploré avec Georg Steller en 1741, il rappela à ses hommes la générosité avec laquelle les îliens l'avaient traité, et il donna des ordres stricts.

— Personne ne doit être molesté sur cette île.

Par suite de cette attitude humaine, les premières

semaines à terre se passèrent sans aucune des atrocités qui avaient sali les débarquements sur les autres îles. Trophime rechercha l'indigène qui lui avait donné les peaux de loutre et apprit qu'il était mort. L'un des marchands de fourrures, qui avait acquis quelques mots d'aléoute au cours d'une précédente expédition, informa Trophime que le fils de l'homme, nommé Ingalik, avait hérité de deux kayaks du vieillard et de son autorité sur le clan de l'île. Espérant se lier d'amitié avec le jeune chef et éviter les incidents survenus dans les autres îles, Trophime voulut le connaître. Il apprit, consterné, que des échos de l'attitude des Russes s'étaient répandus dans toutes les îles : la population de Lapak, s'attendant au pire, était terrifiée.

Trophime essaya de calmer le jeune homme, et les relations auraient pu s'établir sur de bonnes bases s'il n'y avait pas eu parmi les marchands un cosaque très fruste, à la tête rasée et aux longues moustaches rousses, répondant au nom de Zagoskine. Il était tellement obsédé par les loutres de mer qu'il voulut forcer les hommes de Lapak à partir immédiatement sur les territoires de chasse. Le jeune Ingalik essaya d'expliquer qu'il y avait peu de chance de rencontrer des animaux à cette époque, mais Zagoskine ne voulut rien entendre. Sur son ordre, deux marchands alignèrent six kayaks sur la plage, et demandèrent que les propriétaires se présentent et partent à la chasse aux loutres. Comme personne ne répondait à cet ordre stupide, Zagoskine saisit une hache et se vengea sur les kayaks : il éventra les parois délicates et brisa le cadre fragile de bois d'épaves.

Cette destruction était si insensée que plusieurs îliens, incapables de comprendre une telle démence, s'avancèrent en grommelant vers le cosaque enragé qui continuait de saccager. Mais Innokenti ne pouvait pas permettre même le moindre signe de rébellion. Il ordonna aux hommes de Lapak, par gestes, de reculer sur-le-champ ; puis voyant que ceux-ci n'obéiraient pas, il cessa d'essayer de les dissuader, leva son arme et ordonna au reste de ses hommes de faire de même. Sur un signal de sa main gauche, ils tirèrent.

Huit Aléoutes moururent à la première salve, et trois autres à la deuxième. Déjà Zagoskine, comme un sauvage, s'élançait sur les cadavres et les profanait avec sa hache. Un silence absolu se fit sur la plage, puis les femmes se mirent à gémir, d'une voix suraiguë, en une plainte si douloureuse qu'elle attira Trophime sur les lieux du carnage. Arrivé trop tard, il ne put déterminer les origines de la tragédie, tout en se doutant que son fils et Zagoskine étaient sans doute les principaux responsables. Il en fut révolté, mais il dut supporter bientôt deux autres actes si vils que le nom naguère honorable de Jdanko en sortirait sali à jamais.

Le premier se produisit seulement deux mois après le massacre de la plage. Flattée par les encouragements de Zagoskine, la tendance naturelle d'Innokenti à la violence devint plus intense et au cours des semaines qui suivirent la première série de meurtres, il se produisit plusieurs incidents isolés au cours desquels Zagoskine et Innokenti abattirent des Aléoutes qui tardaient trop à leur obéir.

Ces deux hommes vils prenaient plaisir à participer à la chasse des loutres. Ils ordonnèrent à des îliens de leur construire un kayak à deux places dans lequel ils pourraient sortir en mer avec les chasseurs. Zagoskine, aux biceps plus puissants, pagaya à l'arrière ; Innokenti à l'avant. Depuis qu'Ougruk s'était lancé en kayak à la poursuite de la grande baleine, quatorze mille ans s'étaient écoulés et les hommes du Nord avaient mis au point un nouveau type de pagaie, avec une pale à chaque bout du manche, de sorte que le rameur n'avait plus besoin d'inverser la position de ses mains pour changer de côté. Zagoskine et Innokenti devinrent habiles à manœuvrer cette double rame.

Leur kayak n'était pas vraiment nécessaire pour la chasse et ils comprirent que parfois leur présence faisait plus de mal que de bien, mais la poursuite du gibier les amusait trop pour qu'ils renoncent. Voici comment se passait la chasse. Un Aléoute à l'œil vif repérait ce qui semblait être une loutre du côté du Qugang, le volcan siffleur. Il faisait signe aux autres et filait droit sur l'animal pendant que les autres kayaks s'écartaient pour former un cercle autour de l'endroit supposé de la loutre. Ensuite silence. Aucune rame ne bougeait. Bientôt la loutre, n'étant pas un poisson, serait contrainte de refaire surface pour respirer. Tous se précipiteraient vers elle ; elle replongerait ; vite, les bateaux reformeraient un autre cercle, au centre duquel la loutre réapparaîtrait. Ce manège se répétait six ou huit fois, avec le pauvre animal toujours forcé de remonter pour respirer au milieu des kayaks qui le tourmentaient. Au bord de l'épuisement, la loutre refaisait une dernière fois surface, à moitié morte. Un coup de massue sur la tête, la main déjà tendue pour attraper la proie avant qu'elle ne sombre, et le précieux animal était hissé à bord de l'un des kayaks, le crâne écrasé mais la fourrure intacte.

Zagoskine et Innokenti s'amusaient le plus quand le cercle se refermait sur une mère loutre en train de flotter avec son bébé sur le ventre. Les deux animaux se prélassaient comme des plaisanciers. Puis Innokenti, à l'avant, forçait la mère à plonger. Mais le jeune ne pouvait pas rester sous l'eau aussi longtemps que sa mère, et dès que cette dernière sentait son enfant suffoquer, elle remontait à la surface, malgré le danger qu'elle courait. Aussitôt, elle redevenait la cible des canots qui fonçaient sur elle, Innokenti en tête. De nouveau elle plongeait au milieu des cris sauvages, de nouveau son petit suffoquait, de nouveau elle remontait dans le cercle des kayaks menaçants.

— Nous la tenons! criait Innokenti.

Zagoskine et lui se jetaient alors sur la mère angoissée et tapaient dessus jusqu'à ce que le bébé échappe à son étreinte protectrice. Dès que le petit nageait seul, Zagoskine l'assommait, le cueillait avec une épuisette et l'embarquait dans le kayak. La mère, privée de son enfant, se mettait à nager d'un bateau à l'autre, à sa recherche. Dès qu'elle s'approchait d'un kayak en gémissant comme une mère humaine, les coups pleuvaient. Elle nageait vers un autre sans cesser de supplier qu'on lui rende son enfant.

Enfin, affaiblie et si désemparée par ses recherches

infructueuses qu'elle n'osait même plus bouger, elle restait à la surface, son visage presque humain tourné vers ses bourreaux, et appelait son enfant perdu jusqu'à ce qu'Innokenti, ou un autre, d'un coup sur la tête, lui fasse perdre connaissance, puis la hisse dans son kayak et l'achève.

Un jour, pendant leur retour vers la côte après deux meurtres de ce genre, plusieurs pêcheurs aléoutes protestèrent contre le massacre du bébé loutre et de sa mère. Avec leur langage par signes, ils firent comprendre à Innokenti que si Zagoskine et lui continuaient ainsi, le nombre des loutres dans les eaux de Lapak diminuerait vite.

— Et dans ce cas il nous faudra aller trop loin en mer pour trouver les loutres que vous convoitez.

Innokenti, agacé par ces objections, les balaya d'un geste insouciant. Mais quand Trophime eut vent de la discussion, il prit le parti des Aléoutes :

— Ne voyez-vous pas les conséquences du massacre des mères et des petits ? Avant longtemps nous n'aurons plus de fourrures pour notre commerce, et les indigènes ne pourront plus s'en vêtir comme dans le passé.

L'avertissement, venant de la bouche de son père adoptif, mit Innokenti en fureur.

— Les indigènes ? répliqua-t-il avec insolence. Il est temps qu'ils apprennent ce que nous avons tous appris. Dorénavant, leur rôle, c'est de tuer des loutres. Rien d'autre. Je veux des balles entières de ces peaux, et non quelques poignées.

Sans tenir compte des conseils de Jdanko, Zagoskine et Innokenti lancèrent les Aléoutes en mer chaque jour pour chasser les loutres, et les disciplinèrent en leur donnant des coups et en les privant de nourriture chaque fois que leur chasse n'était pas couronnée de succès.

Et toujours les deux forcenés prenaient la mer avec l'assistance forcée de plusieurs îliens pour chasser des mères avec leur bébé. Un après-midi où le soleil se cachait derrière des nuages, Innokenti en aperçut une et cria aux Aléoutes qui l'accompagnaient :

— Par ici !

La chasse se termina comme toujours, avec le bébé abattu et la mère loutre qui nagea presque dans les bras d'un Aléoute en suppliant d'un ton pitoyable. Cet Aléoute, un excellent chasseur, soucieux de ses relations avec tout ce qui vit, refusa de tuer inutilement — on n'avait besoin ni de nourriture ni de vêtements — et ne tint aucun compte des cris d'Innokenti. L'Aléoute laissa la mère s'enfuir et lança un regard écœuré à Zagoskine qui frappait sur l'eau de dépit, avec sa pagaie.

Lorsqu'ils accostèrent, Innokenti se précipita vers l'homme qui avait refusé de tuer la loutre et l'insulta pour sa désobéissance. L'homme, outragé, jeta sa pagaie par terre, indiquant sans ambiguïté qu'il ne chasserait plus de loutres avec les Blancs, ni femelles ni mâles, et que dorénavant ni lui ni ses amis ne tueraient de mères avec leur petit. Innokenti, enragé par ce défi à son autorité, saisit l'îlien par le bras, le fit pivoter et lui lança un coup de poing qui étala l'homme à terre. Les autres îliens se mirent à murmurer entre eux, et les signes d'hostilité devinrent si manifestes que Zagoskine, pris de peur, s'écarta. Les Aléoutes, estimant à tort qu'ils avaient convaincu les étrangers, se rapprochèrent d'Innokenti pour lui demander de cesser de les insulter.

Sa réaction fut diamétralement opposée à celle qu'ils escomptaient. Innokenti appela tous ses hommes à la rescousse et courut chercher son fusil et celui de Zagoskine. Les Russes, en groupe serré, marchèrent sur les Aléoutes confondus — qui battirent aussitôt en retraite, ayant appris l'efficacité meurtrière des fusils. Mais Innokenti ne pouvait supporter que cette épreuve de force s'achève de façon si banale. Quand les îliens s'enfuirent, il prononça la phrase redoutable si souvent répétée au cours de ces années où des Européens « civilisés » entrèrent en contact avec des peuples « non civilisés » :

— Il est temps que nous leur donnions une bonne leçon.

Il ordonna à trois marchands russes consentants de choisir au hasard douze chasseurs aléoutes. Il les fit mettre en rang, derrière l'homme à l'origine des protestations. On fit avancer la file et Innokenti cria :

— Nous allons leur montrer ce que peut faire un bon mousquet russe.

Il chargea son arme, s'avança près du premier homme de la file et visa le cœur.

À cet instant, Trophime Jdanko survint.

— Fils ! cria-t-il. Que fais-tu ?

Le mot *fils* mit Innokenti dans une telle fureur qu'avec la crosse de son fusil il frappa Trophime au visage. Puis, avec une rage glacée, il tira. Huit Aléoutes, l'un après l'autre, tombèrent morts ; le neuvième s'évanouit, la balle bloquée par ses côtes. Les trois derniers demeurèrent pétrifiés.

Innokenti avait donné aux Aléoutes sa « bonne leçon ». À la suite de cet acte, il put établir sur Lapak, jadis tellement agréable à habiter si l'on aimait la mer et ignorait l'existence d'arbres dans d'autres parties du monde, une dictature si totale que chaque habitant de l'île, Russe ou Aléoute, dut travailler à ses ordres, et chaque femme se consacrer à ses plaisirs. Lapak devint l'un des endroits les plus épouvantables de cette Terre ; et Trophime Jdanko, le vieux cosaque d'honneur, s'isola dans sa hutte, accablé de honte et impuissant devant le mal engendré par son fils adoptif.

***

Le XVIIIe siècle touchait à sa fin. Les gouvernements de nombreuses nations apprirent que les eaux du Nord recelaient des richesses, et que de vastes territoires attendaient d'être découverts, explorés et revendiqués. Les Espagnols partis du nord de la Californie envoyèrent une flotte d'explorateurs audacieux — notamment Alessandro Malaspina et Juan de La Bodega — qui effectuèrent des découvertes importantes ; mais comme leur gouvernement ne suivit pas leur action par une politique de colonisation, il n'en sortit rien de durable, hormis les noms de quelques caps le long de la côte.

Les Français lancèrent un homme de valeur au titre ronflant — Jean-François de Galaup, comte de La Pérouse — pour voir ce qu'il pourrait trouver ; il ramena un récit passionnant de ses aventures mais peu de connaissances précises sur les mers garnies d'îles entourées de récifs au milieu desquels les navigateurs futurs devraient se déplacer.

En 1778, les Anglais envoyèrent dans ces parages un homme svelte et nerveux, issu d'un milieu très modeste, qui allait devenir le plus célèbre navigateur de son époque et l'un des deux ou trois plus grands de tous les temps : James Cook, aux talents de marin sans égal, doublés d'un courage inflexible et d'un immense bon sens. Au cours de deux voyages exemplaires dans le Pacifique Sud, il clarifia une fois pour toutes la carte de cet océan, plaçant les îles où elles se trouvaient, définissant les contours de deux continents, l'Australie et l'Antarctique ; il révéla au monde les splendeurs de Tahiti et découvrit du même coup le moyen de lutter contre le scorbut.

Avant Cook, un vaisseau de la marine britannique qui quittait l'Angleterre avec quatre cents marins pouvait s'attendre à cent quatre-vingts décès avant la fin de la traversée. Parfois, on compta jusqu'à deux cent quatre-vingts morts. Cook, qui n'avait aucune intention de naviguer dans un cercueil flottant, décida sans tapage de lutter contre le fléau. Il institua plusieurs règles rationnelles, qu'il expliqua à son équipage au début de son mémorable troisième voyage.

— Nous nous sommes aperçus que l'on peut éviter le scorbut si vous maintenez vos quartiers propres. Si vous portez des vêtements secs chaque fois que ce sera possible. Si vous observez notre règlement : un quart de service, deux quarts libres, pour que vous puissiez vous reposer beaucoup. Et si vous prenez chaque jour votre ration de *wort and rob.*

Les marins demandèrent ce que c'était, et les officiers de Cook leur expliquèrent :

— Le *wort* est un brouet de malt, de vinaigre, de choucroute, de légumes frais disponibles et de plusieurs autres choses. Ça sent mauvais, mais quand on en boit on n'attrape pas le scorbut..

— Le *rob*, expliqua un autre officier, est un mélange *inspissé* de jus d'orange, de citron et de citron vert.

— *Inspissé*, c'est quoi ? demandait toujours quelqu'un.

— Le capitaine Cook l'a dit comme ça, répliquait l'officier.

— D'accord, mais c'est quoi ? insistait le matelot.

— Ça veut dire..., grommelait l'officier. Ça veut dire : « tu le bois ». Si tu le bois, t'attrapes jamais le scorbut.

Les officiers avaient raison. Tout marin qui prenait ce *wort and rob* se trouvait miraculeusement immunisé contre le sinistre fléau de la mer ; la moitié des ingrédients composant le *wort* étaient inefficaces par eux-mêmes, notamment le malt, mais la choucroute, et surtout son jus fermenté, opérait des prodiges ; le jus d'orange ne comptait guère, mais le jus de citron énormément. L'*inspissation*, à laquelle Cook tenait beaucoup, n'avait rigoureusement aucun effet ; c'était simplement un procédé qui épaississait le jus de citron et facilitait son transport et sa conservation.

Par son entêtement à lutter contre le scorbut, ce marin tranquille, soucieux de ses hommes, sauva des milliers de vies et permit à la Grande-Bretagne de construire la flotte la plus puissante du monde.

À l'époque, l'Angleterre se battait encore contre ses colonies américaines, au Massachusetts, en Pennsylvanie et en Virginie. Le gouvernement anglais envoya son grand explorateur en mer une troisième fois pour mettre fin aux conjectures des géographes concernant le Pacifique Nord. Comme il avait résolu les énigmes multiples du Pacifique Sud, Cook accepta volontiers le défi. Il s'agissait d'établir une fois pour toutes si l'Asie communiquait avec l'Amérique du Nord, s'il existait un passage du Nord-Ouest en haut du monde, si l'océan Arctique était libre de glaces — car un savant éminent avait démontré qu'aucune glace ne pouvait se former en mer : il fallait que la glace soit amarrée en quelque manière à la terre — et en particulier où se trouvait exactement la côte de cet Alaska découvert récemment. S'il parvenait à résoudre ces questions épineuses, la Grande-Bretagne serait en mesure de revendiquer l'Amérique du Nord, depuis le Québec et le Massachusetts, à l'est, jusqu'à la Californie et le futur Oregon, à l'ouest.

Au cours de cette célèbre troisième exploration qui s'échelonnerait sur près de quatre années, 1776 à 1779, Cook découvrirait non seulement les îles Hawaii, mais serait le premier Européen à explorer sérieusement les côtes très découpées de l'Alaska. Il allait porter sur la carte le splendide volcan de Sitka et lui donner le nom de mont Edgecumbe ; visiter le site futur d'Anchorage ; naviguer au milieu des Aléoutiennes et les situer à leur place exacte par rapport au continent. Il monterait vers le nord jusqu'à l'endroit où l'océan Arctique lui opposerait une muraille de glace de six mètres de haut — cette glace dont le savant avait démontré qu'elle ne pourrait pas se former.

Ce fut un voyage merveilleux, un succès à tous égards car si Cook ne découvrit pas le légendaire passage du Nord-Ouest, que les navigateurs cherchaient depuis presque trois siècles — depuis la découverte de l'Amérique par Colomb —, il prouva que le passage supposé ne débouchait pas dans le Pacifique sur des eaux libres de glace. En partant vers le nord pour le démontrer, Cook dut traverser le mur constitué par les Aléoutiennes. Il le fit par un passage situé juste à l'est de l'île de Lapak. Lorsqu'il contourna le cap, il découvrit à l'ouest le volcan Qugang, le siffleur, qui s'élevait de la mer de Béring à trois cent trente mètres au-dessus des flots.

Après avoir étudié le relief de Lapak, Cook fut le premier à déduire de la forme semi-circulaire de l'île que celle-ci avait été jadis un volcan de dimensions colossales, dont le centre avait explosé ; l'érosion avait usé le bord septentrional du cratère. Le port vaste et accueillant ne laissa pas de l'attirer, et il envoya à terre un détachement chargé de ramener à bord les provisions que les îliens accepteraient de céder. Les deux jeunes officiers qui commandaient ce détachement devaient rendre leur nom célèbre dans les années qui suivirent. Le plus âgé était le maître d'équipage William Bligh et son assistant, George Vancouver. Le premier observa avec précision tout ce qui se passait sur l'île et prit note des deux Russes qui semblaient faire la loi, Zagoskine et Innokenti ; il ne les apprécia pas du tout, et se dit que si ces deux-là servaient sous ses ordres, il corrigerait vite leurs manières insolentes. Vancouver, navigateur doué de capacités exceptionnelles, nota la position de l'île, l'étendue de son port, le fait qu'elle était en mesure d'approvisionner des bateaux importants, et son climat probable dans la mesure où l'on pouvait en juger au cours d'une visite aussi brève. De toute évidence, Cook avait choisi ses collaborateurs avec soin, car ces deux-là comptaient parmi les marins les plus compétents naviguant dans le Pacifique cette année-là.

La visite dura moins d'une demi-journée, car au milieu de l'après-midi, Cook voulut repartir avec le *Resolution* vers le nord. Il ne releva donc qu'une fraction des renseignements disponibles, par sa faute et non celle de ses hommes. Détail surprenant quand on songe avec quelle précision méticuleuse il préparait ses voyages, il n'avait embarqué pour cette exploration au nord personne qui sache parler russe, et aucun dictionnaire de cette langue. Les autorités de Londres refusaient encore de croire que la Russie avait déjà établi une solide tête de pont dans le nord-ouest de l'Amérique, et comptaient bien agrandir leur domaine. Cook fut cependant en mesure de noter dans son journal de bord :

> *Nous sommes tombés sur un chapelet prometteur d'îles sans arbres dont les occupants sont venus nous saluer dans des canots à deux hommes ; ils portaient des coiffures fort ravissantes avec de longues visières et des décorations. J'ai encouragé le peintre Weber à exécuter plusieurs dessins de ces hommes et de leurs chapeaux, ce qu'il a fait. L'archipel contient une île portant le nom de Lapak, si nous avons bien compris ce que ses occupants russes nous disaient. Nous avons dressé la carte de toute l'île et sondé un beau port sur le côté nord, protégé par un beau volcan éteint de trois cent trente mètres d'altitude situé à six milles au*

large. Il porte un nom comme Liougong, mais quand je leur ai demandé de répéter, ils se sont mis à siffler — pour me faire comprendre quoi? Je l'ignore. Peut-être est-ce leur volcan sacré.

George Vancouver, pendant la dernière heure de sa visite de l'île, rencontra le Russe Trophime Jdanko et reconnut dans ce lutteur grisonnant un homme d'une trempe différente des deux jeunes bravaches. Il aurait bien voulu échanger des idées avec ce colosse sage, et le Russe à son tour mourait d'envie de demander aux étrangers comment ils avaient pu obtenir un si beau bateau, comment ils l'avaient piloté depuis l'Europe et comment ils envisageaient l'avenir de ces îles. Hélas, ils ne pouvaient converser que par signes.

Des coups de feu tirés à bord du *Resolution* prévinrent Bligh et Vancouver que Cook désirait appareiller. Le vieux cosaque tendit à chaque officier une peau de loutre pour les remercier de leur sympathie, mais malheureusement, dans sa générosité, il leur avait offert les plus belles, et Innokenti, quand il s'en aperçut, arracha les peaux des mains des Anglais et leur substitua des fourrures de qualité inférieure. Vancouver, toujours gentleman, salua et remercia le père et le fils de leur générosité ; mais Bligh lança à Innokenti un regard noir, comme s'il avait envie de le gifler pour son insolence. Quand les deux hommes remontèrent à bord de leur bateau, Bligh rédigea dans son journal cette note révélatrice :

Sur l'île de Lapak j'ai rencontré un Russe très désagréable, appelé, si je ne me trompe, Innocent. Il m'a déplu au premier regard, et plus j'ai subi sa présence, plus mon dégoût s'est accru. Vraiment le type même du sale Russe.

Mais quand j'ai observé la manière docile avec laquelle les indigènes lui obéissaient, ainsi que la paix et l'ordre enviables qui régnaient sur cette île, j'en ai déduit que l'autorité gouvernant l'endroit était ferme et efficace, condition toujours désirable.

Je soupçonne qu'avant notre arrivée il s'est produit ici certains troubles, mais une réaction vive de la part de quelqu'un les a apaisés, et si le responsable en est cet Innocent, je retire mes réserves contre lui, car dans toute société l'ordre passe avant tout, même au prix d'une certaine sévérité.

Ainsi, sans s'insurger contre la terreur que faisaient régner les Russes, le grand navigateur anglais James Cook croisa la trace du navigateur russe Vitus Béring : chacun accosta brièvement à Lapak ; chacun resta à peu près le même temps ; chacun envoya à terre des subordonnés destinés à la célébrité — deux pour Cook : Bligh et Vancouver, un seul pour Béring : Georg Steller — et chacun reprit sa route, le Russe en 1741, l'Anglais en 1778, trente-sept ans plus tard.

Comme ces deux hommes paraissent différents : Béring, le chef malchanceux, Cook, le capitaine sans reproche (sauf un défaut, qui ne devint sensible que vers la fin) ; Béring naviguant sous les ordres les plus stricts du tsar ou de la tsarine, et Cook seul maître à bord dès qu'il avait perdu de vue les côtes anglaises ; Béring l'explorateur hésitant qui rentrait au bercail au premier signe d'adversité sans terminer sa mission, Cook le sans-pareil qui continuait un mille plus loin et découvrait un continent de plus ; Béring à qui on ne peut attribuer aucun progrès dans l'art de la navigation, Cook qui modifia le sens des mots *océan* et *cartographie* ; Béring que son gouvernement soutenait à regret et qui n'obtint aucune gloire internationale, Cook qui ne manquait de rien en Angleterre et qui entendit pendant plus de dix ans les louanges du monde entier tinter à ses oreilles ; Béring souvent sans uniforme puis avec une tenue lamentable qui lui allait mal, Cook avec son élégant costume d'officier, taillé sur mesure et surmonté par un chapeau de marin à cocarde coûtant une fortune. On imagine mal un contraste plus saisissant de tempéraments, de carrières et de résultats.

Quand Cook entreprit le deuxième de ses trois grands voyages, l'Angleterre et la France se trouvaient en guerre et la lutte était acharnée sur les mers, mais les deux pays s'accordèrent pour laisser passer Cook librement partout où il voudrait naviguer. Chacun reconnaissait que sa mission servait les intérêts de la civilisation en général, et savait qu'il n'aurait pas tiré sur un bateau français ennemi s'il en avait rencontré un. Au cours de son troisième voyage, celui de l'Alaska, l'Angleterre était en guerre contre ses colonies américaines et contre leur alliée la France, mais une fois encore les trois pays en guerre convinrent de laisser James Cook naviguer où il voulait car, grâce à son traitement du scorbut — dont Georg Steller avait été l'un des pionniers —, il avait sauvé plus de vies que n'importe quelle victoire militaire. Ce deuxième sauf-conduit de Cook fut obtenu en partie grâce à l'intervention de Benjamin Franklin, l'ambassadeur américain en France, esprit pratique qui savait reconnaître un bienfaiteur de l'humanité quand il en voyait un.

J'ai dit un peu plus haut qu'en tant que navigateur Cook avait un défaut. Quand il était fatigué, il lui arrivait de s'emporter. En février 1779, dans la baie de Kealakekua, sur la grande île d'Hawaii, entouré d'indigènes légèrement hostiles qu'il aurait pu apaiser et se concilier par des présents, il perdit patience, tira un coup de feu dans la foule menaçante, au milieu de laquelle un Hawaiien d'une certaine importance venait d'être tué. Aussitôt, les assistants furieux se jetèrent sur Cook, l'assommèrent par-derrière et maintinrent sa tête sous l'eau lorsqu'il s'écroula dans le ressac.

Vitus Béring et James Cook, deux des plus grands noms de l'histoire de l'Alaska, eurent des fins tragiques : le premier mourut du scorbut sur une île désolée, sans arbres et battue par le vent, à l'âge de soixante et un ans, sans avoir achevé l'œuvre de sa vie. Le second, après avoir vaincu le scorbut et conquis les océans lointains, mourut à cinquante et un ans à cause de son impétuosité sur une belle île tropicale, loin dans le sud. Les explorations de ces capitaines et de leurs hommes ouvrirent les océans du monde.

*
**

Mais il y avait à la même époque des explorateurs d'un autre genre : les aventuriers du commerce. En 1780, l'un d'entre eux arriva presque par hasard dans la baie de Lapak avec un petit bateau incroyablement résistant, un brick de chasse à la baleine de deux mâts à voiles carrées, baptisé *Evening Star* et venant de Boston. Son capitaine, un petit bonhomme noueux, aussi résolu que son bateau était résistant, se nommait Noah Pym, et à quarante et un ans il avait déjà essuyé plus d'une fois les tempêtes redoutables du cap Horn, fréquenté les comptoirs de commerce de Canton, apprécié les côtes séduisantes d'Hawaii et sillonné tous les immenses espaces vides du Pacifique où se cachaient des baleines, car si son bateau n'était pas grand Pym ne manquait pas de courage, et avec l'*Evening Star*, il était prêt à défier n'importe quelle tempête, n'importe quel groupe d'indigènes hostiles rassemblés sur une plage.

À la différence de Béring et de Cook, Pym ne quittait jamais le port avec l'appui de son gouvernement ou au milieu des vivats de ses concitoyens. À peine pouvait-il compter sur un entrefilet dans le journal de Boston : « *Ce matin, l'*Evening Star *— Noah Pym, avec son équipage de vingt et un marins — a appareillé pour les mers du Sud, retour prévu dans six ans.* » Et il n'était pas question que les grandes nations s'entendent pour accorder à ce petit bonhomme la liberté de passage : plus probablement, chacune essaierait de le couler à vue en supposant qu'il naviguait pour l'ennemi. Il avait dû affronter à plusieurs reprises les vaisseaux de France et d'Angleterre, mais il les « affrontait » à sa manière : en maintenant de bonnes vigies et en fuyant comme un diable affolé dès qu'il apercevait une voile supposée hostile.

Quand l'*Evening Star* apparut au large de la côte sud de Lapak, Zagoskine et Innokenti se trouvaient en mer dans leur kayak à deux places, en train de chasser les loutres. La voix qui les héla de la passerelle parlait en excellent russe :

— Ohé, là-bas! Nous aurions besoin d'eau et de provisions.

— Qui êtes-vous? lança Innokenti pour bien établir qui était le maître.

— Baleinier *Evening Star* de Boston, capitaine Noah Pym.

— Il y a un bon port sur la côte nord, au sud du volcan ! cria Innokenti, surpris qu'un bateau venu d'aussi loin ait trouvé l'île de Lapak.

Zagoskine se mit à pagayer de toutes ses forces à l'arrière et le kayak montra le chemin.

Lorsque le brick jeta l'ancre entre la côte et le volcan, Innokenti et Zagoskine montèrent à bord et constatèrent aussitôt que malgré son canon à l'avant, l'*Evening Star* n'était pas un bateau de guerre. Ni l'un ni l'autre n'avaient vu de baleinier auparavant, mais le marin qui les avait hélés en russe leur en expliqua la manœuvre et ils s'aperçurent vite d'une chose : le capitaine Noah Pym de Boston, malgré sa petite taille, était un dur à cuire avec qui il valait mieux ne pas se prendre de querelle.

L'étonnant petit brick qui venait de si loin — cap Horn, Chine, une tentative au Japon, Hawaii — avait dans son équipage des marins qui parlaient la plupart des langues du Pacifique, et où que le bateau jette l'ancre, quelqu'un était capable de négocier avec les indigènes. Un seul homme à bord parlait russe, le matelot Atkins, et pendant deux journées passionnantes, Innokenti et le capitaine Pym échangèrent par son truchement des informations sur le Pacifique.

Une fois la glace brisée, Pym prit beaucoup de plaisir à la conversation.

— L'*Evening Star* appartient à six hommes de Boston, et ils me donnent une part entière pour mon travail de capitaine.

— Vous recevez aussi un salaire? demanda Innokenti.

— Médiocre mais régulier. Mon vrai salaire, c'est ma part de capitaine sur l'huile de baleine que nous rapportons et sur la vente des marchandises de Chine.

— Et les marins?

— Comme moi. Petit salaire mais un bon paquet si nous attrapons des baleines.

Pym leur montra du doigt un jeune colosse de Nouvelle-Angleterre, presque aussi grand que Zagoskine et avec le même air renfrogné.

— C'est Kane, notre harponneur. Très habile. S'il réussit, sa part est doublée.

— Pourquoi êtes-vous venu dans nos eaux ? demanda Innokenti.

L'adjectif possessif froissa le harponneur Kane, mais le capitaine Pym répondit courtoisement :

— Les baleines. Il doit y en avoir par là-haut.

— Nous en voyons passer de temps en temps, confirma Zagoskine.

Il en aurait sans doute dit davantage si Innokenti ne lui avait pas fait signe de tenir sa langue. Cette réprimande silencieuse irrita visiblement le Russe chauve. Pym et Atkins comprirent l'avertissement et se gardèrent d'insister.

Le troisième jour, les hommes de l'*Evening Star* rencontrèrent Trophime Jdanko, presque octogénaire et encore sans barbe par respect pour la mémoire du tsar Pierre. Il leur plut au premier abord, autant que les deux jeunes leur étaient antipathiques. Le vieillard, avec la collaboration d'Atkins, épancha ses souvenirs du capitaine Béring, de l'hiver meurtrier sur l'île et des travaux remarquables du savant allemand Georg Steller.

— Il avait étudié dans quatre universités, il savait tout. Il m'a sauvé la vie grâce à sa potion d'herbes qui guérissait le scorbut.

— Qu'est-ce que c'était ? demanda Pym.

Il avait l'habitude de regarder fixement les personnes avec qui il parlait de sujets importants : ses petits yeux se refermaient à moitié, réduits à des perles sombres, et ses cheveux lui tombaient sur le front.

— Le scorbut ? C'est la mort des marins.

— Je le sais, lança Pym impatiemment. Qu'est-ce que c'était, la potion de ce Steller ?

Trophime ne le savait pas précisément.

— Des herbes et du varech, je m'en souviens bien. La première fois que j'y ai goûté, je l'ai recraché. Mais Steller m'a dit... Ici même, oui, derrière ce groupe de rochers il m'a dit : « Tu n'en as peut-être pas envie, mais ton sang en a besoin. » Plus tard, pendant cet hiver redoutable sur l'île Béring, c'est avec joie que j'ai bu chaque jour le petit verre de potion auquel j'avais droit. Il me semblait plus doux que le miel parce que je sentais qu'il me rendait la vie.

— Vous en buvez encore?

— Non. La viande de phoque est aussi bonne. Surtout le lard et les tripes. Quand on mange du phoque on n'attrape jamais le scorbut.

— Que va-t-il se passer ici? demanda Pym. Je veux dire tout le monde s'intéresse à la région, non? L'Espagne, l'Angleterre, la France, peut-être même la Chine.

Il tendit le bras vers l'est, vers le pays inconnu que le grand chaman Azazrouk avait autrefois appelé Alaxsxaq, la Grande Terre.

— C'est déjà russe, répondit Trophime sans hésiter. J'étais avec le capitaine Béring quand il l'a découvert pour le tsar.

Un soir avant le départ, le capitaine Pym aborda avec Jdanko le problème de navigation qui l'avait conduit à Lapak — il s'était gardé de poser ses questions aux deux jeunes Russes, dont il se méfiait déjà.

— Jdanko, que savez-vous des océans, au nord?

De toute évidence, Pym envisageait de naviguer plus au nord, aventure difficile, comme Jdanko l'avait appris au cours de ses propres explorations au-delà du cercle arctique, et le cosaque prévint l'Américain.

— Très dangereux. En hiver les glaces descendent.

— Mais il doit y avoir des baleines.

— Oui. Il en passe par ici tout le temps. Elles vont et viennent.

— Est-ce que des petits bateaux, comme le nôtre, ont déjà navigué plus au nord?

Jdanko ignorait où le capitaine Cook avait navigué après avoir quitté Lapak et il répondit en toute sincérité :

— Non. Ce serait trop dangereux.

Malgré ce conseil, Pym résolut d'essayer les mers

arctiques avant que d'autres baleiniers osent s'aventurer dans ces eaux glacées, mais il ne mit pas Jdanko au courant de ses projets, de peur que les autres Russes ne les apprennent.

Le lendemain, Pym se permit un geste peu caractéristique : il embrassa le vieux cosaque. Par son allure noble, par sa générosité à partager sa connaissance des océans, il respectait la grande tradition de la mer, et Pym s'était senti régénéré à son contact. Il appela Atkins.

— Demande-lui pourquoi il vit tout seul dans sa petite hutte.

A cette question, Jdanko haussa les épaules et indiqua du menton l'endroit où son fils adoptif et Zagoskine chuchotaient. Son regard exprimait à la fois de la répugnance et de la résignation.

***

Sans indications ni cartes marines pour le guider, Pym mit donc le cap au nord dès que l'*Evening Star* quitta Lapak. Il pénétra dans un monde où aucun autre Américain ne s'était aventuré, ni ne s'aventurerait avant longtemps. Les bateaux yankees sillonnaient les autres grands océans en suivant sans bruit le sillage étincelant des vaisseaux du capitaine Cook. Mais la recherche constante des baleines — dont l'huile pour les lampes, l'ambre gris pour la parfumerie et les fanons pour les corsets des dames feraient la fortune des armateurs et de leurs capitaines — les obligeait à explorer des mers encore vierges. Pour naviguer au nord des Aléoutiennes il fallait de l'audace, mais s'il y avait des baleines dans le secteur, le jeu en valait la chandelle, en tout cas aux yeux de Noah Pym.

Il menait une vie dure. C'était un excellent père, mais comme il voyageait pendant des années de suite, lorsqu'il rentrait chez lui, il reconnaissait à peine ses trois filles. Ses campagnes s'avéraient si profitables que toutes les personnes intéressées, ses armateurs comme son équipage, le pressaient de reprendre la mer au plus vite, et il le faisait — beaucoup plus tôt qu'il n'en avait en réalité le désir. Il conservait à son bord un groupe de marins fidèles : John Atkins, qui parlait le chinois et le russe ; Tom Kane, le harponneur sans lequel le bateau n'aurait rien pu faire quand une baleine était signalée ; et Miles Corey, son second, un Irlandais meilleur navigateur que le capitaine. Même par gros temps, Pym dormait tranquille, sachant que ces hommes et le reste de l'équipage seraient à la hauteur. Il soupçonnait Corey d'être crypto-catholique, mais que lui importait, du moment qu'il ne créait aucun problème à bord ?

Bientôt l'*Evening Star* entra dans les eaux dangereuses, si accueillantes au début du printemps, si redoutables en octobre et novembre, quand la glace peut prendre dans la nuit ou survient en plein après-midi sous la forme de grands icebergs descendus du nord et emportés par les courants.

Noah Pym, qui cherchait des baleines et non des connaissances, en captura une au sud du détroit où les continents semblaient se rejoindre. Ayant entendu dire à Hawaii que Béring et Cook, dans leurs bateaux plus grands, avaient continué au nord sans incident, il décida de les imiter. Dans l'océan Arctique, Kane harponna une grosse baleine. Pym manœuvra son bateau le long de la bête mourante, on posa des planches pour monter sur sa carcasse et les marins se mirent à la dépecer pour recueillir les fanons et l'ambre gris, puis lancèrent à bord de grosses tranches de lard qui seraient réduites en huile sur les fourneaux du pont.

Comme le brick restait en panne pendant qu'on faisait dégorger l'huile, Corey, de sa voix la plus calme, avertit le capitaine :

— Si la glace se met à descendre vers nous, il faudra être prêts à filer.

Pym écouta, mais n'ayant aucune expérience de ces eaux, il ne comprenait pas que la glace puisse prendre son bateau de vitesse.

— Il faudra surveiller l'eau, répondit-il.

Mais le harponneur abattit une deuxième baleine et le dépeçage commença dans un tel enthousiasme, avec la promesse de fûts pleins pour la longue traversée de retour, que Pym oublia la menace de la glace. Pendant plusieurs journées triomphales, nul ne songea qu'à entasser à bord fanons et tranches de lard.

Puis tel un géant maléfique dans un rêve enfiévré, la glace de l'Arctique commença à descendre vers le sud, non pas comme un promeneur disposé à flâner mais par vastes bancs flottants qui faisaient des bonds énormes en une matinée et encore plus gigantesques pendant la nuit. Dès que ces plaques de glace apparurent, surgies de nulle part et de partout à la fois, les eaux libres autour d'elles commencèrent à geler. Le capitaine Pym comprit vite que s'il ne mettait pas le cap immédiatement vers le sud, il courait le risque de se trouver bloqué pour l'hiver entier. Mais lorsqu'il voulut donner l'ordre de mettre toutes voiles dehors, Corey lui répondit d'une voix qui ne trahissait encore aucune émotion :

— Trop tard. Il faut se diriger vers la côte.

Le conseil était bon. Il n'y avait aucun autre moyen d'éviter à l'*Evening Star* d'être écrasé par les glaces. Avec une habileté dont des navigateurs beaucoup plus capables qu'eux n'auraient peut-être pas fait preuve, ces deux marins de Nouvelle-Angleterre exploitèrent chaque bouffée de vent pour conduire leur petit baleinier et sa très précieuse cargaison jusqu'à la côte septentrionale de l'Alaska. À une latitude de presque soixante et onze degrés nord, en un lieu qui serait baptisé plus tard Desolation Point, ils tombèrent par une chance inespérée sur un passage dégagé qui les conduisit à une vaste baie où ils trouvèrent un port abrité entouré de collines protectrices. Sauvés de la glace meurtrière, ils y passèrent les neuf mois de l'hiver 1780-1781. Très souvent pendant cet interminable emprisonnement, loin de maudire Pym de sa lenteur à quitter l'Arctique les marins le louèrent d'avoir trouvé « le seul endroit de cette côte abandonnée de Dieu où la glace ne puisse pas briser le bateau en petit bois ».

À peine avaient-ils commencé de construire un refuge sur la côte que le marin Atkins, celui qui parlait russe, cria :

— Ennemi, sur la glace !

Sans dissimuler leur frayeur, les vingt autres membres de l'équipage levèrent les yeux. Sur la baie glacée s'avançait un groupe insolite : deux douzaines d'hommes de petite taille, au visage foncé, emmitouflés dans de grosses fourrures.

— Préparez-vous à vous défendre ! lança le capitaine Pym à voix basse.

Mais Atkins, mieux placé pour voir les nouveaux venus lui cria :

— Ils n'ont pas d'armes.

Quelques minutes plus tard, dans un silence tendu, ils arrivèrent auprès des Américains, regardèrent avec stupéfaction leurs visages blancs et sourirent.

Pendant les jours qui suivirent, les Américains apprirent que ces gens habitaient à peu de distance vers le nord, dans un village de treize huttes souterraines : au total cinquante-sept personnes. Ils ne songeaient qu'à vivre en paix — au grand soulagement des baleiniers. C'étaient des Eskimos, les descendants directs des aventuriers qui avaient suivi Ougruk à son départ d'Asie quatorze mille ans plus tôt. Six cent soixante générations les séparaient d'Ougruk et avec les siècles ils avaient acquis des compétences qui leur permettaient de survivre et même de prospérer à presque cinq cents kilomètres au nord du cercle arctique.

Au début, la précarité de la vie de ces Eskimos, l'exiguïté et la simplicité de leurs cabanes souterraines aux toits d'os de baleines recouverts de peaux de phoque, découragèrent les Américains, mais ils apprécièrent bientôt l'intelligence avec laquelle ces petits hommes trapus s'étaient adaptés à leur milieu inhospitalier. Ils s'aventuraient sur l'océan glacé et en arrachaient leur subsistance avec un courage et une habileté stupéfiants. Cinq ou six hommes du village vinrent aider les marins à construire une cabane longue avec les matériaux dont ils disposaient : os de baleine, bois d'épave, peaux de bêtes. Lorsqu'elle fut terminée, assez vaste pour loger les vingt-deux Américains, elle offrit une protection efficace contre le froid, qui risquait de descendre au-dessous de moins quarante-cinq degrés.

Quand les Eskimos les aidèrent à transporter à terre les réserves de l'*Evening Star* la force de ces petits bonshommes mesurant rarement plus d'un mètre cinquante-cinq émerveilla les marins. Quand tout fut en place, les Américains se préparèrent au genre d'hiver qu'ils avaient connu en Nouvelle-Angleterre — quatre mois de neige et de froid —, mais Atkins apprit bientôt, en parlant par signes avec les Eskimos, qu'ils demeureraient pris par les glaces neuf mois, peut-être dix.

— Bon Dieu ! se plaignit un marin. Nous ne pourrons pas sortir d'ici avant juillet prochain ?

— C'est ce qu'il prétend, répondit Atkins. Et il est bien placé pour le savoir.

Mais les Eskimos exploitaient habilement l'océan glacé. Un jour, un jeune costaud du nom de Sopilak annonça en rentrant de la chasse la présence d'un énorme ours polaire sur la glace, à plusieurs kilomètres de la côte. L'instant suivant, tous les hommes étaient prêts pour une longue poursuite, mais ils attendirent que les femmes aient donné des vêtements convenables au capitaine Pym, en qui ils avaient reconnu un chef, au matelot Atkins, qui leur avait plu d'emblée, et à l'immense harponneur Kane. Vêtus de grosses fourrures qui les protégeraient de la glace, de la neige et du vent, les trois Américains s'élancèrent sur la glace nue, dont les formes chaotiques rendaient les déplacements difficiles. Aucun rapport avec une promenade sur la glace en Nouvelle-Angleterre, lorsqu'un étang ou une rivière paisible étaient gelés en hiver ; il s'agissait ici de glace sauvage, née dans les profondeurs d'un océan salé, lancée vers le ciel par des pressions soudaines, fracturée par des forces venant de tous les côtés, une glace torturée par un sculpteur fou, qui se dressait en formes déchiquetées et en longues houles surgies des bas-fonds. Jamais ils n'avaient vu ou imaginé pareil spectacle : la glace de l'Arctique, explosive, craquant sans cesse la nuit quand elle se tordait, violente, destructrice, toujours menaçante dans la lumière grise, et s'étendant à l'infini.

Sur cette glace, les hommes de Desolation Point se

lancèrent à la chasse à l'ours polaire. Après une journée entière de recherches, ils n'avaient rien trouvé. La nuit tombait vite en ce début d'octobre, et les Eskimos prévinrent les marins : il faudrait sans doute passer la nuit sur la glace, sans même savoir s'ils trouveraient l'ours le lendemain. Mais juste avant la tombée de la nuit, Sopilak revint à grands pas de ses raquettes de neige.

— Pas loin devant!

Et les chasseurs se rapprochèrent de leur proie. Mais l'animal ne manquait pas d'astuce et avant qu'aucun d'eux n'ait une chance de le voir — le premier de son espèce que des Américains rencontreraient dans ces eaux — il fit noir, et les chasseurs formèrent un large cercle pour pouvoir suivre l'ours, s'il essayait de profiter de l'obscurité pour filer.

Atkins, qui restait près de Sopilak et semblait apprendre des mots de la langue eskimo par dizaines, alla avertir ses compagnons.

— Ils nous préviennent : l'ours est dangereux. Tout blanc. Il vient sur vous comme un fantôme. Il ne faut pas fuir. Aucune chance de lui échapper. S'arrêter, combattre et crier pour appeler les autres.

— Ça me paraît dangereux, remarqua Kane.

— Si j'ai compris ce qu'ils essayaient de me dire, ils s'attendent à perdre un ou deux hommes quand ils chassent un ours blanc.

— Pas d'accord, répondit Kane.

Atkins proposa que les trois Américains restent ensemble.

— Nous avons des fusils. Il faut nous préparer à nous en servir.

Les Américains et la plupart des Eskimos ne dormirent pas tranquilles cette nuit-là, mais Sopilak ne dormit pas du tout. Il avait déjà chassé l'ours polaire avec son père, il était présent quand un immense animal blanc, deux fois plus haut qu'un homme quand il se dressait sur ses pattes de derrière, avait abattu d'un seul coup de patte un chasseur de Desolation Point. Il avait projeté l'homme contre la glace puis l'avait déchiré de toutes ses griffes. L'homme et ses vêtements avaient été réduits en lambeaux et l'ours s'était enfui indemne.

Au cours d'autres chasses, certaines dirigées par Sopilak lui-même, les bêtes monstrueuses, plus belles qu'un rêve de blizzards blancs, avaient été vaincues par la sagesse et le courage des hommes au bout de plusieurs journées de poursuite.

Vers l'aube, Sopilak ordonna à Atkins :

— Dites à vos amis de me regarder faire.

Le marin essaya de lui expliquer que les fusils des Américains leur donneraient un avantage considérable en cas de combat. À plusieurs reprises, il tendit le bras dans le noir en faisant « Bang, Bang ! », mais Sopilak ne le comprit pas. Comme les Américains n'avaient ni massue ni épieu, il craignait pour leur sécurité.

Une lumière pâle et froide, argentée, se leva. Un éclaireur, loin vers le nord, signala l'ours polaire en vue. Aucun des trois Américains ne devait oublier les instants suivants : comme ils contournaient un énorme bloc de glace qui surgissait très haut au-dessus de la mer glacée, ils virent devant eux l'une des plus nobles créatures du monde, un animal aussi impressionnant que les mastodontes et les mammouths qui étaient passés jadis en Alaska non loin de ce cap. Immense, si parfaitement blanc qu'il se confondait avec la neige, agile et non sans une certaine grâce pataude qui faisait hésiter le cœur humain, tant l'impression de beauté était paralysante, l'ours s'avança, débordant d'énergie. Exemple suprême de perfection animale, il semblait ne faire qu'un avec la croûte de glace et le ciel gelé. Une neige légère se mit à tomber, le jour se leva, les hommes de Sopilak lancèrent leur chasse dans une lumière de rêve.

L'ours polaire, unique en son genre par la couleur, la taille et la vitesse, peut distancer facilement n'importe quel homme à la course ; il est également capable de plonger la tête la première dans les étranges ouvertures de la banquise où l'eau demeure libre, pour nager énergiquement jusqu'à une autre étendue d'eau, grimper avec une aisance étonnante sur de la glace récente et filer ainsi vers d'autres secteurs glacés où les hommes ne peuvent pas le poursuivre car ils ne peuvent traverser l'eau. Mais comment échapperait-il à une demi-douzaine de chasseurs acharnés, armés d'épieux et de massues, qui poussaient des cris pour l'empêcher d'atteindre l'eau ? Le combat qui s'engagea ce jour-là était donc à peu près égal : les hommes pouvaient le harceler et lui interdire l'eau ; l'ours pouvait les prendre de vitesse et nager sur de courtes distances pour occuper une nouvelle position. Mais en fin de compte l'insistance des hommes et leur intelligence à devancer ses mouvements leur permirent de rester très près et de forcer l'ours jusqu'à ce qu'il s'essouffle.

La journée passe vite à cette latitude en automne. Les hommes comprirent que s'ils ne s'emparaient pas très vite de l'ours, ils risquaient de le perdre pendant la longue nuit. Deux Eskimos, Sopilak et un autre, redoublèrent d'audace : en deux attaques combinées, ils coururent vers l'ours pour le déconcerter et d'un coup d'épieu Sopilak lui blessa la patte arrière gauche. Le voyant touché, deux autres hommes attaquèrent à leur tour par-derrière, esquivèrent le coup de patte avant meurtrier quand la bête se retourna et frappèrent de nouveau, à la même patte.

L'ours était à présent gravement blessé et le savait ; il battit en retraite, pour se placer le dos à un gros bloc de glace qui protégerait ses arrières. Les hommes devraient donc l'attaquer depuis des positions où il pourrait les voir avancer. Avec sa patte ensanglantée mais possesseur de griffes capables d'éventrer n'importe quel chasseur, le géant blanc paraissait encore plus redoutable.

Le combat était devenu égal. Le premier Eskimo qui chargerait avait toutes les chances de se faire étriper et aucun des compagnons de Sopilak ne se proposa pour cette attaque suicidaire ; le maître-chasseur comprit qu'il lui appartenait d'agir. Il réussit à frapper la cuisse droite intacte de l'ours, mais quand il voulut s'échapper, l'animal l'atteignit d'un revers de la patte et il s'aplatit sur la glace, exposé à la vengeance de l'ours.

Aussitôt, deux Eskimos s'élancèrent bravement pour tenter d'achever l'ours, sans s'occuper de Sopilak. Mais l'animal eut le temps de bondir sur son ennemi à terre et il l'aurait écorché et réduit en lambeaux si le capitaine Pym et le harponneur Kane n'avaient pas déchargé leurs fusils pour arrêter le grand monstre blanc. Avec deux balles dans le corps — expérience toute nouvelle — l'ours s'arrêta et ouvrit la gueule ; Atkins tira à son tour et sa balle se logea dans le crâne de la bête. Elle s'écroula sans force sur le corps du maître-chasseur.

Et le merveilleux ours blanc mourut, la créature des mers glacées, le géant superbe dont la fourrure était souvent plus blanche que la neige où il marchait... Quand les sept Eskimos virent qu'il était vraiment mort, ils firent une chose qui stupéfia les trois Américains : ils se mirent à danser, respectueusement et avec des larmes sur le visage. L'homme qui aidait Sopilak à tenir debout pour qu'il puisse participer, se mit à psalmodier un chant remontant à cinq millénaires. Et dans la nuit tombante, les hommes de Desolation pleurèrent et dansèrent en l'honneur de la grande créature blanche qu'ils avaient tuée. Le matelot Atkins comprit aussitôt le sens profond de cette cérémonie et, répondant à une force ancienne révérée jadis par ses ancêtres d'Europe, il lâcha le fusil qui avait participé au meurtre de l'ours et se joignit aux danseurs. Sopilak lui saisit la main, l'accueillit dans le cercle. Atkins prit le rythme et se joignit à la mélopée, car il voulait honorer lui aussi le splendide ours blanc, si noble dans la vie, si brave dans la mort.

***

Sopilak avait une sœur de quinze ans nommée Kiinak ; dans les jours qui suivirent, elle aida sa mère et les autres femmes de Desolation à dépecer l'ours polaire et à préparer les os précieux, les tendons et la magnifique peau blanche. Elle s'aperçut vite que le jeune matelot Atkins de l'*Evening Star* venait souvent se placer près d'elle pour la regarder faire. Avec les mots eskimos qu'il assimilait si vite, il avait pu expliquer à Sopilak et à sa mère qu'il était l'un des cuisiniers à bord du bateau américain, il désirait apprendre comment les Eskimos préparaient la viande des ours, des morses et des phoques qu'ils chassaient en hiver. Cette explication de sa présence fut admise.

Les Eskimos qui avaient participé à la chasse de l'ours savaient qu'Atkins et son chef Noah Pym avaient, par leur bravoure, sauvé la vie de Sopilak. Ils avaient raconté ces grands moments et tout le village était au courant de l'héroïsme du jeune homme. Sa participation au dépeçage et sa présence auprès de Kiinak fut donc acceptée, et même encouragée. À plusieurs reprises, Sopilak dit aux gens du village :

— Ce jeune-là m'a sauvé la vie.

Et chaque fois, Kiinak souriait.

C'était une jeune fille vive de gestes et d'esprit, large d'épaules mais pas plus haute que trois pommes — un mètre cinquante. Le sourire de son visage rond et plat enchantait tous ceux à qui il s'adressait. Mais son plus grand charme venait de sa masse de cheveux très noirs. Elle les coupait si bas qu'ils cachaient ses sourcils, et elle les agitait de gauche et de droite quand elle riait — ce qui lui arrivait maintes fois chaque jour car l'absurdité suprême du monde l'amusait : les airs pompeux de son frère quand il tuait un morse ou un phoque, les minauderies des jeunes femmes qui essayaient d'attirer l'attention de Sopilak, ou même les caprices d'un marmot pour imposer sa volonté à sa mère. Quand elle parlait, elle avait l'habitude de relever les cheveux de ses yeux d'un geste insouciant de la main gauche, et elle prenait alors un air mutin — les vieilles du village savaicnt très bien que cette Kiinak allait donner du fil à retordre aux jeunes chasseurs quand elle serait en âge de choisir un mari.

Autre aspect engageant pour John Atkins — et il le remarqua la première fois qu'il la vit dans la hutte qu'elle partageait avec Sopilak et sa jeune épouse —, Kiinak n'avait pas le visage surchargé de tatouages comme la plupart des femmes eskimos : seulement deux minces traits bleus descendant de sa lèvre inférieure vers son menton ; ils conféraient une touche de délicatesse à son visage large, car dès qu'elle souriait, ces deux traits se mettaient de la partie pour rendre son chaud sourire encore plus généreux.

Quand le dépeçage de l'ours fut terminé à l'endroit où il avait été abattu, et les centaines de kilos de viande riche ramenés à terre pour être préparés de diverses manières, Atkins cessa d'avoir une raison valable de s'attarder près de la hutte de Sopilak, mais il le fit ; bientôt les commères de Desolation prédirent qu'il allait se passer quelque chose d'intéressant un de ces jours. Contradiction amusante et qui a semé la zizanie dans plus d'une société, les vieilles femmes étaient des sentimentales qui adoraient voir les jeunes filles plaire aux jeunes gens et les séduire, et elles passaient de longues heures à se demander qui partagerait la couche de celle-ci ou de celle-là, et quel genre de scandale en résulterait ; mais elles veillaient aussi à ce que l'on applique rigoureusement les règles de la morale et elles protégeaient la continuité du village.

Au cours de longs siècles, elles avaient appris que la société eskimo fonctionnait le mieux quand les jeunes filles attendaient pour avoir des enfants le moment où elles se seraient liées à un homme solide capable de les nourrir. Le flirt appuyé et même les relations de lit avec tel ou tel beau jeune homme étaient permis et même encouragés — par exemple, si deux tantes avaient une nièce plutôt moche qui risquait de ne jamais accrocher un homme ; mais si cette nièce avait un enfant sans avoir d'abord trouvé un époux, ces mêmes tantes la traînaient dans la boue et la bannissaient souvent de leur hutte. Comme dit un jour une vieille en voyant le matelot Atkins faire sa cour à la sœur de Sopilak :

— Il vaut toujours mieux que les choses se passent dans l'ordre.

La moitié sentimentale de leurs soucis fut vite résolue : à la fin du dépeçage, Atkins dut retourner à la longue hutte des Américains, à huit cents mètres du village, mais il n'y resta que deux jours ; il revint vite à Desolation sur ses raquettes, pour voir sa belle Eskimo. Il arriva vers midi avec quatre biscuits de marin comme présents pour Sopilak, sa jeune épouse, sa vieille mère et

Kiinak. Ils goûtèrent cet aliment inconnu devant leur hutte pour profiter des dernières heures de clarté avant que l'hiver ne pose sur eux son éteignoir glacé, et demandèrent à Atkins :

— Est-ce là ce dont vous nous avez parlé ? La nourriture des hommes blancs ?

Il acquiesça et ils ajoutèrent, sans mépris :

— Le lard de phoque est bien meilleur. Le gras tient chaud en hiver.

— Nous le découvrirons bien assez tôt, lança Atkins en riant. Il ne nous reste presque plus de biscuits.

La semaine suivante, les Eskimos commencèrent de fournir de la viande de phoque aux marins bloqués par les glaces et ceux-ci apprirent à l'aimer ; mais ils ne purent se résoudre à manger le lard, qui permettait aux Eskimos de survivre dans l'Arctique. Un après-midi, John Atkins apporta de la viande à la longue hutte, accompagné par Sopilak qui avait attrapé le phoque, puis il retourna à Désolation Point et vécut par la suite dans la case de Sopilak, où il partagea un lit de peaux de phoques avec la rieuse Kiinak.

***

Avec les derniers jours de novembre, une obscurité totale tomba sur le bateau immobilisé dans la banquise. Les vingt et un Américains de la longue hutte — Atkins les avait quittés — définirent la routine qui leur permettrait de supporter le terrible isolement. Détail important, chaque jour lorsqu'il s'estimait à midi, le capitaine Pym, accompagné de son second Corey, montait à bord du bateau pour remonter l'horloge en grande cérémonie ; tous deux tenaient absolument à avoir ce qu'ils appelaient « l'heure de Greenwich », car elle leur permettait de calculer où ils se trouvaient par rapport à Londres. Le principe était simple, comme le capitaine Pym l'expliquait chaque fois qu'un nouveau marin les accompagnait à bord.

— Si l'horloge indique cinq heures de l'après-midi au méridien de Londres, et que notre visée du soleil indique midi ici, nous sommes manifestement à cinq heures à l'ouest de Londres. Comme chaque heure représente quinze degrés de longitude, nous pouvons en déduire que nous nous trouvons par soixante-quinze degrés ouest, soit dans l'Atlantique, à quelques milles à l'est de Norfolk, Virginie.

Quelques années plus tard, les capitaines aventuriers posséderaient les nouveaux chronomètres perfectionnés par les génies anglais de l'horlogerie ; ils leur permettraient de calculer leur longitude avec précision. Avec son horloge assez fruste, Pym devait se contenter d'une approximation. Bien entendu, on savait déterminer la latitude avec un étonnant degré d'exactitude depuis trois mille ans : la journée, en visant le soleil à midi ; la nuit en visant l'étoile polaire. Et chaque jour, après avoir remonté l'horloge, Pym répétait :

— Cent cinquante-neuf degrés de longitude ouest ; soixante-dix degrés trente-trois minutes de latitude nord.

Aucun autre explorateur ne s'était aventuré aussi loin vers le nord dans ces eaux.

D'après les tables imprécises qu'emportaient les marins comme lui, le capitaine Pym calcula qu'à cette latitude nord le soleil quitterait le ciel vers le 15 novembre et ne réapparaîtrait pas, ne serait-ce que sous forme de croissant, avant la dernière semaine de janvier. Le harponneur Kane, en l'entendant parler ainsi, parut frappé de stupeur.

— Pas de lumière du tout pendant soixante-dix jours ?

Pym le lui confirma.

Au milieu de novembre, le soleil demeura encore légèrement visible pendant quelques minutes, très bas dans le ciel, et Pym entendit Kane annoncer aux autres :

— Demain, il sera parti.

Mais le 16, il s'attarda encore. Deux jours plus tard, ce fut à peine si le bord du disque dépassa l'horizon pendant deux minutes avant de disparaître. Les marins fermèrent les écoutilles de leurs esprits et de leurs émotions pour s'abandonner à l'hibernation, à l'exemple de nombreux autres animaux de l'Arctique.

Ils découvrirent, à leur vive surprise, que même à cette grande distance dans le nord, une sorte de lueur magique apparaissait chaque jour vers midi : leur monde glacé s'éclairait pendant quelques précieuses minutes ; ce n'était pas vraiment la lumière du jour, mais quelque chose de plus merveilleux : une aura argentée, pour leur rappeler que la perte de leur soleil ne serait pas perpétuelle. Bien entendu, quand cette lueur ambiante disparaissait, les vingt-deux heures de noir absolu qui suivaient semblaient plus oppressantes et le froid pénétrant plus douloureux. Mais quand les choses semblèrent au pire, une aurore boréale apparut, et emplit le ciel nocturne de couleurs que ces hommes de Nouvelle-Angleterre n'avaient jamais imaginées. Le matelot Atkins, qui rendait visite de temps en temps à la longue hutte, leur apprit :

— Les Eskimos disent que le Peuple d'En-Haut célèbre une fête et chasse des ours dans le ciel. Ce sont les lumières des chasseurs.

Puis la température tomba à moins cinquante-cinq degrés — selon l'estimation du capitaine Pym, car même l'huile gela comme une pierre. Les hommes oublièrent les lumières du ciel et restèrent blottis autour de leur feu de bois d'épave.

Capitaine avisé, Pym obligeait ses hommes à se lever à ce qui aurait été l'aurore s'il y avait eu du soleil, et il tenait à ce qu'ils mangent tout ce qu'ils pouvaient trouver à des heures fixes. Il demanda à M. Corey d'organiser des tours de garde vingt-quatre heures sur vingt-quatre et de surveiller en particulier la direction de Desolation Point.

— Dans le Pacifique, plus d'un bateau a été détruit par des indigènes qui semblaient amicaux.

Il ordonna des corvées pour maintenir ses hommes occupés et s'ingénia à rendre la longue hutte de plus en plus habitable. Chaque après-midi, deux heures après le déjeuner, il partait sur la glace avec Corey et Kane vérifier l'état de l'*Evening Star*. Ils inspectaient le bordage pour voir si la pression des glaces ne forçait pas trop sur la membrure solide du bateau. La courbure de ses flancs était telle que la glace ne trouvait aucun point d'appui. Lorsque la pression devenait colossale, capable de détruire n'importe quel navire mal construit, la surface glacée glissait sur la courbe du bordage et le bateau se soulevait doucement ; bientôt la quille se trouva à presque un mètre au-dessus du niveau de l'eau avant la prise des glaces. Le bateau, soulevé dans le vide, semblait un vaisseau fantôme dans un rêve gris.

— Il tient bien le coup ! lançait le capitaine Pym chaque jour, en rentrant avec ses compagnons d'inspection.

Mais le moment le plus émouvant survenait à ce qui aurait été le coucher de soleil, heure locale ; dans les ténèbres d'une nuit perpétuelle, Noah Pym rassemblait ses marins et célébrait le service du soir à la lumière d'une lampe à l'huile de baleine.

> *— Mon Dieu, nous Te remercions d'avoir assuré la sécurité de notre bateau un jour de plus. Nous Te remercions pour les minutes presque lumineuses de midi. Nous Te remercions pour la nourriture que nous a donnée Ta mer. Et nous Te demandons de veiller sur nos femmes, nos enfants, nos mères et nos pères à Boston. Nous sommes entre Tes mains, et dans la nuit sombre nous confions nos corps et nos âmes immortelles à Tes soins.*

Après cette prière, souvent animée par des variantes pour attirer l'attention de Dieu sur leurs problèmes quotidiens, Pym demandait à chaque marin sachant lire de prendre la Bible qui l'accompagnait dans tous ses voyages et de lire un texte de son choix, chacun à son tour. Rarement les paroles sublimes du Livre sacré ont retenti avec plus de foi que dans cette longue hutte sur les bords de l'océan Arctique, lorsque les marins lisaient les versets familiers qu'ils avaient appris par cœur pendant l'enfance dans la lointaine Nouvelle-Angleterre. Un soir, quand ce fut le tour de Tom Kane, cet homme normalement violent choisit dans les Actes des Apôtres des versets qui semblaient se référer directement à leur situation et à leur rencontre avec les Eskimos.

Mais peu après, une sorte de typhon s'est levé... Et comme le bateau était entraîné et incapable d'affronter le vent, nous nous sommes laissés dériver. Et filant sous une certaine île... à peine avons-nous pu nous rendre maîtres du canot... Mais la quatorzième nuit, ballottés en tous sens. . les matelots soupçonnèrent vers le milieu de la nuit l'approche d'une terre... Alors craignant de nous faire échouer sur les récifs, ils ont mouillé quatre ancres de poupe, en souhaitant qu'il fasse jour...

Mais quand il a fait jour, ils ne reconnurent pas la terre ; ils aperçurent une baie, avec une plage, et ils délibérèrent d'y échouer le navire, si possible... Ils tombèrent sur un endroit où deux mers se rencontraient et ils ont échoué le bateau... Et c'est ainsi que tous sont parvenus sains et saufs à la terre.

Et quand nous fûmes sauvés... les barbares nous ont témoigné une amitié peu commune, car ils nous ont reçus auprès d'un feu qu'ils avaient allumé à cause de la pluie qui tombait, et à cause du froid.

Le capitaine Pym n'oubliait jamais qu'il continuait d'appartenir à une église de Boston. Il s'estimait, au sens le plus littéral, responsable de la moralité de ses marins, ce qui le plaçait dans des situations parfois difficiles, en particulier quand il accostait avec son baleinier dans une baie des îles. Des filles tentatrices, aux cheveux décorés de fleurs, venaient vers le bateau, le frôlaient sur leurs embarcations, et ses hommes étaient pris de folie. Sans être excessivement prude, il détournait les yeux quand ses marins faisaient quelque incartade, puis lorsqu'il reprenait le large, lors des prières du soir, il leur rappelait leurs devoirs perpétuels. Il savait aussi qu'ils provoqueraient des bagarres quand ils débarquaient dans des ports comme celui qui desservait Canton, mais il se disait : « Ne t'en mêle pas. Laisse les Chinois cabosser les têtes. »

Sa magnanimité avait cependant des limites, en particulier quand il s'agissait de mariage, ou de son équivalent local. Et quand il vit le matelot Atkins sérieusement épris de la sœur de Sopilak, il comprit qu'il ne pourrait pas esquiver le problème moral qui en résulterait. Un matin de décembre où aucune chasse au phoque n'était prévue, il chaussa les raquettes qu'il s'était fabriquées et se dirigea vers Desolation Point. Il chercha la hutte de Sopilak et demanda à parler à Atkins et à la jeune fille avec laquelle il vivait. Trois autres personnes concernées insistèrent pour prendre part à la conversation : Sopilak, sa mère et Nikalouk, la jeune épouse du chasseur. Ils s'assirent en cercle dans la hutte et le capitaine Pym lança la discussion sur les problèmes éternels des rapports entre les hommes et les femmes.

— Atkins, Dieu ne voit pas d'un bon œil les jeunes hommes qui vivent avec les jeunes femmes sans être mariés — au détriment éventuel de ces jeunes femmes quand les bateaux repartent et qu'elles restent en plan.

Le jeune Atkins se trouva alors dans une situation peu enviable : en tant qu'interprète, il dut répéter en eskimo la réprimande que venait de lui lancer son capitaine. Noah Pym, l'un des capitaines les plus remarquables de Nouvelle-Angleterre, avait de si bonnes relations avec ses hommes qu'Atkins se sentit obligé de traduire fidèlement.

Aussitôt, la mère de Sopilak intervint avec véhémence :

— Oui, c'est très bien de faire — elle termina sa phrase par un geste sur lequel nul ne pouvait se méprendre —, mais laisser un bébé avec aucun homme pour le nourrir, ce n'est pas bien.

Pendant presque deux heures, ces six personnes au bord de l'océan pris dans les glaces dont les blocs ne cessaient de craquer pendant qu'ils parlaient, discutèrent d'un problème qui avait troublé les hommes et les femmes depuis l'invention des premiers mots et la constitution de familles pour nourrir et élever les générations suivantes. Les contradictions sont de tous les temps ; les obligations n'ont pas varié en cinquante mille ans ; et les solutions étaient aussi évidentes ce jour-là qu'à l'époque où Ougruk avait cherché refuge dans ces contrées quatorze mille ans auparavant, à la suite de problèmes de famille sur la côte opposée.

La conversation, lancée de manière si maladroite et avec un si grand nombre de participants, arriva à son point de non-retour quand John Atkins, originaire d'une petite ville des environs de Boston, bon protestant et célibataire, se déclara profondément amoureux de la jeune Eskimo Kiinak ; elle-même était si éperdue d'amour pour lui qu'elle allait avoir un enfant de lui vers la Saint-Jean d'été.

Atkins n'eut pas besoin de traduire en anglais l'aveu de la jeune fille, car Kiinak posa l'index sur son ventre en train de gonfler. Aussitôt, sa mère bondit à la porte et se mit à crier dans le noir.

— Cette gueuse va avoir un bébé et elle n'a pas d'homme. Pauvre de nous ! Que se passe-t-il dans le monde !

Ses cris attirèrent trois autres commères de son âge et la hutte de Sopilak s'emplit aussitôt de récriminations, d'invectives et d'attaques contre la jeune fille et son amant ; quand le tapage cessa, le capitaine Pym découvrit une morale qui le stupéfia : Atkins avait sans doute mal agi en faisant un enfant à cette belle jeune femme de quinze ans, mais rien n'était répréhensible dans tout ce qu'il avait pu faire avec Kiinak pour en arriver à ce malencontreux résultat.

Au plus fort de ce chaos moral si complexe, Pym s'aperçut soudain que l'épouse de Sopilak lui souriait avec indulgence, d'un air de dire : « Nous sommes, vous et moi, au-dessus de toutes ces sottises. » Il rougit jusqu'aux oreilles en constatant qu'il venait de s'établir entre eux une certaine complicité. Nikalouk était grande pour une Eskimo, plus mince que les autres et avec un visage ovale que ne marquait encore aucun tatouage. Ses cheveux d'un noir de jais tombaient juste sur ses sourcils mais elle n'avait pas l'espièglerie de la jeune Kiinak, qui s'était blottie près d'Atkins comme pour le protéger des femmes hostiles qui l'invectivaient.

On sortit bientôt de l'impasse : Atkins se leva soudain et annonça en eskimo qu'il désirait épouser Kiinak ; il l'avait demandée en mariage et elle avait accepté. Les quatre vieilles femmes dansèrent alors de joie, embrassèrent Atkins et le couvrirent de compliments — tandis que le capitaine Pym demeurait abasourdi du résultat imprévu de sa visite à Desolation Point. Nikalouk, toujours en retrait avec le même sourire condescendant, ne fit aucune tentative pour dissiper la confusion ou indiquer à Pym qu'elle réprouvait les tracas provoqués par sa présence et celle d'Atkins.

Comme cette matinée mouvementée s'achevait, Pym annonça à la foule qu'à son avis Atkins devrait retourner à la longue hutte avec lui pour discuter de la situation. Les vieilles femmes craignirent un subterfuge pour empêcher le mariage promis, mais elles durent convenir avec Sopilak, le chef du village, qu'il fallait accorder cette permission. Le matelot Atkins serra tendrement les mains de sa bien-aimée, fixa à ses pieds les skis que Sopilak lui avait confectionnés et suivit son capitaine jusqu'au camp américain.

Pym réunit l'équipage, le mit au courant de ce qui s'était produit au village et attendit ses réactions de surprise. Mais juste au moment où le harponneur Kane allait faire une suggestion, Pym le coupa brusquement :

— Monsieur Corey, je crois que nous avons oublié de remonter l'horloge.

Et quand les deux hommes eurent gravement célébré ce rituel, Pym répéta leur position au bord de l'océan Arctique :

— Cent cinquante-neuf degrés de longitude ouest...

*
**

Au cours de la réunion publique où l'on discuta du mariage éventuel de John Atkins avec sa jeune Eskimo, la première solution proposée fut extrêmement pratique :

— Si elle est enceinte, trouve un Eskimo pour l'épouser. Donne-lui une hache. Ils font n'importe quoi pour une hache.

Sans laisser au capitaine Pym le temps de s'opposer à une proposition aussi immorale, plusieurs autres marins firent observer que pour un homme civilisé de Boston et un bon chrétien, ramener dans sa famille une sauvage qui n'avait jamais entendu parler de Jésus était impossible. Ce sentiment allait l'emporter quand un commentaire inattendu modifia le cours que prenait le débat.

— Je connais cette fille, grommela le grand Tom Kane. Elle fera une épouse foutrement meilleure que la salope qui m'attend à Boston.

Plusieurs marins indécis regardaient le capitaine Pym au moment où ces paroles retentirent et ils le virent blêmir, le souffle coupé.

— Monsieur Kane, dit-il d'une voix très calme, nous ne sollicitons pas ce genre de commentaire à bord de ce bateau.

— Nous ne sommes pas à bord. Chacun est libre de donner son avis.

Encore plus calmement, le capitaine Pym lança :

— Monsieur Corey, vous m'accompagnerez ainsi que le harponneur Kane pour l'inspection de l'*Evening Star*. Et le matelot Atkins viendra avec nous.

Les quatre hommes traversèrent la glace et, une fois à bord du bateau, le capitaine Pym commença l'inspection quotidienne comme si de rien n'était. La glace qui continuait d'exercer sa pression depuis la pleine mer, avait encore glissé le long de la coque courbe et soulevé le bateau plus haut au lieu de l'écraser contre la côte ; le bordage était solide, le calfatage tenait bon ; quand viendrait le dégel, l'*Evening Star* retomberait doucement dans la mer, prêt pour le voyage à Hawaii.

Mais à la fin de l'inspection, Pym déclara d'un ton désolé :

— Monsieur Kane, votre intervention violente m'a profondément blessé... Nous connaissons vos malheurs à Boston, ajouta-t-il sans laisser au colosse le temps de s'excuser. Et nous vous plaignons en toute sincérité. Mais que devons-nous faire au sujet d'Atkins ?

— Ce qu'a dit Tompkin est très juste, intervint Corey. C'est une sauvage.

Pym n'était pas de cet avis.

— À sa manière, elle est aussi civilisée que vous et

moi. La façon dont son frère attrape des ours, des phoques et des morses est aussi efficace que notre façon d'attraper des baleines.

Corey, que cette comparaison justifiée ne réduisit pas au silence, se tourna vers Atkins :

— Tu ne pourrais jamais l'emmener à Boston, voyons ! Jamais on n'y accepterait une sauvage noiraude comme elle.

Et Atkins stupéfia les trois hommes en répondant en toute innocence, comme si cette intrusion dans ses affaires privées ne l'ennuyait nullement :

— Nous n'irons pas à Boston. Nous quitterons le bateau à Hawaii. Ce que j'ai vu là-bas m'a plu... Avec votre permission, capitaine, ajouta-t-il par déférence avant que les trois autres trouvent une réponse.

Le capitaine Pym, dans la cale sombre du baleinier, entouré de tout côté par les tonneaux d'huile précieuse, réfléchit à cette proposition inattendue. Presque comme si la main de Dieu s'était posée sur son bateau, il pouvait d'un seul coup sauver sa conscience chrétienne, aider à sauver l'âme d'une jeune Eskimo et se laver les mains des conséquences en débarquant le couple à Hawaii. Dans la vie d'un navigateur, rares sont les occasions où il peut faire autant de bonnes choses en même temps sans que personne ait à en supporter les conséquences.

— Permission accordée, répondit-il tandis que les bois de son bateau craquaient sous la pression de la glace.

De retour à la longue hutte, il informa l'équipage que, en tant que capitaine, il était légalement autorisé à célébrer le mariage du matelot Atkins et de la belle Eskimo, mais il fit observer que, pour demeurer valide, la cérémonie devait avoir lieu à bord de son bateau. Ensuite, il se rendit au village à skis pour annoncer la nouvelle. Il y aurait une cérémonie, expliqua-t-il à la future épousée, qui comprenait quelques mots d'anglais, et le village entier serait invité. Aussitôt Kiinak courut de hutte en hutte en criant :

— Tout le monde viendra !

À son retour à l'endroit où le capitaine Pym attendait,

elle l'embrassa avec flamme, comme Atkins le lui avait enseigné. Abasourdi par cette hardiesse, Pym devint écarlate — puis il vit la jeune Nikalouk, qui lui souriait de nouveau.

Ce mariage à bord de l'*Evening Star*, dont les bois ne cessaient de craquer, fut l'un des moments les plus aimables de la longue histoire du contact des Blancs avec les Eskimos. Les marins de Boston décorèrent le bateau avec tous les ornements qu'ils purent concevoir — en fait, pas grand-chose : ici et là un bibelot gravé à bord dans les moments d'oisiveté, une poupée en peau de phoque bourrée de varech, un étonnant bloc de glace sculpté par le charpentier au marteau et au burin, qui représentait un ours polaire cabré sur ses pattes de derrière. Quand les Eskimos saisirent l'idée de décorer le bateau vide, ils se montrèrent beaucoup plus inventifs que les marins : ils apportèrent sur la glace des sculptures d'ivoire, des défenses de morse entières, couvertes de bas-reliefs, de merveilleux tissage, des objets fabriqués avec des fanons de baleine. Le capitaine Pym, comparant leur décoration à celle des Américains, demanda à son second Corey :

— Eh bien, qui est civilisé ?

Mais l'Irlandais sceptique répondit non sans raison :

— L'un dans l'autre, tout ce qu'ils ont apporté n'aurait aucun sens à Boston.

Le service célébré par le capitaine Pym, en suivant scrupuleusement les indications imprimées aux dernières pages de sa Bible, ne manqua ni de solennité ni d'émotion car il y ajouta arbitrairement une citation des Proverbes, particulièrement adaptée.

> *« Il y a trois choses qui me dépassent,*
> *Quatre que je ne connais pas :*
> *Le chemin que suit l'aigle dans le ciel*
> *Le chemin que suit le serpent dans le rocher*
> *Le chemin que suit le navire au cœur de la mer*
> *Et le chemin que suit l'homme vers la jeune femme. »*

— Au cours de ce voyage, nous avons vu des aigles

dans le ciel et des serpents sur la terre. La façon dont notre navire a échappé à la glace dans la mer demeure un vrai mystère, et qui de nous peut comprendre la passion qui a poussé notre homme John Atkins à prendre pour épouse la jolie Kiinak ?

La cérémonie fit beaucoup d'effet sur les Eskimos ; ils ne comprirent rien de sa signification religieuse mais ils virent la gravité et le sérieux de Pym et conclurent qu'il s'agissait bien d'un vrai mariage. À la fin, les femmes âgées qui accompagnaient Kiinak entonnèrent une mélopée rituelle réservée à cette fête, et pendant quelques instants émouvants, dans la pénombre de l'*Evening Star*, les deux cultures se rencontrèrent en une harmonie qui ne se répéterait pas souvent dans les années à venir, et ne serait sans doute jamais dépassée.

Mais de toutes les personnes présentes au cours du modeste festin qui suivit, seule la jeune Kiinak au ventre lourd décela un événement parallèle qui allait avoir des conséquences plus importantes : comme elle observait les autres femmes pendant les réjouissances, elle remarqua l'attitude de sa belle-sœur, et confia à l'oreille de son jeune époux :

— Regarde donc Nikalouk ! Elle est tombée amoureuse de ton capitaine.

Le long hiver sombre toucha à sa fin, le soleil remonta dans le ciel — comme une ombre argentée au début, puis en passant la tête par-dessus l'horizon pendant quelques minutes avant de disparaître en frissonnant. Bientôt Nikalouk fut incapable de dissimuler l'affection troublante qu'elle ressentait pour cet homme étrange, si différent de son mari, le remarquable chasseur Sopilak. Loyale à son époux, elle respectait ses capacités à la tête du village et des chasseurs qui pourvoyaient à la nourriture de tous ; mais elle devinait dans le capitaine Pym des émotions profondes et le sens des responsabilités. N'était-il pas lui aussi en relation avec les esprits qui règnent sur la terre et les mers ? Elle remarqua que ses hommes le respectaient, qu'il prenait les décisions et prononçait les paroles importantes. Non seulement elle admirait ses qualités, mais sa présence même la troublait — obscurément, elle sentait qu'il apportait à ce village solitaire sur les rives d'un océan bloqué par les glaces un message venant d'un autre monde qu'elle ne parvenait pas à visualiser, mais dont elle ressentait intuitivement la puissance et la bonté. Elle connaissait deux hommes appartenant à cet autre monde, Atkins, qui aimait la sœur de son mari, et Noah Pym, le maître du bateau. À leur manière, ils valaient autant que son mari.

Mais ce n'était pas tout : Pym lui tournait la tête et elle se disait qu'elle pourrait coucher avec lui comme Kiinak avec Atkins, et avec les mêmes résultats heureux. Poussée par ces impulsions, elle se mit à fréquenter les endroits où Pym passerait. Dans le village, les commérages allèrent bon train, et même les marins de la longue hutte s'aperçurent que leur capitaine marié, qui suivait la Bible à la lettre et avait trois filles à Boston, avait rendu follement amoureuse de lui une jeune Eskimo, mariée de son côté.

Pym, marin austère qui prenait la vie au sérieux, se trouva en proie à un blizzard d'incertitudes et de confusion : tantôt il refusait de reconnaître que Nikalouk était amoureuse de lui ; tantôt, conscient des complications qui menaçaient, il refusait d'en assumer la responsabilité. Dans les deux cas, il ne faisait pas le moindre geste à l'adresse de Nikalouk et ne lui lançait même pas un regard, absorbé qu'il était par un problème qu'il jugeait beaucoup plus grave.

— Quand pouvons-nous compter sur la fonte des glaces ? demanda-t-il à ses assistants après le Nouvel An.

L'un des hommes, qui avait lu des ouvrages sur le Groenland écrits par des Européens, estimait que la glace ne commencerait pas à fondre avant mai, mais quand Atkins posa la question dans le village, la date qu'on lui donna — début juillet — consterna tout le monde. Pym consulta Sopilak, qui le lui confirma.

Les hommes de l'*Evening Star* se laissèrent alors accabler par le désespoir. En automne, quand la glace les avait bloqués, ils avaient accepté leur emprisonnement en escomptant qu'il s'achèverait à la fin du mois de mars, quand le printemps dégelait les étangs de Nouvelle-Angleterre. Et, au début de l'hiver, ils étaient presque ravis et même fiers de prouver qu'ils avaient la force physique et morale de supporter les effroyables tempêtes. Mais en ces premiers jours de l'année, découvrir que l'été ne reviendrait pas avant six mois leur fut intolérable, et il en résulta des frictions.

Certains songèrent à se réinstaller dans le bateau, mais les Eskimos les mirent en garde.

— Quand la glace fond, il se produit des choses étranges. C'est le plus mauvais moment.

Le capitaine Pym leur ordonna donc de rester à terre et redoubla de minutie au cours de ses inspections quotidiennes. Il traitait toujours avec égards les hommes qui faisaient des difficultés, leur assurait qu'il comprenait leurs angoisses mais ne pourrait tolérer le moindre signe d'insubordination.

Il fut enchanté lorsque les Eskimos organisèrent des expéditions de chasse très loin sur la glace, qui n'était pas près de fondre, car ses hommes les plus aventureux les accompagnaient pour partager les dangers. Lui-même se rendit un jour à l'endroit où un long boulevard d'eau libre avait attiré du nord des lions de mer. Il avait participé à la chasse de deux de ces animaux et aidé les Eskimos à les haler jusqu'au village, sur la glace.

— Si nous nous maintenons actifs, le jour de la libération viendra plus vite, promit-il à ses hommes.

Le jour qui, selon les calculs de Pym, devait être le 24 janvier, il redonna du courage à son équipage en leur assurant que le soleil, encore caché sous l'horizon, retournerait bientôt dans l'hémisphère Nord ; le crépuscule de midi s'allongerait et deviendrait plus clair. Aux marins ne connaissant rien de l'astronomie, il expliqua :

— Oui, le soleil monte vers le nord, et continuera jusqu'à la hauteur du cercle arctique. À ce moment-là, il brillera vingt-quatre heures de suite.

— Dites-lui de se dépêcher, lança l'un des marins.

— Tout se passera selon l'ordre de Dieu, comme la semaille de blé et le retour des oies sauvages. Le soleil doit suivre l'horaire que Dieu lui a donné, répondit le capitaine.

Mais il ajouta ensuite une précision curieuse :

— Les anciens druides, qui ne connaissaient pas Dieu, exprimaient par des prières et des chants la joie que leur inspirait le comportement raisonnable du soleil. Comme les Eskimos sont aussi des gens primitifs, attendons-nous à la même chose.

Mais rien ne l'avait préparé à ce qui se produisit à Desolation Point le jour où le soleil signala que le lendemain à midi il montrerait son visage. Les gens du village furent pris de folie et les enfants crièrent :

— Le soleil revient !

On sortit des tambours et des tambourins, faits de peau de phoque tendue sur des anneaux de bois d'épave, mais le centre de toute l'attention et de l'allégresse était une immense couverture fabriquée des années auparavant avec de la fourrure filée comme de la laine, puis tissée en une toile rêche et colorée avec des teintures recueillies le long de la côté en été ou à partir de sucs tirés de peaux de phoque et de morse.

Dans l'après-midi, Sopilak et deux autres hommes en costume de cérémonie vinrent sur leurs skis annoncer officiellement à la longue hutte que le lendemain à midi quand le soleil réapparaîtrait, les marins étaient invités à sa fête. Gravement, ils s'inclinèrent, comme le capitaine Pym l'avait fait pendant la cérémonie du mariage, à bord du bateau. Au nom des marins, le second Corey promit de venir, mais quand les Eskimos eurent tourné le dos il s'écria, sans mépris mais avec un certain cynisme :

— Nous verrons bien ce que ces sauvages ont derrière le crâne.

Le 24 janvier, une demi-heure avant midi, il prit la tête de tout l'équipage endimanché avec le capitaine Pym et traversa la neige verglacée jusqu'à Desolation Point.

Dans la pénombre argentée, ils se joignirent aux habitants, tendus par la solennité du moment. Ils avaient tous vécu plusieurs mois sans lumière solaire ; les Eskimos, avec une passion contenue, s'étaient tournés vers le sud, où ils avaient vu le soleil apparaître régulièrement les années précédentes — disque hésitant qui apporterait au monde le rajeunissement annuel. Les premiers rayons délicats scintillèrent un instant, une lumière grise se diffusa dans le ciel... Les hommes se mirent à chuchoter puis à crier leur joie incontrôlée : des jets de flammes apparurent, signes avant-coureurs d'une véritable aurore. Les spectateurs à la peau sombre souriaient et même les marins ressentirent une bouffée d'allégresse quand il devint manifeste que le soleil apparaîtrait vraiment. N'avaient-ils pas souffert de cet étrange hiver noir davantage que les Eskimos? Sous les yeux émerveillés de tous, le soleil lui-même lança un coup d'œil par-dessus le rebord du monde pour voir comment ces étendues glacées avaient subsisté pendant son absence. Aussitôt une femme se mit à psalmodier, et un des marins de Pym s'écria :

— Nom de Dieu! J'ai bien cru qu'il ne reviendrait jamais!

Les brefs instants de lumière de cette fantastique journée ramenèrent l'espoir : les hommes comprirent que le monde continuerait de tourner comme par le passé, au moins pendant une année de plus. Alors chacun se mit à crier, à chanter, à s'embrasser. Les marins dansèrent la gigue dans leurs lourdes bottes, avec des vieilles femmes qui ne s'attendaient plus à avoir d'aussi fringants cavaliers. Et il y eut des larmes.

Puis il se produisit des choses que les marins n'auraient pas imaginées, et qui n'étaient peut-être jamais arrivées auparavant à Desolation Point, des actes non prémédités qui exprimèrent l'essence de ce moment de gloire où la vie se renouvelait. Sur la plage, où de grands blocs de glace s'élevaient comme la toile de fond d'une tragédie jouée par les dieux du Nord, un groupe de fillettes âgées de huit à neuf ans se mit à danser. Leurs petits pieds chaussés d'énormes mocassins fourrés s'animaient avec une élégance surprenante, leurs corps emmitouflés de fourrures ployaient dans des attitudes insolites, et les marins firent soudain silence, songeant à leurs filles ou à leurs sœurs cadettes qu'ils n'avaient pas vues depuis des années.

Sans fin continua la danse des fillettes, elfes témoignant leur respect à la mer glacée, pieds qui frappaient la neige avec grâce en répétant des pas qui avaient enchanté cette journée et cette côte pendant dix mille années. Cet instant demeura figé dans le souvenir de tous les Américains qui y participèrent, et deux grands matelots, saisis par la beauté soudaine du spectacle restèrent en retrait mais copièrent en dépit de leur maladresse les mouvements des fillettes. Plusieurs vieilles battirent des mains au souvenir des années passées où elles avaient accueilli le retour du soleil avec des danses semblables.

Mais aucune des personnes qui regardait les fillettes ne réagit comme le capitaine Pym. Leurs pas simples et naturels exprimaient bien leur joie de sourire au soleil. Pym songea à ses trois filles et un jugement inattendu se présenta à ses lèvres : « Mes filles n'ont jamais exprimé autant de joie dans leur vie. Chez nous, on dansait si peu. » Les larmes lui montèrent aux yeux, symbole de sa confusion, et il continua de regarder la danse ; il ne pouvait s'associer à elle comme ses marins, mais il en comprenait le sens.

Bientôt, avant que le soleil ne se retire après son bref salut, l'animation grandit entre les huttes : des hommes s'affairaient autour d'un objet que le capitaine Pym ne put voir. L'instant suivant, tous les Eskimos poussèrent des vivats : Sopilak et ses camarades de chasse, tous d'âge adulte, apportaient la grande couverture que Pym avait vue un peu plus tôt sans en deviner l'utilisation. Des rires et des cris la saluèrent au passage, mais aucun Américain ne comprit pourquoi une simple couverture pouvait susciter tout ce tapage. On la déplia à l'endroit où venaient de danser les fillettes. Elle avait la forme d'un cercle, renforcé sur le tour pour permettre de bonnes prises. Presque tous les hommes du village s'avancèrent pour attraper le bord. Sur des signes de Sopilak, ils se mirent à tirer tous ensemble vers l'extérieur, et la couverture forma la peau d'un énorme tambour. Ils la laissèrent se détendre puis la retendirent aussitôt. En suivant les indications rythmiques de Sopilak, la couverture se mit à pulser comme une membrane vivante, tantôt molle, tantôt tendue.

Quand les hommes lui signalèrent qu'ils maîtrisaient le rythme de la couverture, Sopilak se retourna vers la foule et montra du doigt une assez jolie fille de quinze ou seize ans, aux cheveux nattés, qui portait un gros labret dans sa lèvre inférieure et des tatouages remarquables sur tout le visage. Visiblement fière d'avoir été choisie, elle fit un bond en avant et fléchit les genoux. Deux hommes la lancèrent en l'air, sur la couverture tendue pour la recevoir. Les femmes de l'assistance poussèrent des vivats. La jeune fille agita la main pour leur promettre qu'elle ne leur ferait pas honte, et les hommes de Sopilak commencèrent à agiter la couverture en cadence. La fille monta de plus en plus haut, mais comme elle l'avait annoncé aux femmes, elle conserva habilement son équilibre, en retombant toujours sur ses pieds.

Soudain, les hommes tirèrent plus fort sur la couverture, tous en même temps, et la jeune fille fut projetée à près de quatre mètres en l'air. Elle parut demeurer en suspens un instant avant de retomber — bien droite sur ses jambes. Les gens du village applaudirent et plusieurs marins poussèrent des cris de joie, mais la jeune fille, surprise d'être montée si haut et sachant ce qui allait suivre, mordit le bord supérieur de son labret et se prépara pour l'envol suivant.

Cette fois, elle monta beaucoup plus haut et conserva cependant son équilibre. Mais aussitôt après, projetée à une hauteur stupéfiante, elle ne put compenser le mouvement de rotation de son corps rembourré de fourrures. Elle tomba en tas, et lorsque les hommes l'aidèrent à descendre de la couverture, elle s'écroula de rire.

Kiinak serra le bras de son mari :

— Personne n'est jamais monté plus haut que moi, mais c'était l'an dernier.

Atkins, qui ne perdait jamais de vue la grossesse de sa femme, répéta :

— Oui, c'était l'an dernier.

Mais quand deux autres belles filles se furent envolées ainsi vers le ciel, Sopilak quitta sa place près de la couverture et vint se camper devant sa sœur.

— Pour faire un bébé fort, dit-il.

Elle lui donna la main et l'accompagna vers la couverture.

— Attendez! cria Atkins, terrifié à l'idée de voir sa femme enceinte voler dans les airs et retomber sur la couverture tendue.

Mais Kiinak leva la main droite, pour lui ordonner de rester où il était. Bouleversé comme jamais auparavant, il regarda Sopilak la hisser sur la couverture et reprendre sa place dans le cercle des hommes.

Doucement, comme s'ils berçaient le bébé déjà né, ils lancèrent le rythme de la couverture, en chantant une mélopée, puis sur un signe de tête de Sopilak, ils tirèrent juste ce qu'il fallait et la jeune femme enceinte s'éleva légèrement dans les airs. La couverture amortit habilement son retour et son vol rapide ne lui fit subir aucun choc. Quand elle rejoignit son mari, elle lui dit :

— Pour rendre le bébé brave.

Une très vieille femme, qui avait volé jusqu'au ciel dans sa jeunesse, fut honorée de la même manière, mais l'envolée s'avéra trop modeste pour son goût.

— Plus haut! cria-t-elle.

— C'est vous qui le demandez, la prévint Sopilak.

Ses hommes tendirent la couverture et lancèrent la vieille dans le vide. Par miracle elle assura son équilibre et retomba debout. Les marins lancèrent des hourras.

Tous les gens du village leur répondirent en écho car Sopilak venait de s'avancer vers son épouse pour l'inviter à sauter sur la couverture. Elle le fit, sans l'aide de personne. Pendant plusieurs années, de seize à dix-neuf ans, Nikalouk était restée la championne du village ; elle volait avec grâce à une hauteur qu'aucune autre jeune fille ne pouvait atteindre, car ce n'était pas seulement les hommes qui déterminaient la hauteur à laquelle s'élèverait la jeune fille sur la couverture ; l'élan de ses jambes, quand elle détendait ses genoux pliés, y contribuait pour beaucoup et Nikalouk était plus hardie que beaucoup, comme si elle avait soif de l'air des hauteurs.

Le rythme s'établit. La couverture battit. La tension monta tandis que Nikalouk se préparait pour son premier saut. Les marins s'avancèrent, car Atkins leur lança :

— C'est la meilleure. Aucune ne va plus haut.

Mais Nikalouk et les hommes de la couverture savaient que pour les trois ou quatre premiers essais, elle ne volerait pas très haut : il fallait qu'ils mettent au point le rythme et calculent au plus juste le moment où tendre la couverture, en synchronisme avec le mouvement des genoux de la jeune femme.

Les quatre premiers bonds furent donc des essais, mais malgré cela, la grâce rare de cette jeune femme féline était si manifeste que les marins se turent pour admirer l'élégance de ses bras, de ses jambes, de son buste et de sa tête pendant l'ascension. Et ses mouvements adorables ne firent plus d'effet sur aucun spectateur que sur le capitaine Pym, qui la regarda voler dans le vide comme s'il la voyait pour la première fois.

Puis, sans avertissement, elle fila vers le ciel à une vitesse, à une hauteur qui le laissa sans voix. À plus de cinq mètres au-dessus des têtes, elle demeura en suspens, immobile, chaque partie de son corps parfaitement alignée, comme une danseuse de ballet — être parfait de beauté et de grâce. Lentement, puis de plus en plus vite, elle commença à descendre dans une attitude donnant l'impression qu'elle toucherait la couverture en déséquilibre. Mais au dernier moment, elle se rétablit et atterrit sur ses pieds au milieu de la couverture, sans sourire à personne, concentrée sur la position de ses genoux pour le vol suivant, qui la projetterait encore plus haut.

En coordination avec les signaux silencieux de son mari, elle ploya les genoux, inspira à fond et pris son essor ainsi qu'un oiseau parti vers de nouvelles altitudes. Détail curieux que remarqua le capitaine Pym : les grosses bottes fourrées et les vêtements lourds semblaient la rendre encore plus gracieuse. Sa maîtrise n'en était que plus impressionnante. Une jeune femme qui volait merveilleusement, et à la même époque il ne devait pas y avoir sur la terre entière plus de douze femmes, de quelque race que ce fût, capables d'égaler son exploit. Aucune n'aurait fait mieux. Très haut dans le ciel, au moment où le soleil faisait ses adieux, elle atteignit le sommet de son art — et elle en eut conscience.

La dernière fois que la couverture se tendit, elle monta plus haut que jamais dans sa vie — non pas parce que son mari tirait particulièrement fort sur la couverture, mais parce qu'elle banda chaque muscle de son corps en un suprême effort, et elle le fit seulement pour charmer le capitaine Pym, qui la regardait bouche bée. Elle parvint à tracer un bel arc dans le ciel, en face du soleil qui se couchait rapidement, et quand elle retourna sur terre ainsi qu'un oiseau fatigué, elle sourit — pour la première fois ce jour-là — et regarda effrontément le capitaine avec un geste de triomphe. Elle avait volé plus haut qu'aucune femme du village ; elle n'avait fait qu'un avec le soleil nouveau-né et la grande banquise dont les jours étaient comptés, maintenant que la Terre avançait vers la chaleur. Lorsqu'on l'aida à descendre de la couverture elle éprouva un tel sentiment de victoire qu'elle ne se dirigea pas vers son mari mais vers Noah Pym. Elle le prit par la main et l'entraîna à l'écart.

***

La fête du soleil dura vingt-quatre heures, et plusieurs événements au cours de cette fête s'associèrent par la suite à la tradition du village de Desolation Point — certains très précieux, d'autres qu'il aurait mieux valu oublier. La jeune Nikalouk se rendit avec le capitaine de Boston, Noah Pym, dans une hutte où ils firent l'amour toute la nuit. Le matelot Harry Tompkin, un rustre originaire d'un village de la côte non loin de Boston, se glissa dans les cales de l'*Evening Star* et puisa dans un tonneau de rhum de la Jamaïque, embarqué pour raisons médicales et autres urgences. Avec ce délicieux liquide ambré il s'enivra en compagnie de deux camarades, et — plus important pour l'histoire de l'Alaska — partagea avec Sopilak, qui tituba vite sous l'effet fulgurant de l'alcool. Enfin, quand le soleil se leva pour une deuxième aube, confirmant qu'il revenait pour de bon, les vieilles femmes de Desolation donnèrent au capitaine Pym un présent qui devait l'accabler d'un remords indélébile.

Leur amour avait été une merveilleuse expérience ; la belle Eskimo, orgueil de son village, souhaitait comprendre ce que signifiait la venue du bateau de Pym sur ces côtes. Comprenant que Noah Pym était le meilleur homme qu'elle rencontrerait dans sa brève existence, elle l'avait désiré pendant trois mois, puis avait jugé convenable de faire connaître ses désirs lors de la fête du soleil en accomplissant son acte suprême de révérence : le saut impeccable à des hauteurs jamais atteintes.

Le hardiesse avec laquelle elle l'avait entraîné dans la pénombre de la hutte n'avait rien de surprenant dans ce village eskimo. Les vieilles commères gardaient l'œil sur les jeunes filles et les forçaient à se marier selon les règles pour que leurs enfants soient protégés et élevés dans la sécurité, mais personne ne supposait que le mariage mît fin aux désirs des gens, et il n'était pas exceptionnel qu'une jeune femme ou un jeune mari se conduise comme Nikalouk. Ces attitudes n'étaient pas condamnées, après ces incartades la vie continuait à peu près comme si de rien n'était et personne ne s'en trouvait plus mal.

Mais lorsque les marins comme ceux de l'*Evening Star* revinrent du pays des Eskimos, ils racontèrent : « Savez-vous qu'un des chasseurs a offert sa femme au capitaine, comme une marque d'hospitalité pour ainsi dire. » Et ainsi naquit la légende qu'offrir son épouse aux voyageurs était une coutume eskimo. Rien n'est plus faux. Simplement des liens d'affection s'établirent entre des voyageurs et des femmes du pays, à Desolation Point ni plus ni moins que dans un village des environs de Madrid, de Paris, de Londres ou de New York. Nikalouk, la danseuse céleste eskimo de Desolation, a eu des sœurs partout sur la Terre, et beaucoup de bonnes choses se sont produites dans le passé parce que ces femmes à l'esprit fort ont voulu connaître le monde avant que le monde les abandonne, ou qu'elles le quittent.

Mais la découverte du rhum par Sopilak fut, elle, une expérience désastreuse. Les Blancs avaient distillé depuis des siècles cette boisson forte, si vivifiante, si libératrice, et ils l'avaient offerte à des gens un peu partout dans le monde. Les Espagnols, les Italiens, les Allemands ou les colons américains étaient capables de boire modérément, de faire la fête et de se réveiller le lendemain matin comme si de rien n'était. Mais d'autres, par exemple les hommes d'Irlande et de Russie ou bien les Indiens de l'Illinois, les Tahitiens que le capitaine Cook respectait tellement quand ils n'étaient pas ivres, et surtout les Eskimos, Aléoutes et Athapascans de l'Alaska, s'avéraient incapables d'accepter de l'alcool un jour et de le refuser le lendemain. Et lorsqu'ils buvaient, l'alcool leur faisait des choses terribles. Le long déclin de Desolation Point commença le matin où Sopilak, le grand chasseur, accepta le rhum de l'irresponsable Harry Tompkin.

Quand Sopilak fit tourner sur sa langue sa première gorgée de rhum, il le trouva trop mordant et trop fort, mais quand il l'eut avalé, sentant son effet jusque dans les profondeurs de son estomac, il en voulut une autre lampée. La chaleur de l'alcool déchaîna alors un indescriptible tourbillon de rêves, de visions et d'illusions de puissance infinie. Une boisson magique, comprit-il dès les premiers instants, et il en voulut sans cesse davantage. Avec le retour du printemps, il devint le prototype de ces milliers d'Alaskans qui, par la suite, hanteraient les plages dans l'attente d'un baleinier de Boston, incapables de se passer d'alcool. Ils avaient appris que ces bateaux apportaient du rhum, et pour eux c'était le plus beau cadeau du monde.

À vrai dire, les bons chrétiens de Boston — dont le frère et l'oncle du capitaine Pym — se livraient à un sale commerce : des tissus aux acheteurs avides des Antilles, des esclaves aux planteurs de Virginie, du rhum aux indigènes d'Hawaii et d'Alaska, les cales pleines d'huile de baleine pour le retour à Boston. Incontestablement, ils créèrent de la richesse — mais les esclaves, les baleines et les Eskimos de Desolation Point en furent détruits.

Le deuxième matin, torturé par des remords comme il n'en avait jamais eu dans sa vie, le capitaine Noah Pym quitta son nid d'amour et ramena Nikalouk dans sa hutte, où elle trouva son mari couché par terre, sous le coup de l'ivresse ; Pym, bouleversé, vit deux vieilles femmes le montrer du doigt, ainsi que Sopilak, comme pour le féliciter d'avoir utilisé une sorcellerie puissante capable d'abattre le mari pendant qu'il s'amusait avec sa femme : un bon tour, pensaient-elles, sans songer à critiquer ni le capitaine ni le chasseur eskimo.

Ce fut sur ces entrefaites que Pym reçut le cadeau des femmes du village. Elles apparurent avec dans leurs bras un vêtement auquel elles travaillaient depuis un certain temps. Elles hissèrent Sopilak sur ses pieds, le giflèrent deux ou trois fois pour le réveiller et lui remirent le vêtement. Les hommes s'étaient rassemblés. Sopilak leur sourit d'un air penaud et tendit les bras vers le capitaine Pym. John Atkins, dans la confidence, traduisit :

— Honoré grand capitaine, dont les fusils m'ont sauvé la vie quand nous avons combattu l'ours, et qui a aidé Tayouk et Oglowouk à le tuer quand je n'ai pas pu, notre village t'offre ce présent. Tes hommes ont été bons pour nous. Nous t'honorons.

Il s'inclina et laissa tomber le vêtement. Les marins qui faisaient encore la fête, se turent en voyant la cape magnifique que recevait leur capitaine. D'un blanc pur, lourde, longue : la fourrure de l'ours polaire abattu au cours de leur première chasse.

Tout le monde insista pour qu'il la mette. Gêné et honteux, il laissa Sopilak et Nikalouk draper la cape splendide sur ses épaules indignes. Il la porta sur le chemin du retour à la longue hutte et même pendant l'inspection du bateau. Mais la nuit venue, au moment du service du soir, il la posa, et lorsque les hommes levèrent les yeux vers lui pour prier, il se tourna vers son second, le visage blême, et dit :

— Monsieur Corey, voulez-vous diriger la prière ? Je n'en suis pas digne.

***

Le fait que Pym abandonne à d'autres la prière du soir eut une conséquence positive. Quand vinrent les journées éprouvantes de fin avril, avec de la lumière en permanence mais sans que la mer glacée commence à relâcher son emprise sur l'*Evening Star*, les marins commencèrent à s'agiter, puis se montrèrent carrément agressifs. Des combats à coups de poing survenaient sans raison et lorsque l'intervention rapide de Corey y mettait fin, la tension générale ne diminuait pas pour autant.

Au moment où l'on put croire que de vrais ennuis allaient éclater, un des hommes les plus calmes du bateau s'adressa timidement au capitaine Pym.

— Capitaine, sauf votre respect, j'ai découvert dans la Bible la preuve que Dieu connaît notre situation et a promis de nous sauver.

Pym s'étonna : pourquoi le Seigneur se soucierait-il de ce petit bateau perdu et de son capitaine pécheur?

— Est-ce que je pourrai lire l'Écriture ce soir? demanda le matelot.

— Cela ne dépend plus de moi, dut répondre Pym. Vous devez demander à M. Corey.

Celui-ci acquiesça aussitôt, prêt à tenter tout ce qui avait une chance de calmer les tensions.

Ainsi donc, après le repas du soir, dans une lumière aussi vive qu'à midi, le frêle jeune homme dont la voix tremblait d'émotion lut un passage obscur du livre souvent négligé de Zacharie :

> *Voici que vient le jour du Seigneur où, dans ton sein, on se partagera tes dépouilles.*
>
> *Et il arrivera qu'en ce jour-là il n'y aura plus de lumière mais de la froidure et du gel.*
>
> *Ce sera un jour unique — il est connu du Seigneur — il ne sera ni jour ni nuit et au temps du soir il y aura de la lumière.*
>
> *Et le Seigneur deviendra roi sur toute la terre : en ce jour-là le Seigneur sera unique et unique son nom.*

Refermant la Bible avec révérence, le marin se pencha en avant pour proposer un bref commentaire :

— De toute évidence, cette prophétie se rapporte à nous. Quand nous vendrons notre huile de baleine, nous partagerons les dépouilles. Quand la glace fondra, et elle va fondre, nous serons libérés. Déjà nous avons le jour sans nuit, comme l'a ordonné le Seigneur. Le soir venu il y a de la lumière et le Seigneur notre Dieu règne comme roi sur toute la Terre. Comme il a promis de nous sauver, inutile de montrer autant d'amertume.

Plusieurs marins, dans leur gratitude pour ce qui leur parut une intervention divine, battirent des mains lorsqu'il se tut, mais le capitaine Pym, persuadé qu'il s'était exclu par sa conduite de la générosité divine, frissonna et regarda ses poings fermés. Pourtant le remords ne l'empêcha pas de passer des heures, puis des jours, et enfin des nuits avec Nikalouk. Si bien qu'au moment où la glace commença tout de même à fondre et que l'*Evening Star* reprit lentement sa position naturelle de bateau flottant sur la mer, Nikalouk posa les questions inévitables, dans le jargon que les marins et leurs amies avaient affiné au cours des neuf mois d'isolement forcé.

— Capitaine Pym. Suppose Atkins emmène Kiinak. Pourquoi pas toi ?

— Tu sais que je suis marié et père de famille, lui répondit-il franchement. Et tu as un mari. C'est impossible.

Sans rancœur, mais consciente de la situation et réaliste, elle répliqua :

— Sopilak ? Lui comme vous dites : saoul tout le temps.

Et elle insista pour que Pym l'emmène. Elle ne pouvait en aucune façon se représenter Hawaii où se rendait Atkins, ni Boston, où iraient les autres, mais elle était certaine de pouvoir s'adapter et mener avec Noah une vie agréable. Pour deux raisons majeures, Pym jugea impossible de la laisser venir à Boston : il avait déjà une famille, et même dans le cas contraire, jamais il ne pourrait la montrer là-bas. Personne n'aurait compris.

Il n'eut pas le courage de lui faire part de cette deuxième raison — surtout du fait qu'Atkins avait épousé Kiinak sans hésiter, Boston ou pas. Il repoussa donc à plus tard l'aveu de sa décision définitive d'abandonner la jeune femme quand le bateau repartirait. Mais il ne parvenait pas à se détacher d'elle, pris au piège de la plus grande passion de son existence — celle qui fait découvrir à un homme tout ce qu'impliquent l'amour, les femmes et le destin de la vie. Nikalouk avait déjà marqué Pym d'une empreinte qui ne s'effacerait jamais, ni avec le temps ni par les regrets, et d'une manière perverse il trouvait un plaisir intense à conduire l'expérience jusqu'au bout. Il était amoureux de Nikalouk et quand il était loin d'elle il pouvait se la représenter en train de voler dans le vide, ses lourdes bottes prêtes à atterrir, ses bras et ses cheveux soulevés en une vision merveilleuse que peu d'hommes ont eue de leur femme. C'était une créature du ciel, de la glace et des nuits sans fin, une créature née de l'harmonie paisible de ce village des rives de l'océan Arctique.

— Oh, Nikalouk ! s'écriait-il parfois tout fort lorsqu'il était seul, que va-t-il advenir de nous ?

Il ne se lança pas (comme de nombreux Américains en train d'explorer vers la même époque le monde et des sociétés inconnues) dans des réflexions sentimentales sur la pauvre fille abandonnée sur son île, qui allait pleurer toutes les larmes de son corps pendant que lui-même continuerait de vivre un destin meilleur : en fait la délaissée surmontait très bien sa situation, alors que le voyageur, à son retour à Philadelphie ou Charleston, était sans cesse torturé par ses souvenirs de paradis. Non, Pym considérait Nikalouk comme son égale à tous égards, sauf qu'elle ne pourrait pas vivre dans la chrétienne Boston. M. Corey avait raison : sous trop d'aspects importants aux yeux de la société puritaine de Nouvelle-Angleterre, elle demeurait une « sauvage ».

Mais il continua de porter la cape d'ours polaire, et de se complaire dans sa beauté et dans les souvenirs qu'elle lui rappelait de ses grandes journées de chasse sur la glace. La cape blanche devint son symbole lorsqu'il commença à préparer l'*Evening Star* à reprendre la mer. Un matin, Atkins conduisit sa femme à bord, et quand le capitaine Pym la vit, souriante et impatiente de se lancer dans l'aventure, il en eut le souffle coupé. Comme il aurait préféré se trouver dans la peau du jeune marin et emmener Nikalouk, tellement plus intéressante et passionnée que Kiinak, pour le long voyage jusqu'au terme de sa vie.

Soleil brillant, mer calme. La glace battit en retraite, vaincue par un autre été mais rassemblant déjà ses forces pour un prompt retour automnal. On hissa les voiles. Toute la population de Desolation pataugea dans la boue pour assister au départ. Une matinée de fête, sauf qu'au moment où l'on amena à bord la planche d'embarquement, dernier lien avec une hospitalité remarquable — lard de phoque, danses et femmes amoureuses —, Nikalouk s'élança en courant vers le bateau qui s'éloignait en gémissant :

— Capitaine Pym ! Capitaine Pym !

Son mari se précipita vers elle. Non pour l'invectiver, seulement pour la consoler. Mais il avait bu ce matin-là les dernières rasades du rhum de Harry Tompkin, et il s'écroula dans la boue avant de rattraper sa femme.

À peine la terre avait-elle disparu lors de cette première journée vers le sud et l'île de Lapak, où le baleinier comptait se réapprovisionner au mieux avant la longue traversée jusqu'à Hawaii, que le capitaine Pym, sur sa passerelle, s'écria soudain :

— Monsieur Corey, cet ours blanc m'étrangle !

D'une main qui tremblait de rage, il arracha la belle cape, la jeta par terre et l'envoya dans un coin à coups de pied.

Quand le harponneur Kane eut vent de l'incident, il alla voir le capitaine.

— Moi aussi, j'ai aidé à tuer l'ours. Puis-je avoir la cape ?

Pym, accablé par la culpabilité, se hâta de lui répondre :

— Vous avez le droit de la porter, monsieur Kane. Vous ne l'avez pas couverte de honte.

Et au cours du long voyage glacé jusqu'à l'île de Lapak, Noah Pym continua de ne pas lire les prières du soir, car il se sentait réellement étranglé : l'ours, Sopilak tombé dans la boue, Nikalouk en train de voler de façon sublime, autant d'images qui contribuaient à le déchirer — et plus que toute autre, le souvenir des fillettes que la venue de l'*Evening Star* n'avait pas souillées, en train de danser sur la plage glacée pour célébrer dans la joie le retour du soleil.

*
**

L'arrêt forcé à Lapak fut bref et horrible. Quand le petit brick entra dans les eaux qu'il connaissait déjà, entre le volcan et l'île, les Aléoutes aux chapeaux élégants s'avancèrent à sa rencontre dans leurs kayaks.

— Le retour au pays ! s'écria le harponneur Kane.

Mais à peine avaient-ils jeté l'ancre que la vue de Kane dans sa magnifique cape blanche provoqua l'envie des deux réprouvés, Innokenti et Zagoskine le chauve.

— Ce bateau doit être bourré de fourrures, murmurèrent-ils à leurs hommes.

Au bout de deux journées passées à épier, tout en ralentissant la livraison de provisions du navire, ils conclurent :

— Bien organisés, seize hommes résolus pourraient s'emparer de ce bateau.

On en discuta en secret avec les hommes les plus déterminés, et Innokenti leur rappela une chose qu'il avait remarquée au moment de l'escale de l'*Evening Star* à Lapak avant de gagner le nord :

— Le capitaine Cook avait des soldats à son bord. Celui-ci n'en a pas.

Et le complot fut lancé.

Personne n'avait encore fait une proposition précise, mais Innokenti, se rappelant le plaisir qu'avait éprouvé le capitaine Pym à discuter avec Trophime Jdanko, encouragea l'Américain à passer du temps dans la cabane du cosaque, ce qui nécessitait bien entendu la présence de l'interprète — le matelot Atkins, suivi comme toujours de sa femme. Les conversations se prolongeaient et Trophime put s'apercevoir que le jeune

Américain avait trouvé en Kiinak, la jeune Eskimo, une épouse excellente. Le fait qu'elle attendait un enfant l'intéressait particulièrement.

— Merveilleux qu'un des premiers Américains dans ces parages ait épousé une fille eskimo...

Il revint à plusieurs reprises sur ce thème et finit par exprimer le fond de sa pensée.

— La vie serait beaucoup plus belle sur ces îles si les hommes comme mon fils avaient épousé des femmes aléoutes... Vous commencez une nouvelle race, dit-il au jeune couple en souriant. Que Dieu vous bénisse.

Auprès de Trophime se trouvait un garçon du nom de Kyril, fils d'un brigand russe et d'une Aléoute qu'il avait violée — et tuée par la suite. Le Russe était reparti vers une autre île de l'archipel, vers l'est, en abandonnant son fils. L'enfant s'était réfugié dans la cabane de Jdanko et aidait le vieil homme. Trophime était enchanté de montrer à Kyril qu'un homme comme Atkins jugeait naturel et normal d'épouser une femme eskimo comme Kiinak :

— Que cela te serve de leçon. Pas de bonne vie sans un bon départ.

— Êtes-vous marié ? demanda le capitaine Pym.

— À la femme la plus puissante de Sibérie, répondit fièrement le vieillard. Elle aurait fait une grande tsarine... Et vous ? Avez-vous une famille ?

Le capitaine devint écarlate et ne répondit pas. Mais Trophime n'avait pas besoin de réponse. Il ne pouvait pas deviner le problème, mais il voyait bien qu'il y en avait un.

Tandis que ces conversations se déroulaient dans la cabane, Innokenti et Zagoskine, déjà d'âge mûr sans avoir rien accompli hormis des destructions, combinaient leur attaque de l'*Evening Star* avec leurs complices.

— Demain, quand le capitaine et le jeune couple partiront discuter avec le vieil idiot, deux d'entre vous les bloqueront dans la cabane. Zagoskine et moi, avec trois hommes, monterons à bord comme pour leur apporter des vivres. Zagoskine descendra dans la cale avec un homme, je resterai sur le pont avec deux. Tous les autres arriveront à toute allure dans les kayaks. À ce signal (il poussa un cri en russe), nous prendrons le bateau.

— Et s'ils résistent? demanda une voix.

— Nous en tuerons autant qu'il faudra.

— Les autres?

— Ceux de la cabane? Nous nous en occuperons plus tard. L'important, c'est de s'emparer du bateau, ensuite plus rien ne pourra nous arrêter.

Innokenti et Zagoskine étaient convenus en secret qu'après la prise du bateau ils emmèneraient tous les survivants à l'île voisine d'Adak où ils les abattraient — puis attribueraient le massacre aux Aléoutes.

Le plan, simple et brutal, avait toutes les chances de réussir, sauf qu'au jour prévu le capitaine Pym ne rendit pas visite à Trophime et à Kyril; il resta à bord du bateau, ainsi qu'Atkins et son épouse. Les conspirateurs étaient tellement certains du succès qu'ils décidèrent d'attaquer malgré tout. À une heure de l'après-midi, les deux chefs montèrent à bord de l'*Evening Star* accompagnés par trois hommes comme prévu. Ils apportaient des quantités de provisions et commencèrent de les embarquer tandis que le reste des complices quittaient le rivage avec d'autres provisions.

Noah Pym, au courant des méthodes appliquées par les indigènes pour s'emparer d'un bateau, ne se trouvait pas sur le pont quand le deuxième groupe voulut monter à bord. Instinctivement, il se précipita vers la porte de sa cabine en criant :

— Monsieur Corey, que se passe-t-il?

Il se heurta à Zagoskine, qui poussa un cri strident pour signaler que le combat commençait. D'un coup de bâton, le Russe assomma Pym qui s'écroula, le crâne brisé. Il ne perdit pas connaissance, se releva sur un coude et tenta de se défendre, mais la grosse botte de Zagoskine le frappa en plein visage et l'autre Sibérien acheva l'Américain à coups de massue. Il mourut en essayant de sauver son bateau, et avant d'expirer il crut l'avoir perdu. Il ne prononça pas un mot, n'eut même pas le temps de répéter les paroles d'une des prières absentes de ses lèvres depuis si longtemps.

Le jeune Atkins et sa femme, entendant les échos de la lutte dans la cabine du capitaine, se précipitèrent à son secours, juste à temps pour que Zagoskine et son homme les matraquent à mort. Les deux Sibériens furent alors libres de monter sur le pont aider Innokenti. Ils y trouvèrent une plus grande confusion que prévu, car le second, l'Irlandais Corey à la volonté de fer, supposant Pym assassiné, avait pris en main le salut du bateau. Armé d'un pistolet et d'une épée, il abattit deux assaillants et força leur chef, Innokenti, à battre en retraite. En voyant l'énorme Zagoskine se jeter sur lui, il appela à l'aide, jeta son pistolet vide et se saisit d'un taquet d'amarrage, déterminé à tuer autant de pirates russes que possible avant de leur livrer le bateau.

À cet instant, un colosse en longue cape blanche apparut sur le pont, un long harpon dans chaque main.

— Pym est mort ! cria-t-il. Tuez-les tous !

Sans prendre le temps de bien viser, Kane lança un de ses pieux mortels vers Zagoskine qui s'avançait. Le fer vola dans l'air comme un éclair, frappa le Sibérien juste au-dessus du cœur et l'épingla au mât comme une poupée de son.

Le coup de harpon ne l'avait pas tué. Kane bondit sur lui et de son autre harpon le frappa deux fois, au cou et au visage. Puis, ne parvenant pas à arracher le premier harpon, il l'abandonna, s'empara du gourdin avec lequel Zagoskine avait tué Atkins et sa femme, puis s'élança sur le pont en matraquant avec rage toutes les têtes russes qu'il rencontrait.

Parvenu auprès de Corey, qui se défendait comme un diable avec son taquet d'amarrage, Kane montra du doigt Innokenti et cria à tous les Américains :

— C'est lui ! Tuez ce salopard.

Et sur ces mots il lança le harpon qui lui restait sur l'instigateur de l'attaque. Il le manqua. Comme Corey se jetait sur Innokenti, celui-ci l'esquiva, ce qui lui laissa quelques secondes pour étudier la situation sur le pont. Son plan était en train d'échouer : il vit les Russes morts, son ami Zagoskine embroché au mât, et Kane en train de rassembler les Américains autour du maudit Irlandais. En une fraction de seconde, sa décision fut prise : il plongea par-dessus bord, abandonnant ses hommes, sans se soucier du fait qu'il ne savait pas nager. Avec la puissance surhumaine dont les hommes font souvent preuve en face du désastre, cet étonnant vaurien se débattit dans la mer comme un poisson blessé, parvint à un kayak vide, le pencha sur le côté, enfonça les jambes dans un des trous, le redressa, et, à longs coups de rames habiles, s'enfuit vers la côte. Corey, le voyant sur le point d'échapper à son châtiment, prit un pistolet des mains d'un marin et essaya d'abattre le Russe. Il le manqua.

Lorsque les hommes de Boston eurent jeté par-dessus bord les cadavres de Zagoskine et de ses compagnons de piraterie, Corey lança d'une voix calme, comme si rien d'important ne s'était produit :

— Levez l'ancre, parez la voilure. Monsieur Kane, vous prendrez les fonctions de second. Veuillez me rendre compte de la situation de l'équipage.

La dernière vision qu'offrit aux marchands russes le courageux petit bateau qui avait exploré les mers, chassé les baleines et survécu à la banquise d'un hiver arctique, fut celle d'un équipage en rang, au garde-à-vous le long du plat-bord de bâbord pendant que son nouveau capitaine lisait solennellement un texte de la Bible : un colosse en longue cape blanche souleva trois corps, l'un après l'autre — le capitaine Pym, le matelot Atkins et Kiinak la jeune Eskimo prête à accoucher — puis les fit basculer dans la mer de Béring.

Mais ce ne fut pas tout, car au moment où la cérémonie s'acheva, le nouveau capitaine ordonna que le canon inefficace du bateau soit dévissé de son socle et pointé vers la côte. Un boulet de canon, de peu de poids, ricocha sur les rochers de Lapak et vint rouler, inoffensif, près de la hutte de Trophime Jdanko, qui avait assisté aux événements de la journée dans la honte et l'écœurement.

*
**

Cette tentative de piraterie se produisit au printemps 1781 et, s'ajoutant aux risques courus par l'*Evening Star* dans les glaces de Desolation Point, elle découragea tout autre baleinier américain de s'aventurer dans la mer des Tchouktches et dans l'océan Arctique pendant un demi-siècle ; mais en 1843 les vannes s'ouvriraient et quelques années plus tard trois cents baleiniers affronteraient les eaux du Grand Nord.

Quand l'*Evening Star*, premier bâtiment de cette flotte courageuse, eut disparu vers le sud, le cadavre percé et mutilé de Zagoskine vint s'échouer sur la côte et l'on marqua l'endroit en érigeant une stèle. Les marchands de fourrures considérèrent très vite l'affaire de l'*Evening Star* comme un coup risqué qui avait mal tourné.

— Nous avons bien failli nous emparer de ce bateau, déclara Innokenti aux hommes qui serrèrent les rangs autour de lui. Sans ce maudit harponneur...

Il ne tint aucun compte de la remarque amère de Jdanko :

— Pourquoi massacrer ce jeune homme et son épouse ?

Innokenti pensait en effet que ce genre de chose arrive naturellement dans le feu de l'action. Quant au meurtre du capitaine, si aimable pendant ses deux visites, c'était également un de ces hasards de la guerre.

— Mais était-ce la guerre ? demanda son père adoptif.

— Nous sommes en guerre avec tous ceux qui cherchent à nous dépouiller de ces nouvelles terres, lança Innokenti.

Jdanko lui demanda pour quelle raison il soupçonnait ces Américains sans armes de convoiter une île comme Lapak, où le nombre de phoques et de loutres de mer ne cessait de diminuer.

— Oui, cette île est finie, répondit son fils adoptif. Les indigènes ne valent rien. Mais il y en a de meilleures vers l'est.

Se proposait-il donc de continuer dans l'est ses massacres, ses pirateries et ses meurtres ? Ce soupçon décida le vieil homme.

Par une belle journée couverte mais sans pluie ni vent, parfaite pour la chasse aux loutres, Jdanko surprit Innokenti en lui disant :

— Beau temps. Nous avons été ennemis trop longtemps. Maintenant que Zagoskine n'est plus là, voyons si nous pourrons attraper d'autres fourrures.

Ils se dirigèrent vers le kayak où Zagoskine occupait la place arrière pour qu'Innokenti puisse assommer les loutres à l'avant.

— Je ramerai à l'arrière, dit le vieil homme.

Plusieurs Eskimos traînaient sur la plage sans rien faire.

— Venez nous aider à former le cercle, leur cria Innokenti.

Seuls deux d'entre eux répondirent.

Trophime dirigea le bateau vers le large, derrière le Qugang.

— J'ai vu des loutres par là-bas, assura-t-il à son fils.

Ils arrivèrent bientôt à un endroit où les hommes de la plage ne pourraient plus observer aisément les trois minuscules kayaks. Ils trouvèrent en effet des loutres et Innokenti se mit à resserrer le cercle, à la poursuite d'une femelle avec un bébé sur le ventre. La mère, d'une agilité surprenante, esquiva d'un côté puis de l'autre, aidée bien entendu par le nombre insuffisant de bateaux.

Innokenti, mis en rage par les réactions tardives de son père à se régler sur la tactique de la loutre, l'insulta, invectiva les autres rameurs, et les menaça de coups de fouet quand ils rentreraient à la côte.

— Resserrez-vous ! Et foncez sur elle plus vite quand je la chasse vers vous !

Quelques minutes plus tard, comme les chasseurs se trouvaient en fort mauvaise position à cause de la maladresse de Trophime, Innokenti se retourna pour l'insulter de nouveau. Le vieil homme, à l'arrière, donna au kayak une secousse violente qui le fit basculer complètement, et Innokenti tomba à la mer.

Il ne se paniqua pas. En maudissant Trophime plus que jamais, il fit exactement comme lors de son plongeon de l'*Evening Star* : il battit des bras et des jambes en se jetant en avant pour s'accrocher au trou du kayak. Il se serait sûrement sauvé une deuxième fois si, au moment où il tendait le bras, Jdanko ne s'était pas écarté brusquement. Il baissa les yeux vers son fils et le frappa en plein visage avec le plat de sa rame. Puis, comme s'il chassait une mère loutre sans défense, obligée de refaire surface pour respirer, il attendit que la tête d'Innokenti remonte et s'élança vers l'endroit. Le second coup faillit briser le crâne.

Prenant tout son temps, il rama doucement en attendant que la tête ensanglantée remonte ; quand elle le fit, il la repoussa calmement sous l'eau, où il la maintint plusieurs minutes. Puis il se mit à agiter sa rame nerveusement en l'air en criant.

— Au secours ! Innokenti est tombé à la mer.

***

Le cadavre revint à la côte au bout de plusieurs jours, si gonflé d'eau et décomposé que nul ne put dire ce qui s'était produit pendant la chasse à la loutre. Le jeune Kyril vint dans la cabane de Trophime et après de longs silences pendant lesquels le vieux cosaque songea : « Il a le même âge qu'Innokenti quand je l'ai rencontré, mais quelle différence », le jeune garçon avoua d'une voix hésitante :

— J'ai vu ce qui s'est passé pendant la chasse aux loutres.

Trophime ne répondit pas.

— Personne d'autre ne l'a vu, poursuivit Kyril au bout d'un moment. J'étais à l'avant.

Des larmes montèrent aux yeux du vieux Jdanko. Non par regret, mais en réaction aux grandes contradictions de la vie. Le jeune chasseur ne les remarqua pas car il était lui-même assailli par ses propres doutes — ce vieil homme qu'il aimait avait tué son propre fils —, mais il se ressaisit et dit :

— Il est tombé du kayak parce qu'il s'est retourné trop vite. Il est le seul responsable. Je l'ai vu. Je l'ai dit aux autres.

De nouveau, le silence, pendant lequel chacun savait que l'autre ruminait son mensonge délibéré. Puis, pour absoudre leur culpabilité mutuelle, Kyril ajouta :

— C'était un mauvais homme, Vieux-Père. Tuer cette jeune femme qui nous avait traités si gentiment. Tuer tous ces gens de notre île. Il méritait de mourir, et s'il ne s'était pas noyé tout seul comme il l'a fait, je l'aurais moi-même tué.

Il hésita et le silence devint plus tendu.

— Je ne sais pas comment, mais je l'aurais tué, Vieux-Père.

Jdanko pesa longuement ce qu'il désirait répondre, car chaque mot devait prendre son sens exact. Il passa peut-être une demi-heure à parler de tout et de rien, les yeux fixés sur le volcan, puis il déclara, d'une voix basse :

— Kyril, il est temps que j'emporte nos fourrures à Petropavlovsk. Mme Jdanko doit m'y attendre avec les balles qu'elle a rassemblées elle aussi. Elle aura un bateau pour me conduire à Okhotsk et il faudra que je traverse les mauvaises terres jusqu'à la Lena.

Là, il changea de pronom, mais poursuivit sur le même ton :

— Nous remonterons en chaland jusqu'à Irkoutsk, à la gaffe. Ça, c'est une belle ville, tu peux me croire ! Puis nous partirons en Mongolie vendre nos peaux aux acheteurs chinois. Mais il te faudra faire attention, Kyril, car ils sont capables de te voler une dent de sagesse.

Il se balança un instant, d'avant en arrière sous la lumière froide, puis demanda :

— Ça te plairait ?

— Oh, oui ! s'écria le jeune homme.

— Cela prendra peut-être trois ans, tu sais. Et avec le bateau passoire que nous avons, nous n'atteindrons peut-être jamais le Kamtchatka, mais cela vaut la peine d'essayer. Quand nous retournerons à Lapak, nous abandonnerons cette île de malheur pour nous installer à Kodiak, où l'on me dit que les fourrures sont belles.

Kyril réfléchit un instant, puis demanda :

— Mais si vous désirez aller à Kodiak, pourquoi pas tout de suite ?

— Il faut que j'apprenne à Mme Jdanko la mort de son fils, expliqua Trophime. C'est une femme de valeur et je tiens à ce qu'elle ne l'apprenne que de ma bouche.

— Est-ce qu'elle sait... comment était Innokenti ?

— Je crois que les mères savent toujours.

— Mais comment pouvait-elle continuer de l'aimer ?

— C'est justement le mystère des mères, répondit Trophime.

Et ce vieil homme de soixante-dix-neuf ans, qui aurait dû se retirer depuis longtemps de la vie active, se mit à rêver de mers agitées, de bandits de grand chemin dans des cols sibériens balayés par les tempêtes, de chalands poussés à la gaffe sur la Lena avec des muscles brisés par l'effort, et de marchandages avec les Chinois sur la valeur d'une peau de loutre. Il était impatient d'affronter une fois encore les anciens défis et de mettre à nouveau sa force à l'épreuve, à Kodiak.

Car à ses yeux, le destin d'un explorateur était d'avancer vers l'est, toujours vers l'est et le soleil levant. Adolescent originaire d'un banal village d'Ukraine, au nord de Lvov, il avait pris la route de l'est pour servir le tsar Pierre de Moscou, puis traversé la Sibérie pour rencontrer Mme Poznikov, puis continué aux Aléoutiennes où il avait connu des capitaines d'honneur — Béring, Cook, Pym — et même jusqu'à la côte d'Amérique, où il avait aidé le grand Georg Steller. Et toujours il avait répondu au défi du lendemain, de l'île suivante, de la tempête à venir.

— Je n'ai pas de fils, dit Trophime à mi-voix. Et tu n'as pas de père. Chargeons notre bateau qui fuit et emportons nos fourrures à Irkoutsk. D'accord ?

5.

Le duel

En l'année mémorable 1789, qui vit en France le début de la Révolution qui devait libérer le peuple de la tyrannie des rois et dans les anciennes colonies d'Amérique la naissance d'une nouvelle forme de gouvernement garantissant à chacun la liberté, un groupe de marchands de fourrures russes sans honneur commit une grande atrocité contre les Aléoutes de l'île de Lapak.

Deux petits bateaux apparurent dans le port, commandés par des marchands qui firent exécuter sans pitié un ordre cruel :

— Tous les hommes et les enfants mâles de plus de deux ans à bord des bateaux.

Les femmes, bouleversées, accoururent vers la côte.

— Pourquoi ?

— Nous en avons besoin à l'île de Kodiak pour chasser la loutre.

— Pour combien de temps ?

— Qui le sait ? répondirent-ils.

Et quand les bateaux firent voile, l'après-midi même, maris et femmes, chacun de leur côté, éprouvèrent une peur panique qui les avertit : « Nous ne nous reverrons jamais. »

Lorsque les lamentations cessèrent, les femmes durent se résoudre à réorganiser leur vie d'une manière qu'elles n'avaient jamais envisagée. Les îliens vivaient de la mer, mais plus personne ne savait maintenant chasser le phoque, attraper les gros poissons ou poursuivre les grandes baleines qui lançaient leurs jets non loin des côtes au cours de leur migration vers le nord. Les kayaks, les harpons et les longues massues pour assommer les phoques demeuraient sur la plage, mais nul ne savait plus s'en servir.

La situation n'était pas seulement périlleuse mais paradoxale, car les îles Aléoutiennes marquent la ligne de rencontre entre le vaste océan Pacifique et la mer de Béring, et de puissants courants verticaux faisaient constamment remonter de la nourriture à la surface : le plancton abondait, les crevettes devenaient énormes. Les saumons s'en repaissaient, et quand les saumons arrivaient en quantités, les phoques, les morses et les baleines ne jeûnaient pas. La nature répandait de la nourriture en abondance à la surface de la mer, mais seuls des hommes braves et audacieux pouvaient la récolter. Or voici qu'il n'y avait plus d'hommes. Quand les vents de l'Asie se mirent à souffler en tempête, on eût dit qu'ils gémissaient : « Où sont les chasseurs de Lapak ? »

En appliquant cette politique barbare, les Russes auraient dû se rendre compte qu'ils agissaient contre leur propre intérêt à long terme, car ils avaient besoin des Aléoutes pour chasser et pêcher pour leur compte ; s'ils déportaient puis tuaient à la tâche tous les adultes mâles, la population ne pourrait pas se renouveler. Ils encouragèrent cependant ce comportement insensé, persuadés que les Aléoutes étaient moins qu'humains.

Mais les Russes avaient négligé un trait caractéristique de Lapak et des autres îles Aléoutiennes : la longévité y était plus grande que partout dans le monde, et hommes et femmes atteignaient souvent plus de quatre-vingt-dix ans — sans doute à cause d'un régime équilibré, à base de poisson plus que de viande, mais aussi en raison de la pureté de l'air marin, d'une existence rangée, et d'une robustesse naturelle héritée des ancêtres venus d'Asie. Quoi qu'il en fût, en cette année 1789 sur l'île de Lapak, une arrière-grand-mère de quatre-vingt-onze ans, qui avait une petite-fille de quarante ans mère d'une jolie gamine de quatorze ans, décida de ne pas se laisser mourir sans lutter.

La famille et les amies de l'arrière-grand-mère l'appelaient simplement la Vieille, sa petite-fille se nommait Innouwouk et l'enfant de quatorze ans portait le beau nom de Cidaq, qui signifie *jeune animal courant en liberté*. Aucun nom ne pouvait mieux lui convenir, car elle offrait à tout instant une image de mouvement, de vitalité et de grâce. Elle n'était pas grande, ni bien dodue comme certaines jeunes Aléoutes de son âge, mais elle possédait la grosse tête ronde qui trahissait son origine asiatique, le pli mongol des paupières et une peau d'une belle nuance sombre. Au coin gauche de sa lèvre inférieure, elle portait un labret délicat, sculpté dans la défense d'un morse, mais ce qui attirait surtout l'attention, c'était sa longue chevelure noire soyeuse, qui tombait presque jusqu'à ses genoux mais qu'elle coupait en frange droite sur le front, à la hauteur des sourcils ; on pouvait croire qu'elle portait un casque, et elle se cachait derrière ses cheveux quand elle boudait.

Très souvent, car elle aimait la vie sans réserve, son visage rond s'éclairait d'un sourire aussi large que le soleil levant : ses yeux se plissaient, presque clos, ses dents blanches brillaient et elle basculait la tête vers l'arrière en lançant de petits cris de joie. Comme la plupart des femmes aléoutes ou eskimos, elle parlait en serrant les lèvres et sa voix semblait un perpétuel murmure confus, mais lorsqu'elle riait, la tête en arrière, elle devenait Cidaq la petite biche, le jeune saumon bondissant, le baleineau filant à la surface des eaux dans le sillage de sa mère. Un adorable petit animal appartenant à la terre qui la portait.

Et elle allait mourir de faim. Malgré toutes les richesses offertes par les deux mers, elle allait mourir de faim avec son peuple. Mais un après-midi où la Vieille, qui se déplaçait encore sans difficulté, regardait le chenal entre l'île de Lapak et le volcan, une baleine passa, sans hâte, nonchalante, en soufflant de temps en temps. Les battements occasionnels de sa queue ou une pirouette sur le côté révélèrent sa longueur immense. La Vieille se dit : « Un animal comme ça nous suffirait pour très longtemps », et elle décida de faire quelque chose.

Aidée de la canne de bois d'épave qu'elle avait sculptée, elle explora la plage. Elle choisit six des meilleurs kayaks à deux places et demanda à Innouwouk et à Cidaq de l'aider à les séparer des autres. Elle alla trouver les femmes pour savoir combien d'entre elles savaient manœuvrer les kayaks. Aucune. Certaines avaient enfreint le tabou en montant dans ces embarcations fragiles et plusieurs avaient même essayé de ramer, mais aucune n'avait étudié les principes complexes de la chasse aux loutres et aux phoques — et il était impensable qu'elles eussent accompagné leur mari à la poursuite d'une baleine.

La Vieille décida cependant de former une équipe — six bateaux avec douze rameuses — mais elle se heurta à des réticences.

— Et pour quoi faire? demanda une femme prudente.

— Tuer des baleines, répliqua la Vieille.

La femme et plusieurs autres se mirent à gémir.

— Vous savez bien qu'aucune femme ne peut s'approcher des baleines ni toucher un bateau qui en a poursuivi une : ni même seulement projeter son ombre sur ce kayak.

La Vieille réfléchit plusieurs jours à ces objections, discuta avec sa petite-fille Innouwouk et admit qu'en temps normal, si les femmes dans l'embarras avaient consulté le chaman, celui-ci les aurait certainement averties que les esprits maudiraient l'île sans rémission si des femmes croisaient la route des baleines le long de la côte, et que toucher un kayak prêt pour la chasse assurerait la fuite de la baleine, peut-être même la mort des chasseurs. Des preuves accumulées en dix mille ans d'expérience se dressaient contre les femmes menacées de Lapak.

Mais au terme du troisième jour de ses réflexions, la Vieille s'entêta dans sa décision, selon un précepte que sa propre grand-mère lui avait enseigné, longtemps avant l'apparition des premiers Russes : « Si tu le peux, tu le dois ! » Autrement dit : quand une chose désirable est possible, il faut toujours faire l'essai. Lorsqu'elle proposa ce principe pratique à Innouwouk, celle-ci, manifestement affolée, lança :

— Mais tout le monde sait que les femmes et les baleines n'ont jamais...

Écœurée, la Vieille se tourna vers Cidaq, qui garda le silence un instant en songeant à l'importance de ce qu'elle allait dire. Lorsqu'elle parla, elle le fit avec fermeté, prête à rompre les vieilles traditions — trait qu'elle conserverait jusqu'à la fin de ses jours.

— Comme il n'y a plus d'hommes, nous devons briser leurs tabous. Je suis sûre que nous pouvons capturer une baleine.

La Vieille, encouragée par cette réponse positive, poursuivit en ces termes :

— Après tout, pour attraper les baleines, les hommes font certaines choses précises. Rien de bien mystérieux. Nous pouvons répéter leurs gestes.

N'était-il pas stupide de croire que les esprits désiraient voir mourir de faim toutes les femmes d'une île, pour la seule raison qu'aucun homme n'était en mesure de chasser les baleines selon la tradition ?

La Vieille rassembla les autres femmes et les harangua avec Innouwouk et Cidaq à ses côtés :

— Nous ne pouvons pas mourir de faim sans réagir. Nous avons des baies, les fruits de mer des lagunes et peut-être quelques saumons à l'automne. Nous attrapons des oiseaux, mais cela ne suffit pas. Nous avons besoin de phoques, et peut-être d'un morse si l'un d'eux passe dans les parages, et il nous faut une baleine.

Elle invita sa petite-fille à exprimer ses appréhensions, et Innouwouk objecta :

— Les esprits ont toujours prévenu les femmes d'éviter tout contact avec les baleines. Je crois que cela demeure leur désir.

Les femmes attachées à la tradition acquiescèrent sans réserve, mais la petite Cidaq s'avança, fit passer ses cheveux d'une épaule sur l'autre et dit :

— Quand il le faut, on le peut. Les esprits comprendront.

Plusieurs jeunes femmes prirent timidement son

parti : elle se tourna alors vers sa mère, lui tendit les bras et la supplia :

— Aide-nous.

Et sur un coup de coude impérieux de la Vieille, Innouwouk, indécise et accablée par ses craintes, se joignit à celles qui avaient décidé de prendre la mer dans l'ombre du volcan, pour essayer d'attraper une baleine en dépit du tabou.

Dès cet instant, la vie à Lapak changea du tout au tout. La Vieille, bien déterminée à nourrir son île, convainquit même les plus récalcitrantes : les esprits modifieraient les anciennes règles et prendraient leur parti si elles faisaient l'impossible pour sauver leur vie.

— Songez à ce qui se passe quand une femme enceinte va accoucher et que l'enfant se présente à l'envers. De toute évidence, les esprits voudraient que le bébé meure. Mais Siichak et moi retournons l'enfant, forçons sur le ventre et tout finit bien. Nous l'avons fait bien souvent. Et les esprits en sont contents parce que nous avons corrigé leur erreur à leur place.

Certaines continuèrent de s'insurger, mais l'aïeule furieuse appela Siichak, la sage-femme, qui s'avança timidement. La Vieille saisit la main de sa petite-fille et cria :

— Siichak ! Te rappelles-tu quand Innouwouk était enceinte de Cidaq ? N'avons-nous pas corrigé l'œuvre des esprits et remis l'enfant du bon côté ?

La sage-femme dut avouer que Cidaq serait morte si elle n'était pas intervenue avec l'aïeule. De ce jour, le projet de chasse à la baleine évolua sans opposition déclarée.

La vieille décida, dès le départ qu'elle était trop âgée pour lancer un harpon, et lorsqu'elle chercha la personne la mieux qualifiée, elle convint que la seule candidate assez puissante serait sa petite-fille.

— Pouvons-nous te faire confiance ? Feras-tu de ton mieux ? Tu as les bras, auras-tu la volonté ?

— J'essaierai, balbutia Innouwouk sans enthousiasme.

La vieille se dit : « Elle désire échouer. Elle a peur des esprits. »

Les équipages des six kayaks commencèrent leur entraînement sur l'espace calme entre Lapak et le volcan, conseillés par des femmes qui se souvenaient des techniques. L'une savait fixer la pointe de silex au harpon ; une autre fabriquer et gonfler les vessies de peau de phoque qui flotteraient derrière le harpon planté dans la baleine, pour marquer la trace ; d'autres encore se rappelaient ce que leur mari leur avait expliqué de telle ou telle phase de la chasse. Elles ne rassemblèrent pas toutes les connaissances nécessaires, mais suffisamment cependant pour risquer une tentative.

Comme la Vieille l'avait prévu, sa petite-fille ne parvint pas à manipuler avec succès le bâton lance-harpon :

— Je n'arrive pas à tenir le bâton et le harpon en même temps, et quand j'essaie, le harpon ne vole pas comme il devrait.

— Continue d'essayer! supplia la grand-mère.

Mais ce fut en vain. Les jeunes garçons apprenaient à se servir de cette arme complexe dès qu'ils savaient marcher, et il était absurde de croire qu'une femme sans entraînement pourrait maîtriser le jet en quelques semaines. Les femmes finirent donc par décider de faire avancer leurs canots tout contre la baleine pour permettre à Innouwouk d'enfoncer son harpon directement dans l'énorme corps gris. On a du mal à concevoir une stratégie plus absurde.

Fin août, une fillette de neuf ans qui faisait le guet revint au village en criant :

— Baleine! Baleine!

Un monstre de plus de quarante tonnes nageait dans le chenal entre les îles. Comment imaginer une poignée de femmes mal entraînées en train de lui livrer bataille dans de frêles esquifs? Un des équipages s'enfuit. Il restait cinq kayaks et la Vieille se rappelait que son mari avait harponné une baleine à mort avec simplement un autre canot.

Les cinq équipages descendirent donc gravement sur la plage, et personne ne témoigna du moindre enthousiasme. Comme convenu, Cidaq, d'une force peu commune pour ses quatorze ans, prit la place arrière du kayak d'Innouwouk pour conduire sa mère jusqu'à la baleine. Mais lorsqu'elles se rapprochèrent de la bête, les femmes se rendirent compte de sa taille énorme et de leur faiblesse. Toutes perdirent courage, même Cidaq, et pas un seul kayak ne s'approcha suffisamment de la baleine, qui passa son chemin sans rien voir.

— Nous étions comme du menu fretin, avoua Cidaq plus tard à son arrière-grand-mère, déçue. Je voulais pagayer plus près, mais mes bras ont refusé.

Elle enfouit son visage dans ses mains, frissonna, puis lança un coup d'œil à travers sa frange.

— Tu ne peux pas imaginer comme elle était grande. Et comme nous étions minuscules, dit-elle.

— Oh, si ! J'imagine, répondit la Vieille. Et je peux même nous imaginer en train de mourir de faim sur cette île. Toutes. Les yeux qui rentrent dans les orbites. Les joues qui se creusent. Et personne pour nous enterrer.

***

Le projet d'attraper une baleine pour Lapak fut sauvé d'une manière curieuse. Lorsque les dix femmes rentrèrent chez elles sans même s'être rapprochées de la baleine, elles furent prises d'une telle honte qu'une des plus jeunes, mariée peu de temps avant l'enlèvement des hommes, s'écria :

— Noroutouk se serait moqué de moi !

Dans le silence qui suivit, chaque femme imagina les railleries dont l'aurait accablée son mari. « Tu parles ! Une bande de bonnes femmes à l'attaque d'une baleine ! » Mais la jeune femme ajouta bientôt :

— Seulement, je crois qu'après m'avoir taquinée Noroutouk m'aurait dit : À présent, repars et fais les choses comme il faut. »

Plus encore que la détermination de la Vieille, la voix calme des absents que ces femmes avaient aimés enflamma leur cœur et elles refusèrent de s'avouer vaincues.

La Vieille, plus acharnée que jamais, reprit l'entraînement des équipages : la fois suivante, il faudrait qu'elles aillent jusqu'à la tête de la baleine, si énorme qu'elle soit, et qu'elles la ramènent. Le cinquième jour de l'entraînement elle arriva avec un kayak à trois places.

— Quand la baleine viendra, je serai au milieu avec ma rame, Cidaq à l'arrière pour manœuvrer et Innouwouk ici avec son harpon dressé. Nous avons juré d'entrer dans les mâchoires de cette baleine s'il le faut : nous lui planterons notre harpon dans la peau.

Mais Innouwouk aurait-elle assez de courage ?

Il se produisit alors une de ces révélations qui permettent à la race humaine de progresser : pendant son sommeil, Innouwouk rêva, horrifiée, de l'instant où, de son kayak, elle lèverait le harpon pour poignarder la grande baleine. Elle s'éveilla, baignée de sueur, affolée, consciente d'être incapable d'accomplir ce geste. Allongée dans le noir, encore tremblante, elle eut soudain une vision, une sorte de synthèse du cerveau, de l'imagination et du contrôle kinestésique de ses muscles. En un éclair aveuglant, elle comprit le fonctionnement du bâton lance-harpon. À plusieurs reprises elle plaça son bras droit en arrière, sentit bien en place un bâton et un harpon imaginaires, et au moment où elle projetait son bras vers l'avant, les parties de ce merveilleux mécanisme — épaule, bras, poignet, doigts, bâton, harpon, pointe de silex — fonctionnèrent en harmonie. Elle bondit de son lit, courut sur la plage, prit harpon et bâton. À sa première tentative de jet son bras fit voler le harpon, fort et bien. Six fois de suite, elle se prouva qu'elle avait maîtrisé le mystère, puis elle alla réveiller les autres avec des cris de joie.

Dans l'aube naissante, les femmes de Lapak constatèrent la précision des jets d'Innouwouk. Elles comprirent qu'elles avaient de fortes chances de s'emparer de la première baleine qui passerait dans leurs eaux.

Les six équipages étaient déjà sur la plage quand la fillette courut de son poste de guet, sur le détroit, pour annoncer l'arrivée d'une baleine.

— Une petite ! ajouta-t-elle, comprenant que la nouvelle risquait de semer la terreur.

Les femmes s'élancèrent vers leurs kayaks.

Elles étaient de très petite taille, ces femmes assez présomptueuses pour s'attaquer au monstre. Aucune ne mesurait plus d'un mètre cinquante-cinq, et la Vieille qui avait organisé l'assaut n'avait qu'un mètre cinquante et pesait tout juste quarante-cinq kilos — une livre pour chacune de ses quatre-vingt-onze années de vie aventureuse. Cidaq, en la regardant embarquer avec sa rame de bois d'épave, comprit que la frêle aïeule ne ferait sans doute rien pour la vitesse du kayak, mais tout pour le courage des cinq autres équipages. Quant à elle-même, elle était prête à conduire son canot contre la tête de la baleine.

— Cette fois, nous réussirons.

Dans le sillage du kayak de la Vieille, les autres équipages partirent au combat.

La jeune guetteuse ne s'était pas trompée : la baleine pesait seulement dix-neuf tonnes, bien moins que la géante de l'autre sortie. Quand les femmes la virent se diriger vers elles, plus d'une pensa : « Celle-là, peut-être ! » Elles ramèrent avec plus de courage qu'elles croyaient en avoir. Cidaq à l'arrière du kayak pagaya sans dériver, assistée par les conseils de la Vieille, au milieu, qui plongeait sa rame tantôt à gauche tantôt à droite.

— Cramponne-toi ! Tu as prouvé que tu pouvais le faire ! cria-t-elle à Innouwouk perchée à la proue.

Et d'un jet extrêmement puissant pour une femme sans grand entraînement, elle planta le harpon. Un autre kayak fixa une ligne de sécurité et les vessies filèrent à la mer. Pendant deux journées exaltées de terreur et d'espoir, les six groupes, animés par la volonté indomptable de la Vieille, suivirent la baleine blessée, puis la prirent en remorque et la ramenèrent en triomphe sur la mer de Béring, pour assurer le salut de leur île.

***

En 1790, quand les femmes eurent démontré qu'elles pouvaient survivre une année entière, un petit bateau à la coque délabrée, le *Tsar Ivan*, relâcha à Lapak pour s'approvisionner en eau douce. C'était l'indestructible aventurière Mme Jdanko qui l'avait envoyé de Petropavlovsk et il était plein à craquer de la lie des prisons russes : des rebuts de la société à qui les juges de l'époque donnaient volontiers le choix entre la potence et les Aléoutiennes. Ils avaient choisi ces dernières — l'exil permanent sans espoir de grâce —, mais avec l'intention bien arrêtée de trancher la gorge des représentants du tsar dans ces îles à la première occasion qui se présenterait.

Quand le *Tsar Ivan* jeta l'ancre, l'équipage ignorait que l'île avait été abandonnée par le gouvernement russe. Les femmes, de leur côté, ne savaient trop que faire. Elles espéraient que le bateau ramenait leurs maris, mais, connaissant les Russes, elles craignaient de nouveaux abus. Dès que les marins parlèrent, elles comprirent.

— Aucune femme à bord de ce bateau !

On les avait bel et bien abandonnées à la mort.

Il y avait parmi les criminels un assassin récidiviste du nom de Iermak Roudenko, âgé de trente et un ans, grand, costaud, barbu et presque impossible à discipliner. Sachant qu'il n'avait plus rien à perdre, il se pavanait, le regard menaçant, d'un air de dire : « Ne me touchez pas ! » et les gardes-chiourme le laissaient tranquille. À peine était-il à terre que la Vieille, toujours à l'affût, le remarqua. Avec les quelques mots de russe qu'elle avait retenus, elle se mit à lui parler de choses et d'autres, mais toujours avec une allusion à son arrière-petite-fille Cidaq. L'homme prêta l'oreille, et le lendemain, pendant que les autres embarquaient, l'aïeule parvint à laisser Roudenko et Cidaq ensemble pendant un moment dans sa propre cabane. Puis elle fit au Russe une proposition qui le stupéfia.

— Pourquoi n'emmènes-tu pas Cidaq à Kodiak avec toi ? Elle parle russe. C'est une jeune fille merveilleuse. Et, crois-le ou non, elle a déjà tué sa baleine.

Roudenko trouva la chose si absurde qu'il se mit à poser des questions sur cette prétendue chasse à la baleine par une gamine d'à peine quinze ans. Les femmes le confirmèrent. Pour le prouver, elles montrèrent au Russe la façon dont elles avaient utilisé le squelette de l'animal.

Quand Innouwouk apprit que sa grand-mère se proposait de vendre Cidaq à ce marin grossier, elle protesta énergiquement.

— Mieux vaut vivre en enfer que pas du tout, répliqua la Vieille, intraitable. Je veux que cette enfant connaisse la vie, peu m'importe quel genre de vie.

Elle n'admit aucune réplique, et lorsque Roudenko parut s'intéresser à la proposition, elle prit Cidaq à part.

— Je t'ai tirée dans ce monde par un pied. D'une gifle, j'ai animé tes poumons. Je t'ai aimée sans cesse, plus que mes propres enfants, car tu es un trésor. Tu es l'oiseau blanc qui vient du nord. Tu es le phoque qui plonge pour s'enfuir. Tu es la loutre qui défend son petit. Tu es l'enfant de ces océans. Tu es l'espoir, l'amour, la joie.

Sa voix s'éleva presque en une incantation passionnée.

— Cidaq, je ne peux pas te voir mourir sur cette île abandonnée. Je ne peux pas te voir, toi qui étais faite pour l'amour, réduite à une outre de cuir sans vie comme les momies dans les grottes de la montagne.

Une fois conclues les conditions du marché — les femmes de Lapak reçurent de la pacotille et plusieurs coupons de tissu aux couleurs criardes — la Vieille et Innouwouk vêtirent Cidaq de ses plus belles fourrures, la prévinrent de se méfier des malins esprits et la conduisirent à la côte où le kayak à trois places attendait.

— Nous te conduirons au bateau, dit la Vieille tandis que Cidaq embarquait avec soin le petit baluchon qui contenait ses maigres possessions.

Au dernier moment, une femme que la tribu tenait en peu d'estime courut vers Cidaq avec un labret fort bien gravé, de la même taille que celui qui ornait le coin des lèvres de la jeune fille.

— Je l'ai sculpté dans l'os de la baleine que nous avons attrapée ensemble.

Avant d'embarquer à l'arrière du kayak, Cidaq ôta son labret de morse, couleur d'or, l'offrit à la femme et inséra à sa place le nouveau labret blanc venant de sa baleine.

Avant de s'installer au milieu du kayak, la Vieille provoqua une grande émotion sur la plage, car elle avait demandé à une autre vieille femme d'apporter au départ des objets dont l'apparition inattendue déchira le cœur de chaque femme de la foule. En s'inclinant gravement, la Vieille prit des mains de sa complice trois chapeaux à visière de Lapak, ces coiffures étonnantes que fabriquaient et portaient les chasseurs de cette île. Elle en tendit un aux deux autres membres de sa famille et coiffa le troisième, gris et bleu avec d'élégants plumets de fanons argentés et de moustaches de lions de mer. Ainsi parée, elle ordonna à Cidaq de se diriger vers le *Tsar Ivan*. Lorsque les femmes de la berge virent de nouveau ces chapeaux splendides sur les vagues, elles s'écrièrent :

— Malheur ! Malheur ! Pauvres de nous !

Et leurs larmes formèrent un rideau de brume sur une scène qu'elles ne reverraient jamais : les hommes de Lapak prenant la mer avec leur coiffure de fête.

Sur le pont du bateau, la Vieille prit les mains de Cidaq, sans tenir compte des insultes grivoises que lançaient les marins, le long des plats-bords.

— Ce que nous faisons n'est pas bien, ma fille, dit-elle en serrant les doigts de l'enfant. Les esprits n'en sont pas contents. Mais cela vaut mieux pour toi que de mourir toute seule dans cette île. Dans les jours qui viennent, Cidaq, ne l'oublie jamais. Quoi qu'il arrive, ce sera mieux que ce que tu viens de quitter.

À peine le *Tsar Ivan* avait-il quitté l'ombre du volcan, que la philosophie pragmatique de la Vieille fut mise à l'épreuve. Roudenko, à qui appartenait Cidaq désormais, entraîna la jeune fille dans la cale, lui arracha ses vêtements de peau de loutre et se livra à une série de brutalités. Quand il en eut fini avec elle, il la passa à ses compagnons, des brutes qui abusèrent d'elle, la maintinrent prisonnière dans la cale et ne lui donnèrent à manger qu'après l'avoir forcée à se soumettre à leurs indécences. Comme Roudenko ne se considérait nullement responsable d'elle, Cidaq fut si sauvagement traitée au cours des cinquante-deux jours de la traversée vers Kodiak qu'à plusieurs reprises elle se crut condamnée à finir ses jours avant le terme du voyage, lancée par-dessus bord comme un objet presque sans vie, devenu inutilisable.

Ce fut l'expérience la plus sombre que puisse vivre une jeune fille, car parmi les sept ou huit hommes qui couchèrent avec elle, pas un n'éprouva la moindre affection pour elle, ni un sentiment qui le poussât à la protéger des autres. Ils la traitaient tous comme un objet de mépris, n'appartenant pas au genre humain. Mais elle savait qu'à Lapak sa valeur était appréciée : elle était la première des filles de son âge et l'égale des garçons ; les avanies qu'elle subissait n'étaient que le prix à payer pour fuir une situation encore plus mauvaise. Se rappelant les paroles de son arrière-grand-mère, jamais elle n'envisagea de mettre fin à son épreuve en se jetant elle-même par-dessus bord, même quand les supplices devinrent presque insupportables. Non ! Si cette traversée vers Kodiak constituait sa seule chance de survie, elle la subirait, mais elle prit note des hommes qui l'humiliaient et la frappaient après en avoir fini avec elle, et elle fit vœu que si leur bateau accostait à Kodiak un jour, elle réglerait quelques comptes. Parfois dans le noir, un sourire se peignait sur son visage et du bout de la langue elle touchait le labret neuf : « Si j'ai chassé la baleine, je peux m'occuper de Roudenko. » Elle rêva d'un si grand nombre de vengeances que les craquements du vieux bateau et le comportement indigne de ses passagers cessèrent de l'accabler.

La traversée s'acheva, le *Tsar Ivan* accosta tant bien que mal à Kodiak, et quand on eut débarqué les provisions qu'il apportait à la plus grande joie des Russes affamés installés dans l'île, Cidaq put enfin réunir son misérable baluchon et descendre dans la barque qui la conduirait vers la côte et la vie turbulente de cette colonie. Elle était libre, mais elle ne put se résoudre à quitter ce sinistre bateau et ses sinistres passagers sans un adieu. Quand la barque s'éloigna, elle leva les yeux vers les hommes qui avaient abusé d'elle et qui se moquaient encore d'elle depuis les plats-bords.

— J'espère que vous vous noierez ! lança-t-elle en russe. J'espère que la grande baleine vous entraînera dans les profondeurs.

Et malgré sa rage, elle afficha un sourire fier qui semblait dire : « Prenez garde, mes maîtres ! Nous nous retrouverons un jour ! »

***

Au premier regard, Cidaq s'aperçut que Kodiak était à la fois semblable à Lapak et très différente. Comme son île natale, elle était dénudée, découpée par de nombreuses baies et entourée de montagnes, mais la ressemblance s'arrêtait là, car Kodiak ne contenait pas de volcan. Surtout, elle offrait une chose que jamais la jeune fille n'avait vue auparavant : dans certains prés poussaient des aulnes — des arbres bas, presque de simples buissons. La façon dont leurs branches et leurs feuilles s'agitaient dans le vent la surprit. Dans quelques endroits bien protégés s'étaient rassemblées des touffes de peupliers dont l'écorce blanche s'écaillait, et tout au bout du village où elle allait vivre, se dressait un magnifique épicéa isolé dont la taille imposante et la couleur éblouissante, d'un bleu tournant au vert, l'émerveillèrent.

— Qu'est-ce que c'est ? demanda-t-elle à une femme qui déchargeait du poisson d'un bateau.

— Un arbre.

— Et qu'est-ce qu'un arbre ?

— C'est ça.

Cidaq resta plantée à regarder l'épicéa.

Baie-des-Trois-Saints, modeste groupe de cabanes grossières blotties sur la grève d'une baie en forme de L renversé, offrait un ancrage sûr pour les bateaux qui se livraient à la traite des fourrures, car le port était protégé par une île assez grande, à quelques centaines de mètres au large. Mais aucun arrière-pays ne permettait un développement ultérieur car la plage était coincée au pied de hautes montagnes.

En deux jours, vivant comme elle pouvait en mendiant

de cabane en cabane, Cidaq apprit la différence essentielle entre Lapak et Kodiak : les gens de sa nouvelle patrie se divisaient en quatre groupes distincts. D'abord les Aléoutes comme elle, arrivés là dans les bateaux des Russes — petits par la taille, le nombre et l'importance. Ensuite les indigènes qui habitaient l'île depuis toujours — les Koniags comme on les appelait : grands, difficiles, coléreux et au moins vingt fois plus nombreux que les Aléoutes. Un Aléoute qui avait connu Cidaq à Lapak lui apprit :

— Les Russes nous ont amenés ici parce qu'ils ne parvenaient pas à faire obéir les Koniags.

Un peu plus haut sur l'échelle sociale se plaçaient les marchands de fourrure, des criminels exilés là jusqu'à la fin de leurs jours à moins qu'ils ne trouvent un prétexte valable pour accompagner une cargaison de peaux à Petropavlovsk. Enfin il y avait quelques vrais Russes. en général des fils de familles privilégiées qui séjournaient dans l'île quelques années pour représenter le gouvernement — juste le temps de voler de quoi prendre une retraite dorée dans leurs domaines, près de Saint-Pétersbourg. Ils constituaient l'élite, les trois autres castes suivaient leurs ordres, de temps à autre des vaisseaux de guerre relâchaient à Trois-Saints pour renforcer leur autorité.

Cidaq n'avait pas encore assez d'expérience pour le comprendre, mais les Aléoutes comme elle étaient des esclaves ; il n'y a pas d'autre mot pour les qualifier, car leurs maîtres russes exerçaient sur eux un pouvoir absolu auquel ils ne pouvaient pas échapper — si un Aléoute essayait de fuir, des Koniags hostiles risquaient de le tuer. Sans femmes dans l'île pour partager leur malheur, sans enfants pour les remplacer, les Aléoutes hommes, esclaves sur Kodiak, se trouvaient dans la même situation que les Aléoutes femmes isolées à Lapak : condamnés à des vies courtes et à la mort. L'extinction de leur race serait rapide.

Les marchands de fourrures n'étaient guère mieux lotis car ils avaient un statut de serfs, attachés à cette terre sans une chance d'améliorer leur état, sans la moindre possibilité de fonder un foyer dans la Russie dont ils étaient exilés. Leur seul espoir était de séduire une indigène ou de la voler à son mari, puis d'engendrer avec elle des enfants, susceptibles d'acquérir plus tard la nationalité russe. Mais la plupart demeuraient la propriété de la Compagnie et devaient travailler sans relâche jusqu'à leur mort pour développer les richesses de l'empire.

Ces méthodes cruelles n'avaient rien d'exceptionnel car toute la Russie était gouvernée de cette façon ; les cadres de l'administration qui arrivaient à Kodiak ne voyaient aucun mal dans ces traditions de servage sans fin : leurs domaines familiaux de la métropole étaient dirigés de la même manière et ils escomptaient que le système continuerait de fonctionner à perpétuité.

La vie à Kodiak était un enfer. Cidaq découvrit vite qu'il n'y avait pas assez à manger, aucun médicament, pas une seule aiguille pour coudre et pas de peaux de phoque à coudre.

A sa surprise, elle constata que les Russes s'étaient adaptés à leur milieu de Kodiak beaucoup moins intelligemment que les Aléoutes autrefois à Lapak. En se cachant dans des familles misérables elle parvint à échapper à l'emprise de l'administration et put observer — toujours au bord de la famine — l'étrange vie de Kodiak dans son déroulement quotidien. Par exemple, elle vit un matin les fonctionnaires russes, assistés par un pitoyable ramassis de soldats, rassembler la plupart des nouveaux marchands de fourrure embarqués sur le *Tsar Ivan* avec elle et, à la pointe de la baïonnette, les forcer, malgré leurs protestations et leurs jurons, à monter dans une flottille de petites barques pour ce qu'un Aléoute, près de Cidaq, qualifia de « la plus dangereuse traversée du monde » — sept cent quatre-vingts milles nautiques jusqu'aux deux îles des Phoques, connues plus tard sous le nom de Pribilof, où l'on trouvait des quantités incroyables de phoques.

— Reviendront-ils? demanda-t-elle.

— Ils ne reviennent jamais, chuchota l'homme.

Au bout de la file d'embarquement elle reconnut trois

des hommes qui avaient abusé d'elle ; elle fut tentée de les héler pour se moquer d'eux mais n'en fit rien, car non loin d'eux, les menottes aux poings, apparut Iermak Roudenko, les cheveux en broussaille comme s'il venait de se battre, les vêtements déchirés, les yeux en feu. Il avait apparemment appris quelle existence l'attendait aux îles des Phoques, sentence sans appel ni sursis, et il avait refusé d'obtempérer.

— Marche droit ! lui lança un des soldats en russe.

Il accompagna son ordre d'un coup de crosse dans les reins et Cidaq se dit : « Ils doivent être contents de le voir enchaîné. » Les soldats amaigris, mal nourris auraient passé un mauvais moment si Roudenko avait eu les mains libres. Mais elle se rappela aussitôt comment il l'avait traitée et sourit à la pensée qu'il allait subir un châtiment semblable.

Un coup de sifflet. Roudenko et les derniers forçats montèrent à bord. La file des onze barques prit la mer pour une traversée qui aurait mis à l'épreuve même un grand bateau bien construit. Cidaq les regarda disparaître, partagée entre l'espoir qu'ils sombrent pour assurer sa vengeance, et le désir qu'ils s'en sortent à cause des pauvres Aléoutes exilés eux aussi à vie dans ces îles complètement isolées.

Elle ne ressentait pas la même ambiguïté quant à sa propre situation : chaque jour où elle survivait, elle se félicitait davantage d'avoir échappé à la terreur solitaire de Lapak. Kodiak était la vie même. Sa population se trouvait sans doute prise dans des tempêtes de haines et de vengeances frustrées, ses dirigeants se désolaient certainement du déclin des loutres de mer et de l'obligation de partir si loin chasser les phoques, mais il y avait de l'énergie dans l'air, et l'enthousiasme d'un monde nouveau en train de se construire. Cidaq aimait cette île, son existence y était sans doute beaucoup plus précaire qu'à Lapak, mais elle avait l'impression de vivre pleinement.

À quinze ans, tout autour d'elle l'intéressait passionnément. Elle constata vite que la situation des Russes laissait à désirer : ils devaient compter avec l'hostilité déclarée des Koniags et les révoltes d'indigènes d'autres îles vers l'est. Par vingtaines, des hommes de Moscou et de Kiev, qui se considéraient supérieurs sur tous les plans à ces îliens, mouraient sous les coups de ces prétendus sauvages — qui avaient maîtrisé l'embuscade de nuit et l'attaque surprise en plein jour.

Mais ce qui attristait le plus Cidaq demeurait la dégradation manifeste des Aléoutes, accablés par la malnutrition, la maladie et les abus ; leur taux de mortalité était scandaleux, et les Russes ne paraissaient pas s'en soucier. Tout semblait converger vers une extermination inexorable de son peuple.

Pendant quelque temps, elle vécut avec un Aléoute et une femme indigène de l'île qui s'efforçaient de mener une vie normale — mais ils n'étaient pas mariés car il n'existait pas de communauté aléoute organisée en mesure de célébrer des mariages. L'homme obéissait aux règlements de la Compagnie, prenait la mer chaque jour à la recherche de loutres, chassait avec une compétence remarquable, se conduisait décemment et se contentait des maigres provisions allouées par la Compagnie. Il ne se plaignait à personne et sa femme se montrait également soumise.

Pourtant, de la façon la plus arbitraire et la plus cruelle, le malheur le frappa. On le retira de la chasse à la loutre pour l'envoyer sans le prévenir en exil aux îles des Phoques. L'un des pires marchands du *Tsar Ivan* entra de force dans la cabane une nuit, à la recherche de Cidaq et, ne la trouvant pas, frappa la femme sur la tête, puis la traîna dehors, où quatre de ses compagnons s'enivraient. Ils abusèrent d'elle pendant trois nuits de suite et l'étranglèrent à la fin de la fête. Cidaq réussit à se cacher dans la cabane, toute seule, pendant deux semaines, puis les mêmes marchands s'emparèrent d'elle et la violèrent tous les cinq. Sans doute l'auraient-ils abattue elle aussi au terme de leurs réjouissances s'il n'était arrivé sans tapage, à Trois-Saints, un homme extraordinaire, farouchement déterminé à mettre fin à la mort lente de son peuple.

Il était mystérieusement apparu un matin, silhouette

dégingandée sortant de la région forestière du Nord, telle une créature habituée aux bois et aux hautes montagnes. Si les Russes l'avaient vu venir, ils l'auraient sûrement renvoyé, car il semblait trop âgé pour le servage et trop affaibli pour se rendre utile à quoi que ce soit. À plus de soixante ans, l'œil farouche et le poil en broussaille, il s'était chargé d'un improbable ramassis de bricoles dont aucun Russe n'aurait pu deviner l'utilité : un sachet de pierres pareilles à des agates, polies par un long séjour dans un lit de rivière ; un autre sac plein d'ossements ; sept bâtons de longueurs différentes ; six ou sept bouts d'ivoire, la moitié provenant de mammouths éteints depuis longtemps, l'autre moitié de morses abattus dans le Nord ; et une peau de phoque d'assez grande taille qui recouvrait un paquet de forme à peu près carrée d'où il tirait ses pouvoirs peu communs. Ce paquet contenait la momie bien conservée d'une femme morte des millénaires plus tôt et enterrée dans une grotte de l'île de Lapak.

Il se glissa sans bruit vers le nord du village, attiré instinctivement par le grand épicéa dont les larges racines étaient partiellement exposées, par suite de l'érosion. Il posa son précieux baluchon et se mit à creuser parmi les racines, à la manière d'un animal qui fait son terrier. Lorsque les dimensions du trou lui parurent suffisantes, il construisit autour et au-dessus une sorte de hutte et quand elle fut terminée il y prit résidence et installa son paquet à la place d'honneur. Pendant trois jours il ne fit rien, puis il se mit à circuler discrètement parmi les Aléoutes en les informant avec une gravité sépulcrale :

— Je suis venu vous sauver !

C'était le chaman Lounasaq, qui avait vécu sur plusieurs îles mais sans rien accomplir de bien notable ou acquérir de renommée, car il préférait rester à l'écart pour communier avec les esprits qui gouvernent l'humanité, les forêts, les montagnes et les baleines. Simplement, quand on avait besoin de lui, il était là. Il ne s'était jamais marié, le bruit que font les enfants l'indisposait, et il évitait de son mieux tout contact avec les maîtres russes, dont le comportement bizarre le stupéfiait. Il ne parvenait pas à concevoir, par exemple, que des responsables au pouvoir séparent les hommes des femmes — comme l'avaient fait les Russes en s'emparant de tous les hommes de Lapak et en abandonnant les femmes à la mort.

— Comment, demandait-il, produiront-ils de nouveaux rameurs pour leurs bateaux ?

Il ne comprenait pas davantage qu'ils massacrent toutes les loutres dans la mer, alors qu'en se limitant ils pourraient bénéficier d'assez de peaux pour leurs besoins chaque année jusqu'à la fin des temps. Surtout, il n'admettait pas que des hommes adultes débauchent de très jeunes filles — ne faudrait-il pas que ces hommes et ces filles se marient un jour pour pouvoir survivre et donner un sens à leur existence ?

En fait, il avait vu naître de la conduite des Russes sur les îles qu'ils occupaient tellement de mal qu'il avait jugé nécessaire de venir à Kodiak, où se trouvait le quartier général de la Compagnie, pour tenter d'apporter quelque soulagement à son peuple. L'idée de quitter ce monde en les abandonnant à leur triste état actuel lui brisait le cœur. Comme Thomas d'Aquin, Mahomet et saint Augustin, il se sentait contraint de laisser le monde un peu meilleur qu'il ne l'avait trouvé à sa naissance ; il s'installa donc entre les racines du grand arbre qui le protégeait, conscient de sa faiblesse en face des puissants envahisseurs avec leurs bateaux et leurs armes à feu — sauf qu'il détenait un pouvoir que les Russes ne possédaient pas. Dans son baluchon de peau de phoque, il avait la vieille femme, âgée de treize mille ans et plus redoutable chaque année qui passait. Avec son aide, il sauverait les Aléoutes de leurs oppresseurs.

Doucement, comme le vent du sud sans rafales qui souffle parfois du Pacifique, il se mit à fréquenter les petits Aléoutes si servilement soumis aux ordres tyranniques des Russes. À chaque occasion, il leur rappelait qu'il apportait des messages des esprits.

— Ils continuent de gouverner le monde malgré les Russes, et vous devez les écouter car ils vous guideront à travers cette mauvaise passe, exactement comme ils ont guidé vos ancêtres au milieu des tempêtes.

Il laissa entendre qu'entre les racines de l'arbre, dans sa hutte, il avait des instruments magiques qui lui permettaient de communiquer avec ces esprits toujours présents. Bientôt les hommes, par deux ou par trois, vinrent le consulter et cela renforça sa détermination. Toujours il répétait le même message :

— Les esprits savent que vous devez obéir aux Russes, si insensés que paraissent leurs ordres, mais ils veulent aussi que vous vous protégiez. Mettez de côté un peu de nourriture pour les jours où on ne vous en distribuera pas. Mangez un peu d'algues chaque jour, car elles contiennent de la force. Laissez s'échapper les jeunes phoques et les jeunes loutres. Vous pouvez très bien le faire sans que les Russes s'en aperçoivent. Et ne cessez pas d'obéir aux anciennes règles, car elles sont meilleures.

Quand ils tombaient malades, il les aidait : il plaçait le patient sur une natte spéciale et entourait sa tête de coquillages pour que la mer puisse lui parler ; il enfermait ses pieds entre des pierres sacrées pour qu'il demeure stable. Et quand il se trouvait confronté à des problèmes pour lesquels il ne pouvait concevoir aucune réponse, il sortait la momie, créature desséchée dont les yeux enfoncés dans le visage noirci regardaient fixement, conférant assurance et sympathie.

— Elle te dit que tu devras partir aux îles des Phoques, tu ne peux l'éviter. Mais tu trouveras là-bas un ami fidèle qui te soutiendra toute la vie.

Jamais il ne mentait aux hommes envoyés dans les îles ni ne leur promettait qu'ils trouveraient des femmes et auraient des enfants, car il savait que c'était impossible, mais il leur enseignait que des amitiés essentielles existent, et qu'un homme de bon sens doit les rechercher, même lorsqu'il vit par ailleurs dans un état de terreur.

— Tu trouveras un ami, Anasouk, et un genre de travail que personne d'autre ne pourra faire. Les années passeront.

Quand les bateaux appareillaient pour les îles des Phoques, il s'avançait ouvertement sur la plage pour faire ses adieux aux Aléoutes, et au cours de la deuxième moitié de l'année 1790, les responsables russes s'habituèrent à sa silhouette de fantôme, en se demandant parfois d'où il était venu et qui il était au juste. Jamais ils ne soupçonnèrent qu'il était en train de rétablir un fil ténu de décence et d'intégrité dans leur colonie — car tout ce qu'ils pouvaient voir de leur propre peuple, fonctionnaires, soldats et forçats marchands de fourrure, ressemblait de plus en plus à l'enfer.

Naturellement, le chaman Lounasaq fut bientôt au courant d'un des cas de désespoir aléoute les plus tristes, celui de la jeune Cidaq que les criminels se passaient de l'un à l'autre en dépit du règlement de la Compagnie, qui interdisait ces pratiques. Un jour, pendant que le marchand-serf du moment s'était absenté pour décharger un kayak plein de fourrures, le chaman se présenta à la cabane où Cidaq habitait à ce moment-là. Quand il vit ses cheveux souillés, son visage hâve et le labret qui glissait presque de sa lèvre tellement elle s'était émaciée, il lui prit les mains et l'attira vers lui.

— Mon enfant ! Les bons esprits ne t'ont pas abandonnée. Ils m'ont envoyé pour t'aider.

Il insista pour qu'elle l'accompagne sur-le-champ et renonce à la misère morale dans laquelle elle vivait. Défiant le règlement de la Compagnie et l'éventualité que le marchand russe le tabasse à mort pour récupérer sa « femme », il la conduisit à la hutte entre les racines et lui révéla son plus précieux trésor, la momie.

Il plaça Cidaq devant le vieux visage parcheminé et psalmodia :

— Ma fille, cette vieille a connu beaucoup plus de terreurs que tu n'en as vécu. Des volcans dans la nuit, des inondations, la rage du vent, la mort, les épreuves sans fin qui nous assaillent tous. Et elle a continué à lutter.

Il poursuivit ainsi pendant plusieurs minutes, sans se rendre compte que la petite Cidaq avait de plus en plus de mal à se retenir de lui rire au nez. Elle finit par tendre les deux bras et poser un index sur les lèvres du chaman, l'autre sur celles de la momie.

— Chaman, je n'ai pas besoin de ton aide. Regarde ce labret. De l'os de baleine. Une baleine que j'ai aidé à tuer. Le jour viendra où je tuerai tous les Russes qui ont abusé de moi. Je suis comme toi, vieillard, je me bats tous les jours.

Alors, dans la hutte sombre, commença à s'établir le lien entre Cidaq et la momie, parce que la vieille femme de Lapak, morte depuis une éternité, parla à la jeune fille de son île. Oui, la momie *parla*. Au cours de décennies d'entraînement, Lounasaq avait affiné son don naturel de ventriloque et pouvait non seulement parler sans remuer les lèvres, mais imiter des personnages différents : un enfant appelant au secours, un esprit furieux vitupérant un malfaiteur et surtout la momie avec sa vaste accumulation de connaissances.

Pendant leurs nombreuses conversations, les trois personnages parlèrent des tyrans russes, des loutres de mer, des hommes condamnés aux îles des Phoques, et surtout de la vengeance que Cidaq se proposait d'exercer contre ses oppresseurs.

— Je peux attendre. Quatre d'entre eux, dont le pire, sont déjà aux îles des Phoques. Nous ne les reverrons jamais. Il en reste encore trois à Kodiak.

— Que leur feras-tu? demanda la momie.

— Je suis prête à risquer la mort, mais je les punirai.

— Comment? voulut savoir l'Ancienne.

— Je pourrais leur couper la gorge pendant leur sommeil, répondit Cidaq.

— Tranche la gorge de l'un, les deux autres trancheront la tienne.

— As-tu déjà eu le même problème?

— Tout le monde l'a eu, répliqua la momie.

— As-tu obtenu ta vengeance?

— Oui. Je leur ai survécu. Et j'ai ri sur leurs tombes. Tu me vois : je suis toujours ici. Mais eux? Disparus. Finis.

La hutte s'emplit du rire de la momie au souvenir de sa vengeance. Personne n'aurait pu se rendre compte que

Lounasaq créait ces gloussements dans sa gorge. Puis il cessa soudain d'incarner la momie pour lui répliquer sévèrement, avec son propre timbre de voix :

— Je te rappelle, Ancienne, que le problème de Cidaq n'est pas la vengeance mais la continuation de sa race. Il faut qu'elle trouve un mari, qu'elle ait des enfants.

— Les phoques ont des enfants. Les baleines ont des enfants. Tout le monde peut avoir des enfants, répondit la momie.

— Et toi? demanda Cidaq.

— Quatre, lui dit l'Ancienne. Et cela n'a rien changé.

De nouveau, Lounasaq intervint :

— Mais tu vivais en sécurité, au milieu de ton peuple.

— Personne n'est jamais en sécurité, répondit la momie. Deux de mes enfants sont morts de faim.

— Comment sont-ils morts alors que tu as survécu? demanda le chaman.

— Les vieux supportent mieux les chocs. Ils regardent au-delà. Les jeunes les prennent trop au sérieux. Ils se laissent tuer... Tu es trop dur avec cette enfant, lança-t-elle brusquement au chaman. Laisse-la se venger. Vous serez tous les deux étonnés de la forme que prendra sa vengeance.

— Je me vengerai? lança la jeune fille.

— Oui. Aussi sûr que les Russes vont bientôt venir dans cette hutte pour nous détruire tous les trois. Mais Lounasaq, mon aide, va s'en occuper, et tu seras aidée de plusieurs façons que tu ne peux pas soupçonner. De trois façons, venant de plusieurs directions. Mais pour le moment, il faut me cacher.

À peine la momie était-elle dissimulée que deux marchands-serfs surgirent dans la hutte et se mirent à frapper le chaman avec une telle brutalité que Cidaq le crut mort. Aussitôt, cinq Aléoutes armés de massue s'élancèrent au secours de Lounasaq. Dans l'espace exigu de la petite cabane, ils assommèrent les assaillants. Le premier qui sortit en chancelant, le crâne ouvert, s'effondra au bout de quelques pas et mourut. L'autre prit la fuite en hurlant, poursuivi par deux Aléoutes qui continuaient de lui tabasser le dos.

Par miracle, les autres Aléoutes parvinrent à faire disparaître le cadavre dans un ravin sous un tas de rochers. Le marchand qui survécut à la bastonnade essaya d'incriminer « une bande d'Aléoutes armés de matraques », mais il avait si mauvaise réputation — comme d'ailleurs le mort — que la Compagnie ne regretta guère de rayer ce dernier de ses effectifs et décida quelques jours plus tard d'envoyer le protestataire se plaindre au milieu des phoques. Après avoir assisté à son départ pour les îles, Cidaq retourna, satisfaite, à la case du chaman. Mais à sa vive surprise, la momie fit peu de cas de l'incident.

— Sans conséquence. Ces deux-là ne sont pas une grosse perte, et tu n'en es pas mieux lotie pour ça. L'important c'est que les trois choses que je t'ai promises vont arriver. Prépare-toi. Ta vie est en train de changer. Le monde est en train de changer.

Le chaman fit alors parler la momie d'une voix donnant l'illusion qu'elle se retirait de la hutte. Cidaq la supplia de rester. Elle accepta de s'attarder, et ce fut Lounasaq qui posa la première question.

— Est-ce que ces trois choses m'aideront moi aussi ?

— Aider ! Que signifie *aider* ? lança l'Ancienne d'une voix presque impatiente. Est-ce que la mort d'un de ses oppresseurs et l'exil de l'autre ont *aidé* Cidaq ? Elle n'en tirera profit que si elle fait quelque chose par elle-même.

Avec les années, la momie avait acquis une personnalité bien à elle, et il lui arrivait souvent d'exprimer des opinions contraires à celles du chaman. Comme un étudiant têtu qui se dégage de la tutelle de son maître. Parfois, sur des sujets importants, le chaman et sa momie obstinée se livraient à de vrais débats.

— Mais ces nouvelles choses ne seront-elles pas dangereuses ? demanda le chaman.

Et la momie répliqua de nouveau par une question cinglante :

— Qu'est-ce qui est dangereux en soi... si nous ne le laissons pas devenir dangereux ?

— Pourrai-je utiliser ces nouvelles choses ? Pour aider mon peuple ? demanda Lounasaq.

Il n'obtint pas de réponse, car l'Ancienne savait que la réponse dépendait uniquement du chaman lui-même. Quand Cidaq posa à peu près la même question, la momie soupira et garda le silence, comme perdue dans ses souvenirs, puis soupira de nouveau. Enfin elle parla :

— Au cours de toutes ces années, et j'en ai savouré des milliers, celles dont je me souviens sont celles qui m'ont présenté un défi — un mari que je n'avais jamais apprécié avant de voir sa réaction à l'adversité ; deux fils qui refusaient d'apprendre à chasser mais qui devinrent d'excellents constructeurs de kayaks ; l'hiver où tout le monde tomba malade et où je dus attraper le poisson pour tous avec une autre vieille ; l'année terrible où le volcan de Lapak a explosé en plein océan, recouvrant notre île de deux coudées de cendre : avec mon mari nous avons conduit les survivants à quatre jours de distance, en mer, pour pouvoir respirer ; et la nuit paisible où j'ai tiré des plans pour une vie meilleure.

Elle s'arrêta, parut s'adresser directement à Cidaq puis au chaman qui avait assuré la continuation de son existence dans l'actuel cycle d'années :

— Trois hommes vont venir à Kodiak. Ils apportent le monde et tout ce que signifie le monde. Et vous les recevrez, chacun de vous à sa manière.

Puis, d'une voix beaucoup plus douce, elle parla uniquement à Cidaq :

— As-tu éprouvé de la joie quand tu as vu le Russe tomber mort ?

— Non, avoua Cidaq. Seulement une impression de soulagement. C'était terminé.

— Tu n'as pas bondi d'allégresse ?

— Non. Quelque chose de mal s'était achevé. C'est tout. Cela ne me concernait plus.

— Tu es prête pour ceux qui viennent ! dit-elle, puis elle demanda à son chaman : Qu'as-tu ressenti quand cet homme est mort ?

— J'ai regretté pour lui qu'il ait mené une vie si misérable, répondit Lounasaq en toute sincérité. Pour moi, j'en ai été content car il me reste encore tellement à faire à Kodiak.

— Je suis contente pour vous deux. Vous êtes prêts. Mais personne ne m'a demandé ce que je ressens. Les trois hommes viennent aussi pour moi, avec leurs problèmes.

— Que ressens-tu? demanda le chaman, car le bien-être de la momie fortifiait toujours le sien.

— Je t'ai déjà répondu, dit-elle. Les bonnes années sont celles où survient un défi. Il y a trop longtemps que rien ne s'est passé sur cette maudite île.

Sur cette note rassurante, elle se retira pour se préparer à un affrontement de plus, forte de ses treize mille ans.

*
**

Le premier des trois qui arriva revenait illégalement. Personne à Kodiak ne s'attendait à le revoir, et il survint pour une mission qui stupéfia ceux qu'il rencontra. C'était Iermak Roudenko, le colosse velu qui avait acheté Cidaq ; en fuite des îles des Phoques, il était prêt à tout plutôt que d'y retourner. Quand les responsables de la Compagnie le découvrirent dans la cale d'un bateau, dissimulé entre les balles de fourrures, ils l'arrêtèrent et le conduisirent au bureau du port.

— Vous savez la vie que nous menons là-bas? demanda-t-il en feignant le remords. Auparavant il n'y avait que des phoques sur les îles. Maintenant, une poignée d'Aléoutes et quelques Russes. Un bateau par an. Presque rien à manger. Personne à qui parler.

— C'est pour ça que nous t'avons envoyé là-bas, coupa un jeune officier qui n'avait jamais connu de privations. Tu t'es montré incorrigible ici. Tu repartiras par le prochain bateau et resteras dans les îles jusqu'à ton dernier jour.

Roudenko blêmit, et toute la rage dont il avait fait preuve quand il faisait la loi parmi les marchands-forçats sur le *Tsar Ivan* et à Kodiak disparut soudain. Jamais il ne supporterait l'isolement désespérant des îles Pribilof pour le reste de sa vie. Il se mit à supplier les hommes dont dépendait son destin.

— Sans cesse la pluie. Pas un seul arbre. En hiver, la glace immobilise tout, et quand le soleil revient il n'y a que des phoques par milliers. Un enfant de six ans pourrait tuer le quota en une semaine. Ensuite, rien.

Toute agressivité semblait bannie de son énorme corps aux muscles puissants et aux épaules lourdes, et à coup sûr son arrogance appartenait au passé. Si on le forçait à s'embarquer dans un petit bateau pour repartir vers ces îles sinistres, il avait décidé de se jeter à l'eau avant d'y arriver ou de se tuer après avoir débarqué. Il ne pourrait jamais se résoudre à gaspiller les années de sa vie pour rien dans ce désert glacé.

— Ne me renvoyez pas!

— Nous t'avons envoyé là-bas parce que nous ne pouvions rien tirer de toi ici, s'obstinèrent les responsables. Il n'y a pas de place pour toi à Kodiak.

Désespéré, à la recherche de n'importe quel prétexte pour se sauver, il formula une requête surprenante. Si peu justifiée qu'elle fût, elle allait engager Roudenko pour le restant de sa vie violente.

— Ma femme est ici! Vous n'avez pas le droit de séparer un Russe croyant de sa femme.

La nouvelle stupéfia les responsables.

— Qui a vu la femme de ce misérable? demanda l'un d'eux.

— Pourquoi ne nous a-t-il rien dit plus tôt? s'étonna un autre.

Le fonctionnaire qui représentait à titre temporaire la direction de la Compagnie ordonna :

— Emmenez-le d'ici. Nous vérifierons son histoire.

L'enquête fut confiée à un jeune officier de marine, l'enseigne Fedor Belov, qui commença à poser des questions tandis que Roudenko demeurait aux fers. Belov apprit qu'effectivement Roudenko avait acheté une jeune Aléoute dans l'île de Lapak. Bien qu'il l'eût traitée fort mal, on pouvait le considérer à certains égards comme son mari. Lorsque Belov rendit compte de ses recherches, ses supérieurs furent ennuyés. Le directeur temporaire fit observer :

— La tsarine nous a ordonné d'aider les Russes à

fonder des familles dans ces îles, et elle a même précisé que si de jeunes indigènes se convertissaient au christianisme, il fallait encourager les Russes à les épouser.

Et comme la tsarine en question n'était autre que la Grande Catherine, l'Autocrate des Autocrates, qui possédait des antennes partout, mieux valait appliquer un oukase auquel elle tenait...

On renvoya donc l'enseigne Belov enquêter, cette fois, sur l'épouse supposée de Roudenko. Où se trouvait-elle ? Était-elle chrétienne ? Pouvait-on envisager de célébrer un mariage officiel — avec le prêtre orthodoxe de Kodiak, désœuvré et ivre presque à toute heure du jour ? Belov s'attaqua d'abord à ce dernier problème. Le père Piotr, au bout du rouleau à soixante-sept ans, avait lancé de nombreuses suppliques infructueuses pour retourner en Russie. Quand Belov le trouva, il était prêt à se soumettre à n'importe quelle requête de la Compagnie qui assurait ses repas et son logement.

— Oui, oui ! Notre tsarine adorée, que Dieu la garde, nous en a donné l'instruction ainsi que notre vénéré évêque d'Irkoutsk, que Dieu le garde, un saint homme...

L'allusion à l'évêque orienta ses pensées vers le septième appel qu'il était en train de rédiger à ce saint, pour solliciter qu'on le dégage de ses pénibles devoirs à Kodiak. Ayant complètement perdu le fil, le regard vide au milieu de son visage blanc envahi par la barbe, il demanda humblement :

— Que voulez-vous de moi, jeune homme ?

— Vous vous rappelez le marchand Iermak Roudenko ?

— Non.

— Grande taille, très difficile.

— Oui, oui.

— Il a acheté une jeune fille à Lapak. Une Aléoute, bien entendu.

— Les marins font ça.

— Il est resté presque un an aux îles des Phoques.

— Oui, oui, un vaurien.

— Accepterez-vous de marier ce Roudenko à la jeune Aléoute ?

— Bien sûr. La tsarine l'a ordonné — oui, la tsarine.

— Mais seulement si la jeune fille devient chrétienne. Accepterez-vous de la baptiser?

— Oui, c'est pour cela qu'on m'a envoyé ici. Sauver des âmes. Convertir les païens à l'amour de Jésus-Christ.

— En avez-vous déjà baptisé?

— Pas beaucoup. Ils sont tellement obstinés!

— Mais vous baptiserez et marierez celle-là?

— Oui. La tsarine l'a ordonné. J'ai vu l'ordre, envoyé par notre saint évêque d'Irkoutsk.

L'enseigne Belov se rendit compte que le pauvre vieux savait à peine ce qu'il faisait ou aurait dû faire. En toutes ses années de séjour dans les îles, il n'avait converti presque personne, en avait marié encore moins, et n'avait appris aucune des langues indigènes. Il représentait sous son plus mauvais jour « l'effort civilisateur » de la Russie, et c'était dans l'énorme vide laissé par cette absence de zèle missionnaire que des chamans comme Lounasaq avaient pu se glisser.

— J'enverrai personnellement votre supplique à l'évêque d'Irkoutsk, promit Belov. Mais préparez-vous à célébrer ce mariage.

— Merci, merci d'envoyer la lettre.

— Mais ce mariage?

— Vous savez ce qu'a dit la tsarine, que le ciel protège Son Altesse impériale...

L'enseigne Belov signala donc aux autorités que le père Piotr était prêt à baptiser et à marier l'indigène à Roudenko, selon les ordres de la tsarine. On lui demanda s'il avait vu cette jeune personne et s'il la jugeait digne de devenir russe.

— Pas encore, répondit Belov, mais on m'a affirmé qu'elle est à Trois-Saints, et je vais m'en occuper avec diligence.

Il apprit qu'elle se nommait Cidaq et qu'elle habitait — si l'on pouvait appliquer ce mot — dans une cabane dont l'ancien occupant avait été tué on ne savait trop comment; les détails étaient brumeux. À sa vive surprise, le jeune officier trouva une adolescente réservée de quinze ou seize ans, exceptionnellement propre pour une Aléoute, pas enceinte et possédant un vocabulaire russe suffisant. Comprenant que sa présence la terrifiait mais sans se douter qu'elle craignait d'être impliquée dans le meurtre du marchand, affaire déjà classée par les autorités, il s'efforça de la mettre à l'aise.

— Je vous apporte de bonnes nouvelles. D'excellentes nouvelles.

Elle respira à fond, incapable d'imaginer ce que ce serait.

— Un grand honneur va vous être décerné.

Il se pencha en avant et elle fit de même, l'oreille tendue.

— Votre mari désire vous épouser légalement. Église russe. Prêtre. Baptême.

Il s'arrêta puis ajouta d'un ton pompeux :

— Nationalité russe à part entière.

Sans bouger, il lui sourit. Et il fut soulagé de voir un immense sourire illuminer le visage plat de l'indigène. Il lui prit la main et, enflammé par sa propre joie, s'écria :

— Je vous l'avais bien dit. Une grande nouvelle !

— Mon mari ? demanda Cidaq.

— Oui. Iermak Roudenko. Il est revenu des îles des Phoques.

Ainsi débuta la manœuvre qui allait permettre à Cidaq de se venger de Roudenko, car, avec la ruse d'un petit animal matois, la jeune Aléoute dissimula toute réaction susceptible de trahir la répugnance qu'elle ressentait pour Roudenko. Dans le silence qui suivit, elle imagina vingt façons de faire payer cet homme horrible ; mais comprenant qu'elle devait en apprendre davantage avant de passer à la phase suivante, elle feignit d'être enchantée d'avoir de ses nouvelles.

— Où est mon mari ? Quand pourrai-je le voir ?

— Pas si vite ! Il est ici, à Trois-Saints... Et la Compagnie promet que si vous l'épousez dans les règles, il pourra rester dans l'île, annonça-t-il gravement, comme s'il offrait une récompense suprême.

— Magnifique ! s'écria-t-elle.

Et l'enseigne Belov ajouta la condition qui allait permettre à Cidaq de compliquer les choses.

— Bien entendu, il faudra vous convertir au christianisme pour que le mariage puisse se faire normalement à l'église.

— Sinon, on va le renvoyer là-bas ? demanda-t-elle en feignant d'être horrifiée à cette idée.

— Ils décideront peut-être de le fusiller.

— Parce qu'il est revenu ici sans permission !

— Oui. Il brûlait de vous revoir.

— Chrétienne ? Mariage ? C'est tout ce qu'il faudra ?

— Oui, et le père Piotr est prêt à s'occuper de votre conversion et de votre mariage.

Le visage rond de Cidaq s'éclaira d'une gratitude feinte. Elle sourit à l'enseigne Belov, le remercia de ces nouvelles réjouissantes et demanda comme une jeune femme profondément amoureuse :

— Quand pourrai-je voir maître Iermak ?

— Tout de suite.

Trois-Saints n'avait pas de prison — rien de surprenant car on n'y trouvait pas non plus les autres institutions d'une société organisée —, mais il y avait dans les bureaux de la Compagnie une pièce noire sans fenêtre pourvue d'une porte renforcée. Quand les verrous furent tirés, le jeune officier conduisit Cidaq dans la pièce où son mari supposé se trouvait enchaîné.

— Iermak ! s'écria-t-elle avec une joie qui enchanta le prisonnier sans même l'étonner.

Il comprenait qu'il prenait un risque en comptant sur cette jeune fille pour obtenir sa liberté, mais dans son arrogance il croyait que la chance éblouissante de devenir l'épouse légale d'un Russe aveuglerait Cidaq et l'inciterait à lui pardonner tout ce qu'il lui avait fait endurer dans le passé.

— Iermak ! répéta-t-elle comme une épouse amoureuse.

S'écartant de l'enseigne Belov, elle courut vers son persécuteur, lui prit les mains que retenaient les menottes, les embrassa, puis enfouit son visage souriant dans la barbe du colosse, et l'embrassa de nouveau. Belov, témoin de cette réunion émouvante d'un marchand de fourrures russe et d'une fille des îles qui l'adorait, renifla dans son mouchoir et partit informer les autorités que le mariage pourrait avoir lieu.

***

Dès que Cidaq fut seule, elle se rendit en toute hâte dans la hutte du chaman.

— Lounasaq ! Il faut que je parle à ta momie.

Il ouvrit le sac de peau de phoque, et Cidaq révéla en riant l'occasion surprenante qui s'offrait à elle.

— Si je l'épouse, il reste ici. Si je refuse, il repart chez ses phoques.

— Remarquable ! dit la momie. Tu l'as vu ?

— Oui. Les menottes aux poings. Gardé par un soldat armé.

— Qu'as-tu ressenti en le voyant ?

— Je l'ai vu avec mes mains autour de son cou. Étranglé !

— Et que vas-tu faire ?

Depuis qu'elle avait revu le visage haï de Roudenko, elle avait mis au point une stratégie tortueuse.

— Je ferai croire à tout le monde que je suis heureuse. Je leur ferai croire que je vais l'épouser. Je parlerai de notre vie ensemble à Trois-Saints...

— Et tu savoureras chaque minute, pas vrai ? demanda l'Ancienne.

— Oui, et au dernier moment, je dirai non. Et je le regarderai repartir dans sa prison éternelle parmi les phoques.

La momie, une femme pratique pendant sa vie — ce qui expliquait sa longue continuité après la mort —, demanda :

— Mais quelle raison donneras-tu... pour changer d'avis ?

Cidaq prononça alors les paroles qui allaient créer les complications les plus insensées :

— Je dirai que je ne peux pas renoncer à mon ancienne religion pour devenir chrétienne.

Cette déclaration frivole laissa Lounasaq sans voix, car la religion, l'essence même de sa vie, se trouvait maintenant mise en cause. Se sentant menacé, le chaman écarta la momie desséchée, la rangea dans son linceul de peau de phoque et prit lui-même la parole :

— Envisagerais-tu de te faire chrétienne ?

— Non. C'est eux qui l'ont dit. Il faut que j'entre dans leur Église pour pouvoir épouser Roudenko.

— Mais tu n'y songeais pas ?

Continuant son petit jeu, elle répondit en ne plaisantant qu'à moitié :

— Oh, si c'était un Russe convenable... Comme l'enseigne Belov, par exemple...

Gravement, le chaman fit asseoir Cidaq sur un tabouret, et se plaça en face d'elle.

— Mon enfant, n'as-tu pas vu le christianisme russe ? Qu'a-t-il fait pour ton peuple ? Nous a-t-il apporté le bonheur que leurs prêtres promettent ? Les maisons chaudes ? La nourriture ? Nous aiment-ils comme leur Livre affirme qu'ils le devraient ? Nous respectent-ils ? Nous laissent-ils entrer dans leurs demeures ? Nous ont-ils accordé de nouvelles libertés ou ont-ils sauvegardé les anciennes que nous nous étions assurées ? Leur dieu nous a-t-il donné une seule bonne chose ?... Une seule ? Réfléchis... Et de combien de bonnes choses nous ont-ils privés ?

Depuis son sac, la momie gémit à cet exposé exact de l'œuvre chrétienne accomplie par les Russes. Fort de cet encouragement, le chaman poursuivit — et ses mèches hirsutes tremblaient à chaque nouvel argument.

— N'avons-nous pas connu le bonheur autrefois, dans nos îles, avec nos esprits ? Ils faisaient nager notre nourriture le long de nos plages, nous protégeaient dans nos kayaks, veillaient sur la naissance d'enfants en bonne santé, ramenaient le soleil chaque printemps, assuraient l'harmonie de notre existence, nous permettaient de vivre dans de beaux villages où les jeunes jouaient au soleil et où les vieillards mouraient en paix.

Cette vision du paradis aléoute perdu l'anima au point que sa voix s'éleva en une complainte passionnée.

— Cidaq ! Cidaq ! Tu as survécu à des tribulations difficiles. Les esprits t'ont sauvée pour une noble mission. Ne songe pas, en ces temps de crise, à embrasser leurs ignobles façons de vivre. Cidaq, reste avec ton peuple. Aide-le à retrouver sa dignité. Aide-le à choisir sa voie en ces années d'épreuve. Aide-moi à aider ton peuple.

Quand il s'arrêta, il tremblait, car ses « esprits », les forces qui animaient les vents et enflammaient le soleil, lui avaient accordé d'entrevoir l'avenir : il avait vu que son peuple serait voué à une extinction rapide et douloureuse s'il abandonnait son ancienne existence. Il avait vu l'alcool terrasser les hommes jusqu'à l'inconscience, et des jeunes femmes pleines de vie comme Cidaq débauchées puis rejetées ; mais surtout, il avait vu le déclin sans rémission et la disparition finale de tout ce qui avait embelli la vie à Attu, à Kiska, à Lapak et à Unalaska. Tout serait ravalé dans la poussière, puis même les esprits qui avaient présidé à cette existence-là disparaîtraient.

Un univers, un univers entier qui avait connu des épisodes de grandeur, comme quand deux hommes seuls sur la vaste mer, protégés seulement par un kayak en peau de phoque dont n'importe quel poisson bien décidé pouvait percer les flancs, se lançaient à l'attaque d'une baleine — cent vingt-cinq kilos à eux deux, contre quarante tonnes pour elle — et la combattaient victorieusement. Cet univers, tout ce qu'il comprenait, se trouvait en danger d'extinction, et Lounasaq se sentait responsable de sa sauvegarde.

— Cidaq, supplia-t-il doucement, la voix nouée par l'angoisse, ne méprise pas les anciennes façons de vivre, bien éprouvées, qui t'ont protégée, en faveur d'un nouveau mode de vie détestable, qui promet une belle existence mais ne donne que la mort.

Ces paroles eurent sur Cidaq un effet déterminant ; comme en transe, elle regarda le chaman sortir de ses sacs les symboles vénérés qui avaient orienté jusqu'ici sa vie de jeune fille : les os, les morceaux de bois, les galets polis, l'ivoire recueilli au prix de tant de souffrances dans l'océan. Il les plaça autour d'elle selon des formes auxquelles elle était habituée, puis se mit à psalmodier des mots et des phrases qu'elle ne comprenait pas, mais tellement chargés de pouvoir que les esprits-qui-gouvernent-la-vie vinrent dans la hutte et parlèrent à Cidaq comme dans son enfance.

— Cidaq, ne nous abandonne pas ! Cidaq, les autres promettent du bien-être mais ne tiennent jamais parole quand il s'agit de notre peuple. Cidaq, accroche-toi aux façons de faire qui ont permis à ton arrière-grand-mère de vivre si longtemps, avec tant de courage. Cidaq, ne reporte pas ton allégeance sur les nouveaux dieux inconnus qui se vantent beaucoup mais n'ont aucun pouvoir. Cidaq ! Cidaq !

Son nom résonna en écho aux quatre coins de la hutte et elle crut s'évanouir. Mais du sac de la momie montèrent alors ces paroles de réconfort :

— Chaque chose en son temps, Cidaq. Souris à Roudenko. Incite-le à espérer. Puis renvoie-le dans son exil avec les phoques. Ensuite nous nous occuperons de ce qui tourmente notre chaman, car cela me tourmente aussi.

La fille au visage rond et au sourire de printemps secoua énergiquement la tête comme pour chasser les ombres et voir clair dans les tâches qui l'attendaient, puis elle promit à son chaman :

— Je ne les laisserai pas me faire chrétienne. En tout cas une vraie chrétienne.

Elle sortit de la hutte en souriant car elle imaginait la tête de Roudenko quand il apprendrait qu'elle refusait de l'épouser, et devinerait qu'elle s'était jouée de lui pour le renvoyer à ses phoques.

***

La momie avait prédit l'arrivée de trois hommes à Kodiak, avec des messages d'angoisse ou d'espoir. Roudenko était le premier, il n'apportait rien de positif. Mais un deuxième allait venir, plein d'idées créatrices, et ce n'était pas trop tôt.

En 1790, la colonisation russe de ces territoires était tombée au niveau le plus bas auquel soit parvenue une nation européenne qui prétendait apporter sa civilisation à un pays récemment découvert. L'Espagne, le Portugal, la France et l'Angleterre s'étaient beaucoup mieux comportées, et il faudrait attendre les agissements atroces de la Belgique au Congo pour voir une nation agir presque aussi mal que les Russes dans les Aléoutiennes. Ils détruisirent les systèmes raisonnables selon lesquels les îliens se gouvernaient. Ils pillèrent les ressources vivrières au point d'affamer les populations. Ils exterminèrent presque totalement les loutres de mer, et une richesse qui aurait pu s'exploiter indéfiniment faillit disparaître. Plus grave encore, ils sapèrent les anciennes croyances religieuses sans les remplacer par une foi praticable. De vieux prêtres ivrognes comme le père Piotr à Trois-Saints convertirent au christianisme moins de dix Aléoutes en dix-neuf ans, et même à ces bonnes âmes ils n'apportèrent aucun réconfort spirituel, aucune amélioration matérielle. La situation était si mauvaise qu'un observateur impartial a pu conclure à bon droit : « Tout ce que les Russes ont touché a été souillé. » Mais un vent de réforme allait souffler, venu d'Irkoutsk.

Au cours de l'hiver 1726, où ils avaient été immobilisés par les neiges sur la route du Kamtchatka, Vitus Béring et son assistant Trophime Jdanko avaient fait un détour par la capitale régionale d'Irkoutsk, non loin de la frontière mongole, pour consulter le voïvode Grigori Voronov, dont la fille Marina, capable et volontaire, avait fait sur eux une impression très favorable. Cette Marina avait épousé le marchand de fourrures sibérien Ivan Poznikov, puis après la mort de ce dernier aux mains de brigands sur la piste de Irkoutsk, le cosaque Jdanko. Lorsqu'elle s'était offerte à Jdanko, elle lui avait dit : « Tout ce qui est bien en Sibérie vient d'Irkoutsk », et c'était encore vrai.

Entre-temps, la ville s'était développée, pour devenir non seulement la capitale administrative et commerciale de la Russie orientale, mais le centre duquel émanaient les idées nouvelles qui enrichissent la société. Or le foyer de ces activités dynamiques n'était autre que l'Église orthodoxe, dont l'évêque local résolut d'animer d'une ardeur religieuse nouvelle la région la plus orientale et la plus retardataire de son ministère : Kodiak.

Quand Béring et Jdanko avaient rencontré Marina Voronova à Irkoutsk, ils ignoraient que son jeune frère Ignaci était resté à Moscou quand son père était venu prendre le poste de gouverneur en Sibérie. Ignaci avait eu un fils, Luka, qui avait eu lui-même en 1766 un fils du nom de Vassili, attiré par la vie religieuse dès son plus jeune âge. À la fin de ses études, ce Vassili voulut entrer au séminaire d'Irkoutsk et en 1790, âgé de vingt-quatre ans, il fut ordonné prêtre. Mais il s'ensuivit de violentes querelles au sein de la famille Voronov et la grand-tante Marina Jdanko de Petropavlovsk, âgée de quatre-vingt-un ans, traversa presque la moitié du continent jusqu'à Irkoutsk pour faire connaître ses opinions passionnées — à l'irritation de plus d'un.

Le problème qui se posait à la famille était fort curieux. Dans l'Église orthodoxe russe, au moment de l'ordination, les prêtres devaient faire un choix difficile qui déterminerait leur avenir et les limites de leur carrière. Le jeune homme au cœur enflammé de zèle devait opter soit pour le clergé « noir », soit pour le clergé « blanc ». Le prêtre blanc choisissait d'être le représentant du Christ et de l'Église, d'être au service de ses semblables et de porter la bonne parole dans une paroisse. Détail significatif, il n'était pas seulement autorisé mais encouragé à se marier avant de devenir prêtre, et quand il fondait sa famille dans la communauté, il était lié à elle. Le prêtre blanc, accomplissait avec sa famille une majeure part des bonnes œuvres de l'Église. Luka Voronov, le père de Vassili, était un prêtre blanc de la région d'Irkoutsk et son fils, élevé dans cette tradition, avait pu se convaincre de ses mérites.

Mais d'autres jeunes prêtres, poussés soit par l'ambition, soit par un désir sincère de voir leur Église bien administrée, préféraient devenir moines, membres du clergé « noir ». Il leur serait interdit de se marier, mais la direction de leur Église leur serait confiée. Tout jeune homme qui aspirait à devenir métropolite en Russie ou même dans une grande province comme Irkoutsk devait choisir le noir, faire vœu de chasteté et s'en tenir à ces décisions toute sa vie — sinon il se retrouverait rigoureusement exclu de tout poste important dans la hiérarchie. C'était une règle de fer, qui n'admettait aucune exception : « Les dignitaires de l'Église ne viennent que du noir. »

Les inclinations du jeune Vassili le portaient à suivre les traces de son père, car aucun prêtre de la région d'Irkoutsk n'était plus respecté que Luka Voronov, même pas l'évêque — bien entendu, un « noir ». Fortement encouragé par son père, Vassili aurait donc suivi son exemple si la grand-tante Marina n'avait pas exprimé furieusement un avis contraire.

— Mon enfant, tu te condamnerais à ne jamais prendre la tête de notre Église. Ne songe pas un seul instant à choisir le blanc. Ta naissance te destine à un rôle de chef, peut-être même de chef suprême.

Son neveu Luka, le père du jeune prêtre, réagit énergiquement à ce conseil, qu'il jugeait visionnaire.

— Ma chère tante Marina, vous savez très bien que la hiérarchie de notre Église ne se recrute pas parmi nos prêtres de Sibérie ! Vassili ne l'ignore pas.

— Une minute ! Attends donc ! Tu as suivi la voie du sacrifice, Luka, et tourné le dos à l'avancement, ce que je n'ai jamais compris ; mais ce n'est pas une raison pour que ton fils fasse de même avec les dons qu'il a. Regarde-le ! Dieu ne l'a-t-il pas désigné Lui-même pour une place de chef ?

La famille se tourna vers Vassili, imposant dans son habit de séminariste, blond, grand, tout droit, beau d'allure et révérend dans ses manières : oui, c'était un jeune homme capable de s'élever dans la hiérarchie ecclésiastique, un homme destiné à la grandeur, comme sa grand-tante l'avait observé à juste titre. Mais son père concevait pour lui une voie plus noble que celle de l'avancement : il voyait en lui un jeune homme né pour servir — peut-être simple prêtre dans un rôle plus important, peut-être archiprêtre, mais toujours au service des nobles responsabilités de sa religion, exactement comme lui-même, Luka, l'avait toujours servie. Le jeune séminariste possédait cette pointe de grâce qui ennoblit les hommes, où que le hasard les place dans la vie ; il avait reçu la vocation, l'appel du destin, aussi exigeant et cinglant que le cri insolent d'un sergent par un matin glacé, l'appel de l'œuvre du Seigneur, et il était prêt à Le suivre en toutes circonstances.

Il allait donc annoncer sa préférence pour le « blanc » quand sa grand-tante Marina étonna sa famille.

— Connaissant l'importance de cette réunion, j'ai pris sur moi de consulter l'évêque, et j'ai sollicité sa présence pour nous guider dans nos décisions. Luka, va voir si sa voiture est arrivée.

Peu après, l'évêque en personne parut, et s'inclina devant la grande dame dont les donations importantes lui avaient souvent permis de mener à bien les œuvres de l'Église, notamment dans les îles.

— Madame Jdanko, votre présence à Irkoutsk est une bénédiction.

— Comme celle de mon père avant moi, répondit-elle sans la moindre gêne... Et comme celle de Luka, à sa manière, ajouta-t-elle avec un peu de retard.

Ne voulant pas gaspiller le temps de l'évêque en mondanités, elle enchaîna aussitôt :

— Vassili pense que pour servir le Seigneur il doit choisir le blanc.

— À son âge, j'ai choisi le noir.

— N'avez-vous pas accompli l'œuvre de Dieu de façon aussi efficace?

— Sauvegarder la santé de l'Église est peut-être le plus urgent désir du Seigneur.

Marina ne cria pas victoire, mais elle n'était pas prête à se contenter de paroles en l'air.

— Monseigneur, répondez-moi en toute franchise, si ce jeune homme choisit le noir, envisagerez-vous pour lui un poste aux Aléoutiennes?

À cette impertinence, les membres de la famille demeurèrent sans voix : on ne se mêlait pas ainsi de la politique de l'Église. Mais la vieille dame savait qu'il ne lui restait plus beaucoup d'années à vivre, et il y avait encore tant à faire dans les îles que son défunt mari avait tellement aimées. Cette attaque de front de la vieille dame ne surprit pas l'évêque, car ses bienfaisances passées l'autorisaient sans doute à intervenir, surtout au sujet d'un membre de sa famille. Il demanda un peu plus de thé, prit sa tasse entre le pouce et l'index, grignota une friandise et dit :

— Madame Jdanko, vous savez à quel point je suis inquiet pour la situation de notre Église dans les îles. La tsarine a chargé mes épaules d'une lourde responsabilité : répandre la sainte parole dans ces contrées lointaines et réunir ces sauvages à la famille du Christ.

Il regarda tour à tour les personnes rassemblées autour de lui, prit une gorgée de thé du bout des lèvres, reposa sa tasse, et déclara, d'une voix chagrine :

— J'ai échoué. J'ai envoyé là-bas un prêtre après l'autre, des hommes valables en leur temps mais peut-être trop âgés ; les flammes de l'ambition et du zèle étaient déjà étouffées en eux. Ils ont gaspillé leur vie et les fonds de l'Église. Ils boivent, se disputent avec les responsables de la Compagnie, négligent leurs ouailles — les îliens — et ne ramènent aucune âme à Jésus-Christ.

— Vous exprimez exactement ma pensée ! s'écria la vieille dame, toujours prête au combat, avec une intensité qui n'avait jamais diminué depuis sa jeunesse dans cette même ville. Nous avons besoin de vrais hommes dans les îles. Pour y établir la civilisation. Je veux dire si nous voulons conserver ce nouvel empire et non l'abandonner comme des poltrons aux Anglais ou aux Espagnols — ou même à ces maudits Américains dont les bateaux commencent à se glisser dans les eaux qui nous appartiennent.

Elle était manifestement prête à partir pour les îles sur-le-champ, que ce soit comme gouverneur, amiral, général ou comme chef de l'Église locale.

— J'ai réfléchi à la suggestion que vous m'avez faite l'autre jour, madame Jdanko. Oui, si ce jeune homme choisit le noir, il le fera avec ma bénédiction. Il a un grand avenir dans cette Église. Et il ne saurait faire un meilleur début que dans les Aléoutiennes, où il pourra lancer une nouvelle civilisation. Si vous réussissez là-bas, jeune homme, vos chances de servir l'Église seront sans limites.

Puis, en s'inclinant vers Marina, il ajouta une note pratique :

— Ce qu'il nous faut à la tête de l'Église de Kodiak, ce n'est pas un jeune homme qui épousera une fille de là-bas et finira dans l'ivrognerie comme ses prédécesseurs, mais quelqu'un qui épousera l'Église et construira un bel édifice puissant.

Encouragé par ces paroles, Vassili Voronov, le jeune homme le plus prometteur qui fût jamais sorti du séminaire d'Irkoutsk, choisit le noir, fit vœu de célibat, s'engagea au service du Seigneur et se consacra à la résurrection de son Église orthodoxe, peu brillante, des Aléoutiennes.

*
**

Marina Jdanko, à plus de quatre-vingts ans, possédait encore une énergie démoniaque : à peine eut-elle terminé de donner ses instructions à son petit-neveu Vassili sur la façon dont il lui fallait orienter sa vie religieuse qu'elle se tourna avec la même vigueur vers l'organisation de ses propres affaires. Comme elle se trouvait déjà à Irkoutsk, siège de la Compagnie dont elle était l'un des membres influents, elle se crut obligée de lancer certains changements dans la direction. Elle entra en coup de vent dans la salle du conseil d'administration et jeta, à la surprise de tous :

— Je veux qu'on envoie un vrai patron pour organiser nos intérêts aux Aléoutiennes.

— Mais nous avons déjà un directeur, protestèrent les hommes.

— Je veux un homme qui agisse, au lieu de geindre.

Ils lui demandèrent si elle avait quelqu'un en vue.

— Absolument, répliqua-t-elle.

Il y avait alors à Irkoutsk un homme d'affaires peu ordinaire, répondant au nom d'Alexandre Baranov, tout juste âgé de quarante ans et ancien combattant des violentes guerres commerciales de Sibérie. Marina l'avait vu à plusieurs reprises passer dans les rues, la tête penchée comme s'il calculait un de ses coups de maître. Ce qu'on racontait de lui l'avait intriguée.

— Basse naissance, pas de famille du tout. Marié, mais personne ne voit jamais sa femme ; quand il est parti en Sibérie, elle lui a promis : « Je te rejoins bientôt », mais elle ne l'a jamais fait. Il est allé partout. Honnête comme le soleil levant, mais toujours ruiné par un désastre auquel il ne pouvait rien.

— Vraiment honnête ? demanda-t-elle.

— On ne trouve pas mieux.

— Mais on m'a parlé d'une usine de verre...

À ces mots, elle apprit la plus invraisemblable des histoires.

— J'étais avec lui quand c'est arrivé. Nous prenions une bière et la serveuse, une vraie paysanne, a lâché une chope, qui s'est brisée. Vous savez que dans une ville de la frontière, comme Irkoutsk, les verres coûtent très cher, et le patron s'est mis à tabasser la pauvre fille pour sa maladresse. Nous nous sommes insurgés contre la brutalité du bonhomme. Mais Baranov a pris les morceaux de verre dans sa main et au bout d'un moment il a déclaré : « Nous devrions fabriquer notre verre ici, à Irkoutsk. Au lieu de le transporter de Moscou. » Et vous savez ce qu'il a fait ?

— Aucune idée, répondit Marina.

Un autre homme le lui expliqua :

— Il a commandé en Allemagne un livre sur la fabrication du verre, puis il s'est fait enseigner l'allemand par un marchand pour pouvoir déchiffrer son livre, et sans aucune expérience pratique, sans avoir vu souffler un seul morceau de verre, il a lancé sa verrerie.

— Et il a échoué, comme pour ses autres rêves.

— Pas du tout ! Il a fait du verre splendide. Vous avez bu dans un de ses verres au dîner.

— Que s'est-il passé ?

— Les grandes usines de l'Ouest ont inondé le marché avec leurs produits et baissé leurs prix.

Marina demanda si cette concurrence avait mis Baranov sur la touche, et les hommes voulurent tous lui répondre en même temps.

— Pas Baranov! Il a regardé le verre importé, il a dit : « Il est meilleur que le mien » et il a fermé son usine. Il est devenu l'agent des autres.

— J'aimerais rencontrer un homme qui possède autant de bon sens, dit Marina.

On le fit venir. Elle vit apparaître un petit bonhomme rondelet, débraillé, aussi chauve qu'un iceberg, les mains toujours croisées sur son bedon comme s'il se préparait à s'incliner devant un supérieur. Mais ses yeux vifs trahissaient son désir d'étudier toute proposition qu'on lui présenterait.

— Vous connaissez le marché des fourrures? demanda Marina.

Pendant une demi-heure, il évoqua la situation dans les Aléoutiennes, à Irkoutsk et en Chine, puis suggéra un moyen de faire parvenir les fourrures plus rapidement à Saint-Pétersbourg en prenant un autre itinéraire.

La question suivante de la vieille dame — « Gagnez-vous beaucoup comme représentant en verrerie? » — fournit à Baranov l'occasion d'un des cours sur les possibilités de développement des Aléoutiennes avec de l'imagination et un petit capital.

En moins d'une heure, elle comprit que personne mieux que lui ne pourrait représenter la Russie et la Compagnie aux Aléoutiennes.

— Tenez-vous prêt, monsieur Baranov, le temps que je règle quelques détails.

Et après son départ elle le recommanda chaudement aux directeurs de la Compagnie.

— L'homme dont nous avons besoin dans les îles est Alexandre Baranov.

Ils protestèrent que toutes ses entreprises avaient échoué.

— Mais il est honnête. Et je prétends qu'il a de l'imagination... de la force de caractère... et du bon sens.

— Il a tout de même échoué. Pourquoi?

— Parce qu'il n'avait pas derrière lui un vieux cheval

comme moi pour déterminer une politique, et de brillants jeunes gens comme vous pour lui fournir les fonds.

Jamais l'on n'avait mieux exprimé, ni à Irkoutsk ni à Saint-Pétersbourg, les besoins de la Russie pour mener à bien son aventure dans ces îles d'Amérique, et les directeurs le reconnurent.

— Baranov n'est-il pas trop vieux? objecta un des plus prudents.

— J'ai deux fois son âge! railla Marina. Et je partirais à Kodiak demain s'il le fallait.

— Faites-le donc venir, concédèrent les hommes à regret.

En quelques minutes, sous les questions adroites de Marina, Baranov démontra qu'il avait une vision très claire des possibilités d'avenir. Elle le complimenta pour sa perspicacité.

— Merci, monsieur Baranov. Vous semblez posséder trois attributs que nous recherchons : de l'énergie à revendre, un enthousiasme sans bornes et une vision de ce que peut accomplir la Russie dans ces îles.

— Je l'espère, répondit-il en s'inclinant modestement.

Les directeurs sentirent que la vieille dame voulait leur forcer la main en cette affaire. Furieux de son intrusion, ils cherchèrent à exposer les carences du candidat de Marina.

— Monsieur Baranov, vous comprenez certainement que la Compagnie a deux obligations. Elle doit rapporter de l'argent à ses directeurs, ici à Irkoutsk. Et elle doit représenter les désirs de la tsarine à Saint-Pétersbourg.

Baranov acquiesça avec enthousiasme, mais l'un des directeurs fit observer d'un ton acide :

— Mais rien de ce que vous avez tenté n'a rapporté un sou.

Sans la moindre gêne, le marchand bedonnant sourit.

— J'ai toujours fait un bon départ. Ensuite l'argent a manqué. Cette fois, mes idées seront aussi bonnes, et votre mission consistera à me fournir les fonds.

— Mais pourrez-vous contenter la tsarine?

Avec la simplicité des gens de commerce, il répondit :

— Quand on gagne de l'argent on rend tout le monde heureux.

— Bien dit ! s'écria Marina. Il faudrait en faire la devise de notre compagnie.

Mais les directeurs soulevèrent une objection plus subtile.

— Si vous devenez notre représentant aux Aléoutiennes, comme Mme Jdanko semble le recommander, vous ne serez qu'un marchand comme les autres, Alexandre Baranov, et vous devrez, pour votre protection, obtenir l'appui d'un officier de marine d'origine noble.

Le silence se fit, puis un homme plus âgé remarqua :

— Vous savez sans doute qu'il n'existe sur cette Terre rien de plus méprisant qu'un officier de la marine russe baissant le nez vers un marchand.

Un autre directeur acquiesça, et tous se penchèrent en avant quand il demanda :

— Monsieur Baranov, vous sentez-vous de taille à manœuvrer un officier de marine ?

Avec une élégante simplicité, caractéristique de cet homme hors du commun, il répondit :

— Je n'ai jamais éprouvé de vanité. J'ai toujours accordé volontiers aux autres les droits dont ils estiment normal de se prévaloir. Mais je ne me suis jamais laissé détourner de la tâche à accomplir... Je ne suis qu'un marchand, ajouta-t-il en regardant chaque directeur tour à tour, et la noblesse se situe hors de mon atteinte. Mais j'ai une chose que tous ces officiers de l'aristocratie ne posséderont jamais.

— Laquelle ?

Dans le silence de ce bureau d'Irkoutsk, Baranov le rêveur impénitent donna sa réponse :

— Je sais que la Russie impériale doit se servir des îles Aléoutiennes comme d'une échelle pour une vaste occupation russe de l'Amérique du Nord. Je sais que les réserves de loutres de mer commencent à s'épuiser et qu'il faudra trouver d'autres sources de richesse.

— Par exemple ? demanda l'un des directeurs.

Sans la moindre hésitation, cet amusant petit bonhomme à l'esprit vif et incisif révéla sa vision :

— Le commerce.
— Avec qui ? lança quelqu'un.
— Avec tout le monde. Avec la Compagnie de la baie d'Hudson à Nootka Sound, avec les Espagnols en Californie, avec Hawaii. Et de ce côté-ci de l'océan, avec le Japon et la Chine. Avec les bateaux des États-Unis qui commencent à envahir nos eaux.
— Vous semblez prêt à avaler le Pacifique tout entier ! lança un des directeurs.
— Pas moi, la Russie. Je vois une expansion constante de notre empire dans toutes les directions.

Sa vision était si grandiose, si éblouissante que le lendemain les directeurs, effrayés par tout ce que cela impliquait, firent venir un haut fonctionnaire représentant la tsarine et les éléments les plus responsables de son gouvernement.

— Monsieur Baranov, on m'apprend que vous avez des visions de conquête.
— Je songe à l'avenir de la Russie.
— Mais avez-vous une idée précise de la politique actuelle ? Non ? Permettez-moi de vous l'expliquer et je le ferai sans ambages ni détours. Notre politique consiste à nous défendre à tout prix des dangers en Europe. Cela signifie que dans le Pacifique nous ne devons inquiéter ni offenser personne. Si vous devenez notre homme dans les Aléoutiennes, vous ne devrez offenser ni l'Angleterre en Amérique du Nord, ni l'Espagne en Californie, ni le Japon, ni la Chine, ni même Hawaii. Parce que le destin de la Russie se jouera seulement en Europe. Vous m'avez compris ?

Même si la Russie se souciait temporairement davantage de l'Europe, Baranov était certain que ses intérêts à long terme se trouvaient dans le Pacifique : dans l'avenir, une tête de pont puissante en Amérique du Nord prendrait une importance capitale. Mais il savait aussi que, simple marchand, il ne disposait ni des pouvoirs ni du prestige nécessaires pour mener à bien ses grands desseins. Il décida donc de s'incliner :

— Je comprends mes ordres. Si je suis nommé, je dois m'occuper des îles et ne toucher à rien d'autre.

Et il reçut alors sa première leçon de diplomatie impériale, car l'officier baissa la voix, regarda machinalement par-dessus son épaule, et poursuivit :

— Voyons, monsieur Baranov, personne ne vous a dit ça. Pas du tout. Si vous êtes envoyé à Kodiak, il vous faudra faire des essais dans toutes les directions. Un fort ici, quand les indigènes le permettront. Du commerce avec Hawaii, si c'est praticable. De l'exploration en Californie quand les Espagnols tourneront le dos. Et avant tout, nous assurer une bonne base en Amérique du Nord.

Dans le silence qui suivit, Baranov ne s'écria pas, triomphant : « C'est bien ce que je disais ! » Au contraire, il s'inclina devant le haut fonctionnaire, puis devant chacun des directeurs.

— Excellence, dit-il, vous êtes un homme sage et prudent. Vous m'avez révélé des horizons que je n'avais pas entrevus.

Et le représentant de la tsarine sourit — comme un soleil d'hiver au nord de la Sibérie.

Peu d'hommes d'imagination ont reçu dans l'histoire une mission aussi bien taillée à la mesure de leurs talents que celle d'Alexandre Baranov. Marchand, roturier, sans prestige social, il allait s'opposer d'égal à égal avec des officiers de marine hautains, issus de l'aristocratie. Dans un marché des fourrures en perte de vitesse, il allait gagner de l'argent. Dans un océan où il ne pouvait faire aucun mouvement à visage découvert, il allait étendre l'influence russe dans toutes les directions. Malgré le fardeau d'une épouse qui n'était jamais près de lui, il civiliserait et éduquerait les îles primitives des mers septentrionales. Il s'inclina une deuxième fois devant les hommes qui allaient le charger de cette mission impossible, et dit avec une dignité paisible :

— Je ferai de mon mieux.

Le lendemain il apprit qu'il aurait de l'aide, car, au cours d'un déjeuner organisé par Mme Jdanko, il fit la connaissance de l'évêque d'Irkoutsk.

— La tsarine n'ignore pas que le bon renom international de la Russie dépendra de notre succès à établir une Église chrétienne parmi les indigènes. Or, en toute franchise, nous n'avons pas accompli grand-chose. Si la tsarine apprend à quel point nous avons manqué à nos devoirs, la Compagnie perdra son contrôle sur l'Amérique russe, et vous ne verrez plus jamais une seule fourrure entre vos mains.

Il dévisagea Baranov d'un œil noir, comme s'il le tenait pour responsable des erreurs passées, puis tonna :

— Nous espérons que vous réparerez tout cela.

— Je n'y parviendrai pas tout seul, répliqua cet homme pratique. Et cela ne pourra sans doute jamais se faire avec le genre de prêtre que vous envoyez en Sibérie orientale.

L'évêque se rendit à ces évidences.

— Pour corriger les défaillances passées de mon Église, j'enverrai avec vous un prêtre d'une dévotion sincère et qui promet beaucoup, le neveu de Mme Jdanko, Vassili Voronov.

Marina sonna, et un serviteur fit entrer dans la pièce le jeune homme qui portait déjà la soutane noire d'un prêtre marié à son Église. Telle fut la première rencontre de ces deux conspirateurs, le jeune religieux déterminé à sauver des âmes et l'homme d'affaires énergique rongé par le désir d'élargir la puissance russe. Aucun des deux ne devina, sur le moment, l'importance que prendrait l'autre dans sa vie, mais chacun comprit qu'une association venait de naître, dont les objectifs étaient : évangéliser, civiliser, explorer, amasser de l'argent et étendre l'influence russe au cœur de l'Amérique du Nord.

*
**

Le père Vassili Voronov qui quitta Irkoutsk plusieurs mois avant que Baranov ait pu régler ses affaires, ne se trouvait pas à Kodiak depuis vingt-quatre heures, en 1791, lorsqu'il rencontra l'homme avec lequel il lui faudrait lutter pour le salut spirituel de l'Amérique russe. Comme il explorait sa paroisse en se promenant, il aperçut qui se dirigeait vers lui un grand Aléoute dégingandé, d'allure malpropre et au regard hanté, qui semblait se déplacer sans but. Il n'avait aucun lien apparent avec la Compagnie, et ne devait même pas avoir de toit si l'on en croyait son air débraillé. Vassili ne rencontrait normalement ce genre de personne que lorsqu'il distribuait des aumônes ou rendait visite à la famille d'un mort. Mais le vieillard avait un regard si pénétrant et s'intéressait si manifestement au nouveau prêtre que Vassili se sentit contraint d'en apprendre plus long sur lui.

Il s'inclina gravement, politesse qui ne lui fut pas rendue, puis se hâta d'aller interroger un homme de la Compagnie.

— Cet Aléoute à l'air étrange ne serait-il pas un chaman ?

— Possible, répondit le Russe.

Vassili n'obtint aucune preuve convaincante avant de rencontrer l'enseigne Belov.

— Oui, c'est un chaman connu. Il vit dans une sorte de trou, entre les racines du grand épicéa.

Convaincu d'être sur la piste du diable, Vassili sollicita une entrevue avec le directeur par intérim, qui écouta respectueusement le jeune prêtre le mettre en garde contre « la présence de l'Antéchrist au milieu de nous » et convint que Voronov « devait tenir ce vieux-là à l'œil ». Mais le directeur attira aussitôt l'attention du prêtre sur un problème plus urgent :

— Vous arrivez au bon moment. Une conversion vous attend. Parmi ces Aléoutes, justement.

— Je vais aller le voir tout de suite, répondit Vassili.

— La voir, corrigea le directeur. C'est une jeune fille qui désire se joindre à notre Église.

Quand le jeune prêtre étudia la situation, il découvrit vite qu'il s'agissait d'une conversion à laquelle de curieuses conditions étaient liées. Dès l'instant où il rencontra Cidaq pour discuter du sens de son baptême, il la trouva étrangement ambivalente. Devenir chrétienne l'intéressait manifestement, car cela lui permettrait d'accéder au monde privilégié des Russes, mais elle ne témoignait pas de l'intensité émotionnelle des convertis sincères, et ce dualisme paraissait troublant. Même après trois longues discussions, où la jeune fille cherchait passionnément dans les yeux du prêtre la source d'une illumination, Vassili ne découvrit pas qu'elle lui jouait la comédie. S'il avait appris qu'elle s'intéressait au christianisme seulement comme une arme pour se venger de son « futur mari », il en aurait été suffoqué.

Cependant, en toute innocence, le père Vassili poursuivit son instruction religieuse, et les beautés du christianisme étaient si réelles pour lui que Cidaq, en dépit de son mépris du début, se mit à écouter. Les récits de l'amour de Jésus pour les petits enfants la touchèrent particulièrement car les Aléoutes adoraient les enfants et n'en avaient plus. Deux fois quand le prêtre aborda ce sujet, elle sentit les larmes lui monter aux yeux, et Vassili le remarqua.

Ne se doutant pas que dans cette joute théologique avec le père Vassili elle affrontait un adversaire beaucoup plus dangereux que l'enseigne Belov ou le vieux père Piotr, Cidaq céda de plus en plus à la séduction du témoignage chrétien sur la rédemption, complètement différent des enseignements du chaman et de la momie ; pour ces derniers, il y avait le bien et le mal, la récompense et le châtiment, sans ambiguïté dans les dichotomies. L'idée que dans la vie un être humain puisse pécher, se repentir et obtenir son salut avec le péché totalement effacé parut à la fois neuve et déroutante pour la jeune Aléoute. Après quelques questions préliminaires qui révélèrent son intérêt sincère et offrirent à Vassili l'occasion de développer avec enthousiasme ce principe cardinal, Cidaq aborda sans s'en rendre compte le problème qui devait la plonger dans les mystères profonds et très beaux du christianisme.

— Vous voulez dire qu'un homme peut se racheter même s'il a fait des choses vraiment affreuses?

— Oui, répliqua Vassili d'une voix passionnée. C'est exactement cet homme-là que Jésus est venu sauver ici-bas.

— Il est également venu aux Aléoutiennes?

— Il est venu partout. Il est venu spécialement pour te sauver.

— Mais cet homme...

Elle hésita, renonça, et se figea pendant un moment, les yeux tournés vers le grand épicéa, par la fenêtre. Puis elle dit à voix basse :

— Ce n'est qu'un homme, celui-là. Il m'a fait des choses horribles, et maintenant il voudrait m'épouser!

Vassili s'écarta brusquement, comme si la foudre venait de le frapper, car il avait crue Cidaq âgée de treize ou quatorze ans, et dans la société qu'il avait connue à Irkoutsk les gamines de cet âge ne se mariaient pas.

— Quel âge as-tu? demanda-t-il stupéfait.

— Seize ans.

À ces mots il la regarda comme s'il la voyait pour la première fois. Une révélation si surprenante qu'il essaya de classer tout ce que cela impliquait.

— Tu as seize ans?

— Oui.

— Et un homme veut t'épouser?

— Oui.

— Et il a fait des choses horribles?

— Oui.

— Qu'a-t-il fait aux gens?

— Pas aux gens. À moi, répondit-elle d'une voix contenue.

Jusqu'ici Vassili avait vu en Cidaq une enfant intriguée par l'arrivée d'idées chrétiennes élaborées dans sa communauté primitive ; découvrir qu'elle était en âge de se marier et troublée par les problèmes liés au mariage ne laissa pas de bouleverser Vassili. Il l'aurait été davantage s'il avait compris qu'elle essayait de résoudre, à sa manière simple et instinctive, le plus profond des problèmes philosophiques et moraux : rien de moins que la nature du bien et du mal.

Il maintint la discussion au seul niveau duquel il était conscient :

— Mais qu'a-t-il donc pu te faire?

L'innocence de la question toucha tellement Cidaq que, dans sa sympathie pour lui, elle se rendit compte qu'elle devait être beaucoup mieux informée que lui.

— Des choses laides, répondit-elle, persuadée que de toute manière il ne comprendrait pas.

Mais Vassili insista, sans se douter qu'il allait faire détonner une bombe qui le blesserait gravement.

— De quelle manière t'a-t-il fait du mal ? Il a volé ? Il a menti ?

Un sourire vague éclaira le visage de la jeune Aléoute ; elle regarda droit dans les yeux ce jeune homme si sérieux qui essayait de l'entraîner dans sa religion, et reconnut sa bonté, son désir sincère d'aider : n'était-il pas grand temps qu'il comprenne certains aspects de l'existence dont il ne semblait pas au courant ? Calmement, sans émotion, elle lui parla du dépeuplement de Lapak et des femmes abandonnées dans l'île à une mort certaine. À la stupéfaction qui se peignit sur les traits du prêtre, elle s'aperçut qu'il ne croyait pas à une telle brutalité de la part de son peuple.

Puis elle reprit son récit :

— On m'a donc vendue à cet homme sur le *Tsar Ivan* et il m'a gardée dans la cale, sans rien à manger ou presque ; quand il a eu terminé avec moi, il m'a prêtée à ses amis, et il n'y a plus eu de jours et de nuits.

Vassili ferma les yeux et essaya de se boucher les oreilles, mais elle continua le récit de son existence à Kodiak.

— Cet homme a été envoyé aux îles des Phoques et j'ai été libérée de lui, mais d'autres comme lui m'ont trouvée ici, à Trois-Saints, et ils m'auraient tuée si le chaman ne m'avait pas accordé son aide. Nous avons tué le pire de ceux qui ont abusé de moi.

Les précisions tombaient si vite que Vassili n'arrivait pas à les assimiler.

— Que veux-tu dire par *abusé* ?

— Tout.

— Mais quand tu dis *tué*... Voyons ! Tu n'as tout de même pas assassiné quelqu'un ?

— Pas exactement.

Il soupira, soulagé, puis se retrouva le souffle coupé lorsqu'elle ajouta :

— Le chaman a appelé. Cinq Aléoutes sont venus avec deux gourdins, ils ont battu l'homme à mort et nous avons caché son corps sous des rochers.

Vassili se pencha en arrière, joignit nerveusement les mains, sans détacher les yeux de la jeune fille. L'horreur physique de son récit passa, mais le choc psychologique resta.

— Tu as dit deux fois que tu es allée voir le chaman. Tu veux dire le vieil homme bizarre qui vit entre les racines de l'arbre?

— C'est lui qui garde nos esprits, répondit Cidaq. Les esprits et lui m'ont sauvé la vie.

C'en était trop.

— Cidaq, ce ne sont pas les esprits du chaman qui règnent sur le monde, mais le Seigneur Dieu. Tant que ton peuple et toi ne le reconnaîtrez pas, tu ne pourras pas être sauvée.

— Mais Lounasaq m'a sauvée, et il a pu le faire seulement parce que la momie nous a avertis que les hommes venaient nous tuer.

— La momie?

— Oui. Elle vit dans un sac de peau de phoque et elle est très vieille. Des milliers d'années, a-t-elle dit.

— A-t-elle *dit*? répéta le prêtre, incrédule.

— Oui. Elle nous parle de beaucoup de choses.

— *Nous*? À qui parle-t-elle?

— À Lounasaq et à moi.

— C'est une illusion, mon enfant. Ne sais-tu pas que certains sorciers peuvent projeter leur voix? Faire parler les choses, même de vieilles momies? Le Seigneur m'a envoyé ici pour mettre fin au règne des sorciers et des chamans, pour vous apporter à tous le salut de Jésus-Christ.

Il s'arrêta, reprit sa place à côté d'elle et regarda de nouveau ses yeux sombres.

— On m'a dit que tu désirais te joindre à Son troupeau.

Elle ne comprit pas la métaphore.

— À quoi?

— On m'a dit que tu voulais devenir chrétienne, traduisit-il.

— C'est vrai.

— Pourquoi?

— Parce que si je ne le fais pas, je ne pourrai pas épouser Roudenko. C'est l'homme mauvais dont je vous ai parlé.

De nouveau, le prêtre cessa de comprendre, mais ses questions patientes lui permirent de découvrir la vérité.

— Tu te convertis seulement pour pouvoir te marier?

— Oui.

— Mais pourquoi veux-tu épouser un homme qui t'a traitée ainsi?

Et comme c'était une jeune fille sincère, sans la moindre duplicité quand elle ne jouait pas la comédie, elle lui avoua :

— J'en ai discuté avec le chaman et l'Ancienne. Ils m'ont approuvée quand je leur ai dit que j'allais me moquer de vous, les Russes, en vous faisant croire que je devenais chrétienne pour pouvoir épouser Roudenko.

Vassili, complètement perdu, n'arrivait pas à croire qu'elle eût conçu une tactique si tortueuse, et voulut en savoir la raison :

— Mais qu'espérais-tu gagner par cette supercherie?

Elle dut avouer la vérité.

— Quand le cœur de ce méchant homme aurait été comblé de joie à la pensée de rester ici, je l'aurais regardé dans les yeux, et je lui aurais lancé : « Ce n'était qu'un jeu. Je l'ai fait pour te tourmenter. Je ne t'épouserai jamais. Retourne à tes phoques... pour la fin de tes jours. »

Vassili cessa complètement de la voir sous les traits d'une fillette innocente de treize ans. La voix grave de Cidaq évoqua soudain le cri farouche d'un passé ancien où des esprits horribles hantaient la terre et ravageaient les âmes. Apprendre qu'une telle dureté de cœur pouvait exister chez une jeune fille comme Cidaq fit trembler les bases de sa vision du monde.

Il ne pouvait pas concevoir les horreurs qu'elle avait endurées dans la cale du *Tsar Ivan,* et quant au meurtre qui l'avait délivrée du même sort à terre, il l'avait aussitôt classé comme une de ces infractions à la paix, fréquentes parmi les marins. Mais l'intention de Cidaq d'utiliser le christianisme pour se venger lui fit horreur, et la découverte que son chaman l'avait encouragée dans cette perversité renforça sa résolution d'éliminer le chamanisme de Kodiak. Désormais, ce serait un combat à mort.

Mais il fallait d'abord qu'il s'occupe des besoins spirituels de cette enfant. La pureté de son âme, pourrie mais maintenue intacte par la foi simple et rustique de ses parents, lui permit de voir Cidaq telle qu'elle était : mi-enfant, mi-femme, courageuse et sincère. Curieusement, ce qui lui était arrivé ne l'avait pas corrompue. Elle avait l'esprit pur comme lui, mais se trouvait en danger mortel à cause de ses relations avec un chaman.

Repoussant à plus tard ses autres obligations, il consacra son énergie spirituelle considérable au salut de son âme. Par de longues prières, des exhortations et le récit de nobles passages de la Bible, il lui exposa un christianisme idéal. Ayant découvert que l'amour du Christ pour les enfants l'avait touchée, il insista sur cet aspect ; et comme elle avait été contrainte à pécher, il mit l'accent sur le dogme de la rédemption. Il ne s'agissait plus du salut de Roudenko : le Christ pourrait racheter Cidaq.

Après cinq journées entières de pressions incessantes, Cidaq céda. Sans conviction mais désireuse de faire plaisir au jeune prêtre, elle déclara :

— Je me sens appelée à Jésus-Christ.

Il l'interpréta comme une conviction sincère et cria à tous les vents :

— Cidaq est sauvée !

Il annonça aux directeurs de la Compagnie, aux marins et aux Aléoutes (qui ne pouvaient pas le comprendre) que l'enfant Cidaq était enfin sauvée — sur quoi le marchand qui avait failli mourir de ses mains grommela :

— Ce n'est pas une enfant !

Le dimanche suivant, après le service dans son église rustique du bout du monde, le père Vassili proclama devant sa minuscule congrégation que Cidaq avait choisi de marcher sous la bannière du Christ, et que selon la loi de l'empire, elle prendrait un honnête nom russe.

— Désormais elle ne portera plus l'affreux nom païen de Cidaq mais son beau nom chrétien : Sofia Kouchovskaia. Sofia signifie sagesse et Kouchovskaia est le nom d'une bonne chrétienne d'Irkoutsk.

Il embrassa sa convertie sur les deux joues et déclara :

— Tu n'es plus Cidaq. Tu es Sofia Kouchovskaia. Ta vie commence.

*
**

Avec la naïveté renversante qui caractérise de nombreux dévots, le père Vassili se fixa une ligne d'action théologique qui lui paraissait parfaite, rationnelle et même inévitable. Sofia, devenue chrétienne, serait capable par son amour et sa foi de racheter la brebis égarée Roudenko. Ensemble, ils entreraient dans une nouvelle vie, pour le plus grand honneur de la Russie et la dignité de Kodiak.

Il désirait tellement croire que Roudenko était une simple répétition du fils prodigue de la Bible ! Peut-être avait-il trop bu, subi de mauvaises influences... Et comme il n'imaginait pas qu'un homme puisse être mauvais par nature, le jeune prêtre se donna pour tâche suivante de le convertir comme il avait converti Sofia. N'ayant jamais rencontré le criminel, il demanda à l'enseigne Belov de le conduire dans la pièce noire où Roudenko demeurait encore enfermé.

— Méfiez-vous de celui-là, le prévint le jeune officier. Il a tué trois hommes en Sibérie.

— C'est justement ce genre d'homme que Jésus recherche, répondit Vassili.

Roudenko, toujours les menottes aux poignets, avait sa place retenue sur le bateau suivant qui partirait aux îles Pribilof, mais il était persuadé que la jeune fille achetée à Lapak assurerait son salut. Jaugeant le père Vassili comme un de ces prêtres innocents à qui l'on peut faire gober n'importe quoi, il comprit qu'il avait intérêt à se mettre dans ses bonnes grâces, et offrit le spectacle d'un homme accablé de remords.

— Oui, la jeune femme que vous appelez maintenant

Sofia est mon épouse. Je l'ai achetée, mais j'éprouve une affection sincère pour elle. C'est une brave fille.

— Mais, le comportement coupable dans la cale du bateau ?

— Vous connaissez les marins, mon père. Je n'ai pas pu les retenir.

— Et le même comportement ici, à Trois-Saints ?

— Vous savez sans doute que l'un d'eux a été tué par les Aléoutes. C'est lui qui a tout fait. Moi ? Mon père et ma mère avaient la foi. Moi aussi. J'aime Sofia et je ne suis pas surpris d'apprendre qu'elle s'est jointe à notre Église. J'espère que vous bénirez notre union.

Il en avait les larmes aux yeux.

Vassili, touché par la transformation apparente du détenu, estima que le seul point restant à éclaircir concernait les meurtres de Sibérie. Roudenko se hâta de se justifier.

— Une erreur judiciaire. Deux autres types avaient fait le coup. Le juge s'est laissé influencer. J'ai toujours été honnête. Jamais volé un kopeck. Cette déportation aux Aléoutiennes est injustifiée !

Et pour exprimer son amour profond pour son épouse, sa voix se fit encore plus onctueuse.

— Mon seul but est de commencer une nouvelle vie avec la jeune fille que vous appelez Sofia. Dites-lui que je l'aime encore.

Il exprima ses sentiments avec un tel étalage de ferveur religieuse que Vassili dut réprimer un sourire. Il savait bien que Roudenko avait commis les meurtres, mais il était prêt à admettre son désir de commencer une vie meilleure. Tout ce que Vassili avait appris sur la volonté de Dieu et de Son Fils Jésus le poussait à croire en la vertu du repentir, et le lendemain, quand il revint discuter avec l'ancien criminel, il demanda qu'on lui enlève les menottes pour qu'ils puissent parler d'homme à homme. À la fin du dialogue, il partit convaincu qu'une illumination avait modifié le cœur de Roudenko...

Désireux de sauver ce que le prophète Amos a appelé « un brandon arraché au foyer », Vassili déclara à Sofia :

— La volonté de Dieu sera exaucée si tu l'épouses et fondes avec lui un foyer chrétien.

En disant ceci, il ne voyait pas en elle un être humain individuel ayant des aspirations personnelles, mais une sorte d'agent mécanique du Bien. Sans doute aurait-il été fort surpris si on lui en avait fait la remarque, car cette conclusion impersonnelle ne découlait pas d'un enchaînement complexe de raisons théologiques, simplement des leçons que ses parents lui avaient inculquées : « Même le plus endurci des pécheurs peut être racheté », « Dieu ne demande qu'à pardonner », « Il appartient à la femme d'assurer le salut de l'homme », « La femme doit être le phare de l'homme dans la nuit sombre »...

— Tu es le phare de Roudenko dans la nuit sombre, annonça Vassili à Sofia quand il lui exposa ses plans.

— Ah bon ? demanda-t-elle.

— Dieu, qui t'a prise maintenant sous Son aile, aime tous les hommes et toutes les femmes sur cette Terre. Nous sommes Ses enfants et Il désire que nous soyons tous sauvés. Je t'accorde volontiers que ton mari a eu un passé mouvementé, mais il s'est réformé et désire commencer une nouvelle vie, en suivant la voie du Christ. Pour le faire, il a besoin de ton aide.

— Celui-là ? Je ne veux pas l'aider. Qu'il retourne à ses phoques !

— Sofia ! Sa voix crie au secours dans la nuit...

— Moi aussi j'ai crié dans la nuit. Et pleuré de vraies larmes. Mais il ne m'a pas porté secours.

— Dieu veut que tu accomplisses ta promesse... Que tu l'épouses... que tu le sauves... que tu l'entraînes vers la lumière éternelle.

— Il m'a laissée, lui, dans l'obscurité éternelle. C'est non !

La suggestion était si répugnante, si contraire au bon sens, que Sofia-Cidaq ne permit pas à Vassili d'insister. Elle le quitta brusquement et partit ouvertement vers la hutte de Lounasaq, ne sachant pas qu'en adoptant la foi chrétienne elle s'était engagée à renoncer à toute autre croyance, et notamment au chamanisme. Instinctivement, elle s'adressa à ce qui avait été la source de son instruction spirituelle.

— Apporte la momie ! Je veux parler à une femme au courant de toutes ces choses...

Quand la momie apparut, Cidaq lança :

— Ils m'ont fait changer de nom pour que je puisse être une bonne Russe. Sofia Kouchovskaia.

La momie éclata de rire.

— Tu ne pourras jamais être une Sofia. Tu es pour toujours Cidaq.

— Et ils disent que je dois épouser Roudenko... Pour le sauver... Parce que leur Dieu le veut.

La momie aspira l'air si vite entre ses dents qu'elle siffla.

— Suppose que tu gâches ta vie pour sauver la sienne, quel résultat ?

— C'est ce qu'ils appellent le salut, répondit Cidaq. Le sien, pas le mien.

Le chaman condamna sans rémission tout ce que défendait le prêtre.

— Toujours les intérêts des Russes d'abord. On sacrifie la petite Aléoute pour le bonheur d'un Russe. Quel genre de dieu peut donner un avis de ce genre ?

Mais ces altercations révélèrent à Cidaq les motifs profonds du chaman. Elle se dit : il a peur du prêtre, il sait que la nouvelle religion est puissante ; mais un chaman doit sans doute savoir ce qui est le mieux pour les Aléoutes... Elle écouta donc Lounasaq avec respect jusqu'à la fin.

— Ils nous écrasent peu à peu, ces Russes. La Compagnie fait de nous des esclaves, et des prêtres veillent à ce que tout se passe selon la volonté de leurs esprits. Chaque jour, Cidaq, nous tombons plus bas.

Puis il se produisit une chose surprenante. À force d'utiliser la momie, le chaman avait doté cette relique ancienne d'un caractère et d'un esprit bien à elle. Quand Lounasaq faisait semblant d'être la vieille femme, il devenait vieille femme, car il connaissait bien la façon dont les femmes pensent et s'expriment.

— Dans les îles, dit la momie, les femmes servaient

leurs hommes, fabriquaient leurs habits, ramassaient le poisson et les baies, chantaient quand les hommes partaient à la chasse à la baleine… Mais jamais je n'ai senti que nous étions inférieures, seulement différentes, dotées de capacités différentes. Quel homme, dans quelle île, a pu mettre au monde un enfant ? Mais cette nouvelle foi… C'est horrible ! Sacrifier une fille comme toi à une brute comme Roudenko pour améliorer son sort à lui…

Elle surprit Cidaq par un éclat de rire.

— Une fois, nous avons eu un homme comme ton Roudenko. Il menaçait tout le monde. Battait sa femme et ses enfants. Un jour il a causé la mort d'un bon pêcheur en ne restant pas à sa place.

— Qu'avez-vous fait ? demanda le chaman.

— Une femme de notre village attrapait plus de poisson que les autres et cousait les meilleurs pantalons de peau de phoque. Un matin, elle nous a dit : « Quand les kayaks rentreront ce soir, joignez-vous à moi, vous trois, quand j'irai décharger son poisson. Et pendant qu'il sera encore dans le canot, regardez bien. »

— Que s'est-il passé ? demanda Cidaq.

— Il est arrivé. Nous sommes entrées dans l'eau pour prendre son poisson. Sur le signal de la femme, je l'ai aidée à l'arracher au kayak. Les deux autres se sont jointes à nous et nous l'avons maintenu sous les vagues. Parfois, c'est la seule façon, ajouta-t-elle sans méchanceté.

— Les autres pêcheurs ont dû vous voir. Qu'ont-ils fait ?

— Ils ont détourné les yeux. Ils savaient que nous faisions leur travail à leur place.

— Et que dois-je faire ? demanda Cidaq.

— Nous traversons une époque troublée, mon enfant, répondit la vieille femme.

Mais elle s'aperçut que cette réponse ne pouvait suffire et elle ajouta :

— Un jour, quand les kayaks rentreront dans la brume, tu découvriras ce qui doit être fait.

— Dois-je les laisser me marier à ce type-là ?

Elle ne voyait rien de mal à solliciter un conseil moral auprès du chaman et de sa momie, car elle se sentait toujours membre de leur monde. Elle comptait sur le nouveau prêtre pour la guider dans les questions éthérées, mais sur son vieux chaman pour les affaires pratiques.

Le chaman, voyant là une chance de renforcer son emprise sur la jeune femme sauta sur sa question.

— Non ! Cidaq, ils se servent de toi à leurs propres fins. C'est la corruption, la destruction des Aléoutes.

Il se battait pour protéger l'univers aléoute : la mer et ses tempêtes, les morses et les saumons bondissant dans les torrents, et il s'écria :

— Ce n'est pas Roudenko qu'il faudrait noyer au crépuscule, mais le prêtre qui donne ce genre de conseils. Il est venu ici pour nous détruire.

La momie, en revanche, donna un autre conseil.

— Attends, Cidaq. Vois ce qui arrive. Au cours de mes longues années, j'ai constaté que de nombreux problèmes se résolvent par l'attente. On se demande si l'enfant sera fille ou garçon : il suffit d'attendre neuf lunes pour le voir.

Et Cidaq, en sortant de la hutte, comprit que le chaman parlait seulement pour cette année-là avec sa constellation de contradictions, alors que la momie tenait compte de tous les étés et de tous les hivers à venir. Mais l'association des deux opinions avait beaucoup plus de sens à ses yeux que le conseil du père Vassili.

*
**

Le retour effronté de Sofia dans la hutte du chaman et à une religion qu'elle avait en principe répudiée mit en garde le père Vassili : l'issue du combat pour l'âme de cette jeune femme demeurait douteuse. Elle était baptisée et techniquement chrétienne, mais sa foi semblait si vacillante qu'il décida de prendre des mesures spectaculaires pour achever sa conversion. Il l'invita dans le bâtiment de bois d'épave qu'il appelait son église, la fit asseoir sur une chaise fabriquée de ses mains, et lui dit :

— Sofia, je connais l'attrait des anciennes façons de vivre. Quand Jésus-Christ a apporté sa nouvelle foi aux Juifs et aux Romains...

Elle ne comprit pas un seul mot de la suite.

— Ce n'est pas moi qui ai apporté la vraie religion à Kodiak, conclut-il, c'est Dieu lui-même. Il a dit : « Il est temps que les bons Aléoutes soient sauvés. » Je ne suis pas venu ici, c'est Dieu qui m'a envoyé. Il ne m'a pas envoyé dans cette île. Il m'a envoyé à toi. Dieu a envie de te prendre dans Son sein, Sofia Kouchovskaia. Et même si tu n'as pas envie d'écouter ce que je dis, tu ne peux pas refuser d'entendre la parole de Dieu.

— Comment peut-Il me demander d'épouser Roudenko ?

— Parce que vous êtes tous les deux Ses enfants. Il vous aime de la même manière et Il désire que Sa fille sauve Son fils Iermak.

Pendant plus d'une heure il la supplia d'embrasser le christianisme sans réserve, de renoncer au chamanisme, de se soumettre à la miséricorde de Dieu et à la bienveillance de Son Fils Jésus. Elle mit fin à ces tentatives de persuasion en lui lançant l'argument qu'elle avait entendu dans la hutte.

— Votre Dieu ne se soucie pas de la femme, de moi. Uniquement de l'homme, Roudenko.

Vassili recula comme s'il avait reçu une gifle, car dans ce refus brutal de cette indigène des îles, il entendait l'une des récriminations permanentes contre la foi orthodoxe russe et d'autres versions de la chrétienté : une religion d'hommes établie pour sauvegarder et enraciner seulement les intérêts des hommes — et il s'aperçut qu'il avait enseigné à cette jeune femme intelligente à peine la moitié des fondements de sa foi. Humblement, il lui prit les deux mains et avoua :

— J'ai honte, je ne t'ai pas fait part de la beauté de ma religion.

Cherchant le moyen le plus clair d'expliquer cet aspect de sa foi qu'il avait passé sous silence, il balbutia :

— Dieu aime particulièrement les femmes, car ce sont elles qui font avancer la vie.

Cette nouvelle notion, développée habilement par le jeune prêtre plein de flamme, fit beaucoup d'effet à Sofia clouée sur sa chaise en une sorte de transe tandis que Vassili allait chercher sur l'autel les symboles vénérés qui exprimaient sa religion : le Christ crucifié, une Madone à l'Enfant sculptée par un paysan d'Irkoutsk, une icône rouge et or représentant une sainte et une croix d'ivoire. Il les posa devant elle presque du même geste que Lounasaq lorsqu'il montrait ses propres icônes, et il essaya de trouver les mots et les phrases les mieux à même de traduire le message unique du christianisme.

— Sofia, Dieu nous a offert le salut par la Vierge Marie. Elle te protège ainsi que toutes les femmes. Ses saints les plus vénérés sont des femmes qui ont eu des visions et ont aidé leurs semblables. Dieu parle par ces femmes, et elles te supplient de ne pas refuser le salut qu'elles représentent. Abandonne l'ancienne voie du mal et embrasse les voies de Dieu et de Jésus-Christ. Sofia, ils t'appellent.

Le nouveau nom de Cidaq parut retentir de tous les coins de la modeste chapelle et elle crut s'évanouir. Puis tombèrent les paroles décisives :

— De même que Dieu m'a envoyé à Kodiak pour sauver ton âme, de même tu as été envoyée ici pour sauver celle de Roudenko. Ton devoir est clair. Tu es l'instrument élu de la grâce de Dieu. De même qu'Il n'a pas pu sauver le monde sans l'aide de Marie, de même Il ne peut sauver Roudenko sans ton aide.

En entendant ces mots, Sofia comprit toute la portée du nouveau christianisme. Jusque-là, la religion ne semblait concerner que les hommes et leur bien-être, mais ces nouvelles définitions prouvaient qu'il existait également une place pour elle, et en cet instant de révélation, elle perçut une vision entièrement différente de ce que pouvait être une vie humaine. Jésus devint réel, fils de Marie par la grâce de Dieu, et par l'intercession de Marie les femmes pouvaient atteindre à ce qui leur avait été longtemps dénié. Les saintes étaient une réalité ; la croix était du bois d'épave tangible venu sur l'île où ces saintes vivaient ; mais au-dessus de tous les autres mystères et des précieux symboles de la nouvelle religion, s'élevait le merveilleux message de rédemption, de pardon des offenses et d'amour. Le père Vassili avait apporté à Kodiak une nouvelle vision de l'univers, et Sofia Kouchovskaia en prit enfin une conscience claire.

— Je donne ma vie à Jésus, dit-elle avec une douce simplicité.

Cette fois elle le pensait. Sa conversion était achevée.

Comme c'était une jeune femme intègre, dès qu'elle quitta la chapelle, elle se rendit tout droit à la hutte du chaman, où elle attendit que Lounasaq sorte sa momie.

— J'ai eu une vision des nouveaux dieux. Je suis re-née aujourd'hui Sofia Kouchovskaia, et je suis venue te remercier les larmes aux yeux, pour l'amour et l'assistance que tu m'as apportés avant que je trouve la lumière.

Une longue plainte emplit la hutte, émanant à la fois de Lounasaq — conscient d'avoir perdu une des batailles capitales de sa vie — et de la momie — certaine depuis de nombreuses saisons que les changements survenus sur ses îles n'auguraient rien de bon.

— Cidaq, tu es comme le jeune morse qui trébuche sur de la glace dangereuse. Attention !

Ce rappel incidentel du sens de son nom aléoute — petit animal courant en liberté — fit mesurer à la jeune femme l'immense perte qu'elle était en train de subir.

— Oui, c'est certain, je trébucherai, murmura-t-elle. Et ton réconfort me manquera. Mais des vents nouveaux soufflent sur la glace, et je dois les écouter.

— Cidaq ! Cidaq ! cria la momie d'une voix éplorée.

Jamais plus cette enfant des îles n'entendrait prononcer ce nom précieux. Elle s'agenouilla devant le chaman pour le remercier de ses conseils, puis devant la momie dont le soutien pratique avait tellement compté pour elle en ces temps de crise.

— J'ai l'impression de perdre la grand-mère de ma grand-mère. Tu me manqueras.

Désireux de conserver des relations avec cette jeune fille de valeur, le chaman fit répondre sa momie, sans la moindre trace d'anxiété :

— Oh, mais tu peux toujours revenir me parler.

La réponse fut déchirante.

— Non. Je ne peux pas. Car je suis maintenant une autre personne. Je suis Sofia.

Sur ces mots, elle s'inclina de nouveau devant ces forces ancestrales de sa vie, puis les quitta avec des larmes dans les yeux — apparemment pour toujours. Quand la hutte fut vide de sa présence, le vieux chaman et l'Ancienne gardèrent le silence pendant plusieurs minutes, puis s'éleva du sac de peau un cri d'angoisse mortelle, comme si survenait la fin d'une vie en même temps que la fin d'une idée :

— Cidaq ! Cidaq !

Mais celle à qui appartenait autrefois ce nom ne l'entendrait plus.

*
**

Ce fut un mariage que n'oublieraient jamais ceux qui y assistèrent. Iermak Roudenko, énorme et sinistre, semblait très pâle après sa longue détention. Voûté, le front bas, aigri par le traitement qu'il avait reçu mais soulagé d'avoir échappé à un retour chez les phoques, il n'avait rien du jeune époux idéal car il n'avait pas changé depuis son arrestation : un assassin endurci de voyageurs sans défense. Quel contraste avec Sofia Kouchovskaia, jeune, exubérante, ne gardant pas la moindre trace des mauvais traitements infligés naguère par son « futur » ! Avec ses cheveux défaits dans son dos et coupés bien droit sur le devant, presque à la hauteur de ses cils, c'était l'image même de la jeune épouse émue par ce qui lui arrivait et pas du tout certaine de l'avenir.

Tous les invités étaient russes ou métis. Aucun Aléoute n'assistait à la cérémonie, car les responsables de l'île considéraient que le jour des noces marquait l'entrée officielle de la jeune indigène dans la société russe. Finis, pour elle, les mauvais jours du paganisme ; l'aube radieuse de la foi orthodoxe se levait. Et l'on supposait qu'elle témoignerait de la reconnaissance pour cette amélioration de son statut.

Même Roudenko subit une métamorphose. Il n'était plus seulement un forçat brutal parmi d'autres, déporté aux Aléoutiennes, ni un évadé des îles des Phoques : il devenait l'instrument d'une grande mission de la tsarine — la conversion au christianisme d'une âme païenne aléoute. Purifié par cette nouvelle responsabilité, il se conduisit en vrai colon russe.

Quant au père Vassili, quelle émotion ! Sofia était sa première Aléoute convertie, et le premier membre de la communauté aléoute dont l'entrée dans le christianisme pouvait être prise au sérieux. Mais à ses yeux, Sofia représentait bien plus que le changement en train de balayer les îles : un être humain admirable, une femme sortie triomphante de malheurs capables de détruire un être de moindre trempe, et dotée d'une perception vive de ce qui était en train de survenir à son peuple. En sauvant cette jeune femme, se disait Vassili en s'avançant vers le dais sous lequel il se tiendrait pour lire le service des noces, la Russie gagnait une perle. Et dans sa soutane noire, il les maria.

Les marins russes chantèrent et dansèrent, les responsables prononcèrent des discours pour féliciter Sofia Roudenko de son entrée dans leur société, et Iermak de sa sortie de prison. Mais le troisième jour, ces réjouissances furent un instant ternies par l'intrusion soudaine du vieux chaman dépenaillé, qui quitta sa hutte, pénétra dans la propriété de la Compagnie et d'une voix qui tremblait invectiva le père Vassili pour avoir célébré un mariage aussi infâme.

— En arrière, vieux fou ! le prévint un des gardes.

Sans effet, car le chaman continua de lancer ses accusations insultantes. Roudenko, irrité par cette interruption de la fête dont il était le personnage central, se jeta sur Lounasaq en hurlant :

— Fous le camp !

Le vieillard braqua un long index vers le nouveau marié et cria en russe :

— Assassin ! Débaucheur de femmes ! Porc !

Saisi de rage, Roudenko serra les poings et frappa. Lounasaq chancela, essaya de retrouver son équilibre en se raccrochant à son agresseur, reçut deux autres coups sur la tête et s'écroula dans la poussière.

Sofia s'élança. Elle écarta son mari, s'agenouilla près de son ancien conseiller spirituel, et lui donna plusieurs claques douces sur le visage pour lui faire reprendre conscience. Puis, tournant le dos aux invités de sa noce, elle voulut le ramener dans sa hutte. À la surprise de la jeune femme, le père Vassili intervint ; il soutint de son bras le corps tremblant de son adversaire et l'entraîna. En voyant les deux hommes s'éloigner, Sofia comprit qu'elle devait les rejoindre et s'élança à son tour. Mais Roudenko, furieux de ce qui s'était passé et de la participation de sa femme, l'accrocha par le bras, la fit tourner sur elle-même et la frappa en plein visage avec une telle violence qu'elle s'effondra elle aussi. Sans l'intervention de l'enseigne Belov, Roudenko lui aurait sans doute lancé des coups de pied. Mais le marin aida Sofia à se relever et épousseta sa robe. Du sang perlait à son menton, où le poing de Roudenko avait coupé la peau enfermant son labret d'ivoire. Il continua de couler.

***

Iermak Roudenko ne fut pas puni pour avoir battu sa femme et blessé le chaman, parce que la plupart des Russes tenaient les Aléoutes pour moins qu'humains, tout juste dignes de corrections brutales. Dans l'île sans loi de Kodiak, l'opinion commune des Russes soutenait que les femmes indigènes, aléoutes ou métis, tiraient profit d'une correction justifiée de temps en temps. Quant au châtiment subi par le chaman, n'était-ce pas un service rendu à toute la communauté russe ? Mais quand le père Vassili apprit ce que Roudenko avait fait pendant qu'il aidait le chaman à regagner sa case, et quand il vit pendant les prières les blessures de Sofia, il barra la route à Iermak sans même s'arrêter pour consoler la jeune épouse.

— J'ai vu ce que vous avez fait à Sofia. Que cela ne se reproduise pas.

— Occupez-vous de vos affaires, Robe-noire !

— Ce sont mes affaires. L'humanité est mon affaire.

Le prêtre semblait ridicule en face du colosse, et les deux hommes le savaient. De sa grosse patte, sans prendre la peine de fermer le poing, Roudenko repoussa Vassili. Le prêtre se prit les pieds dans sa soutane et tomba. Plusieurs furent témoins de l'accident, car ce n'était qu'un accident : Roudenko n'avait pas frappé Vassili. Mais ils l'interprétèrent comme une correction infligée par le bravache à un prêtre qui voulait fourrer son nez partout. Voyant que Vassili avait peur de riposter, ils se mirent à le dénigrer et bientôt tout le monde pensa : « Nous étions bien mieux lotis avec ce vieil ivrogne de père Piotr, qui savait au moins ne pas se mêler de nos affaires. »

Quelques jours plus tard, Sofia se présenta à la prière avec l'œil gauche au beurre noir, et le père Vassili comprit qu'il ne pouvait plus reculer. À la fin du service il s'avança vers Roudenko, et lança d'une voix assez forte pour que les autres l'entendent :

— Si vous maltraitez encore votre femme, vous serez châtié.

Ceux qui entendirent ne purent s'empêcher de sourire, car Vassili n'avait ni la force de châtier Roudenko ni assez d'autorité pour le faire punir par les responsables. Cette impuissance du prêtre indiquait le niveau bien bas auquel était tombée la Compagnie.

Mais cette situation allait évoluer. Le troisième visiteur allait enfin débarquer à Kodiak et son arrivée changerait tout. Vers la fin de juin 1791, un marin qui observait la baie depuis les hauteurs de Trois-Saints remarqua un petit voilier qui semblait rafistolé avec des bouts de bois et des vieilles peaux de phoque. Manifestement mal conçu pour naviguer en haute mer ou même pour traverser un lac, il s'efforçait d'atteindre la terre avant de se désintégrer et le marin se demanda s'il valait mieux descendre sur la côte pour essayer de le sauver, ou courir chercher des secours.

Choisissant cette dernière option, il se précipita vers la ville en criant :

— Un bateau arrive ! Des hommes à bord.

Il s'assura qu'on l'avait entendu et repartit vers la côte où il essaya de haler le bateau entre les rochers. Les marins à bord, presque morts d'épuisement, les barbes blanchies par le sel, s'avérèrent incapables de l'aider. Il saisit le plat-bord pour immobiliser la barque, mais recula d'horreur : sur le plancher gisait le cadavre d'un homme chauve, trop vieux pour ce genre d'aventure.

Le premier homme de Kodiak qui parvint près du bateau fut le père Vassili. Se retournant vers ceux qui le suivaient, il cria :

— Vite. Ces gens sont à la mort !

Et pendant que les autres accouraient, il se mit à administrer les derniers sacrements au cadavre du fond du bateau. Mais en entendant sa voix, l'homme gémit, ouvrit les yeux, et s'écria, ravi :

— Père Vassili !

Le prêtre sursauta, se pencha plus près :

— Alexandre Baranov ! Quelle étrange façon de prendre votre poste !

On transporta à terre les hommes épuisés, on leur donna des boissons chaudes, et Baranov, miraculeusement ressuscité, surprit tout le monde, ses marins et ses sauveteurs : il épousseta ses vêtements boueux, lissa d'un geste les rares mèches qu'il lui restait, et prit le commandement de l'assemblée improvisée sur les rives de la baie. Son rapport fut bref, et comme tous avaient navigué sur des bateaux russes, personne ne s'en étonna.

> *Je suis Alexandre Baranov, marchand d'Irkoutsk et directeur de toutes les affaires de la Compagnie dans les territoires russes d'Amérique. Je suis parti d'Okhotsk en août dernier et j'aurais dû arriver ici en novembre. Vous devinez ce qui s'est passé. Notre navire a fait eau, notre capitaine était un ivrogne et le navigateur nous a fait faire naufrage sur des écueils à sept cents milles de l'endroit où nous aurions dû nous trouver. Du même coup le bateau s'est éventré.*
>
> *Nous avons passé un hiver épouvantable dans*

une île déserte, sans nourriture, sans outils et sans cartes. Nous avons survécu uniquement parce que l'un des hommes, Kyril Jdanko, le fils de notre directrice de Petropavlovsk, avait l'expérience des îles et beaucoup de courage. C'est lui qui a construit ce bateau et l'a piloté jusqu'à Kodiak. Je le nomme mon assistant à partir de ce jour.

Si le père Vassili, mon ami d'Irkoutsk, veut bien nous conduire dans son église, nous rendrons grâce à Dieu de nous avoir sauvés.

Mais quand le cortège parvint au misérable hangar qui servait d'église au prêtre, Baranov fit part de sa première décision — et les gens de l'île comprirent qu'un homme qui savait ce qu'il voulait était arrivé parmi eux.

— Je ne rendrai pas grâce dans cette porcherie. Elle est indigne de la présence de Dieu, de l'œuvre d'un prêtre et de la personne d'un directeur de la Compagnie.

Ce fut sous le ciel, près de la baie, qu'il inclina sa tête chauve, croisa les bras sur sa poitrine et adressa sa reconnaissance fervente à Dieu pour les miracles qui l'avaient sauvé des capitaines ivrognes, des navigateurs stupides et de la famine hivernale. À la fin de la prière, qu'il prononça lui-même, il prit Kyril Jdanko par le bras et lui dit :

— Il s'en est fallu d'un cheveu, petit !

Avant le coucher du soleil, le même jour, il lança ce qui parut deux instructions contradictoires. À Jdanko :

— Prépare sans délai les plans pour installer notre capitale en un lieu plus propice.

Et au père Vassili :

— Nous commencerons la construction d'une vraie église pour vous dès demain.

Jdanko, sachant qu'il serait chargé du travail, protesta :

— Mais si nous quittons Trois-Saints, pourquoi ne pas attendre d'être installés ailleurs pour construire l'église ?

— Parce que ma mission la plus urgente est d'apporter à notre Église un soutien sans réserve. Je veux des conversions. Je veux avant tout une église propre et belle, car elle représente l'âme de la Russie.

Mais quand Jdanko discuta en détail cette décision qu'il jugeait ridicule, il s'aperçut que ce que désirait en fait Baranov, c'était un bâtiment — n'importe quel bâtiment — surmonté par le bulbe rassurant qui couronne les églises russes.

— Enfin, monsieur, nous ne trouverons jamais à Kodiak un homme capable de construire un clocher en forme de bulbe.

— Il y en a un.

— Qui ?

— Moi. Si j'ai pu apprendre à fabriquer du verre, je serai bien capable de poser un bulbe sur une Église !

Et le troisième jour de sa résidence à Trois-Saints, ce petit bonhomme énergique repéra un bâtiment qui, une fois son toit enlevé, pourrait supporter le clocher qu'il se flattait, lui Baranov, de construire. Il réunit les bûcherons qui lui fourniraient le bois, les scieurs capables de tailler des planches courbes, se mit en quête de clous et réquisitionna tous les marteaux. Bientôt s'éleva dans l'air frais, près des peupliers, un beau clocher à bulbe qu'il voulut peindre en bleu. Mais il n'y avait à Kodiak que de la peinture marron, et il dut s'en contenter.

Le jour de la consécration, il révéla sa stratégie :

— Je veux que chaque planche soit numérotée, dans l'ordre, parce que le jour où nous nous installerons ailleurs, nous emporterons notre dôme avec nous, car je le trouve beau.

L'incident du dôme convainquit les habitants de Kodiak que ce petit homme dynamique, pareil à un gnome, si différent des habituels directeurs de piste en pays perdu, avait résolu de faire de l'Amérique russe un centre important de commerce et d'influence. L'éventail de ses intérêts s'étendait à tous les aspects de la vie de la colonie. Par exemple lorsque la jolie Sofia parut à l'Église avec un œil poché, il convoqua le père Vassili :

— Qu'est-il arrivé à cette petite ?

— Son mari la bat.

— Son mari ! On dirait une gamine. Qui est ce mari ?

— Un marchand de fourrures.

— J'aurais dû m'en douter. Faites-le venir.

Et quand Roudenko eut pris une attitude respectueuse, le nouveau directeur lui lança :

— De quel droit frappes-tu ton épouse?

— Elle...

— Elle quoi? rugit le petit bonhomme en s'avançant tout près de lui. Qu'on aille me chercher Jdanko, ajouta-t-il sans laisser à Roudenko le temps de répondre.

Le métis entra. Fils adoptif de la puissante Mme Jdanko et futur gouverneur des Aléoutiennes, il ne s'en laissait conter par personne. Baranov lui donna un ordre simple.

— Si ce porc bat sa femme encore une fois, une balle dans la tête.

Puis, se tournant vers Roudenko avec mépris :

— Il paraît que tu bouscules aussi les prêtres, hein? Kyril, si jamais il touche au père Vassili ou le menace en quelque manière, une balle dans la tête.

L'ordre, une forme brutale d'ordre, s'établit ainsi dans le village dissolu de Trois-Saints, et un semblant de paix régna dans le foyer Roudenko. Encouragée par Baranov, la nouvelle religion s'épanouit au détriment de l'ancienne, qui s'enfonça dans les ombres. Le directeur ne songeait cependant qu'à déplacer Trois-Saints sur un site plus favorable, de l'autre côté de Kodiak. À peine eut-il terminé les premières études que Roudenko, calmé par les menaces de mort, se présenta pour essayer d'obtenir les faveurs du nouveau maître.

— Monsieur le directeur, avez-vous déjà chassé le grand ours de Kodiak?

Baranov répondit qu'il ne connaissait même pas l'existence de cet animal, et Roudenko lui offrit ses services de guide, pour la belle région boisée au nord de Trois-Saints, où les montagnes s'élèvent de la mer à une altitude de quinze cents mètres et se couvrent de neige. On organisa un groupe de six hommes, et pendant l'expédition, Roudenko se montra tellement à son avantage, s'occupant de tout avec une diligence exemplaire, que Baranov en fut impressionné. Il conclut qu'il avait dû voir le marchand de fourrures sous un mauvais jour lors de leur première rencontre. Le troisième soir, il dit à Roudenko :

— Quand vous vous conduisez bien, vous pouvez devenir admirable.

Et Roudenko répondit :

— Sous votre nouveau règlement, je me conduis toujours bien.

Lorsqu'ils décelèrent les signes de la présence d'un de ces ours monstrueux de Kodiak dans un secteur de collines couvertes d'épicéas, Roudenko prit le commandement. Il envoya quatre pisteurs expérimentés dans diverses directions pour encercler l'animal, que nul n'avait encore aperçu. Puis chacun s'avança vers le centre de la zone ainsi délimitée. Roudenko chuchota ses instructions à Baranov, précisant que ce serait une bête énorme.

— Restez derrière moi, monsieur le directeur. Ces ours sont terrifiants.

De son bras gauche, il écarta Baranov, et ce fut une chance, car au même instant, un chasseur du côté opposé du cercle fit involontairement du bruit : l'ours, alerté, se mit à courir droit sur eux.

Il sortit d'un groupe d'arbre serré, s'arrêta et se cabra pour étudier le terrain devant lui. Baranov resta sans voix car il était immense, armé de griffes meurtrières. Instinctivement Baranov s'élança vers un arbre derrière lequel se cacher, mais le plus proche était encore trop loin pour qu'il l'atteigne avant que l'ours ne le renverse d'un coup de patte. Les quelques pas que fit le directeur lui sauvèrent cependant la vie, car les griffes redoutables ne pénétrèrent que le dos de sa parka, aussitôt déchirée avec une facilité déconcertante. Baranov était si lent et l'ours si rapide qu'un autre coup de patte aurait sans doute tué l'homme. Mais Roudenko se jeta entre eux, braqua son fusil vers le haut et tira une balle qui traversa la gorge de l'animal et atteignit son cerveau. L'ours chancela sur le côté, lutta pendant presque une minute pour maintenir son équilibre, puis s'effondra dans la neige. Baranov, encore tremblant, mesura la bête morte avec l'aide de Roudenko : ils découvrirent que, debout sur ses pattes, il dépassait trois mètres trente.

— Comment peuvent-ils devenir si énormes? demanda Baranov.

— Kodiak est une île, expliqua Roudenko. Davantage de baies sucrées que vous n'en avez jamais vu. Beaucoup d'herbe aussi, et rien pour inquiéter les ours. Alors ils mangent et grandissent, mangent et grandissent.

Baranov ordonna de dépecer l'ours pour envoyer à Trois-Saints les parties comestibles, puis il garda la peau pour l'installer dans son bureau. Ce fut cet énorme ours empaillé, menaçant depuis son recoin, qui sauva bientôt la vie de Roudenko. Ayant gagné les bonnes grâces du nouveau directeur, il crut bien à tort que ceci lui restituait le droit de battre sa femme — étant Aléoute, elle ne méritait pas mieux. Au cours d'une scène révoltante, il l'accusa d'une faute triviale, qu'elle nia. Comme elle s'enfermait dans un silence moqueur, il fut pris de rage et la gifla.

Des enfants coururent à la hutte du grand arbre prévenir le chaman. Il ne posa qu'une question :

— Est-ce qu'elle saigne?

— Oui, partout sur la bouche.

Il décida d'intervenir, car si les directeurs russes avaient des preuves visibles du comportement de Roudenko et refusaient de le sanctionner, il agirait lui-même. Il fit donc ses adieux à la momie et partit pour ce qui s'annonçait à ses yeux comme son dernier acte de chaman — un acte auquel il se sentait contraint.

Amaigri, échevelé, légèrement voûté, vieillard consumé par la détermination de sauver sa religion (la seule vraie) et de combattre les mauvaises influences qui paralysaient son peuple, il se dirigea hardiment vers la cabane de Roudenko, et cria :

— Roudenko, les esprits te lancent leur malédiction! Plus jamais tu ne verras ta femme! Plus jamais tu ne lui manqueras de respect!

Dans la cabane, Roudenko partageait avec deux compagnons une sorte de bière fermentée, à base d'airelles, d'aiguilles fraîches d'épicéa et d'algues de mer. Le bruit devant la porte les dérangea, surtout quand Roudenko entendit des paroles qui le menaçaient. Il se dirigea vers la porte de bois d'épave mal ajustée, reconnut la silhouette pitoyable du chaman et lui lança d'un air dégoûté :

— Fous le camp ! Laisse les gens honnêtes boire en paix !

— Roudenko, tu es maudit ! Un grand malheur va t'arriver !

— Arrête de miauler ou je t'étripe.

— Roudenko, plus jamais tu ne battras ta femme. Plus jamais...

Depuis la porte Roudenko sauta sur le chaman, et ses deux acolytes sortirent à leur tour en titubant, ravis à la perspective de tabasser le vieil insolent ou même de le tuer. Mais Roudenko ne songeait qu'à effrayer le chaman pour le chasser dans sa hutte.

— Ne le touchez pas ! cria-t-il.

Mais ses amis avaient déjà frappé si fort que le vieillard chancela, essaya de retrouver son équilibre, puis se retourna et gagna tant bien que mal sa hutte, où il s'effondra entre les racines.

Le père Vassili apprit aussitôt ce qui s'était passé. Il s'était opposé à tout ce que faisait le sorcier, mais la charité chrétienne l'obligeait à aider cet homme qui s'était efforcé de créer un lien au sein de sa communauté avant l'arrivée de Jésus. Il se précipita vers la hutte et pénétra pour la première fois dans le monde sombre du chaman.

L'obscurité, le sol de terre humide, les sacs et les paquets entassés ici et là... Il frémit, mais l'état du vieillard l'inquiéta davantage. Il s'était replié sur lui-même, les cheveux sur les yeux. Du sang coulait de son visage hâve. Prenant la tête du chaman dans ses bras, Vassili murmura :

— Vieillard ! Écoute-moi. Tout ira bien.

Pendant longtemps, il ne reçut pas de réponse et put craindre que son adversaire fût mort. Mais peu à peu le vieux lutteur recouvra l'énergie qui lui avait permis de livrer son combat largement inégal contre l'occupation russe et les assauts du christianisme. Quand il ouvrit enfin les yeux et reconnut son sauveteur, il les referma et tomba dans un état de stupeur, comme privé de vie.

Le père Vassili resta auprès de lui presque tout l'après-midi. Vers le coucher du soleil, il envoya des enfants chercher Sofia Roudenko. Lorsqu'elle apparut sur le seuil de la hutte, angoissée par ce qu'elle découvrait, il lui dit simplement :

— Il a été frappé. Il a besoin de soins.

Puis, avec un regard craintif sur cet endroit sale et sans ordre, il demanda, incrédule :

— Sofia, comment avez-vous pu croire qu'il y avait une illumination en ce lieu ?

Sans attendre de réponse, il la quitta, sans se rendre compte qu'il avait assisté à la mort de l'ancienne religion du chamanisme, vaincue par le christianisme.

Malheureusement, les enfants qui étaient allés chercher Sofia se trouvaient près de la maison quand Roudenko rentra.

— Où est ma femme ? cria-t-il.

— Chez le chaman.

Cela le mit dans une telle fureur qu'il cria à ses deux compagnons de beuverie :

— Finissons-en tout de suite avec ce vieux fou.

Ils se dirigèrent vers la hutte entre les racines, où ils trouvèrent Sofia qui soignait le vieillard. Roudenko la frappa au visage avant de la jeter dehors, puis les trois brutes remirent le chaman sur ses pieds. Il bascula en avant. Roudenko le redressa d'un crochet au menton. Il s'écroula et quelques coups de pied l'achevèrent. Ainsi les chrétiens russes terminèrent-ils leur débat avec une religion païenne destinée à disparaître.

*
**

Le meurtre du chaman provoqua une certaine confusion pour les deux administrateurs de Kodiak. Le père Vassili, en apprenant le décès, se rendit auprès du corps et s'occupa de tout comme si la hutte représentait une annexe de son église — et en un sens, elle l'était. Sans éprouver le moindre sentiment de triomphe à la défaite de son rival, il alluma un cierge à côté du cadavre, regarda, écœuré, le sang qui tachait la terre et sentit des larmes de compassion emplir ses yeux lorsque des marins emportèrent enfin le corps. Mais quand il se releva après avoir prié pour l'âme de son adversaire, égaré mais courageux et noble, il le fit avec une détermination renouvelée de mettre fin à cette plaie du chamanisme. Avec le zèle des jeunes gens persuadés qu'ils font le bien, il rassembla le ramassis ridicule de bouts de bois sculptés, de fragments d'ivoire polis et de galets avec lesquels le chaman supposait qu'il parlait aux esprits. Il entassa tous ces déchets à l'endroit où gisait le corps, éparpilla dessus des aiguilles sèches d'épicéa et y mit le feu avec son cierge.

Lorsque le tas s'embrasa, des gens se précipitèrent.

— Père Vassili ! Sortez vite !

Mais au moment de sortir, il aperçut dans un coin sombre un sac de peau de phoque. Il l'ouvrit : il ne contenait qu'une sorte de substance sombre, ressemblant à du cuir fripé. À moitié étouffé par les fumées nocives des symboles en train de brûler, il murmura :

— Ce doit être la momie dont Sofia parlait.

Il déchira le sac et se trouva face à face avec cette vieille femme têtue, âgée de treize mille ans.

En frissonnant à la pensée de l'hérésie qu'elle représentait, il allait la jeter dans le feu quand Sofia s'élança dans la hutte. Comprenant ce qui se passait, elle cria :

— Non ! Non !

C'était trop tard. Elle vit, horrifiée, les flammes dévorer la vieille femme dont l'esprit avait refusé de mourir.

— Qu'avez-vous fait ? lança-t-elle.

Comme le prêtre sortait de la hutte, elle le suivit dans la nuit en l'invectivant. Aussitôt son mari, scandalisé, la réduisit au silence d'une gifle. Elle se laissa tomber par terre, sans quitter des yeux la hutte en flammes, puis s'évanouit, terrassée par les grandes contradictions de sa vie.

Le père Vassili s'avança. Deux Aléoutes la soulevèrent.

Au même instant, le directeur Baranov arriva sur les lieux. La nouvelle du meurtre du chaman l'inquiéta, car il craignait des complications. Comme beaucoup de

Russes, il n'éprouvait pour les chamans que du mépris, mais il reconnaissait qu'ils jouaient un rôle positif pour le maintien de l'ordre parmi les Aléoutes.

— Qui a fait ça? demanda-t-il.

Puis il vit le visage meurtri de Sofia Roudenko que soutenaient deux Aléoutes.

— Roudenko, répondit Kyril Jdanko. Les deux. Il a tué le chaman et battu sa femme.

Sans même en attendre l'ordre, il arrêta le criminel, qui venait de commettre son quatrième meurtre.

Le chasseur barbu fut conduit dans le bureau provisoire du directeur pour recevoir son châtiment. Baranov le toisa et se souvint de sa menace : une balle dans la tête s'il battait encore sa femme. En plus, la brute avait tué un homme, il avait donc deux raisons d'agir. Mais quand il se tourna vers Roudenko, il vit dans l'angle derrière le colosse l'énorme silhouette de l'ours de Kodiak, et il se rappela qu'il devait la vie à la bravoure de ce renégat. Avec une moue de dégoût, il rendit son verdict :

— Roudenko, vous êtes une honte pour la Russie et l'humanité. Vous n'avez aucun droit de vivre, sauf un : vous m'avez sauvé la vie quand cet ours m'a attaqué, je ne peux donc pas vous exécuter comme je vous en avais menacé. À la place, votre mariage à Sofia Kouchovskaia est annulé, car il n'aurait même pas dû avoir lieu. Et vous serez reconduit aux îles des Phoques, le seul endroit au monde où j'imagine que Dieu pourra vous accepter.

Refusant d'écouter les promesses passionnées de se réformer que lui adressait Roudenko, Baranov ordonna à Jdanko :

— Sous bonne garde jusqu'au prochain bateau vers le nord.

Avec un regard de répugnance pour la brute, il partit consoler Sofia en lui annonçant la dissolution de son mariage.

Mais il n'avait pas tenu compte du prêtre, le père Vassili, dont il avait connu les parents à Irkoutsk et qu'il respectait pour sa piété.

— J'ai annulé le mariage entre Sofia Kouchovskaia et Iermak Roudenko, dit-il à Vassili. Vous n'auriez jamais dû les marier.

Mais le prêtre lui répliqua d'une voix ferme, d'abord en citant l'Évangile selon saint Marc :

— Ce que Dieu a uni, l'homme ne peut le séparer.

Puis, par un dicton souvent répété dans les campagnes sibériennes :

— Le tonnerre et l'éclair ne sépareront pas l'homme et son épouse, même si Dieu lui-même envoie le tonnerre.

— Je ne voulais pas dire que j'avais annulé le mariage, s'excusa Baranov. Vous avez célébré la cérémonie, j'ai pensé que vous l'annuleriez.

Mais Baranov sous-estimait le zèle avec lequel le jeune prêtre adhérait aux enseignements de son Évangile.

— Un vœu est un engagement solennel pris devant Dieu. Je n'ai aucun pouvoir pour l'annuler.

— Vous voulez dire, cette belle enfant... avec son mari banni aux îles des Phoques... du fait qu'elle est chrétienne devra vivre toute seule... le reste de sa vie.

Dans sa réponse, le père Vassili révéla l'intransigeance de son christianisme : quand des problèmes pratiques de la vie humaine — en ce cas le bonheur d'une enfant innocente comme Sofia Kouchovskaia — entraient en conflit avec l'enseignement de l'Évangile, c'était l'enfant qu'il fallait sacrifier.

— Je vous accorde que Sofia a connu des grands malheurs dans sa vie, les tribulations de Job. Et maintenant, nous lui imposons une nouvelle épreuve. Voyez-vous, Dieu désigne certains d'entre nous pour supporter Son joug de sorte que d'autres puissent apprécier Sa grâce infinie. Telle est la mission de Sofia.

— Mais enfin, gâcher sa vie...

Le prêtre demeura intraitable.

— Telle est la croix qu'elle doit porter.

Et rien ne pourrait ébranler ce jugement cruel.

Le peuple de Kodiak — Russes et Aléoutes — aurait pu croire que, des deux religions, celle du père Vassili avait triomphé. Il avait vaincu le chaman décédé et éliminé l'influence pernicieuse de sa momie rebelle, dont il avait jeté les cendres dans une tombe, comme il convient. Il avait obtenu pour son culte une église à clocher en forme de bulbe, symbole de la supériorité de la religion russe. Mais toute personne qui aurait jugé sur ces apparences aurait négligé un facteur essentiel : le pouvoir de résistance des îles Aléoutiennes.

Le désastre peut facilement s'expliquer par la science, mais pour les Aléoutes ce fut de toute évidence la revanche exercée sur le père Vassili par Lounasaq et la momie détruite.

Un violent tremblement de terre, à trente mille mètres au-dessous de la surface de l'océan Pacifique, provoqua l'effondrement d'une énorme falaise sous-marine à cinq mille mètres sous la surface. La chute de plus de quatre milliards de mètres cubes de boue et de rochers créa un tsunami monstrueux en direction de l'est : une gigantesque poussée latérale de l'eau dans le fond de l'océan, qui provoqua une vague visible d'à peine soixante centimètres en surface, mais qui se dirigeait vers Kodiak, chargée d'une puissance effrayante, à la vitesse de quatre cent vingt kilomètres-heure.

À l'entrée de Baie-des-Trois-Saints, elle ne se présenta pas comme un raz de marée engloutissant tout. Les premières vagues entrèrent doucement, mais les vagues suivantes continuèrent de pousser, à une vitesse si grande et en exerçant une pression si intense que le niveau de l'eau monta progressivement de trois mètres, puis de six, et enfin de plus de dix-sept mètres. Pendant neuf minutes impressionnantes, les eaux restèrent à cette hauteur. Puis elles se retirèrent dans la baie avec une violence telle que tout fut emporté.

Le père Vassili, qui grimpait sur les rochers pour sauver les précieuses icônes de son église au dôme neuf, se retourna pour souffler, et le spectacle qu'il vit l'incita à remettre en question la justice du Dieu qu'il servait. Les tourbillons furieux arrachèrent l'église chrétienne de ses fondations, la ballottèrent de-ci, de-là, et la réduisirent en miettes contre un promontoire de rochers, mais ne touchèrent pas au grand épicéa solitaire qui avait servi de temple au chaman.

Trois-Saints, coincée contre la baie, aurait perdu de

nombreuses vies si le jeune Jdanko n'avait pas signalé le danger dès les premiers signes annonciateurs.

— C'est terrible ! Je l'ai vu une fois à Lapak.

Il libéra le prisonnier Iermak Roudenko pour qu'il aide les gens à monter dans les hauteurs. Le puissant forçat traîna d'abord le père Vassili, puis le directeur Baranov, sur des rochers qui resteraient probablement au-dessus des flots. Quand il redescendit dans le village une troisième fois pour sauver d'autres gens, une vague survint, renversa tout et l'engloutit en se retirant.

***

Le grand raz de marée de 1792 résolut les problèmes d'un Russe de Trois-Saints, mais souleva bien des difficultés pour un autre. Le directeur Baranov avait décidé dès son arrivée que le site avait été mal choisi. Un ancrage vers le nord serait plus avantageux. Le site qu'il avait sélectionné sept mois avant le *tsunami* exprimait bien son état d'esprit. Spirituellement et émotionnellement, Trois-Saints restait tournée vers la Russie et le passé ; au contraire, la ville nouvelle de Kodiak regarderait vers l'est et l'avenir : le défi que posait l'Amérique du Nord. Trois-Saints conservait un cordon ombilical avec la vieille Sibérie, Kodiak voulait se lier au nouvel Alaska.

Un jour où Baranov et Jdanko travaillaient sur les plans de la nouvelle capitale, le directeur demanda à Kyril :

— Êtes-vous vraiment le fils de Mme Jdanko, de Petropavlovsk ?

— Adopté.

— Votre père était le marchand dont on parle ?

— Mon père de naissance devait être un Russe condamné à Lapak. Mais mon vrai père est Jdanko.

— Que lui est-il arrivé ?

— Il avait quatre-vingt-trois ans. Nous sommes rentrés des marchés aux fourrures. À pied de Iakoutsk à Okhotsk...

— Je l'ai fait, moi aussi.

— Il était épuisé, presque mort de fatigue. Je le voyais bien, et quand nous sommes arrivés à Petropavlovsk, je lui ai dit : « Père, reposons-nous », mais il voulait tant voir Kodiak!... Il voulait organiser le commerce des peaux ici. Et nous sommes repartis. Il avait alors quatre-vingt-cinq ans.

— Que s'est-il passé?

— Il est mort pendant la traversée. Nous l'avons lesté avec les rochers du ballast, et nous l'avons jeté dans la mer de Béring. Non loin du volcan qui garde l'île de Lapak. Quand j'étais enfant, je m'asseyais souvent à ses côtés pour le regarder luire dans le crépuscule.

Baranov s'arrêta de travailler, toucha du bois et dit avec ferveur :

— Par la grâce de Dieu, j'espère voir ma quatre-vingt-cinquième année. Nous pourrions ensemble bâtir tant de choses...

Le deuxième homme dont la vie se trouva profondément modifiée par le *tsunami* fut le père Vassili. Le jour de deuil où il enterra les seize victimes de la catastrophe, au moment de prier pour l'âme envolée de Iermak Roudenko, il balbutia quelques mots et se tut, car il ne pouvait en toute décence présenter la vie de cet homme brutal sous un jour favorable, en face de tant de personnes au courant de la vérité. Mais même s'il avait été capable de faire passer sa charité avant la réalité, il en aurait été retenu par la présence de Sofia Kouchovskaia, impassible de l'autre côté de la tombe, en train de regarder fixement la terre qui roulait sur son infâme mari.

En un instant, le jeune prêtre crut voir sur le visage de cette jeune femme courageuse toutes les épreuves traversées : l'abandon à Lapak, l'évasion horrible dans la cale du bateau, les coups et les abus, sa fidélité à une religion ancienne et son adoption de la nouvelle. Une jeune femme au caractère de cristal que rien n'avait réussi à souiller — le meilleur exemple d'une ancienne société en train de mourir pour faire place à une nouvelle. Il vit sa mâchoire ferme, les yeux noirs intelligents, le petit corps résistant et, enfin, quand la tombe fut comblée, le sourire irrépressible — non de triomphe sur le mal, mais du plaisir de mettre fin à un épisode. Il put presque l'entendre soupirer tandis qu'elle regardait autour d'elle comme pour demander : « À présent, quoi ? »

Le lendemain des obsèques, Baranov fit venir le père Vassili dans les ruines de son bureau et le chargea d'une mission surprenante.

— Je me considère comme responsable de tous les êtres humains de ces îles. Russes, métis, Aléoutes, Koniags : pour moi, aucune différence.

— De même pour moi, monsieur le directeur.

— Mais j'ai l'intention d'agir à ce sujet. Combien d'enfants le raz de marée a-t-il laissés sans parents?

— Quatorze ou quinze, au moins.

— Organisez un orphelinat pour eux. Cet après-midi.

— Mais je n'ai pas de fonds. L'évêque m'avait promis...

— Je sais, mon père. L'évêque promet et rien n'arrive jamais. De même pour moi avec la Compagnie. « Vous aurez tout ce qu'il vous faudra, Baranov », mais l'argent ne vient jamais.

— Comment voulez-vous que...

— Je paierai. Pour l'honneur de la Russie. Ces messieurs qui dirigent la Compagnie ne se soucient peut-être pas de l'honneur de la Russie, mais le marchand qui dirige le comptoir de Kodiak s'en inquiète.

Il prit sur son maigre salaire l'argent nécessaire à l'orphelinat.

— Qui le dirigera? demanda le prêtre.

Mais à peine la question était-elle posée qu'il se souvint de l'émotion de Sofia, pendant sa conversion, lorsqu'il lui parlait de l'amour du Christ pour les enfants.

— Sofia Roudenko serait parfaite, dit-il aussitôt.

— Voyons, c'est elle-même une enfant. Elle n'a pas quinze ans.

— Dix-sept.

— Je ne peux pas le croire.

Il envoya quelqu'un la chercher.

— Quel âge as-tu donc, mon enfant ? lui demanda-t-il carrément.

— Dix-sept ans.

— Te crois-tu capable de diriger un orphelinat ?

— Qu'est-ce que c'est ? demanda-t-elle.

On le lui expliqua.

— Le père Vassili m'a appris que Jésus a dit : « Laissez venir à moi les petits enfants. » Les enfants font ma joie.

Ainsi fut établi l'orphelinat de Kodiak, avec l'argent de Baranov et l'amour de Sofia.

Baranov, soucieux de voir réussir tout ce qu'il lançait, ordonna au prêtre :

— Veillez à ce qu'elle prenne un bon départ.

Le père Vassili enseigna à la jeune femme les rudiments de son nouveau travail et prêcha la nouvelle religion aux enfants. Très vite, il constata l'enthousiasme avec lequel Sofia devenait une mère pour les tout-petits, une grande sœur pour les garçons et les fillettes plus âgés. Elle exerçait une telle influence sur les jeunes qu'un vieil Aléoute dit à Baranov :

— Si elle était un homme, ce serait notre nouveau chaman.

Mais Sofia savait que ce n'était pas exact. En effet un chaman réel avait débarqué dans les décombres de Trois-Saints pour tenter de détourner les Aléoutes du christianisme, mais sa magie semblait à présent bien médiocre, comparée aux miracles spirituels accomplis par Sofia dans son orphelinat et par le père Vassili dans son église improvisée. Le chaman était reparti sans avoir rien réalisé.

Depuis que Sofia travaillait à l'orphelinat, Vassili avait souvent l'occasion de l'observer. La nouvelle vie qu'elle menait l'avait mûrie, et pour bien des raisons le jeune prêtre se sentait attiré vers elle. Elle était sérieuse mais toujours prête à sourire avec chaleur. Elle était travailleuse mais toujours prête à chahuter avec les filles et les garçons. Surtout, elle rendait tout le monde heureux par sa présence. Et, comme il arrive souvent, au seuil des vingt ans, elle devint encore plus belle, plus femme. Grandie de près de trois centimètres, le visage moins arrondi, le labret d'os de baleine légèrement moins visible, c'était ce qu'un capitaine de bateau appela lors d'une escale : « Un beau morceau. » Si bien qu'un soir, en quittant la chaleur et l'animation de l'orphelinat pour gagner sous les étoiles le sinistre appentis qui lui servait d'église, Vassili leva les yeux vers le sapin du chaman et s'écria à voix haute :

— Je n'étais pas destiné au noir. Je suis amoureux d'elle depuis le jour où j'ai débarqué dans cette île.

Il considéra, à juste raison, que c'était une évolution inévitable de la situation, nullement choquante comme elle l'aurait été s'il avait appartenu au clergé catholique romain, où le célibat est un acte de foi et une consécration. Dans le christianisme orthodoxe, plus de la moitié des prêtres étaient blancs, comme d'ailleurs son propre père, et mariés avec l'encouragement de leurs évêques. Car bien que noir et professant le célibat, le haut clergé prêchait : « Le mariage est la condition normale de l'homme. » Passer du noir au blanc impliquait seulement un changement d'orientation, non de foi.

Mais même une modification de statut si limitée n'était pas facile à accomplir, et le jour où Trois-Saints se vida, avec tous les employés de la Compagnie qui partaient à Kodiak, Vassili parla à Baranov, en train d'emballer dans une petite caisse le peu de possessions qu'il avait pu accumuler dans la colonie.

— Monsieur le directeur, je demande une faveur.

— Accordée. Aucun directeur n'a eu un meilleur prêtre.

— J'aimerais que vous écriviez à mon évêque, à Irkoutsk.

— Il ne vous enverra pas un kopeck. Il faudra vous débrouiller.

— Je voudrais qu'il me libère de mes vœux.

— Mon Dieu! Vous quitteriez l'Église? Mais vos parents...

— Non! Non! je veux cesser d'être noir. Je désire être blanc.

Baranov s'assit lourdement sur sa caisse et regarda le jeune prêtre. Après un long silence, d'une voix si basse que Vassili pouvait à peine l'entendre, il dit :

— Je vous ai observé, père Vassili, et je connais votre problème. Je le connais, parce que je suis tombé amoureux d'une femme de l'île, comme vous. Et je vais la prendre pour femme.

Choqué par cet aveu, le jeune homme réagit sur le ton monitoire des prêtres.

— Alexandre Andreievitch, c'est une chose horrible à dire. Vous avez une femme en Russie.

— Exact. Et elle promet de venir me rejoindre un de ces jours. Seulement elle me le promet depuis vingt-trois ans...

— Alexandre Andreievitch, si vous vous rendez coupable de bigamie, je serai obligé de le signaler à Saint-Pétersbourg.

— Oh, je ne vais pas l'épouser, père Vassili. Simplement la prendre pour femme jusqu'à ce que ma vraie femme vienne... Ce qui sera jamais, ajouta-t-il à voix basse, et je ne peux pas vivre seul.

Vassili, qui était venu le consulter sur son propre problème, se trouva impliqué dans celui de Baranov.

— C'est une femme merveilleuse, père Vassili. Elle parle russe, a d'excellents parents, tient la maison propre et sait coudre. Elle promet de prendre le prénom d'Anna et d'aller régulièrement à notre église.

Il leva les yeux. Son visage rond rayonnait.

— Ai-je votre bénédiction?

Le jeune prêtre ne pouvait accepter en aucune manière un traitement aussi cavalier du vœu de mariage, mais, d'un autre côté, il avait besoin d'une lettre de Baranov à l'évêque pour démêler ses propres affaires. Il temporisa.

— Écrirez-vous à mon évêque?

Cette digression fit comprendre à Baranov que le père Vassili ne le dénoncerait pas publiquement s'il prenait une concubine.

— Après tout, monsieur le directeur, je ne quitte pas l'Église. Je désire seulement passer du noir au blanc.

— Pour épouser Sofia.

— Oui.

— J'écrirai. Si j'étais plus jeune, je l'aurais épousée moi-même.

Mais il éclata aussitôt d'un rire si irrévérencieux que Vassili rougit, persuadé que Baranov se moquait de lui. C'était le cas, mais pas du tout comme Vassili le craignait.

— Vous vous rappelez votre réponse quand j'ai voulu annuler le mariage de Sofia avec Roudenko?... « Un vœu est un engagement solennel pris sous le regard de Dieu. Je n'ai aucun moyen de l'annuler », fit-il en imitant la voix du jeune prêtre. Mon jeune ami, vous me semblez bien impatient de faire annuler vos propres vœux.

Vassili rougit de nouveau, si fort que Baranov claqua des doigts comme s'il venait de faire une découverte.

— Vous ne l'avez pas encore demandée en mariage, je parie.

Vassili dut l'avouer.

— Venez! s'écria Baranov. Nous allons le faire sur-le-champ.

Sur ses petites jambes arquées, il courut vers l'orphelinat et fit appeler la jeune directrice, fort étonnée. Il prit la main de Vassili et dit :

— Sofia, je me considère comme votre père et, à ce titre, je dois vous informer que ce jeune individu vous a demandée en mariage.

Sofia ne rougit pas, ou, si elle le fit, cela ne se vit pas sur sa peau dorée ; elle s'inclina, et garda la tête baissée jusqu'à ce que le prêtre lui dise doucement :

— Je me suis efforcé de sauver votre âme, Sofia, mais aussi de vous sauver. Voulez-vous m'épouser?

Elle connaissait très bien le sens de la soutane noire, et elle tendit la main pour saisir la manche entre ses doigts.

— Et cela?

— Je l'ai rejetée comme vous avez jeté votre robe de peau de phoque en devenant chrétienne.

— J'en serai très fière, répondit-elle.

Comme deux ou trois ans s'écoulaient parfois entre le départ d'un bateau de Kodiak et son retour, la demande de Vassili ne pouvait recevoir une prompte réponse. Et même s'il obtenait la permission de passer du noir au blanc, trois ans pouvaient encore passer avant l'arrivée d'un prêtre pour célébrer le mariage. Baranov fit donc une proposition pratique :

— Je vais vivre avec Anna comme si j'étais marié. Faites de même avec Sofia... Jusqu'à ce qu'un prêtre vienne régulariser les choses.

— Jamais je ne pourrai, répondit Vassili.

Mais Baranov lui cita la théologie en vigueur dans les lointaines Aléoutiennes :

— « Dieu est haut, la tsarine est loin. Mais nous sommes à Kodiak, faisons donc ce qu'il faut. »

De cette manière peu orthodoxe, les deux chefs de l'Amérique russe, le directeur vieillissant et le jeune prêtre, prirent pour femmes des îliennes, Cidaq Sofia Kouchovskaia Roudenko Voronova deviendrait la mère du Voronov qui s'illustrerait bientôt en Amérique russe et réaliserait les rêves de Baranov. Quant à l'excellente Anna Baranova, elle resterait pendant des années la maîtresse du directeur et donnerait naissance à deux excellents enfants, dont une fille destinée à épouser plus tard un gouverneur russe. À la nouvelle du décès de l'authentique Mme Baranov — qui ne devait jamais voir la Sibérie ou les îles, Anna deviendrait l'épouse légale de Baranov. Il la présentait à tous comme « la fille de l'ancien roi de Kinaï », et les visiteurs n'auraient aucun mal à accepter cette légende, parce que Anna avait une allure vraiment royale.

***

Le christianisme l'emporta dans sa lutte prolongée contre le chamanisme, mais ce fut une victoire meurtrière. En effet en 1741, l'année où les hommes de Vitus Béring débarquèrent pour la première fois dans les Aléoutiennes, les îles contenaient dix-huit mille cinq cents hommes et femmes en parfaite santé, qui s'étaient magistralement adaptés à leur milieu — terres sans arbres mais mers très riches. Quand les Russes repartirent, la population totale s'élevait à moins de mille deux cents personnes. Quatre-vingt-quatorze pour cent avaient disparu : morts de faim, noyés, réduits à l'esclavage, assassinés ou simplement jetés dans la mer de Béring. Et les rares survivants, comme Cidaq, ne purent échapper à la mort qu'en se mêlant à la civilisation victorieuse.

6.

Des mondes perdus

Dans l'ombre du magnifique volcan qui gardait le goulet de Sitka, le Grand Toyon se mourait. Pendant trente années, il avait dominé la multitude d'îles montagneuses que comprenait son domaine et avait fait régner l'ordre parmi les Indiens Tlingits, fiers et souvent prêts à se mutiner car ils renâclaient à se soumettre à l'autorité de quiconque. Une sacrée bande, ces Tlingits! Ils ne ressemblaient en rien aux placides Eskimos du Grand Nord ou aux doux Aléoutes de l'archipel. Ils adoraient la guerre, réduisaient leurs ennemis à l'esclavage dès qu'ils en avaient l'occasion, et ne craignaient personne. Si bien qu'à la mort du Grand Toyon, lorsque s'effrita le pouvoir qu'il avait si habilement accumulé, les Tlingits s'attendirent à une période de confusion, de guerre et de mort violente, avant que le toyon suivant se proclame et établisse son autorité.

Quand le puissant esclave connu sous le nom de Cœur-de-Corbeau se rendit compte que son maître se mourait, il fut pris de panique. En effet, les qualités mêmes qui avaient fait de lui le premier esclave du toyon — sa bravoure à la guerre, sa fidélité à son maître — allaient le condamner à mort, car à la mort d'un toyon, la coutume des Tlingits voulait que l'on tue presque au même instant ses trois meilleurs esclaves, pour servir le maître dans le monde au-delà des montagnes. Et comme Cœur-de-Corbeau n'avait pas son pareil parmi les esclaves du toyon, il recevrait l'honneur d'être le premier à avoir la nuque posée sur le billot de cérémonie pendant qu'une petite bûche ronde, tenue par quatre hommes, appuierait sur sa gorge jusqu'à ce que sa vie s'échappe — cette forme d'étranglement lui laisserait un corps intact pour servir son maître dans le monde à venir.

Jamais il n'avait eu peur auparavant. Il était tellement grand! Son histoire se réduisait à une lutte constante et inégale; dans la vallée du continent que son clan occupait, il avait été l'un des principaux défenseurs lors des tentatives d'invasion par des ennemis venus des hautes terres de l'Est. On l'appela le champion, car la protection et la liberté des Tlingits de la vallée dépendaient de lui. Même quand les Tlingits plus puissants de l'île Sitka débarquèrent de leurs canots avec le Grand Toyon à leur tête et balayèrent toute résistance devant eux, Cœur-de-Corbeau et ses neuf compagnons les arrêtèrent. Il fallut deux douzaines d'envahisseurs et quatre jours de combats acharnés pour faire céder les hommes de Cœur-de-Corbeau. Trois de ses compagnons étaient morts au cours de la bataille et il aurait péri lui aussi si le toyon en personne n'avait pas ordonné :

— Gardez-moi celui-là!

On l'avait immobilisé dans un réseau de lianes habilement lancé, puis on l'avait traîné devant le chef victorieux.

— Ton nom.

— Seit-yeil-teix, avait-il répondu d'un ton rogue.

Ces trois mots tlingits signifient respectivement épicéa, corbeau et cœur. Apprenant que son impétueux prisonnier était un Corbeau, le toyon sourit, car il était lui-même un Aigle. Cela impliquait bien entendu une rivalité naturelle contre les Corbeaux, mais il devait reconnaître qu'un guerrier, si c'était un bon Corbeau, pouvait s'avérer exceptionnellement intelligent et redoutable.

— Comment as-tu gagné ton nom? demanda-t-il.

— En essayant de sauter d'un rocher à un autre, je suis tombé dans le torrent. Trempé et furieux j'ai essayé de nouveau. Je suis encore tombé. Encore plus furieux, j'ai essayé encore. Juste au même moment, un corbeau a essayé de détacher quelque chose d'une branche d'épicéa. Il a glissé en arrière et essayé de nouveau. Et mon père a crié : « Tu es le corbeau. »

— La troisième fois, as-tu réussi ton saut?

— Non. Et le corbeau a échoué lui aussi. Quand j'ai grandi, j'ai sauté. Le nom m'est resté.

À cause de son obstination exceptionnelle, il avait rendu de précieux services à sa tribu quand elle se trouvait confrontée à des situations inhabituelles : batailles contre d'autres clans en guerre, construction d'une maison, la décoration avec les totems corrects quand elle était terminée. C'était cette audace qui avait provoqué sa capture, car au moment de l'attaque du Grand Toyon, Cœur-de-Corbeau avait dirigé toutes les sorties défensives de son clan ; comme il courait toujours à l'avant de ses hommes, les gens de Sitka avaient pu facilement l'encercler.

Et maintenant, le toyon allait rendre son dernier soupir, qui condamnait Cœur-de-Corbeau à une mort inévitable... L'esclave prit la décision la plus téméraire de sa vie : il se glissa hors de la grande maison de bois et de branches entrelacées dans laquelle le toyon avait vécu depuis qu'il avait conquis le pouvoir, traversa avec précaution l'espace marqué par les six grands poteaux-totems et se dirigea vers la forêt dense, du côté du sud. Comme il cherchait à s'enfoncer au plus profond des bois, il en fut empêché par l'arrivée bruyante de seize pleureurs venant de cette direction. Il sauta sans bruit derrière un grand épicéa et les écouta se lamenter de la mort prochaine de leur chef. Ils passèrent. Aussitôt Cœur-de-Corbeau s'élança sur le sentier qu'ils avaient suivi et fila vers la sécurité des grands arbres et des vallons secrets qu'ils dissimulaient. Dès qu'il se sentit sauvé au milieu des sapins, il se mit à courir avec une énergie presque démoniaque, car son plan exigeait qu'il soit le plus loin possible à la mort du vieillard.

Il raisonnait ainsi : « S'ils ne peuvent pas me trouver à ce moment-là, ils ne pourront pas me tuer. Bien sûr, s'ils m'attrapent plus tard, ils me tueront pour m'être enfui.

Mais il me reste une chance. Si je peux trouver un bateau américain et monter à bord, je leur raconterai que j'ai été retenu par les marchandages, et il faudra bien qu'ils me croient. » Cette tactique n'était ni insensée ni sans fondement, car il faisait partie des Tlingits ayant appris assez d'anglais rudimentaire pour négocier des trocs avec les Américains, dont les bateaux relâchaient fréquemment dans le goulet de Sitka.

Et pendant sa course, il se mit donc à appeler en silence un de ces bateaux auxquels il avait apporté de la viande de cerf et de l'eau douce lorsque les Américains étaient passés, en quête de fourrures.

— *White Dove*, vole vers moi ! *J. B. Benton*, aide-moi ! *Evening Star*, brille pour guider mes pas !

Mais la brume pour laquelle Sitka était célèbre tomba comme une couverture de duvet, grise, épaisse, à quelques dizaines de centimètres du sol et de la surface de la baie. Elle devint vite impénétrable, et Cœur-de-Corbeau perdit toute chance de sauver sa vie en montant sur un navire marchand. Pendant trois jours de torture, il se cacha parmi les épicéas, le long de la baie, espérant, mais en vain, que le brouillard se lève.

Le soir du troisième jour, l'estomac déchiré par la faim, il entendit un son étouffé qui le galvanisa. On eût dit un coup de canon, et il savait que les marins tiraient ainsi pour créer des échos leur permettant de déduire la distance approximative entre le bateau et le danger que représentait une côte rocheuse. Mais le bruit ne se répéta pas comme il aurait dû en pareil cas ; le premier coup s'était peut-être avéré suffisamment efficace pour qu'on en évite un deuxième... Bercé par cet espoir, l'esclave en fuite s'endormit à l'abri d'un épicéa abattu par la foudre.

Au petit jour, le cri rauque d'un corbeau l'éveilla : c'était le meilleur signe possible que puisse envoyer l'autre monde, car tous les Tlingits, depuis les origines, s'étaient divisés en deux fractions — deux moyetés — l'Aigle et le Corbeau. Tous les êtres humains sur terre appartenaient à l'une ou à l'autre. Cœur-de-Corbeau était bien entendu un Corbeau, ce qui signifiait qu'il devait défendre cette moyeté dans les jeux entre les deux clans et dans les affrontements plus sérieux comme la mise en place de poteaux-totems pour la place commune du village ou l'approvisionnement en poisson. En tant que Corbeau, il devait absolument épouser une Aigle, condition établie des millénaires plus tôt pour sauvegarder la pureté de la race, mais l'enfant d'un homme Corbeau et d'une femme Aigle était un Aigle — il se consacrait donc à ce clan-là.

Les Tlingits croyaient, et Cœur-de-Corbeau souscrivait à cette croyance, que les Aigles pouvaient s'avérer plus puissants mais que les Corbeaux demeuraient de loin les plus sages, les plus intelligents et les plus habiles à utiliser la nature ou à obtenir des avantages sur leurs adversaires sans avoir recours au combat. On savait que l'humanité avait reçu les dons de l'eau, du feu et des animaux pour se nourrir grâce à la ruse de Premier-Corbeau, qui avait subtilisé ces faveurs des Premiers Protecteurs au profit de l'humanité. Cœur-de-Corbeau avait appris de la bouche du frère de sa mère :

— Toutes les bonnes choses étaient cachées, et nous vivions dans les ténèbres, le froid et la faim, jusqu'au jour où Premier-Corbeau, voyant notre triste sort, joua un tour aux autres pour que nous puissions profiter de ces bonnes choses.

Et quand le corbeau croassa à l'aurore, Cœur-de-Corbeau comprit qu'il s'agissait d'un signal : un vaisseau sauveteur devait se trouver dans la baie. Il courut au bord de l'eau, espérant voir le navire qui avait tiré le coup de canon la veille, si tel était bien le bruit qu'il avait entendu. Mais il ne vit rien à travers le brouillard, et dans sa déception, il sentit la barre de bois sur sa gorge. Inconsolable, à moitié mort de faim, il s'adossa à un épicéa, tourné vers la baie invisible encore ensevelie dans le linceul gris, et il supplia une dernière fois, en silence, les bateaux américains de se montrer :

— *Nathanael Parker*, aide-moi. *Jared Harper*, approche-toi pour me sauver la vie.

Le silence. Puis un bruit de fer contre du bois, et l'arrivée d'une brise parfumée qui déchira un peu le brouillard. Enfin, mystérieusement, comme si une main puissante écartait un rideau, il vit apparaître la forme d'un navire, aussitôt dissimulée par une autre nappe de brume mouvante. Mais le bateau était là! Dans son désespoir, sans tenir compte du danger auquel il s'exposait en signalant sa position aux émissaires qui devaient le rechercher, il courut vers la grève, dans l'eau jusqu'au genou et cria en anglais :

— Bateau! bateau! Des peaux! Des fourrures!

Si un cri pouvait attirer les Américains (à supposer que ce fussent des Américains) vers la côte, c'était bien la promesse de peaux de loutre. Mais il n'y eut aucune réponse. Cœur-de-Corbeau s'avança dans l'eau, dans laquelle il ne savait pas nager, et cria de nouveau :

— Bons Américains! Peaux de loutre!

De nouveau, pas de réponse. Mais une bouffée de vent plus violente balaya le brouillard et, à moins de deux cents mètres de la côte, miraculeusement intact au milieu de la douzaine d'îles couvertes d'arbres qui protégeaient le goulet de Sitka, apparut l'*Evening Star* de Boston, avec lequel le Tlingit fugitif avait déjà fait commerce dans le passé.

— Capitaine Corey! cria-t-il en agitant les bras.

Le tapage qu'il fit attira l'attention d'un des marins du brick. Un officier pointa sa longue-vue et signala à la passerelle :

— Un indigène fait des signaux, capitaine!

On mit une chaloupe à la mer et quatre marins ramèrent vers la côte, non sans méfiance. Quand Cœur-de-Corbeau, ravi d'être sauvé, voulut s'avancer dans le ressac à leur rencontre, il se trouva avec deux fusils braqués sur sa poitrine.

— Ne bouge pas, ou on tire!

Le capitaine Miles Corey de l'*Evening Star*, cinquante-trois ans et vétéran du Pacifique, avait vu trop de commandants perdre leur bateau dans des circonstances semblables. Ne voulant prendre aucun risque, il avait prévenu les marins de la chaloupe :

— C'est un Indien isolé. Mais il y en a peut-être cinquante à l'affût sous les arbres.

— Ne bouge pas ou nous tirons! répétèrent les marins.

Le fugitif se figea, dans l'eau jusqu'à la taille, et l'un des quatre marins s'écria :

— Mon Dieu, c'est Cœur-de-Corbeau!

Il tendit son aviron pour aider le Tlingit à embarquer.

Le capitaine Corey et Kane, son second, organisèrent une réception pour leur vieil ami, avec qui ils avaient déjà commercé, et ils l'écoutèrent raconter la triste aventure qui l'avait conduit à s'enfuir tout seul dans la forêt.

— Et on t'aurait tué? demanda le capitaine. Simplement parce que le vieux bonhomme est mort?

Dans son anglais malhabile, Cœur-de-Corbeau implora :

— Vous dire moi sur bateau quatre jours, oui? Vous dire trop brouillard, oui? Quatre jours.

— Pourquoi quatre jours? demanda Kane.

Cœur-de-Corbeau se tourna vers lui pour s'expliquer. Les deux hommes avaient à peu près la même corpulence — deux braillards musclés et sans peur — et Kane, l'ancien harponneur, se sentit attiré par le Tlingit.

— Moi, supposé tué trois jours. Supposé la fuite, attrapé maintenant et tué. Mais resté sur bateau, l'échange avec vous...

Il leva les mains comme s'il brisait des liens, pour indiquer qu'il serait épargné sous ce prétexte.

Le brouillard omniprésent de Sitka retomba sur l'*Evening Star*, si épais cette fois que l'on cessa de voir les bouts des deux mâts depuis le pont. Corey et Kane rassurèrent l'esclave en danger.

— Nous resterons sans doute dans cette purée pendant deux autres jours. Tu es en sécurité.

En l'honneur du Tlingit, ils ouvrirent une bouteille de bon rhum de la Jamaïque, et dans le goulet de Sitka, protégés par le volcan et le cercle de montagnes invisibles, ils firent la fête. Quand Cœur-de-Corbeau sentit le liquide ambré exciter sa gorge, il se détendit et parla aux Américains des nombreuses peaux qu'il avait aidé à rassembler pour eux. Ils furent si enchantés de son intelligence qu'ils lui montrèrent les marchandises qu'ils avaient apportées de Boston pour enrichir les Tlingits.

— Des tonneaux de rhum, dit le capitaine Corey en montrant les dix-huit fûts rangés sous le pont. Et cela, que crois-tu que ce soit ?

Cœur-de-Corbeau, avec son anneau de cuivre passé dans le septum de son nez, regarda la douzaine de caisses carrées, en bois.

— Moi pas savoir.

Corey ordonna alors à un marin d'arracher les clous.

— Et ne les jette pas ! recommanda-t-il.

Sous le couvercle, au milieu de chiffons imbibés d'huile, se trouvaient neuf beaux fusils. Et au-dessous d'eux, en rangées identiques, vingt-sept autres. Ces douze caisses, préparées selon les règles par les armuriers de Boston, contenaient quatre cent trente-deux fusils à canon long. Et les tonneaux entassés derrière représentaient une provision de poudre suffisante pour deux ans. Dans d'autres caisses, du plomb pour les balles, et des moules dans lesquels les fabriquer.

Cœur-de-Corbeau, certain que nul n'ordonnerait qu'on le tue s'il apportait une telle puissance à ses maîtres, sourit de toutes ses dents, saisit les mains du capitaine Corey et le remercia avec effusion des fantastiques bienfaits qu'apportaient les Bostoniens aux Tlingits : du rhum et des fusils.

*
**

Branche mineure des puissants Athapascans qui peuplaient l'intérieur de l'Alaska, le nord du Canada et une grande partie de l'ouest des Etats-Unis, les Tlingits constituaient un groupe d'environ douze mille Indiens très particuliers qui étaient descendus loin dans le sud jusqu'au futur Canada, puis étaient remontés en Alaska, amenant leur langue et leurs coutumes. Divisés en plusieurs clans, ils occupaient la côte méridionale de l'Alaska, notamment les grandes îles du large, et s'étaient établis principalement sur les excellentes terres entourant le goulet de Sitka, dans l'île du même nom.

Le peuple du toyon défunt avait choisi comme centre un promontoire bien visible dans le goulet, sur lequel s'élevait une petite colline d'où l'on dominait tout. Un site parfait, entouré par au moins une douzaine de monts escarpés formant un demi-cercle vers l'est, avec le cône majestueux du volcan servant de balise vers l'ouest. Mais, comme l'avait appris le Russe Baranov la première fois où il avait vu le goulet quelques années auparavant, l'un de ses traits les plus marquants était le chapelet d'îles — certaines pas plus grandes qu'une table à thé, d'autres de dimensions considérables — qui parsemaient la surface des eaux et brisaient les houles de tempête qui sans cela auraient déferlé du fond du Pacifique.

Quand le brouillard se leva enfin, le capitaine Corey, non sans précaution, pilota son *Evening Star* entre les îles jusqu'à deux cents mètres à peine du pied de la colline et tira un coup de canon pour informer les Indiens qu'il était prêt à négocier leurs fourrures. Ce n'était jamais sans risque pour les Américains. Depuis l'embuscade du capitaine Cook aux îles Hawaii, les capitaines et les équipages restaient sur les bateaux et invitaient les indigènes à monter à bord avec leurs marchandises. Des marins armés de fusils montaient la garde. Mais à Sitka, comme les Tlingits semblaient préoccupés par l'enterrement de leur Grand Toyon, les Américains mirent une chaloupe à la mer et, avec Cœur-de-Corbeau à la proue, ramèrent vers la côte sans tenir compte des traditions.

Au début, les Tlingits en deuil leur firent signe de s'éloigner, mais quand ceux qui dirigeaient la cérémonie virent au milieu des visiteurs l'esclave Cœur-de-Corbeau, ils annoncèrent qu'ils le recherchaient depuis cinq jours pour le mettre à mort avec deux autres esclaves, afin de fournir au toyon des serviteurs dans l'autre monde. Comprenant que les Tlingits étaient déterminés à leur arracher Cœur-de-Corbeau et à le tuer, le capitaine Corey et Kane, son second, déclarèrent qu'ils ne le toléreraient pas. Mais ils n'avaient que quatre marins dans leur chaloupe et eux-mêmes n'étaient pas armés.

Aussi n'essayèrent-ils pas de protester davantage. Un peu honteux, ils abandonnèrent donc ce garçon plein de bonté qui leur avait confié sa vie, et ne s'opposèrent pas davantage aux Anciens qui se saisirent de Cœur-de-Corbeau et l'entraînèrent vers le billot de cérémonie.

Mais un homme important dans l'histoire des Tlingits intervint : le jeune chef courageux Kot-le-an, grand, nerveux, la trentaine, vêtu d'une chemise et d'un pantalon taillés dans des peaux de qualité, drapé dans une tunique blanche de peau de daim décorée. Autour du cou il portait un collier de coquillages, et sur la tête la remarquable coiffure des Tlingits : une sorte d'entonnoir retourné duquel retombaient six belles plumes. Comme Cœur-de-Corbeau, Kot-le-an avait un mince anneau de cuivre dans le nez, mais une moustache noire tombante et un bouc taillé avec soin rehaussaient sa peau d'un rouge foncé. Par sa taille, sa minceur et sa mine il différait visiblement des autres Indiens et sa voix, sa détermination et son impatience d'agir témoignaient d'une force morale incontestée — c'était le chef militaire reconnu et le principal collaborateur du toyon.

Les six Américains n'avaient pas rencontré Kot-le-an au cours de leurs précédentes escales à Sitka, car il se livrait alors à des expéditions punitives contre de turbulents voisins, mais, même s'il avait été présent, ils ne l'auraient peut-être pas vu car le commerce des peaux était une tâche trop basse pour lui. C'était un guerrier, et ce fut à ce titre qu'il intervint pour éviter l'exécution de Cœur-de-Corbeau. En des paroles que les Américains ne comprirent pas et que personne ne leur traduisit, car c'était toujours Cœur-de-Corbeau qui leur servait d'interprète, le jeune chef exprima une opinion qui s'avérerait bientôt prophétique :

— Un de ces jours, il nous faudra protéger nos terres soit des Américains comme ceux-ci, soit des Russes de Baranov qui rassemblent leurs forces à Kodiak. En tant que votre chef dans les combats, j'aurai besoin d'hommes comme Cœur-de-Corbeau. Je ne peux pas vous laisser le tuer.

— Mais le Grand Toyon a également besoin de lui,

s'écrièrent plusieurs vieillards. Il serait indécent de l'envoyer sans...

Kot-le-an, qui méprisait les discours et les palabres, inclina simplement la tête en direction des Anciens, puis saisit Cœur-de-Corbeau par la main comme si de rien n'était et l'arracha à la fois aux Américains et aux ordonnateurs des obsèques.

— J'ai besoin de cet homme pour les prochains combats.

Et de cette manière inattendue, le grand esclave tlingit eut la vie sauve.

Peu après, les Américains horrifiés virent deux jeunes esclaves adolescents traînés de la colline jusqu'à la grève où on leur maintint la tête sous l'eau pendant qu'on les étranglait. Leurs cadavres intacts furent aussitôt remontés sur la colline et placés cérémonieusement à côté du corps du Grand Toyon défunt. Puis, quatre Tlingits comptant parmi les plus robustes saisirent l'esclave choisi pour remplacer Cœur-de-Corbeau ; ils l'allongèrent sur le bloc de bois des sacrifices, posèrent sur son cou une barre de bois et appuyèrent jusqu'à ce que le corps cesse de se tordre. Tristement, comme s'ils déploraient la perte d'un ami, ils placèrent ce troisième cadavre en travers des pieds du Toyon puis firent signe aux Indiens rassemblés que l'enterrement de leur chef pouvait commencer.

Après la cérémonie des funérailles, on procéda à la négociation des peaux rassemblées par les Tlingits. Sur les dix-huit tonneaux de rhum du bateau, dix furent échangés contre des peaux de phoque, par l'entremise de Cœur-de-Corbeau. Aucune peau de loutre de mer — la fourrure que convoitaient la Chine, la Russie et la Californie — n'avait été présentée et il semblait bien que l'*Evening Star* devrait repartir sans échanger les fusils convoités par les Tlingits. Mais au moment où le capitaine Corey allait lancer l'ordre de lever l'ancre, Cœur-de-Corbeau et Kot-le-an abordèrent le bateau américain avec une petite barque de bois construite depuis peu selon le modèle des chaloupes. Une fois à bord de l'*Evening Star*, Cœur-de-Corbeau montra au jeune chef qui lui avait sauvé la vie les douze caisses de fusils.

— Les voici. Les armes dont vous avez besoin.

Kot-le-an repéra aussitôt la caisse dont on avait enlevé le couvercle pour montrer les armes à Cœur-de-Corbeau. Il écarta les planches déclouées, vit les beaux canons bleutés et les crosses cirées. C'étaient de magnifiques objets, mais c'étaient surtout des armes capables de protéger les Tlingits contre d'éventuels envahisseurs, et ils prenaient aux yeux du jeune chef une importance capitale.

— Je les veux tous, dit Kot-le-an.

Cœur-de-Corbeau traduisit et le capitaine Corey répliqua :

— Nous ne les échangeons que contre des peaux de loutre.

Kot-le-an ne put maîtriser sa rage. Il tapa du pied avec ses mocassins et cria :

— Dis-lui que nous avons assez d'hommes pour nous emparer de ces armes !

Mais sans laisser à Cœur-de-Corbeau le temps de parler, Corey prit Kot-le-an par le bras et le fit pivoter vers les quatre canons de bâbord pointés droit sur les maisons indiennes de la colline, puis vers les quatre canons de tribord, capables de pivoter eux aussi.

— Dis-lui que nous en avons aussi un à l'avant et un à l'arrière, dix en tout, lança-t-il à Cœur-de-Corbeau.

La traduction n'était pas nécessaire, car Kot-le-an connaissait les effets des canons. L'année précédente, un bateau anglais, à la suite d'une dispute avec des Tlingits du continent, avait perdu un marin dans une échauffourée. Par représailles les Anglais avaient bombardé le village coupable jusqu'à ce qu'une seule maison reste debout, et Kot-le-an savait que les baleiniers américains se montraient encore plus acharnés dans leurs vengeances. Capitulant devant la force supérieure du capitaine Corey, il lança à Cœur-de-Corbeau :

— Dis-lui que dans cinq jours il aura ses peaux de loutre.

À ces mots, Corey s'inclina, comme si Kot-le-an était l'ambassadeur d'une puissance souveraine. Et quand les Tlingits se retirèrent, Kane, le second, les rassura :

— Nous attendrons cinq jours.

Dans l'heure qui suivit, les Américains virent de nombreux petits bateaux partir du goulet de Sitka pour aller visiter des villages lointains, et dans les jours qui suivirent ils les regardèrent revenir, beaucoup plus bas sur l'eau qu'ils n'étaient au départ.

— Nous allons avoir des loutres, promit Corey à ses hommes.

Mais quand il se prépara à quitter le bateau, il ordonna à Kane :

— Quand Kot-le-an pourra nous voir, vous pointerez la moitié de nos canons vers la colline et la moitié sur la plage où il sera. Et que les hommes soient prêts.

En voyant ces manœuvres, Kot-le-an comprit qu'aucune attaque surprise de sa part ne pouvait réussir. Mais il savait aussi que les Américains, venus de Boston aussi loin, ne pouvaient pas rentrer avec des cales vides. Ils avaient autant besoin des fourrures que lui-même des fusils. Et la négociation se ferait sur ces bases pragmatiques.

Lorsque Corey descendit à terre et vit la quantité énorme de peaux réunies en si peu de temps sur l'ordre d'un chef, il se dit que la loutre de mer avait peut-être disparu des Aléoutiennes, des Pribilov et de Kodiak, mais qu'elle nageait encore vigoureusement dans ces eaux du Sud. Au bout de deux heures d'examen minutieux des peaux, il conclut qu'il retirerait un excellent profit s'il les échangeait contre ses douze caisses de fusils. Il décida de conclure le marché.

— Dis à Kot-le-an que je lui donnerai tous les fusils. Tu les as vus : quatre cent trente-deux. Mais je veux toutes ces peaux et cette quantité en plus.

Il sépara du lot environ le tiers des peaux, indiqua qu'il n'en démordrait pas et s'écarta pour laisser à Kot-le-an le temps de digérer cette nouvelle exigence.

En tant que guerrier, le jeune chef n'aimait pas les marchandages, il était davantage habitué à commander. Mais son inquiétude pour l'avenir était très forte, et il lui fallait les armes que transportait l'*Evening Star*. Il donna à ses hommes un ordre à voix basse, et ceux-ci écartèrent un bateau échoué, révélant une cachette contenant à peu près la moitié des peaux de loutre que Corey exigeait en plus. D'un geste de mépris, le jeune chef se mit à lancer les peaux à coups de pied vers le premier tas, et quand il en eut dispersé ainsi une douzaine, il grogna à Cœur-de-Corbeau :

— Dis-lui qu'il peut les prendre toutes.

Quand fut embarquée dans la cale de l'*Evening Star* la précieuse cargaison — vingt ou trente fois le prix coûtant des fusils — Kot-le-an et Corey se saluèrent et, dans un geste de cérémonie que le Tlingit avait appris des capitaines anglais, il tendit sa main droite, que Corey serra. Mais l'Américain était tellement surpris par le geste et tellement enchanté du résultat que dans l'euphorie du moment, il se tourna vers Cœur-de-Corbeau.

— Dis à Kot-le-an que puisqu'il nous a donné des fourrures en plus, nous lui donnerons du plomb et de la poudre en supplément.

Il ordonna à ses marins d'apporter un gros lingot de plomb et un demi-baril de poudre.

***

La négociation s'acheva à la satisfaction de tous. L'*Evening Star* quitta Sitka avec une fortune en peaux de loutre que Corey vendrait à Canton pour deux fois plus qu'il ne l'escomptait. Et deux jours plus tard la sagesse dont avait fait preuve Kot-le-an en acceptant ce marché inégal se trouva confirmée. Une petite flotte de bateaux russes et de kayaks aléoutes entra dans la baie, passa insolemment au pied de la colline où les Tlingits maintenaient leur quartier général, et poursuivit son chemin pendant une douzaine de kilomètres vers le nord avant de s'arrêter en un endroit complètement entouré de montagnes protectrices, où tous se mirent à débarquer le matériel nécessaire à la construction d'un fort important.

La flottille, sous les ordres de l'administrateur général Alexandre Baranov, n'était pas négligeable, car elle conduisait à Sitka cent hommes russes, quelques femmes et neuf cents Aléoutes, dans le but avoué d'établir en ce lieu la capitale de l'Amérique russe, à partir de laquelle on pourrait développer une colonie russe sur les territoires continentaux au nord de la Californie. Le 8 juillet 1799, Baranov conduisit ses hommes à terre et son collaborateur direct Kyril Jdanko planta un drapeau russe dans le sol argileux, près d'une rivière au cours paisible. Puis Baranov demanda au père Vassili Voronov, qui l'accompagnait pour devenir le mentor spirituel de la nouvelle capitale, d'offrir des remerciements à Dieu. En effet, malgré les graves difficultés de la longue traversée depuis Kodiak — des vingtaines d'Aléoutes étaient morts en mangeant des poissons avariés et plusieurs centaines avaient péri en mer à cause du mauvais temps —, les Russes eux-mêmes étaient arrivés sains et saufs, et rien d'autre ne comptait. Une fois les prières dites, le petit bonhomme bedonnant, fer de lance de l'impérialisme russe, essuya son crâne chauve et proclama :

— À l'heure où le vieux siècle touche à sa fin et où va commencer une nouvelle ère pleine de promesses, appliquons toutes nos énergies à la construction d'une noble capitale pour la gloire de ce qui sera la grande Amérique russe.

Sur ces mots, d'une voix tonnante, il baptisa le futur fort « redoute Saint-Michel ». L'âge d'or de Sitka commençait.

*
**

Lorsque Kot-le-an et Cœur-de-Corbeau virent la flotte russe se glisser devant leur colline, au sud de la baie, leur première impulsion fut de réunir toutes les troupes tlingits pour tenter de repousser les envahisseurs et les empêcher de débarquer, quelles que fussent leurs intentions. Mais quand Kot-le-an prit les premières mesures pour mettre ce plan à exécution, il s'établit entre eux une curieuse relation, qui allait orienter le reste de la vie de Cœur-de-Corbeau.

— Dis-moi ce que je dois faire, déclara-t-il à Kot-le-an.

Il était prêt à exécuter n'importe quel ordre, sans tenir compte du danger pour lui-même.

— Je suis déjà mort, dit-il. La barre est sur ma gorge. Je ne respire que par ton bon plaisir.

— Soit, dit le jeune chef. D'abord, va reconnaître leurs positions et leur force.

Et Cœur-de-Corbeau, sous le couvert des bois, parcourut les treize kilomètres jusqu'à la redoute Saint-Michel et se posta de façon à observer le potentiel russe : « Trois navires, moins forts que l'*Evening Star* mais avec beaucoup, beaucoup plus d'hommes que les Américains ; environ mille hommes, dont un seul sur dix est russe ; les autres, que peuvent-ils être ? » Le Tlingit étudia avec soin ces non-Russes. Ce ne pouvaient être ni des Tlingits ni des hommes de clans associés aux Tlingits : ils étaient de plus petite taille et plus sombres de peau. Ils avaient des os dans le nez et certains portaient d'étranges chapeaux. Il remarqua deux facteurs à leur avantage : ils savaient construire des bateaux et aucun Tlingit ne maniait la pagaie avec autant d'habileté qu'eux. Il comprit que dans un combat sur l'eau, ces petits bonshommes seraient redoutables ; avec huit ou neuf cents de ces combattants pour soutenir les trois gros navires, les Russes pourraient se défendre âprement.

Il conclut que ce devaient être des Koniags ; le bruit avait couru récemment dans les îles que ces hommes de Kodiak faisaient de courageux guerriers, à éviter autant que possible. Mais avant d'en rendre compte à Kotle-an, il voulut s'assurer des faits, et par une nuit sans lune, il rampa près de l'endroit où l'on creusait les fondations du fort et attendit dans le noir que l'un des terrassiers fasse un tour.

Un bond, sa grosse main sur le visage de l'homme, et il l'entraîna sous les arbres, où il le bâillonna avec une poignée d'aiguilles d'épicéa et le ligota avec des courroies de nerf. Il resta assis sur le ventre de son prisonnier jusqu'au lever du jour, puis il le chargea sur l'épaule comme un ballot de fourrures et repartit vers la colline de Sitka. D'autres Tlingits, qui connaissaient les langues de la mer de Béring, reconnurent dans cet homme un

Aléoute. Au cours de l'interrogatoire, ils apprirent que, né sur l'île de Lapak, il avait été amené à Kodiak comme esclave. Il révéla en outre que tous les non-Russes de la redoute étaient des Aléoutes.

— Et vous êtes contents de travailler ici? lui demanda-t-on.

— C'est mieux que les îles des Phoques.

Kot-le-an et Cœur-de-Corbeau vérifièrent les dires du prisonnier et décidèrent qu'une attaque en force avait de grandes chances de chasser les Russes.

— Si tous les autres étaient de Kodiak, ce serait difficile. Mais nous savons que les Aléoutes ne peuvent pas nous résister au combat.

L'attaque aurait donc eu lieu. Mais, à la stupéfaction de Kot-le-an, le nouveau toyon, sans même en discuter avec les guerriers de sa tribu, non seulement accepta un traité de paix avec les Russes, mais leur vendit des terres autour du fort en construction.

Furieux de cette reddition sans condition devant ce qu'il concevait à bon droit comme une menace mortelle pour les aspirations des Tlingits, Kot-le-an réunit tous ceux qu'écœurait cette invitation qui permettrait aux Russes d'intervenir dans leur ancienne façon de vivre, et les harangua en ces termes :

— Le jour où les Russes auront établi leur fort dans cette baie, nous serons condamnés, nous, les Tlingits. Je connais ces gens par ce que l'on dit d'eux. Jamais ils ne renonceront, et avant peu ils exigeront cette colline et cette partie de la baie. Ils convoiteront l'île, le volcan, nos sources chaudes et nos réserves. Toutes les loutres leur appartiendront. Pour chaque bateau américain qui viendra commercer avec nous et nous apporter ce dont nous avons besoin, six des leurs arriveront, et pas pour faire du commerce! Avec leurs armes, ils nous voleront tout ce que nous possédons. Si nous leur permettons de rester sans opposition, le destin qui nous est réservé ne peut me satisfaire. Nos totems seront brisés et nos canots chassés de la baie. Nous ne serons plus les maîtres de nos terres, car les Russes nous étoufferont partout, et pour tout ce que nous désirerons faire. Je sens la main redoutable des Russes nous écraser comme la barre sur la gorge de l'esclave condamné. J'entends nos enfants parler leur langue et non la nôtre, et je peux sentir leur chaman s'avancer parmi nous ; nos âmes seront condamnées à errer à jamais dans les forêts et leurs gémissements n'auront pas de fin. Je vois ces îles changées, les mers sans vie, les cieux en colère. Je vois d'étranges ordres imposés, de nouvelles contraintes, un mode de vie totalement différent. Et par-dessus tout, je vois la mort des Tlingits, la mort de tout ce pourquoi nous nous sommes battus pendant des années.

Ses paroles étaient si puissantes et si précises dans leur vision de l'avenir qu'en l'écoutant plus d'un prit peur. Sans doute aurait-il embrigadé des centaines de Tlingits pour éliminer les Russes et leurs alliés aléoutes si le chef des Russes, le petit Baranov, n'avait pas prévu un soulèvement de ce genre. Un jour d'août, comme l'été s'achevait, ce Russe habile, qui savait veiller à sa sécurité, prit son plus gros navire et le fit conduire dans la baie du village tlingit. Les marins le portèrent à terre sur leurs épaules au milieu du ressac. Le soleil se mit à briller de tous ses feux et il gravit pour la première fois la colline par une des plus belles journées qu'offre cette région de l'Alaska.

« C'est un présage », se dit-il — comme s'il prévoyait qu'il passerait les années de gloire de sa vie en haut de cette colline parmi tant d'autres. À son arrivée au sommet, lorsque le nouveau toyon s'avança pour le saluer, le Russe s'arrêta, regarda en tous sens et vit, comme en une révélation, l'incroyable majesté de ce lieu.

Vers l'ouest s'étendait l'océan Pacifique, visible au-delà des cent îles, la grande route du retour à Kodiak, puis vers les Aléoutiennes lointaines, le Kamtchatka et les remparts de la Russie. Vers le sud, un escadron de montagnes défilant en rangs serrés jusqu'au bout de l'horizon, vertes puis bleues, puis d'un gris brumeux, enfin presque blanches au loin. Vers l'est, tout près, s'élevait la gloire de Sitka, les montagnes qui trempaient leurs pieds dans la mer, immenses et puissantes, mais cependant accueillantes, avec leur beau manteau de verdure. Des montagnes d'une infinie variété, de couleurs changeantes, d'une altitude surprenante aussi près de la mer. Et vers le nord, où son fort commençait à s'élever, le splendide goulet parsemé d'îles entouré par ses montagnes, parfois aussi pointues que des aiguilles sculptées dans de l'os de baleine, parfois paisibles et arrondies.

La riche variété de ce paysage vu de la colline l'enchanta tellement qu'il fut tenté de crier son émerveillement. Mais sa ruse de marchand russe le prévint de ne pas révéler ses sentiments, de peur que ses hôtes tlingits ne devinent son intérêt pour leur paradis. Il baissa la tête, croisa les bras sur son ventre à son habitude, et dit simplement :

— Grand et puissant toyon, en reconnaissance de vos nombreuses gentillesses et de votre aide pour la construction de notre petit fort dans votre baie, je vous apporte quelques modestes présents.

Il fit signe aux marins qui l'accompagnaient, et l'on déroula des ballots contenant des perles, du cuivre, du tissu et des bouteilles. Quand il eut distribué sa pacotille, il demanda à ses hommes d'apporter la pièce de résistance — selon ses propres termes — et ils lui donnèrent un mousquet rouillé, d'un modèle dépassé, qu'il tendit gravement au toyon, en demandant à un des marins de donner de la poudre et des balles, puis de faire une démonstration de la vieille arme.

Le marin mit tout en place et montra au toyon comment épauler le fusil, lui mit l'index sur la détente et le fit tirer. Il y eut un éclair de feu pendant que la poudre en excès se consumait, puis une faible détonation au bout du fusil, et un bruissement de feuilles tandis que la balle traversait sans faire aucun mal la cime des arbres, plus bas sur la colline. Le toyon, qui tirait au fusil pour la première fois de sa vie, parut tout excité, mais Kot-le-an et Cœur-de-Corbeau sourirent avec indulgence — ils avaient presque cinq cents fusils de première qualité dans une cachette.

Ce fut pourtant le rusé Baranov qui parut triompher,

car en échange de ces cadeaux impressionnants, offerts de si bonne grâce, il reçut en prêt quinze Tlingits, qui s'installeraient au fort pour enseigner aux Aléoutes à attraper et faire sécher la multitude de saumons qui commençaient à pulluler dans le petit torrent, au nord du fort. Kot-le-an, furieux de voir son toyon capituler si facilement devant les flatteries des étrangers, obtint cependant un avantage : il infiltra dans ce groupe de travailleurs temporaires son homme, Cœur-de-Corbeau, si bien qu'en retournant au fort avec ses experts en saumon, Baranov emmenait aussi un espion doté de capacités exceptionnelles d'observation et de déduction.

Au fort, Cœur-de-Corbeau se conduisit comme les autres Tlingits : dans l'eau jusqu'aux genoux à l'embouchure de la rivière, il plongeait une épuisette en roseau au milieu de la multitude de saumons gras, de soixante-cinq centimètres de long, qui revenaient dans leur torrent natal pour frayer et donner naissance à une nouvelle génération. Ils abandonnaient les eaux salées bien alignés les uns derrière les autres, sur cinquante ou soixante files de front. À n'importe quel endroit de l'embouchure de la rivière, pendant ces quelques journées, des milliers de poissons passaient, attirés seulement par leur besoin de retourner dans l'eau douce où ils étaient nés des années plus tôt pour y pondre les œufs qui renouvelleraient leur espèce.

Un aveugle avec un filet déchiré aurait attrapé des poissons pendant ces journées-là. Cœur-de-Corbeau et ses compagnons en lancèrent à terre des milliers, puis ils montrèrent aux Russes comment repérer les femelles avec de la laitance, comment éviscérer le poisson et le préparer pour le faire sécher au soleil. Baranov, en voyant s'entasser ces quantités incroyables de nourriture, assura à ses Russes :

— Cet hiver, personne ne mourra de faim.

Dans la soirée, après leur travail, les Tlingits étaient abandonnés à eux-mêmes. Cœur-de-Corbeau en profitait pour mémoriser les détails du fort en construction. Il vit que le promontoire se trouvait divisé en deux moitiés : la première, vers la terre, se composait d'un fortin défendu par des pièces d'artillerie fixes et pourvu de meurtrières pour tirer au fusil ; l'autre moitié, ramassis de petits bâtiments en dehors du fortin principal, n'était pas protégée. Il en conclut que ces hangars et ces granges seraient sacrifiés en cas d'attaque et que tous les défenseurs se retireraient dans la forteresse qui possédait vers l'arrière, à l'opposé de la mer, une vaste cour carrée entourée de murs de soixante centimètres d'épaisseur. Envahir cette forteresse et s'emparer d'elle ne serait pas facile.

Mais plus il étudiait la redoute et plus il se rendait compte qu'un assaut déterminé, en prenant d'abord les bâtiments extérieurs sans les détruire puis en assiégeant le fortin, pourrait réussir si l'on trouvait un moyen de battre en brèche l'immense cour de l'arrière : les attaquants pourraient alors harceler la redoute centrale en profitant de la protection des bâtiments construits par les Russes eux-mêmes. Avec le temps, ils seraient obligés de se rendre. La redoute Saint-Michel pouvait être prise si les attaquants avaient à leur tête un homme comme Kot-le-an et comptaient dans leurs rangs des guerriers résolus comme Cœur-de-Corbeau.

Fin septembre, à la fin de la saison du saumon, on renvoya les Tlingits sur leur colline. On n'en aurait pas besoin l'année suivante, car les Russes et les Aléoutes avaient appris tout ce qu'il fallait savoir pour attraper et conserver les précieux poissons. Quatorze Tlingits quittèrent la redoute avec seulement les souvenirs d'un séjour assez agréable, mais Cœur-de-Corbeau ramenait des plans complets pour capturer le fort, et dès qu'il retrouva Kot-le-an, il dessina avec lui des diagrammes des installations russes et mit au point des tactiques pour les détruire.

Pendant le reste de l'année 1799, les hésitations de leur toyon empêchèrent ces jeunes guerriers impétueux de mettre leur plan à exécution. Le chef de la tribu semblait paralysé par la puissance des Russes et l'intelligence d'Alexandre Baranov, capable de deviner et de devancer toutes les manœuvres des Tlingits. Chaque fois que les Indiens de la colline semblaient sur le point de devenir rétifs, il désamorçait l'hostilité en leur offrant des présents d'une générosité surprenante. Un jour où plusieurs centaines d'entre eux menaçaient de se rebeller sérieusement, il s'avança hardiment au milieu d'eux en leur conseillant de reprendre leur bon sens.

— C'est un brave, avaient conclu les Tlingits.

Et les manœuvres habiles de Baranov avaient donc neutralisé Kot-le-an et Cœur-de-Corbeau — qui le considéraient cependant plus que jamais comme leur ennemi.

Au cours de l'été 1800, à la fin de la première année du séjour des Russes à la redoute Saint-Michel, Cœur-de-Corbeau put constater que la forteresse était achevée, plus tôt que prévu. A la surprise générale, Baranov chargea aussitôt un de ses bateaux de peaux venant des eaux de Sitka, hissa les voiles et repartit pour Kodiak, où sa femme Anna et son fils Antipatr l'attendaient dans la grande maison de rondins qui était le cœur de l'Amérique russe. Il comptait ramener de Kodiak des provisions venues de Russie continentale, mais dès qu'il accosta il apprit la désolante nouvelle :

— Aucun bateau n'est arrivé depuis quatre ans. Nous mourons de faim.

Et il détourna son attention de l'avant-poste de Sitka pour s'attaquer au problème qui le tourmenterait pendant toute sa vie en Alaska : « Comment accroître la puissance de la colonie si la métropole ignore et néglige mes requêtes ? »

Baranov retenu à Kodiak, le nouvel établissement de Sitka se trouvait complètement isolé, et pendant l'été 1801 Kot-le-an et Cœur-de-Corbeau se dirent que les Russes seraient bientôt trop affaiblis pour se défendre. Mais au moment même où les Tlingits préparaient leur attaque, l'*Evening Star* de Boston apparut dans le goulet, à son retour de Canton. Au cours de ses précédentes visites, il avait toujours jeté l'ancre près de la colline pour négocier avec les Tlingits, mais cette fois il passa sans s'arrêter, comme si seul le fort russe comptait désormais. Bouillant de colère, Kot-le-an dut s'abaisser à prendre un bateau et à suivre le navire américain comme s'il convoitait ses faveurs, puis à attendre dans le goulet que les Américains aient achevé leur négoce avec les Russes.

— Je suis devenu un étranger dans mon propre pays! s'écria le jeune chef à l'adresse de Cœur-de-Corbeau.

Et celui-ci profita de leur oisiveté forcée pour répéter à Kot-le-an les manœuvres nécessaires à la prise de la redoute, le jour de l'attaque. Car l'attaque aurait lieu, ni l'un ni l'autre n'en doutaient.

Elle ne se produisit pas en 1801 parce que les provisions fournies par l'*Evening Star* consolidèrent la position des quatre cent cinquante Russes de la colonie. Le moment aurait été mal choisi. Cependant, en sortant de la baie, l'*Evening Star* s'arrêta tout de même au quartier général des Tlingits; le capitaine Corey et Kane, son second, prouvèrent leur amitié fidèle pour les Indiens en leur montrant, dans un coin de la cale qu'ils avaient dissimulé aux Russes, les marchandises que convoitaient le plus les Tlingits : des tonneaux de rhum et des caisses plates contenant d'autres fusils, fabriqués en Angleterre et envoyés en Chine.

— Nous avons gardé le meilleur pour la fin, assura Corey aux Indiens.

Comme la fois précédente, Cœur-de-Corbeau fit le tour des petits hameaux disséminés sur le littoral et ramena une quantité encore surprenante de peaux de loutre de mer. Quand le marché fut conclu, Corey et Kane rencontrèrent Kot-le-an sur la colline et, tout en partageant une bouteille de rhum — les Américains ne buvaient jamais beaucoup mais abreuvaient généreusement les Tlingits —, Corey remarqua :

— Ne serait-il pas plus rationnel de réunir les deux groupes? Les Russes et les Tlingits travailleraient ensemble et...

— À Boston, coupa Kot-le-an avec une acuité d'esprit surprenante, est-ce que vous travaillez ensemble, avec vos Tlingits?

— Non. Ce ne serait pas possible.

— Ici non plus, ce n'est pas possible.

Corey, se souvenant du grand nombre de fusils qu'il avait vendus à ces Tlingits batailleurs, se retourna vers son second. D'un geste si léger que seul Kane le remarqua, il haussa l'épaule droite d'un air de dire : « Ce qui se passera est leur affaire, pas la nôtre. » Cet après-midi-là, il fit ses derniers calculs sur sa cargaison d'huile de baleine et de peaux de loutre, leva l'ancre et mit le cap sur Boston, qu'il n'avait pas vu depuis six ans.

Après le départ des Américains, Kot-le-an dit à Cœur-de-Corbeau :

— Nous attendrons. Si tu veux construire ta maison au sud, près du torrent aux saumons, fais-le maintenant.

Cette invitation, lancée d'un ton banal, représentait un grand tournant dans la vie de l'esclave, car elle l'affranchissait de sa servitude. En effet, si un Tlingit était libre de bâtir une maison à lui, il était également libre de prendre une femme pour l'aider à occuper cette maison. Or depuis quelque temps, Cœur-de-Corbeau regardait avec de plus en plus d'intérêt une jeune Tlingit qui portait le nom adorable de Kakiena, nom dont le sens s'était perdu mais qui avait appartenu à son arrière-grand-mère. Outre un visage aimable et ouvert qui trahissait une bonté naturelle, elle avait une noblesse d'allure qui semblait prévenir le monde : « Je fais les choses à ma manière. » Fille d'un pêcheur expérimenté, âgée de seize ans, elle avait échappé pour une raison ou une autre au tatouage et à l'insertion de labrets dans la lèvre inférieure. En ces premières années du nouveau siècle, c'était le type même de la jeune fille pleine d'assurance mais réservée qui épousait volontiers un Russe en exil pour constituer avec lui un pont entre le passé et le présent, entre les Tlingits et les Russes.

Mais dès son enfance elle avait senti que ce ne serait pas possible, car elle était farouchement attachée au mode de vie des Tlingits. Elle trouvait la distance spirituelle entre le village tlingit et le fort russe trop grande pour être enjambée dans l'honneur. Il aurait fallu que la femme tlingit renonce à son identité, et Kakiena s'y refusait. Depuis plusieurs mois ses parents commençaient à se demander : « Que va-t-il advenir de notre fille ? », comme si elle seule n'était pas responsable de son salut. Ils se félicitèrent de voir plusieurs Tlingits et plusieurs Russes lui témoigner de l'intérêt, et, au cours de la dernière visite de l'*Evening Star*, ils s'étaient aperçus que Kane, le second, avait plusieurs fois essayé d'attirer la jeune fille dans son lit. Elle l'avait repoussé, de même que les jeunes coqs du village, pour la bonne raison que depuis l'âge de quatorze ans elle avait reconnu en l'esclave Cœur-de-Corbeau le jeune homme le plus accompli de la région. Elle avait été témoin de son courage et de sa fermeté, de sa loyauté à Kot-le-an, de ses capacités à négocier avec les Américains et surtout de ses manières douces, car elle retrouvait sur le visage de l'esclave le même calme noble qu'elle avait découvert sur le sien lorsqu'on lui avait permis d'emprunter un des miroirs magiques apportés par le capitaine Corey.

Ainsi donc, en ce paisible été 1801, Cœur-de-Corbeau se donna trois tâches, qui allaient mobiliser toute son énergie : obtenir Kakiena pour femme ; construire une maison sur les rives du torrent aux saumons, parmi les grands épicéas ; et sculpter un poteau-totem pareil à ceux qui ornaient son village natal du Sud avant sa capture et sa servitude.

Les diverses tribus de Tlingits étaient si différentes de nature qu'elles ne paraissaient pas appartenir à la même famille. Les Tlingits de Yakutat, vers le nord, presque sauvages, ne songeaient qu'à la guerre, aux razzias et à tuer des prisonniers. Les pareils de Kot-le-an, sur la colline dominant le goulet de Sitka, assez agressifs pour défendre leur territoire, s'avéraient cependant assez doux pour apprécier les bienfaits de la paix, s'ils pouvaient l'obtenir à leurs conditions. Ceux du Sud, où Cœur-de-Corbeau avait vécu, habitaient sur les frontières du peuple Haïda, branche distincte des Athapascans qui parlaient une autre langue. Ils avaient pris à ces Haïdas l'habitude remarquable de sculpter pour chaque village et chaque grande maison un poteau-totem de cèdre rouge, haut, imposant, très coloré et relatant les événements importants survenus à ce village ou à cette demeure. Le peuple de Kot-le-an sculptait rarement des totems, et les Yakutats y mettaient le feu quand ils s'emparaient d'un village, mais Cœur-de-Corbeau, qui vivait par nécessité sur un territoire étranger, ne se sentait pas à l'aise dans une maison que ne protégeait pas son totem.

Avec l'ardeur qui le caractérisait, il lança ses trois entreprises en même temps. Il demanda à Kot-le-an de l'accompagner à la hutte de pêcheurs où vivait Kakiena et il demanda solennellement à son père :

— Puis-je avoir l'honneur de prendre votre fille pour femme ?

— On peut lui faire confiance, assura aussitôt Kot-le-an.

— Mais c'est un esclave, protesta le pêcheur.

— Il ne l'est plus. L'honneur a effacé cela.

Le mariage fut conclu.

L'après-midi même, sur les rives du torrent aux saumons, à moins de deux kilomètres à l'est de la colline, dans le cœur d'un noble bosquet d'épicéas, Cœur-de-Corbeau et Kakiena se mirent à abattre les troncs qui constitueraient leur maison, et en début de soirée, après avoir piqueté le plan, ils halèrent sur la berge le poteau de cèdre dans lequel le jeune homme sculpterait son totem. Le lendemain, avec l'aide de Kot-le-an lui-même et de trois de ses hommes, Cœur-de-Corbeau plaça le tronc sur les supports qui isoleraient le bois du sol pendant que l'Indien sculpterait — cette tâche occuperait ses moments de liberté pendant presque un an.

Il ne sculptait le totem que sur une face, et il grava dans le bois une composition personnelle d'images précieuses qui résumaient l'histoire de son peuple : les oiseaux, les poissons, les grands ours, les bateaux qui sillonnaient les eaux, les esprits qui ordonnaient la vie. Mais il ne les représentait pas au hasard ; soumis aux mêmes principes qui avaient guidé la main de Praxitèle et de Michel-Ange, il suivait des normes traditionnelles pour associer entre elles les formes et les couleurs. Sa maîtrise était telle que le totem, à mesure qu'il se dégageait du bois brut, ne serait pas simplement un poteau décoré devant une maison mais une œuvre d'art, puissante et élaborée, magnifique dans son aspect définitif. Kakiena et lui en furent enchantés quand vint le moment de le planter. Ce jour-là, le toyon, Kot-le-an et le chaman vinrent au sud pour honorer et bénir le totem quand il s'éleva dans les airs — signe que dans cette maison vivait une famille tlingit qui prenait la vie au sérieux.

Marié, avec une maison aux trois quarts construite et un beau totem en place, Cœur-de-Corbeau était en plein travail en juin 1802 lorsque Kot-le-an et deux de ses hommes apparurent au torrent des saumons avec des nouvelles réjouissantes.

— Jamais les Russes n'ont été plus faibles. C'est le moment de les détruire.

Cœur-de-Corbeau partit en mission d'espionnage et, depuis un fourré à l'est de la redoute Saint-Michel, il observa plusieurs faits déterminants : Baranov, le dangereux adversaire, n'avait pas reparu ; son homme de confiance, Kyril Jdanko, n'était pas présent non plus ; un grand nombre d'Aléoutes étaient repartis à Kodiak et la population du fort s'élevait au total à environ cinquante Russes et pas plus de deux cents Aléoutes. Leur défaite semblait certaine. Le nombre de petits bâtiments non protégés près de la côte avait augmenté mais le grand fort lui-même et sa place entourée de palissades n'avaient pas été renforcés.

Cœur-de-Corbeau alla rendre compte à Kot-le-an et à ses hommes.

— Il faut suivre le plan que nous avions prévu. Attaquer par bateau du côté de la baie et sur terre à partir de la forêt. Prendre d'abord les petits bâtiments et s'y enfermer, puis assaillir la redoute.

— La première partie sera facile? demanda Kot-le-an.

Cœur-de-Corbeau hocha la tête.

— Mais la deuxième?

L'espion répondit en toute sincérité.

— Très difficile.

Quand la flottille des Tlingits quitta la partie méridionale du goulet à la fin de juin vers onze heures du soir, le soleil venait à peine de se coucher, et lorsque les bateaux se dirigèrent vers le nord, en coordonnant leur avancée avec celle des guerriers qui s'infiltraient dans la forêt, le fort se découpa sur la clarté argentée d'une nuit d'été en Alaska, où les ténèbres ne tombent jamais. En silence, les deux détachements convergèrent et à quatre heures du matin, juste au retour du soleil, ils se jetèrent sur le camp russe, occupèrent aussitôt tous les bâtiments sans protection et pénétrèrent dans la cour des palissades. Puis, en suivant la tactique mise au point par l'espion Cœur-de-Corbeau deux ans auparavant, les Tlingits attaquèrent les endroits les plus faibles, pénétrèrent, mirent le feu aux bâtiments russes et tranchèrent la gorge des défenseurs qui fuyaient pour échapper aux flammes. Les Russes et les Aléoutes périrent, sauf ceux qui, par bonheur, étaient sortis pour pêcher ou pour chasser des animaux à fourrure.

Quand le carnage fut terminé, Kot-le-an, son instigateur, s'écria debout au milieu des cadavres :

— Que cela serve d'avertissement aux Russes ! Ils ne peuvent pas venir impunément voler la terre des Tlingits !

Après avoir incendié les bateaux russes, grands et petits, les Indiens victorieux revinrent en triomphe sur leur colline, conquérants du goulet de Sitka, protecteurs des droits des Tlingits.

*
**

Quoique étonné de la facilité avec laquelle il avait éliminé les Russes, Kot-le-an ne supposa pas un seul instant qu'un homme aussi déterminé que Baranov se laisserait humilier ainsi sans réagir. Il n'avait aucune idée de la forme que prendraient les représailles des Russes, mais, certain qu'ils se manifesteraient, il prit des précautions exceptionnelles. Il se rendit à l'endroit où Cœur-de-Corbeau et sa femme étaient encore en train d'aménager leur maison et annonça sans ambage :

— C'est le meilleur site de l'île. Notre fort doit s'élever ici.

Cœur-de-Corbeau, qui avait consacré une énergie

considérable à la construction de sa maison et à la sculpture de son totem, voulut protester, mais Kakiena l'en empêcha. Elle s'interposa avec une hardiesse qui surprit les deux hommes.

— Kot-le-an, dit-elle, nous ne connaîtrons aucun repos tant que nous n'aurons pas chassé les Russes de notre pays. Prends notre maison.

Quand les Tlingits arrivèrent pour transformer la maison en quartier général, elle travailla avec eux. Plus tard, ce fut elle qui suggéra de clôturer tous les abords avec une haute palissade épaisse hérissée de piquets pointus, et elle participa également à sa construction.

Le fort terminé — un groupe de petits bâtiments solides protégés par la palissade — se trouvait près du torrent aux saumons vers l'est et non loin du goulet vers le sud. À l'opposé, il était protégé par une vaste forêt dense dont les vieux arbres tombés en travers, constituaient un fourré impénétrable. À la fin des travaux, Kot-le-an expliqua à son peuple :

— Nous ne pouvons pas défendre la colline dominant la baie. Les bateaux russes avanceraient dans le goulet pour nous bombarder avec leurs canons. Mais à l'endroit où se trouve notre nouveau fort, ils ne pourront pas parvenir assez près pour nous atteindre.

— Quand déménageons-nous ? demandèrent des femmes.

— Pas avant l'arrivée des Russes... S'ils reviennent un jour.

En entendant ces paroles, Cœur-de-Corbeau se dit : « Kot-le-an a raison. Un homme comme Baranov reviendra. Il s'y sentira obligé. »

Ainsi, le rêve de Cœur-de-Corbeau et de Kakiena s'évapora en préparatifs militaires. Leur maison était construite, mais comme un quartier général. Le totem se trouvait à sa place, mais devant une version tlingit de la redoute russe, non devant leur foyer.

— Pourrons-nous la défendre contre les Russes ? demanda Kakiena.

Son mari ne répondit pas directement :

— Nous l'avons construite solidement. Tu l'as vu toi-même.

— Mais les Russes ne pourront-ils pas s'en emparer? Comme tu t'es emparé de leur fort?

— Nous aurons la réponse un de ces jours!

Une attente nerveuse, passive, commença. Puis, en septembre 1804, des bateaux russes pleins à craquer de soldats apparurent dans le goulet de Sitka. D'abord la *Neva*, venue de Saint-Pétersbourg, puis le *Vermak*, la *Katarina* et l'*Alexandre*. Trois cent cinquante kayaks de deux hommes réussirent également la redoutable traversée de l'immense golfe séparant Kodiak de Sitka. Vers la fin du mois, le goulet abritait cent cinquante Russes et plus de huit cents Aléoutes, tous bien armés et impatients de venger la destruction de la redoute Saint-Michel, deux ans plus tôt. Comme les Russes supposaient qu'il leur faudrait prendre d'assaut la colline occupée par les Tlingits dans le passé, Baranov ordonna à ses bateaux, le soir du 28 septembre, de se rapprocher de la colline qu'il avait l'intention de mitrailler avec son artillerie dès le point du jour.

Mais lorsque l'aurore se leva le lendemain matin et que les Russes s'élancèrent sur la colline derrière Baranov, toujours en tête dans les combats, ils trouvèrent un fort désert. Tous les Tlingits s'étaient repliés dans leur nouvelle forteresse, à deux kilomètres vers l'est, derrière des murs de défense de cinquante centimètres d'épaisseur et avec un totem pour protéger l'entrée principale. Baranov annonça qu'il venait de remporter une première victoire, désigna une garnison pour le fortin inoccupé et y fit monter sept canons, qu'il mit en position de façon à commander tous les accès.

— J'ignore où sont les Tlingits, déclara-t-il à ses hommes, mais ils n'occuperont plus jamais cette colline.

Il veillerait à faire respecter cette décision jusqu'à la fin de sa vie.

Les Tlingits, en sécurité dans leur nouvelle forteresse et certains de pouvoir la défendre contre toute attaque russe, rirent en apprenant comment Baranov avait pris d'assaut un fort vide. Mais ils devinrent plus sombres quand leurs espions leur annoncèrent :

— Ils commencent à débarquer les hommes des quatre vaisseaux de guerre ancrés au pied de la colline.

Kot-le-an ne s'en effraya pas, mais il voulut savoir quel mal pourraient faire les canons de ces quatre bateaux. Il envoya donc Cœur-de-Corbeau parlementer avec Baranov pour définir dans quelles conditions les deux groupes pourraient partager cette belle baie et les richesses qu'elle dispensait.

Accompagné d'un jeune guerrier qui portait un drapeau blanc au bout d'un grand piquet, Cœur-de-Corbeau s'engagea sur le sentier qui traversait la forêt, prêt à exposer aux Russes les conditions souhaitées par Kot-le-an. Mais à son arrivée au fort, les Russes l'éconduisirent brusquement, avec des paroles de mépris.

— Notre commandant ne traite pas avec des subalternes. Si ton chef veut s'entretenir avec nous, qu'il vienne en personne.

Humilié et furieux, Cœur-de-Corbeau retourna sur-le-champ auprès de Kot-le-an et lui suggéra de suspendre toute négociation. Mais pendant l'absence de Cœur-de-Corbeau, le jeune chef s'était convaincu qu'un partage pacifique valait mieux qu'une guerre ouverte. Et le lendemain matin, Cœur-de-Corbeau, accompagné par un émissaire spécial, repartit vers la colline, mais cette fois par la mer, dans un canot de cérémonie. Cœur-de-Corbeau fit accoster le canot à un débarcadère et l'émissaire se mit à psalmodier un message de paix en termes fleuris :

— Puissants Russes, les valeureux Tlingits recherchent votre amitié. Vous avez pris notre terre pour votre redoute, nous avons repris votre redoute pour notre terre. Nous sommes quittes, pied à pied, main à main, vivons donc en paix.

Sur ces paroles, l'émissaire se jeta hors du canot, resta dans l'eau jusqu'aux narines, et adressa des regards suppliants aux sentinelles russes. D'un coup de sifflet on appela des officiers. Deux jeunes gens descendirent de la colline et ne purent se retenir de rire en voyant l'émissaire dans l'eau. Voyant que Cœur-de-Corbeau était revenu, ils lancèrent le même message méprisant :

— Si ton chef a quelque chose à dire, qu'il vienne en personne.

Ils allaient se retirer, mais Cœur-de-Corbeau déplia sous leurs yeux une peau de loutre, la plus grande et la plus soyeuse que cette région eût jamais produite. Et il cria en anglais :

— Voici notre présent au grand Baranov!

Le cadeau était si remarquable que les officiers l'invitèrent à monter jusqu'au fort, où Baranov accepta la fourrure avec grâce et donna en échange un complet de drap.

En tlingit, l'ancien esclave devenu un homme de grande dignité, déclara :

— Grand Baranov, nous désirons la paix.

Le Russe formula alors ses exigences :

— Vous devez me laisser deux otages. Vous devez confirmer que cette colline nous appartiendra, ainsi que les territoires environnants dont j'aurai besoin pour établir notre quartier général. Et vous devrez vivre en paix dans cette région en faisant commerce avec nous.

Cœur-de-Corbeau se fit répéter deux fois ces conditions, puis demanda :

— Vous voulez toutes ces terres?

Baranov acquiesça.

— Et vous voulez que nous vivions soumis à vos ordres?

De nouveau, le Russe acquiesça.

Cœur-de-Corbeau se dressa de toute sa hauteur et dit :

— Je parle au nom de notre chef Kot-le-an et de notre toyon. Jamais nous n'accepterons ces conditions.

Baranov ne fléchit pas. Il lança un regard interrogateur au capitaine Lisianski, de la *Neva*, qui inclina la tête, puis répondit sans hausser la voix :

— Tu diras à Kot-le-an que nous lancerons notre attaque demain à l'aube.

Le temps que Cœur-de-Corbeau revienne à son canot où l'attendait l'émissaire, les soldats russes et des centaines de guerriers aléoutes se dirigeaient déjà vers les quatre vaisseaux et les kayaks.

*
**

Le 1er octobre 1804, les quatre vaisseaux étaient prêts à appareiller pour la courte traversée vers le fort des Tlingits qu'ils se proposaient de bombarder, mais un calme plat, désolant, régnait sur le goulet, et la grande *Neva*, dont dépendait le succès des Russes, ne put bouger. Le capitaine Lisianski, qui la commandait, marin déterminé et plein de ressources, résolut la question en faisant aligner plus de cent kayaks qui tirèrent lentement le lourd navire avec des cordages attachés à l'arrière. Kot-le-an, témoin de cet effort herculéen, murmura à Cœur-de-Corbeau :

— Ils veulent vraiment se battre !

Et il renforça son dispositif.

L'efficacité du capitaine Lisianski allait être en partie amoindrie par le fait que Baranov, à cinquante-sept ans, devenu obèse, se prenait pour un génie militaire capable de commander au combat un détachement d'environ la moitié des effectifs. Ses hommes l'avaient surnommé le « général-en-chef » et il croyait que son expérience des bagarres de Sibérie et des escarmouches mineures des îles suffisait pour faire de lui un tacticien ; il lançait ses ordres comme un vieux grognard aguerri aux combats. Mais si bouffon qu'il parût à certains, sa vaillance et son désir de vengeance contre ces Tlingits qui avaient détruit sa redoute galvanisaient ses hommes, prêts à le suivre n'importe où.

Avant de lancer l'assaut, se souvenant de récits de batailles qu'il avait lus, Baranov se crut tenu par l'honneur d'offrir à son ennemi une dernière chance de se rendre. Il envoya donc trois Russes avec un drapeau blanc. Aux abords du fort tlingit, celui qui commandait la délégation cria d'une voix forte :

— Vous connaissez nos conditions. Donnez-nous les terres. Des otages. Et restez ici pour commencer en paix avec nous.

De l'intérieur du fort partit un éclat de rire puis une salve de mousqueterie qui crépita dans les arbres au-dessus des têtes des négociateurs. Ceux-ci, affolés à l'idée que les coups de feu suivants seraient peut-être dirigés vers eux, filèrent à la *Neva* sans demander leur reste et relatèrent à Baranov l'accueil qu'ils avaient reçu. Il ne se lança pas dans de grands discours.

— Prenons leur fort, dit-il simplement à son entourage.

Comme prévu depuis la veille, le capitaine Lisianski lança quatre chaloupes fortement armées pour détruire tous les canots tlingits qui restaient sur la plage. La bataille avait commencé.

Baranov, vêtu d'une sorte d'armure de cuir et de bois, l'épée haute, débarqua dans le ressac à la tête de ses hommes, déterminé à attaquer les murs du fort et à exiger la reddition, avec l'appui de ses trois petits canons portatifs. Il s'arrêta pour écouter les bruits des Tlingits dans le fort, n'entendit rien et s'écria :

— Ils l'ont abandonné, comme celui de la colline !

Avec un héroïsme de paysan téméraire, il entraîna ses hommes à découvert vers les murs.

Mais dès qu'ils parvinrent à bonne portée, de ces murs jaillit le feu d'excellents fusils de Boston, et l'effet sur les assaillants fut catastrophique, car la volée inattendue en frappa un grand nombre de plein fouet.

Les Russes battirent aussitôt en retraite dans le désordre et les Tlingits s'élancèrent de leur portail central, gardé par le totem, pour tomber sur les hommes désorganisés qu'ils tuèrent et blessèrent sans avoir à craindre de riposte. Si le capitaine Lisianski ne s'était pas porté aussitôt au secours de Baranov, le massacre aurait été général. Cette première bataille, nettement gagnée par les Tlingits, fut un vrai désastre pour le général en chef Baranov.

De retour à bord de la *Neva* avec une blessure grave au bras, il dut s'aliter, sur l'ordre du médecin.

— Trois de mes hommes morts, quatorze Russes blessés et un nombre incalculable d'Aléoutes qui ont filé comme des lapins au premier coup de fusil, constata Lisianski lorsqu'il voulut faire le bilan de l'échauffourée. Mais nous avons remporté une victoire : Baranov est juste assez gravement blessé pour ne plus prendre la tête des troupes. Organisons le siège et faisons sauter ce fort.

Avant même le début de la canonnade, tout le monde

compris que la bataille serait sans merci, comme l'assaut précédent sur la redoute Saint-Michel, où tous les Russes présents avaient été massacrés. En effet six guerriers tlingits s'avancèrent sur la plage presque à portée de fusil de leurs ennemis, en brandissant leurs lances sur la pointe desquelles était empalé le cadavre d'un Russe. Sur un coup de sifflet de leur chef, les Tlingits poussèrent brusquement leurs lances vers le haut et elles s'enfoncèrent dans le corps jusqu'à ce qu'apparaissent les pointes de métal, rougies par le sang. Puis, sur un autre signal, ils firent basculer le corps dans la baie.

Quelques minutes plus tard, la canonnade commença, et lorsque le bruit courut sur le pont de la *Neva* qu'un quatrième Russe était mort de ses blessures, le feu s'intensifia. Le bombardement continua pendant deux jours, puis une sortie en force, conduite par Lisianski couvrit le secteur devant le fort et tua tous les Tlingits sur son passage. Cette sortie leur permit de voir que la grande palissade de bois construite par Kot-le-an et Cœur-de-Corbeau avait une épaisseur suffisante pour résister aux plus gros boulets de canon.

— Nous ne vaincrons pas en essayant de détruire cette palissade, déclara Lisianski.

Il en rendit compte à Baranov et ils décidèrent ensemble de pointer leurs canons comme des mortiers, de façon que les boulets destructeurs pleuvent sur l'intérieur du fort.

Lisianski, en les voyant tomber ainsi avec une précision remarquable, assura à Baranov :

— Ils ne pourront pas le supporter longtemps.

Le petit marchand bedonnant répondit par un sourire sans joie.

*
**

Au cours des premières journées du siège, l'allégresse avait régné à l'intérieur du fort, car les Tlingits qui le défendaient avaient remporté trois victoires : la palissade avait résisté au feu russe, ils avaient repoussé la première attaque terrestre en infligeant de lourdes pertes à l'ennemi, et sans souffrir de représailles ils avaient nargué les Russes sur la côte, en transperçant le cadavre puis en le jetant dans les vagues.

— Nous les tiendrons en échec! cria Kot-le-an au lendemain de ces premiers succès.

Mais quand la canonnade commença pour de bon, avec les Russes qui tiraient par-dessus les murs, les faveurs de la guerre changèrent vite de camp. À l'intérieur de la palissade, une quinzaine de bâtiments distincts se serraient autour de la maison construite par Cœur-de-Corbeau et Kakiena. Une malchance inouïe voulut que les boulets russes frappent ces bâtiments de bois, qui s'éventrèrent en tuant ou blessant grièvement leurs occupants. Les enfants se mirent à hurler et la destruction continua. Trois boulets frappèrent coup sur coup la maison de Cœur-de-Corbeau. Les cendres du foyer, dispersées, amorcèrent un incendie qui consuma rapidement le bâtiment entier. Quand il vit les flammes faire rage, Cœur-de-Corbeau eut le pressentiment qu'il assistait à la fin de tout ce que les Tlingits avaient aimé dans le passé, car cette maison demeurait le symbole de son affranchissement et de son intégration dans la plus forte des tribus tlingits.

Mais, sachant qu'il ne devait laisser transparaître son appréhension ni devant Kakiena ni devant Kot-le-an, il fit le tour des défenseurs du fort avec des paroles d'encouragement :

— Ils vont cesser. Ils comprendront qu'ils ne peuvent pas nous vaincre et ils s'en iront.

Mais tandis qu'il prononçait ces paroles, pendant le troisième jour du bombardement, un cri l'interrompit. Un cri de Kakiena. Supposant qu'un boulet l'avait touchée, il se précipita. Debout dans les décombres, la bouche ouverte mais incapable de parler, elle regardait le ciel. Cœur-de-Corbeau vit alors ce qui avait provoqué son cri : un boulet tiré par la *Neva* avait touché le totem, qui s'était brisé. La partie supérieure, avec le corbeau si minutieusement sculpté, avait disparu : il ne restait qu'un moignon déchiqueté, encore haut mais décapité pour toujours. Se rappelant les légendes de son peuple et leurs esprits, qu'il avait gravés avec amour dans le poteau, Cœur-de-Corbeau se sentit perdu ; mais il refusa de laisser paraître sa détresse devant la disparition d'un autre élément de sa vie auquel il tenait et qu'il avait espéré défendre. Et le bombardement continua.

Le sixième jour, quand la lumière déclina, Kot-le-an s'avança vers Cœur-de-Corbeau avec un message que ce dernier ne s'attendait pas à recevoir :

— Ami fidèle, prends le drapeau blanc et va les voir.

— Pour leur demander quoi ?

— La paix.

— À quelles conditions ?

— Celles qu'ils proposeront.

Pendant plusieurs minutes, tandis que Kot-le-an réunissait une délégation de six hommes pour escorter son émissaire, Cœur-de-Corbeau, au milieu des décombres, crut que le sol tremblait sous ses pieds. Un rêve prenait fin, un monde allait se perdre — et on l'avait choisi pour effectuer la reddition. Mais au moment de prendre entre ses mains le signal de la soumission, tout son corps se révolta. Ses yeux refusèrent de voir, ses pieds de bouger et son esprit d'accepter le devoir horrible. Il cria dans le vent :

— Je ne peux pas.

Ce fut Kakiena qui le persuada :

— Il le faut. Regarde !

Elle lui montra les maisons détruites, les rangées de cadavres encore sans sépulture, les signes universels de défaite.

— Il le faut, répéta-t-elle doucement.

Stupéfait d'entendre sa femme, si inflexible, prononcer ces paroles, il se tourna vers elle et vit sur ses lèvres un sourire amer.

— Cette fois, nous avons perdu. Sauvons ce que nous pouvons. La prochaine fois, quand ils tourneront le dos, nous les écraserons.

Lorsqu'il franchit le portail à la tête de la délégation, elle l'accompagna jusqu'à la plage, où il cria en anglais aux Russes qui avaient interrompu le bombardement en apercevant le drapeau blanc :

— Baranov, c'est toi qui gagnes. Discutons.

Un porte-voix de cuivre amplifia la réponse, en russe.

— Va te coucher. Plus de bombardement. Nous viendrons demain.

À ces mots, qui marquaient la fin du siège — et pour les Tlingits la fin de leurs espoirs de conserver Sitka —, Kakiena lança une plainte stridente, que les Russes à portée de voix interprétèrent comme une lamentation des Tlingits sur leurs espérances perdues. S'ils avaient compris les paroles, ils auraient été stupéfaits.

— Hélas, pauvre de moi, les vagues ont quitté notre rivage et il ne reste plus que les rochers. Mais pareils aux rochers, nous durerons, et dans les années à venir nous reviendrons ainsi que des vagues pour étouffer les Russes.

Les marins ennemis écoutèrent dans la nuit tombante une voix tlingit, puis une autre, se joindre à la supposée lamentation, jusqu'à ce que tout le rivage retentisse de ce qu'ils prenaient pour de la douleur mais qui constituait, sur l'initiative de Kakiena, une promesse solennelle de vengeance.

Lorsque Cœur-de-Corbeau et la délégation retournèrent au fort, le silence les accueillit. La canonnade avait cessé mais les Tlingits ne bougeaient plus. Ils avaient formé spontanément des groupes pour discuter des mesures à prendre. Pourtant, quand Cœur-de-Corbeau passa d'un rassemblement à l'autre, il ne trouva que consternation et absence de plan pour l'avenir. Puis, vers minuit, Kot-le-an et le toyon prirent le commandement. Leurs directives furent brèves et brutales :

— Nous traverserons les montagnes et quitterons cette île pour toujours.

Ces paroles fatidiques firent le tour du fort, et tout le monde en mesura la portée car traverser l'île de Sitka, où que ce fût, serait une entreprise difficile, étant donné l'absence de pistes dans ces montagnes déchiquetées. Mais les Tlingits avaient décidé de fuir, et au cours des quatre heures qui suivirent minuit, le fort détruit fut en proie à un ouragan d'activités.

Seuls Cœur-de-Corbeau et Kakiena avaient vécu sur

ce beau site entre le torrent aux saumons et la baie, et ils furent donc les seuls à emporter des souvenirs de ces lieux — lui, un fragment du totem ; elle, une écuelle de bois brisée — mais tous ceux qui se préparaient à fuir gardaient en mémoire leur existence heureuse sur la belle colline dominant le goulet et ils avaient tous le cœur gros.

Vers l'aurore, deux groupes furent chargés de corvées particulièrement désespérantes. Des hommes désignés sillonnèrent le fort pour tuer tous les chiens, surtout ceux qui s'étaient attachés à une famille précise, car il était impossible de les emmener pour ce voyage. Plus d'un éprouva du chagrin quand mourut un compagnon qui avait bondi de joie à la voix d'un enfant. Mais cette tristesse fut vite oubliée lorsque peu après, une équipe comparable de femmes, sous la conduite de Kakiena, passa dans les rangs de la foule rassemblée et tua tous les bébés tlingits trop jeunes pour marcher.

*
**

Le 7 octobre, tôt dans la matinée, les brumes se levèrent et un beau soleil d'automne apparut. Des marins de la *Neva* et des trois autres navires formèrent les rangs sur la plage derrière le général en chef Baranov, et prirent le départ de leur marche triomphale pour recevoir la reddition des Tlingits. Mais lorsqu'ils se rapprochèrent du fort, ils ne virent personne, n'entendirent aucun bruit. Non sans hésitation, ils s'avancèrent. Un vol de corbeaux s'éleva dans les airs en croassant, et un marin superstitieux grommela :

— Ils dévorent les morts.

Baranov fut le premier à dépasser le portail de guingois, qu'un boulet avait à moitié arraché, et il eut sous les yeux toute la désolation : le sol jonché de chiens morts et de minuscules cadavres humains. Ce fut un instant d'épouvantable victoire, accentué par l'apparition soudaine, sur le seuil d'une maison éventrée, de deux vieilles femmes trop âgées pour voyager, qui gardaient un enfant de six ans infirme d'une jambe.

— Où ont-ils disparu ? lança Baranov aux femmes.

Elles indiquèrent la direction du nord.

— À travers ces montagnes ? demanda l'interprète.

Elles répondirent « oui ».

Au même moment, Kot-le-an, Cœur-de-Corbeau et le toyon qui avait perdu son royaume, conduisaient leur peuple à travers un pays au relief violent, couvert d'immenses épicéas dont les troncs étaient aussi droits qu'un trait tiré dans du sable. La marche s'avérait si difficile qu'ils ne couvriraient pas plus d'une dizaine de kilomètres ce jour-là, et plusieurs semaines pénibles s'écouleraient avant qu'ils atteignent le nord de l'île. Quand ils y parviendraient, ils s'arrêteraient pour construire des canots capables de leur faire traverser le détroit du Péril, puis il leur faudrait trouver un refuge quelconque dans l'île inhospitalière de Chichagof, infiniment plus sauvage et stérile que le goulet de Sitka.

Mais ils ne renoncèrent pas, et quand ils atteignirent enfin le rivage nord de leur île, certains pleurèrent en apercevant les montagnes de leur nouveau pays, de l'autre côté du détroit, car ils savaient qu'ils perdaient beaucoup au change. Cependant Cœur-de-Corbeau, qui avait déjà été dépouillé de tout une fois au cours de sa vie agitée, dit à Kakiena :

— Je crois que nous pourrons nous établir là-bas.

Au même instant un poisson sauta dans les eaux du détroit et l'ancien esclave annonça :

— C'est bon signe.

***

Suivirent alors les quinze années remarquables, de 1804 à 1818, qui confirmèrent la réputation d'Alexandre Baranov comme père et principal inspirateur du fragile empire russe d'Amérique du Nord. Âgé de cinquante-sept ans au début de ce déchaînement d'énergies, il fit preuve de l'enthousiasme d'un gamin chassant son premier cerf, de la sagesse d'un Périclès pour la construction d'une nouvelle ville, et de la patience d'un Job des îles.

Comme constructeur, il s'avéra infatigable. Dès que le

dernier bout de bois du fort tlingit fut consumé, y compris le poteau-totem brisé, il remit tous ses hommes au travail sur la colline, où il se fit construire une petite maison modeste avec vue sur le goulet, le volcan et les montagnes environnantes. De son vivant, cette maison serait reconstruite en une demeure plus imposante, avec plusieurs chambres, et après sa mort elle serait encore agrandie aux dimensions d'une résidence grandiose de trois étages contenant même un théâtre. Jamais il ne l'occuperait ni ne la verrait, mais elle porterait toujours le nom de Château Baranov et constituerait le siège du gouvernement de l'Amérique russe.

Au pied de la colline, il délimita une vaste surface comprenant un grand lac, et la fit clôturer par une haute palissade de bois ; ce serait la ville russe. Mais un curieux problème se posa, car Baranov appela sa colonie Novo-Arkhangelsk, alors que les capitaines de bateaux de toutes les nations, les Tlingits et les Aléoutes qui connaissaient ce site, continuèrent de l'appeler Sitka, le nom ancien qui devait lui rester jusqu'à nos jours. La belle cité allait donc porter indifféremment les deux noms, mais elle ne devait obéir qu'à une seule règle : « Aucun Tlingit à l'intérieur de la palissade. »

Pourtant, à peine avait-il proclamé cette loi, que Baranov tirait déjà des plans pour le jour où les Indiens reviendraient l'aider à construire une Novo-Arkhangelsk plus vaste. Il fit déboiser un immense espace près de la palissade et expliqua aux gens de la ville :

— Il faut le réserver aux Tlingits, quand ils commenceront à revenir. Ce sont des gens raisonnables. Ils s'apercevront que nous avons besoin d'eux et découvriront qu'ils peuvent vivre mieux en partageant cet endroit avec nous qu'en se cachant dans le désert, où ils végètent en ce moment.

Une fois cette décision prise — « Les Russes à l'intérieur des murs, les Tlingits au-dehors » —, Baranov consacra son énergie à la construction d'une grande ville, et avec l'aide de Kyril Jdanko, il fit édifier en un temps très court une caserne pour ses soldats, une école qu'il paya sur son maigre salaire comme jadis l'orphelinat de Kodiak, une bibliothèque, une salle des fêtes avec dans un angle un précieux piano importé de Saint-Pétersbourg pour les danses, et une véritable scène de théâtre pour les pièces en un acte qu'il encourageait ses hommes et leurs femmes à interpréter ; plus une douzaine d'autres bâtiments de service : chantiers pour la réparation de bateaux relâchant à Novo-Arkhangelsk et ateliers pour la révision de leurs instruments de navigation et de leurs canons.

Une fois ces premières nécessités assurées, il fit venir le père Vassili.

— Nous nous sommes assuré un bon départ, mon père. Il est temps de construire une église.

Et avec un zèle redoublé, il lança la construction de la cathédrale Saint-Michel, qu'il se plaisait à appeler « notre cathédrale ». Construite avec les restes d'un bateau abandonné, c'était un édifice de bois plus grand que tous les autres bâtiments existants, et quand ses étages inférieurs furent terminés, Baranov en personne supervisa la mise en place d'un clocher à bulbe. Le jour de la consécration solennelle, tandis qu'un chœur chantait des cantiques en slavon, il put en toute sincérité proclamer aux paroissiens :

— Maintenant que notre belle cathédrale s'élève vers le ciel, Novo-Arkhangelsk devient russe à jamais, et à jamais le centre de nos espoirs.

Quelques semaines après la consécration, il reçut une confirmation de ses rêves, qui l'emplit d'une joie profonde : un de ses collaborateurs s'élança vers la colline en criant :

— Excellence ! Regardez !

Il s'avança sur la terrasse entourant sa maison : une vingtaine d'Indiens lançaient des regards hésitants vers la palissade dans l'espoir d'obtenir la permission de construire des maisons sur l'espace que leur avait réservé Baranov.

L'arrivée de ces anciens ennemis surprit sans doute les sentinelles russes, mais non Baranov. Il les attendait, espérait leur venue.

— Apportez de quoi manger ! cria-t-il en dévalant la

colline. Des vieilles couvertures! Un manteau et des clous.

Les bras débordant de ces cadeaux, il se dirigea vers les Tlingits et les força à prendre ce qu'il leur tendait. Un vieil homme qui parlait quelques mots de russe dit :

— Nous revenons. C'est mieux ici.

Baranov crut qu'il allait pleurer de joie.

Toutefois, cet instant d'exaltation fut vite noyé au milieu des humiliations qui allaient obscurcir les dernières années de sa vie. En un sens ce fut lui-même qui les provoqua, car plus Novo-Arkhangelsk prenait de l'importance, plus le gouvernement russe envoyait de vaisseaux de guerre dans l'île. Et cela signifiait qu'inévitablement des officiers de la Marine russe apparaîtraient dans leurs uniformes tirés à quatre épingles pour inspecter « ce que faisait par là-bas ce marchand Baranov ». On l'en avait prévenu au cours d'une mémorable réunion à Irkoutsk des années auparavant quand on l'interrogeait sur ses capacités à défendre les intérêts de la Compagnie : « Il n'existe rien au monde de plus insolent qu'un officier de la Marine russe. »

Celui que le tsar Alexandre Ier choisit en 1810 pour sillonner le Pacifique sur le vaisseau *Moscovie* et tourmenter les responsables locaux de Kodiak et de Novo-Arkhangelsk — surtout ce dernier — était un jeune dandy de vingt-cinq ans, le lieutenant Vladimir Ermelov, véritable caricature du jeune aristocrate russe prêt à se battre en duel s'il se sentait blessé dans son honneur. Grand, mince, moustachu, visage de faucon et allure sévère, il considérait les simples matelots, les serviteurs, la plupart des femmes et tous les marchands comme indignes de son intérêt et même de toute politesse élémentaire. Brave au combat, assez bon marin, toujours prêt à justifier ses décisions à la pointe de l'épée ou un pistolet à la main, il semait la terreur sur tous les bateaux qu'il commandait. Dès qu'il débarquait, éblouissant dans son uniforme blanc, il devenait le point de mire de tous les regards.

Le lieutenant Ermelov, rejeton d'une noble famille qui avait fourni aux souverains russes certains de leurs conseillers les plus obstinés et les moins efficaces, avait épousé la petite-fille d'un vrai grand-duc, qui lui avait donné des quartiers de noblesse incontestables, et lorsqu'elle voyageait à bord du bateau de son mari, ils se prenaient tous les deux pour les représentants personnels du tsar. Tout seul, Ermelov s'avérait redoutable ; mais avec le soutien de son arrogante épouse, il devenait, selon l'expression d'un jeune officier, « littéralement imbuvable ».

Quand Ermelov quitta Saint-Pétersbourg à bord du *Moscovie*, il ne savait presque rien d'Alexandre Baranov et de ses travaux au fin fond des possessions russes de l'Est, mais pendant sa longue traversée autour du monde, il relâcha dans de nombreux ports et au cours de conversations avec des capitaines russes, anglais ou américains qui avaient fait escale à Kodiak ou à Sitka, il entendit d'étranges récits sur cet homme hors du commun, parvenu par hasard (semblait-il), à une position éminente dans les Aléoutiennes, « ces maudites îles des fourrures ensevelies dans le brouillard, ou bien à Kodiak, qui ne vaut guère mieux ». Plus il en entendait, plus il se demandait pourquoi le gouvernement impérial avait confié à un homme de cet acabit une région dont l'importance ne cessait de croître.

Mme Ermelov, que l'on appelait « Princesse » avant son mariage avec Vladimir et qui avait encore le droit d'utiliser ce titre, fut particulièrement irritée par ce qu'elle ne cessait d'entendre sur « ce maudit Baranov », et quand le *Moscovie* quitta Hawaii en 1811, la cale était pleine de ragots sur « ce fou de Russe, à Novo-Arkhangelsk, comme il appelle maintenant son île ». Les Ermelov, avant même de le connaître, étaient écœurés par cet homme qu'ils tenaient tous les deux pour un parvenu — Ermelov pour des raisons politiques, sa femme du fait de sa naissance.

— Vladimir, je connais à Pétersbourg une bonne douzaine de jeunes gens de qualité, dignes d'un poste de gouverneur. N'est-il pas irritant de voir leur place prise par un pitre comme ce Baranov ?

Et son irritation se manifesta dans sa première lettre

envoyée en russe de Novo-Arkhangelsk et adressée à sa mère la princesse Tcherkanski, fille d'un grand-duc et parfaitement au fait des impératifs de la bonne société.

Chère maman,

Nous sommes arrivés en Amerika et je peux vous faire le bilan de toute l'expérience en vous racontant en deux mots ce qui s'est passé à notre débarquement. De la mer, nous avons reconnu le splendide volcan qui ressemble tellement aux gravures que nous avons du Fuji-Yama au Japon, et peu après l'avoir dépassé, nous avons aperçu la petite éminence sur laquelle s'élève notre capitale de l'Est. Le site semble prometteur, et si la construction et la décoration des bâtiments qui le couronnent étaient convenables, le temps en ferait sans doute une capitale acceptable. Hélas, bien que toute la région ne soit que montagnes, il n'existe aucune pierre de construction. Alors, les bâtiments bas, dont aucun architecte ou artiste n'a tracé les plans, sont en bois mal équarri, mal assemblé et même pas peint. Ce qu'ils appellent leur cathédrale vous ferait mourir de rire : un tas de bois grossier, laid, sans harmonie, couronné par une construction désopilante qui passe ici pour un dôme en forme de bulbe — forme si belle quand elle est bien construite mais si lamentable lorsque les diverses pièces qui la composent ne sont pas bien équilibrées.

Mais cette « cathédrale » demeure une œuvre d'art, comparée à ce que les indigènes appellent fièrement leur « château » sur la colline. Sans peinture, sans plan et en un sens inachevé, le bâtiment en question n'est qu'un ramassis de granges accolées l'une à l'autre au petit bonheur, sans aucune possibilité d'amélioration ultérieure. Même une équipe de nos meilleurs architectes de Pétersbourg ne pourrait sauver cet édifice, et je suis certaine qu'il empirera à chaque rajout qu'on lui fera. Je dois cependant avouer que par beau temps — et il y a quelques journées claires bien que ce soit souvent pluie, pluie, pluie –, la campagne environnant la colline peut paraître suprêmement belle, comme les magnifiques paysages de lacs que nous avons vus en Italie. De toutes parts, des montagnes d'une altitude surprenante tombent directement dans l'eau, pour former une sorte de cocon rocheux tapissé d'arbres, dans lequel s'élève Novo-Arkhangelsk. Et avec ce volcan en sentinelle, vous avez un décor digne d'un maître architecte.

Sur la place, nous avons Alexandre Baranov : un misérable marchand qui s'efforce non sans ridicule de jouer au gentilhomme. Je ne vous dirai qu'une chose sur cet imbécile incompétent. Quand on nous a présentés à lui, Volodia et moi – car nous ne l'avions jamais vu – nous avons vu s'avancer, en s'inclinant très bas comme il convient, un petit bonhomme boulot avec une petite panse ronde, dans un costume coupé par un tailleur local (car rien ne tombait droit). Lorsqu'il se rapprocha, je n'en crus pas mes yeux et Volodia me chuchota, presque assez fort pour qu'on l'entende : « Mon Dieu, est-ce une perruque ? »

C'en était une sans l'être. Elle devait être faite de poils, mais de quel animal ? Je préfère ne pas deviner, car cela ne ressemblait à aucune fourrure que j'avais pu voir et je suis certaine que ce n'étaient pas des cheveux humains – à moins de provenir de quelque sauvage décapité. Et de toute évidence, c'était destiné à servir de perruque, car c'était sur sa tête, entièrement chauve comme je le découvris plus tard. Mais rien de commun avec le genre de perruques que les gentilshommes et les hauts dignitaires portent parfois avec tellement de distinction en Europe – Oncle Vania, par exemple. Non, c'était une espèce de tapis, avec une couleur écœurante, d'une matière qui ne convenait pas et sans la moindre forme. Vraiment désolant.

Mais j'en reviens au plus incroyable. Pour maintenir l'objet sur sa tête, M. Baranov se sert de deux cordons, comme en utilisent les paysannes fran-

çaises pour attacher leurs bonnets lorsqu'elles traient les vaches, et il avait noué ces cordons sous son menton en un nœud papillon assez gros pour lui servir de cravate. Plus tard, quand ce petit bonhomme pansu à l'absurde perruque reçut, à côté de mon cher Volodia, le plus désespérant ramassis d'invités qui soit dans toute la Russie — pas un seul gentilhomme dans le tas —, la comparaison était si ridicule que j'ai failli pleurer de honte en songeant à la dignité de la Russie. Le monstre coiffé de sa perruque-bonnet de nuit, à côté de Volodia, droit, impeccable, plus digne que jamais dans son uniforme blanc avec les épaulettes d'or que lui a offertes Oncle Vania.

Plus tôt nous quitterons Novo-Arkhangelsk, mieux ce sera pour moi. Comme si ce que je viens de vous dire ne suffisait pas, je découvre à présent que cet écœurant Baranov a une femme ! Une indigène qu'il a affublée du titre ridicule de Princesse de Kenaï — Dieu seul sait où se trouve cet endroit —, mais quand j'ai protesté contre cette insulte à la dignité russe, mon informateur m'a rappelé que le prêtre local, un certain Voronov, avait lui aussi une épouse indigène. Pauvre Mère Russie, que lui arrive-t-il donc pour qu'elle veille aussi mal sur ses enfants ?

Avec mes plus tendres pensées, votre fille toujours aimante,

Natacha.

Le *Moscovie* resta à Novo-Arkhangelsk pendant neuf mois pénibles et, jour après jour, le lieutenant Ermelov et sa princesse se montrèrent plus ouvertement méprisants à l'égard de Baranov. Ils le ridiculisaient devant ses hommes et le critiquaient à chaque mesure qu'il prenait pour améliorer sa capitale.

— Cet homme est une vraie cruche ! fit observer la princesse à haute voix au cours d'une réception.

Et dans ses rapports fréquents à Saint-Pétersbourg, son mari décrivait sans cesse la bêtise de Baranov, sa mauvaise gestion et son incapacité à comprendre la position de la Russie dans le monde. Plus gravement, dans trois lettres différentes, Ermelov amorça des calomnies sur l'utilisation faite par Baranov des fonds du gouvernement, accusations qui devaient hanter ce dernier durant les années à venir.

Quand on considère les sommes que notre gouvernement a dû débourser pour Novo-Arkhangelsk et qu'on voit le peu qui a été accompli, on ne peut éviter de se demander si ce petit marchand véreux n'en a pas détourné une bonne part à son profit.

Baranov pouvait tolérer les attaques contre sa personne, car on l'avait prévenu qu'il fallait s'y attendre de la part de tout officier de marine appartenant à la noblesse. Mais lorsque les Ermelov se mirent à décharger leur bile sur le père Vassili, Baranov dut intervenir :

— Très estimée princesse, je suis obligé de protester. Il n'existe pas en Russie orientale un seul homme d'église meilleur que Vassili Voronov, et dans cette évaluation je n'exclus nullement Son Éminence l'Évêque d'Irkoutsk dont la piété est renommée dans toute la Sibérie.

— Pieux ? Certainement, accorda-t-elle. Mais n'est-il pas offensant que le personnage le plus important de l'Église dans une région aussi vaste ait pour épouse une espèce de sauvage mal dégrossie ? Une honte !

En d'autres circonstances, pour éviter d'exciter l'animosité des Ermelov, Baranov aurait laissé passer cette condamnation sans réagir. Mais au cours des années, il était devenu un défenseur acharné de Sofia Voronova, en qui il voyait le type même de la femme aléoute responsable, dont le mariage avec un envahisseur russe formerait la base d'une nouvelle race mêlée, aléoute-russe, capable de peupler et plus tard de gouverner l'empire américain de la Russie. Comme pour confirmer la justesse des prédictions de Baranov, Sofia avait donné naissance à un beau petit garçon, Arkadi. Mais une des raisons de la prédilection de Baranov pour cette adorable femme toujours souriante, c'était qu'il se retrouvait de nouveau sans épouse. Pour des raisons qu'il ne parvenait pas à comprendre, sa femme indigène, Anna, se comportait exactement comme jadis son épouse russe : elle refusait de quitter le confort de Kodiak pour l'accompagner dans ce qu'elle considérait comme une résidence moins désirable. Privé d'épouse pour la deuxième fois, il avait emmené à Sitka ses deux enfants sang-mêlé, à qui il servait à la fois de père et de mère, résigné au fait qu'il semblait incapable de retenir une femme.

Mais dans sa solitude, il éprouvait de plus en plus de plaisir à observer la réussite conjugale des Voronov. En découvrant la plénitude que ces deux êtres s'apportaient mutuellement, il éprouvait la satisfaction affective qui lui était refusée dans son propre foyer. En vérité, Vassili Voronov était bien l'homme qu'il fallait dans un endroit comme Novo-Arkhangelsk. Courageux, loyal envers le gouverneur civil et fidèle à la loi de Jésus-Christ sur terre, il parcourait son immense paroisse comme les premiers disciples, et partout où il s'arrêtait pour apporter sa consolation, la présence du christianisme devenait presque tangible. Les premiers marchands de fourrures russes avaient couvert de honte l'image de l'impérialisme russe, mais le père Vassili effaça cette tache en apportant dans les îles amour et compréhension.

Son épouse aléoute l'assistait dans ses œuvres. Elle continua d'organiser et d'animer des crèches et des orphelinats, et finit par représenter une sorte de pont entre les Aléoutes païens et le christianisme russe de son mari. Baranov la considérait comme une femme de pasteur idéale et soutenait ses efforts ; il était devenu une sorte de père pour elle, et n'était pas disposé à la laisser calomnier par la princesse Ermelov.

— Je vous demande pardon, princesse, répliqua-t-il à la dernière de ses diatribes, mais à ce que j'ai pu voir, Mme Voronov, que vous traitez de sauvage, est une vraie chrétienne et un joyau de notre couronne d'Amérique du Nord.

La princesse, habituée à ne recevoir aucune rebuffade

de quiconque, baissa son nez patricien vers ce chauve ridicule — Baranov ne portait sa perruque que pour les grandes occasions — et répondit d'un air altier, comme si elle congédiait un paysan :

— Monsieur Baranov, j'ai vu à Novo-Arkhangelsk des centaines d'Aléoutes, et ce sont tous des sauvages, la femme du prêtre comme les autres.

Pleinement conscient du tour dangereux que prenait la conversation, Baranov releva son double menton.

— Je vois dans ces Aléoutes, dit-il, l'avenir de l'Amérique russe, et aucun d'eux n'est plus prometteur que l'épouse du père Voronov.

Suffoquée par cette réfutation grossière, la princesse lança :

— Retenez mes paroles, vous la verrez retomber dans l'ornière de sa race. Elle se fait passer pour chrétienne uniquement pour abuser des hommes faciles à duper, comme vous.

Dès qu'elle eut retrouvé son mari, elle laissa éclater sa rage.

— Baranov m'a parlé grossièrement quand je lui ai reproché de défendre cette misérable Aléoute qui s'est liée au prêtre. Je veux que vous informiez Pétersbourg que ce Voronov se donne en spectacle avec cette petite sauvage.

Vladimir Ermelov avait appris — sagesse que les hommes mariés n'acquièrent jamais sans douleur — à ne jamais s'opposer à sa femme autoritaire, surtout du fait qu'elle avait des relations personnelles avec la famille du tsar. Mais il décida, pour une fois, sans rien en dire, de ne tenir aucun compte des fulminations de la princesse contre Sofia Voronova. En effet il avait chanté les louanges du père Vassili dans ses dépêches, en des déclarations qui devaient paver la voie à d'extraordinaires événements ultérieurs.

> *Autant Baranov paraît inefficace — et j'ai rapporté uniquement ses erreurs et ses défauts les plus criants —, autant son prêtre, Vassili Voronov, est un homme d'Église exceptionnel. Par la perfection*

de son attitude et de ses réalisations, il atteint presque à la sainteté et je le recommande à l'attention de Votre Excellence, non seulement à cause de sa perfection religieuse, mais parce qu'il représente la Russie avec honneur. Je n'ai pu déceler en lui qu'un seul inconvénient : il est marié à une Aléoute à la peau nettement sombre, mais s'il devait être promu à un poste supérieur, je suppose qu'on pourrait le libérer de ce boulet.

Ainsi donc, tandis que la princesse tempêtait contre Baranov et Sofia, le lieutenant Ermelov renchérissait en ce qui concernait l'homme, mais gardait le silence concernant la femme. Avec une obstination incroyable il ne cessait de saper l'autorité de Baranov dans la colonie, et il déclarait volontiers à sa femme et à qui voulait l'entendre :

— Vous imaginez un bateau de guerre commandé par des paysans ? Croyez-moi : on ne peut pas gouverner une colonie avec des marchands. Le monde a besoin de gentilshommes.

Au moment où le *Moscovie* se préparait à quitter Novo-Arkhangelsk pour la traversée de retour, des documents qui arrivèrent parurent confirmer l'opinion et les attitudes d'Ermelov. Une note reprochait à Baranov sa mauvaise gestion des fonds de la Compagnie et sa lenteur à faire régner l'ordre dans son vaste domaine, qui s'étendait de l'île Attu, à l'ouest, au Canada dans l'est ; et une autre note informait le lieutenant Vladimir Ermelov que le tsar avait autorisé sa promotion au grade de capitaine-lieutenant.

Baranov, mortifié par l'injustice de ces critiques, prit conseil auprès du père Vassili, à qui il exposa sa situation impossible :

— J'espérais que le premier bateau m'apporterait les fonds nécessaires à l'action, et peut-être l'annonce que mes efforts étaient enfin reconnus — un titre par exemple ; rien de bien ronflant, vous comprenez, simplement ceci ou cela de troisième classe, mais avec un ruban confirmant mon appartenance à la petite noblesse...

À ces mots, il s'effondra, profondément déçu, et dut pendant quelques instants refouler des larmes.

— Voyons, voyons, Alexandre Andreievitch, murmura le prêtre. Dieu voit l'œuvre méritoire que vous accomplissez. Il voit votre charité pour les enfants, l'amour avec lequel vous entraînez les Aléoutes au sein de Son Eglise.

Baranov renifla, s'essuya les yeux et demanda :

— Mais pourquoi le gouvernement ne peut-il le voir?

Voronov lui donna une réponse sans doute aussi vieille que le monde :

— Les faveurs ne sont pas dispensées avec raison.

Baranov réfléchit un instant puis éclata de rire et se moucha..

— Exact, Vassili, dit-il. Vous êtes dix fois meilleur chrétien que l'évêque d'Irkoutsk, mais qui s'en aperçoit?

Oubliant ses jérémiades, il prit les deux mains du prêtre et lui déclara d'un ton grave :

— Père Vassili, je suis un vieil homme, et très fatigué. Le travail incessant vous ronge l'âme. Voici vingt ans que je supplie Pétersbourg d'envoyer un remplaçant, mais personne n'est venu. Ceux du bateau, dans le port, condamnent ce que j'ai accompli mais n'apportent aucun argent pour m'aider à mieux faire, ni aucun homme jeune pour prendre ma place.

Songeant à ses déceptions profondes et non plus aux blessures passagères de sa vanité, il ne put se maîtriser plus longtemps et des larmes brûlantes coulèrent sur ses joues. Au terme d'une longue vie, épuisé et usé, il n'avait abouti qu'à l'échec. Il se pencha vers son prêtre, les épaules tremblantes, la tête baissée.

— Père Vassili, priez pour moi. Je suis perdu. Je ne sais que faire.

Mais une humiliation encore plus grande lui était réservée. Quand Ermelov apprit sa promotion, son épouse organisa une soirée de gala pour tous les bateaux de la baie, les maisons de la colline et même les Aléoutes de l'intérieur des murs et les Tlingits du dehors. La princesse s'arrangea pour que les fonds de la marine paient les festivités sur les bateaux, alors que les fêtes à terre seraient imputées aux caisses vides de Baranov. Apprenant cette duplicité, ce dernier cria au scandale.

— Je n'ai plus d'argent. Je n'ai plus rien.

Mais les réjouissances commencèrent, Baranov constata la joie des marins et des Indiens, et il se laissa aller lui aussi à l'atmosphère de fête. Au moment le plus solennel, quand le capitaine-lieutenant Ermelov, aussi raide et sévère qu'un harpon de hêtre, s'avança pour recevoir le serment d'allégeance du père Vassili, Baranov le félicita avec une générosité sincère, tout en se sachant cent fois plus compétent en matière de politique et de commerce qu'Ermelov ne l'était sur la passerelle d'un bateau.

*
**

Un homme de moindre trempe aurait été paralysé par la situation incroyable dans laquelle se trouvait à présent Baranov : non seulement on l'accusait de voler des fonds de la Compagnie alors que la Compagnie ne lui envoyait rien, mais on lui reprochait de détourner cet argent de la Compagnie pour son usage personnel, alors qu'il dépensait son argent personnel à des œuvres que la Compagnie aurait dû financer, comme les soins aux veuves et aux orphelins! C'était insensé, mais il refusa de se laisser troubler et se réconforta par un dicton russe et une visite consolatrice dans le Sud. Le dicton en question expliquait et pardonnait à tout : « C'est la Russie! » Quant au voyage, il calma des blessures douloureuses.

À vingt-cinq kilomètres au sud de Novo-Arkhangelsk, perdu dans un désert d'îles et entouré de montagnes s'élevant à la verticale des flots, se trouvait un miracle de la nature : une source à l'odeur âcre de soufre sortait du sol en bouillonnant avec un débit assez important, qui permettait de s'y baigner. Pendant mille ans et plus, les Tlingits avaient apprécié cette source. Ils avaient creusé des troncs d'épicéas pour faire des canalisations qui amenaient les eaux de la source et celles d'un ruisseau voisin jusqu'à une fosse creusée dans la terre et pavée de pierres plates. Un système ingénieux permettait aux Tlingits de détourner l'arrivée d'eau froide quand l'eau brûlante de la source était à bonne température.

L'endroit, caché dans les arbres, protégé par les montagnes, ne manquait pas d'agrément, et pendant qu'on prenait son bain, le regard se perdait sur l'étendue de l'océan Pacifique. Souvent, dans leur exil lointain, Kotle-an et Cœur-de-Corbeau se plaignaient :

— Si seulement nous pouvions retourner aux bains chauds !

L'une des premières décisions des Russes après la prise de la colline avait été de construire près de la source sulfureuse un véritable établissement de bains, avec deux vrais tuyaux pour faire venir les deux sortes d'eau. Bientôt, ils eurent une station thermale comparable à celles de la métropole et dès que Baranov eut pacifié la région, il se rendit régulièrement aux bains. Ermelov lui lançait-il des insultes? Baranov filait aux bains chauds. Le remplaçant tardait-il à venir? Il partait faire un traitement de soufre. Et allongé dans la baignoire, tout en manœuvrant les deux robinets avec ses orteils, tandis que l'eau brûlante colorait sa peau comme un pétale de soie, il oubliait les attaques dont il était victime, visualisant dans le calme les grandes choses qu'il lui restait à accomplir.

Donc, le jour de bonheur où le *Moscovie* appareilla enfin de Novo-Arkhangelsk pour ramener en Russie le capitaine-lieutenant Ermelov, Baranov alla sur le rivage faire ses adieux avec l'enthousiasme soumis d'un subalterne, mais, dès que le bateau fut hors de vue, il appela un de ses collaborateurs.

— Partons aux bains. Je veux me laver de cet odieux personnage.

Et quand il fut plongé dans les eaux thérapeutiques, il formula les principes remarquables qui devaient faire de son séjour dans l'Est une période si productive et si remarquable pour les historiens ultérieurs.

Pendant son retour par mer à Novo-Arkhangelsk, son crâne rond et luisant était plein à craquer d'idées nouvelles, et il fut enchanté de voir qu'un autre bateau étranger avait jeté l'ancre pendant son absence. Quand il fut assez près pour pouvoir lire les lettres peintes sur la poupe — *Evening Star*, Boston —, il sourit en songeant que le capitaine Corey devait apporter dans sa cale des marchandises dont on avait grand besoin, comme des vivres et des clous, et certaines dont on aurait préféré se passer, comme du rhum et des fusils.

Soulagé de voir un navire américain sans histoire remplacer le déplaisant *Moscovie*, Baranov accueillit chaleureusement le capitaine Corey et Kane, son second. Puis il les invita chez lui sur la colline et apprit de leur bouche les derniers détails sur les triomphes de Napoléon en Europe. Avec la générosité caractéristique de tous ses actes, et qui expliquait l'incohérence de ses comptes — si incohérence il y avait —, il s'écria, en présence des Américains et du père Vassili, invité lui aussi au dîner :

— Je comprends, maintenant ! La Russie a tellement peur de Napoléon que le tsar n'a pas le temps de s'occuper de nous, dans notre coin perdu. Ni les moyens d'envoyer l'argent promis.

Mais au cours de cette première soirée, des questions difficiles qui se posaient entre l'Amérique et la Russie commencèrent à faire surface.

— Capitaine Corey, dit Baranov avec une franchise spontanée, cette ville est ravie de vous revoir dans ces eaux, mais nous comptons que vous ne vendrez pas du rhum et des fusils aux Tlingits.

Corey répondit d'un haussement d'épaules, d'un air de dire : « Gouverneur, les Américains vendent ce qu'ils peuvent », et Baranov, ne se trompant pas sur le sens de cette réaction, continua d'une voix amicale mais ferme :

— Capitaine, j'ai donné des instructions pour faire cesser votre commerce de rhum et de fusils. Ce commerce détruit nos indigènes, et les rend impropres à toute activité utile.

— Mais notre pays tient beaucoup à son droit de commercer n'importe où en mer, et avec les marchandises de son choix, répliqua Corey avec la même fermeté.

— Ici, capitaine, vous n'êtes pas en mer, mais en

territoire russe, au même titre qu'à Okhotsk ou à Petropavlovsk.

— Je ne le pense pas, dit Corey sans élever le ton. À l'endroit où nous nous trouvons ce soir, sans doute. Le goulet de Sitka est russe. (Comme la plupart des étrangers, il continuait de parler du goulet de Sitka, jamais de Novo-Arkhangelsk, ce qui irrita davantage Baranov.) Mais les eaux environnantes sont des mers libres et je les considérerai comme telles.

— J'ai reçu l'ordre de vous empêcher de le faire, répliqua le Russe d'une voix égale.

Miles Corey, de petite taille lui aussi, mais farouchement résolu, avait passé sa vie à se battre sur les mers et dans les ports ; les menaces russes ne le troublèrent donc pas davantage que celles des Tahitiens ou des Fidjiens dans le passé.

— Nous respecterons sans conteste votre prééminence ici, à Sitka, mais ce que nous ferons dans les eaux internationales ne vous regarde pas.

— Vous avez donc l'intention de céder votre rhum et vos fusils à vos indigènes? demanda Baranov.

— Certainement, répondit l'Américain avec une politesse sûre de son bon droit.

Fait curieux, dont débattront encore longtemps les historiens et les moralistes, les deux nations anglo-saxonnes qui prétendaient suivre les commandements les plus nobles de la religion et du droit public — l'Angleterre et les États-Unis d'Amérique — se croyaient à l'époque parfaitement justifiées sur le plan moral de faire commerce comme elles l'entendaient avec ce qu'elles appelaient « les pays arriérés du monde ». Au nom de ce prétendu droit inaliénable, l'Angleterre s'estimait autorisée à forcer les Chinois à acheter de l'opium ; tandis que l'Amérique s'arrogeait le droit de vendre du rhum et des armes à tous les indigènes du monde — y compris, il faut le reconnaître, à ses propres Indiens hostiles de l'Ouest.

Donc, quand Alexandre Baranov, le valeureux petit marchand, décida de mettre fin à ce commerce sur son territoire, des hommes comme le capitaine Corey et son second, Kane, répliquèrent fermement que les droits des hommes libres les autorisaient à commercer avec des indigènes dépendant des Russes comme ils le désiraient et sans craindre de représailles.

— C'est simple, gouverneur Baranov, expliqua Corey. Nous partons dans le nord, loin de Sitka, nous échangeons nos marchandises contre des peaux et personne ne s'en trouve plus mal.

— Sauf les indigènes, qui restent ivres tout le temps. Et sauf nous, Russes, qui devons dépenser des sommes considérables pour nous protéger de tous ceux à qui vous vendez vos fusils.

Il montra la palissade, qu'il fallait entretenir à grand prix.

Le problème ne fut pas résolu cette fois-là. La « moralité supérieure » des Américains l'emporta et l'*Evening Star* se prépara à faire voile vers le nord pour troquer sa cargaison contre des peaux de loutres de mer — déjà beaucoup plus rares. Cependant, au cours de leur dernière nuit à terre, eut lieu une conversation qui devait avoir des conséquences profondes sur le développement de cette partie du monde : comme le capitaine Corey discutait avec les Voronov de l'histoire des Tlingits et des Aléoutes, Baranov et l'ancien harponneur Tom Kane, assis à l'écart, baissèrent les yeux vers le beau port d'un gris argenté.

— Monsieur Kane, dit alors le Russe, Novo-Arkhangelsk ne sera jamais la ville de premier ordre que je projette tant que nous n'aurons pas notre chantier naval. Dites-moi, est-ce si difficile de construire un bateau ?

— Je n'en ai jamais construit.

— Mais vous avez navigué.

— Construire et naviguer font deux paires de manches.

— Mais est-ce qu'un homme comme vous, qui connaîtrait bien les bateaux, pourrait en construire un ?

— Si j'avais les livres qu'il faut... Oui, je suppose.

— Vous lisez l'allemand ?

— À quinze ans, je ne lisais même pas l'anglais.

— Mais vous avez appris ?

— Tout seul.

— Moi aussi, dit Baranov. Un jour, j'ai voulu lancer une verrerie. J'ai fait venir un livre d'Allemagne et j'ai appris la langue tout seul.

— La verrerie était bonne?

— Passable. Regardez...

Il lui montra un ouvrage allemand sur la construction navale, plus détaillé que celui dont Vitus Béring s'était servi un siècle plus tôt.

Kane feuilleta le volume, examina plusieurs dessins et le rendit.

— Une verrerie peut marcher en étant seulement passable. Pas un bateau.

Il repoussa donc l'invitation tacite de Baranov, mais sans condamner la vision pénétrante du Russe sur ce que Sitka pourrait devenir, et lorsqu'il l'interrogea à ce sujet, des flots brûlants d'idées, de projets jaillirent comme d'un volcan.

— Je veux construire des bateaux ici. Par vingtaines. Et installer une colonie en Californie, où les Espagnols ne font rien. Je crois que nous devrions amorcer des échanges avec la Chine. Et avec un capitaine comme vous à la tête d'un bateau lui appartenant, Hawaii s'ouvrirait au commerce et peut-être même à un peuplement.

Il prit Kane par le bras et lui demanda :

— Qu'est-ce que vous pensez d'Hawaii?

Et dans les brumes du Pacifique Nord, Kane se trouva tenté de révéler son admiration, sa passion même pour ces îles célestes.

— Quelqu'un s'emparera bientôt de ces îles, ajouta-t-il avec enthousiasme. Si ce n'est pas la Russie, ce sera l'Angleterre ou l'Amérique.

Baranov se fit plus pressant:

— Monsieur Kane, un homme de votre âge... Quel âge avez-vous? Plus de cinquante? Vous devriez être capitaine à part entière.

Kane lui adressa un sourire amer.

— Notre premier capitaine, un brave homme du nom de Pym, m'avait promis que je serais capitaine un jour.

Mais il s'est fait tuer dans l'île de Lapak et je suis resté avec le capitaine Corey, pensant qu'il me donnerait la même promotion. Rien ne s'est passé. Et puis je me suis dit qu'un de ces jours il prendrait sa retraite ou casserait sa pipe. Mais regardez-le : à soixante ans passés, il est plus costaud que jamais. L'autre jour, il m'a dit qu'il avait décidé de ne pas mourir. Mais je continue quand même...

Il s'arrêta, éclata de rire et reconnut :

— C'est un excellent capitaine et je ne suis pas malheureux.

L'*Evening Star* troqua quelques marchandises avec les gens de Baranov, leva l'ancre et fit voile vers l'île voisine du Nord, pour entrer en contact avec Kot-le-an et Cœur-de-Corbeau, à qui ils fournirent de nombreux fusils et des tonneaux de rhum pour leurs hommes. Mais au moment d'appareiller vers Yakutat, où d'autres Tlingits convoitaient des armes pour attaquer la tribu de Kot-le-an — car les Tlingits n'aimaient rien de mieux qu'une bonne bataille de temps en temps entre eux si aucun Russe ne se trouvait à portée — le second Kane resta à terre avec Cœur-de-Corbeau. Quand Corey envoya une chaloupe pour le chercher, Kane dit aux marins :

— Je reste ici. Annoncez-lui la nouvelle.

Et le ton de l'ancien harponneur était si résolu que personne n'osa relever son défi.

— Mais vos affaires? lança une voix.

— Il n'y a pas d'affaires. J'ai tout emporté.

Deux jours plus tard, avec Cœur-de-Corbeau, il partit en kayak à Sitka. Kane informa Baranov qu'il était revenu pour fonder un chantier naval, et Cœur-de-Corbeau profita de l'occasion pour inspecter les défenses russes en prévision d'une nouvelle attaque de ses Tlingits.

*
**

Quand Tom Kane, de Boston, avec un manuel de construction navale allemand dont il ne comprit jamais les mots mais dont il suivit scrupuleusement les dessins, eut terminé la construction de quatre bateaux, baptisés respectivement *Sitka, Otkrietie, Tchirikov* et *Lapak*, son employeur, Baranov, fut prêt à lancer l'expédition qu'il envisageait depuis longtemps. Il désigna un groupe de jeunes gens prometteurs, leur donna deux bateaux et les envoya occuper un beau site au nord de San Francisco. Les Espagnols se soucièrent si peu de cette invasion de leur territoire qu'ils laissèrent les Russes installer une importante tête de pont.

Cette partie du monde se trouva alors dans une situation remarquable : avant même que l'on songe à établir des villes comme Chicago ou Denver, alors que San Francisco avait à peine quelques vingtaines d'habitants et Los Angeles pas un, Sitka était une cité prospère et animée de mille personnes, possédant bibliothèque, école, chantier naval, hôpital, capitainerie du port, gouvernement civil et garnison navale. En outre, elle contrôlait un comptoir bien établi en Californie, et, sous la direction prudente de Baranov, semblait destinée à gouverner toute la côte ouest du Pacifique jusqu'à San Francisco et probablement au-delà.

De ces bases solides, Baranov décida de se lancer dans le Pacifique central, et lorsque Kane eut terminé la construction, on lui donna le commandement du *Lapak* et l'ordre d'établir de bonnes relations avec le roi Kamehameha à Honolulu. Comme Kane et le roi se connaissaient déjà et s'appréciaient mutuellement, l'influence russe à Hawaii prit vite une telle ampleur que d'autres nations songèrent à prendre des mesures pour la limiter. Mais l'astuce de Baranov renforça les liens d'amitié entre Hawaii et Sitka, et pendant de longues années les îles d'or parurent destinées à tomber aux mains des Russes.

Cependant, Baranov n'avait pas la vie facile. Au bord de l'épuisement, il supplia Pétersbourg de lui accorder trois faveurs : de l'argent pour terminer sa capitale bien-aimée, Novo-Arkhangelsk ; un remplaçant pour prendre en main l'administration ; et, au terme d'une des carrières les plus productives des services publics de

Russie, un peu de reconnaissance — une médaille, un ruban, un titre, si médiocre soit-il, qui l'élèverait au-dessus de la catégorie méprisée des marchands et lui permettrait de croire, si peu que ce fût, qu'il avait mérité des lettres de noblesse par son énergie et son imagination.

L'argent ne vint jamais. Mais le gouvernement lointain, reconnaissant enfin que Baranov se faisait vieux, nomma un remplaçant pour assumer les responsabilités du gouvernement — un homme capable, Ivan Koch, qui avait obtenu d'excellentes références à Okhotsk. Baranov, ravi par la perspective d'avoir du temps libre pour se consacrer à ce qui l'intéressait vraiment et connaissant les qualités humaines de Koch, envoya à celui-ci une lettre de félicitations. Koch ne la reçut jamais, car pendant son escale à Petropavlovsk, sur le trajet de son nouveau poste, il mourut subitement.

De nouveau, Baranov assiégea Saint-Pétersbourg de requêtes pour qu'on lui envoie un successeur. Cette fois, on désigna un homme beaucoup plus jeune avec des références parfaites, et on l'envoya à Novo-Arkhangelsk à bord de la *Neva*, navire de confiance qui connaissait bien les eaux du Pacifique Est. De la terrasse de sa maison, Baranov fut ravi de voir la *Neva* s'avancer dans la baie. Mais au large du volcan Edgecumb, une tempête se leva soudain et le bateau sombra en vue de la terre, vouant à la mort presque tout le monde à bord, y compris le nouveau gouverneur.

La déception fut amère et aggravée par le retour du célèbre *Moscovie*, sous les ordres de l'ennemi avoué de Baranov, Vladimir Ermelov. Comme son épouse la princesse ne l'accompagnait pas cette fois, il arriva de fort mauvaise humeur. Entre autres instructions secrètes, il avait reçu l'ordre de vérifier les rumeurs qu'il avait répandues lui-même lors de son escale précédente.

> *Vous enquêterez, aussi judicieusement et secrètement que possible, sur la gestion financière de l'administrateur principal Baranov, dont on nous a signalé certains détournements de fonds de la*

Compagnie à son usage personnel. Si, au cours de vos enquêtes, vous le trouvez coupable de malversations, vous avez le pouvoir par les présentes, de le faire arrêter et incarcérer en attendant son retour à Saint-Pétersbourg, où il sera jugé. En son absence, vous exercerez les responsabilités d'administrateur principal.

Mais la complexité impénétrable du gouvernement en Russie se manifesta en l'occurrence car, dans le même courrier, adressée non à Ermelov mais à Baranov, arriva une missive qui emplit ce dernier de joie. Elle provenait manifestement d'une autre branche du gouvernement, car elle disait :

Qu'il soit porté à la connaissance de tous :

Nous conférons audit Alexandre Andreievitch Baranov le titre de Conseiller de Collège dans le service civil, équivalant dans la Table des Rangs, au grade de colonel dans l'infanterie, de capitaine de premier rang dans la marine et de protoprêtre dans l'Église. Il recevra de tous le titre d'Excellence.

Alexandre 1er.

Selon la tradition, l'honneur et le privilège d'annoncer au monde que l'administrateur principal Baranov serait dorénavant Son Excellence le conseiller collégial Alexandre Andreievitch Baranov revenait de droit à l'officier présent le plus élevé en grade, et celui-ci n'était autre que le capitaine-lieutenant Vladimir Ermelov, commandant le *Moscovie*, vaisseau de guerre de Sa Majesté le tsar. Par un beau matin clair, qui allait faire monter la bile dans la gorge du jeune aristocrate, il dut prendre place sur la colline pour décerner à Baranov — coiffé de son incroyable perruque nouée sous le menton — le grand honneur décerné par le tsar. Les lèvres pincées et d'un ton si bas que presque personne ne put l'entendre, Ermelov lut de mauvaise grâce les mots qui élevaient Baranov dans les rangs de la noblesse. Il appartenait alors à l'officier de marine de passer autour du cou de l'ancien marchand le ruban auquel était fixée la médaille miroitante qu'il était désormais autorisé à porter. Puis vint le pire, car la coutume exigeait qu'Ermelov donne l'accolade au récipiendaire. Il posa le premier baiser avec une répugnance visible, et, en se penchant pour donner le second, il grommela d'une voix soudain si forte que tout le monde l'entendit :

— Pour l'amour de Dieu, enlevez cette perruque !

Deux semaines plus tard, alors qu'Ermelov se trouvait plongé dans les registres plus ou moins falsifiés de la Compagnie, il dut remplir une obligation encore plus déplaisante, car l'un de ses jeunes officiers, héritier d'une des plus nobles familles de Russie, lui adressa une requête qui le frappa de stupeur.

— Respecté capitaine-lieutenant Ermelov, avec votre permission je désire épouser une jeune fille de cette île. Elle a une réputation sans tache, et selon la coutume je vous supplie de me représenter quand je demanderai sa main à son père. Me ferez-vous cet honneur ?

Ermelov, se sentant responsable de la protection des familles nobles de Russie, voulut empêcher un de ces mariages précipités qui portaient tort à l'aristocratie. Il essaya de gagner du temps. Dressé sur ses ergots, il prit son air le plus sévère et demanda à l'ardent jeune homme :

— Vous vous rappelez sans doute la position éminente que votre famille occupe en Russie.

— Oui.

— Et vous savez que vous ne devez pas salir cette réputation impeccable par un mariage inconvenant ?

— Bien entendu. Mes parents seraient atterrés si je me conduisais mal.

— Ne jugera-t-on pas à la cour qu'il est imprudent que vous épousiez une misérable gamine de Novo-Arkhangelsk ? Une sang-mêlé, je suppose ?

— Je n'y songerais pas. Non, cette jeune personne est la fille d'une princesse. Elle est adorable et elle brillera même dans les cercles les plus élevés de la cour.

— Une princesse ? Je croyais que Novo-Arkhangelsk n'avait pas vu d'autre princesse que ma femme. Et elle n'y est plus... (Il toussa.) Qui est donc cette perle ?

— Irina, la fille de Baranov.

La toux d'Ermelov se changea en quinte qui faillit l'étouffer, puis il s'exclama :

— Vous croyez donc ces sottises ? La femme de Baranov serait la fille de je ne sais quel roi de Dieu sait où ?

— Oui, Excellence, je le crois. Baranov m'a montré un document signé par le tsar lui-même, qui valide son deuxième mariage, et un autre document qui confirme sa nouvelle épouse dans son titre de princesse de Kenaï.

— Pourquoi n'ai-je jamais entendu parler de cet oukase ? tempêta Ermelov.

— Il est arrivé ici après votre retour en Russie, expliqua le jeune prétendant, qui avait emprunté les précieux documents pour les montrer à son supérieur.

À regret, Ermelov dut en reconnaître la validité. Et par une splendide journée d'été où le soleil se reflétait sur les cimes des montagnes, le capitaine-lieutenant Ermelov, dans son plus bel uniforme de cérémonie, accompagna son subalterne sur la colline, où les attendait Son Excellence Baranov avec sa perruque sur les oreilles et sa médaille sur la poitrine.

— Votre Excellence, commença Ermelov — et les mots lui collaient à la gorge —, Votre Excellence, mon éminent officier que voici, jeune homme d'une excellente famille qui bénéficie de la considération du tsar, sollicite la permission d'épouser votre fille Irina, descendante en ligne directe des rois de Kenaï.

Baranov s'inclina devant cet homme, qui n'était plus d'un rang supérieur au sien, mais d'un lignage plus ancien et donc en droit de recevoir un certain respect, et répondit d'une voix égale :

— Vous faites un grand honneur à notre humble maison. La permission est accordée.

Les trois hommes passèrent sur un balcon et regardèrent vers l'ouest le volcan près duquel la *Neva* avait coulé, vers le nord l'endroit où s'élevait Redoute-Saint-Michel avant que Kot-le-an et Cœur-de-Corbeau la détruisent, puis vers les montagnes où le même Cœur-de-Corbeau préparait sa revanche.

***

Avec sa fille mariée à un aristocrate et ses propres lettres de noblesses confirmées par la médaille à son cou — il la portait en toute circonstance, même quand il prenait une bière en fin de journée —, Baranov aurait dû se trouver au comble du bonheur, respecté à Novo-Arkhangelsk, apprécié dans les bureaux de la Compagnie à Irkoutsk, et estimé à Saint-Pétersbourg pour sa sagacité à régler les problèmes dans le Pacifique. Mais les mois passèrent et tout le monde apprit que le capitaine-lieutenant Ermelov vérifiait les registres de la Compagnie pour prouver que le vieux bonhomme était un voleur. Le scandale éclata et Baranov se replia sur lui-même.

Âgé maintenant de soixante-dix ans, il avait résidé dans les îles sans interruption pendant vingt-six années épuisantes, et sa santé n'avait jamais été bonne depuis le jour de son arrivée à Baie-des-Trois-Saints, presque mort au fond d'un bateau de fortune. Quatre ou cinq fois par la suite, il avait failli expirer, mais il avait continué de lutter et de l'emporter sur des adversaires capables de terrasser un homme de moindre envergure. Il avait fait régner l'ordre parmi les chasseurs et les marchands de fourrures, utilisé au mieux les capacités des Aléoutes et conquis les Tlingits belliqueux. Sur une île montagneuse aux confins de l'Amérique du Nord, il avait construit une capitale digne d'un vaste territoire et, surtout, il avait défendu les veuves et soigné les orphelins avec son propre argent. Il ne pouvait pas supporter l'idée de finir ses jours accusé de malversations mesquines et il envisagea deux fois de se suicider. S'il ne s'y résolut pas, ce fut seulement à cause de la loyauté indéfectible de ses fidèles amis : le père Vassili et son épouse, ainsi que son adjoint, Kyril Jdanko. En cette dernière période, celui-ci assura sa défense et apparut bientôt aux yeux de tous comme l'homme le plus capable de mener à bonne fin les grands desseins du gouverneur.

Lorsque les rumeurs qui accusaient Baranov de détournements s'aggravèrent, il parut de moins en moins souvent en public, et de façon furtive, comme s'il sentait qu'autour de lui dans la colonie chacun se demandait quand on le jetterait aux fers à bord du *Moscovie* pour le ramener à Saint-Pétersbourg en disgrâce. Le capitaine-lieutenant Ermelov ne fit rien pour dissiper ces rumeurs ; au contraire il les encouragea, en attendant le jour où il pourrait annoncer à l'homme venu de Russie pour remplacer Baranov :

— Je crois que nous avons une accusation solide contre lui. Je vais l'embarquer pour Saint-Pétersbourg sur-le-champ.

Mais, sur ces entrefaites, un bateau américain relâcha dans le goulet de Sitka et se mit à troquer ouvertement son rhum et ses fusils, puisque Baranov n'avait plus l'énergie de lutter contre ce trafic honteux. Ensuite, le bateau remonta au nord vers le village reculé où Kot-le-an et son bras droit Cœur-de-Corbeau continuaient de réunir des armes en prévision du jour où ils pourraient de nouveau attaquer les Russes. Mais en apprenant de la bouche des Américains que leur vieil ennemi Baranov allait être renvoyé en Russie en disgrâce, ils décidèrent qu'ils avaient un dernier compte à régler avec cet homme : dès que le bateau fut reparti, ces deux Tlingits qui avaient combattu Baranov avec tant d'acharnement montèrent dans un canot et se mirent à pagayer vers le sud pour une dernière rencontre avec leur adversaire.

On les repéra de loin dès qu'ils entrèrent dans le goulet jonché d'îlots, et tandis qu'ils se glissaient résolument entre les myriades d'îles, le bruit courut d'un bout à l'autre de la capitale que les Tlingits en costume de guerre se dirigeaient vers la colline. Tout le monde se précipita vers la mer pour voir les deux guerriers, très dignes, avancer jusqu'au débarcadère. Quand ils furent assez près pour qu'on les reconnaisse, un cri de surprise retentit dans la foule rassemblée :

— Kot-le-an est revenu ! Avec Cœur-de-Corbeau !

Baranov en personne descendit les quatre-vingts marches qui séparaient sa maison de la plage. Sans voir les bonnes gens qui s'écartaient à son passage pour le calomnier dans son dos, il descendit directement vers l'endroit où le canot était halé à terre.

Dès que Cœur-de-Corbeau sortit du ressac, il s'arrêta,

leva la main droite et se lança dans un discours de dix minutes, proclamé d'une voix grave comme un roulement de tonnerre. En voici l'essentiel :

— Chef-guerrier Baranov, constructeur de forts et destructeur de forts, tes deux ennemis qui ont détruit ton fort du nord et perdu leur fort d'ici te saluent. Dans nos combats, tu as été un toyon. Tu t'es bien battu. Quand tu as gagné, tu t'es conduit avec générosité. Tu as offert une belle vie à ceux de notre peuple qui se sont installés au-delà de ta palissade. Administrateur Baranov, nous te rendons hommage.

Sur ces mots, les deux guerriers, encore solides et puissants, s'avancèrent pour embrasser leur vieil ennemi. Après les avoir accueillis avec chaleur, Baranov leur proposa :

— Montons ensemble sur la colline.

Et sous le porche de sa maison, ces trois hommes braves condamnés à l'échec parcoururent des yeux le théâtre sur lequel ils avaient joué leur tragédie.

— Là-bas, le fort dont nous vous avons chassés, déclara Cœur-de-Corbeau, en expliquant comment il avait inspecté les défenses tout en faisant fumer des saumons.

— Par ici, dans le creux, le fort que tous les Tlingits croyaient imprenable, dit Baranov.

Et Kot-le-an les surprit tous les deux en avouant :

— Mon cœur s'est brisé quand votre canon a fauché notre totem, car j'ai compris alors que nous avions perdu.

Ils partagèrent le plus triste revers qu'un vieil homme connaisse : la perte de ses rêves. Et le crépuscule tomba dans une atmosphère de tristesse, que Baranov allégea cependant quelque peu quand il les quitta un moment pour aller chercher le plus surprenant des présents.

Il se retira dans sa chambre, coiffa sa perruque comme l'exigeait la cérémonie, plaça autour de son cou la médaille qui proclamait sa noblesse, et prit dans un coffre de bois un objet volumineux auquel il accordait beaucoup de prix. C'était l'armure de bois et de cuir qu'il portait lorsqu'il s'était lancé à l'attaque du fort tlingit. Il le posa sur ses deux bras et s'avança vers Kot-le-an.

— Valeureux chef..., commença-t-il mais sa voix se brisa.

Pendant quelques instants, il demeura immobile dans la pénombre en essayant de réprimer ses larmes. Comme ses épaules tremblaient, sa perruque se mit à tressauter, et il parut plus ridicule qu'un général en chef ne le serait jamais. Il se ressaisit vite mais n'osa plus ouvrir la bouche : en silence, avec un grand amour pour ces hommes qui s'étaient montrés si courageux, il leur tendit son armure — tout en ayant de bonnes raisons de croire que dans un avenir prochain, après son départ, ils se jetteraient de nouveau sur sa ville et tenteraient de détruire les Russes.

*
**

En disgrâce et menacé de prison à son arrivée à Saint-Pétersbourg — mais le père Vassili Voronov avait décidé de se rendre dans la capitale à ses propres frais pour défendre son ami des accusations insensées lancées contre lui —, Baranov quitta le goulet de Sitka, prisonnier à bord d'un vaisseau de guerre russe. Il traversa le Pacifique jusqu'à Hawaii, l'archipel merveilleux qu'il avait presque annexé à l'empire russe, puis continua contre toute attente jusqu'au port de Batavia, dans l'île de Java — l'un des avant-postes du Pacifique les plus torrides et les plus malsains, où on l'enferma dans la cale du bateau jusqu'à ce que ce corps affaibli s'effondre.

Il mourut le 16 avril 1819 près du détroit qui sépare Java de Sumatra. Presque aussitôt, les marins le lestèrent de gueuses, fixèrent sa précieuse médaille autour de son cou et le poussèrent dans l'océan.

Trois hommes d'envergure s'étaient attaqués à l'océan Pacifique, et tous trois avaient succombé dans l'entreprise. En 1741, Vitus Béring, décédé du scorbut dans une île perdue de la mer qui porterait son nom. En 1779, James Cook, assassiné sur une plage reculée d'Hawaii. En 1819, Alexandre Baranov, mort d'épuisement et de fièvres près du détroit de la Sonde. Ils avaient aimé le grand océan, l'avaient conquis en partie, avaient été détruits par lui, puis confiés dans la mort à la vaste mer consolatrice.

Baranov n'était pas un grand homme, et parfois même pas un homme bon — ne réduisit-il pas les Aléoutes à l'esclavage ? —, mais c'était un homme d'honneur et dans l'Alaska, qu'il a contribué à créer, son souvenir sera toujours vénéré.

*
**

En 1829, dix ans après le décès de Baranov, le vieux vaisseau de guerre *Moscovie* entra dans le goulet de Sitka avec, parmi les passagers de Saint-Pétersbourg, un jeune diplômé de l'université à l'œil vif qui retournait dans son île natale au terme d'études dans lesquelles il s'était distingué. À cette époque, Kyril Jdanko, un ami du père de ce jeune homme, occupait le poste d'administrateur en chef par intérim, nomination remarquable car c'était le premier métis promu à une charge de cette importance.

Le jeune étudiant qui rentrait n'était autre qu'Arkadi Voronov, métis lui-même, fils du prêtre russe et de l'Aléoute convertie Sofia Kouchovskaia. Âgé de vingt-huit ans, il arrivait avec le titre de directeur-adjoint des affaires commerciales et un attachement passionné à une jeune femme rencontrée au cours d'une visite à Moscou. Après avoir salué ses parents avec la tendresse qui avait toujours marqué leurs relations, il présenta ses respects à l'administrateur en chef Jdanko puis s'enferma dans sa chambre du presbytère proche de la cathédrale Saint-Michel, petite église de bois au gros clocher à bulbe et au nom prétentieux. Là, dès que ses bagages furent rangés, il écrivit à sa bien-aimée, à Moscou :

Ma Praskovia chérie,

Le voyage s'est avéré plus simple que prévu. Cinq mois tranquilles, avec une escale au Cap et une autre à Hawaii, où je m'attendais à retrouver de nombreux amis de l'époque de Baranov. Hélas, ce sont maintenant nos ennemis à cause des erreurs commises par d'autres, et nous avons probablement perdu nos chances de faire de ces îles une partie de notre empire.

Le goulet de Sitka est aussi beau que dans mon souvenir, et j'attends avec impatience le jour où vous serez ici, à mes côtés, pour admirer la majesté des îles, des montagnes et du splendide volcan. Je vous supplie, convainquez vos parents que le voyage ne comporte aucun risque et n'est pas vraiment très long. Vous viendrez vivre ici, car la ville va devenir importante.

J'ai donné à votre portrait, dans son cadre d'ivoire, la place d'honneur sur ma table. C'est la première chose que j'ai déballée, et je vais aller de ce pas au bureau de la Compagnie pour obtenir des données précises sur Novo-Arkhangelsk. Cela rassurera vos parents : il s'agit d'une vraie ville, et non d'un simple avant-poste dans le désert. Je reprendrai cette lettre avant de me coucher.

Lorsque le jeune Voronov quitta la cathédrale et gravit la colline jusqu'aux bâtiments administratifs où Jdanko l'attendait pour le mettre au courant de ses devoirs, il vit autour de lui les signes d'une ville animée — non pas une vaste cité, comme il aurait aimé en convaincre Praskovia, mais un comptoir colonial propre dont la richesse ne dépendait plus uniquement des fourrures. Il aperçut d'un côté le grand moulin à vent qui faisait tourner les meules du meunier et de l'autre les fumées des feux sur lesquels on extrayait la graisse de différents animaux marins pour fabriquer du savon. Il y avait une longue promenade où les cordiers tordaient leurs câbles, une forge qui produisait de l'outillage, un dinandier capable de faire ses propres rivets, une fonderie pour le bronze et toutes sortes de charpentiers, de voiliers et de vitriers.

Ce qui le surprit le plus fut la petite boutique de l'horloger, qui fabriquait et réglait des pendules, et l'atelier d'un réparateur de compas et autres instruments de marine. Il y avait un tailleur, trois couturières, deux médecins et trois prêtres. La ville disposait aussi d'une école, d'un hôpital, d'un endroit public où l'on pouvait dîner, d'un orphelinat dirigé par sa propre mère et d'une bibliothèque.

Il s'arrêta à l'angle de la rue principale et d'une autre, perpendiculaire à la baie, pour demander à un homme qui portait des planches :

— La ville est toujours aussi animée?

— Vous devriez la voir quand un bateau américain fait escale..., répondit l'autre.

Jdanko lui apprit les faits essentiels sur son nouveau poste :

— Je suis fier d'avoir pour bras droit le fils de deux personnes qui ont joué dans ma vie un rôle si important. Arkadi, votre père et votre mère sont des êtres remarquables et j'espère que vous vous en souviendrez. Mais vous m'avez demandé des faits, les voici : population à l'intérieur de la palissade, neuf cent quatre-vingt-trois personnes. Dont trois cent trente-deux Russes autorisés à retourner dans la métropole avec leurs cent trente-six femmes et enfants. Plus cent trente-cinq métis sans droit de retour. À l'orphelinat, quarante-deux enfants, une quantité excessive mais nous avons beaucoup d'accidents et de parents qui prennent la fuite. Quant au reste, nous avons à l'intérieur des murs trois cent trente-huit Aléoutes qui nous aident pour la chasse aux loutres de mer et aux phoques. Total : neuf cent quatre-vingt-trois.

— Et les Tlingits vivent encore à l'extérieur de la palissade? demanda Arkadi.

— Ils ont intérêt! répliqua Jdanko d'un ton sombre.

Puis il résuma l'expérience des Russes avec ce peuple courageux et intraitable.

— Les Tlingits sont différents. On ne pacifie jamais un groupe de Tlingits. Ils aiment leur terre et sont toujours prêts à se battre pour elle.

— Vous croyez que les murs sont encore nécessaires?

— Absolument. On ne peut jamais savoir quand ces gens-là vont tenter encore une fois de nous chasser de cette île. Voyez donc notre artillerie...

Arkadi remarqua alors que sur les douze canons de la

colline, trois étaient pointés vers la baie pour la protéger de tout bateau hostile, et les neuf autres directement sur le village tlingit, de l'autre côté de la palissade.

Mais ce qui le rassura davantage que les canons, ce fut l'énergie avec laquelle Russes, métis et Aléoutes s'attaquaient aux problèmes de la vie quotidienne. Plusieurs métis éduqués comme lui-même, ou dignes de confiance comme Jdanko, dirigeaient les affaires de la Compagnie, et des employés russes comme M. Malakov tenaient les comptes, mais la plupart des gens de la rue géraient les affaires que l'on s'attend à trouver dans n'importe quel port en pleine prospérité. Le métis moyen exerçait un métier manuel et la plupart des Aléoutes sortaient régulièrement en mer dans leurs kayaks.

Arkadi n'eut pas le temps de terminer sa lettre ce soir-là, car l'administrateur en chef Jdanko et son épouse métisse l'invitèrent sur la colline, où seize Russes, tous convaincus d'être capables de gouverner la colonie mieux que le métis, se réunirent avec leurs épouses pour souhaiter au jeune Voronov la bienvenue à son nouveau poste. Arkadi fut émerveillé par le beau bâtiment neuf qui remplaçait la maison où il s'était rendu parfois du temps de Baranov : une demeure vraiment splendide, de plusieurs étages, avec des meubles importés et une bien meilleure vue sur le goulet de Sitka depuis qu'on avait coupé un rideau d'arbres.

— Tout le monde continue de l'appeler le Château Baranov, expliqua Jdanko, parce que nous sentons encore la présence de son esprit dans ces murs.

Ce fut une soirée de gala, il y avait deux pianos, un couple joua des pièces à quatre mains, puis accompagna le baryton et chef comptable Malakov dans ses interprétations d'une qualité surprenante : d'abord une sélection d'arias de Mozart puis un pot-pourri fulgurant de chansons populaires russes, auxquelles les invités se joignirent, et enfin, avec beaucoup d'émotion, *Stenka Razine*, dont les accents évocateurs rappelèrent à tout le monde la lointaine Russie.

Le lendemain soir, après une journée passée à inspecter la palissade et à observer le système complexe de chicanes qu'un nombre limité de Tlingits étaient autorisés à franchir pour commercer avec la ville, Arkadi trouva enfin le temps d'achever sa lettre.

J'ai vu maintenant Novo-Arkhangelsk sous toutes ses coutures, et je vous supplie, Praskovia, d'obtenir la permission de vos parents de venir ici par le premier bateau, car c'est une petite ville parfaitement achevée. Nous avons un bon hôpital, des médecins formés à Moscou, et même un homme qui soigne les dents. Les maisons sont de bois, je l'avoue, mais chaque année la ville s'agrandit et l'administrateur en chef espère qu'elle atteindra bientôt les deux mille habitants. Bien entendu, elle les a déjà en comptant les Tlingits qui vivent en dehors des murs.

Et il faut que j'ajoute une chose — non sans une grande fierté. Mon père et ma mère occupent une place particulièrement respectée dans cette partie de la Russie. Mon père est connu pour sa piété d'un bout à l'autre des îles et les indigènes l'adorent parce qu'il a pris la peine d'apprendre leur langue et qu'il les aide dans leur façon de vivre sans les importuner pour qu'ils deviennent chrétiens. Pour tout dire, on le considère comme un saint vivant.

Et ma mère est son égale. Comme je l'ai appris sans ambiguïté à vos parents, elle est aléoute de naissance, mais je la crois à présent meilleure chrétienne que mon père lui-même. Son visage irradie de bonté et son âme de sainteté.

Vous vous rappelez quel effet les traditions remarquables de votre famille Kostilevski ont eu sur moi. Je vous ai bien souvent répété que vous pouvez être fière de votre héritage, mais j'éprouve le même sentiment au sujet de mon père et de ma mère, car ils ont fondé une nouvelle lignée de noblesse pour l'Amérique russe.

Un fait extrêmement important, Praskovia : quand vous quitterez Moscou pour venir ici, il ne faudra pas considérer que vous partez en exil au bout de la terre. Bien des gens s'en vont d'ici vers la métropole. Irkoutsk est une ville splendide où ma famille a occupé des postes importants, dans le gouvernement et dans l'Église. Hawaii est magnifique avec ses mille fleurs. Et certains voyageurs reviennent en Europe par l'Amérique, ce qui prend longtemps si l'on contourne le cap Horn mais constitue, m'a-t-on dit, une expérience sans équivalent.

Je peux vous assurer que si nous établissons des comptoirs sur le continent d'Amérique du Nord, comme Baranov l'a conseillé à Jdanko, nous pourrons jouer vous et moi un rôle important dans cette Nouvelle Russie. Mon cœur bat d'enthousiasme à cette possibilité.

Avec tout mon amour.

Arkadi.

Ironie du sort, cette lettre allait provoquer la crise finale qui déchirerait la famille Voronov. Quand les parents de Praskovia en prirent connaissance, le paragraphe éloquent dans lequel Arkadi parlait des réalisations de son père à Kodiak et à Sitka les frappa tellement que Kostilevski le montra aux autorités ecclésiastiques de Moscou. Ce texte, recopié avec l'alinéa suivant concernant l'épouse du père Vassili, Sofia, fut envoyé sur-le-champ aux autorités de Saint-Pétersbourg, qui demandèrent naturellement au capitaine-lieutenant Vladimir Ermelov son opinion sur le prêtre Voronov, de Novo-Arkhangelsk.

— Un des meilleurs qui soient, répondit sans réserve l'officier de marine.

Et il indiqua aux responsables de l'Église les noms de plusieurs Moscovites connaissant bien les territoires de l'Est. Ceux-ci attestèrent tous que Vassili Voronov, prêtre blanc de l'éminente famille Vorvnov d'Irkoutsk, était l'un des hommes de Dieu les plus remarquables que l'Église orthodoxe ait produits depuis longtemps. Et dans les discussions qui suivirent, les paroles mêmes d'Arkadi furent répétées à l'envi : « On le considère comme un saint vivant. »

Si improbable que cela parût à l'époque et que cela paraisse encore aujourd'hui, les dirigeants de l'Église, sous l'impulsion du tsar Nicolas Ier, qui désirait ranimer l'ardeur spirituelle de l'orthodoxie russe, décidèrent que Saint-Pétersbourg avait besoin d'un homme énergique et pieux, arrivant avec une réputation de sainteté d'une contrée non contaminée par la politique ecclésiastique. Pour quantité de raisons complexes, leur attention se fixa sur le père Vassili Voronov, qui avait accompli des prodiges dans les îles, et plus ils sollicitèrent de références, plus ils se persuadèrent que ce serait la solution de leurs problèmes. Mais à peine eurent-ils annoncé leur décision au tsar, qui les en félicita, qu'une question épineuse se posa.

— Il est bien entendu, fit remarquer le métropolite, que si le père Vassili accepte notre invite à venir à Saint-Pétersbourg pour me succéder, il devra renoncer au blanc et passer au noir.

— Aucune difficulté, Éminence. Quand il a pris les ordres à Irkoutsk, il l'a fait en noir.

— Pourquoi a-t-il changé ? Pour se marier ?

— Oui. Dans sa première paroisse, la grande île qu'ils appellent Kodiak...

— Je me souviens. Vous m'en avez parlé la semaine dernière, n'est-ce pas ?

— Vous étiez très occupé ce jour-là, Éminence. Il était tombé amoureux d'une Aléoute.

— Oui.

Il réfléchit quelques instants, en songeant à sa propre jeunesse, et s'efforça d'imaginer ces frontières lointaines dont il ne savait rien.

— Ces Aléoutes... Ce sont des païens, n'est-ce pas ?

— Cette femme l'était, mais elle s'est révélée très remarquable. Plus chrétienne que les chrétiens, paraît-il. La charité même avec les enfants.

— C'est toujours bon signe, répondit-il.

Mais il était le gardien spirituel de son Église depuis très longtemps et il mit aussitôt le doigt sur le vrai problème.

— Si elle est aussi sainte que vous l'affirmez et si son

mari doit renoncer au blanc pour prendre le noir, ne va-t-on pas pousser des hauts cris contre lui et contre nous en le voyant abandonner son épouse pour ses vieux jours? Quel âge a-t-elle?

Personne ne le savait exactement, mais un prêtre qui était passé à Novo-Arkhangelsk se risqua à une conjecture :

— Nous savons que le père Vassili a soixante-trois ans. Elle doit avoir autour de cinquante-cinq ans. Je l'ai vue plusieurs fois. Elle paraissait cet âge.

Il s'arrêta, mais avant que quiconque reprenne la parole, il ajouta :

— Une belle femme, vous savez. Un peu petite.

Le métropolite, désireux de maintenir la discussion sur le thème principal, demanda :

— Est-ce que Voronov acceptera de divorcer pour reprendre le noir?

Un vieil évêque répondit :

— Pour diriger l'Église du Christ, un homme est prêt à faire n'importe quoi.

Le métropolite lui adressa un regard dur.

— Vous ne le croirez peut-être pas, Hilarion, mais il existe bien des choses que je n'aurais pas faites pour revêtir cette robe.

Puis, aux autres :

— Qu'en pensez-vous? Prendra-t-il le noir?

— J'en suis convaincu, dit un prêtre qui avait servi à Irkoutsk. Servir la cause du Seigneur devrait le tenter. Et ce serait pour lui une occasion de faire le bien à laquelle on ne saurait renoncer à la légère.

— Si vous songez au pouvoir que cela représente, dites-le carrément, lança le métropolite.

— Soit, je songe au pouvoir.

— Mais ce Voronov aspire-t-il au pouvoir? demanda le métropolite.

— Il ne l'a jamais recherché ni ne l'a jamais évité, répondit un de ses jeunes collaborateurs d'un ton ferme. Cet homme est un vrai saint, je vous l'assure.

— Bonté divine! grommela le métropolite. Dans la même famille, sur une île du bout du monde dont je n'avais jamais entendu le nom, nous avons un saint et une sainte ! Incroyable.

Tous les conseillers lui confirmèrent que c'était bien le cas, et il leur posa alors la question la plus délicate :

— Si nous l'attirons à Saint-Pétersbourg en lui faisant miroiter notre appât, le laissera-t-elle partir ?

Le prêtre qui l'avait vue dans son orphelinat répondit :

— Elle comprendrait, s'il était appelé à la gloire. Il a rompu ses vœux pour l'épouser. Je suis sûre qu'elle lui conseillerait de faire de même avec son mariage pour épouser maintenant l'Église.

Sur cette assurance, les autorités de Saint-Pétersbourg parvinrent à la décision extraordinaire, applaudie par le tsar, de confier la position la plus élevée dans l'Église orthodoxe au saint prêtre de la paroisse la plus éloignée de la capitale : le père Vassili Voronov de la cathédrale Saint-Michel de Novo-Arkhangelsk. Cependant le métropolite, enchanté d'avoir un successeur désigné, mais peu pressé de voir cet homme arriver à Saint-Pétersbourg, suggéra :

— Nommons-le évêque d'Irkoutsk cette année et métropolite l'an prochain, quand je serai trop âgé pour assumer ma tâche.

Même ces énergiques hommes d'Église qui désiraient un nouveau chef convinrent qu'il serait plus sage d'offrir au père Vassili une promotion en deux temps. Malgré sa hâte de voir un saint à la tête de son Église, le tsar céda à cette stratégie, mais, pour se protéger, annonça publiquement que le vieux métropolite de l'Église orthodoxe prendrait sa retraite l'année suivante.

Ce fut de cette manière étrange et tortueuse que Vassili apprit sous le sceau du secret que s'il reprenait le noir — auquel il avait renoncé trente-six ans plus tôt —, il serait aussitôt nommé évêque d'Irkoutsk, la ville dont sa famille était originaire, avec, selon toute vraisemblance, une promotion rapide à Saint-Pétersbourg par la suite. L'officier de marine qui lui communiqua ces précisions ajouta, comme le lui avait demandé le tsar en personne :

— Mais bien entendu, ceci nécessitera un divorce. Et si votre épouse, membre d'un peuple que la Russie s'efforce de gagner au christianisme, s'y opposait...

Il haussa les épaules.

Lorsque le père Vassili étudia les documents confidentiels qui confirmaient cette proposition extraordinaire, il eut deux réactions, qu'il ne pouvait formuler qu'à lui-même : « Je n'en suis pas digne, mais si dans sa sagesse l'Église m'appelle, comment pourrais-je refuser ? » Puis, aussitôt après : « Mais quelle sera la place de Sofia dans tout cela ? » Sans même discuter de ce problème profond avec son fils, il quitta sa cathédrale et se mit à marcher à grands pas d'un angle de la palissade à l'autre, devant les entrepôts qu'il avait aidé à construire puis devant les magasins que Kyril Jdanko avait aidé à ouvrir, enfin vers l'endroit où les Tlingits se rassemblaient de l'autre côté du mur, avant de retourner vers l'église qui n'aurait jamais vu le jour sans son dur labeur et le dur labeur de sa femme. Chaque fois que le nom ou l'image de Sofia refaisaient surface, il comprenait davantage la cruauté du choix qu'on lui offrait.

Pendant trois jours, il fut incapable d'aborder le sujet avec elle, et il s'en garda bien pour une excellente raison : il était certain que si elle apprenait ses chances de partir à Irkoutsk et peut-être ensuite dans la capitale, elle l'encouragerait à changer de couleur et à accepter l'occasion, même s'il devait pour cela l'abandonner à Sitka. Or il ne voulait pas, en toute honnêteté, la placer dans une position où elle serait contrainte de faire elle-même le choix. Non, il déciderait tout seul ce qui était juste, puis lui présenterait son opinion et l'encouragerait à s'y opposer si elle le jugeait nécessaire.

Certain que ni l'un ni l'autre n'agirait par égoïsme ou dans la précipitation, il passa le plus clair de la quatrième journée en prières, prononcées avec la simplicité qui le caractérisait en toute circonstance :

— Père céleste, depuis les jours de mon enfance j'ai su que je désirais vivre ma vie à Ton service. Je m'y suis efforcé humblement, et dans ma jeunesse j'ai prononcé mes vœux sans même envisager un autre choix. Mais moins de trois ans plus tard, j'ai modifié ces vœux pour épouser une jeune indigène.

« Comme Tu le sais si bien, elle m'a apporté une vision nouvelle de ce que peuvent être Ton Église et sa mission. Elle a été la sainte et moi le serviteur. Je ne saurais rien faire dont elle puisse souffrir. Or voici qu'on m'appelle à un service plus élevé au sein de Ton Église, mais pour l'accepter je dois de nouveau réviser mes vœux et commettre des torts graves envers mon épouse.

« Que dois-je faire ? »

Ce soir-là, pour la cinquième fois, il se coucha avec le poids de cet extraordinaire problème et, comme les nuits précédentes, il ne cessa de s'agiter sans pouvoir fermer l'œil. Vers l'aube cependant, un profond sommeil réparateur le terrassa, dont il ne s'éveilla qu'à dix heures. Son épouse, qui avait senti sa tension depuis l'arrivée du dernier bateau de Russie, le laissa dormir paisiblement. À son réveil, elle attendait à son chevet avec un grand verre de thé et des paroles de réconfort.

— Vassili, un problème complexe te tourmentait, mais je vois sur ton visage que Dieu l'a résolu pendant ton sommeil.

Il accepta le thé qu'elle lui tendait, posa les pieds par terre, but une longue gorgée en silence puis parla.

— Sofia, le tsar et l'Église désirent que je parte à Irkoutsk comme évêque, puis ils comptent me demander de prendre la tête de l'Église, à Saint-Pétersbourg.

Sans hésitation, car il parlait du fond d'une vaste réserve de foi, il enchaîna :

— Ceci signifierait que...

Sofia termina la phrase à sa place :

— ...que tu reprendrais le noir.

— Oui, dit-il. Et après avoir consulté Dieu, j'ai décidé...

— Vassili, tu as commencé ta vie en noir. Serait-ce donc un si grand changement que tu en perdrais le sommeil ?

— Mais cela supposerait...

Ces deux êtres qui s'aimaient, dont chacun avait modelé sa vie sur celle de l'autre en franchissant des obstacles qui en auraient arrêté plus d'un de moindre envergure, se regardèrent : une petite Aléoute d'à peine un mètre cinquante, sombre de peau, portant un labret d'os de baleine dans la lèvre ; et un grand Russe en chemise de nuit, aux cheveux et à la barbe blanche, visiblement perplexe. Pendant un instant douloureux, ni l'un ni l'autre ne surent que dire. Mais ensuite Sofia prit le verre de thé des mains de Vassili et posa sa petite main dans celle de son époux. Avec l'accent étrange et charmant qu'elle conservait quand elle parlait russe — à cause de son éducation aléoute et du labret —, elle lui annonça :

— Vassili, avec Arkadi ici pour me protéger et bientôt peut-être son épouse pour m'aider, je n'ai aucune crainte, aucun besoin. Fais ce que Dieu ordonne.

— La nuit dernière, quand minuit a sonné au Château, j'ai compris que je devais aller à Irkoutsk.

Puis il baissa la voix, serra les mains de Sofia plus fort et ajouta :

— Que Dieu me pardonne les torts que je vais commettre envers toi.

Une fois la décision prise, aucun des Voronov ne la remit en cause ni ne la soumit à des critiques ou des récriminations. Le jour même, avant midi, ils demandaient à leur fils de les accompagner au Château, où ils sollicitèrent une entrevue avec Jdanko. Lorsqu'ils furent assis tous les quatre dans les fauteuils de la véranda ouverte sur la baie et les montagnes, le père Vassili expliqua sans émotion apparente :

— J'ai été choisi comme évêque d'Irkoutsk. Cela signifie que je dois reprendre le noir que je portais dans ma jeunesse. Il faut donc dissoudre mon mariage avec Sofia Kouchovskaia.

Laissant à cette nouvelle surprenante le temps de faire son effet, il prit les mains de Jdanko et d'Arkadi, puis leur dit :

— C'est à vous deux que je confie cette femme merveilleuse.

Pendant la demi-heure qui suivit, il ne reprit pas la parole.

Les autres discutèrent d'une quantité de questions évidentes : Qui allait le remplacer à la cathédrale ? Où habiterait Sofia ? Quelles seraient les responsabilités de Jdanko et d'Arkadi ? Que ferait Jdanko quand s'achèverait son intérim d'administrateur en chef ? La palissade était-elle assez forte pour résister à une attaque des Tlingits, menace qui planait en permanence sur la ville ? Mais quand ils eurent terminé, une fois l'avenir de Sofia déterminé dans les limites de la raison, le père Vassili s'effondra, enfouit son visage dans ses mains et pleura. Il quittait un paradis qu'il avait contribué à créer et dont il avait défini, illustré et défendu les valeurs spirituelles. Il avait fondé un monde et se trouvait sur le point de l'abandonner.

C'était un vieillard aux cheveux blancs, un peu voûté, aux mouvements un peu ralentis. Il parlait avec davantage de prudence et avait tendance à réfléchir sur ses défaites plutôt que sur ses triomphes. Ses yeux avaient constaté bien des folies dans le monde ; il était prêt à pardonner, mais il savait aussi qu'il lui restait beaucoup à faire. En deux mots, il était plus près de Dieu que jamais et il se croyait prêt à ce qui l'attendait parce qu'il avait appris à accomplir l'œuvre de Dieu dans toutes les situations où il s'était trouvé.

Le bateau qui avait apporté la nouvelle de sa nomination à l'épiscopat avait besoin de onze jours pour terminer son chargement dans le goulet de Sitka, et le père Vassili s'occupa de tous les détails relatifs à son départ. Mais la dernière journée, quand tout le monde apprit que le bateau appareillerait à huit heures le lendemain matin, il dut affronter le fait que dans quelques heures il dirait adieu à son épouse pour toujours. Avec le coucher du soleil et la menace des longues heures de la nuit, cela lui devint de plus en plus douloureux. Il s'assit avec Sofia dans la pièce principale de la modeste maison proche de la cathédrale et murmura :

— Je ne peux plus me rappeler la première fois que je t'ai vue. Je sais que c'était à Trois-Saints et qu'il était question du vieux chaman d'une manière ou d'une autre.

Il hésita puis sourit au souvenir du long duel avec cet homme passionné.

— Je m'en rends compte aujourd'hui, la seule différence réelle entre nous, c'était que mes parents m'avaient ouvert à Dieu et à Jésus, alors que les siens n'avaient pas eu l'occasion de le faire.

Sofia hocha la tête. Vassili reprit :

— C'était un têtu. J'espère que je pourrai défendre mes croyances aussi vaillamment qu'il a défendu les siennes.

Ils évoquèrent la façon tragique dont tant d'Aléoutes avaient péri sous l'occupation russe, puis Vassili avoua en toute sincérité :

— Des mois passent, Sofia, sans que je songe une seule fois que tu es aléoute.

— J'y songe chaque jour, répondit-elle très vite. Je pleure le monde que nous avons perdu et parfois, la nuit, je vois les femmes abandonnées à Lapak, trop vieilles et trop faibles pour sortir en mer chasser leur dernière baleine. Mon cœur se brise.

Puis ils parlèrent des beaux jours qu'ils avaient vécus, de la naissance d'Arkadi, de la consécration de l'Église, et Vassili se mit à rire.

— Je vais avoir une vraie cathédrale, à présent. Peut-être même un monument splendide. Mais ce ne pourra jamais être une maison de Dieu plus sainte que celle de Novo-Arkhangelsk bâtie de tes mains et des miennes.

Ces pensées leur rappelèrent Baranov, dont l'acharnement avait permis la construction de leur petite ville florissante.

— Il la considérait comme le Paris de l'Est, dit Vassili.

Puis le silence se fit dans la pièce assombrie. Un saint homme abandonnait son épouse, encore plus sainte que lui, la quittait pour le reste de la vie. Elle n'y était pour rien — et il n'y avait rien à dire.

*
**

Quand Praskovia Kostilevskaia, fille de l'éminente famille Kostilevski de Moscou, arriva à Novo-Arkhangelsk, les hommes qui travaillaient le long des quais s'arrêtèrent pour la regarder passer, car on voyait rarement dans cette ville du bout du monde une jeune femme d'une élégance et d'une beauté aussi saisissantes. Beaucoup plus grande que les femmes aléoutes ou que la moyenne des métis, elle avait la peau nettement plus blanche, car c'était une de ces Russes possédant une forte proportion de sang germanique — ce qui expliquait ses yeux bleus et ses cheveux platine. Son sourire chaleureux s'accompagnait d'une allure indéniablement patricienne, et elle donnait une impression générale de compétence et de confiance en soi.

Lorsqu'on apprit qu'il s'agissait de la jeune femme venue de l'autre bout du monde pour épouser Arkadi Voronov, les cyniques s'écrièrent :

— Mais c'est un sang-mêlé ! Jamais il ne pourra garder une femme comme ça.

Conformément aux prescriptions de la religion, son mariage avec Arkadi ne devait être célébré que trois semaines plus tard, et cela permit à la jeune fille de douter des avantages de Novo-Arkhangelsk, car elle découvrit le climat typique de cette région de l'Alaska : le courant chaud originaire du Japon qui traverse le Pacifique Nord passe si près de la côte qu'il produit de lourds nuages obscurcissant pendant des jours et des jours les montagnes qui les retiennent. Au terme de la dix-neuvième journée de pluie ininterrompue, Praskovia perdit patience et écrivit à sa famille, en saupoudrant son texte (comme la plupart des femmes russes cultivées) de nombreux mots français pour mieux exprimer ses émotions :

> *Chères maman et sœur,*
>
> *Me voici depuis dix-neuf jours sur cette île* trempée par la pluie *et je n'ai rien vu que brumes, brouillards, nuages bas, et l'aspect le plus* sinistre *de la nature dont un être* humain *ait été le témoin. Tout le monde ici m'assure qu'au moment où le soleil réapparaîtra je verrai autour de nous* une glorieuse couronne de montagnes, *avec un beau volcan vers l'ouest.*

Bien sûr, je suis prête à croire que tous les gens d'ici ne sont pas de fieffés menteurs, je suppose donc que ces montagnes existent, mais je découvre qu'il faut accepter leur réalité comme un article de foi, car le visiteur les voit rarement. Une chère dame, dans l'espoir de remonter mon moral fléchissant, m'a assuré hier : « Il se passe rarement un mois entier sans que les nuages se lèvent au moins un jour. » Et c'est sur cette espérance que je me coucherai ce soir en priant que demain soit cette journée sur trente.

La présence d'Arkadi est encore plus merveilleuse que nous le pensions à Moscou, et je suis divinement heureuse. Nous avons acheté une petite maison de bois près du château, et avec de l'imagination et un peu d'ingéniosité nous en ferons notre palais secret, parce que, de l'extérieur, elle n'a pas beaucoup d'allure. J'ignore si la nouvelle concernant le père d'Arkadi s'est répandue à Moscou, mais il a été ordonné évêque d'Irkoutsk, et selon toute vraisemblance, il deviendra avant la fin de l'année métropolite de toutes les Russies. Vous verrez donc le père dans votre ville pendant que je serai avec le fils dans la mienne.

Maintenant, la meilleure nouvelle de toutes : Arkadi a été nommé adjoint principal pendant le passage des pouvoirs de l'administrateur temporaire à l'administrateur en titre. Ensuite, il restera le bras droit avant de devenir administrateur en chef lui-même. Pour le moment sa mère habite avec nous ; c'est une merveilleuse Aléoute pas plus haute que trois pommes avec une sorte de pendant d'oreille en ivoire fixé dans un trou au coin de sa lèvre inférieure. Elle sourit comme un ange, ne me laisse faire aucun travail, et me répète en bon russe : « Profitez de votre mari tant que vous êtes jeune, car les années passent trop vite. » Dans une prochaine lettre, je vous expliquerai ce qui est arrivé à son mariage, mais vous pouvez sans doute l'imaginer par vous-mêmes.

Sofia Voronova, pour ainsi dire veuve avant la mort de son époux, apprit vite que sa future belle-fille se plaignait du temps de Sitka — elle préférait le nom tlingit de la ville — et craignit que cette jeune femme de haute naissance ne s'avère pas une bonne épouse pour son fils. Elle observa donc attentivement les mouvements de Praskovia au sein de la colonie. Elle sait ce qu'elle fait, se dit Sofia ; et en voyant Praskovia franchir les portes pour parler à une femme tlingit du marché, elle pensa : Elle n'a pas froid aux yeux. Pourtant, intuitivement, cette Aléoute déjà âgée et témoin de si dramatiques tournants de la vie humaine redoutait qu'une femme de la ville jeune et jolie comme Praskovia fasse mener à son mari une vie difficile. Elle attendit le mariage imminent avec un certain émoi.

Mais deux jours avant la noce, comme si cette poupée intelligente des cercles mondains de Moscou avait deviné les craintes de Sofia, Praskovia lui rendit visite.

— Mère Voronova, lui dit-elle, je sais que je dois vous paraître étrange, et je ne changerai sans doute pas votre opinion. Mais je sais aussi une chose : Arkadi ne serait pas un homme si excellent si quelqu'un ne s'était pas occupé de lui, ne lui avait pas enseigné les bonnes manières et la façon de traiter une épouse. Ce quelqu'un, je suis sûre que c'était vous et je vous en remercie.

Ensuite, à la vive surprise de Sofia car les femmes russes de Sitka n'avaient jamais montré tant d'audace, Praskovia demanda :

— Comment appelez-vous cette chose que vous portez dans la lèvre ?

— Un labret, répondit Sofia, sensible à cette franchise.

— Soit, mais... qu'est-ce qu'un labret ? lança la jeune femme avec un sourire effronté.

Sofia le lui expliqua, mais Praskovia voulut en savoir davantage :

— Je suppose que celui-ci est très spécial. Pourriez-vous...

Elle laissa sa question en suspens, et Sofia la regarda

longuement en se demandant : « Si je lui parle, comprendra-t-elle ? » Puis elle décida que peu importait si cette jeune étrangère comprenait ou non ; elle allait devenir l'épouse de son fils et plus elle en saurait sur les origines d'Arkadi, mieux ce serait. D'une voix douce, elle se mit donc à raconter la vie dans l'île de Lapak, la condamnation à mort de son peuple, puis la façon dont elle avait tué la baleine avec sa mère et son arrière-grand-mère.

— Une femme du village a fait ce labret dans l'os de la baleine que nous avions ramenée ; elle me l'a donné lorsque j'ai quitté l'île.

Voyant Praskovia comme pétrifiée par ce récit, elle ajouta :

— De toutes les femmes de Lapak, je suis la seule qui se soit sauvée, et je porterai ce labret jusqu'à ma mort, par amour pour mon peuple.

Praskovia garda le silence un long moment, les mains sur son visage, puis elle se leva enfin et sortit sans un mot. Mais le lendemain elle revint, plus gaie et rieuse que jamais, pour confier à Sofia :

— En Russie, l'épousée porte un objet que sa mère portait elle-même à son mariage. Je regrette de ne pas pouvoir porter votre labret, même seulement un jour...

Les deux femmes s'embrassèrent, certaines qu'il ne s'élèverait jamais la moindre difficulté entre elles.

***

Bientôt, pour les habitants de Novo-Arkhangelsk, l'expression « les Voronov » désigna le jeune administrateur et sa charmante épouse. On oublia presque les anciens possesseurs de ce nom. Personne ne parlait non plus très souvent de Baranov, et quand Kyril Jdanko fut remplacé par un administrateur en chef résident venu de Russie, un homme de petite noblesse, son nom disparut à son tour des conversations. Une nouvelle génération s'imposait à la tête de ce qui devenait une nouvelle ville. Et quand disparut à son tour le dernier des pionniers de la première heure — Tom Kane, l'Américain des chantiers de construction navale —, l'arrivée d'un bateau à vapeur en provenance de San Francisco marqua le début d'une nouvelle ère sur les mers.

À peine Arkadi Voronov occupait-il son poste de directeur général des affaires de la Compagnie que ses capacités de chef furent mises à l'épreuve : dans les îles du Nord, sous l'impulsion d'un nouveau toyon, les Tlingits décidèrent que le temps était venu d'une nouvelle tentative de reprendre la Colline du Château, abattre la palissade et rendre ce territoire à ses premiers possesseurs, les Indiens. Après des préparatifs minutieux et l'accumulation de nombreuses armes, ils commencèrent à s'infiltrer discrètement vers le sud, si bien qu'une véritable armée se trouva bientôt rassemblée dans les vallées à l'est de la colonie russe.

Depuis la mort de l'héroïque Kot-le-an, ils avaient à leur tête le vieux et valeureux guerrier Cœur-de-Corbeau, toujours soutenu ardemment par son épouse implacable, Kakiena, et leur fils maintenant âgé de vingt ans, surnommé Grande-Oreille à cause de la façon spectaculaire dont ces appendices s'étaient développés. À eux trois, ils formaient un fer de lance redoutable : Kakiena poussait ses hommes et leur assurait la nourriture et des refuges lorsqu'ils se rétablissaient de leurs blessures ou préparaient les plans de nouvelles attaques.

Cœur-de-Corbeau décida de placer ses meilleurs hommes près de la porte de la palissade où les femmes tlingits entraient avec leurs marchandises pour le marché. Au moment convenu, lui-même, Grande-Oreille et six autres braves entreraient de force et arracheraient les gonds de la porte. Aussitôt une centaine de guerriers se précipiteraient à l'intérieur. Ce qui se produirait ensuite dépendrait du succès de la première vague, mais tous étaient prêts à accepter de lourdes pertes au début de l'attaque pour pouvoir écraser les Russes.

À six heures du matin, les hommes dissimulés dans les épicéas au nord de la Colline du Château entendirent le son des clairons de l'appel. À huit heures, ils virent deux soldats russes ordonner à une demi-douzaine d'Aléoutes d'ouvrir les portes de la palissade. Une femme tlingit entra avec un panier de palourdes, une autre avec des algues. Au moment où la troisième s'avança avec son poisson, Cœur-de-Corbeau, son fils et leurs compagnons s'élancèrent dans l'enceinte et abattirent un des soldats russes. L'autre s'enfuit. Aussitôt la bataille pour Novo-Arkhangelsk se déchaîna et les Tlingits parurent sur le point de remporter une victoire retentissante.

Mais Arkadi Voronov, qui commandait les Russes du haut de la colline, était un de ces jeunes chefs que n'effraient pas les décisions rapides. Dès qu'il vit la porte abattue, il comprit qu'il devait supprimer sur-le-champ cette menace. Sans même envisager les conséquences pour ses propres hommes ou pour l'ennemi, il cria à ses artilleurs de faire feu. Deux boulets de fonte d'une puissance colossale s'enfoncèrent dans la masse de gens en train de se battre près de la brèche. Quinze Tlingits moururent, ainsi que sept métis — cinq hommes et deux femmes —, venus là pour marchander avec les Tlingits pacifiés.

Voyant certains de ses meilleurs hommes déchiquetés par les boulets de canon, Cœur-de-Corbeau fut saisi de rage, mais, comprenant aussitôt que les neufs gros canons des murs du Château allaient tirer, il cria à ses hommes :

— Allez les prendre !

Pendant trois heures entières, les Tlingits restèrent à l'intérieur des murs et saccagèrent tout ce qui tombait à leur portée quand ils étaient à l'abri des canons. Et quand les Russes contre-attaquèrent, ils se défendirent en se repliant dans les maisons et sous les porches. Ce fut une bataille cruelle, qui se serait poursuivie jusqu'à la tombée de la nuit si Voronov n'avait pas pris des mesures extrêmes. Se faufilant d'un poste à l'autre il ordonna à ses hommes :

— Attaquez-les. Ne les laissez pas s'échapper par la porte. Mais quand vous entendrez le clairon, décrochez vite, parce que je ferai donner l'artillerie.

Puis il remonta sur la colline jusqu'aux murailles du château, où il braqua six de ses pièces sur le cœur des combats — les abords de la porte où Russes et Tlingits se mêlaient en une masse confuse.

— Clairon ! cria-t-il.

À l'instant suivant les Russes s'enfuirent, à l'exception d'un jeune homme qui trébucha et s'écroula au milieu des Tlingits. Pendant une fraction de seconde, Arkadi envisagea de ne pas tirer pour laisser une chance au Russe, mais il vit les Tlingits commencer à se regrouper...

— Feu !

Six boulets s'abattirent sur la masse des Indiens.

Cœur-de-Corbeau, prévenu par la sonnerie de clairon, échappa à la canonnade mais lorsqu'il s'élança vers le mur pour suivre son fils d'un bond de géant, Voronov ordonna à ses artilleurs de tirer une deuxième salve et un des énormes boulets frappa le chef tlingit dans le dos, lui écrasant les os et le projetant contre la palissade qu'il était sur le point de franchir. Il parut un instant comme cloué au bois par sa propre chair, ses propres os et ses vêtements en lambeaux. Puis une rafale de balles de fusils tirées des fenêtres d'une maison voisine coupa son corps en deux.

Ainsi s'acheva l'attaque de 1836, et avec elle les derniers espoirs des Tlingits... pour cette génération-là. Sur les quatre cent soixante-sept hommes de Cœur-de-Corbeau, un tiers avaient été massacrés à l'intérieur de l'enceinte et il avait péri avec eux. Jamais plus les collines vertes couvertes d'épicéas, si belles sous la neige ou sous le soleil, ne connaîtraient un Tlingit de sa trempe.

Kakiena, sa veuve, conduirait son fils dans un nouveau refuge, sur une île plus lointaine que Chichagof ; jamais ce fils n'oublierait la bataille et il ne cesserait plus de penser au jour où il prendrait la tête d'une expédition vengeresse. Les Tlingits de la race de Kot-le-an ou Cœur-de-Corbeau ne pourraient jamais accepter la défaite ; Grande-Oreille, en train de ruminer dans son île, était l'un d'eux.

⁂

Sofia Voronova, la mère du jeune commandant, avait

observé la bataille depuis le château. Au début, elle se sentit fière de la façon virile dont son fils se conduisait. Mais quand, une fois la victoire assurée, les gros canons continuèrent de tirer sur des maisons à l'extérieur de la palissade, « pour donner une bonne leçon aux Tlingits », elle vit mourir des gens pacifiques qui avaient choisi de vivre auprès des Russes.

— Arrêtez! cria-t-elle en se précipitant vers les artilleurs.

Son cri était si différent de ceux que proféraient son fils et Praskovia en cet instant de victoire qu'ils en furent stupéfaits. Se détournant un instant du massacre, ils la regardèrent, médusés, et s'aperçurent qu'elle les dévisageait comme si elle ne les avait jamais vus auparavant. À cet instant, une muraille aussi haute que le Denali s'éleva entre eux.

Dès que les canons se furent tus, elle se détourna de son fils et descendit vers le champ de bataille. Elle soigna les blessés qui jonchaient le sol des deux côtés de la palissade, consola ceux qui avaient perdu un enfant ou un ami. Elle découvrit alors qu'elle ne s'identifiait pas avec les vainqueurs russes mais avec les Tlingits meurtris, comme si ces derniers méritaient son aide et les autres non.

Quand les Tlingits la convainquirent qu'ils avaient été aussi surpris que les Russes par l'attaque des hommes de Cœur-de-Corbeau, elle ressentit un sursaut de chagrin pour ces gens désemparés : après avoir abandonné une vie de grande liberté pour s'installer de façon sédentaire près de ce que son mari appelait « la civilisation chrétienne », voici qu'ils se retrouvaient pris au piège d'une guerre dont ils n'étaient nullement responsables mais dont ils souffriraient le plus. Se rappelant sa propre enfance, où s'étaient produites des injustices semblables, elle en conclut que ce genre de chose ne pouvait manquer de se produire quand des modes de vie différents entraient en collision, et elle ne cessa d'aller et venir entre les Tlingits de l'extérieur et les Russes de l'intérieur en assurant à chacun que la vie pourrait continuer comme dans le passé, parce que nul n'était coupable.

Elle ne convainquit presque personne : son fils lui répondit que les Russes seraient peut-être obligés d'expulser complètement les Tlingits ; et les gens de l'extérieur la menacèrent de quitter Novo-Arkhangelsk pour se joindre aux rebelles et tenter un nouvel assaut. Refusant d'accepter cette désillusion, elle se rappela qu'à Kodiak elle avait contribué au rapprochement des Aléoutes et des Russes. Elle ne renonça pas à associer ces deux groupes obstinés en un tout acceptable ; progressivement ce fut sa vision de l'avenir qui triompha.

— Va leur dire que nous désirons qu'ils restent, lui dit son fils un matin. Demain, à l'ouverture des portes, ils pourront nous apporter leurs marchandises comme d'habitude.

— Vous avez besoin d'eux, n'est-ce pas?

— Oui. Et ils ont besoin de nous.

Dans la soirée, elle se rendit auprès des Tlingits, encore pleins d'appréhension.

— Les portes se rouvriront demain. Apportez vos produits et votre poisson comme avant.

— Pouvons-nous leur faire confiance? demanda un homme qui avait perdu son fils dans la bataille.

— Il le faut, répliqua-t-elle.

Rassurés, ils l'entourèrent et lui posèrent des questions amicales.

— Étiez-vous une Aléoute avant l'arrivée des Russes dans votre île? demanda l'un d'eux.

— Je suis toujours une Aléoute.

— Mais vous n'apparteniez pas à leur Église, à l'époque?

Elle leur répondit que non.

— Et maintenant, vous allez avec eux? s'étonna une femme curieuse.

Sofia leur expliqua qu'elle avait été l'épouse du barbu de grande taille qui prêchait dans la cathédrale.

— Est-ce que votre nouvelle religion..., commença une femme, mais elle ne sut pas terminer sa question.

— Est-ce qu'il y a un dieu, comme ils le prétendent? lança l'homme.

Sofia resta longtemps avec les Tlingits ce soir-là, pour

leur parler de la beauté qu'elle avait découverte dans le christianisme, de son amour pour les enfants, du rôle miséricordieux joué par la Vierge Marie et de la promesse de la vie éternelle accordée par Dieu. Elle s'exprima avec une telle conviction que pour la première fois, en ces heures de détresse, certains Tlingits trouvèrent sa religion plus douce et meilleure que la leur. À la vérité même si cette religion l'avait durement traitée elle-même vers la fin de sa vie en lui prenant son mari, le message du Christ avait illuminé toutes ses années adultes, qui semblent compter davantage que les autres.

Sofia put aider ainsi les Tlingits à trouver un équilibre entre l'ancien et le nouveau, mais elle s'avéra incapable de faire de même pour elle. La nuit, dans les ténèbres de sa chambre, elle éprouvait un profond désir d'être au milieu des gens de son enfance. Parfois son esprit s'envolait et elle se croyait revenue à Lapak, ou dans le kayak avec sa mère et sa grand-mère en train de chasser la baleine. Sa nostalgie du passé devint si insistante qu'un matin elle franchit la grille pour discuter avec deux Tlingits qu'elle connaissait bien depuis le lendemain de la bataille.

— Pouvez-vous me conduire aux bains chauds? demanda-t-elle en tendant le bras vers l'endroit agréable où elle était allée si souvent chercher du repos et de la détente avec son mari, Baranov et Jdanko.

— Les Russes vous y emmèneront, protestèrent les deux hommes, craignant que tout acte inhabituel de leur part ne soit interprété comme une reprise des hostilités.

Elle balaya leurs appréhensions.

— Non, je veux être avec mon peuple.

Et par ces paroles se trouva prise la dernière décision importante de sa vie.

Elle n'était pas russe ; elle n'appartenait pas au monde russe, elle demeurait ce qu'elle avait toujours été : une Aléoute au courage fabuleux, une Indienne comme les Tlingits, la cousine de leurs chefs Kot-le-an et Cœur-de-Corbeau. Si elle se rendait aux sources que les Indiens utilisaient depuis mille ans, elle désirait le faire en compagnie de ces vaillants Tlingits des îles de la côte.

Mais pour protéger ces hommes qui allaient l'emmener dans le Sud, elle demanda à plusieurs femmes :

— Après notre départ, allez aux portes et demandez Voronov. Vous lui direz : « Votre mère est allée aux sources chaudes. Elle va bien et elle reviendra à la tombée de la nuit. Ou peut-être dans la matinée. »

Et elle partit pour une des plus belles régions de Sitka.

Ils se faufilèrent entre les myriades d'îlots en gardant le volcan à l'ouest, le long de chenaux étroits, avec les montagnes qui les protégeaient vers l'est et le Pacifique placide qui leur souriait au-delà des petites îles. Une traversée aussi merveilleuse ce jour-là que lors de sa première visite aux sources avec son mari et Baranov. Elle se surprit en train de songer : « Je voudrais ne jamais arriver. » Puis, désir plus douloureux : « Quand nous arriverons, si seulement Vassili, Baranov et Jdanko m'attendaient... » Perdue dans ces pensées, elle baissa la tête, sans voir la ceinture de montagne qui l'accueillait aux sources anciennes.

Quand les deux Tlingits la déposèrent sur la grève, elle leur dit :

— Je ne resterai pas longtemps.

Puis elle ajouta, pleine d'espoir :

— Je suis très fatiguée, vous savez. Les sources vont sans doute m'aider.

Lentement, elle gravit la pente douce jusqu'à l'endroit où les eaux chaudes, sulfureuses sortaient de terre en bouillonnant. En entrant dans le petit bâtiment de bois construit par l'infatigable Baranov, elle ôta ses vêtements, impatiente de se plonger dans les eaux apaisantes. Au début elle les trouva presque trop chaudes, mais dès qu'elle se fut habituée à la chaleur, elle y prit un plaisir sans réserve.

Au bout d'un certain temps, dans l'eau jusqu'au menton et enivrée par l'odeur du soufre, elle s'abandonna à une sorte de monde onirique, dans lequel elle entendit une voix du passé lui chuchoter son vrai nom :

— Cidaq !

Stupéfaite, elle ouvrit les yeux, regarda autour d'elle. Personne d'autre dans les bains...

Elle retomba dans sa somnolence et, de nouveau, une voix d'ombre descendit du plafond voûté.

— Cidaq !

Elle s'éveilla, aspergea son visage d'eau et sourit au souvenir du jour où son mari et Baranov l'avaient conduite dans la case sous le grand arbre de Trois-Saints pour la convaincre que le rusé chaman Lounasaq utilisait ses dons de ventriloque pour faire parler sa momie.

— C'était une supercherie, Sofia, lui avait expliqué Baranov. Je ne sais pas le faire très bien. Manque d'entraînement. Mais regardez mes lèvres.

Et il l'avait fort étonnée en proférant sans remuer les lèvres une cascade de mots qui semblaient provenir d'une racine qu'il ne cessait de taper sur un bâton.

Comme ils avaient ri ensemble ce jour-là ! Les deux hommes sans se moquer de sa croyance aux esprits ; elle qui exultait de la découverte de sa nouvelle foi. Elle rit de nouveau à la pensée de la supercherie du chaman. Mais aussitôt, enfoncée dans l'eau brûlante jusqu'aux lèvres et entraînée à la dérive par ses pensées, elle voulut communiquer de nouveau avec l'Ancienne de Lapak, et elle se mit à articuler des mots dans une sorte de brume hypnotique, parlant tantôt pour elle-même et tantôt pour la momie.

— As-tu appris qu'ils m'ont pris mon mari ?

— Le jeune Voronov ?

— Il n'est plus si jeune !... Métropolite de toutes les Russies, ce n'est pas rien, ajouta-t-elle fièrement.

— Et il est parti. Et Lounasaq est parti. Mais tu as eu une belle vie à Kodiak et à Sitka, pas vrai ?

La momie utilisait les noms anciens de ces îles, pas les nouveaux noms russes.

— Oui, mais au début, quand je songeais que je vous avais perdus, Lounasaq et toi, je ne pouvais pas être heureuse.

— Est-ce que ça compte vraiment ? Crois-tu que nous n'avons pas souffert, lui et moi, de t'avoir perdue pendant quelque temps ?

— Je ne suis pas malheureuse dans ma nouvelle religion.

— Qui prétend que tu l'es?
— Tu viens de me dire que vous aviez souffert de m'avoir perdue.
— Comme amie. Je ne me soucie pas de la façon dont tu pries. Ce qui compte vraiment, dans le passé le plus lointain et dans tous les jours à venir...
L'espace des bains s'emplit de la voix de l'Ancienne :
— ... c'est de vivre avec cette Terre comme l'épouse avec l'époux. Reconnaître la baleine comme une sœur. Éprouver de la joie aux cabrioles de la mère loutre et de son bébé. Trouver un refuge dans la tempête et un endroit où profiter du soleil. Et traiter les enfants avec respect et amour car avec le passage des ans ils deviennent nous-mêmes.
— J'ai essayé de faire ces choses, répondit Cidaq, et l'Ancienne en convint.
— Oui, tu as essayé, fillette, comme moi-même et ton arrière-grand-mère avant toi. Et maintenant, tu es très fatiguée de tes efforts, n'est-ce pas?
— Oui, avoua Cidaq.
Et l'Ancienne demanda à mi-voix :
— Est-ce que c'est vraiment important?
Puis elle disparut.
Dans le silence qui suivit, Cidaq se pencha en arrière et laissa l'eau devenir de plus en plus chaude et sulfureuse. Les yeux tournés vers le haut, elle songea : « La religion de l'Ancienne participe de la terre, de la mer, des tempêtes et elle est nécessaire à une belle vie ; la religion de Voronov participe des cieux, des étoiles, des lumières du Nord, et elle est nécessaire elle aussi. »
Des images de ses deux vies emplirent les murs des bains : le grand tsunami qui abattait l'église de Vassili mais laissait debout le grand épicéa du chaman ; des ombres sur le crucifix de Vassili au crépuscule ; la première baleine, énorme, qui avait terrifié à son passage les femmes de Lapak ; l'essaim d'enfants dont elle s'était occupée après le tsunami ; Baranov avec sa perruque de travers ; la joie avec laquelle Praskovia Kostilevskaia, d'une noble famille de Moscou, avait débarqué à Novo-Arkhangelsk pour épouser Arkadi ; et, dominant tout le

reste, le volcan blanc majestueux qui dressait son cône parfait dans le soleil couchant.

Quelle bénédiction d'avoir pu partager à égalité ces deux mondes! Elle avait sans doute perdu les deux puisqu'elle refusait maintenant la voie russe, mais elle conservait cependant le meilleur de l'un et de l'autre, ce qui l'emplissait de reconnaissance. La chaleur augmenta ; les images devinrent un kaléidoscope des années 1775 à 1837 ; et la voix ne retentit plus car sa dernière question avait tout résumé : « Est-ce que c'est vraiment important? »

Oui, c'est important! conclut Cidaq. Extrêmement important. Mais il ne faut pas prendre cela trop au sérieux.

Après avoir attendu plus de deux heures sur la plage, un des bateliers tlingits lança :

— Je me demande si rien n'est arrivé à la vieille dame.

Il insista pour que son ami l'accompagne sur la colline, afin d'avoir un témoin en cas d'accident. Ils trouvèrent Sofia qui flottait à la surface de l'eau, le visage tourné vers le bas, et le plus prudent des deux se mit à gémir.

— Je savais que nous aurions des ennuis.

Ils enveloppèrent Sofia dans ses vêtements, descendirent la colline, la calèrent au centre du canot et prirent le chemin du retour.

Arrivés près du débarcadère, au pied du château, ils agitèrent leurs pagaies et les gens du rivage aperçurent seulement deux hommes, un à l'arrière et l'autre à l'avant, avec l'ancienne femme de leur prêtre assise au milieu. Mais quand le canot se rapprocha de la côte, ils comprirent qu'elle était morte et plusieurs hommes coururent vers le château en criant :

— Voronov!

***

Dans les années qui suivirent la mort de Sofia Voronova, la petite ville prospère de Novo-Arkhangelsk découvrit — comme plus d'une colonie dans le passé —

que son destin dépendait d'événements se déroulant fort loin, et sur lesquels elle ne pouvait exercer aucun contrôle. En 1848, on découvrit de l'or en Californie ; en 1854, une guerre éclata en Crimée, opposant d'un côté la Turquie, la France et l'Angleterre, de l'autre la Russie ; enfin, en 1861, une guerre civile encore plus sanglante éclata aux États-Unis entre le Nord et le Sud.

L'or de Californie enflamma des gens dans toutes les parties du monde, en envoya tout un ramassis à San Francisco et modifia le jeu des alliances dans le Pacifique oriental. Les conséquences pour Novo-Arkhangelsk furent totalement inattendues : l'administrateur en chef envoya son assistant à Hawaii et en Californie pour évaluer l'impact de cet afflux d'Américains dans l'ouest des États-Unis, dans l'optique des intérêts russes. Arkadi Voronov confia ses enfants aux soins de deux nourrices aléoutes et invita sa femme à l'accompagner. Sous les palmiers, dans la ville accueillante d'Honolulu, ils entendirent pour la première fois une rumeur qui les étonna. Un capitaine anglais, de retour d'une traversée à Singapour, Sydney et Tahiti, demanda tout naturellement, comme si tous les Russes étaient au courant de l'affaire :

— Dites donc, que déciderez-vous de faire si le marché est conclu ?

— Quel marché ? demanda Voronov, son intérêt piqué par la perspective d'une négociation commerciale entre la Grande-Bretagne et la Russie.

— Je veux dire : si la Russie accepte de vendre votre Alaska aux Yankees...

Arkadi, stupéfait, se pencha en arrière et lança un regard consterné à Praskovia.

— Mais nous n'en avons jamais entendu parler !

— Oh, vous n'entendrez que ça si vous descendez au port.

— Les Anglais sont intéressés ? demanda Voronov pertinemment.

— Oh, rien de bien précis, vous comprenez, répondit le capitaine. Les gens de tous les pays en discutent.

— Même les Russes ? insista Voronov.

— Surtout les Russes, répliqua l'Anglais sans ambiguïté. En général ce sont eux qui abordent le sujet.

— Je ne cherche pas à me faire valoir, dit Voronov à mi-voix, mais je suis depuis plusieurs années le bras droit de l'administrateur de Novo-Arkhangelsk et mon père avait une grande influence spirituelle dans les îles, avant sa promotion. Je peux vous assurer qu'aucun d'entre nous n'a l'intention de brader ce qui est en train de devenir un joyau de la couronne russe.

— On m'a dit que c'était splendide, le goulet de Sitka, se hâta de répondre l'Anglais.

À Honolulu, les Voronov n'apprirent rien de plus sur la vente éventuelle des possessions russes d'Amérique, et après avoir organisé la livraison régulière à Novo-Arkhangelsk de fruits et de bœuf d'Hawaii, le jeune couple partit pour San Francisco. Le troisième jour de leur arrivée dans la magnifique baie, un capitaine russe se fit conduire en chaloupe jusqu'au bateau d'Arkadi. À peine s'était-il présenté qu'il demandait des détails sur la vente de l'Alaska.

— Il n'en est pas question, assura Voronov au marin inquiet, mais il se corrigea aussitôt : En tout cas en Alaska, et je pense que nous serions les premiers informés, non ?

On abandonna donc le sujet. Le lendemain, Voronov descendit à terre pour visiter la ville en pleine expansion ; épuisé par la chaleur humide, il alla s'asseoir dans un café des quais où se réunissaient les marins et entendit un des garçons lancer :

— Ce qu'il nous faudrait, ici, c'est de la glace des montagnes, là-haut.

— Il n'y en a pas de glace, là-haut, expliqua un ancien habitant des Rocheuses. Il tombe de la neige, mais elle ne se transforme pas en glace compacte.

— Dommage, répliqua le garçon en sueur. Et il ajouta des paroles qui devaient valoir à Voronov une réputation accrue dans la colonie russe : Dans ce cas, quelqu'un devrait apporter de la glace du Nord...

Ce soir-là dans son bateau, Arkadi dit à sa femme :

— J'ai entendu cet après-midi une idée très étrange.

— Nous allons vraiment vendre l'Alaska?

— Non, on n'en parle plus. Mais un homme dans le bar... Il faisait très chaud, nous transpirions tous... Il a dit : « Quelqu'un devrait apporter de la glace du Nord. »

Praskovia, qui s'éventait avec une feuille de palmier tressée ramenée d'Honolulu, regarda fixement son mari, puis s'écria :

— Arkadi ! C'est faisable. Nous avons les bateaux, et Dieu sait que nous avons la glace !

À leur retour à Novo-Arkhangelsk, au début d'octobre, ils se dirigèrent aussitôt vers le lac assez vaste qui se trouvait à l'intérieur de la palissade et posèrent des dizaines de questions. La glace se formait fin novembre, en couche très épaisse, et durait jusqu'au milieu de mars.

— Si on la protégeait au mieux, demanda-t-il aux hommes qui le conseillaient, combien de temps resterait-elle glacée pendant l'été?

— Regardez donc !

Sur les montagnes qui entouraient le goulet, dans des recoins à l'abri du soleil et même dans des gorges où des avalanches s'étaient entassées, des quantités de neige n'avaient pas fondu de tout l'été.

— Si on l'emballe bien et si on la met dans un hangar à l'abri du soleil, on peut garder de la glace jusqu'en juillet.

— Pourriez-vous faire de même à bord d'un bateau?

— Mieux. Ce sera plus facile de la protéger du vent et du soleil.

Arkadi passa trois journées enthousiastes à discuter de ce projet insensé avec tous les hommes compétents qu'il put trouver, et le quatrième jour il ordonna au capitaine d'un bateau en partance vers San Francisco :

— Annoncez-leur que, le 15 décembre de cette année, j'enverrai une cargaison de la meilleure glace qu'ils aient jamais vue. Trouvez un acheteur.

Le froid survint très tôt cette année-là. Quand la glace fut assez épaisse sur le lac, il mit au point, avec des ouvriers aléoutes habiles, un système pour couper de parfaits rectangles de glace, avec des arêtes bien droites

— un mètre vingt de long, soixante centimètres de large, vingt centimètres d'épaisseur. Ils ne cherchèrent pas à scier la glace mais fabriquèrent une sorte d'appareil à rainurer attelé. La pointe de gauche servait de traceur pour maintenir les traits droits, et la pointe de droite, en métal tranchant, griffait la glace en une longue ligne ininterrompue. Puis on repassait dans l'autre sens, la pointe traceuse suivait la ligne déjà marquée, tandis que le tranchant creusait un trait parallèle, à soixante centimètres du premier. Ensuite, on plaçait l'appareil de façon à tracer des traits perpendiculaires pour terminer les contours des rectangles.

Enfin, des hommes équipés de gros troncs d'épicéa se déplaçaient le long des rectangles dessinés et laissaient tomber lourdement les troncs pour briser la glace en beaux pains bleutés, aussitôt transportés dans le port et entassés dans le bateau qui attendait. Une fois la cale pleine, les blocs de glace étaient si serrés les uns contre les autres que l'air ne pouvait pas passer entre eux. On posait par-dessus de grosses nattes puis des branches de sapin pour les isoler de l'air qui s'infiltrerait à travers le pont. Pour seulement trente-deux dollars la tonne, de la glace parfaite de Novo-Arkhangelsk pouvait être livrée à San Francisco.

Avec trois semaines d'avance sur la date prévue, la première cargaison de glace de Voronov partit dans le Sud, où elle se vendit au prix stupéfiant de soixante-quinze dollars la tonne. Arkadi avait lancé un commerce qui, au moins pendant les mois glacés, promettait de meilleurs bénéfices que celui des peaux. Avec les profits réalisés, le jeune et énergique administrateur adjoint lança le programme de construction qui devait faire de Novo-Arkhangelsk la ville la plus brillante du Pacifique Nord. Il renforça la palissade, améliora la cathédrale de son père, aménagea mieux le port, et édifia une quantité de bâtiments neufs : des magasins, un observatoire astronomique, une nouvelle bibliothèque, une église luthérienne avec un jeu d'orgues, et à l'étage supérieur du château, très agrandi, un théâtre qui pourrait recevoir les chorales et les orchestres des bateaux qui relâchaient dans le port.

Quand tout ceci fut terminé, Novo-Arkhangelsk abritait une population de deux mille personnes, sans compter les neuf cents Tlingits toujours maintenus hors les murs. Comme le fit observer Voronov au cours d'un dîner donné au château à l'intention des notables locaux :

— Envisager la vente de cet endroit à quiconque serait absurde.

Mais en 1856 la guerre de Crimée imposa un tel fardeau à l'économie russe et constitua une telle menace pour la sécurité de l'Europe qu'aux niveaux les plus élevés du gouvernement on commença à envisager sérieusement de débarrasser l'empire de ses possessions orientales les plus lointaines. Tandis qu'à Novo-Arkhangelsk Arkadi Voronov exposait les raisons les plus convaincantes de conserver des endroits aussi prometteurs que Kodiak et Novo-Arkhangelsk, à Saint-Pétersbourg Vladimir Ermelov, le vieil adversaire de Baranov devenu amiral et bénéficiant d'une réputation aussi indiscutée qu'imméritée, pulvérisa l'argumentation d'Arkadi à coups de documents officiels précis et pertinents :

> *Même si notre position actuelle en Crimée n'était pas si périlleuse, et même si la situation en Amérique du Nord était plus stable et prévisible, Son Impériale Majesté agirait sagement en se débarrassant du fardeau qu'imposent nos territoires de l'Est. L'ensemble des terres appelées* Alaska *dans la langue vernaculaire devraient être vendues si possible, ou abandonnées faute de preneur. Quatre faits fondamentaux dictent cette solution, la seule réalisable.*
>
> *En premier lieu, l'Alaska se trouve à une distance impossible de la vraie Russie, à des mois d'Okhotsk, à des semaines de Petropavlovsk. Toute communication par terre est impossible, même d'une région de l'Alaska à l'autre, et par bateau les traversées sont dangereuses, coûteuses et fort longues. Envoyer un messager de Saint-Péters-*

bourg à un endroit comme Novo-Arkhangelsk, puis attendre son retour avec une réponse peut prendre plus d'une année, sans aucune possibilité d'accélérer le processus.

En second lieu, avec la fin du commerce des peaux de loutre de mer, car cet animal est presque éteint, il n'existe aucun moyen rationnel de gagner de l'argent en Alaska. Il n'existe aucune ressource naturelle en dehors des arbres, et la Finlande, tout près de nous, possède beaucoup mieux. Aucune réserve de minerais, aucun commerce actuel, aucun indigène capable de fabriquer quoi que ce soit pour le commerce dans l'avenir. Ce sera toujours une possession déficitaire et s'en débarrasser économisera de l'argent.

Troisièmement, la situation en Amérique du Nord demeure chaotique. L'avenir des territoires canadiens et des États-Unis est précaire, car il faut s'attendre à voir le Mexique lancer une guerre pour récupérer les territoires qu'on lui a volés. Pour nous, rester en Alaska, c'est s'exposer à des ennuis de toutes sortes.

Enfin, et j'ai gardé en dernier la plus importante des raisons, même si les États-Unis semblent sur le point de se diviser, certains signes indiquent que leurs citoyens ont l'intention de s'emparer de toute l'Amérique du Nord, du pôle Nord à Panama. Si nous conservons des possessions dans cette région sur laquelle ils ont jeté leur dévolu, nous nous trouverons tôt ou tard en conflit nous aussi avec cette puissance montante. Les États-Unis n'en sont peut-être pas encore conscients, mais leurs citoyens les plus éclairés convoitent déjà l'Alaska, et dans les années qui viennent ce désir augmentera.

Mon conseil le plus fervent : que la Russie se débarrasse sans délai de cette possession de toute façon condamnée.

Il est possible qu'une partie de ce rapport soit parvenue par des moyens clandestins entre les mains du président James Buchanan, ancien ministre des Affaires étrangères et admirateur de la Russie depuis son séjour dans ce pays comme ambassadeur en 1831. Quoi qu'il en soit, quand la guerre de Crimée toucha à sa fin, de nombreux Américains haut placés savaient que la Russie envisageait la vente de l'Alaska aux États-Unis.

Et l'un des plus curieux épisodes de l'histoire mondiale se produisit alors, presque par hasard. Sur les champs de bataille montagneux de Crimée, les soldats de nombreux pays européens s'associèrent pour combattre la Russie, qui leur résista toute seule. Coup sur coup, inférieurs en nombre et moins bien commandés, les Russes furent vaincus sur le champ de bataille, mais sur le terrain de l'opinion mondiale, ils conservèrent un défenseur et un ami indéfectible : les États-Unis. À chaque moment critique, pour des raisons qui n'ont jamais été expliquées, l'Amérique prit le parti de la Russie et le proclama hautement. Elle s'efforça d'empêcher la formation d'une coalition encore plus puissante contre le tsar. Elle envoya de nombreuses lettres qui affirmaient son soutien moral et elle ne fit rien pour gêner la Russie au sujet de la vente éventuelle de l'Alaska. De toutes les nations impliquées dans la guerre de Crimée, même de loin, les deux qui constituèrent l'alliance la plus solide et la plus chaleureuse furent la Russie et les États-Unis.

À la fin de cette guerre, tous ceux qui, en Russie, désiraient se débarrasser de ce qu'ils considéraient comme un fardeau, se tournèrent donc naturellement vers les États-Unis ; et pendant la période de discussions sérieuses, personne en Russie n'éleva la voix contre les États-Unis en tant qu'acheteur éventuel. En temps normal, il est fort probable que le président Buchanan aurait conclu l'achat entre 1857, le début de sa législature, et 1861, année où elle s'acheva par la guerre de Sécession.

Cette guerre civile horrible, qui allait coûter tant de vies et désorganiser l'économie, interdit alors tout esprit d'aventure en politique étrangère — et par conséquent l'achat d'une partie du monde inconnue. La guerre traîna en longueur ; tout l'argent disponible y passa ; et pendant deux années de désespoir on put croire que l'Union volerait en éclats. Il n'existait plus personne au pouvoir pour discuter d'un achat avec la Russie.

Mais le deuxième acte de ce fort curieux épisode se produisit alors. En effet, au moment où le destin de l'Union semblait le plus précaire, avec tous les pays d'Europe prêts à se jeter sur ses restes, la Russie envoya sa flotte de guerre dans les eaux américaines, avec la promesse implicite qu'elle aiderait à défendre les Nordistes contre toute incursion des puissances européennes, en particulier de la Grande-Bretagne et de la France. Des vaisseaux russes s'installèrent dans le port de New York, d'autres dans celui de San Francisco. Ils attendirent là sans une seule proclamation fracassante, à l'ancre mais prêts à intervenir. Cette flotte fut pour le Nord en 1863 l'équivalent des lettres d'amitié envoyées aux Russes en 1856. Aucune assistance militaire mais un soutien peut-être aussi important : la certitude qu'aux jours les plus sombres on n'est pas seul contre tous.

Quand la guerre de Sécession s'acheva, au printemps 1865, les deux nations qui s'étaient soutenues mutuellement en ces périodes de crise se trouvaient prêtes à effectuer la vente discutée pendant tant d'années. Fait significatif, chaque pays croyait rendre service à l'autre. Les États-Unis croyaient la Russie obligée de vendre et à la recherche d'un acquéreur ; quant à la Russie, elle avait l'impression que tout le monde à Washington ne songeait qu'à avaler l'Alaska. Comme les deux amis étaient mal informés !

***

Pendant la guerre de Crimée, puis la guerre de Sécession, Arkadi Voronov, dans la force de l'âge, continua de vivre et de travailler à Novo-Arkhangelsk avec sa charmante épouse Praskovia comme si l'avenir de leur province de Russie était gravé dans le marbre. Ils rénovèrent le château et s'installèrent dans une des ailes ; ils développèrent les échanges commerciaux avec les pays du Pacifique central et occidental, notamment Hawaii et la Chine ; ils améliorèrent presque tous les aspects de la vie coloniale.

Ce fut Praskovia qui eut l'idée d'envoyer des jeunes métis pleins d'avenir à Saint-Pétersbourg pour leur éducation. Plusieurs déjà étaient revenus avec des diplômes de médecins, professeurs ou administrateurs. Inspirée par l'œuvre de son saint beau-père, elle avait imploré les monastères de la Russie entière de contribuer au trésor d'icônes, de statues et de brocarts qui ornaient maintenant la cathédrale, devenue l'une des plus riches, artistiquement, à l'est de Moscou.

Comme pour renforcer l'attrait de l'Alaska, Saint-Pétersbourg envoya pour gouverner la colonie un jeune prince ambitieux, le prince Dimitri Maksoutov, dont le titre remontait à l'époque où les Tatars d'Asie centrale avaient envahi la Russie et marqué son peuple du sceau asiatique qui le distinguerait désormais des autres Européens. C'était un bel homme compétent qui avait épousé pendant son service aux ordres du tsar une jolie femme dont le père enseignait les mathématiques à l'Académie navale. Après lui avoir donné trois enfants, cette femme était morte prématurément, si bien qu'à son arrivée en Alaska le prince était accompagné d'une deuxième épouse, jeune et charmante, du nom de Maria, fille du gouverneur général d'Irkoutsk, et au courant des affaires de la région. Ce devait être une princesse idéale pour ce poste frontière, car elle s'intéressa à tout et tint une cour à laquelle chacun, à Sitka, se sentit honoré de participer.

Le premier jour dans leur nouvelle résidence, le prince Dimitri confia ses plans à Maria :

— Nous resterons ici dix ou quinze ans. Nous ferons de cet endroit une capitale à tous les sens de ce mot. Puis, nous rentrerons à Pétersbourg avec un titre de plus et une promotion.

Très vite, le couple comprit que pour réaliser son ambition, il lui faudrait le soutien d'un collaborateur local de confiance. Et ils ne mirent pas longtemps à trouver la seule personnalité qualifiée pour leur apporter cette aide.

— Ce Voronov, dit le prince à sa femme. Exceptionnel.

— N'est-ce pas un métis?

— Oui, mais son père a été choisi comme métropolite par le tsar Nicolas lui-même.

— Sa mère? N'était-ce pas une indigène?

— Une sainte, paraît-il. Vous devriez vous informer à ce propos.

La princesse le fit. Tous ceux qu'elle interrogea au sujet de Sofia Voronova lui confirmèrent que c'était réellement une sainte, et Maria Maksoutova soutint donc Arkadi sans réserve. Ce fut elle qui invita les Voronov à la résidence, puis s'occupa de Praskovia pour permettre à leurs maris respectifs d'avoir une conversation sérieuse.

Elle eut lieu autour d'une table chargée d'une collection de cartes, et les premières remarques du prince montrèrent qu'il avait l'intention de donner aux traits tracés sur ces cartes davantage de réalité qu'ils n'en avaient eue jusque-là.

— Voronov, je suis presque physiquement blessé chaque fois que j'entends l'expression que vous utilisez dans vos dépêches récentes.

— Laquelle, Excellence? demanda Voronov avec une simplicité désarmante.

Plus âgé que le prince et possédant une réputation sans tache, il ne se laissait nullement impressionner par le nouveau gouverneur.

— « L'empire insulaire de la Russie dans l'Est. »

— Je vous prie de m'excuser, mais je ne comprends pas vos objections.

— Insulaire, voyons! Insulaire! Si Pétersbourg nous considère comme un groupe d'îles, ils verront les choses en petit. Mais l'Alaska est vaste, peut-être aussi immense que la Sibérie entière.

D'un geste large il désigna le continent inconnu, puis posa la main sur l'une des cartes et lança :

— Voronov, je veux que vous exploriez ce pays, pour informer Pétersbourg de l'étendue réelle de nos possessions.

— Excellence, répondit Voronov, je suis déjà allé à l'endroit même que vous venez de montrer.

Il montra à son tour les terres inhospitalières où s'élèverait un jour la future capitale de Juneau.

— Cela ressemble beaucoup à notre site de Novo-Arkhangelsk : une côte étroite coincée entre la mer et des montagnes qui s'enfoncent dans ce qui est probablement le Canada.

— Nous avons bâti une assez belle ville ici, non? lança Maksoutov avec un geste d'impatience. Pourquoi ne ferions-nous pas de même là-bas?

L'index sur la carte, Voronov précisa la différence.

— Excellence, le pays derrière notre ville est un beau terrain boisé. Là-bas, ce n'est qu'un vaste champ de glaces, gelé d'un bout à l'autre de l'année. Les glaciers plongent dans la mer.

Pendant un instant, dans le confort du château, le prince Maksoutov perçut l'austère réalité du pays qu'on l'avait envoyé gouverner. Dans des livres anglais et allemands, il avait vu des gravures démontrant la puissance destructrice des glaciers, mais il n'avait jamais songé que d'immenses glaciers existaient à moins de deux cents kilomètres de l'endroit où il se trouvait à présent. Cette nouvelle ne le découragea pourtant pas ; il n'avait pas fait son chemin dans le gouvernement seulement parce qu'il était prince, mais à cause de son obstination. Abandonnant aussitôt son idée de bâtir une ville sur le continent, il posa hardiment la main vers le nord, à l'endroit où un cartographe russe enthousiaste — regroupant des éléments d'information envoyés à Saint-Pétersbourg par des capitaines de bateau, des marchands de fourrures et des missionnaires — avait tracé, tel qu'il l'imaginait, le cours d'un grand fleuve mystérieux : le Yukon. Le prince et Voronov étudièrent la curieuse étendue de côte, longue de plus de cent cinquante kilomètres, où le Yukon se divisait en un dédale d'embouchures dont certaines se terminaient en culs-de-sac. Qu'il arrive du fleuve ou de la mer, un voyageur connaissant mal les lieux n'avait aucun moyen de déterminer le bon itinéraire. Envoyer un homme, si intelligent ou brave soit-il, dans cet affreux labyrinthe de fleuves, de chenaux et de marais revenait à le condamner à une année d'errance dans la boue. Mais Maksoutov était têtu.

— Voronov, je veux que vous remontiez le Yukon. Vous dresserez des cartes. Vous parlerez avec nos hommes, si vous pouvez les trouver. Et vous nous direz ce que nous possédons.

Arkadi avait hérité de ses ancêtres orthodoxes beaucoup de courage et le sens du sacrifice pour les tâches requises par sa position. Il répondit à son supérieur, tout en indiquant sur la carte une immense région glacée :

— Je comprends la nécessité d'apprendre ce qui se passe par là-bas. Mais je me demande si le meilleur moyen d'y parvenir est bien l'embouchure, ou plutôt *les embouchures* du Yukon.

— Et quel autre endroit ? demanda le prince.

— Regardez, Excellence. Supposons que je franchisse le dédale des embouchures — et qui sait si je pourrai trouver la bonne entrée ? — que se passera-t-il ensuite ?

Sous le regard attentif de Maksoutov, Voronov suivit du doigt l'immense arc de cercle que parcourt le Yukon vers le sud à partir de son delta.

— Un homme peut perdre une année à se frayer un chemin au milieu de ces marécages.

— Sans doute, convint le prince, puis il fit claquer son poing droit dans sa paume gauche. Bon Dieu, Voronov, je sais que des prêtres ont remonté le Yukon jusqu'à une mission du nom de...

Il ne parvint pas à se souvenir du nom de l'endroit, mais il se rappelait qu'un prêtre récemment arrivé à la cathédrale avait fait le genre de voyage qu'il proposait à Voronov. On envoya un planton aléoute chercher cet homme.

En attendant son retour, Voronov assura au prince :

— J'ai envie de partir. J'ai envie de voir le Yukon. Mais je préfère le faire avec ordre et méthode.

— Je n'entends pas qu'il en soit autrement, dit Maksoutov.

Puis le prêtre — un homme en haillons, d'une maigreur incroyable, avec une barbe en broussaille, des yeux humides et un âge incertain sans doute situé entre quarante-sept et soixante-sept ans — parut devant ces deux administrateurs et se confondit aussitôt en excuses. Pour quelle raison, personne ne put le deviner. Coupant court au verbiage, le prince demanda d'un ton sec :

— Votre nom ?

— Père Fedor Afanasi, répondit l'homme, qui tremblait.

— Est-il exact que vous êtes allé dans le bassin supérieur du Yukon ?

— Pendant neuf ans.

— Quel âge avez-vous ?

— Trente-six ans.

Et cet aveu tout simple apprit au prince et à Voronov une chose essentielle sur le grand fleuve de l'Alaska : il faisait vieillir très vite les hommes.

Baissant la voix et adoptant un ton plus amical, Maksoutov demanda :

— Vous connaissez donc bien la région ?

— J'y ai parcouru à pied des centaines de kilomètres.

— Mais enfin, vous n'avez pas remonté ou descendu le Yukon à pied. C'est un fleuve.

— Il est gelé la majeure partie de l'année.

— Comment cela ?

— De septembre à juillet.

— Jusqu'où avez-vous remonté le fleuve ? demanda le nouveau gouverneur.

— Sur huit cents kilomètres. Nulato. Les soldats russes ne sont jamais allés plus loin.

Il hésita, puis ajouta la nouvelle la moins agréable :

— Vous savez, ce n'est que l'entrée de notre territoire. Nulato se trouve relativement près de l'embouchure.

Voronov baissa la tête, fort surpris, puis demanda :

— Comment pourrais-je me rendre à Nulato ?

Ce qui se passa ensuite l'étonna autant que le prince : le prêtre s'avança vers la table des cartes, qu'il feuilleta jusqu'à ce qu'il en trouve une représentant l'ensemble du Pacifique Nord.

— Le plus simple, c'est de descendre de Novo-Arkhangelsk à San Francisco...

Cela semblait si absurde que les deux administrateurs protestèrent.

— Mais nous voulons partir vers le Yukon, au nord, par ici, lancèrent-ils en montrant sur la carte que le goulet de Sitka se trouvait au sud-est du Yukon.

— Bien sûr, répondit le père Fedor, seulement aucun bateau ne part dans cette direction. Donc d'abord au sud jusqu'à San Francisco, environ vingt-huit jours de traversée. Puis à travers l'océan jusqu'à Petropavlovsk.

— Nous ne voulons pas aller en Sibérie! s'écria le prince. Au Yukon.

— Il n'y a pas d'autre moyen de s'y rendre. Environ un mois de plus en mer.

Voronov, qui notait les durées sur une feuille, remarqua qu'après deux mois de voyage il lui resterait encore un océan et un continent à traverser avant d'atteindre son but.

— De Petropavlovsk, poursuivit le prêtre, vous traverserez jusqu'à ce petit port-là, balayé par les tempêtes, Saint-Michael. Peut-être une dizaine de jours.

— Mais ce n'est pas du tout près du Yukon, protesta Voronov, et le prêtre rentra la tête dans les épaules.

— Je le sais bien. Une fois, je suis resté coincé là-bas pendant deux mois.

— Pourquoi?

— Les gros navires ne peuvent pas naviguer dans le Yukon. Il faut attendre à Saint-Michael qu'une barque de peau vous fasse traverser la baie et entrer dans le fleuve... Plus d'un bateau a chaviré pendant la traversée, ajouta-t-il en montrant le passage dangereux sur la carte.

— Mais maintenant, au bout de trois mois, nous voici tout de même sur le fleuve? demanda Voronov, la bouche de plus en plus sèche.

— Absolument. Et avec un peu de chance et deux mois d'efforts à la rame et à la gaffe, vous arriverez peut-être à Nulato avant que le Yukon ne soit pris par les glaces.

— Quel mois sommes-nous? demanda Voronov.

— Tout doit être calculé en fonction du Yukon, répondit le prêtre. Il ne dégèle que peu de temps. Donc, si vous quittez Novo-Arkhangelsk fin mai, vous arriverez sans doute à Saint-Michael fin juin, juste avant le dégel. Cela devrait vous permettre de parvenir à Nulato avant les glaces.

— Vous voulez dire qu'il me faudra rester à Nulato tout l'hiver? Jusqu'à ce que la glace fonde de nouveau?

— Oui.

Quand Voronov totalisa le temps qu'il lui faudrait pour aller de Novo-Arkhangelsk à Nulato, puis pour revenir, il arriva au résultat d'un an et demi. Un an et demi, simplement pour se rendre d'une base d'Alaska à une autre. Le prince Maksoutov en était consterné.

Mais aussitôt le père Fedor fit briller une faible lueur d'espoir.

— Une fois, j'ai suivi un autre itinéraire, dit-il.

— J'aimerais le connaître! s'écria Voronov, et le prêtre se pencha de nouveau sur les cartes.

— Le départ reste le même : San Francisco, Petropavlovsk, Saint-Michael. Mais ensuite, au lieu de partir vers le sud en barque jusqu'au Yukon, vous remontez au nord jusqu'à un endroit du nom d'Unalakleet.

Sur la carte, c'était un cul-de-sac, ne débouchant sur aucune rivière, sur aucune route, et à une centaine de kilomètres du Yukon, dont le cours à cet endroit était presque nord-sud. Le père Fedor rassura Voronov et le prince.

— Il existe une piste dans les montagnes, très élevées à certains endroits. La piste croise le Yukon par ici.

— Comment suivre cette piste? demanda Voronov.

— À pied.

— Et en arrivant au Yukon?

— Vous serez tout un groupe, bien entendu. C'est forcé, sinon les Indiens vous tueraient.

— Ils sont comme les Tlingits? demanda Voronov.

— Pis.

De son doigt maigre, il indiqua plusieurs postes russes où des Eskimos et des Athapascans avaient soit assassiné quelqu'un, soit incendié des bâtiments.

— La plupart du temps, ils font les deux. Ici, à Saint-Michael, de nombreux morts. À Nulato, où vous voulez aller, trois incendies et autant de meurtres. Vers l'embouchure du Yukon, à cet endroit minuscule : deux incendies, six morts.

Voronov se racla la gorge et dit :

— De Saint-Michael à Nulato par votre piste des montagnes, combien de jours ?

Le prêtre essaya de se rappeler son propre voyage, car il avait suivi la piste dans les deux sens.

— J'ai quitté Saint-Michael le 1er juillet, le meilleur moment de l'année mis à part les moustiques, et je suis arrivé à Nulato le 4 août.

Voronov pesta, mais le prêtre ajouta :

— Mais si vous êtes prêt à confier votre vie à un traîneau de chiens, vous ne serez pas obligé de rester neuf mois à Nulato. Vous pourrez louer un traîneau, les Indiens en ont et adorent voyager. Vous pouvez descendre ainsi le Yukon glacé, traverser le col jusqu'à Unalakleet et continuer jusqu'à Saint-Michael.

Le prince Maksoutov, de plus en plus affolé par les difficultés qu'impliquait l'exploration de son domaine, trancha un nœud gordien.

— Arkadi, supposons que je détourne un de nos navires directement sur Petropavlovsk, en sautant San Francisco. Puis je réquisitionne là-bas un bateau plus petit pour naviguer directement jusqu'à cet... Unalakleet. Traversée des montagnes en traîneau à chiens, visite d'inspection rapide à Nulato et retour sur le Yukon glacé, avec le bateau qui vous attendrait à l'embouchure du fleuve... Combien de temps ?

Voronov griffonna de nouveaux chiffres, s'accorda le bénéfice du plus bref des délais à chaque point d'escale, puis annonça avec un certain plaisir :

— Dans l'hypothèse d'aucun retard, environ cent cinquante jours. Avec les problèmes habituels, deux cents jours.

Mais le père Fedor élimina ces plans en quelques mots.

— Bien entendu, quand vous arriverez à la côte, la mer sera gelée elle aussi, comme le fleuve.

— Jusqu'à quelle date? demanda Voronov.

— À peu près la même. Glace compacte jusqu'en juillet. Parfois, rarement, jusqu'au milieu de juin.

— Nous ferons tout ce que la glace permettra d'entreprendre. Préparez vos bagages, déclara le prince Maksoutov, plus résolu que jamais à obtenir un rapport sur ses possessions.

Arkadi s'inclina, mais avant de partir il fit soudain une proposition fort raisonnable :

— Père Fedor, vous connaissez la région. Voulez-vous m'accompagner pour me montrer le chemin?

— Je serais tellement heureux de revoir mes fidèles! s'écria le prêtre avec enthousiasme. J'ai vécu au milieu d'eux neuf ans, vous comprenez.

Il sourit au prince comme si le Yukon de ses souvenirs était une terre de vacances où l'on se prélassait au soleil.

Le voyage fut donc décidé. Le prince Maksoutov, tenant toutes les promesses qu'il avait faites, détourna un bateau de belle allure vers Petropavlovsk, avec une lettre au commandant de la place qui requérait d'envoyer rapidement Voronov de l'autre côté de la mer de Béring, au port de Saint-Michael. Or, au moment du départ, Maksoutov et Voronov se trouvèrent confrontés à un problème que ni l'un ni l'autre n'avaient prévu : Praskovia Voronova annonça qu'elle accompagnerait son mari à Nulato. Ceci provoqua une tempête. La perspective d'amener son épouse, intelligente et énergique, enchantait Arkadi mais le prince y mit le holà.

— Le Yukon n'est pas un endroit pour une femme!

Et l'on en restait là. Jusqu'à ce qu'un conseil enthousiaste vînt d'une source inattendue. Le père Fedor, mis au courant des discussions, annonça d'une voix qui lui parut pleine d'audace :

— Une femme au Yukon? Splendide. Tous les hommes seront enchantés, et moi aussi.

— Mais pourquoi, au nom de Dieu? cria Maksoutov.

— Précisément! répondit le prêtre. C'est au nom de Dieu que je présente cette suggestion. Cela permettrait aux femmes des Athapascans de voir comment vit une femme chrétienne... De quoi elle a l'air, ajouta-t-il en rougissant.

Et l'on convint que Praskovia se joindrait à l'expédition.

***

Novo-Arkhangelsk — Petropavlovsk — Saint-Michael — Unalakleet : une expédition sur deux continents, à travers une demi-douzaine de cultures. Les voyageurs passèrent devant d'immenses glaciers, une vingtaine de volcans, des baleines et des morses, des sternes et des macareux, puis parvinrent enfin sur une côte sinistre et dénudée où le père Fedor passa trois journées affolantes à trouver une équipe d'indigènes qui leur serviraient de porteurs pour franchir les hauteurs jusqu'au Yukon. En traversant ce pays désert mais passionnant, marqué par des montagnes basses, les Voronov prirent conscience de l'immensité de l'Alaska continental et de la férocité de ses moustiques, qui se jetaient parfois sur les voyageurs comme un vol de goélands sur un poisson mort.

— Que peut-on faire contre cette vermine ? demanda Praskovia au désespoir.

— Rien ! répondit le prêtre. Dans six semaines ils disparaîtront. Si nous étions en septembre, vous ne seriez pas importunée du tout.

Au bout de quelques jours sur la piste, un des Indiens qui parlait russe annonça :

— Demain peut-être, le Yukon.

Et les Voronov se levèrent tôt pour découvrir ce grand fleuve dont le nom fascinait les géographes et tous ceux qui s'interrogeaient sur la nature de la Terre.

— C'est un mot magique, dit Arkadi au prêtre pendant leur petit déjeuner de saumon fumé.

Le père Fedor le corrigea :

— C'est un mot violent. Un fleuve qui ne vous permet jamais de voyager sans peine.

Mais aucun récit ne pouvait décourager Voronov. Après le petit déjeuner, il prit la tête de la colonne avec Praskovia et, au terme d'une ascension difficile, parvint à un belvédère d'où ils purent admirer la large vallée qui s'ouvrait à leurs pieds. Les brumes qui la dissimulent parfois s'étaient déchirées et les deux Voronov purent apercevoir clairement le grand fleuve puissant, deux fois plus large qu'ils ne s'y attendaient, beaucoup plus clair de couleur à cause des énormes quantités de sable et d'alluvions que les eaux charriaient des montagnes lointaines.

— Comme il est grand! cria Arkadi au père Fedor tandis que le prêtre les rattrapait en soufflant.

Mais quand ce dernier vit son vieil ami redouté, il répondit tout simplement :

— En période de crue, je l'ai vu s'étendre de cette colline-ci à celle-là. Et à la fin du printemps, pendant la débâcle, des blocs de glace de la taille d'une maison flottent en plein milieu : que Dieu garde alors tout ce qui croise leur chemin!

Arkadi et Praskovia restèrent sur la colline jusqu'à ce que le reste du groupe soit passé, et se demandèrent de quoi avait l'air le fleuve deux mille kilomètres en amont, à l'endroit où les Canadiens, peuple mystérieux que les Russes ne voyaient jamais, avaient installé leurs avant-postes. Le Yukon les tenait sous son charme : sa puissance turbulente et son débit incessant les fascinaient. C'était le messager de terres glacées, le symbole de l'Alaska.

— Venez, dit le père Fedor. Vous le verrez bien assez avant de repartir.

Cette prévision se révéla exacte dès que la colonne parvint au niveau de l'eau et se mit à remonter la rive droite, car de petits ruisseaux descendant du nord pour se jeter dans le grand fleuve leur bloquaient constamment le passage ; il fallait patauger dans l'eau pour les traverser et comme il en apparaissait un nouveau chaque demi-heure, les Voronov restèrent avec les pieds trempés pendant presque toute cette première journée. À la tombée du jour, ils arrivèrent près du village de Kaltag, petit mais important, où les chiens se mirent à aboyer tandis que les enfants criaient :

— Père Fedor! Il revient!

Dans l'animation qui suivit, les Voronov découvrirent

un aspect complètement différent de ce que pouvait être la vie dans le centre de l'Alaska, car les indigènes qui les entourèrent appartenaient à une ethnie différente, celle des Athapascans, plus grands et plus robustes, installés en Alaska longtemps avant les Eskimos et les Aléoutes. Ancêtres des Tlingits, ils étaient aussi belliqueux que ces derniers, mais dès qu'ils reconnurent leur ancien prêtre, le père Fedor, ils se précipitèrent vers lui en criant et le couvrirent de présents et de témoignages de leur affection. Pendant deux journées passionnantes, les deux voyageurs restèrent dans le village, et les Voronov se firent une idée de la vie d'un missionnaire sur la frontière.

Arkadi eut alors l'occasion de vérifier la sagesse de l'étrange déclaration du père Fedor quand le prince Maksoutov s'était opposé à la participation de Praskovia à l'expédition : « Il faut que les Athapascanes puissent voir comment vit une femme chrétienne. » En effet, les femmes de Kaltag suivirent Praskovia partout où elle allait, émerveillées par son allure et toujours prêtes à rire avec elle. Celles qui parlaient russe posaient d'innombrables questions ; elles voulaient savoir :

— Vos cheveux sont vrais ? Pourquoi sont-ils si différents des nôtres ?

Et comme elle répondit aimablement même à leurs questions les plus personnelles, les Athapascanes comprirent qu'elle les respectait et les considérait comme ses égales. Cette gentillesse les encourageait même à poser davantage de questions.

Arkadi, témoin de cette attitude, observa : « Elle adore ce village et ce fleuve ! » Et il aima Praskovia davantage du fait qu'elle regardait et acceptait l'Alaska tel qu'il était. Quand il lui parla après une de ses rencontres avec les femmes, elle s'écria :

— Oui, j'aime vraiment ce pays étrange. Je crois que je comprends maintenant l'Alaska.

Le matin du troisième jour, lorsqu'ils se préparèrent à repartir, Praskovia remarqua, avec son œil exercé de femme, qu'une jeune Athapascane, qui n'était plus une fillette sans être tout à fait une femme, s'intéressait particulièrement au prêtre, lui apportait les meilleurs morceaux de nourriture et le protégeait des agaceries des enfants. Praskovia observa la jeune femme, nota sa belle allure, la teinte douce de sa peau et ses cheveux joliment nattés. Elle se dit : Ce sera une bonne mère et la gardienne d'un foyer.

Et au moment de quitter le village, elle décida de parler au père Fedor.

— Cette jeune fille, celle qui sourit, ferait une bonne épouse.

Le prêtre rougit, regarda l'Athapascane que lui désignait Praskovia, et répondit comme s'il la voyait pour la première fois.

— Oui. Oui, il est temps qu'elle se trouve un mari.

Il s'inclina devant Praskovia comme pour la remercier de sa suggestion raisonnable.

Le voyage jusqu'à Nulato, en remontant le Yukon, leur prit trois jours — trois journées que les Voronov n'oublieraient jamais : plus ils avançaient vers le nord, plus le fleuve s'élargissait. Il atteignit bientôt deux kilomètres et demi d'une rive à l'autre : une énorme étendue d'eau qui courait sans répit vers l'océan lointain, situé à près de huit cents kilomètres de distance si l'on comptait tous les méandres. Au milieu du fleuve, dont l'eau glissait de part et d'autre du bateau avec une détermination violente, les Voronov avaient l'impression de pénétrer au cœur d'un grand continent, sentiment totalement différent de ce qu'ils avaient éprouvé auparavant dans leur région plus clémente, où prédominaient les îles et les bras de mer.

— Regardez ces champs vides ! s'écria Praskovia en montrant les terres qui des rives du fleuve semblaient s'étendre jusqu'à l'infini.

— Le mot « champ », répondit son mari d'un ton songeur, évoque une idée d'ordre, comme si quelqu'un avait clôturé des terres pour les cultiver. Ici, les terres s'étendent sans limites.

C'était la vérité. Et pour ainsi dire aucun homme ne les avait jamais foulées. C'est en contemplant cette immensité impressionnante que les Voronov commencèrent à comprendre le pays qu'ils administraient. Sur de vastes espaces, pas un arbre, pas une colline, pas un animal en mouvement. Même pas de neige, uniquement le vide sans bornes, si désolé et hostile que Praskovia murmura :

— Je parie qu'il n'y a même pas de moustiques.

— Tu veux y aller toute seule ? Pour vérifier ta théorie ? demanda Arkadi en riant.

— Non ! Oh, non ! s'écria-t-elle.

Mais ce fut justement le vide saisissant de cette remontée du Yukon qui enchanta les Voronov.

— Rien de commun avec un jardin le long de la Neva, dit Arkadi, devançant les sentiments des milliers d'hommes venus de tous les coins du monde qui allaient bientôt affluer dans les espaces vides de l'Alaska.

Ils déploreraient la désolation, les difficultés du voyage, l'horreur de vivre à moins quinze degrés ; mais ils exulteraient eux aussi à l'idée de conquérir ce pays gigantesque et hostile en dépit de toutes les épreuves. Cinquante ans plus tard, au terme de leur existence, ils placeraient encore au-dessus de tous leurs autres exploits le fait d'avoir « remonté le Yukon ».

Vers la fin de leur troisième journée sur le fleuve, les Voronov virent au détour d'un méandre un spectacle qui leur arracha des cris de joie : le petit fort de Nulato, avec ses deux tours de bois qui défiaient le monde, et un drapeau russe qui claquait sur un mât central. Lorsqu'ils se rapprochèrent, des hommes sur la berge tirèrent des salves de bienvenue avec des fusils rouillés et un vieux canon.

— Voici l'avant-poste extrême de l'empire ! s'écria Arkadi, terriblement ému. Mon Dieu, je suis si content que nous y soyons parvenus.

La garnison — une vingtaine de marchands et de soldats russes — fut aussi ravie que la population de Kaltag de revoir son vieil ami le père Fedor. Tout le monde courut sur la berge pour l'embrasser et découvrit avec stupéfaction qu'une femme (d'ailleurs fort jolie) avait remonté le Yukon. Quand Praskovia essaya de débarquer, quatre hommes lui offrirent leur aide et la soulevèrent dans les airs : au milieu des cris, en imitant des sonneries de clairon, ils la transportèrent jusqu'au fort tandis que son mari, derrière le groupe, informait le commandant de la garnison de sa position officielle dans le gouvernement et de sa mission dans le fort.

C'était un fortin grossier de la frontière, perché très en retrait de la rive droite du Yukon, mais situé de façon à commander de vastes étendues du fleuve dans toutes les directions. Construit de façon classique — quatre bâtiments ronds édifiés en carré autour d'une cour centrale assez vaste —, il était dominé par les deux tours robustes et protégé par une double palissade qui entourait l'ensemble. Il avait été pris trois fois dans le passé, avec des pertes considérables pour les Russes, et à l'avenir ce ne serait pas un objectif facile, car un guetteur montait la garde dans chaque tour pendant la journée et deux soldats pendant la nuit.

Les samovars versèrent l'eau brûlante pour le thé, on but les verres de bienvenue et les membres de la garnison racontèrent leurs expériences avec les Athapascans des environs, très redoutables à les entendre. Puis l'officier, jeune lieutenant dynamique rasé de près qui répondait au nom de Greko, fit signe à un de ses hommes. Celui-ci s'avança en rougissant, s'inclina devant les Voronov et dit :

— Éminents visiteurs, votre présence est un honneur pour cet humble fort du bout du monde. En témoignage de notre respect, le lieutenant Greko et ses hommes vous ont préparé quelque chose de spécial.

Et à ces mots il fut pris d'un fou rire qui déconcerta les éminents visiteurs. Mais aussitôt Greko enchaîna :

— C'est ce vaurien qui en a eu l'idée. Pas moi, dit-il en pinçant le bras d'un jeune homme. Allons, Pekarski, explique-leur ce que tu as fait avec tes camarades.

Pekarski porta la main à sa bouche pour arrêter son fou rire, se redressa, se mordit la lèvre inférieure et annonça en français, comme un maître d'hôtel :

— *Par ici, messieurs-dames...*

Mais son français provoqua de telles convulsions de rire que le lieutenant Greko dut prendre le relais :

— Ces hommes vous ont fait un grand honneur, Excellence. Je suis fier d'eux.

Il précéda les visiteurs vers la place carrée où des soldats, qui couvaient des yeux la belle dame de Moscou, les suivirent en se poussant du coude. Les cheveux blonds de Praskovia luisaient dans le noir. Ils se rendirent vers un bâtiment bas devant lequel on avait entassé des bûches coupées en amont et descendues sur le fleuve.

— *Voilà* ! s'écria le jeune officier en ouvrant la porte.

Les Voronov entrèrent dans un bain russe typique, aux murs épais, avec un vestibule où l'on se déshabillait, une très petite pièce presque remplie de bûches et une salle de bains entourée de bancs bas tournés vers de grosses pierres chauffées à blanc par du bois entassé au-dessous. Il y avait également six seaux contenant l'eau que l'on jetterait sur les pierres pour provoquer des nuages de vapeur : quelques minutes après le début d'un bain on était enveloppé d'une vapeur qui vous nettoyait et vous détendait.

— Nous ne pourrions pas tenir un fort à cet endroit sans ce bain, expliqua Greko.

Puis il s'inclina devant ses hôtes distingués et s'en alla.

La perspective d'un bon bain de vapeur était si alléchante que les deux Voronov rivalisèrent à qui serait le premier prêt. Praskovia gagna, car elle n'avait pas de grandes bottes à délacer.

— Le paradis au terme d'un voyage arctique ! s'écria-t-elle.

Mais son mari répondit avec sa précision habituelle, si souvent agaçante :

— Nous sommes à cent quatre-vingt-treize kilomètres au sud du cercle arctique. J'ai vérifié.

— Pour moi, c'est assez arctique comme ça ! répondit-elle tandis que la vapeur commençait à s'élever. J'ai senti que le fleuve était prêt à geler.

Et sans transition, elle éclata en sanglots.

— Ma chérie ?...

— C'était tellement merveilleux, Arkadi. Nous avons passé toutes ces années sur le goulet de Sitka avec notre beau volcan en croyant que c'était l'Alaska... Je suis si contente que tu m'aies emmenée.

Puis elle prit la main de son mari.

— Quand nous étions au milieu du fleuve, j'ai eu l'impression que nous avancions dans l'éternité. Mais ensuite, j'ai vu les soldats s'élancer pour embrasser le père Fedor, et je me suis aperçue que des gens vivaient ici. L'éternité se trouve donc plus loin.

Ses larmes s'arrêtèrent et elle ajouta :

— Beaucoup plus loin, je crois.

*
**

Elle ne s'était pas trompée sur la venue de l'hiver. Ils explorèrent cette partie du Yukon, remontèrent à une trentaine de kilomètres vers l'est jusqu'au confluent d'une large rivière venue du nord, et rencontrèrent les membres de plusieurs tribus d'Athapascans qui faisaient commerce avec le fort.

— Je crois que nous sommes prêts à repartir vers l'aval, annonça Arkadi un matin.

Il supposait qu'il serait beaucoup plus rapide de dériver dans le courant que de remonter le fleuve à la gaffe sur huit cents kilomètres, mais le lieutenant Greko le détrompa.

— Vous auriez eu raison au début de l'été. Une balade facile. Agréable, même. Mais nous voici en automne.

— Si nous partions tout de suite?

— Parfait. Le fleuve est dégagé et le restera un certain temps. Mais à l'embouchure il gèle plus tôt. Les vents froids d'Asie soufflent d'abord là-bas.

Il laissa à Arkadi le temps de digérer ces faits, puis ajouta :

— Excellence, si vous partez d'ici maintenant avec madame, vous risquez d'être pris par les glaces à mi-chemin. Et vous resteriez bloqués huit mois d'hiver arctique sans aucune chance de vous en tirer.

Arkadi appela Praskovia pour qu'elle entende elle aussi les avertissements de Greko, et avant même qu'il en ait fini, elle proposa :

— Nous resterons jusqu'à ce que le fleuve soit pris par les glaces. Puis nous repartirons par où nous sommes venus.

Greko bondit sur l'occasion.

— Très bien ! Vous êtes les bienvenus ici et cela nous laissera le temps de vous trouver un excellent équipage de chiens pour le retour.

Et les Voronov — le fils du métropolite de toutes les Russies et la fille d'une famille éminente de Moscou — se préparèrent à vivre les premiers jours d'un véritable hiver d'Alaska. Ils regardèrent, fascinés, le thermomètre commencer sa descente tantôt régulière, tantôt vertigineuse. Un matin, Praskovia réveilla son mari en le secouant brutalement.

— Le Yukon est en train de geler !

Ils passèrent toute la journée à regarder la glace se former le long des rives, puis se briser, se reformer, disparaître. Ce jour-là, le fleuve ne prendrait pas.

Mais trois jours plus tard, au milieu d'octobre, le thermomètre tomba soudain à moins trente et le fleuve puissant cessa de lutter. De la glace se mit à courir d'une rive à l'autre, comme animée d'une volonté propre. Deux jours plus tard, le fleuve était pris.

Puis, pendant plusieurs journées, on essaya de vérifier l'épaisseur de la glace. Le lieutenant Greko expliqua que même par les froids les plus vifs le fond du Yukon ne gelait jamais.

— Le courant de l'eau et la protection de la neige en surface empêchent le froid de pénétrer jusqu'au fond. Même au milieu de janvier l'eau continue de couler par-dessous.

Quand les équipages de chiens arrivèrent, Praskovia prit beaucoup de plaisir à faire leur connaissance : de gros malamutes brun-gris, des chiens d'Eskimos blancs, des bâtards au corps puissant et à l'énergie inépuisable, et une autre espèce, que les Russes appelaient « huskies ». Elle n'avait jamais vu de chiens semblables à ceux-là en Russie. Certains grondaient en montrant les dents dès qu'elle s'avançait, d'autres voyaient aussitôt en elle une amie et appréciaient ses attentions. Mais aucun ne devenait familier et Praskovia n'essaya pas de se les attacher. C'étaient des animaux nobles, élevés dans un but précis, et sans eux la vie dans l'Arctique aurait été beaucoup plus difficile.

Elle s'aperçut qu'elle aimait le froid extrême, mais un soir où le thermomètre à mercure descendit à moins quarante, la violence de l'atmosphère la saisit. L'air glacé pénétrait dans ses poumons comme pour les geler. On se sentait bien pendant un moment et à l'instant suivant on s'apercevait qu'on avait le visage glacé. Praskovia se rendit compte que le thermomètre à mercure ne marquait plus la température au-dessous de moins quarante; elle demanda à Greko la température réelle, il consulta son thermomètre à alcool :

— Moins quarante-sept.

— Mais pourquoi n'a-t-on pas l'impression d'un froid aussi intense? demanda-t-elle.

— C'est l'absence de vent. Et d'humidité. Simplement le froid absolu qui écrase tout.

Il n'écrasa pas Praskovia. Chaque jour elle marchait autour du fort et ne rentrait qu'épuisée, quand elle sentait le froid s'attaquer à ses os.

— Si je restais dehors, demanda-t-elle à Greko, dans combien de temps serais-je gelée?

Il appela un soldat qui lui montra ses oreilles rongées et une grosse cicatrice blanche sur sa joue droite.

— Combien de temps a-t-il fallu? demanda Greko.

— Une vingtaine de minutes, par un froid comme celui-ci.

— Et les dégâts sont définitifs? demanda Praskovia.

— Les oreilles ne repousseront pas, répondit l'homme. La joue s'arrangera. Il ne restera sans doute qu'une tache marron.

Cette nuit-là au cœur de l'Alaska, elle vécut les heures les plus passionnantes de tout le voyage, car, au-dessus du fort de Nulato où vingt-deux Russes se protégeaient de leur mieux contre la violence du froid, une aurore boréale se mit à danser dans le ciel. Les Voronov accompagnèrent le lieutenant Greko au centre de la place glacée, à l'abri des baraquements et de la palissade double, et ils observèrent longtemps le flux et le reflux des lumières colorées qui gambadaient dans le ciel sombre de minuit.

— Quelle température? demanda Praskovia.

— Sans doute moins cinquante.

Les Voronov rentrèrent le cou dans leurs fourrures, mais refusèrent de regagner leur lit tant que ce magnifique spectacle emplissait les cieux.

Plus tard, en buvant du thé arrosé d'une précieuse eau-de-vie, Praskovia dit à Greko :

— Nous avons vu l'Alaska. Sans votre aide, nous n'aurions jamais su que ces beautés existaient.

— Il y en a trois fois plus qu'aucun de nous ne pourra jamais en contempler, répondit-il.

Et ils décidèrent que le surlendemain ils pourraient commencer sans risque leur voyage de retour vers le goulet de Sitka.

⁂

Il y eut un brusque changement de plan au cours de ce retour, mais comme on put le corriger il n'eut que des conséquences heureuses. À leur arrivée au village de Kaltag ils auraient dû quitter le fleuve glacé pour prendre la piste d'Unalakleet dans les collines, mais le père Fedor annonça d'un ton gêné :

— Je reste ici. Ils ont besoin d'un prêtre.

Arkadi dut consentir, si désolé qu'il fût par la perspective de continuer le dangereux voyage sans l'aide du père Fedor, car il avait vu combien ce prêtre maigre comme un épouvantail était adapté à la vie au Yukon.

— Acceptez-vous d'expliquer ma décision aux autorités ecclésiastiques de la capitale? demanda Fedor.

— Je vois bien que ce village a besoin de vous, répondit Arkadi.

Il allait remercier le prêtre de toute l'aide qu'il leur avait apportée, mais Praskovia ne lui en laissa pas le temps : elle s'avança en tenant par la main la belle Indienne qu'elle avait remarquée lors de leur visite précédente.

— Vous êtes un homme bon et juste, mon père, lança-t-elle au prêtre. Mais vous serez deux fois plus efficace avec une épouse.

Et elle plaça la main de la jeune fille dans celle du père Fedor.

Quand tout le monde, y compris les enfants, réalisa que le père Fedor allait se marier et rester dans le village, la jeune fiancée déclara :

— Il ne faut pas laisser le couple russe traverser les montagnes tout seul.

Avec l'aide de son père, elle réunit un groupe d'hommes et de traîneaux à chiens pour escorter les Voronov à travers les étendues de neige et de glace jusqu'au port où ils attendraient le dégel pour reprendre la mer vers Novo-Arkhangelsk.

*
**

Au moment où leur bateau entra dans le goulet de Sitka, les Voronov virent descendre du château, au pas de course et d'une allure qui manquait vraiment de dignité pour un noble administrateur en chef, la silhouette agitée du prince Maksoutov. Dès qu'il aperçut le couple, il leur cria :

— Dirigez-vous vers ce bateau anglais !

Comme ils viraient de bord pour rejoindre le steamer, ils virent Maksoutov sauter dans une barque que deux marins amenèrent à la rame jusqu'au bâtiment britannique.

Les Voronov montèrent à bord du vaisseau en visite et attendirent Maksoutov près du bastingage. Lorsqu'il apparut, il avait le visage couleur de cendre.

— Je veux que vous entendiez vous-mêmes la nouvelle qu'ils ont apportée ! s'écria-t-il.

Il se dirigea à grands pas vers la cabine du capitaine, un Écossais jovial et bon vivant qui lança sans façons :

— Capitaine MacRae, de Glasgow.

Le prince Maksoutov, nerveux, se hâta de présenter ses deux invités, puis enchaîna :

— Racontez-leur ce que vous m'avez appris.

— L'histoire est tellement bizarre que j'aimerais faire venir le jeune Henderson. C'est bien lui qui l'a entendue le premier et qui l'a vérifiée quand je l'ai apprise moi-même d'une autre source.

Les Voronov attendirent donc l'arrivée de Henderson sans rien savoir de ce qui s'était passé pendant leur longue absence. Sans doute une nouvelle guerre entre l'Angleterre et la Russie, se dit Arkadi, mais quand Henderson se présenta à son capitaine, les deux Anglais racontèrent une histoire fort différente.

— Il semble bien, commença le capitaine MacRae, et cela nous a été confirmé catégoriquement par les Américains de San Francisco et notre consul ici, que la Russie ait vendu l'Alaska — le pays, la Compagnie, les bâtiments, les bateaux, tout — aux Américains.

— Vendu? murmura Voronov, stupéfait.

Praskovia et lui avaient entendu des rumeurs à ce sujet il y avait fort longtemps, mais c'était à une époque où la Russie, acculée par la guerre de Crimée, avait désespérément besoin d'argent. Vendre en ce moment semblait de la démence. Sa femme et lui venaient juste de se faire une idée réelle de la grandeur et des promesses de l'Alaska et ils ne pouvaient imaginer que la Russie abandonnât ce trésor. L'esprit agile d'Arkadi sauta d'une possibilité à l'autre. Puis il posa une question presque insultante :

— Prince Maksoutov, comment savoir si ces deux hommes ne nous racontent pas ceci pour nous placer dans une position compromettante? Par exemple si nos deux pays venaient d'entrer en guerre?

En voyant le prince blêmir, il prit conscience de l'inconvenance de sa question et se tourna vers les deux officiers britanniques pour leur présenter des excuses.

— Pas du tout! s'écria MacRae dont le visage rond ne se rembrunit nullement. Ce monsieur a raison. Nous vous avons seulement répété des bruits qui couraient à San Francisco, je vous l'ai bien précisé. Il paraît que la nouvelle est certaine, mais cela restera des rumeurs tant que votre administration ne l'aura pas confirmée officiellement.

Il invita les Russes à rester à bord et demanda qu'on servît à boire à tout le monde. Les Voronov semblaient pétrifiés, mais MacRae lança d'un ton presque jovial :

— Henderson s'est remarquablement comporté en Crimée. Il m'a dit que vous saviez drôlement bien vous servir de votre artillerie lourde.

Pendant quelque temps ils discutèrent de la bataille de Balaklava comme s'il s'agissait d'un match de cricket joué dans un passé lointain et qui n'avait laissé aucune rancœur. Cette parenthèse agréable refermée, Voronov s'adressa à Henderson :

— Voudriez-vous me dire, ainsi qu'à ma femme, ce qui s'est passé au juste ?

Le jeune officier raconta qu'à San Francisco, dans un bar du port où il se trouvait avec des officiers d'un autre bateau anglais et d'un bateau français, un homme d'affaires américain les avait interpellés.

— Qui de vous s'en va à Sitka ? Vous savez, je suppose, que l'île appartient à l'Amérique, à présent ?

Henderson, dont le bateau allait appareiller pour l'Alaska, avait voulu en savoir davantage, et au cours de la discussion générale qui suivit, plusieurs Américains intervinrent. Deux d'entre eux étaient très bien informés.

Henderson s'était hâté de remonter à bord pour prévenir le capitaine MacRae, qui ne crut pas un mot de l'histoire mais interrogea tout de même le consul britannique. Celui-ci ne savait encore rien d'officiel sur la transaction, mais un courrier de Washington lui avait signalé que certains hommes politiques américains n'avaient pas démenti l'achat — au prix de sept millions deux cent mille dollars.

— Bon Dieu ! s'écria Voronov. Combien cela fait-il de roubles ?

— Un peu moins de deux roubles par dollar ! Soit entre onze et douze millions de roubles.

— Bon Dieu ! répéta Voronov. Le Yukon à lui seul vaut bien davantage.

— Vous êtes allés au Yukon ? demanda MacRae.

— Nous l'avons remonté, répondit Praskovia. C'est un trésor. Je refuse de croire qu'il a été vendu.

MacRae, sensible à la situation difficile de ces Russes si éloignés de leur pays, les invita à déjeuner et fit de son mieux pour les rassurer. Il leur demanda ce qu'ils allaient faire si les bruits se confirmaient. Le prince Maksoutov répondit comme il fallait s'y attendre de la part d'un diplomate :

— Je suis un représentant officiel du gouvernement. Je resterai à mon poste pour que la passation de pouvoirs s'effectue dans l'ordre, je saluerai notre drapeau quand il descendra du mât puis je rentrerai dans mon pays.

— Vous ne protesterez pas contre cette décision ?

— Au cours des trois dernières années, j'ai conseillé plusieurs fois à Saint-Pétersbourg de conserver l'Alaska. Si, comme vous le suggérez, une décision opposée a été prise, je n'ai plus rien à dire.

— Mais vous ne resterez pas ici, dans le goulet de Sitka ?

— Sous l'autorité des Américains ? Ce n'est pas pensable.

Comprenant à quel point sa remarque pouvait paraître insultante pour ces officiers appartenant à un pays tiers, il ajouta aussitôt :

— Je ne pourrais jamais vivre sous un autre régime que le mien, même pas sous le vôtre, messieurs les Anglais.

— Je ferais de même, répondit MacRae, qui comprenait parfaitement ses sentiments.

Mais Praskovia n'était pas du même avis.

— Quitter ce pays magnifique ? Jamais.

— Vous renonceriez à la nationalité russe ?

Arkadi, voulant devancer une réponse que sa femme regretterait peut-être plus tard, intervint :

— Comment prédire ce qui se passera ? Si l'Amérique a acheté l'Alaska, elle voudra peut-être nous en chasser. Votre question est donc prématurée.

— Pas du tout ! s'exclama Praskovia, têtue. L'Amérique a besoin d'hommes et de femmes. Il y a tant d'espaces vides. Et il y a eu tellement de morts pendant leur guerre civile. On nous suppliera de rester.

Elle regarda les autres tour à tour, puis ajouta :

— Les Voronov resteront. Nous sommes ici chez nous.

Après avoir lancé ce défi, le feu qui l'animait parut se calmer et elle se tourna vers le prince Maksoutov :

— Vous avez fait une chose affreuse, monsieur, en nous envoyant à Nulato. Vous nous avez permis de voir l'Alaska, et nous en sommes tombés amoureux. Nous resterons pour accélérer son développement, et peu m'importe à qui le pays appartiendra.

— Bravo ! s'écria MacRae. Je porte un toast à vos futurs voyages.

Praskovia essaya de répondre à ces vœux par un sourire, mais échoua lamentablement, enfouit son visage entre ses mains et pleura.

*
**

Le transfert de l'Alaska de la Russie aux États-Unis constitue l'un des incidents les plus incroyables de l'histoire, car en 1867 la Russie était impatiente de s'en débarrasser mais l'Amérique, en train de se relever de la guerre civile et plongée dans la crise de la destitution du président Johnson, refusait de l'accepter à quelque condition que ce fût.

Dans cette impasse, un homme extraordinaire accapara le devant de la scène. Ce n'était pas un Russe — détail qui deviendrait important plus d'un siècle plus tard — mais un prétendu baron d'origine douteuse, à moitié autrichien, à moitié italien, un homme plein de charme choisi en 1841 pour représenter la Russie aux États-Unis à titre temporaire, mais qui sut prolonger son accréditation jusqu'en 1868. Édouard de Stoeckl, qui étalait des quartiers de noblesse sans que personne ne sût ni quand ni comment ni où il avait acquis son titre, devint un ami si ardent de l'Amérique qu'il épousa une héritière américaine et voulut servir d'entremetteur entre la Russie, qu'il appelait sa patrie, et les États-Unis, sa résidence d'adoption.

La tâche était fort difficile : au moment où les États-Unis semblaient prêts à accepter l'Alaska, l'idée de vendre perdit ses partisans en Russie ; et plus tard, quand la Russie désira effectuer la vente, même si une poignée d'hommes politiques américains influents, avec à leur tête le ministre des Affaires étrangères William Seward de New York, comprirent l'intérêt que représenterait l'Alaska en tant que bastion américain dans l'Arctique, les hommes d'affaires obtus du Sénat, de la Chambre et du grand public s'opposèrent à l'achat avec le poids de tout leur mépris. Selon leurs expressions les plus aimables, l'Alaska devint « la glacière de Seward » ou encore sa « petite folie ». Certains critiques accusèrent Seward d'être à la solde des Russes ; d'autres accusèrent Stoeckl d'acheter des voix à la Chambre. Un satiriste prétendit que l'Alaska contenait seulement des ours blancs et des Eskimos, et plus d'un affirma que jamais l'Amérique ne devrait accepter ces terres glacées, même si la Russie voulait les donner.

On prétendait que l'Alaska ne possédait pas la moindre richesse, pas même des rennes, alors qu'ils abondaient dans le Nord, et les « experts » affirmaient qu'une région aussi nordique ne pouvait avoir aucun minerai, aucun gisement de valeur. On ne cessait de dénigrer ce pays inconnu, qui faisait sans doute peur, et tous ces brocards paraîtraient comiques s'ils n'avaient pas influencé la pensée et le comportement de l'Amérique, puis condamné l'Alaska à des décennies d'abandon.

Mais un homme ingénieux comme le baron de Stoeckl ne se laissait pas facilement détourner de son objectif principal, et avec l'appui inébranlable d'un homme d'État aussi éminent que Seward, l'achat fut voté avec une majorité d'une voix. Oui, à une voix près, les États-Unis faillirent perdre l'une de leurs acquisitions les plus précieuses pour l'avenir — mais bien entendu, vu depuis les étendues glacées de Fort-Nulato en 1867 avec le thermomètre à moins quarante degrés et sous la menace d'une attaque d'Athapascans hostiles, l'achat de ces terres à plus de sept millions de dollars pouvait paraître une mauvaise affaire.

Et la comédie s'aggrava, tourna au burlesque. Le

Sénat des États-Unis avait acheté le pays, mais la Chambre des représentants refusa de dégager les crédits pour effectuer le paiement. Pendant de longs mois, la vente demeura donc en suspens. Enfin, après un vote favorable, tout fut remis en question quand on découvrit dans les comptes du baron de Stoeckl un trou de cent vingt-cinq mille dollars qu'il se refusait à expliquer. Soupçonné d'avoir soudoyé des membres du Congrès pour qu'ils votent en faveur d'un pays manifestement sans valeur, le baron attendit que la vente soit ratifiée puis fila sans bruit du pays après avoir réalisé l'ambition de sa vie.

Un membre du Congrès qui possédait visiblement un sens très particulier de l'histoire, de l'économie et de la géopolitique a pu dire de toute l'affaire :

— Si nous étions si désireux de montrer à la Russie notre reconnaissance pour son aide pendant la guerre de Sécession, pourquoi ne lui avons-nous pas simplement donné les sept millions en lui disant de garder sa maudite colonie ? Elle ne nous servira jamais à rien.

Donc, la vente fut réalisée et la comédie se déplaça à San Francisco, où un général nordiste enthousiaste du nom de Jefferson C. Davis (aucun rapport avec le président de la Confédération) apprit le même jour que l'Alaska appartenait à l'Amérique et qu'il allait régner — lui, Davis — sur les icebergs, les ours blancs et les Indiens. Après la guerre, il avait contribué à chasser les Indiens des grandes plaines, et il accepta sa nomination en Alaska, persuadé que son devoir là-bas serait le même : chasser les Indiens.

Le 18 septembre 1867, le vapeur *John L. Stevens* appareilla de San Francisco avec à son bord les deux cent cinquante soldats qui devaient gouverner l'Alaska pendant les décennies suivantes. L'un de ceux qui partirent ce jour-là a laissé un récit désolant :

> *Quand nous nous sommes dirigés en tenue de combat vers le bateau qui nous attendait, aucune jeune fille n'était au coin de la rue pour nous lancer des roses. Aucune foule enthousiaste ne s'était réu-*

nie pour nous acclamer. L'achat de l'Alaska avait tellement écœuré les gens qu'à notre passage on nous témoignait seulement du mépris. Un homme me cria : « Rendez-le à la Russie. »

Quand le Stevens *arriva à Sitka, ce fut une sacrée pagaille. Les Russes suivent un calendrier en retard de onze jours sur le nôtre, et rien ne concordait. En plus, l'Alaska est à la date de Moscou, un jour avant le nôtre. Imaginez donc ! De toute manière, à notre arrivée, le commandant russe a déclaré : « Vous êtes en avance. C'est encore la Russie et aucun soldat ne peut débarquer avant la venue des commissaires américains. »*

Pauvres de nous, il nous a fallu rester dix jours dans la cale puante à regarder un volcan, côté bâbord — encore sous mes yeux en ce moment. Je n'aime pas les volcans. Et certainement pas l'Alaska.

Le bateau des commissaires américains entra enfin dans le goulet, et les soldats eurent la permission de débarquer ; ils n'étaient pas contents et ne cessaient de protester, mais ils participèrent aussitôt aux formalités de la passation des pouvoirs qui, à la surprise générale, se fit l'après-midi même.

Tout se passa mal. Le prince Maksoutov aurait pu organiser très bien la cérémonie mais il en fut empêché par la présence d'un petit fonctionnaire prétentieux envoyé de Russie pour représenter le tsar, et Arkadi Voronov, l'homme qui connaissait mieux que quiconque les possessions russes d'Amérique, ne fut pas autorisé à y prendre part. Il y eut cependant un certain décorum, apprécié par les rares personnes qui montèrent les quatre-vingts marches du Château Baranov, où le drapeau russe claquait en haut d'un mât de trente mètres, taillé dans un épicéa de Sitka. Les canons de la baie tirèrent des salves, on ramena les couleurs et on hissa le nouveau drapeau, mais un incident ridicule gâcha le rituel, comme l'expliqua Praskovia Voronova dans une lettre à sa famille :

Bien que nous ayons déjà signifié notre intention de devenir américains, Arkadi, vous vous en doutez, tint à ce que la cérémonie d'adieux des Russes se passe dans la dignité, comme il sied à l'honneur d'un grand empire. Il a fait répéter à nos soldats russes, avec beaucoup de soin, les gestes du rappel des couleurs. Je les ai moi-même aidés à raccommoder les uniformes et j'ai vérifié que les chaussures étaient bien cirées. Je dois dire que nos soldats étaient vraiment impeccables quand nous avons terminé, Arkadi et moi.

Hélas, en vain. Au moment où l'un de nos hommes de confiance voulut tirer sur la corde pour ramener notre glorieux drapeau, un coup de vent l'enroula autour du mât où il demeura bloqué, et rien ne put le déloger. Le malheureux garçon, la corde à la main, se tourna vers Arkadi qui lui fit signe de tirer d'un coup sec. Il obéit, mais ne réussit qu'à déchirer l'étamine du drapeau et à resserrer davantage le tissu autour du mât. De toute évidence, jamais on ne ramènerait les couleurs en tirant sur cette corde, et je faillis pousser des vivats. N'était-ce pas un présage favorable ? La vente ne prendrait pas effet.

Aussitôt, Arkadi me quitta en jurant dans sa barbe et je l'entendis lancer à deux hommes : « Débrouillez-vous pour le descendre, et tout de suite ! » Mais ils ne surent comment s'y prendre et je dois avouer dans l'humiliation que ce fut un marin américain qui trouva la solution. À l'instant suivant, un de leurs hommes grimpait au mât comme un singe. Il détacha notre drapeau et, dans sa hâte, il le déchira davantage.

Enfin libre, le drapeau tomba ignominieusement sur la tête de nos hommes, qui ne parvinrent pas à l'attraper, puis il s'empêtra dans leurs baïonnettes. J'en fus mortifiée. Arkadi continuait de jurer — ce qui lui arrive rarement — et le prince Maksoutov regardait droit devant lui comme s'il n'y avait ni drapeau ni mât. Quant à sa charmante épouse, elle s'évanouit.

Je pleurais. Arkadi et moi avons résolu de rester ici, à Sitka, comme on appelle maintenant Novo-Arkhangelsk, et à devenir les meilleurs citoyens qu'il se pourra pour notre nouveau pays. Arkadi reste parce que sa mère et son père étaient attachés à ces îles, et je reste parce que j'ai appris à aimer l'Alaska et son potentiel énorme. Quand vous viendrez nous voir l'an prochain, je crois que vous verrez une ville deux fois plus grande et deux fois plus prospère, car on nous assure que l'Amérique va déverser ici des millions de dollars pour faire de ces terres un très grand pays.

Praskovia et les autres Russes qui choisirent la nationalité américaine avaient annoncé leur décision sans tarder, car dans les jours précédant la passation des pouvoirs, le prince Maksoutov avait réuni les chefs de famille pour leur expliquer en termes élogieux les accords russo-américains. Dans son uniforme blanc et empesé d'officier, le sourire aux lèvres, il paraissait manifestement fier du travail de son comité.

— Les deux pays méritent des félicitations pour les règles excellentes dont ils sont convenus. De la grande diplomatie, vraiment.

Le jeune Maxime Loujine, professeur au collège de la ville, demanda des détails.

— J'ai contribué à la rédaction du règlement, expliqua patiemment Maksoutov, et je peux donc vous assurer que vous serez totalement protégés, quel que soit votre choix.

— Par exemple? insista Loujine.

— Si vous voulez retourner en Russie, vous en avez la possibilité pendant trois ans. Nous fournirons le transport gratuit jusqu'à votre région d'origine. Si vous décidez de rester ici et de devenir américains, votre nouveau gouvernement vous promet la nationalité de plein droit, sans réserve malgré votre origine russe, et une liberté totale de religion.

Il sourit à ces gens qui lui faisaient confiance, et leur déclara en toute sincérité :

— Il est rare que la vie offre à un homme deux options aussi excellentes l'une que l'autre. Choisissez selon votre désir. Vous ne pouvez pas vous tromper.

Et donc, quand ils assistèrent à la cérémonie de passation des pouvoirs, les Voronov le firent en tant que citoyens américains, mais la transition allait s'avérer brutale, car à peine le drapeau américain fut-il hissé en haut du mât le premier jour, que le général Davis lança un ordre stupéfiant :

— Que tous les Russes de la colline évacuent leurs logements avant la nuit.

Un major ordonna à ses soldats d'occuper les bâtiments.

Arkadi se dirigea vers lui et lui expliqua d'une voix calme et respectueuse :

— Ma femme et moi avons opté pour la nationalité américaine. Notre maison se trouve là-haut.

— Vous êtes russe, non? grogna le major. Dehors avant le coucher du soleil. Je m'installe chez vous.

Quand Voronov, blême d'indignation, apprit la nouvelle à sa femme, elle éclata de rire.

— Le prince et la princesse ont été délogés eux aussi. Le général Davis leur prend leur résidence.

— Je ne peux pas le croire.

— Regarde donc les domestiques.

Arkadi constata qu'ils transportaient les biens des Maksoutov vers le bas de la colline.

Les Voronov déménagèrent dans une petite maison proche de la cathédrale, tandis que leurs amis russes se trouvaient placés devant des choix douloureux. Ceux qui avaient apprécié la vie de Sitka avaient envie de rester, prêts à confier leur destin à la générosité américaine, comme les Voronov; mais leurs amis de Russie exerçaient de fortes pressions pour les faire revenir et la plupart décidèrent de prendre le premier vapeur à destination de Petropavlovsk.

— Qu'adviendra-t-il d'eux à leur retour en Russie? demanda Praskovia.

— Je préfère ne pas y songer, répondit Arkadi.

Des voisins désemparés, incapables de décider par

eux-mêmes, venaient parfois demander conseil à Arkadi et en général il leur conseillait de partir. Si le mari et la femme n'étaient pas du même avis, il leur suggérait invariablement de retourner en Russie.

Le fait de recommander le retour en Russie à tous ceux qui avaient des doutes eut sur Arkadi un effet surprenant. Dès le début il s'était montré fermement résolu à rester en Alaska, mais en se projetant constamment lui-même dans l'esprit et la situation d'autrui, il découvrit toute l'insécurité inhérente à son propre choix. Un soir où il revenait avec Praskovia d'une réunion avec les Maksoutov, prêts à rentrer dans leur pays natal et peut-être même impatients de le faire, Arkadi lança sans préambule :

— Praska, avons-nous vraiment raison de rester?

Elle temporisa, pour connaître toute l'étendue de ses doutes.

— Que veux-tu dire, Arkadi?

— C'est une décision effrayante, vraiment, qui engage le reste de notre vie. Nous ne connaissons plus la Russie, nous l'avons quittée depuis si longtemps. Et nous ne connaissons pas l'Amérique, car nous ne pouvons pas prévoir son comportement dans dix ans... ni même dans les jours qui viennent, d'ailleurs. Ce général Davis! Je me demande s'il a la moindre idée de ce qu'est l'Alaska. Et je me demande même s'il est intelligent.

— Ses premières décisions ne me plaisent guère, avoua Praskovia, mais il s'améliorera.

Elle encouragea son mari à étaler toutes ses craintes et en les examinant elle s'aperçut qu'il s'agissait seulement d'hésitations naturelles pour des personnes de leur âge au moment de prendre une décision de cette gravité.

— Continue. Que redoutes-tu le plus?

— C'est le plus grand choix que nous ferons jamais. En fait, pas pour moi. Je n'ai jamais été attaché à la Russie, tu lè sais. Je suis né dans les îles. Mais toi...

Il la regarda avec cette grande capacité d'amour qui caractérisait tous les Voronov. Son arrière-grand-père et son grand-père à Irkoutsk avaient adoré leurs épouses. Son père Vassili, dans les îles, avait partagé avec sa femme aléoute un amour comme peu d'hommes en ressentent. Il en était de même pour lui. Dès l'instant où il avait vu Praskovia quand il faisait ses études dans la capitale, il n'avait aimé qu'elle. À présent, il craignait d'agir comme son père lorsque celui-ci avait abandonné Sofia Kouchovskaia pour accepter une promotion éblouissante dans la hiérarchie de l'Église. Il pensait davantage à lui-même qu'à sa femme.

Très doucement, il dit :

— Je suis un homme des îles et je te contrains à un choix cruel.

Elle ne rit pas, ni ne sourit à cet aveu ingénu ; elle le prit par le bras pour le conduire vers la cathédrale. Ils s'assirent sur les chaises grossières du fond du sanctuaire, parmi les ombres, et ce fut là que Praskovia lui fit part de sa vision de l'avenir.

— Arkadi, tu as soixante-six ans. J'en ai cinquante-huit. Combien d'années risquons-nous sur ce pari ? Pas beaucoup. Si nous commettons une erreur, nous n'aurons pas gaspillé toute une vie.

Sans lui laisser le temps de répondre, elle ajouta avec force :

— À Nulato, nous avons vu ensemble couler le Yukon, nous avons senti le froid immense, nous avons appris à connaître les chiens de traîneau, nous avons été témoins de l'accueil réservé au père Fedor dans les villages...

Elle sourit et lui prit la main.

— C'est à ce moment-là que j'ai fait mon choix, que l'Alaska reste russe ou non. J'y suis chez moi. Je veux être ici pour assister à la conclusion de notre grande aventure.

Puis elle ajouta sans le laisser répondre :

— Arkadi, je crois vraiment que si tu décidais de rentrer en Russie, je resterais ici toute seule... Et puis tu sais, ajouta-t-elle en confidence, je préfère vraiment le nom américain de Sitka au nom russe de Novo-Arkhangelsk, mais ne le dis pas au prince.

Après cette conversation, Arkadi cessa de conseiller quiconque, et ne précisa pas ce que feraient Praskovia et lui après le départ du bateau qui emporterait le prince Maksoutov et son épouse. Les Voronov achetèrent une maison plus vaste que quittait une famille, et ils y rassemblèrent tous les objets qui prendraient pour eux une valeur particulière quand Sitka deviendrait une ville totalement américaine.

— Ce sera une nouvelle vie merveilleuse, assurait Praskovia.

Mais Arkadi, témoin chaque jour de l'incapacité des Américains à gouverner leur nouveau territoire, voyait ses appréhensions confirmées.

Quelques jours avant Noël, en cette année décisive de 1867, les Maksoutov donnèrent un dîner d'adieu pour quelques amis chers qui avaient décidé de devenir américains après avoir travaillé dur pour la Russie.

— Je ne peux pas contester votre décision, dit le prince aimablement, mais je prie pour que vous serviez votre nouvelle patrie dans l'honneur.

Il expliqua qu'il devait rester deux semaines de plus pour terminer la passation de pouvoirs mais que sa femme partirait le lendemain. La nature joua alors un de ses mauvais tours. Pendant ces semaines de départ le brouillard habituel de Sitka avait imposé une humeur sombre, propice aux adieux, mais le dernier jour les brumes se levèrent et révélèrent Sitka dans sa grandeur et son éclat : le beau volcan, le cirque des montagnes couvertes de neige, la myriade d'îles verdoyantes, la coupole de la cathédrale orthodoxe, la beauté ordonnée du port le plus accueillant de l'Amérique russe.

— Oh, Praska ! s'écria la princesse en embrassant son amie. Nous abandonnons la plus jolie ville de l'empire russe.

Ce fut dans l'amertume qu'elle s'en alla.

Deux semaines plus tard, les Voronov organisèrent une garde d'honneur pour le prince Maksoutov. Il descendit avec dignité de la colline vers l'endroit où une barque l'attendait pour le conduire à bord de son vaisseau.

— Je laisse l'Alaska entre vos mains, Voronov, dit-il. Vous le connaissez mieux que quiconque.

En haut de la colline, le général Davis, seul maître du Château Baranov, ordonna que l'on tire une salve. Les montagnes et les vallées de Sitka renvoyèrent l'écho des canons et l'empire russe en Alaska prit fin.

***

Les États-Unis prirent possession de l'Alaska le 18 octobre 1867 et au début de janvier 1868 les Voronov et les Loujine comprirent que ne serait instaurée aucune forme rationnelle de gouvernement — pas même une forme dérisoire. Le général Davis et ses soldats détenaient en principe le pouvoir, mais ils n'étaient pas les seuls en cause.

La faute en revenait au Congrès américain. Se rappelant les discours irresponsables qui s'opposaient à l'achat de l'Alaska, les hommes de Washington jugeaient la région sans valeur et sa population sans intérêt. Si incroyable que cela parût aux historiens par la suite, l'Amérique refusa d'accorder à l'Alaska une forme quelconque de gouvernement et d'administration. Elle refusa même de lui donner un nom convenable. En 1867, on l'appela district militaire d'Alaska ; en 1868, département d'Alaska ; en 1877, district douanier d'Alaska ; et en 1884, simplement district d'Alaska. Depuis le premier jour, on aurait dû l'appeler territoire d'Alaska, mais cela aurait impliqué un passage ultérieur au statut d'État, et des orateurs s'opposèrent systématiquement à cette suggestion : « Cette glacière n'aura jamais assez d'habitants pour accéder au statut d'État. » L'Alaska ne bénéficia donc pas d'une évolution progressive, comparable à celle de l'ouest de l'Amérique, où le territoire sans structure, mais avec des juges et des shérifs élus, commençait par organiser sa législature et se donner un gouvernement puis devenait un État à part entière.

Pourquoi refusa-t-on à cette région ces droits élémentaires ? Parce que des hommes d'affaires, des tenanciers de saloons, des trappeurs, des mineurs et des pêcheurs voulurent conserver les mains libres pour s'approprier les richesses de l'Alaska, et craignirent que toute forme de gouvernement local indépendant décrète des lois pour limiter leur pillage. Dès lors, l'Alaska fut et resterait le point aveugle de l'Amérique. Quoi qu'il se passerait là-haut — richesses découvertes et victoires remportées — le peuple américain et son gouvernement n'en croiraient rien. Pendant des générations, ce trésor demeurerait à la dérive sur ses mers glacées, pareil à un vaisseau abandonné dont le bordage est en train de pourrir lentement.

À la mi-janvier, Arkadi Voronov commença à craindre qu'une sorte de paralysie n'étouffe Sitka et le reste de l'Alaska, mais il ne comprit la profondeur du mal qu'après une discussion avec le jeune professeur Maxime Loujine.

— Arkadi, vous ne vous rendez pas compte de la situation. Un homme d'affaires est arrivé de Californie avec les soldats. Il désire s'installer ici pour ouvrir une sorte de comptoir, mais il ne peut pas acheter de terrain pour sa maison et ses bureaux, parce qu'il n'y a aucune réglementation concernant les terres. Et il ne peut pas lancer son affaire, parce qu'il n'y a aucune législation commerciale. S'il s'installe ici, il ne pourra même pas léguer ses biens à ses enfants, parce qu'il n'existe aucun bureau pour légaliser les testaments et les faire appliquer.

Les deux Russes voulurent connaître les autres obstacles au développement.

— On ne peut pas s'adresser à un shérif pour défendre ses droits, leur dit-on, parce qu'il n'y a ni shérif, ni prison, ni tribunaux auxquels demander réparation — ce qui est normal puisqu'il n'y a pas de juges.

Les deux hommes se rendirent sur la colline pour informer le général Davis des craintes qu'éprouvaient les Russes pour leur sécurité, au milieu de ce chaos. Lors de l'entrevue dans ses quartiers, ce qui les frappa, ce fut sa belle prestance militaire. De grande taille, mince, très droit, il se donnait des airs de souverain avec sa grosse barbe noire, sa volumineuse moustache et les boucles romantiques qui dissimulaient presque son front. Mais dès qu'il ouvrit la bouche, l'illusion s'effrita.

— J'aimerais beaucoup appliquer la loi, mais il n'y a pas de loi. Et je ne saurais faire aucune conjecture à ce sujet car nul ne sait ce que décidera le Congrès.

Ils lui demandèrent quelle forme prendrait le nouveau gouvernement.

— Légalement, je crois que nous sommes un district douanier. En principe, quand un représentant des Douanes arrivera, ce sera lui le responsable.

Malgré leur insistance, ils ne purent tirer du général aucune explication rationnelle et ils se retirèrent troublés et découragés. Le départ de plus de la moitié des Russes sur le premier bateau à destination de la Sibérie ne les étonna donc nullement. Quand il s'aperçut de cet exode massif, le général Davis essaya de les inciter à rester mais ce fut en vain : lassés par les tergiversations des Américains, ils firent la sourde oreille.

Voronov et Loujine, mieux à même que Davis de juger la qualité des gens qui désertaient Sitka, se consolèrent et consolèrent leurs épouses en songeant : « Ceux qui restent comme nous auront davantage de travail et davantage d'occasions... » Tous les quatre avaient résolu de devenir les meilleurs citoyens américains qui soient.

⁂

Le reste de l'histoire russe de l'Alaska peut se raconter vite — mais non sans tristesse. Après le départ du premier contingent d'émigrés, les soldats américains indisciplinés, sans aucune mission précise à accomplir et sans chef pour maintenir l'autorité, commencèrent à mal se comporter, et ce qui se passa révolta Voronov comme tous les autres Russes qui étaient restés.

Des femmes aléoutes qui travaillaient comme servantes dans des familles russes allèrent faire le ménage des casernements réquisitionnés pour les soldats. Avant la fin de la première semaine, on signala trois viols particulièrement odieux. Comme aucune sanction ne fut prise pour mettre les hommes au pas, ils sortirent de la palissade et violèrent deux femmes tlingits. Aussitôt les maris tuèrent un soldat en représailles — mais ce n'était pas un des coupables des viols.

On régla la question en versant aux maris offensés vingt-cinq dollars américains et en envoyant à la mère du soldat abattu une médaille et une citation attestant que son fils était mort courageusement au champ d'honneur.

Ensuite les violences s'étendirent aux familles russes, qui commencèrent à se barricader chez elles. Deux hommes se plaignirent amèrement au général Davis, mais il ne fit rien.

— Ces folies vont cesser, assura Voronov à sa femme.

Il n'en fut rien. Une bande de soldats ivres se rendit dans un village voisin, où ils agressèrent trois femmes. Les Tlingits répliquèrent par une série de raids que le général Davis interpréta comme une dangereuse insurrection contre l'autorité américaine. Il envoya une canonnière vers le village coupable, dont il ordonna la destruction. De nombreux Tlingits périrent.

Il en résulta une rupture des relations entre les forces d'occupation et les Tlingits, et la ville ne reçut presque plus d'aliments frais. Les esprits s'échauffèrent et un après-midi, en rentrant d'une visite à des voisins russes désemparés, Praskovia vit une chose qui l'incita à prévenir aussitôt son mari.

Quand les Voronov et les Loujine arrivèrent sur le parvis de leur cathédrale, ils découvrirent que, à l'intérieur du sanctuaire, l'iconostase et le chœur avaient été saccagés ; on avait barbouillé les murs de peinture. Il faudrait des milliers de roubles pour tout restaurer, et même à ce prix les icônes ne pourraient être remplacées. Quand le général Davis apprit ce sacrilège, il haussa les épaules et disculpa complètement ses hommes :

— Ce sont sans doute des Tlingits en colère, qui se sont infiltrés dans notre dos.

Ce soir-là, les Russes qui possédaient une certaine expérience dans l'administration ou le commerce se réunirent chez les Voronov pour discuter des mesures à prendre pour protéger leurs droits et peut-être leur vie. On convint que puisque le général Davis était incapable de tenir ses soldats, la seule solution était de faire appel au capitaine du premier bateau étranger qui relâcherait à Sitka. Arkadi se porta volontaire pour cette mission.

Ce fut un bateau français. Son capitaine écouta les doléances de Voronov et s'insurgea :

— Aucun général qui se respecte ne permet à ses soldats de violer impunément.

Il se rendit sur-le-champ au château pour présenter une protestation dans les règles. Cette intervention révolta Davis, et son assistant remarqua le nom de Voronov dans la plaidoirie du Français. Le général avertit le marin que, s'il insistait sur cette voie, « les canons du fort répondraient à sa place ».

Le soir même, peut-être par hasard, peut-être à dessein, trois soldats se rendirent chez Voronov que l'on savait absent et tentèrent de violer Praskovia. Elle les repoussa avec la dernière énergie et s'enfuit en criant. Mais à peine eut-elle franchi la porte que l'un des hommes la rattrapa, la traîna à l'intérieur et se mit à déchirer ses vêtements.

Des voisins prévinrent Voronov, qui rentra chez lui en courant, à temps pour trouver sa femme presque nue dans leur chambre, en train de se défendre griffes et dents contre les trois hommes qui riaient de façon démoniaque. Quand ils virent trois Russes apparaître derrière le mari fou de rage, les Américains battirent en retraite par la fenêtre qu'ils brisèrent, ainsi que tout ce qui leur tomba sous la main.

Les autres Russes voulurent poursuivre les soldats, mais Voronov s'y opposa. Il rassembla les vêtements de sa femme, l'aida à se rhabiller puis rangea dans des sacs tout ce qu'ils purent sauver du désastre. Au cœur de la nuit, il conduisit Praskovia, les Loujine et leurs enfants sur la grève, où il essaya, mais en vain, d'attirer l'attention du bateau français. Ôtant ses chaussures et son cafetan, il entra dans l'eau glacée et nagea vers le large. En arrivant près du bateau, il cria :

— Capitaine Rulon, nous vous demandons asile !

Ainsi, dans les ténèbres, les Voronov et les Loujine quittèrent à leur tour Sitka.

7.

Des géants dans le chaos

La mauvaise administration des Américains eut à Sitka des conséquences désastreuses. Ce port splendide, qui recevait chaque année la visite de plus de deux cents bateaux battant pavillon de tous les pays, n'attira plus que dix-neuf malheureux rafiots ayant peu de chose à offrir et encore moins d'argent pour acheter les produits locaux.

La population de la ville, naguère l'une des plus belles d'Amérique du Nord, tomba de plus de deux mille à moins de trois cents âmes. Comme la main-d'œuvre qualifiée était repartie en Russie, les recettes annuelles de l'hôtel des Douanes déclinèrent de cent mille dollars par an pendant les grandes heures de la souveraineté russe à vingt et un mille dollars sous les Américains, puis à la somme ridicule de quatre cent quarante-neuf dollars vingt-huit *cents*.

Chaque année, constatant cette débâcle, les chefs tlingits se montrèrent plus hardis, ressortirent des repaires dans lesquels ils s'étaient retirés sous la pression des Russes, et se rapprochèrent de l'endroit où se trouvait jadis la palissade protectrice, disparue faute d'entretien. Sitka allait avoir des ennuis.

Mais la carence du pouvoir eut un impact encore plus destructeur sur les autres parties de l'Alaska, comme va le démontrer une série d'incidents.

⁂

Lorsque le consortium de riches propriétaires terriens de New Bedford apprit que le capitaine Schransky désirait baptiser *Erebus* leur brick neuf, ils se plaignirent que ce nom, évoquant les enfers païens, n'était pas digne d'un baleinier appartenant à des chrétiens vivant dans la crainte de Dieu. Il leur répliqua sèchement :

— Aucun nom ne saurait mieux convenir, car il naviguera dans l'enfer blanc de la glace et de la neige arctiques.

Mais quand il voulut peindre le bateau tout en noir, comme un corbillard, ils s'y opposèrent.

— Nos ancêtres ont parfois donné leur vie pour défendre les bateaux de Nouvelle-Angleterre contre des pirates. Aucun de nos bateaux ne naviguera sous cette couleur affreuse.

Le capitaine Emil Schransky, un mètre quatre-vingt-douze, cheveux et barbe d'un blond scandinave, ne voulut pas démordre du noir.

— Ce sera un bateau de l'enfer et il devra gagner son argent dans les eaux de l'enfer, donnons-lui la couleur qui convient à cet usage...

On trouva un compromis : on le peignit d'un bleu si foncé que de loin il semblait vraiment noir ; et ce fut sous cette couleur lugubre que l'*Erebus* appareilla pour le redoutable cap Horn et les eaux du vaste Pacifique. De là, il partirait chasser la baleine franche dans la mer de Béring et organiser des expéditions contre les phoques à fourrure des îles Pribilov et contre les morses de la mer des Tchouktches. Il livrerait l'huile des baleines à Hawaii, il vendrait les peaux de phoque et les défenses de morse en Chine, et entre ces randonnées commerciales, l'*Erebus* sillonnerait le Pacifique en quête de n'importe quel fret profitable. Le sinistre vaisseau commandé par le dangereux capitaine aux cheveux et à la barbe filasses ne se lancerait jamais carrément dans la piraterie, mais Schransky était prêt à le faire à la moindre occasion s'il était sûr de ne pas se faire prendre.

Il avait quarante-cinq ans quand il avait pris le commandement de l'*Erebus* et c'était un géant à tous égards. Né en Allemagne dans une famille mi-prussienne mi-russe, chassé de son foyer agité à l'âge de onze ans, il s'était embarqué sur un vaisseau au long cours de Hambourg. Formé à l'école cruelle du gaillard d'avant, il était devenu dès ses quatorze ans un bagarreur redoutable qui s'attaquait volontiers à des jeunes marins âgés de quatre à cinq ans de plus que lui. Il crevait les yeux, brisait les genoux, déboîtait les bras : une vraie terreur ; mais après vingt-deux ans, quand il eut atteint sa taille adulte, il n'eut plus guère l'occasion de se servir de ses poings. Cela ne lui aurait pas déplu, mais il aimait aussi poser la main à plat sur la poitrine de ses adversaires et les pousser simplement dehors, en économisant ses poings meurtriers pour de vrais ennemis qu'il se sentait obligé d'abattre avant qu'ils ne l'écrasent.

Pris de rage, il devenait un adversaire terrible : cent vingt-quatre kilos de fureur incarnée, des bras comme les ailes d'un moulin, des pieds qui ruaient et sa grande barbe blanche volant au vent lorsqu'il se jetait sur qui l'avait mis en rogne. À ces moments-là, il frappait avec l'intention de tuer, et bien qu'il n'eût encore jamais abattu un marin américain avec ses poings, deux hommes qui avaient navigué avec lui, l'un du Maine et l'autre du Maryland, ne s'étaient jamais rétablis de la correction qu'il leur avait infligée. L'homme du Maine était mort cinq mois plus tard à Lahaïna ; celui du Maryland vivait encore sur les quais de Santiago, le cerveau lésé et le bras gauche inutilisable. D'autres, moins sévèrement punis, s'étaient rétablis avec un bras légèrement tordu par suite des fractures ou sans dents de devant.

Il était énorme, avec une puissance énorme et des enthousiasmes énormes, mais c'était son dynamisme inépuisable qui avait fait de lui un peu plus qu'un simple marin germano-russe aux appétits de Gargantua. Chaque bateau dont il prenait le commandement devenait son bateau, et les armateurs n'étaient pas les bienvenus à bord. Il était impensable que l'un d'eux l'accompagne au cours d'une traversée, ou d'une escale à une autre. Il naviguait pour gagner de l'argent et il avait un flair rare pour en trouver partout où il y en avait. (Il avait un jour gagné une petite fortune avec du bois de santal que d'autres capitaines n'avaient pas su exploiter.) Il méprisait toutes les formes d'autorité, toutes les contraintes et tous les règlements. Ses bateaux ne revenaient à leur port d'attache que tous les quatre ou cinq ans, parce que cela lui permettait d'éviter les armateurs ; et dès qu'il contournait le cap Horn — car il évitait le cap de Bonne-Espérance, qu'il appelait « l'itinéraire des garçons laitiers » —, il semblait respirer beaucoup mieux : il avalait à grandes lampées l'air salé du Pacifique, qu'il appelait parfois « l'océan de la liberté » car il pouvait le sillonner du Chili à la Chine sans la moindre surveillance.

Mais c'était après l'archipel des Aléoutiennes, quand il s'engageait dans la mer de Béring, qu'il devenait vraiment lui-même. Avant 1867, date du passage sous contrôle américain de l'Alaska et des mers environnantes, il avait fait la nique aux maîtres russes de la mer de Béring et déjoué toutes leurs tentatives de lui interdire les Pribilov, où il se rabattait à l'improviste pour récupérer une cargaison entière de peaux de phoques. Il aimait aussi longer la côte sibérienne au nord de Petropavlovsk pour faire commerce avec des indigènes que les Russes eux-mêmes avaient peur d'approcher. Ou bien il se jetait sur la côte occidentale d'Alaska à la poursuite de baleines franches qu'il semblait capable d'attraper alors que les Eskimos de la région n'en trouvaient pas. Parfois, il passait une année entière dans la mer de Béring et ses abords à moissonner ses richesses, qu'il gardait à demi gelées jusqu'au jour où il décidait de faire voile vers Lahaïna ou Canton.

Il tenait honnêtement ses livres et envoyait souvent des sommes énormes à ses armateurs de New Bedford, par l'entremise d'un bateau concurrent qui repartait en Nouvelle-Angleterre. Et quand il annonçait qu'il rentrait, de nombreux capitaines le suppliaient d'emporter leurs gains, car on le savait digne de confiance.

— Il ne suit que sa propre loi et il détruit ses ennemis, mais je ne confierais ma cargaison et mon argent à personne plus volontiers qu'au capitaine Emil, disaient les marins de Boston.

Les Russes avant 1867 et les autorités américaines ensuite n'éprouvaient pas pour Schransky la même considération ; pour eux, c'était un vautour, un resquilleur, un voleur de la nuit, un pirate des phoques, le fléau de la mer de Béring. Il semblait envoyé par une puissance du mal pour sillonner l'Arctique car il possédait un sixième sens pour fuir ces eaux redoutables avant que les glaces ne s'emparent de son bateau et ne l'immobilisent pour huit ou neuf mois. Certains capitaines imprudents se laissaient parfois prendre par l'hiver, mais lui non. Le meilleur portrait qui existe de lui a été tracé par un Eskimo de Desolation Point en voyant l'*Erebus* quitter cet ancrage du Grand Nord juste avant l'arrivée des glaces :

— Le capitaine Schransky, c'est un ours blanc en manteau noir. La glace le prévient : « J'arrive », et il s'en va.

Dans ce monde violent, il aurait passé pour un capitaine idéal sans trois vilains défauts qui le distinguaient de tous les autres marins du même acabit. Il était connu pour sa pingrerie ; il ne donnait à ses marins que de maigres rations à bord et les encourageait à se gaver à leurs propres frais quand ils faisaient escale dans les ports d'Hawaii. Mais ses hommes supportaient volontiers ces vaches maigres, car il se montrait généreux pour le partage des bénéfices avec l'équipage.

Deuxième défaut, il méprisait les grands animaux de mer dont dépendait sa prospérité. Il les chassait sans égard ni pitié et il lui arrivait de blesser et de perdre par noyade deux baleines ou deux morses pour chaque animal qu'il hissait à son bord. Si un marin protestait contre ce gâchis arrogant, il grognait :

— Les mers sont inépuisables. On ne manquera jamais de baleines ou de quoi que ce soit.

Et pendant la longue saison de chasse de 1873, il appliqua cette ligne de conduite de façon horrible.

L'*Erebus* traversa l'arc protecteur des Aléoutiennes — cet instant est toujours magnifique — et à peine était-il depuis deux jours dans la mer de Béring qu'un des hommes signala un groupe de neuf magnifiques baleines franches, immenses créatures aux mouvements lents qui se dirigeaient vers le nord et les eaux plus froides où elles se plaisaient. Autrefois, ces nobles animaux sillonnaient les mers nordiques par centaines de milliers ; il n'y en avait même plus dix mille, et la manière abusive dont chassait le capitaine Schransky en était la raison.

Les chasseurs de l'*Erebus* possédaient deux avantages énormes ; les longs harpons qu'ils utilisaient avaient une « tête mobile » : le barbillon restait plaqué contre la tige quand le harpon s'enfonçait dans le flanc de la baleine, mais aussitôt après, il s'ouvrait à angle presque droit et l'animal ne parvenait pas à le déloger ; en outre, les marins fixaient à l'autre bout du harpon des vessies de phoque gonflées qui empêchaient la baleine atteinte de plonger, et ralentissaient sa nage. Quand une baleine avait dans ses flancs quatre ou cinq harpons de l'*Erebus* avec leurs vessies à la traîne, elle était condamnée.

Mais si elle parvenait à nager trop loin du bateau, le capitaine Schransky la laissait partir ; il ne voulait pas perdre de temps à la poursuivre.

— Terminé ! Occupez-vous d'une autre.

Ainsi, au cours de leur attaque des neuf baleines du groupe, ses hommes en tuèrent trois, mais n'en capturèrent qu'une ; les deux autres s'enfuirent et moururent au loin. Mais celle qu'ils prirent leur donna des quantités d'huile ; surtout, elle avait de très longs fanons — bandes de substance osseuse qui permettent à la baleine de filtrer le plancton dans l'énorme quantité d'eau de mer qui passe par sa bouche béante.

— Ramassez tous les fanons ! cria Schransky à ses hommes qui dépeçaient l'animal.

Il savait que dans les magasins de mode de Paris et de Londres ces « baleines » jouaient un rôle essentiel. Il pouvait très bien se permettre de laisser fuir les deux baleines blessées, car à elle seule la baleine capturée lui rapporterait plus de sept mille dollars.

Il chassait le morse avec une brutalité égale : trois animaux énormes abattus à coups de fusils pour récupérer l'ivoire de deux et parfois d'un seul. Mais c'était avec les phoques qu'il se montrait le plus impitoyable. Esquivant les patrouilles américaines avec les mêmes ruses que naguère les canonnières russes, il se glissait jusqu'aux Pribilov, deux îles remarquables où la plupart des phoques du monde venaient mettre bas leurs petits. À la première occasion, il débarquait sur Saint-Paul, l'île du Nord, et ses hommes armés de massues se mêlaient aux animaux sans défense et les assommaient à grands coups sur le crâne. Ce n'était pas difficile, parce que environ six cent mille phoques s'entassaient sur cette île, et un peu moins sur Saint-George, au sud : le massacre pouvait continuer jusqu'à ce que les bras des hommes épuisés ne puissent plus tenir leurs matraques ensanglantées.

À l'époque des Russes, deux millions de phoques venaient aux Pribilov. Comprenant qu'ils disposaient là d'une richesse presque inépuisable, ils avaient limité la chasse de façon à conserver dans son intégralité l'immense troupeau. Mais quand plus rien ne s'opposa à des rapaces comme Schransky, les phoques des Pribilov se trouvèrent menacés d'extinction.

Cependant, le véritable massacre, celui auquel toutes les nations maritimes du monde s'opposèrent pour s'efforcer de l'abolir, était la chasse aux phoques en haute mer. Schransky y prenait un plaisir particulier car elle lui rapportait beaucoup. Cette chasse pélagique consistait à poursuivre les phoques, des femelles pleines pour la plupart, lorsqu'ils se trouvaient en pleine mer, sans défense aucune. On les massacrait sans peine, puis on les éventrait pour recueillir les petits à moitié formés, dont la peau était particulièrement appréciée en Chine. Cette chasse soulevait le cœur de nombreux marins contraints de la pratiquer, mais elle était très rémunératrice et si un capitaine n'avait aucune conscience et disposait d'un bateau assez rapide pour éviter les patrouilleurs russes, anglais ou américains, les campagnes de chasse pélagique pouvaient rapporter un magot.

Le capitaine Schransky passait pour le « roi de la chasse pélagique », et cette année-là il avait décidé de retourner à Canton avec ses cales pleines de peaux de premier choix et il maintenait donc deux vigies à l'avant pour repérer les endroits où passeraient des phoques.

— Cinq phoques par bâbord! cria l'un des hommes.

Il se dirigea vers le banc, on lança des chaloupes, les hommes ramèrent au milieu des animaux sans défense et se mirent à les poignarder et à les assommer. Comme les phoques ne pouvaient pas rester immergés indéfiniment, et comme une barque à quatre rameurs pouvait les rattraper dès qu'ils refaisaient surface pour respirer, le massacre n'avait pas de fin.

Les femelles pleines étaient plus vulnérables ; leur mortalité s'élevait à plus de quatre-vingt-dix pour cent partout où les bateaux passaient. Parfois la mer de Béring était rouge de leur sang. Mais, encore une fois, quatre-vingts pour cent de tous les phoques massacrés se perdaient ; ils coulaient pour rien au fond de la mer...

Le troisième défaut du capitaine Schransky était le plus grave, car ses conséquences néfastes se prolongeraient longtemps après qu'il aurait quitté ces eaux. Tempérant lui-même, il ne permettait à personne de s'enivrer à bord de son bateau, mais il s'était vite aperçu qu'il pouvait faire d'énormes bénéfices en remplissant ses cales, à New Bedford, avec des fûts de rhum et de mélasse, qu'il vendait à des indigènes n'ayant pour ainsi dire aucune expérience de l'alcool. Les conséquences sur les régions de la mer de Béring furent désastreuses ; les indigènes acquirent une telle passion pour le rhum et le tord-boyaux « *hoochinoo* » qu'ils distillaient à partir de la mélasse (le nom dérive de celui de la première tribu qui en fabriqua, et fut vite abrégé en « *hooch* ») que des villages entiers disparurent parfois de la carte : les hommes, les femmes et les enfants s'étaient détruits par la boisson.

Toute personne douée de bon sens dans le monde arctique s'opposait à ce trafic : les Russes l'avaient interdit depuis longtemps et ils exerçaient des contrôles de police stricts le long de leurs côtes ; les missionnaires prêchaient contre l'alcool et les moralistes de Nouvelle-Angleterre déploraient les transactions détestables auxquelles se livraient les équipages de leurs bateaux. Mais pour des capitaines comme Schransky, l'appât des profits énormes issus de ce commerce était irrésistible et, peu à peu, village par village, en Sibérie et en Alaska, les indigènes furent corrompus.

Au moment du changement de nationalité de 1867, les capitaines russes endurcis qui maintenaient un semblant d'ordre dans la mer de Béring confièrent cette responsabilité aux marins mal entraînés des patrouilles de police du Trésor, dont les navires peu maniables, le *Rush* et le

Corwin, s'avérèrent incapables de mettre à la raison des bateaux comme l'*Erebus*. Et pendant près de huit ans, de 1867 à 1875, le capitaine Schransky domina sans obstacle les eaux septentrionales, massacra autant de phoques qu'il désirait et vendit du *hooch* partout où il jetait l'ancre. Véritable dictateur des océans, il ne se soumettait qu'à sa propre loi.

Cette année-là, en 1875, âgé seulement de quarante-huit ans, à l'ancre au large du cap Krigugon, sur la péninsule sibérienne des Tchouktches, il esquissa en ces termes l'avenir tel qu'il le concevait : « Encore trois retours à New Bedford, soit dix-huit ans ; j'aurai alors soixante-six ans. Un grand voyage final... tous les phoques des Pribilov... tout le rhum que pourra contenir le bateau. Puis j'achèterai une maison au bord de la mer... peut-être à New Bedford, peut-être à côté de Hambourg. » Au cours de ses réflexions, jamais il ne lui venait à l'esprit que puisse survenir dans ces eaux un homme presque aussi grand, presque aussi brave, presque aussi bon dans les bagarres et, à cause de son passé exceptionnel, beaucoup plus déterminé que lui.

*
**

Pendant la saison 1875 de chasse à la baleine, si le capitaine Schransky avait par hasard relâché au petit port de Desolation Point du côté Alaska de la mer des Tchouktches, il aurait probablement empêché un meurtre, mais l'été touchait à sa fin et il n'avait nul besoin des produits qu'offrait Desolation. Surtout, sa boussole-thermomètre-sextant intérieure le prévint que le gel allait débuter plus tôt que les années précédentes, où il s'était arrêté là-haut. Il évita donc la mer des Tchouktches et se hâta de gagner le sud.

Lorsqu'il disparut, en emmenant le dernier groupe de Blancs que verrait la région pendant près d'une année, l'Eskimo Agoulaak jugea le moment propice pour lancer des représailles et commença à tirer des plans pour se débarrasser du père Fedor, prêtre orthodoxe venu du Yukon à Desolation pour fonder une mission en 1868.

Les Eskimos de Desolation appréciaient le missionnaire, car c'était un homme généreux et compréhensif qui vivait à la manière des Eskimos. Il s'était installé avec sa femme et son jeune fils dans une hutte creusée dans la terre et recouverte de bois, jusqu'à ce qu'ils aient réuni assez de bois d'épave pour construire une « cabane convenable » — c'est-à-dire un appentis avec un mur solide face à la mer glacée et aux grandes rafales d'air froid venant de Sibérie, un âtre grossier surmonté d'une cheminée rudimentaire, et tout le côté sud plus ou moins ouvert à tous les éléments, quoique protégé en partie par trois peaux de caribou servant de rabat. Pour entrer, on les écartait l'une après l'autre.

La cabane était chaude, bien isolée, avec des paquets de mousse enfoncés dans les fissures ; elle constituait le centre des assemblées spontanées qui prenaient une place si importante dans la vie eskimo. Les jeunes du village s'y retrouvaient pour se faire la cour et les vieux Eskimos s'asseyaient le long de ses murs chauds pour écouter un des leurs raconter les aventures héroïques du temps passé. C'était une existence agréable, et quand la femme du père Fedor accoucha d'un autre enfant, une fille, toute la petite cabane résonna de chants joyeux, car le prêtre et son épouse jouaient un rôle central dans la communauté.

Si ce prêtre, âgé de quarante-sept ans et qui n'avait jamais regardé l'épouse d'un autre, était devenu la cible du meurtrier en puissance Agoulaak, quelle force du mal s'était donc abattue sur Desolation Point pour placer ce jeune Eskimo tourmenté sous son charme maléfique ? On aurait eu du mal à convaincre Agoulaak qu'aucune force ne l'avait assailli, car les preuves du contraire lui paraissaient accablantes. Au cours de ses deux dernières chasses au morse, très loin sur la banquise, dès qu'il avait eu un animal sous son pouvoir magique, il l'avait perdu au moment décisif : quelqu'un avait donc signalé sa présence au morse. « Je n'ai pas entendu la voix, mais je sais que l'on a chuchoté. » Le printemps précédent, quand les caribous étaient descendus du nord-est, comme souvent au cours de leurs déplacements dans le nord, il avait suivi le troupeau comme d'habitude, choisi un endroit où devaient passer normalement les plus grands animaux, avait vu les bêtes magnifiques s'avancer presque à portée de ses épieux puis rebrousser chemin. Au cours d'une chasse récente où il s'était armé du fusil acheté à l'*Erebus* à l'occasion d'une escale datant de deux ans, il s'était produit presque la même chose : les caribous étaient apparus à l'horizon en grande quantité, avaient longé le vallon qu'ils suivaient toujours, puis s'étaient détournés quand quelqu'un ou quelque chose les avait prévenus de la présence d'Agoulaak à l'affût.

À partir d'une série de défaites sans précédent comme celles-ci, Agoulaak n'avait eu aucun mal à déduire qu'un habitant de Desolation Point lui avait jeté un sort. Et comme il n'y avait alors dans la région aucun chaman dont les incantations auraient résolu le mystère, Agoulaak avait laissé macérer ses délires torturés. Or plus il ruminait sur la magie lancée contre lui, plus il lui semblait évident que le seul responsable devait être le nouveau venu : le père Fedor.

Tout d'abord, c'était un Russe, ce qui lui conférait en soi des pouvoirs inhabituels. Ensuite il était prêtre, ce qui impliquait des incantations, de l'encens brûlé, et un comportement susceptible d'éveiller les soupçons. Surtout, il était marié à une Athapascane, et Agoulaak était persuadé que le prêtre l'avait épousée dans le but précis de l'infiltrer dans la communauté eskimo de Desolation pour provoquer sa perte. Dans son enfance, Agoulaak avait entendu des centaines de contes où les Athapascans lançaient des sorts aux Eskimos, et les événements récents dans lesquels il se trouvait impliqué démontraient qu'une force maléfique s'exerçait dans le village et sur les terrains de chasse.

Pleinement convaincu que l'épouse indienne du père Fedor, qui avait adopté le prénom biblique d'Esther, manigançait contre lui, Agoulaak opéra un curieux transfert de culpabilité : en tant qu'Eskimo Inupiat qui se respectait, formé aux rigueurs de la chasse et de la guerre, il n'était pas question qu'il déverse sa colère sur une femme, si maléfique que fussent ses charmes ; mais il pouvait très bien frapper l'homme mal avisé qui avait introduit cette femme dans la communauté. Sa fureur vengeresse se concentra donc sur le prêtre, et plus il ressassait les torts dont ce Blanc était coupable envers lui, plus son amertume augmentait.

Et puisque le père Fedor était manifestement la cause agissante de tout le mal qui lui était advenu, Agoulaak décida qu'il fallait le détruire. Après ce verdict, jamais il ne revint en arrière : son seul problème fut de déterminer quand et comment.

C'était un être rusé, doté de talents de chasseur assez remarquables quand aucune force du mal ne s'interposait ; il ne conçut pas une machination subtile capable d'abuser les autres habitants du village, car tout le monde devait savoir qu'il avait, lui, Agoulaak, purifié la communauté de son agent maléfique, mais il fallait qu'il trouve pour son acte un moment et une situation appropriés, où les pouvoirs incontestables du prêtre seraient en porte-à-faux où peut-être totalement neutralisés. Cela exigeait un certain art.

L'esprit tordu d'Agoulaak lui suggéra plusieurs méthodes qu'il écarta, puis une manœuvre qui, à la réflexion, lui parut vraiment brillante : il prit son fusil, le chargea à bloc, se dirigea vers la cabane dans laquelle les fidèles se réunissaient le mercredi soir, puis attendit que le père Fedor apparaisse à la fin du service, entouré de six paroissiens. Agoulaak s'avança à deux mètres cinquante de son ennemi, braqua soudain son fusil, visa avec soin, et devant six témoins tira une balle dans la poitrine du prêtre. La mort fut immédiate, comme put le constater Agoulaak, car il resta sur les lieux du meurtre et sourit paisiblement aux témoins.

L'absurdité de l'Alaska au cours de ces années sans loi se manifesta pleinement à cette occasion : il n'y avait dans toute la région aucun organisme du gouvernement en mesure d'envoyer un homme à Desolation Point pour appréhender l'assassin et le faire comparaître dans un palais de justice devant un jury légalement constitué. Les gens qui vivaient à Desolation ou dans les environs ne se sentaient nullement qualifiés pour arrêter Agoulaak, et encore moins pour le juger. Quant à l'enfermer en prison pour empêcher un autre scandale, il n'en était pas question : la plus proche se trouvait à presque deux mille kilomètres. Ainsi, ce fou demeura en liberté, et les habitants de la région prirent des précautions pour empêcher qu'il les attaque de nouveau tout en priant que l'année suivante, au dégel, un bateau américain relâche dans leur baie avec à son bord un officier capable d'exercer une autorité gouvernementale rudimentaire.

Cette incapacité de régler des problèmes de société ordinaires fit peser un fardeau particulièrement lourd sur la veuve du père Fedor, car elle était désormais une Athapascane intruse au milieu d'une communauté d'Eskimos Inupiats — avec deux enfants, un garçon, Dimitri, âgé de neuf ans, et une fillette, Lena, âgée de deux ans. Chrétienne orthodoxe russe, elle continua d'offrir sa cabane pour des services religieux improvisés, mais cela ne fit qu'aggraver les soupçons et l'animosité d'Agoulaak. Des voisins la prévinrent des menaces que le fou lançait contre elle au cours de ses errances aux abords du village, mais elle ne pouvait rien faire pour se protéger de lui.

Son fils avait cependant accès au fusil russe de son père et était assez grand pour comprendre le danger que représentait Agoulaak. Un jour d'hiver où l'aurore grisâtre dura environ une heure vers midi, l'enfant vit Agoulaak se diriger vers la cabane de sa mère. Dimitri bondit soudain devant le fou, braqua son fusil contre sa poitrine et cria :

— Agoulaak ! Un pas de plus vers ma mère, et je te tue !

Le fou, persuadé que l'esprit du prêtre mort était revenu sur terre dans la personne de son fils, eut une peur bleue de l'enfant et s'enfuit.

On le vit par la suite errer aux abords du village et dormir parfois à l'abri de telle ou telle cabane. S'il parlait aux habitants de Desolation Point, c'était toujours pour les mettre en garde contre le fantôme du père Fedor revenu chercher vengeance, mais il semblait incapable de comprendre que, si c'était exact, il serait le premier menacé. Jamais il ne s'était vraiment rendu compte qu'il avait assassiné le prêtre, mais il continuait d'être terrifié par le petit Dimitri, qui apparaissait rarement en public sans son fusil.

Ainsi vivaient les villages reculés de l'Alaska en l'absence de gouvernement.

***

Tel un corbeau noir sillonnant les mers du Grand Nord à l'affût du dernier désastre dont il pourrait se repaître, l'*Erebus* longea la côte de Sibérie à la recherche d'un village tchouktche qu'il pourrait dépouiller des fourrures trappées par les habitants au cours de l'hiver précédent. Mais les Sibériens, habitués aux manières brutales du capitaine Schransky, demeuraient dans leurs cabanes et dissimulaient leurs richesses jusqu'au départ de son sinistre navire.

Déçu par cette partie de son expédition, il poursuivit vers le nord jusqu'à la pointe où l'Asie touche presque l'Amérique, puis mit le cap à l'est, vers la grande île bien peuplée de Saint-Laurent, dont trois villages du Nord lui avaient fourni jadis d'excellentes fourrures. Mais il ne se dirigeait pas vers ces villages sans réticences, car depuis quelques années les habitants avaient pris conscience de la valeur de leurs peaux et réclamaient en échange des prix élevés : du tissu pour leurs épouses, des scies et des marteaux pour eux.

Déterminé à mettre un terme à ce commerce sophistiqué, le capitaine Schransky avait décidé, longtemps avant d'apercevoir les côtes de Saint-Laurent, d'utiliser cette fois une tactique moins onéreuse. Quand il jeta l'ancre au large de Kookoolik, le principal village de la côte nord, il n'emporta pas à terre la quincaillerie et les tissus habituels, mais un baril de rhum, et il montra aux gens de Saint-Laurent comment on procéderait aux échanges dans l'avenir.

Il distribua l'alcool généreusement pour se concilier les indigènes, on chanta et on dansa très avant dans la nuit et à l'aube toute la population gisait sans connaissance, hommes et femmes. Des aventures rapides unirent les marins aux jeunes filles du village pendant que les prétendants habituels de celles-ci étaient ivres morts, mais le résultat essentiel de la fête fut que les îliens, assoiffés d'alcool, apportèrent leurs précieuses réserves de peaux de phoque et de défenses d'ivoire, qu'ils troquèrent contre du rhum à un prix ridiculement bas.

En trois semaines, Schransky dépouilla Kookoolik de tous ses trésors. Il apporta alors à terre deux tonneaux de mélasse brune des Antilles. Les îliens goûtèrent le liquide doux-amer et déclarèrent qu'ils n'en voulaient pas — ils préféraient le rhum. Schransky les initia alors à un nouveau plaisir qui assurerait vite la destruction de leur village : il apprit à deux hommes âgés à transformer la mélasse en rhum. Quand les premières gouttes distillées tombèrent de l'alambic, les îliens furent perdus.

À la saison où ils auraient dû sortir en mer pour chasser les phoques et accumuler les peaux et la viande, ils se prélassèrent sur la plage ; et pendant les mois les plus pénibles où ils auraient dû poursuivre les morses pour leurs défenses et la viande qui les nourrissait pendant l'hiver, ils demeurèrent ivres, heureux et insouciants de l'avenir. Jamais Kookoolik n'avait connu un bonheur aussi débridé que pendant le long été où les îliens apprirent à boire du rhum et à en fabriquer avec leurs précieux tonneaux de mélasse. Bien entendu, quand l'*Erebus* fit voile, tous les biens du village partirent dans ses cales et une vieille femme qui n'aimait pas le goût du rhum demandait déjà, mais en vain :

— Quand irez-vous en mer attraper la viande dont nous aurons besoin cet hiver?

Personne ne prêta la moindre attention au problème qu'elle posait, et à sa solution.

Quand l'*Erebus* fit escale au village de Sevak, à l'extrémité orientale de l'île, les marins tombèrent sur une population qui aimait danser. Dès qu'on leur offrit du rhum et le secret fascinant de sa fabrication, le village retentit des vieux chants eskimos, tandis que les gens se livraient à l'une des formes de danse les plus curieuses du monde : hommes et femmes se tenaient avec les pieds fermement plantés au sol, comme bloqués dans de la lave solidifiée, pendant que leurs genoux, leur ventre, leur buste, leurs bras et leurs têtes se tordaient en rythme en des contorsions qu'aucun être humain ordinaire ne saurait imaginer. Pour le reste du monde, danser signifie sauter de manière artistique mais pour ces Eskimos, le sens était inversé : bouger son corps artistiquement sans remuer les pieds.

Au début, les marins trouvèrent monotone la danse de Sevak, mais après l'avoir regardée plusieurs soirs, les plus audacieux s'avancèrent, prirent le rythme de la mélopée et demeurèrent les pieds vissés au sol tout en se contorsionnant d'une manière dont ils n'avaient jamais rêvé. Plusieurs vieilles femmes à l'esprit joyeux vinrent danser avec eux. Et à l'aurore, pendant ce bel été, les danseurs s'écroulèrent ivres morts pendant que morses et baleines passaient devant leurs îles sans êtres molestés.

À toutes ces fêtes de l'île Saint-Laurent pendant cet été irréel, présida la haute silhouette austère du capitaine Schransky, debout à l'écart mais ne perdant rien de ces débauches, comme s'il prenait un plaisir pervers à suivre pas à pas la dégradation des îliens : « Tiens, une fille s'en va avec Adams. Tiens, cette vieille commence à chanceler. Tiens, l'homme à la dent cassée vient de s'écrouler. » Tel un dieu viking détaché de tout, il observait les déportements de ses créatures et prenait un amusement sardonique à leur autodestruction.

Dans le troisième village, Chibukak, à la pointe extrême de l'île, il parvint à obtenir un maximum de peaux avec un minimum de rhum, car au large de ce cap, les phoques et les morses semblaient plus faciles à chasser. Les villageois avaient accumulé d'importantes réserves de fourrures qu'ils auraient normalement vendues aux bateaux d'aventuriers venant de Sibérie. Mais comme depuis cent ans les Russes avaient interdit d'apporter la moindre goutte d'alcool en Alaska, ils ne pouvaient pas offrir à Chibukak la même monnaie d'échange que le capitaine Schransky.

Les conséquences furent encore plus tragiques que dans les deux premiers villages, car les richesses de la mer étaient là si abondantes que des pêcheurs prudents pouvaient emmagasiner des réserves suffisantes en quelques semaines de travail, fin juillet et début août. Cette année-là, ces précieuses journées se passèrent en festivités, chants et badinages amoureux. Aucune vieille femme sage ne prévint les hommes de la voie dangereuse dans laquelle ils s'engageaient, car les femmes restèrent ivres elles aussi d'une fête à l'autre. Quand l'*Erebus* appareilla enfin, la population souriante de Chibukak s'aligna sur la grève pour faire ses adieux à ses bons amis américains — qui emportaient vers le sud leurs fourrures de phoque et leurs défenses de morse.

Au moment où l'*Erebus* allait quitter Saint-Laurent, le capitaine Schransky remarqua sur la côte méridionale le minuscule village de Powooiliak et se dit qu'en raison de son isolement il n'avait peut-être jamais reçu la visite d'un seul marchand sibérien. Si c'était le cas, la population aurait accumulé des quantités d'ivoire. Il décida d'aller voir, mais un changement soudain du temps le prévint que la glace ne tarderait pas à prendre, et il abandonna l'ivoire de Powooiliak pour gagner les eaux méridionales de la mer de Béring.

Par une journée du début de l'automne, il se trouva soudain au milieu d'une vaste migration de phoques partis des Pribilov vers des eaux plus chaudes où ils hiverneraient. Schransky savait que chasser les phoques dans ces circonstances était interdit, mais la tentation d'emplir ses cales de fourrures avant de partir pour Canton était trop forte. Il ordonna à ses hommes d'attaquer les animaux, particulièrement vulnérables en haute mer. Ce n'était pas à proprement parler de la « chasse pélagique », car en automne les femelles n'étaient pas pleines, mais tous les pays voisins des itinéraires de migration des phoques l'avaient interdite. Comme il était peu probable qu'un patrouilleur s'avance dans ces eaux à cette saison-là, le massacre continua.

Or il s'en trouvait pourtant un, par hasard, non par dessein : un cotre lent et mal adapté du service des Douanes, le *Rush*, qui rentrait à son port d'attache à la suite d'une avarie dans le secteur des Pribilov. Quand le capitaine du *Rush* vit l'*Erebus* en train de détruire les phoques, il tira un coup de semonce pour prévenir le coupable de sa présence. Mais que pouvait-il faire d'autre ? Il s'avança vers le braconnier à sa petite vitesse et l'*Erebus* s'éloigna insolemment à la même allure. La plaisanterie dura une matinée entière.

Puis, toutes voiles dehors, l'*Erebus* prit de la vitesse, vira de bord pour passer avec une arrogance insultante sous le nez du *Rush* et mit le cap vers la Chine avec ses richesses. L'*Erebus* était vraiment le maître de ces mers et il se comportait selon les désirs du capitaine Schransky, en dépit de tous les patrouilleurs américains.

***

Au cours des derniers jours du printemps 1877, les Indiens tlingits rassemblés à l'extérieur de la palissade qui protégeait Sitka observèrent de près les événements qui survinrent dans leur capitale. Ils s'aperçurent, stupéfaits, que le vapeur *California* avait jeté l'ancre dans le goulet pour embarquer l'ensemble de la garnison militaire. Les soldats montèrent à bord le 14 juin et quittèrent l'Alaska pour ne plus revenir le matin du 15.

— Qui prendra leur place? demanda un Tlingit à ses compagnons.

Personne ne le savait. Et à la suite de cette débandade, trois Tlingits avisés, qui auraient porté jadis le titre de guerriers, s'emparèrent d'une barque dans le dos des Américains et, par une nuit argentée où le soleil disparaissait à peine quelques heures, quittèrent Sitka et mirent le cap vers le nord et un labyrinthe de détroits enchanteurs. Du détroit du Péril, ils passèrent au détroit de Chatham, qui coupait en deux cette partie de l'Alaska. À l'extrémité nord de l'île de l'Amirauté, à l'est, ils obliquèrent vers le sud dans le magnifique couloir où s'élèverait un jour la capitale de Juneau. Ensuite, prenant à gauche vers le Canada, ils entrèrent dans un des plus merveilleux détroits de la région, le fjord de Taku, sur lequel débouchait à gauche, dissimulé parmi les glaciers, un beau torrent de montagne, la rivière des Pléiades. À l'embouchure de ce torrent s'élevait une cabane, construite bien des années plus tôt. Les trois Tlingits étaient venus demander conseil au redoutable occupant de cette demeure rustique.

— Salut, Grande-Oreille! crièrent-ils en s'avançant.

Ils savaient par expérience que l'homme avait tendance à tirer sur les intrus.

— Ivan Grande-Oreille, nous venons de Sitka.

Ils répétèrent leur appel, puis un grand Tlingit sexagénaire aux membres osseux, très droit sous sa crinière de cheveux blancs, parut à la porte de la cabane, regarda vers la berge, et reconnut des hommes qu'il avait côtoyés quarante ans auparavant lorsqu'ils guerroyaient ensemble contre les Russes, en des combats qu'en général les Tlingits perdaient.

Il s'avança vers l'eau, salua ses anciens compagnons, puis leur demanda carrément :

— Qu'est-ce qui vous amène ?

Quand il entendit leur réponse, ses narines palpitèrent.

— Les Américains de Sitka. Ils s'affaiblissent chaque jour davantage. C'est le moment, Grande-Oreille...

— Venez, on en discutera.

Ils lui expliquèrent le chaos dans lequel sombrait l'occupation américaine. Il ne desserra pas les lèvres avant la fin de leur triste litanie, mais il prit sa décision sur-le-champ.

— Il est temps d'attaquer.

— C'est aussi ce que je me suis dit, répondit un des messagers. Nous pouvons sans aucun doute vaincre les imbéciles qui occupent maintenant la colline, mais une chose m'inquiète : ils risquent de faire venir d'autres soldats.

Grande-Oreille répondit avec sagesse.

— Pas de grande bataille avec des cris de guerre. Une pression lente, jour après jour, pour briser leur moral. Puis nous reprendrons nos anciens droits.

Comme un Kot-le-an de l'ère nouvelle, il exprimait la sagesse de sa tribu. N'avait-il pas passé sa vie entière à ressasser la manière injuste dont son peuple avait perdu ses terres magnifiques de Sitka ? L'affaiblissement de l'autorité américaine enflammait son ardeur, mais sans lui monter à la tête.

— Une grande bataille ferait l'objet de grandes nouvelles, des bateaux garnis de soldats arriveraient aussitôt du sud. Mais si nous augmentons les pressions chaque jour, en arrachant des avantages, personne ne sonnera l'alarme.

Une folie commise par le nouveau responsable

incompétent du Trésor américain à Sitka lui confirma l'efficacité de cette stratégie. Un Tlingit qui habitait un village de l'île Douglas survint au fjord de Taku dans son canoë avec des nouvelles désolantes.

— Des ennuis avec notre village. Quatre mineurs blancs ont essayé d'abuser de nos femmes. Nous les avons défendues. Maintenant le vaisseau de guerre arrive de Sitka pour nous punir parce que ces hommes ont prétendu que nous avions attaqué.

Le mot tlingit *vaisseau de guerre* ne permettait pas d'inférer quoi que ce soit sur la taille du bâtiment — le bateau annoncé pouvait être un énorme cuirassé ou une corvette — mais impliquait l'idée de puissance militaire. Ivan Grande-Oreille, obligé d'adopter un prénom russe en 1861 alors même que la puissance du tsar commençait déjà de faner, voulut voir de ses yeux si la puissance américaine se trouvait elle aussi sur le déclin. Il partit donc avec ses visiteurs dans deux canoës, en longeant les côtes sans bruit pour que le « vaisseau de guerre » ne le remarque pas.

Accompagnés par le messager du village sur le point d'être attaqué, ils se glissèrent hors du fjord de Taku et se cachèrent à l'entrée du détroit. Un petit vapeur américain s'avança dans les eaux silencieuses, repéra un village — pas le bon — et se mit à le bombarder, mais de façon si inefficace qu'à la première salve, complètement ratée, les habitants s'enfuirent dans la forêt environnante. De leur abri, ils virent la quatrième salve atteindre enfin les cabanes vides, qui s'effondrèrent. Le bateau triomphant patrouilla le long de la côte pendant une heure, sans qu'un seul soldat ait le courage de descendre à terre constater les dégâts, puis, avec une salve finale qui ricocha simplement entre les arbres, les Américains se retirèrent pour annoncer au monde une nouvelle victoire.

Après le départ du bateau, Grande-Oreille et ses compagnons, dont le messager du village qui aurait dû recevoir les obus, traversèrent le détroit jusqu'aux décombres et expliquèrent aux villageois déconcertés qui ressortaient de la forêt :

— Ils se sont trompés de village.

Grande-Oreille recruta aussitôt dans ce village et dans

l'autre, plusieurs guerriers tlingits persuadés que le moment était venu d'attaquer les incapables au pouvoir à Sitka. Pendant les semaines qui suivirent, des hommes du fjord de Taku commencèrent à s'infiltrer discrètement dans la capitale.

Si Arkadi avait encore habité Sitka, il se serait aperçu de l'arrivée des Tlingits la première semaine, mais les responsables américains ne prirent pas conscience de l'ennemi qui les entourait et prenait des forces chaque mois.

***

Ce fut alors la période la plus sombre de l'occupation américaine de l'Alaska. La présence de l'armée, si futile qu'elle eût été, si absurde que parût son commandant, le général Davis, aux citoyens qu'il gouvernait, constituait néanmoins un semblant d'autorité. Et sur cent décisions typiques prises après 1867, quatre-vingt-dix s'étaient avérées positives ou neutres. Supprimer ce symbole inadapté du gouvernement, c'était provoquer la catastrophe.

Tout d'abord, les signes extérieurs de l'autorité disparurent des rues de Sitka. La police (une poignée de gendarmes) n'exerça plus aucun contrôle. Les installations portuaires se dégradèrent à tel point que les rares bateaux faisant escale se hâtaient de repartir, en se promettant de ne jamais revenir dans un endroit si mal administré. Les revenus douaniers ne cessèrent donc pas de diminuer. La contrebande devint endémique. Le rhum, le whisky et la mélasse coulèrent sans obstacle dans les villages. Les mineurs et les pêcheurs firent ce qui leur chantait, sans tenir compte des quelques règlements qui subsistaient, et décimèrent toutes les richesses des environs de Sitka. Les bateaux étrangers se jetèrent sur des colonies de phoques en principes protégées ; les morses, les baleines et les loutres de mer joueuses, qui commençaient de revenir en nombre, se trouvèrent menacés d'extinction.

Mais la menace la plus grave se fit jour quand des Tlingits comme Ivan Grande-Oreille commencèrent à se rabattre des districts extérieurs vers la capitale, où ils joignirent leurs forces à celles des Indiens hostiles de Sitka.

Leur comportement de plus en plus agressif terrorisa les citoyens blancs. Il ne se produisait ni meurtres ni incendies ; simplement, des Tlingits réapparaissaient dans des endroits d'où Baranov les avait expulsés. Et pour le Blanc moyen qui ne savait rien du passé, l'apparition soudaine d'un colosse indien comme Ivan Grande-Oreille semblait le présage affolant d'événements néfastes.

Grande-Oreille exprimait très bien ce que désiraient les Tlingits :

— Nous voulons être libres de vivre où il nous plaît et à la manière d'autrefois. Nous voulons que le nouveau gouvernement respecte nos lois tribales et nos coutumes.

Comme aucune autorité en place n'était en mesure d'accéder à ces exigences raisonnables, il lui restait à les imposer en infiltrant ses hommes dans la vie quotidienne de Sitka ; mais, bien entendu, les habitants de la ville se sentirent en droit de résister.

Il y avait à ce moment-là à Sitka une famille originaire de l'Oregon appelée Caldwell — le mari, la femme, le fils Tom, âgé de dix-sept ans et la fille Betts, âgée de quinze ans. Ils étaient venus dans le Nord, en espérant que le père pourrait ouvrir dans la capitale un cabinet d'avocat. Caldwell s'était bien préparé pour exercer cette fonction dans une communauté de la Frontière. Il avait emporté trois caisses de livres de droit, dont les ouvrages relatifs aux territoires et aux nouveaux États, car il supposait que l'Alaska passerait par ces phases normales dans un proche avenir. Le peu d'intérêt de la petite capitale pour le droit et les tribunaux le déçut profondément ; et quant à trouver un bureau pour exercer sa profession, il n'existait aucun moyen légal d'acheter de la terre pour en construire un, et il n'y avait aucun bâtiment vacant que l'on puisse acheter avec l'assurance d'obtenir un titre de propriété en bonne et due forme.

— Que puis-je faire ? demanda-t-il, de plus en plus frustré.

— Je crois que votre femme pourrait obtenir une place d'institutrice à la nouvelle école, lui répondit un homme installé à Sitka depuis l'époque des Russes.

— S'il y a un travail qui se présente, c'est moi qui le

prendrai, déclara M. Caldwell, dégoûté. Mais où trouverai-je un endroit pour vivre ?

— Il y a une grande maison en bas de la rue. Occupée autrefois par une famille russe. Des gens remarquables, repartis en Sibérie...

— Nous n'avons pas envie d'acheter une aussi grande maison, protesta M. Caldwell.

— Tant mieux, répliqua l'homme, car elle n'est pas à vendre : elle appartient à une Aléoute très gentille, mariée à un pêcheur tlingit, qui prend des pensionnaires.

Le même jour, les Caldwell reçurent la bonne nouvelle qu'ils pouvaient louer des chambres dans la vieille Maison russe, comme on l'appelait encore, et la mauvaise nouvelle que le poste de maîtresse d'école ne serait accordé qu'à une femme. Mme Caldwell devint donc institutrice dans une école qui n'avait aucune ressource apparente puisqu'il n'existait aucun impôt et aucun service capable d'en fixer. Et son mari, avec l'astuce d'un homme qui avait voulu quitter l'Oregon déjà colonisé pour l'aventure de la Frontière en Alaska, imagina cinq ou six moyens de gagner un peu d'argent — en dehors de son métier d'avocat. Il fit des écritures pour des habitants qui devaient envoyer des rapports dans des bureaux des États-Unis. Il servit d'agent pour les rares vapeurs qui relâchaient dans le port. Il travailla au dépôt de charbon quand ces mêmes bateaux venaient garnir leurs cales de combustible avant de poursuivre vers le nord. Et il ne se croyait pas indigne de petits emplois de journalier ou de bricoleur. Ni sa femme ni lui n'avaient de salaire fixe, mais avec ce qu'ils gagnaient, plus un peu d'argent qu'obtenait leur fils, aussi adaptable que son père, les Caldwell survécurent. Quand le père recevait de petites commissions de mineurs et de pêcheurs, c'était presque la prospérité.

Caldwell écoutait bien entendu tous les bruits qui couraient et les rapports officiels concernant la mise en place à Sitka d'un système judiciaire et d'un gouvernement normal qui permettrait à un avocat de gagner convenablement sa vie.

— Ce jour-là, Nora, personne en Alaska ne connaîtra mieux que moi les tenants et les aboutissants du système :

commerce, douanes, importation de produits, direction des mines et des pêcheries. La situation sera normalisée, et Carl Caldwell et sa famille tiendront le haut du pavé.

Bien entendu, au cours des tristes années 1877 et 1878, tous ses espoirs d'une action de la part de Washington furent déçus. Ce ne fut pas l'ordre, mais le désordre qui s'installa en Alaska. Caldwell commença à prendre conscience du danger le jour où sa femme rentra de l'école avec une nouvelle troublante.

— Un de nos enfants qui joue avec des Aléoutes a parlé d'un guerrier tlingit célèbre qui a combattu les Russes plusieurs fois...

— Eh bien?

— Il est revenu à Sitka.

— Qu'est-ce que cela signifie?

— Je l'ai demandé à ma collègue. Elle m'a répondu que son frère l'avait vu aux abords de la ville. Il s'appelle Ivan Grande-Oreille. Un guerrier célèbre..., comme disait l'enfant.

— Jamais entendu ce nom-là, dit M. Caldwell.

Mais les jours suivants il s'informa discrètement. Ivan Grande-Oreille, si c'était vraiment lui, s'était battu contre les Russes et s'était enfui dans un exil volontaire vers l'est.

— S'il est revenu, déclara un Blanc d'un certain âge, nous allons avoir des ennuis. J'étais ici quand il guerroyait contre les Russes. Il ne gagnait jamais, mais il ne s'avouait jamais battu.

Caldwell demanda à quoi ressemblait Grande-Oreille, et un autre homme répondit, avec dans la voix une frayeur manifeste.

— Je crois l'avoir vu l'autre jour. Très grand, costaud, la soixantaine. Des cheveux blancs. La peau sombre, même pour un Tlingit.

Vers la même époque, Caldwell remarqua que le couple aléoute-tlingit qui dirigeait la Maison russe où il logeait avec sa famille commençait à se montrer distant. Ils cessèrent de bavarder avec leurs pensionnaires, et quand Carl tenta de découvrir la raison de ce changement — les avocats adorent le travail de détective —, il s'aperçut que les propriétaires de la maison recevaient des hôtes mystérieux pendant la nuit. Les plus âgés organisèrent un tour de garde, et le fils aperçut quatre Tlingits qui se glissaient par la porte de derrière.

— L'un d'eux était-il très grand, âgé, avec des cheveux blancs ? chuchota Carl.

— Oui. Il est entré avec les autres.

Carl fit jurer le secret à son fils.

— C'est peut-être très important. N'en parle à personne.

Il ne se recoucha pas, pour surveiller la porte de derrière. À l'aurore, son attente fut récompensée : il entrevit le grand Tlingit qui devait être Grande-Oreille.

Au cours des semaines suivantes les quatre Caldwell, car Betts se joignit à l'enquête, réunirent des preuves accablantes d'une conspiration de la communauté aléoute-tlingit, dans laquelle étaient impliqués Grande-Oreille et plusieurs dizaines d'Indiens venus de villages lointains. Après avoir formulé sa théorie, la famille recueillit une quantité troublante de faits qui la confirmaient : autres réunions secrètes dans la maison, Tlingits que personne ne connaissait en ville en train d'épier dans les quartiers, une arme volée ici et là, une arrogance subtile parmi les indigènes naguère serviles.

— Avec l'armée partie et rien pour la remplacer, les Tlingits s'enhardissent, dit Carl Caldwell. Nous allons avoir des ennuis.

— Si les bruits que j'ai entendus sont exacts, précisa sa femme, ils sont en assez grand nombre pour nous massacrer.

— Les hommes des quais m'ont signalé un autre vol de fusils, leur apprit Tom.

Et Betts rapporta que des enfants tlingits s'étaient mis à bousculer les petits Blancs dans les rues.

— Bon Dieu ! explosa Caldwell. Si nous sentons cette menace, pourquoi les autorités ne voient-elles rien ?

Mais qui étaient ces autorités ? On convint que Carl devait aller leur confier ses soupçons sur un soulèvement imminent des Indiens, mais il n'existait en réalité personne avec qui il puisse avoir un entretien sérieux. Le petit bateau des douanes qui s'était trompé de village, près de la crique de Taku, se trouvait encore à l'ancre dans le port, mais son capitaine, ridiculisé par ce bombardement malencontreux, n'avait nullement l'intention de se signaler de nouveau en prêtant foi aux soupçons insensés d'un hurluberlu qui habitait la ville depuis un an.

Dès que Caldwell aborda le sujet, le capitaine l'arrêta avec un surprenant discours :

— Vous étiez à Sitka du temps du général Davis ? Non ? Eh bien, les gens de par ici ne l'appréciaient pas beaucoup. Mais quand il est parti, on l'a nommé sur la frontière de l'Oregon et de la Californie, où les Indiens Modoc faisaient des leurs. Un Indien du nom de Captain Jack, un vrai sale type, s'était présenté sous couvert du drapeau blanc et avait tué le général américain à bout portant, un nommé Canby. Davis l'a remplacé, a capturé Captain Jack et l'a pendu. À la fin de l'affaire Modoc, il a reçu une citation et il a passé le reste de son temps sous l'uniforme à chasser les Indiens, qu'il n'aime pas. Un vrai héros.

Caldwell n'était pas venu parler d'un général qu'il n'avait jamais vu, mais dès qu'il essayait d'orienter la conversation vers la crise imminente dont il voyait si précisément les signes avant-coureurs, il se heurtait à une fin de non-recevoir. Il quitta le bateau des douanes sans le moindre espoir.

— Ils ne m'ont même pas écouté, avoua-t-il à sa femme.

Cette nuit-là, quand Ivan Grande-Oreille et cinq de ses lieutenants se réunirent dans la Maison russe, Caldwell parvint à surprendre une partie de leurs délibérations tumultueuses, mais comme ils parlaient en tlingit, il ne comprit rien — sauf l'esprit des paroles, mais l'animosité des voix ne prêtait guère à confusion.

Cependant, à plusieurs reprises dans la discussion des Indiens sur la tactique à utiliser et le meilleur moment à choisir, les hommes prononcèrent quelques mots en anglais, qui confirmèrent Caldwell dans ses soupçons, si besoin était : *munitions, bateau dans le port, avant l'aurore trois hommes en courant,* et d'autres expressions de caractère nettement militaire. Au petit jour, quand il en eut assez entendu, il convoqua lui aussi son état-major pour discuter des mesures à prendre.

— Si les États-Unis sont incapables de nous protéger, s'il n'y a ici aucun gouvernement prêt à prendre des décisions, nous n'avons qu'une seule possibilité : confier notre sort aux Canadiens.

Les trois autres en convinrent volontiers. Mais comment lancer aux Canadiens un appel au secours?

Tom avait conservé une carte de l'Alaska et des environs, offerte par la compagnie maritime qui avait assuré leur transport. Si imparfaite qu'elle fût, cela lui permit de calculer la distance de Sitka au port de Prince Rupert, sur l'île du même nom : environ deux cent quatre-vingts milles nautiques.

— Trois hommes avec un canoë peuvent y parvenir en quatre jours, s'ils ont de bons bras.

— Aimerais-tu être l'un d'eux? demanda Carl Caldwell.

— Et comment! s'écria le jeune homme.

La question suivante fut d'un autre ordre :

— Nora, si Tom et moi partons vers le sud pour réclamer de l'aide, pourras-tu assurer ta protection et celle de Betts jusqu'à notre retour?... Avec toutes ces manœuvres dans votre dos, ajouta-t-il en se tournant vers l'arrière de la maison.

— Nous nous réfugierons à l'Église, répondit-elle calmement. Les autres femmes et leurs maris assureront notre sécurité.

Elle se tourna vers sa fille, et Betts acquiesça.

Comme l'avait suggéré Tom, franchir presque trois cents milles à la rame, dont la première moitié en haute mer, exigeait au moins trois hommes.

— Nous devons trouver un compagnon avant de nous embarquer, convint Carl Caldwell.

Dans les jours suivants, il essaya de découvrir, sur les visages des Blancs de Sitka, qui aurait assez de courage pour tenter l'entreprise. Son choix se limita bientôt à deux hommes, dont le comportement lui fit une excellente impression. Le premier, plus âgé, s'appelait Tompkins et s'occupait à des travaux divers comme Caldwell; le second, beaucoup plus jeune et nommé Alcott, travaillait comme débardeur sur les quais.

Il décida d'aborder Tompkins en premier et ce fut une excellente intuition car celui-ci s'écria aussitôt :

— Oui, cela saute aux yeux. Nous allons avoir des ennuis.

Mais quand Caldwell sollicita son aide pour gagner le Canada, Tompkins se déroba :

— Trop loin. De toute façon, jamais ils n'aideront des Américains. Ils voudraient l'Alaska pour eux.

Caldwell renonça donc à obtenir son aide.

Mais, l'après-midi même, un groupe d'Indiens venus du Nord entra en ville et provoqua des incidents dans le centre de Sitka. Les Blancs, surtout les nouveaux venus, en conçurent une telle frayeur qu'il se produisit une panique générale. Très vite, d'autres Indiens associés à Grande-Oreille, mirent au pas le groupe indiscipliné, ce qui calma aussitôt les esprits : le soulèvement général que beaucoup de Blancs commençaient maintenant à craindre ne se produisit donc pas.

L'incident suffit cependant à convaincre Tompkins, qui modifia sa décision.

— Il faut partir au Canada demander de l'aide.

Or, entre-temps, Caldwell était entré en rapport avec Alcott sur les quais, où le jeune homme intelligent avait réuni lui aussi des preuves décisives.

— Tout va exploser dans peu de temps. Le Canada ? Je n'y avais pas songé, mais qui d'autre pourrait nous aider par ici ?

Il insista pour participer à l'expédition, dont le nombre se trouva porté à quatre.

Les Blancs mirent autant de ruse à sortir de Sitka qu'Ivan Grande-Oreille à y entrer. Ils attendirent une de ces aubes grises et brumeuses où toute chose, à Sitka, même les hautes montagnes, semble revêtue de manteaux d'argent qui la rendent invisible, et se glissèrent dans le goulet à l'insu des Tlingits. Pendant le premier tronçon du voyage, ils se faufilèrent entre les îles protectrices, puis mirent le cap au sud pour la première traversée périlleuse en haute mer, où déferlaient des vagues d'une hauteur effrayante. Ce fut un voyage héroïque, muscles épuisés et ventres crispés, mais ils atteignirent sains et saufs l'archipel désert qui protège le bras de mer jusqu'à Prince Rupert. Une dernière traversée en pleine mer, puis les messagers à bout de forces entrèrent dans le port canadien.

Par l'un de ces heureux concours de circonstances qui contribuent à écrire l'histoire, et qui s'avèrent parfois aussi déterminants que les calculs les plus sages, les quatre hommes de Sitka trouvèrent à leur arrivée dans le port de Prince Rupert le vaisseau de guerre canadien *Osprey*, de taille moyenne. Il avait été envoyé dans ces confins de la Colombie britannique pour protéger les comptoirs de la Compagnie de la baie d'Hudson le long de ces côtes occidentales. Comme Prince Rupert se trouve au fin fond du Canada, les responsables en poste avaient l'habitude de prendre des décisions de leur propre chef, sans attendre l'approbation de la lointaine capitale.

— Vous dites que les Indiens vont s'emparer de Sitka? Et pourquoi votre gouvernement ne prend-il aucune mesure? Il n'y a pas de gouvernement? Incroyable.

Ainsi donc, les messagers de Sitka durent d'abord convaincre les Canadiens que la situation là-bas était vraiment aussi mauvaise qu'ils le prétendaient, mais Carl Caldwell savait se montrer convaincant, et en moins d'une heure, il démontra aux hommes de l'*Osprey* que, sans leur aide, une véritable tragédie allait détruire Sitka. À la tombée de la nuit, le petit vapeur appareilla vers le nord pour protéger des intérêts américains.

*
**

Est-ce qu'en cette fin du mois de février 1879 Sitka se trouvait vraiment dans une situation aussi périlleuse que l'estimait la délégation de Caldwell? Probablement pas. Les chefs tlingits responsables, comme Ivan Grande-Oreille n'avaient nullement l'intention de massacrer les habitants dans leur lit. Ce qu'ils désiraient, c'était le juste droit de posséder des terres, un approvisionnement régulier en vivres, outillage et tissus, un système rationnel de contrôle de la pêche au saumon, et une participation équitable à l'institution des lois. Ils étaient prêts à se battre contre toute force militaire qu'on leur opposerait, et des hommes comme Grande-Oreille accepteraient volontiers de mourir pour défendre leurs opinions ; mais, en ces journées tendues où l'*Osprey* s'avançait en toute hâte vers le nord pour une révolution sanglante, les Tlingits n'avaient en fait aucun projet d'insurrection. N'importe quel gouvernement responsable siégeant à Sitka aurait pu parlementer avec les Tlingits, résoudre à l'amiable leurs sujets d'inquiétude et éviter des troubles graves. Mais bien entendu, il n'y avait pas de gouvernement.

L'*Osprey* entra dans le goulet de Sitka le 1er mars 1879 et sa démonstration de force, canons braqués et soldats en uniforme qui débarquèrent sur la côte, calma toute éventualité de révolte tlingit, si improbable qu'elle fût. Il n'y eut aucune victime. Mme Caldwell et sa fille n'eurent nul besoin de se réfugier dans la vieille église russe. Et les Tlingits qui se réunissaient à l'arrière de leur maison se dispersèrent peu à peu. Les guerriers des régions lointaines, comme Ivan Grande-Oreille, retournèrent tristement dans leurs demeures isolées, convaincus que la justice leur serait encore refusée pendant des décennies.

Ainsi naquit la légende du vaisseau de guerre canadien qui sauva l'Alaska pour les États-Unis, à une époque où aucun département du gouvernement américain n'avait le courage de prendre ses responsabilités. Caldwell, dans un grand élan de reconnaissance émue à l'égard de l'*Osprey*, contribua lui-même à lancer ce mythe :

— Nous venons de vivre une journée sombre de l'histoire de l'Amérique. Même le général Davis, dont on a tant ri, n'aurait pas toléré une honte pareille.

En avril, quand un bateau américain arriva enfin, les Canadiens se retirèrent courtoisement, accompagnés par la reconnaissance de toute la population blanche.

Plus tard arriva à Sitka un certain commandant Beardslee, calme et efficace, et la passerelle de son bateau, le *Jamestown*, devint la capitale de l'Alaska. Beardslee lança des ordres, réglementa toute chose, même quand il n'y entendait rien. Par bonheur, il suivit souvent les conseils de l'avocat Caldwell, et promulgua de nombreuses mesures de bon sens conçues par ce dernier, à qui il confia les pouvoirs d'un juge dans un tribunal improvisé.

Ce n'était pas un bon système de gouvernement, Beardslee et Caldwell le savaient, mais il n'y en avait aucun autre possible... et pendant deux années ces deux hommes bien intentionnés gouvernèrent tant bien que mal l'Alaska, mais sans croire que cela pourrait durer.

— Quelle honte ! tempêta Beardslee un jour où rien ne semblait fonctionner, et le juge Caldwell en convint.

Ils ne se prenaient trop au sérieux ni l'un ni l'autre, car à cette époque Sitka ne comptait plus que cent soixante Blancs et métis, plus une centaine d'Indiens. Et dans l'Alaska entier, en comptant tout le monde, il n'y avait guère que trente-trois mille personnes.

Le cours implacable de l'histoire et la nature des êtres humains qui la font évoluer interdisaient que se prolonge une situation comme celle de l'Alaska après 1867. Le chaos engendre soit la révolution (comme faillit le faire le soulèvement des Tlingits), soit l'intervention d'une puissance étrangère (comme le Canada dans ce cas), soit l'arrivée d'un géant de l'envergure d'Abraham Lincoln ou d'Otto von Bismarck pour prendre les choses en main et remettre le pays sur ses rails. En ces moments décisifs, l'Alaska eut la chance d'accueillir sur ses côtes deux géants au caractère fort différent mais prêts à prendre leurs responsabilités. À eux deux, ils instaurèrent un semblant de gouvernement dans cette région abandonnée.

Le premier, marin irascible aux sourcils noirs qui portait le nom bien irlandais de Michael Healy, avait un vocabulaire grossier, une soif insatiable et une tendance héréditaire à se servir de ses poings en toute circonstance. Colosse d'un mètre quatre-vingt-huit, ce n'était pas le genre d'homme prédestiné à devenir un leader respecté, mais ce fut pourtant ce qui se passa dans les mers glacées du Grand Nord. Né en Georgie, il détestait le froid, mais, de tous les marins au long cours de son temps, il maîtrisa mieux que quiconque les mers de l'Arctique et il disciplina les côtes sauvages de Sibérie et d'Alaska.

Officier subalterne au cours de l'incident humiliant de 1876 où le *Rush*, cotre mal adapté des douaniers, avait essayé en vain d'arraisonner l'*Erebus* en train de chasser le phoque illégalement, il resterait toujours fidèle au serment qu'il avait prononcé en voyant l'insolent capitaine aux cheveux blancs de ce bateau-pirate lui filer sous le nez avec un sourire insultant :

— Je coincerai ce salopard !

Le reste de ce qu'il jura de faire à l'Allemand le jour où il l'attraperait ne saurait être imprimé. Furieux de voir un vaisseau américain officiel, un bateau de guerre, nargué de cette manière, ils se retira dans sa cabine, sortit de sa cachette son alcool de contrebande, et se saoula à mort. Plus tard dans la nuit, quand il retrouva un peu ses facultés, il lança au perroquet qui l'accompagnait dans ses traversées :

— Par tous les saints, nous mettrons le grappin sur ce salaud prétentieux. Un jour il se laissera prendre par les glaces et ne pourra plus nous échapper...

Son poing serré martela le vide.

Sur les petits cotres des Douanes, Healy monta en grade, reçut louange sur louange de ses supérieurs et humiliation sur humiliation de la part de l'*Erebus*. Il ne perdit pas ces quasi-batailles par son incompétence ou son manque de courage mais uniquement parce qu'il commandait un bateau moins rapide. Un jour, sur la passerelle du *Corwin*, le meilleur des deux cotres, il surprit l'*Erebus* en train de chasser le phoque illégalement dans le Pribilov.

— Nous le tenons, matelots ! Hissez tout.

Mais, comme si des vents divins venaient à son aide, le grand navire bleu étala ses voiles carrées et s'enfuit sous le nez du cotre. Impossible de le poursuivre, et le bateau du gouvernement dut renoncer tandis que le capitaine Schransky, debout sur la passerelle de son beau vaisseau, se moquait encore une fois de la déconfiture d'Healy.

L'Irlandais grossier et ami de la bouteille ne parvint jamais à imposer la loi au pirate, mais ses patrouilles dans les océans du Nord n'étaient pourtant pas infructueuses. Accompagnons-le au cours d'une de ses expéditions de la fin des années soixante-dix.

Au début du printemps, à bord du *Corwin*, il quitte San Francisco avec l'équipage au complet et doté de pouvoirs considérables, car il est le principal représentant de l'Amérique en Alaska et dans les eaux environnantes. À Sitka, où il relâche avant de continuer vers le nord, il reçoit les plaintes de la population et convoque sur sa passerelle des vauriens accusés de vendre du *hooch* aux Indiens ; il leur applique des amendes et fait faire des reçus en double qui témoigneront de l'exactitude de ses comptes.

De Sitka, il effectue en sens inverse la traversée historique qui avait valu l'immortalité à Baranov et franchit l'immense baie du Pacifique jusqu'à Kodiak.

Dans cette île, une délégation d'Aléoutes d'autrefois et de nouveaux venus américains attendaient sa décision sur une question de droits de pêche qui montait les deux groupes l'un contre l'autre. Il descendit à terre avec un comptable du bateau, écouta patiemment les arguments de chacune des parties, puis surprit tout le monde par sa réponse :

— Réfléchissons davantage à cette affaire.

Il invita tout le monde à bord et offrit un banquet pris sur les réserves du *Corwin*. Bien entendu, aucun alcool ne fut servi, puisque la première mission du *Corwin* et de tout autre cotre consistait à éliminer la vente illégale d'alcool aux indigènes — mais Healy se glissa dans sa cabine pour avaler en douce une bonne lampée de sa gnôle personnelle. À la fin du banquet, il conduisit les chefs des deux factions, sept hommes en tout, jusqu'au bastingage du cotre.

— Les Aléoutes ont des droits anciens qu'il faut respecter, leur dit-il. Mais les nouveaux venus ont des droits eux aussi. Ne pouvez-vous donc partager l'océan raisonnablement entre vous? Par exemple ainsi...

Et il rendit son verdict, digne du meilleur juge. Les adversaires l'acceptèrent, car à Kodiak comme partout ailleurs dans ces eaux, « il n'y avait pas mieux que la parole du Captain Mike ».

De Kodiak, il mit le cap à l'ouest vers les Aléoutiennes. À Unalaska, il apprit de six naufragés audacieux, qui avaient énormément souffert avant d'arriver dans ce port, que vingt de leurs camarades se trouvaient encore bloqués sur la côte nord de la grande île d'Unimak, plus à l'est. Healy revint donc sur ses pas pour sauver les hommes, les ramena à Unalaska et, sur les deniers de l'Etat, paya le transport des vingt-six marins jusqu'à Kodiak d'où ils gagneraient San Francisco.

D'Unalaska, il passa dans la mer de Béring — il préférait ses eaux à celles du Pacifique, car c'était en un sens *sa* mer — pour se rendre dans une de ses villes préférées, Petropavlovsk, à l'extrémité méridionale de la péninsule du Kamtchatka. Dans ce beau port protégé par les terres, il rencontra de vieux amis qui lui apprirent ce qui se passait sur la côte sibérienne, où des guerres tribales menaçaient d'éclater. Comme les officiers russes le considéraient comme un membre de leur police maritime, les dernières nuits à terre ne s'achevaient pas sans tapage et sans beuveries, mais Mike Healy remontait toujours à bord du *Corwin* à temps pour pouvoir appareiller à l'aube vers le nord.

Son escale suivante, au cap Navarin, très loin de Petropavlosk, prit cette année-là une importance particulière et en prendrait davantage dans les années suivantes. Il mit en panne non loin de la côte inhospitalière et tira une salve qui attira vers le *Corwin* dix ou quinze canoës, à un endroit où seul le silence aurait normalement dû répondre. Mais Healy avait hissé le drapeau américain, et des hommes et des femmes qui avaient sauvé plusieurs années auparavant des marins américains naufragés, montèrent le long du bordage du *Corwin* pour accueillir ces autres Américains. Quand tous furent à bord, Healy les fit s'aligner comme s'il s'agissait de dignitaires représentant un potentat étranger, puis tira une autre salve et demanda à son clairon de sonner le rassemblement. En mauvais russe, que seuls deux ou trois Sibériens auraient pu comprendre s'il avait été meilleur, car ces gens parlaient seulement la langue des Tchouktches, Healy déclara, avec l'émotion sincère qui l'animait toujours dans ces circonstances solennelles :

— Le Grand Souverain de Washington sait toujours quand des hommes de bonne volonté aident des Américains en danger. Vous êtes sortis en mer pour sauver nos marins du bateau *Altoona* en perdition, et vous les avez gardés dans vos yourtes pendant plus d'un an. Vous les avez remis en bonne santé au vaisseau de sauvetage envoyé par les Russes, et le Grand Souverain de Washington m'a dit de venir ici vous en remercier.

Puis il demanda aux membres du groupe de passer devant lui : chacun reçut un cadeau de valeur — une scie, une boîte à outils, le tissu de trois robes, une parka, une batterie de casseroles, et une coiffure de cérémonie à plumes pour le chef. Chaque cadeau avait été choisi personnellement par le capitaine Healy, et les indigènes les reçurent de ses mains. Quand la distribution s'acheva, il grommela à son second :

— La prochaine fois qu'un bateau américain fera naufrage sur ces côtes, les marins seront bien reçus.

Mais le résultat durable de cette visite de politesse survint par hasard. Les Sibériens, enchantés par ce geste de gratitude à leur égard, voulurent à toute force emmener le capitaine Healy à terre avec eux. Dans leur village, sa curiosité insatiable le poussa à leur demander :

— Comment pouvez-vous vivre aussi bien dans un pays aussi pauvre ?

Il planta l'index dans la couche de gras qui recouvrait ces gens, en excellente santé.

— Le renne, lui expliquèrent-ils.

Ils lui montrèrent du doigt une colline lointaine où un jeune berger gardait un troupeau de rennes en liberté, en train de paître la mousse de la toundra. Ils envoyèrent deux autres gamins, un pour remplacer le berger, l'autre pour le ramener au village. À l'arrivée de l'adolescent, Healy lui donna la ceinture de son propre pantalon et déclara que le Grand Souverain de Washington la lui offrait pour son comportement courageux, trois ans auparavant.

*
**

Du cap Navarin, Healy continua le long de la côte sibérienne, dépassa l'île Saint-Laurent et les Diomède puis entra dans la mer des Tchouktches. Il s'arrêta dans un village isolé dont les habitants avaient troqué leurs produits avec lui dans le passé. Ils avaient eux aussi des difficultés et ils les lui exposèrent. Les sourcils froncés, il écouta ces paroles dont il ne comprenait absolument rien ; mais un marin de langue russe finit par trouver un Sibérien qui en connaissait quelques mots, et l'on put comprendre le problème et lui trouver une solution raisonnable. Healy rendit son jugement et régla la question, en tout cas pour le moment. À leur retour à bord du *Corwin*, son interprète lui avoua :

— Les Russes de Petropavlovsk auraient peur de venir ici écouter ce genre de plaintes.

— Mais c'est mon océan, répliqua Healy, sûr de son fait. Et ce sont mes hommes.

De Sibérie, il traversa la mer des Tchouktches jusqu'à un ancrage qu'il connaissait bien : Desolation Point, où il apprit, consterné et écœuré, l'assassinat du bon père Fedor par un dément qui errait encore en liberté parce qu'il n'y avait pas de prison où l'incarcérer. On s'empara de l'homme pour le faire comparaître devant le capitaine du *Corwin*. Quelques questions suffirent à convaincre Healy que le pauvre garçon était irresponsable. On le mit aux fers — tous les cotres avaient une cellule. Puis Healy descendit à terre rendre visite à Mme Afanasi et ses deux enfants. Il apprit vite que Dimitri avait protégé sa mère du fou avec son fusil russe.

— J'ai à bord du bateau une médaille pour un garçon courageux comme toi, lui dit-il.

Avant le départ du bateau vers le sud, Dimitri l'accosta avec son canoë et le capitaine Healy, en fouillant dans la « caisse aux cadeaux », trouva une médaille qu'il avait achetée sur les quais de San Francisco. Elle représentait un aigle. Il l'épingla sur la tunique du jeune homme et lui dit de sa voix grave des grandes occasions :

— À un vrai héros.

Son escale suivante au cours de cette patrouille-là devait être Point Hope, où les vents du nord ne cessent jamais de souffler. Sa vigie repéra un groupe de Blancs blottis entre les dunes de sable. On mit des chaloupes à la mer, et les marins qui se rendirent à terre découvrirent une chose si horrible qu'à leur retour à bord, le capitaine changea de couleur et tonna :

— Pas un mot de ça. Aucune mention dans le journal de bord. Nous ne nous sommes pas arrêtés ici.

Mais il s'élança aussitôt dans la chaloupe, gagna la

grève, rassembla les naufragés en les traitant aussi gentiment que s'ils étaient ses propres enfants, et les ramena sains et saufs à bord de son bateau. Puis il se retira dans le sanctuaire de sa cabine, où son second le trouva qui caressait son perroquet en murmurant :

— Qui sait? Qui sait?

— Nous savons de quoi il retourne! lança le second saisi de colère. Ce sont des cannibales. Ils ont mangé la chair de leurs camarades, et si j'ai bien compris ils en ont probablement aidé plusieurs à mourir avant de les manger.

— Qui sait? répéta Healy à mi-voix.

La rage du second parut augmenter.

— Nous le savons tous. Henderson le sait. Stallings le sait. Ce sont des maudits cannibales et nous n'en voulons pas à bord de ce bateau.

Mike Healy lança un regard presque douloureux à son vertueux lieutenant et lui demanda :

— Qui sait ce que nous aurions fait, vous et moi, à leur place? Qui le sait, nom de Dieu?

Pendant le reste du voyage, jusqu'au moment où on les remit à d'autres autorités, les marins naufragés mangèrent séparément, ostracisés par les autres hommes, mais le capitaine Healy s'assit plusieurs fois avec eux, les fit parler de la perte de leur baleinier dans la banquise, et écouta attentivement leur récit : le bordage qui craquait et s'éventrait sous la pression croissante, incessante des glaces... Avant l'escale suivante, il fit venir son second.

— Je veux vous dicter une note pour le journal de bord : « À Point Hope nous avons sauvé six marins naufragés du baleinier *Cassiopée*, de New Bedford, perdu dans les glaces. »

— C'est tout? Pas de dates? Pas d'explication?

— C'est tout! rugit Healy.

Et quand la note fut recopiée, il la signa.

Il relâcha ensuite au cap Prince-de-Galles, endroit qui prendrait beaucoup d'importance pour lui dans l'avenir et qui exerçait déjà une grande influence. Quand on l'escorta à terre en chaloupe, il trouva un groupe d'Eskimos sur le point de mourir de faim parce que les chasses au phoque et à la baleine avaient été catastrophiques. Il n'y avait rien d'autre à manger. Ce fut là qu'après avoir nourri les indigènes émaciés il déclara pour la première fois à ses officiers :

— N'est-ce pas ridicule ? De l'autre côté, au cap Navarin, les Eskimos avaient des bourrelets de graisse, dans un pays pas plus riche que celui-ci — et ce doit être le même peuple, si l'on remonte assez loin dans le temps. La seule différence, c'est le renne...

Ainsi naquit sa grande idée :

— Pourquoi n'apporterions-nous pas de ce côté une centaine ou un millier de rennes ? Nos Eskimos vivraient alors comme des rois.

Du cap Prince-de-Galles, il descendit jusqu'à l'embouchure du Yukon. Il envoya deux chaloupes remonter le fleuve sur une cinquantaine de kilomètres, avec un officier chargé de distribuer des médicaments et des nouvelles. Quand celui-ci lui raconta ce qu'il avait vu de la vie le long du grand fleuve, il s'écria :

— J'aimerais le remonter sur deux mille kilomètres.

De retour dans la mer de Béring, il mit le cap à l'ouest pour un grand détour jusqu'à l'île Saint-Laurent. Quand il mouilla l'ancre au large du village de Sevak, à l'est, il s'attendait à être accueilli par de nombreux canoës, car les indigènes connaissaient bien le *Corwin*. Or il ne remarqua aucun signe de vie. Il sauta dans la chaloupe et avant même de débarquer à terre découvrit la raison de son étonnement et en conçut une amertume inexprimable : tous les habitants de Sevak, jusqu'au dernier, étaient morts.

Il parcourut le village avec ses hommes pour découvrir ce qui s'était passé. Un des marins lui fit observer qu'on ne voyait traîner aucun os de phoque, de morse ou de baleine.

— Ils n'avaient rien à manger, capitaine. Ils sont morts de faim. Mais pourquoi ?...

Il ne résolut pas le mystère à Sevak, ni même à Kookoolik, naguère beaucoup plus peuplé. Tous les habitants étaient également morts ; de nouveau aucun os de phoque ou de morse, mais des tonneaux révélateurs : on avait apporté du rhum et distillé de la mélasse. La vérité éclata enfin quand le *Corwin* arriva à Chibukak, où deux indigènes du village de Powooiliak, sur la côte sud (le village où le capitaine Schransky n'avait pas pu s'arrêter à cause du changement de temps), erraient au milieu des ruines.

— Beaucoup de rhum, dirent-ils. Beaucoup de mélasse. Tout juillet, tout août, des danses et l'amour sur la plage. Aucun homme n'est parti en oumiak chasser les baleines. Ensuite ils sont venus chez nous, nous supplier de leur donner à manger. Mais nous n'avions rien de trop pour partager. Ils sont tous morts.

— Qui a fait ça? hurla Healy au milieu des cadavres desséchés.

— Le grand bateau noir. Le capitaine très grand aux cheveux blancs. Il leur a appris la mélasse et il a emporté tout leur ivoire.

Healy ne demanda pas à ses hommes d'enterrer les corps ; il y en avait trop. La majeure partie de la population de l'île avait été effacée de la Terre, et l'homme qui en était responsable semblait hors d'atteinte de la loi, seul maître d'un empire s'étendant du pôle Nord à Tahiti en passant par Lahaïna dans l'archipel d'Hawaii et par Canton, sur la rivière des Perles. Il devenait vraiment urgent d'arrêter cet homme, car il déshonorait la société.

Mais Healy avec son *Corwin* n'était pas de taille à lutter contre l'*Erebus* de Schransky. Vers la fin de cette patrouille annuelle sur son domaine, Healy aperçut l'*Erebus* vers l'ouest, en train de tuer des phoques en plein océan. Sans tenir compte des différences entre les deux bateaux, il s'élança vers lui, comme s'il espérait éperonner le pirate. Mais Schransky l'évita facilement, tira plus à l'ouest et lança à son second :

— Jamais l'*Erebus* ne se laissera arraisonner par un maudit nègre.

***

Car le capitaine Michael Healy, seigneur et protecteur des mers arctiques, était un Américain noir. Dans sa jeunesse, pour faire son chemin dans la hiérarchie des douanes, il avait appris à porter un chapeau pour couvrir son front sombre et s'était fait pousser une grosse moustache qui dissimulait ses lèvres. Bien des personnes le fréquentaient un certain temps avant de s'apercevoir qu'il était noir.

Son père, Michael Morris Healy, propriétaire irlandais d'une plantation de Georgie, avait pris pour épouse une merveilleuse esclave du nom d'Elisa. Ils avaient eu ensemble dix enfants d'une beauté et d'une intelligence si extraordinaires que Healy avait décidé :

— Ce serait un crime d'élever dans l'esclavage des enfants comme les nôtres.

Car tel aurait été leur statut s'ils étaient devenus adultes en Georgie. Au prix d'un effort fantastique, Healy et son épouse réalisèrent l'impossible : ils firent sortir leurs dix enfants clandestinement de Georgie et les inscrivirent dans des écoles quakers et catholiques du Nord.

Quatre garçons se firent un nom : l'un devint un évêque éminent de l'Église catholique ; un autre, un docteur respecté en droit canon ; Patrick le troisième, grâce à ses talents académiques hors du commun, assura la présidence de l'université de Georgetown et passa pendant vingt ans, à la fin du dix-neuvième siècle, pour l'un des plus remarquables pédagogues d'Amérique ; enfin le quatrième fils, Michael, s'enfuit de sa pension et prit la mer, pour devenir l'un des capitaines les plus honorés du service des cotres du Trésor public.

Trois filles Healy se firent religieuses, et l'une d'elles termina sa carrière comme mère supérieure d'un grand couvent. On peut se demander d'où ces extraordinaires enfants noirs tenaient leurs talents exceptionnels, reconnus par de nombreux Blancs, dans des disciplines diverses. Sans aucun doute, ils avaient pu hériter de leur père courageux la force de caractère dont ils firent preuve ; mais rien, ou presque rien dans les antécédents de cet Irlandais ne pouvait expliquer leur supériorité intellectuelle. Peut-être la devaient-ils à l'étonnante esclave Elisa. Quoi qu'il en fût, ils constituèrent à l'époque le groupe de frères et sœurs le plus remarquable d'Amérique, comparable seulement à la famille Adams du Massachusetts — mais il ne faut pas oublier que les enfants Adams avaient bénéficié de tous les avantages possibles depuis l'enfance, et n'avaient jamais craint d'être stigmatisés comme esclaves. La contribution des dix Healy à l'Amérique reste sans équivalent, mais aucun des frères et sœurs ne parvint à la même célébrité que Mike.

Ses exploits dans les mers nordiques devinrent légendaires et les journaux se plurent à déclamer sur son héroïsme. Un groupe de baleiniers imprudents s'attardait trop au large de Desolation Point et se trouvait pris par les glaces, menacé de mourir de faim — Mike Healy, sur un de ses frêles cotres, se faufilait au milieu d'icebergs capables d'écraser un bateau dix fois plus gros et découvrait miraculeusement un chenal jusqu'aux marins bloqués. Une tragédie frappait tel ou tel village isolé de la côte sibérienne — Mike Healy l'intrépide arrivait sur les lieux pour sauver les Russes. Un baleinier coulait à pic pendant une tempête de la mer de Béring — qui sauvait les naufragés six mois plus tard, sinon Mike Healy, poussé par une intuition vers l'île déserte des Aléoutiennes où les malheureux s'étaient réfugiés ? Et tous ceux qu'il sauvait dans ces coins perdus de l'Arctique chantaient bien entendu ses louanges à leur retour dans la civilisation.

Sa popularité s'étendit d'un bout à l'autre du pays, et dans une petite ville de l'Ouest, quand un journaliste demanda à un Canadien le nom du président des États-Unis, celui-ci répondit sans hésiter :

— Mike Healy. Il dirige tout.

Mais tous les gens au fait des choses de la mer n'étaient pas dupes de l'adulation du public ignorant pour son héros. Ils savaient que Healy était rongé de dépit parce qu'il s'avérait incapable de chasser Emil Schransky des mers dont il assurait la protection. Chaque fois que se réunissaient des hommes qui connaissaient bien les océans, ils palabraient sur l'impunité dont bénéficiait le capitaine allemand dans les îles des Phoques, sur les libertés qu'il prenait pour chasser en pleine mer, et sur ses abus flagrants avec l'alcool, le rhum et la mélasse qui décimaient les villages indigènes. Même la catastrophe de l'île Saint-Laurent, bien connue de tous les marins, n'avait pas empêché Schransky de continuer ailleurs, puis de filer à Hawaii ou en Chine avec son butin de pirate corrompu.

Oui, Schransky constituait une plaie dans le flanc de Mike Healy, et tous les défenseurs de l'Irlandais noir offraient la même excuse :

— Si seulement il avait un bateau aussi rapide que celui de Schransky, le duel serait à armes égales. Dans les conditions actuelles, il n'a aucune chance.

Et à cause de ce déséquilibre des forces, l'image du grand capitaine aux cheveux blancs et à la barbe blanche continua de hanter l'ancien esclave de Georgie.

*
**

De l'aide allait venir, mais par des voies si tortueuses que personne n'aurait pu le prévoir. Dundee, sur la côte est de l'Écosse, n'était nullement réputée pour son industrie navale, mais en 1873 un établissement de cette petite ville connu pour la construction de bateaux inhabituels sur commande, reçut l'ordre de mettre en chantier un bateau capable de résister à la banquise au large du Labrador et du Groenland. L'année suivante vit le lancement d'un bâtiment massif et robuste qui deviendrait l'un des plus grands « petits bateaux » de l'histoire, avant de sombrer quatre-vingt-neuf années plus tard — quatre-vingt-neuf années de violence. On le baptisa *Bear*, l'Ours : soixante mètres cinquante de l'étrave à l'étambot, neuf mètres cinq au maître-bau, dis-sept cents tonneaux de déplacement. Sa construction constituait une merveille d'éclectisme : coque en chêne de la Baltique, membrure en chêne d'Écosse plus lourd, ponts en teck de Birmanie, étrave et flancs renforcés en bois de fer d'Australie, fonds en pin jaune d'Amérique, ferrures forgées en Suède, instruments de navigation provenant de sept pays maritimes différents, d'Europe et d'Amérique du Nord.

Le *Bear* était un trois-mâts gréé en goélette — de grandes voiles carrées sur le mât de misaine, de petites voiles auriques faciles à manier sur le grand mât et l'artimon — mais ce qui lui fournissait sa puissance et lui donnait un air de centrale électrique, c'était une énorme machine à vapeur installée à l'avant du grand mât et associée à une grosse cheminée trapue qui se dressait juste au milieu du bateau. Quand ils le livrèrent à ses futurs propriétaires pour les champs de glace de l'Atlantique Nord, ses constructeurs promirent :

— Les voiles carrées vous donneront de la vitesse, les voiles auriques une grande rapidité de manœuvre, et le moteur vous permettra de fendre la banquise. Mais le vrai secret du *Bear*? Regardez l'étrave!

Elle était de triple épaisseur, renforcée par du chêne et du bois de fer, capable (selon les architectes de marine qui l'avaient conçue) « de se frayer un chemin à travers n'importe quelle glace ».

Ainsi débuta la carrière maritime du *Bear*, pour des traversées banales au début. Mais il se trouva bientôt impliqué dans une opération de sauvetage, et connut alors la gloire des manchettes de journaux dans le monde entier : l'explorateur américain de l'Arctique, Adolphus Greely, s'était lancé courageusement dans les eaux de l'Atlantique Nord, avait perdu son bateau sous la pression de la banquise, puis dix-neuf de ses hommes dans une tentative pour retourner à pied vers la civilisation. Après l'échec de tous les bateaux de sauvetage classiques, le gouvernement américain avait acheté le *Bear* pour la somme énorme de cent mille dollars, et l'avait envoyé aussitôt sur les lieux supposés de la catastrophe.

Cette mission marqua l'arrivée dans l'Arctique d'un bateau de genre complètement différent ; sa construction renforcée lui permettait de se frayer un chemin à travers des couches de glace qu'aucun autre bateau n'aurait pu briser. Le *Bear* sauva Greely et six autres survivants. Aussitôt après, tandis que le monde entier applaudissait l'exploit, un fonctionnaire obscur eut l'idée remarquable de détacher le bâtiment au service des garde-côtes de l'Alaska, où il serait le plus utile.

Il passa le cap Horn en novembre 1885 et arriva à San Francisco après seulement quatre-vingt-sept jours de mer. Par un pur hasard, au moment où le *Bear* accosta, le capitaine Mike Healy se trouvait libre pour un nouveau commandement. Par pur hasard, on lui donna ce vaisseau estimé, déjà aussi réputé que lui. Ce fut entre l'homme et la machine un mariage remarquable. Il mit en place ses affaires dans la cabine du capitaine, installa un perchoir pour son perroquet et une cachette pour sa gnôle, puis se sentit chez lui. Un peu plus tard, après avoir examiné l'étrave avec son bois de fer d'une épaisseur surprenante, il osa renouveler son serment antérieur :

— Nous allons chasser ce salopard de nos mers.

En 1886, Healy conduisit son nouveau bâtiment dans le Nord, jusqu'à Barrow bloqué par les glaces, tout en haut du continent. Il traversa des banquises où aucun navire ordinaire ne se serait risqué et la chance naviguait déjà à son bord car il sauva trois groupes de marins dont les bateaux avaient été écrasés par les glaces. Lorsqu'il les ramena à San Francisco, les naufragés partagèrent leurs louanges entre Healy et le *Bear*, et la légende du bateau embellit.

— Il peut passer partout. Il sauvera des milliers de vies dans le Grand Nord. Et avec Healy à la barre, les mers seront enfin sûres.

Sur le chemin de Barrow et au retour, le *Bear* passa en vue de l'île Saint-Laurent et le souvenir des trois villages morts vint tourmenter l'âme de Mike Healy. L'idée que l'*Erebus* sillonnait encore ces eaux et défiait impunément la loi le mettait en fureur. A maintes reprises, quand il jetait l'ancre au large d'un village sur la côte de l'Alaska, c'était pour découvrir que Schransky l'avait devancé avec sa cargaison de rhum et de mélasse, contre laquelle il avait obtenu l'ivoire et les peaux de deux ou trois ans de chasse.

Incapable de punir le maraudeur ou même de l'attraper, il dut rentrer à San Francisco toujours aussi écœuré et rendre compte que « le brick *Erebus* de New Bedford, capitaine Schransky, a continué de vendre du rhum aux indigènes, de chasser le phoque en haute mer et de braconner sur les lieux où les femelles mettent bas. La patrouille n'est pas parvenue à l'appréhender ». Même avec son bateau plus puissant, Healy n'avait pas pu arrêter Schransky.

***

Mais quand un grand homme — et Mike Healy en était un — se lance dans un combat courageux, un autre grand homme se joint souvent à lui pour lui apporter son aide, et ces héros qui ne se connaissaient pas six mois plus tôt accomplissent à eux deux des miracles. Or par un après-midi brumeux de février un deuxième géant quittait la région montagneuse de Deadhorse, dans le Montana pour l'Alaska.

Il s'appelait Sheldon Jackson. On l'avait prévenu au village précédent qu'un blizzard s'annonçait mais il avait continué sa route seul. À quarante-trois ans, il portait toute sa barbe et une grosse moustache pour donner un air plus sérieux à son petit visage — question qui lui tenait très à cœur, car il désirait donner bonne impression aux inconnus en dépit de son allure de nain. On discute encore de sa taille exacte car ses détracteurs, une bande fort nombreuse, ont prétendu qu'il faisait moins d'un mètre cinquante-deux, ce qui était ridicule. Quant à lui, il prétendait mesurer un mètre soixante-deux, chiffre aussi absurde. Comme il portait des chaussures à talons compensés, il paraissait environ un mètre cinquante-sept. Quelle que fût sa taille exacte, il avait souvent l'air d'une demi-portion au milieu d'hommes nettement plus grands que lui.

Il avançait donc, sans aucune inquiétude, au milieu de la neige qui commençait à tomber, persuadé qu'il atteindrait sa destination avant la nuit. Dieu m'appelle là-bas, se répétait-il, et cela suffisait à alimenter son énergie, car c'était un missionnaire de l'Église presbytérienne, absolument convaincu que Dieu le destinait à une grande œuvre, et de plus en plus persuadé qu'il réaliserait ses miracles de conversion hors des États-Unis.

Ainsi donc quand il arriva ce jour-là en haut d'une colline de laquelle il comptait bien voir la « ville » de Deadhorse — trois cent quatre-vingt-un habitants — et n'aperçut pas la moindre lumière mais une autre colline plus haute que la précédente, il rajusta simplement son lourd baluchon, redressa ses frêles épaules et lança d'une voix forte :

— Alors, Dieu, tu l'as cachée de l'autre côté de celle-là !

Et il dévala au milieu de la neige tourbillonnante en s'arrêtant de temps en temps pour nettoyer ses lunettes cerclées de fer.

Le creux était assez profond, mais il l'interpréta comme une protection placée par Dieu autour de sa ville, et son enthousiasme ne faiblit absolument pas quand il parvint en bas et se mit à monter : il ne pouvait pas concevoir que Deadhorse ne fût pas de l'autre côté de la crête. Pendant l'ascension, la neige s'épaissit beaucoup mais cela ne le troubla guère. Il se dit : « Je me félicite d'être presque arrivé, car la tempête pourrait bien s'aggraver », et il continua de grimper, aussi ferme dans sa foi que lorsqu'il prêchait dans les montagnes du Colorado ou sur les plateaux de l'Arizona.

Près de la crête, une rafale de neige portée par un vent violent qui glissait sur la cime lui arracha les pieds du sol pendant un instant et il glissa vers l'arrière. Très vite il se rattrapa, remonta jusqu'à la crête et vit au-dessous de lui, comme il s'y attendait, les lumières scintillantes de Deadhorse.

Mais un problème plus grave se posa, car au lieu d'une ville de trois cent quatre-vingt-un habitants, il ne trouva qu'un hameau de huit maisons éparses. Les presbytériens à qui il avait parlé lors de son arrêt précédent l'avaient honteusement trompé — mais comme c'étaient des presbytériens il ne pouvait pas penser du mal d'eux : « Peut-être ne sont-ils jamais venus ici eux-mêmes », se dit-il.

Il avait dans sa poche le nom de l'homme à qui on l'envoyait, Otto Trumbauer — un nom apparemment plus luthérien que presbytérien. Mais dans la première maison où il s'arrêta pour s'enquérir des Trumbauer, on lui répondit :

— Vous devez être le missionnaire dont ils ont annoncé la venue. Trumbauer vous attend. Il habite à deux maisons d'ici.

Sheldon Jackson frappa et la porte s'ouvrit avec un cri de joie :

— Révérend ! Nous vous avons attendu pour dîner.

On l'entraîna dans la pièce chaude.

Mme Trumbauer, quadragénaire de forte carrure, referma la porte en lançant :

— Vous tombez à pic. Posez votre baluchon et enlevez votre manteau.

Un fils de vingt ans et une jeune femme mince qui semblait son épouse aidèrent Jackson à se débarrasser de ses gros vêtements et lui trouvèrent une place à la table servie.

Dès le début du dîner, il apprit la mauvaise nouvelle, car le père lui annonça :

— Il a dû se produire une erreur. Nous ne sommes que huit familles ici : deux catholiques, deux athées et sur les quatre autres, seulement trois s'intéresseront à l'établissement d'une église presbytérienne.

Jackson fit à peine la grimace.

— Jésus n'avait que douze disciples. L'Église avance avec les soldats qu'elle a, et vous me semblez déjà deux combattants de premier ordre.

Il tint à ce que les deux autres familles presbytériennes soient invitées le soir même, et la première assemblée de l'Église presbytérienne de Deadhorse se tint pendant qu'un blizzard amoncelait la neige devant la porte.

Les hommes adultes, à qui incomberait la corvée de construire l'Église, si petite qu'elle fût, ne se montrèrent guère enthousiastes, mais Jackson demeura intraitable : on l'avait envoyé à Deadhorse pour fonder une Église presbytérienne, et il n'était pas question qu'il se dérobe.

— Je dois avoir organisé déjà plus de soixante congrégations, et j'ai participé à la construction d'au moins trente-six églises à l'ouest du Mississippi. On m'a chargé maintenant de tous les États du Nord, à l'ouest de l'Iowa. Votre belle ville est un endroit idéal pour une église qui rayonnera sur toute la région et lui conférera son unité.

Pendant les semaines qui suivirent, l'énergie physique et morale de ce petit bonhomme étonna les Trumbauer, père et fils. N'avait-il pas franchi les montagnes à pied pour venir vivre avec eux pendant la construction de leur église ? Il travaillait autant que le plus fort des hommes présents, et le dimanche il prêchait des sermons inspirés qui duraient plus d'une heure, bien que la congrégation entière se réduisît à trois familles. Mais la situation changea vite lorsqu'il rendit visite aux deux familles athées. Il leur déclara tout de go qu'ils n'étaient pas athées mais agnostiques.

— Venez donc avec nous le dimanche, demanda-t-il. Vous n'êtes pas obligés de croire, seulement d'écouter le message.

Et sur un ton qu'il croyait plein d'humour, il ajouta :

— Nous ne faisons pas la quête.

Son invitation était si sincère qu'une des familles passa chez les Trumbauer écouter le sermon du dimanche suivant. Il portait sur l'œuvre missionnaire, et pendant le repas en commun qui suivit, il révéla la source de son énergie surprenante :

— Au cours de ma première année d'université, au Collège de l'Union, dans l'Est, j'ai entendu un appel : « Sheldon, il y a des gens par-delà les mers qui ne connaissent pas la parole de Dieu, va leur apporter ma sainte parole. »

— Vous n'êtes pas allé là-bas. Vous avez prêché en Arizona et au Colorado.

— Après mes études à la faculté de théologie de Princeton, je suis passé devant une commission des missions à l'étranger, et les responsables m'ont dit : « Vous êtes trop frêle et faible pour partir dans des pays lointains. » Ils m'ont donc envoyé au Colorado, au Wyoming et en Utah construire des églises et des églises. Maintenant, je suis dans une région parmi les plus difficiles qui soient, le Montana et l'Idaho.

Un jeune homme lui demanda :

— Que voulez-vous dire par « j'ai entendu un appel » ?

— Parfois, répondit Jackson avec une vigueur étonnante, quand vous êtes seul dans une pièce ou en train de prier, Jésus-Christ vient en personne et vous dit d'une voix si pure qu'on dirait une cloche : « Sheldon, j'ai besoin de toi pour mon travail. » Aussitôt après, vos pieds se tournent dans cette direction et vous ne pouvez plus faire demi-tour.

Personne ne parla, et il poursuivit :

— Cette même voix m'a appelé à Deadhorse, où Jésus-

Christ voulait que l'on construise une de Ses églises, et avec votre aide, cette église sera construite.

Il se montrait trop modeste, car sa participation au petit bâtiment de rondins fut déterminante. Il travaillait neuf à dix heures par jour aux tâches les plus difficiles, et parfois les femmes riaient de le voir descendre le chemin en tenant le bout d'un tronc tandis qu'un jeune colosse portait non sans mal l'autre bout. Avec un marteau, il était très habile, mais il avait besoin d'une des échelles improvisées. Le dimanche, il était toujours prêt pour son sermon, et si ceux qu'il prononça à Deadhorse avaient été réunis en recueil, ils auraient fourni un exposé de la philosophie profonde de l'effort missionnaire. Mais ce qui stupéfia le plus les familles du village, ce fut qu'outre son labeur de la journée et ses sermons du dimanche le petit bonhomme passait la plupart de ses soirées, après dîner, à rédiger de longs articles pour un journal religieux qu'il avait lancé à Denver et dont il se sentait encore responsable. Quand les travaux de l'église de rondins touchèrent à leur fin, les Trumbauer et leurs amis presbytériens reconnurent en Jackson un véritable homme de Dieu, un chrétien sans défaut, et ils furent enchantés de l'avoir côtoyé. Lorsque vint le moment de son départ pour une ville de l'Idaho qui avait besoin d'une église, Mme Trumbauer déclara :

— Je n'ai jamais eu à la maison un homme qui m'ait donné moins de travail, même pas mon père ou mon mari. Sheldon Jackson est un saint... Ne devrions-nous pas tout lui dire? ajouta-t-elle. S'il l'apprend plus tard, cela risque de lui briser le cœur.

Les familles se réunirent dans une autre maison pour discuter et conclurent que pour concilier l'honneur et l'esprit pratique, mieux valait d'abord terminer l'église, organiser une grande cérémonie de consécration, puis tout avouer au pasteur. Le plan fut adopté et suivi.

Quand approcha le jour de la consécration de l'église au service de Jésus-Christ, Jackson se rendit humblement chez les familles non religieuses et les supplia de participer à la cérémonie.

— Nous l'avons construite pour le bien de la communauté entière, pas seulement pour quelques presbytériens.

Puis, ravalant sa fierté et ses convictions, car il livrait une guerre incessante contre les catholiques et les mormons, il alla chez les catholiques et les invita aussi à la fête, en avançant les mêmes arguments :

— Je vais consacrer une église. Vous aiderez la communauté à faire un pas en avant.

Il se montra si convaincant que le jeudi suivant — jour qu'il avait choisi spécialement pour que les agnostiques et les catholiques se sentent libres de participer, ce qu'ils firent, il prêcha un sermon qui était une merveille de générosité et de dévotion. Il fit taire toutes ses exhortations habituelles et, à l'entendre ce jour-là, l'Église presbytérienne n'avait aucun adversaire au monde, et ne s'opposait à aucun autre culte chrétien. En toute sincérité, il désirait que son Église constitue une force positive dans une communauté qu'il imaginait sur le point de se développer.

Pendant les festivités, il passa d'une famille à l'autre sans exception, et leur assura qu'avec la consécration de cette église une nouvelle époque commençait à Deadhorse. Sa propre rhétorique le convainquit à tel point qu'en voyant les pleurs dans les yeux de plusieurs femmes presbytériennes il supposa qu'il s'agissait de larmes de joie provoquées par le triomphe du christianisme.

Il n'en était rien, mais les trois familles avaient décidé d'attendre que Jackson soit prêt à partir en Idaho pour lui révéler la douloureuse vérité. Un soir où, dans la salle à manger des Trumbauer, il rédigeait un compte rendu pour sa publication de Denver — justement sur le triomphe du message de Jésus-Christ dans la ville de Deadhorse (Montana) qu'il refusait obstinément d'appeler « village » — Otto Trumbauer se racla la gorge et l'appela.

— Révérend Jackson...

Le petit bonhomme leva les yeux. Toute la famille Trumbauer s'était alignée devant lui. De toute évidence, un problème grave troublait ces braves gens. Jamais il n'aurait deviné lequel.

— Révérend Jackson, nous avons tenté l'impossible pour éviter ça, mais il n'y a pas d'autre solution. Nous allons retourner en Iowa avec les Lambert. Nos familles ont là-bas des fermes sur lesquelles nous pourrons travailler. Nous pourrons gagner notre vie. Ici, nous n'y parvenons pas.

Jackson lâcha son crayon, essuya méticuleusement ses verres et se fit confirmer la surprenante nouvelle.

— En Iowa? Vous allez partir d'ici?

— Nous y sommes contraints. Il n'y a aucun avenir pour nos enfants à Deadhorse. Ni pour nous.

Pour la première fois depuis qu'il s'était trouvé pris dans le blizzard, Sheldon Jackson sentit que ses épaules s'affaissaient. Mais il se redressa aussitôt.

— Mais si vous saviez que vous alliez partir, pourquoi?...

— Pourquoi sommes-nous restés pour construire l'église?

M. Trumbauer acheva la question, mais sa femme ne lui laissa pas donner la réponse.

— Nous en avons discuté avec toutes les familles, et nous avons conclu que vous étiez un véritable homme de Dieu, envoyé à nous pour une mission spéciale.

Elle éclata en sanglots et son mari poursuivit :

— Nous avons décidé de construire l'église et de la laisser comme un phare dans le désert.

Jackson se raidit, quitta la table, et serra la main de chaque Trumbauer tour à tour.

— Vous ne vous êtes pas trompés dans votre choix. Dieu nous conduit toujours sur la bonne voie! J'ai bâti dans les montagnes du Colorado six églises qui n'ont pas tenu. Mais elles demeurent, comme vous l'avez dit, des phares dans le désert, pour rappeler à tous ceux qui viendront plus tard la présence et les efforts de bons chrétiens.

Puis son optimisme indomptable reprit le dessus :

— Mais cette ville ne deviendra jamais un désert! Je vois une expansion, des familles venues des deux Dakota, et à leur arrivée votre église les attendra, car aucune agglomération ne saurait être une ville sans une église en son centre.

Il quitta Deadhorse dans un état d'euphorie, brave petit bonhomme sous son gros baluchon, lunettes cerclées de fer toujours couvertes de brume ou de poussière, avec la conviction enracinée dans le roc que l'œuvre de ses mains était ordonnée par Dieu et surveillée par Son Fils Jésus-Christ. Et pourtant, le jugement exprimé par Mme Trumbauer à son départ — « Révérend Jackson, vous êtes un saint sans défaut » — était loin de la vérité, car il y avait dans sa nature une autre facette qui n'avait pas eu l'occasion de se révéler pendant son séjour à Deadhorse.

***

Le jour de neige où Sheldon Jackson quitta Deadhorse, Montana, pour prendre la piste de l'Ouest, le consistoire qui dirigeait les missions presbytériennes se réunit dans une retraite champêtre dominant l'Hudson, dans l'État de New York. Un grand pasteur affligé, mais manifestement soucieux de se montrer équitable, lança la discussion de l'après-midi avec une nouvelle qui mit mal à l'aise tous les participants.

— En tant que président, j'ai le devoir de me montrer scrupuleusement juste dans toutes mes paroles, mais je suis obligé de vous signaler que notre cher ami, le respecté Sheldon Jackson, a de nouveau fait des siennes. Nous ne savons ni où il est ni ce qu'il fait. Quand nous l'avons éloigné du Colorado où, comme vous le savez, il n'en faisait qu'à sa tête, il a obéi pendant quelque temps à nos ordres et s'est mis à développer la région que nous lui avions désignée.

— Laquelle? demanda un pasteur.

— Les États et les Territoires du Nord, à l'ouest du Mississippi, à l'exception du Dakota, de l'Oregon et du Washington.

— Un secteur très vaste, même pour Jackson. Où devrait-il être?

— Nous lui avions assigné le Montana. Mais nous n'avons aucune idée de l'endroit où il se trouve.

— N'est-il pas grand temps de discipliner ce jeune homme? lança un pasteur impatient, de soixante ans passés.

— Il n'est pas si jeune, vous savez. Il a plus de la quarantaine.

— Raison de plus. Il devrait savoir se tenir.

— Il ne faut pas trop y compter, répondit le président en prenant une feuille de notes. Mais avant que nous prenions une décision concernant ce petit ouragan, j'aimerais vous soumettre huit aspects de son comportement, car il agit toujours de même, et les trois premiers traits en question constituent les plus belles qualités dont puisse se targuer un missionnaire.

« *Tout d'abord*, c'est un missionnaire de naissance. Dès ses premiers jours au Collège de l'Union, il a reçu du Christ une vocation spéciale. Et même s'il lui est arrivé de douter de votre vocation ou de la mienne, il ne met jamais en question l'authenticité de la sienne. Il est donc par définition un meilleur missionnaire que vous et moi ; et il ne se gêne pas pour le faire remarquer.

« *En second lieu*, c'est un presbytérien dévot depuis l'enfance. Il croit sans conteste possible que notre religion est la meilleure du monde, il n'est jamais touché par les doutes qui assaillent parfois le reste d'entre nous, les grands conflits intérieurs sur la nature de Dieu et les voies du Salut. John Knox et Jean Calvin ont tout réglé pour lui !

Les pasteurs discutèrent de ce deuxième point pendant un certain temps, puis l'un d'eux observa :

— Il a une foi si ferme... Je crois que je l'envie.

— Vous vous trompez peut-être de mot, Charles, lui fit observer un de ses collègues de New York. Sa foi n'est peut-être pas si *ferme* que ça, mais *simple*. Il sait pour quoi et contre quoi il est.

— Par exemple ? demanda Charles.

— Il est pour Jésus-Christ et contre les catholiques, les mormons et les démocrates.

Charles ne rit pas de la réponse.

— J'aimerais savoir ne serait-ce que dix choses de façon certaine... sans questions ni doutes. Jackson en sait dix mille.

— Et il est convaincu que ni vous ni moi n'en savons même trois, répliqua son interlocuteur.

Le président continua :

— De cette conviction solide comme le roc vient la *troisième* qualité de Jackson, que vous avez tous notée :

son don remarquable de persuader les autres de l'écouter attentivement. Avec sa petite taille, son côté agressif et son idée fixe, on s'attendrait à ce que les gens se détournent de lui, or c'est justement l'inverse. Il les attire comme le miel appâte les mouches, et ils l'écoutent discuter des principes fondamentaux de la religion et en particulier de l'œuvre missionnaire.

La discussion s'arrêta et les membres de la commission réfléchirent aux qualités de leur collègue difficile ; tous lui concédaient de la piété, du dévouement et une capacité surprenante à collaborer avec les autres observances protestantes ; mais la plupart avaient senti la morsure de sa langue de vipère et après quelques hochements de tête approbateurs, l'analyse se poursuivit.

— *Quatrièmement* — et autant admettre ce défaut au départ car il explique dans une large mesure les problèmes que nous avons eus avec Jackson et ceux que nous aurons à l'avenir — pour un chrétien pieux ayant consacré sa vie à l'œuvre missionnaire, il fait preuve d'une tendance singulière à sauter à la gorge de toute personne qu'il tient pour ennemie. Et pour cette raison, sur cent personnes qui le connaissent, au Colorado, à Washington ou dans l'Église en général, cinquante le vénèrent comme un saint, et cinquante le considèrent comme un serpent.

Ceci provoqua une consultation à main levée parmi les pasteurs présents. Résultats : trois « saint » et quatorze « serpent », la plupart de ces derniers prêts à raconter comment Jackson s'était disputé avec eux pour des vétilles. Mais ces mêmes hommes admirent volontiers la remarque d'un vieux pasteur sagace qui souligna la place particulière occupée par Jackson dans le clergé presbytérien :

— C'est notre général d'avant-garde dans la lutte contre les ténèbres. Il est le seul entre tous nos missionnaires qui place nos efforts dans ce domaine sur le même plan que ceux des baptistes et des méthodistes. Qu'il vous plaise ou non, c'est notre homme.

— J'en venais, justement à ce point, répondit le président, qui avait déjà pris la défense de Jackson à plusieurs reprises. Car il a ses vertus.

« *Cinquièmement*, très tôt dans sa vie, pour des raisons

difficiles à expliquer, il a acquis la conviction que s'il désirait obtenir quelque chose, il devait s'adresser directement au sommet. L'un de vous l'a-t-il accompagné à Washington quand il désire quelque chose d'important ? Il force les portes de tous les bureaux — membres de la Chambre, sénateurs, ministres. Même celui du président. Un jour, après avoir lancé des remontrances à un sénateur, il m'a déclaré : "Ce sont de braves gens, mais il faut les guider." Et il est prêt à offrir ses conseils à tout moment, n'importe où, sur n'importe quel sujet. Je me suis souvent demandé comment un homme de si petite taille et si insignifiant pouvait intimider un sénateur d'un mètre quatre-vingt-cinq, mais il en est capable.

Plusieurs hommes confirmèrent le pouvoir extraordinaire que Jackson exerçait à Washington :

— Il représente la voix de la moralité, et plus précisément de la moralité presbytérienne. Ce n'est pas rien.

Le président en vint alors à l'un des talents essentiels de Sheldon Jackson.

— *Sixièmement*, son efficacité repose sur sa capacité de convaincre un grand nombre de femmes de notre Église de soutenir le programme qu'il a décidé de lancer. Aussitôt, elles écrivent des lettres à Washington et surtout donnent d'importantes sommes pour ses projets. Songez par exemple à cet extraordinaire journal religieux qu'il publie encore à Denver alors qu'il a quitté la ville depuis des années. Dans la mesure où il peut compter sur ces femmes et sur leurs fonds, il échappe à notre autorité.

Un pasteur coléreux, qui avait souvent essuyé les attaques et les vitupérations de Jackson, intervint :

— Dans le Maine, je l'ai vu s'adresser à un groupe de femmes qu'il voyait pour la première fois, et il a utilisé les méthodes d'approche dont il avait constaté l'efficacité dans des États de l'Ouest comme le Colorado et l'Iowa. Il les a d'abord mises en garde contre les dangers de l'Église catholique, mais elles avaient déjà entendu trop souvent ce genre de discours dans le Massachusetts et le Maine. Voyant qu'il n'aboutissait à rien, il est passé à une attaque en règle de l'Église mormone de l'Utah. Mais la plupart de ces femmes n'avaient jamais entendu parler des mormons et son sermon tomba à plat. Visiblement troublé, il se lança soudain dans un plaidoyer déchirant, savez-vous sur quoi ? Tout à trac, sans aucune transition, il fit un tableau bouleversant du sort de jeunes filles eskimos de l'Alaska, séduites à l'âge de treize ans par d'ignobles chercheurs d'or. Son récit était si criant de vérité et si émouvant que j'en eus moi aussi les larmes aux yeux. Or il n'est jamais allé en Alaska et ne connaît rien sur l'Alaska. Mais il a convaincu ces excellentes presbytériennes que si elles ne participaient pas généreusement à l'œuvre missionnaire qu'il projetait en Alaska...

— Qui a dit que nous l'enverrions en Alaska ? coupa un pasteur agacé.

— Lui-même. En fait, il n'a pas vraiment affirmé que nous l'enverrions. Il a dit qu'il y allait.

Le président parcourut le groupe d'un œil presque agressif et demanda :

— Quelqu'un dans cette assemblée lui a-t-il parlé de l'Alaska ?

— C'est le dernier endroit sur Terre dont nous souhaitons qu'il se mêle, répondit un des ecclésiastiques. L'Alaska dépend du territoire de l'Oregon. Dites à Jackson de s'occuper de ce qui le regarde.

— Amen, murmurèrent plusieurs autres.

Le président voulut donc reprendre son acte d'accusation, mais au moment où il abordait le point suivant, un rire l'interrompit. Il venait d'un des membres les plus âgés du groupe.

— Ai-je dit une sottise ? demanda le président.

— Mon Dieu, non ! répondit le vieillard. Je me rappelais seulement que je faisais partie du comité qui a étudié la candidature Jackson, il y a une vingtaine d'années, quand il a sollicité un poste de missionnaire à l'étranger. C'est moi qui lui ai lu notre décision : « Vous êtes trop fragile pour les difficultés d'une mission étrangère. »

L'erreur grossière de jugement frappa l'assemblée et d'autres rires fusèrent.

— *Septièmement*, reprit le président, il a fait preuve d'un appétit insatiable pour la publicité. Dès le début, il a compris le pouvoir dont pouvait bénéficier un homme, en particulier un ministre de Dieu, si la presse le considérait comme un agent du Bien. Il a vu très vite que cette célébrité le protégerait d'institutions comme la nôtre, lorsqu'elles se refuseraient à cautionner ses projets les plus scandaleux. Et jamais il n'a abandonné au hasard la bonne publicité ; vous le savez, il a lancé ou fait lancer quatre ou cinq journaux ou périodiques religieux qui chantent les louanges de ses bonnes œuvres dans leurs colonnes, c'est toujours lui qui accomplit les choses, et non les missionnaires appliqués qui ne font aucun bruit. Depuis qu'il a reçu un doctorat à titre honorifique de cette petite université de l'Indiana — et j'ai de bonnes raisons de croire qu'il a poussé à la roue pour obtenir ce titre, il se fait toujours appeler Dr Sheldon Jackson dans ses journaux et les neuf dixièmes des gens qui travaillent auprès de lui sont convaincus qu'on lui a réellement décerné un doctorat en théologie.

Les membres du conseil discutèrent de ce talent particulier du petit homme à assurer sa promotion. Ils évoquèrent divers articles élogieux et l'on sentit dans leur voix percer une certaine envie. Puis la réunion s'acheva sur un commentaire presque hors du sujet :

— *Huitième point*, Jackson a toujours été un ardent républicain, persuadé que Dieu sourit à notre pays quand la population élit un gouvernement républicain. Une élection gagnée par les démocrates déchaînerait sur les États-Unis toutes les forces du mal. Cette passion politique proclamée aide l'Église presbytérienne chaque fois que les républicains sont au pouvoir, comme c'est le cas depuis longtemps, mais risque de nous porter tort si les démocrates l'emportent.

Dans la discussion qui suivit, on convint que les presbytériens laisseraient encore Jackson intervenir à Washington, car il y avait peu de chance que les démocrates prennent le pouvoir dans un avenir prévisible. Mais tous adoptèrent sans réserve la résolution suivante :

> *Décision : le révérend Sheldon Jackson sera félicité pour ses nouveaux succès au Dakota, mais averti solennellement qu'il doit à l'avenir tenir ce bureau*

informé de tous ses déplacements avant de les entreprendre. Précisément, il lui est interdit de se rendre en Oregon ou en Alaska puisque cette région relève de l'Église d'Oregon.

Mais avant même que cet avertissement sévère soit remis à un secrétaire pour transmission à Jackson, un messager arriva avec une note des dirigeants désespérés de l'Église presbytérienne d'Oregon.

Le révérend Sheldon Jackson est arrivé au milieu de nous à l'improviste et a mis tout le monde en fureur. Après nous avoir créé de gros ennuis, il est parti pour Seattle et l'Alaska. Nous l'avons averti que cette dernière région dépendait de l'Oregon, mais il nous a répliqué carrément que sa mission comprenait tous les territoires à l'ouest du Mississippi jusqu'à l'océan Pacifique, et qu'il était grand temps de s'occuper de l'Alaska. Nous l'avons informé que notre Église avait déjà envoyé les missionnaires à Wrangell, mais il a répondu : « Je pensais à un vrai missionnaire », et il est parti vers le nord en bateau.

Ainsi, de manière soudaine et sans aucune autorisation, Jackson s'en fut apporter la parole de Dieu et le salut de Jésus-Christ dans les ténèbres de l'Alaska. Fait curieux, pendant les sept premières années décisives de sa mission, il ne reçut pas un sou d'aide de l'Église presbytérienne, excédée par l'insolence de son comportement. Il finança les énormes dépenses de son œuvre en Alaska, un des efforts missionnaires les plus réussis en Amérique, uniquement avec des fonds envoyés par des femmes à sa dévotion, à qui il rendait visite chaque hiver au cours de tournées d'exhortations. A l'époque même où il accomplissait des miracles dans le Grand Nord, il passait la moitié de l'année à sillonner divers États pour implorer l'aide de ces femmes ou à sermonner le Congrès de Washington pour qu'il vote de meilleures lois et davantage d'argent en faveur de l'Alaska.

Il devint l'ami personnel de presque tous les hommes

politiques destinés à des promotions spectaculaires, surtout les républicains ou les presbytériens, et il s'attacha très vite aux basques du sénateur Benjamin Harrison de l'Indiana, qui était l'un et l'autre ; quand Harrison deviendrait président, il solliciterait souvent les conseils de Jackson sur l'action à entreprendre en Alaska. Avec son mètre cinquante-deux et ses jambes courtes de gamin, ce ministre de l'Église presbytérienne s'était transformé en géant.

*
**

Quand le Dr Jackson arriva en Alaska — illégalement, prétendirent ses adversaires — il appliqua sa prodigieuse ingéniosité et remporta deux succès éclatants : il persuada ses amis du Congrès de lui accorder le titre ronflant d'agent général pour l'éducation en Alaska. Cette fonction n'impliquait aucun salaire et, pendant les premières années, aucune subvention de l'État ; mais elle lui permit d'imprimer des cartes de visite impressionnantes avec lesquelles il intimidait tous ceux qui s'opposaient à ses projets. Ensuite il obtint du Trésor public le passage gratuit sur tous les bateaux des Douanes se rendant dans un lieu qu'il désirait visiter dans l'exécution de ses devoirs. Avec ces garanties dans sa poche et le soutien financier ininterrompu des clubs de femmes aux États-Unis, il était prêt à se lancer dans la grande œuvre de sa vie : la civilisation et l'éducation de l'Alaska.

Au cours de ces premières années, Jackson mena une vie affolante. Pendant les mois de printemps et d'été, il sautait sur le premier cotre des Douanes qui se présentait pour explorer les mers arctiques, livrer bataille contre l'alcool, arrêter les malfaiteurs, aider à appliquer la loi, visiter la Sibérie, préparer le développement de l'Alaska, et, avec son propre argent, fournir de nombreux services que le gouvernement aurait dû financer. Ensuite, pendant les six mois d'automne et d'hiver, il retournait à Washington, New York ou Boston pour influencer l'opinion sur l'avenir de l'Alaska. Au cours d'une année, il parcourut soixante mille cinq cents kilomètres, et un de ses collègues calcula que pendant la même période il avait dû faire au moins deux cents causeries sur l'éducation en Alaska :

— Dès qu'il trouve un public de six personnes, Sheldon se lance dans un sermon.

Mais chaque fois qu'il se croyait sur le point de réaliser une amélioration, il se heurtait au fait que les États-Unis refusaient encore de donner à l'Alaska un système de gouvernement et un budget convenables. Aussitôt, il revenait tempêter à Washington, lançait feu et flammes, bombardait le Congrès. Ce fut à cette occasion qu'avec son intuition habituelle il se lia avec Benjamin Harrison, sénateur d'Indiana plein de promesses et petit-fils du neuvième président. Le sénateur écouta Jackson réclamer des lois qui permettraient à l'Alaska de se gouverner, se convainquit de la droiture de Jackson et commença en 1883 de presser le Sénat d'adopter une constitution quelconque. En 1884, poussé par Jackson, le sénateur Harrison fit adopter par le Congrès une loi organique qui accordait à l'Alaska une sorte de gouvernement civil avec un juge, un procureur, un greffier et un « marshal » — officier de police doté de quatre adjoints pour faire régner la loi et l'ordre dans une région de plus d'un million trois cent mille kilomètres carrés. C'était lamentablement insuffisant, mais tout de même un pas dans la bonne direction.

Jackson espérait bien entendu obtenir pour l'Alaska un statut de territoire autonome, mais le Congrès refusa de l'accorder, car cela aurait impliqué le passage tôt ou tard au statut d'État à part entière, comme dans toutes les régions en pleine évolution du reste des États-Unis. Les législateurs trouvèrent la suggestion absurde et ne s'en cachèrent pas :

— Ce trou à glace n'aura jamais assez de monde pour devenir un État.

— L'autonomie politique ? Mais enfin, il y a tout juste mille neuf cents personnes — je veux dire des Blancs, bien entendu.

— Puisque l'armée ne le gouverne plus, il faut le confier à la marine.

Mais même Jackson ne s'était pas rendu compte du défaut majeur, presque fatal, que comportait le décret qu'il avait contribué à faire voter, avec le sénateur Harrison. Il ne resta cependant pas longtemps dans le noir, car dès son retour à Sitka ce printemps-là, à peine était-il chez lui depuis deux heures que Carl Caldwell, furieux, vint lui rendre visite. L'ancien avocat de l'Oregon était devenu un des citoyens éminents de l'Alaska.

— Qu'avez-vous laissé faire au Congrès, Jackson ?

— Nous n'avons pas « laissé faire ». Nous avons poussé à la roue, Harrison et moi.

— Mais cette affaire d'Oregon ? Tout est réduit à rien.

— Une minute, répondit Jackson sur la défensive. Le Congrès a refusé de nous accorder un statut de territoire. Nous n'avons pas pu obtenir mieux : nous serons gouvernés selon les mêmes lois locales que l'Oregon.

À ces mots, Caldwell bondit de son siège :

— S'il s'agissait des lois de l'Oregon, tout irait pour le mieux. Mais vous nous avez donné les lois anciennes du territoire. L'Oregon est devenu État en 1859. Vous nous ramenez en arrière, à l'Oregon de 1858.

Quand il détailla les restrictions monstrueuses que cela impliquait pour l'Alaska, Jackson demeura sans voix.

— Nous ne pourrons pas avoir de jury pour nos tribunaux d'Alaska, signala Caldwell, parce que la loi territoriale précise que, pour être éligibles, les membres du jury doivent payer des impôts.

— Une mesure raisonnable, observa Jackson. Un jury doit se composer d'hommes responsables.

— Mais nous n'avons pas d'impôts en Alaska ! Donc pas de jury... La plupart des meilleures lois du territoire d'Oregon s'appliquent à l'administration des comtés, mais comme nous n'avons pas de comtés, nous ne pourrons pas appliquer ces lois.

— C'est ridicule, balbutia le missionnaire qui était à l'origine de la loi, mais Caldwell n'avait pas fini de lui assener ses critiques :

— Personne ne peut encore acheter de terres ici, parce que le code de l'Oregon ne comprend aucune mesure agraire. Pis encore, pour la même raison, nous ne pourrons pas appliquer ici le grand Homestead Act, qui a permis la colonisation de l'Ouest et la répartition de terres gratuites. Mais au lieu de nous être favorable, cette loi nous étouffe, parce que nous n'aurons aucune législature locale comme l'Oregon à cette époque-là.

Caldwell continua, montrant parfois à Jackson tel point ou tel article de ce code complètement désuet, et lorsqu'il se tut enfin, Jackson comprit qu'avec son aide et sa bénédiction le Congrès avait placé l'Alaska dans une camisole de force. Il s'aperçut qu'il lui faudrait de nouveau livrer bataille sur bataille, et le soir même il commença de submerger le Congrès de nouvelles lettres de recommandation et ses clubs de femmes de nouveaux appels de fonds, car lorsqu'il partait en bataille, il n'était question ni de trêve ni de reddition.

Mais il mesura l'étendue réelle du péril seulement après l'arrivée à Sitka des nouveaux fonctionnaires autorisés par la loi organique de 1884, parce que le président Chester Arthur, sous la pression accablante des solliciteurs, avait nommé des incapables comptant parmi les éléments les plus méprisables de l'administration. Et à peine furent-ils en place qu'ils résolurent de se débarrasser du petit missionnaire gênant dont se plaignaient sans cesse les mineurs, les pêcheurs et les trafiquants de rhum.

Le chef de la cabale contre Jackson fut le procureur général, un ivrogne notoire. Le marshal se comporta un peu mieux, mais le juge fédéral, qui détenait des pouvoirs énormes, s'avéra un vrai désastre. Ward McAllister Jr., neveu incompétent de l'homme du même nom qui servait alors d'arbitre à la bonne société de New York, avait obtenu la nomination à ce poste très bien payé grâce au piston politique de ses amis, bien que ses compétences fussent absolument nulles.

À peine cette bande était-elle en place que, de connivence avec le procureur général et le juge McAllister, elle manigança l'arrestation de Jackson. On attendit qu'un groupe important de citoyens vienne sur les quais assister au départ d'un vapeur sur lequel devait embarquer Jackson, et au dernier moment, l'adjoint du marshal Sullivan monta à bord avec des menottes pour arrêter le petit missionnaire et le traîner en prison.

Dans les semaines qui suivirent, Jackson subit des avanies qu'il n'aurait jamais imaginées, mais il fut sauvé par la plus improbable des justices. Le président Arthur, responsable de ces nominations honteuses, quitta la Maison-

Blanche et peu de temps après un démocrate réformateur, Grover Cleveland, accéda à la présidence. Il annula les nominations et désigna des hommes normaux, qui servirent très bien l'Alaska. Une des premières décisions de la nouvelle équipe fut le retrait de l'inculpation de Sheldon Jackson — qui continua cependant de croire qu'une administration républicaine servait mieux les intérêts de la nation.

Ce fut vers cette époque que Jackson participa à l'une des décisions les plus sages de l'histoire de l'Alaska, et qui fut rarement appliquée dans d'autres régions en cours de colonisation. En liaison avec les responsables des autres églises américaines, il proposa la division de l'Alaska en une douzaine de sphères d'influence religieuse : chacune deviendrait la « réserve de chasse » d'un culte particulier et les missionnaires des autres sectes s'abstiendraient de faire des prosélytes dans ses limites. La proposition de Sheldon Jackson constituait en fait une grande trêve religieuse et comme sa réputation d'intégrité était reconnue de tous, les dirigeants des autres groupes acceptèrent son initiative.

Il l'expliqua clairement à la population de Sitka :

— Parce que les presbytériens ont été les premiers arrivés ici, nous garderons Sitka. Mais comme c'est le district le plus facile, nous nous chargerons également du plus difficile : Barrow, à l'extrême nord... Ce sera la mission la plus septentrionale du monde, ajouta-t-il modestement.

Lorsqu'il exposa les autres conditions de l'accord, on eût dit un disciple de Jésus, dans les Actes des Apôtres, en train de répartir les responsabilités missionnaires de l'Église chrétienne naissante.

— Nos bons amis les baptistes prendront Kodiak et la région voisine. Les Aléoutiennes, où il y a beaucoup de travail à faire, ont été attribuées aux méthodistes. L'Église épiscopalienne reprendra l'œuvre déjà accomplie depuis des dizaines d'années par sa proche parente l'Église anglicane du Canada dans la haute vallée du Yukon. Les congrégationnistes ont accepté une région très difficile, le cap Prince-de-Galles. Et une très belle Église que vous ne connaissez peut-être pas, les Frères moraves allemands de Pennsylvanie, apportera la parole de Dieu le long du fleuve Kuskokwim.

Dans une vague d'enthousiasme, d'autres Églises se portèrent volontaires dans le cadre de cet accord généreux. Toujours en première ligne dans ce genre de mission, les quakers de Philadelphie reçurent en partage Kotzebue et une région minière proche de Juneau ; les évangélistes suédois obtinrent Unalakleet ; et les catholiques romains s'installèrent sur la vaste région de l'embouchure du Yukon jadis évangélisée par les missionnaires russes orthodoxes. Ce fut un exemple extraordinaire d'œcuménisme au meilleur sens du mot, et Jackson en avait été l'initiateur.

Mais entre les accords verbaux, si nobles qu'ils soient, et les réalisations concrètes, la distance est parfois très grande, et des années s'écoulèrent avant qu'une seule des grandes Églises américaines tienne sa promesse. Il n'y eut ni mission baptiste, ni mission méthodiste, ni mission quaker. Désespéré, car il voyait mourir les indigènes de l'Alaska à qui l'on refusait la parole de Dieu, Jackson supplia les grandes Églises de lancer un programme. Sans résultat. Il se rendit à Philadelphie auprès des quakers, qu'il croyait persuader de partir dans le Nord, mais il n'aboutit à rien et, moralement déçu, il passa une nuit étouffante d'août 1883 dans la ville quaker à rédiger une épître à l'Église morave dont le consistoire se trouvait non loin, à Bethlehem. Il les implora de continuer en Alaska l'œuvre salutaire qu'ils avaient lancée en faveur des Eskimos du Labrador. De nouveau, il ne reçut pour ses efforts que le silence.

Mais sa lettre dut faire un certain effet sur les Allemands rigoristes de Bethlehem car l'hiver suivant, pendant son séjour aux États-Unis, alors qu'il n'y comptait même plus, on l'invita à venir présenter aux Frères moraves de Bethlehem son opinion sur les besoins de l'Alaska. Il prit aussitôt le train à Philadelphie et, dans l'adorable et pittoresque vieille ville allemande, il prononça une de ses exhortations inspirées.

— L'Église morave, dit-il à l'assistance, s'est toujours trouvée au premier rang des actions missionnaires. C'est votre vocation, votre âme. Aujourd'hui, l'appel de Dieu retentit de nouveau : « Les Eskimos de l'Alaska désirent entendre Ma parole. » Oserez-vous dire non ?

Les bourgeois pompeux qui présidaient aux destinées de l'Église acceptèrent ce soir-là d'envoyer une mission d'études sur le Kuskokwim à la fin de l'année 1885. Cinq jeunes paysans dévots — trois hommes et deux épouses — partirent donc vers ce grand jumeau de Yukon et virent à quel point les populations de ses rives manquaient de médicaments, d'éducation, de christianisme. N'était-ce pas le christianisme qui assurait la prospérité des Blancs ? Ils écrivirent à Bethlehem : « On a besoin de nous. » Bientôt arriva en Alaska l'un des groupes les plus remarquables de missionnaires religieux, et le blocage d'indifférence se brisa. Très vite, les quakers puis les baptistes et les méthodistes occupèrent les régions qui leur étaient assignées. Et l'Alaska se trouva parsemé de ces missions, souvent situées dans des endroits fort reculés, mais qui réaliseraient avec le temps la civilisation du Grand Pays.

***

Un jour où Jackson se trouvait à Sitka, le nouveau bâtiment des Douanes apparut dans le goulet ; avant même que le *Bear* eût jeté l'ancre, Jackson avait pris la décision qui allait déterminer dans une large mesure l'histoire de l'Alaska : « Il faut que je parte sur ce bateau-là. » À midi, il présenta son autorisation de passage au second, qui regarda de très haut cet étrange petit bonhomme.

— Ça relève du capitaine, répondit-il.

Pour la première fois, le missionnaire entra dans la cabine de Mike Healy, qui s'était mis à boire comme un trou dès l'arrivée du *Bear* à Sitka. Il était assis dans son fauteuil, avec son perroquet sur l'épaule.

Irrité par cette intrusion imprévue, il lâcha une bordée de ses jurons les plus violents, regarda Jackson en lançant des flammes et termina par :

— Qu'est-ce que vous voulez, nom de Dieu ?

Si cet assaut avait affolé le petit missionnaire, aucune relation n'aurait pu s'établir entre les deux hommes, mais

Jackson ne craignait vraiment rien : il se campa sur ses talons et cria de sa voix la plus énergique :

— Capitaine Healy ! Je suis un homme d'Église et je ne permettrai pas que l'on profane le nom du Seigneur en ma présence. En outre, monsieur, je suis également venu en Alaska pour mettre fin au trafic de l'alcool, et je m'aperçois que vous êtes ivre.

Abasourdi par ce petit coq de combat, Healy commença :

— Vous avez raison, révérend...

Mais son perroquet l'interrompit par une nouvelle bordée de jurons de son propre choix — sur quoi Healy le gifla avec une violence telle que la moitié de ses plumes parurent s'envoler quand il se réfugia sur son perchoir.

— Ta gueule, toi ! lança le marin ; puis il se tourna vers son visiteur. Qu'est-ce que raconte votre bout de papier ?

— Il m'a été remis par le Trésor et il m'accorde un passage gratuit sur votre bateau pour me permettre d'exercer mes devoirs.

— Et quels sont vos devoirs ?

— Apporter la parole de Dieu aux Eskimos. L'éducation des enfants d'Alaska. Et la suppression du trafic d'alcool.

À la vive surprise de Jackson, Mike Healy, dont l'éducation avait sauvé la vie, se leva sur ses jambes chancelantes, saisit la main du missionnaire et lui promit un soutien qui durerait vingt ans.

— Je suis du même bord, révérend. Pour tout. L'éducation sauve les âmes et l'alcool est le fléau des indigènes d'Alaska.

— Vous me paraissez victime de ce fléau vous aussi, capitaine.

— Dans ma vie privée seulement. En tant que capitaine de ce bateau, l'un de mes principaux devoirs consiste à supprimer le trafic du *hooch*.

— Et qu'est-ce que le *hooch* ?

— La gnôle, le tord-boyau. Ça tue les Eskimos. Des villages entiers ont été effacés.

Il se laissa retomber dans son fauteuil, prit un verre que Jackson n'avait pas remarqué et le vida d'un trait. Puis il leva les yeux avec un sourire complice et lança :

— Amenez votre saint-frusquin à bord. Nous partons à quatre heures pour Kodiak et la Sibérie.

Ainsi commença l'association de ces deux hommes invraisemblables.

Healy, un mètre quatre-vingt-huit, avait cinq ans de moins que Jackson pour l'âge et vingt ans de plus pour la force. Jackson, trente centimètres de moins, avait le haut du crâne à la hauteur de la pomme d'Adam du capitaine. Healy, catholique romain pratiquant, avait des frères et des sœurs qui occupaient des postes élevés dans son Église ; Jackson, presbytérien dévot, vitupérait les catholiques autant que John Knox avant lui. Healy, noir de Georgie, aurait dû légalement être esclave ; Jackson, produit du ferment social et religieux qui avait balayé les régions rurales du nord de l'État de New York — Elizabeth Cady Stanton, Lucretia Mott et Joseph Smith, à qui furent révélés les secrets de Mormon, sont de la même origine —, croyait que les Nègres, les Indiens et les Eskimos méritaient l'amour de Dieu, mais sûrement pas l'égalité sociale avec les Blancs. Healy se livrait volontiers aux blasphèmes et à la gnôle ; Jackson estimait de son devoir de morigéner les mécréants et de les sauver de leur folie. Il y avait entre eux des différences fantastiques et ils n'hésitaient jamais à les étaler.

Mais ils partageaient trois certitudes qui l'emportaient sur leurs points de désaccord : ils croyaient l'un et l'autre que, pour gouverner l'Alaska, il fallait trouver des hommes de bien désireux d'en faire l'effort ; ils étaient prêts à se porter volontaires pour cette tâche ; et ils tenaient tous les deux à ce que justice soit rendue aux indigènes.

Leur première traversée ensemble scella leur amitié, car, à chaque difficulté rencontrée, ils semblaient percevoir instantanément les implications morales de la situation. Si surprenant que cela paraisse, chacun approuvait ce que l'autre recommandait. Désormais, ce n'était plus le capitaine Healy d'un minable bateau des Douanes qui dispensait une justice approximative le long des côtes arctiques : le noble vaisseau *Bear* entrait dans les ports sous le panache de fumée de sa cheminée, avec à son bord un éminent capitaine aidé par un non moins éminent (quoique peut-être frauduleux) docteur en théologie. Ils formaient une association impressionnante : deux géants dans une région infestée de nains. Dès la première visite du *Bear* à un nouveau village, l'autorité de Healy et de Jackson s'imposait.

Lors de cette traversée, ils redressèrent des torts à Kodiak, fournirent des provisions à la garnison russe de Petropavlovsk, rendirent et firent appliquer une série de jugements sur la côte sibérienne puis passèrent au cap Navarin, dont les habitants se précipitèrent dans leurs canoës dès qu'ils apprirent le retour du capitaine Healy, car ils se rappelaient ses présents généreux lors de son précédent voyage. Healy conduisit Jackson à terre pour lui montrer les troupeaux de rennes qui permettaient aux Sibériens de vivre grassement ; mais le missionnaire ne comprit pas sur-le-champ l'importance de cette visite, car il n'avait pas encore vu des Eskimos d'Alaska mourir de faim par manque de nourriture en hiver.

— Des rennes ! s'écria Healy. On en charge le *Bear* et par bon vent, on les débarque deux jours plus tard en Alaska.

— Est-ce réalisable ?

— Nous pourrions le faire tout de suite si nous avions l'autorisation. Et l'argent pour payer à ces gens les bêtes qu'ils ont en trop.

Les deux Américains se passionnèrent tellement à la perspective d'utiliser l'expérience sibérienne pour sauver des vies en Alaska qu'ils réunirent les éleveurs de rennes du cap Navarin pour leur exposer leur idée de transport de bétail à travers le détroit de Béring. Quand Healy leur précisa ce qu'ils recevraient en échange, les Sibériens se montrèrent tellement enthousiastes que le capitaine dit à Jackson :

— À votre retour à Washington, essayez d'obtenir des fonds.

— Mais ces rennes sont-ils nécessaires ?

— Vous le verrez vous-même.

Ils traversèrent la mer des Tchouktches et firent escale dans une série de villages — Barrow, Desolation, Point

Hope, cap Prince-de-Galles ; Jackson constata alors les conséquences désastreuses du manque de nourriture à certains moments de l'année.

— Capitaine Healy, nous devons vous et moi apporter deux choses à ces Eskimos pour les sauver : une mission avec une école, et des rennes.

Sur le trajet du retour, le *Bear* fit un détour vers l'île Saint-Laurent, où Healy montra à son ami missionnaire la dévastation due au rhum et à la mélasse apportés par l'*Erebus*. La vue des squelettes qui jonchaient encore les rues des villages bouleversa Jackson ; ce soir-là, quand le robuste *Bear* s'éloigna vers le sud dans la mer de Béring, le petit missionnaire alla voir Healy dans sa cabine.

— Capitaine, vous avez découvert la mort de ces villages et vous en connaissez la raison. Comment se fait-il que vous continuiez de boire ?

— Je ne suis pas parfait, répondit Healy. Et si vous étiez parfait, vous n'auriez pas tellement de gens en pétard contre vous... Je veux dire, furieux de votre attitude.

— Des ivrognes, des mineurs sans conscience, la racaille de Sitka. Les avoir pour ennemis me plaît, capitaine.

— Non. Je parle de gens comme il faut. Oh, j'ai appris pas mal de choses sur votre compte, à Seattle, avant de vous rencontrer.

— Dieu m'a envoyé sur terre pour accomplir Sa volonté, et je dois le faire à ma manière.

— Qui sait qui m'a envoyé sur terre ? Mais j'y suis pour commander un bateau, et je le fais à ma manière.

Et ces deux hommes imparfaits, qui auraient tous les deux des ennemis tant qu'ils demeureraient en Alaska, retournèrent vers le sud avec des images plus précises de ce qu'ils espéraient réaliser : évangéliser les Eskimos, imposer l'ordre aux océans, transporter des rennes de Sibérie en Alaska, et puis éduquer, éduquer, éduquer. Sur ce dernier point, ils étaient parfaitement d'accord, comme le prouveraient les événements remarquables de leur deuxième voyage ensemble.

À peine avaient-ils navigué quelques jours sous les étoiles froides d'octobre que Jackson demanda :

— Capitaine, vous n'avez jamais parlé de l'*Erebus* avant notre arrivée à Saint-Laurent, mais il vous ronge l'esprit, n'est-ce pas?

— Oui.

— Voulez-vous m'en parler?

Au milieu d'un torrent de blasphèmes, Healy raconta sa longue lutte contre ce vaisseau renégat et la manière impitoyable dont il bafouait les lois destinées à protéger non seulement les Eskimos, mais les morses et les phoques.

— Il se met à l'affût dès le printemps, en dépit des règlements de toutes les nations, et il attend les femelles pleines incapables de s'enfuir qui nagent vers le nord pour mettre bas. Il les massacre à coups de fusil et les éventre pour prendre les petits dont il vend la fourrure douce en Chine.

— Il faut le détruire, répondit Jackson.

— Avec ce bateau sous mes ordres, j'en ai la possibilité, répondit Healy.

Et il battit en retraite dans sa cabine, où il se saoula.

Pendant la fin du voyage, Jackson demeura beaucoup sur le pont, emmitouflé dans les vêtements de peau de phoque qu'il avait acquis en Sibérie. Quand des marins lui demandaient ce qu'il faisait, il répondait de façon évasive, car il n'osait pas avouer la vérité : il désirait repérer l'*Erebus,* qu'il n'avait jamais vu, mais qu'il détestait déjà. Un jour, en fin d'après-midi, il aperçut un bateau noir, lui sembla-t-il, très loin vers l'ouest, et il courut informer le capitaine Healy.

— C'est ce salopard! s'écria Healy. Regardez avec la longue vue : les cheveux blancs...

Emil Schransky, sur la passerelle de son bateau pirate, avait repéré le *Bear* longtemps avant que le *Bear* ne l'aperçoive. Il avait appris que le capitaine Healy disposait d'un nouveau bâtiment, mais il ne crut rien de ce qu'on lui raconta sur ses performances, car il méprisait l'homme qui le commandait.

— Aucun fichu Nègre ne pourra jamais me rattraper.

Mais au moment où, comme dans le passé, il déploya ses grandes voiles noires pour jouer au chat et à la souris avec

Healy, il comprit qu'il avait à ses trousses un bateau fort différent des anciens cotres lents. Il vit la cheminée cracher un nuage noir et les immenses voiles carrées s'ouvrir pour recevoir le vent. Plus effrayant encore, il observa la redoutable proue renforcée de chêne et de bois de fer.

Il cria :

— Préparez le bateau pour la fuite.

C'était trop tard. Au moment même où ses marins étalaient insolemment le dernier carré de toile, ils s'aperçurent, consternés, que le *Bear*, devançant leur manœuvre, avait viré de bord sur place et se dirigeait droit sur eux.

— Il essaie de nous éperonner! cria Schransky sans dissimuler ses craintes.

Il ne se trompait pas : Mike Healy, le capitaine noir méprisé, allait projeter sa proue meurtrière dans les flancs de l'*Erebus*.

— Barre à bâbord! hurla Schransky à son timonier. L'homme essaya de placer le bateau noir parallèlement à la direction suivie par le *Bear* pour que ce dernier glisse à côté sans lui faire de mal, comme dans les duels d'autrefois.

Mais cette fois Healy, en plus de ses anciennes ruses, possédait un bateau puissant pour les exécuter. Il lança à son timonier des ordres précis, et le *Bear* percuta avec un bruit de tonnerre le bordage fragile de l'*Erebus*. Continuant d'avancer, propulsée par le moteur, la proue éventra les entrailles de son grand ennemi noir.

Très calme, Mike Healy, vaincu tant de rencontres précédentes, lança les ordres qu'il avait si souvent répétés dans sa tête.

— Canonniers, à vos pièces. Parez à mitrailler le pont! Matelots, à l'abordage.

Et Schransky, stupéfait, paralysé par cette combinaison bateau supérieur-marin supérieur, dut rendre le commandement de son bâtiment tandis que l'équipage victorieux du *Bear* envahissait son bord.

Healy quitta le *Bear* pour passer à bord de l'*Erebus*, salua son capitaine comme l'exigeait la loi de la mer, puis, sans cesser de sourire à Schransky mais avec son revolver prêt à tirer, il envoya ses hommes fouiller les cales du bateau capturé. Ses humiliations précédentes se trouvaient merveilleusement vengées, et Schransky le savait aussi bien que lui-même.

Ses officiers trouvèrent des tonneaux pleins de rhum et de mélasse ; d'autres tombèrent sur les réserves de peaux de phoque.

— Lancez tout par-dessus bord ! ordonna Healy.

Et les hommes de Schransky regardèrent dans un silence consterné les tonneaux apportés sur le pont et leur contenu vidé par les sabords. Ce fut ensuite le tour des peaux de phoques chassés illégalement, qui auraient valu une fortune à Canton : elles s'enfoncèrent dans les eaux sombres de la mer de Béring.

Quand ce fut fait, Sheldon Jackson se sentit libre de quitter le *Bear* pour passer sur l'*Erebus*. En le voyant arriver, accoutré de peaux de phoque, le capitaine Schransky tonna :

— Qui diable est ce petit bonhomme ?

— Celui qui nous a conduits ici, celui qui vous a repéré le premier.

— Lancez-le par-dessus bord lui aussi ! gronda Schransky.

Mais Healy lui signifia alors son ultimatum :

— Regardez bien mon bateau, Schransky ! L'étrave qui a fendu votre bordage, le moteur... Une ère nouvelle vient de commencer en Alaska, Schransky. Si jamais je vous revois dans la mer de Béring, je vous rattraperai, je vous éperonnerai, et je vous enverrai par le fond avec tous vos hommes.

Inflexible dans la nuit tombante, Healy s'apprêta à donner les ordres qui feraient reculer le *Bear* du trou béant dans les flancs de l'*Erebus*. Il avait cinq centimètres de moins que l'Allemand et paraissait beaucoup plus sombre, mais il parlait avec une autorité tard venue dans sa vie, après de nombreuses défaites. Il était enfin le maître de la mer de Béring et il entendait le rester. Quand il retourna sur son bateau, il laissa Jackson à bord de l'*Erebus*, car le petit missionnaire désirait sermonner sur plus d'un point le grand capitaine blond — notamment à propos des villages détruits de l'île Saint-Laurent. Il ouvrit donc la bouche pour se mettre à prêcher, mais quand il leva les yeux vers la tête de mammouth du colosse, tellement plus grand et plus fort que lui, il préféra opter pour le silence, sauta d'un pied agile sur les bois brisés et rentra dans sa cabine sans un mot.

*
**

Ce fut le deuxième voyage de Jackson avec Healy qui fit passer les missions de simples cabanes au toit de boue au stade de véritables églises et écoles. En effet, le jour où le *Bear* quitta le goulet de Sitka, avec sa cheminée qui lançait des étincelles vers le ciel, dans tous les coins disponibles du pont s'entassaient du bois de construction, des portes préfabriquées, des solives de toit. Et le bateau des Douanes traînait à sa suite un vieux schooner bourré de bois.

Cette année-là, le *Bear* ne s'arrêta pas dans des ports faciles, comme Kodiak et Dutch Harbor, mais traversa la mer de Béring au milieu de tempêtes pour une première escale au cap Prince-de-Galles, où, depuis deux ans, deux missionnaires congrégationnistes essayaient de survivre dans une cabane creusée dans la terre. Le *Bear* jeta l'ancre le jour de la fête nationale et les deux jeunes missionnaires, surpris, virent trois chaloupes chargées de bois et de marins se détacher du navire. Les marins déchargèrent le bois de construction sur la grève mais ne s'en tinrent pas là : l'après-midi même ils entreprirent la construction d'une église et d'une école.

Vers le soir, comme pour célébrer la fête, le schooner en retard rejoignit le *Bear* avec le reste du bois et le lendemain matin, le capitaine Healy en personne se joignit au groupe de travail pendant que le Dr Jackson courait en tous sens et participait au creusement des tranchées de fondation pour les murs. Tous les hommes à bord du *Bear,* hormis le maître-coq, travaillèrent à cette église de mission et, au bout de huit jours, ils offrirent aux missionnaires émerveillés un centre à partir duquel ils pourraient évangéliser la région.

Le *Bear* continua sa tournée jusqu'à Point Hope, l'un des villages les plus isolés du monde, et les marins qui descendirent à terre pour travailler aux bâtiments de la mission firent la connaissance des moustiques d'Alaska. Ils se présentent en trois versions, chacune plus féroce que l'autre, et chaque espèce vit pendant environ trois semaines à la fin du printemps et au début de l'été : elles se succèdent, l'air de dire : « Les petits d'abord, pour faire enrager les gens, puis les moyens, et, trois semaines plus tard, les géants. » Ce sont des ennemis implacables, capables de pénétrer dans n'importe quel interstice des vêtements pour mordre avec rage. Ils peuvent rendre certains hommes fous.

— Que faites-vous quand ces trucs-là vous piquent? demanda un marin à l'un des missionnaires isolés.

— Nous remercions le ciel qu'ils durent seulement neuf semaines.

— Je veux retourner au cap Galles et à la civilisation, gémit le marin.

Le deuxième jour à l'ancre, Healy et Jackson se rendirent à terre avec les marins et une autre église solide s'éleva bientôt à Point Hope, en dépit des moustiques. Mais ils avaient gardé le bois le plus solide pour l'escale suivante, au bout du monde : Barrow, où l'océan Arctique entasse ses glaces pendant neuf mois de l'année et où le soleil disparaît complètement pendant trois mois et presque complètement pendant cinq mois. Les marins trouvèrent là-bas un missionnaire qui tentait de réaliser dans le coin reculé de la terre la même conception de la civilisation Jackson : la marche du progrès grâce à la parole de Dieu.

L'intervention énergique du capitaine Healy permit de réserver dans un bâtiment du gouvernement un espace qui servirait d'école missionnaire à titre temporaire en attendant que les marins puissent construire un bâtiment assez solide pour résister aux rigueurs du climat de Barrow. À cette époque-là, aucun édifice ne s'élevait à plus d'un mètre ou un mètre vingt du sol. Healy et ses hommes mirent donc un soin particulier à la construction de cette mission presbytérienne qui devait supporter les outrages de l'Arctique pendant plusieurs décennies. Après onze journées de travail, ils remirent au jeune missionnaire un chef-d'œuvre d'architecture rurale : une église qui illuminerait le petit village où accostaient les baleiniers en juin — et où ils restaient bloqués par les glaces meurtrières s'ils s'attardaient trop en octobre.

Peu après avoir quitté Barrow et salué d'un coup de canon l'église neuve qui se dressait au-dessus des cabanes du village ainsi qu'un beau volcan, le *Bear* se rapprocha de la côte pour mouiller l'ancre au large du petit village balayé par le vent de Desolation Point. Les habitants se rassemblèrent sur la plage pour accueillir le capitaine qui avait toujours contribué à leur sécurité et à leur prospérité dans le passé.

Healy les salua tous. Remarquant l'absence de l'un d'eux, il demanda :

— Où est Dimitri ?

— C'est le père Dimitri à présent, répondit un des hommes. Et le voici qui vient.

Le long de la côte, au nord du village, arrivait en effet un oumiak contenant un jeune homme et une passagère. Quand l'embarcation se rapprocha, Healy reconnut l'homme : c'était le gamin qui plusieurs années auparavant avait protégé sa mère du fou Agoulaak. Âgé de vingt-trois ans, il s'était ordonné missionnaire lui-même et il occupait à Desolation la même position éminente que son père avant l'assassinat.

Quand Jackson se présenta à lui, le jeune homme lui expliqua qu'il se jugeait responsable de l'Église orthodoxe russe à laquelle appartenait son père. Et on assista alors à ce qu'on peut considérer comme un des exemples les plus honteux du comportement dictatorial de Jackson dans les régions reculées.

— Nous vous avons apporté une église, une vraie, annonça-t-il à Dimitri et à sa mère. Les marins en commenceront la construction dès demain, mais ce sera une église presbytérienne, il vous faudra donc devenir missionnaire presbytérien.

— Nous sommes russes, répliqua la veuve du père Fedor, mort en martyr.

Jackson balaya l'objection :

— Vous êtes américains et il n'y a pas de place pour une église russe dans notre société.

Apprenant que Dimitri, qui était pour tous le père Dimitri et que tout le monde révérait à Desolation, enseignait l'alphabet cyrillique aux enfants du village, il dit à l'équipage du *Bear* :

— La religion qu'il ne faut pas, dans la langue qu'il ne faut pas.

Aussitôt il lança une campagne implacable pour convaincre Dimitri de se convertir au presbytarianisme — et quand ceci échoua, il lança pour l'y contraindre :

— N'oubliez pas, Dimitri, que c'est aux presbytériens qu'a été accordée la responsabilité d'évangéliser cette région de l'Alaska.

Dimitri refusa d'apostasier, soutenu en cela par sa mère bien que celle-ci fût née de parents athapascans qui observaient maintenant le culte méthodiste. Jackson, de plus en plus désagréable, le menaça de lui retirer l'église et l'école que les marins finissaient de construire :

— Nous n'avons pas apporté tous ces bois de construction pour bâtir une église à des Russes. C'est une église américaine, et elle doit avoir un missionnaire américain.

Comprenant que son obstination allait probablement priver le village d'un bâtiment si nécessaire, Dimitri, consterné, consulta sa mère. Elle prit dans sa petite réserve de trésors qu'elle conservait enveloppés dans un chiffon derrière un poteau de leur case creusée dans la terre la médaille que le capitaine Healy avait remise à son fils des années auparavant :

— Il te l'a donnée parce que tu t'étais montré courageux. Montre encore ton courage : ne laisse pas ce petit bonhomme te contraindre à répudier la religion de ton père.

Sur son insistance, Dimitri attendit que le révérend Jackson soit occupé à tracer au sol le plan de l'école. Malgré ses menaces, il se préparait à la construire, persuadé que Dimitri comprendrait enfin tous les avantages dont il bénéficierait et ferait bénéficier le village s'il acceptait de se convertir. S'assurant que Jackson ne le verrait pas, Dimitri sauta dans l'oumiak dont il se servait à l'arrivée du *Bear* et gagna le bateau au mouillage. Il sollicita un entretien avec le capitaine et on le conduisit à la cabine de Healy, où il reçut un choc : d'abord le perroquet ; puis le capitaine lui-même, qui avait l'air ivre. Mais quand Healy, bon catholique, apprit ce que son ami le petit missionnaire presbytérien avait en tête — la conversion d'un bon catholique (orthodoxe) russe —, les vapeurs de l'alcool se dissipèrent aussitôt. Il sauta dans l'oumiak de Dimitri et ordonna au jeune prêtre de le conduire à terre.

Dès qu'il accosta, il s'élança sur le chantier de l'école, saisit Jackson au collet par sa veste de peau de phoque et cria :

— Sheldon, nom de Dieu, que voulez-vous faire à ce garçon ?

Il y eut une tentative confuse d'explication, une accusation d'enlèvement par Mme Afanasi accourue à la rescousse, et une gêne extrême de la part de Dimitri, qui ne désirait nullement provoquer un incident de cette amplitude.

Le débat entre Jackson et Healy continua pendant deux jours de colère. Le missionnaire prétendait que s'il fournissait le bois de construction, il avait le droit d'imposer le culte qui serait célébré dans le bâtiment ; et le capitaine répliquait que, ce bois étant arrivé sur un bateau qu'il commandait, il avait le privilège de formuler les règles de son utilisation. Malheureusement, Healy n'avait pas une connaissance assez précise du canon de l'Église orthodoxe russe. Or le deuxième jour il apprit que Dimitri était sur le point d'épouser une jeune Eskimo du village, aussi païenne que ses ancêtres, et sa résolution en fut sérieusement ébranlée. Ses frères qui occupaient des postes élevés dans ce qu'il appelait la « vraie » Église catholique ne couraient pas les jupons ; et ses sœurs religieuses ne cherchaient pas à se marier. Il se dit qu'une Église autorisant ses prêtres à prendre femme devait être franchement mauvaise.

Il se sentit néanmoins obligé de défendre n'importe quelle Église non protestante, et il le fit avec énergie. Mais c'était la première fois qu'il discutait de religion avec un cyclone comme Sheldon Jackson : quand l'église et l'école furent terminées, le petit missionnaire les consacra au culte presbytérien et le père Dimitri s'embarqua sur le *Bear* à destination de Seattle, où les presbytériens de la ville le convertiraient en révérend Afanasi, premier Eskimo Inupiat qui porterait cet illustre titre.

Mais, au cours de la traversée vers le sud, le capitaine Healy se montra si convaincant dans ses discussions avec le jeune homme et défendit l'universalité du catholicisme avec une telle ferveur, qu'il faillit persuader Dimitri de quitter le *Bear* à Kodiak pour revenir à Desolation sur un autre bateau et transformer le bâtiment neuf en église catholique. Mais la question du mariage de Dimitri se posa de nouveau et Healy, complètement saoul ce jour-là, cessa d'essayer de comprendre ce qui se passait. Jackson, qui s'y attendait, intervint aussitôt, isola Dimitri du capitaine et l'obligea à rester à bord du *Bear,* qui le conduisit à Seattle, où les bons presbytériens de la ville se chargèrent de lui.

Ce fut de cette manière que Desolation Point devint le centre actif du culte presbytérien dans le Grand Nord.

*
**

Au cours d'une des dernières patrouilles de Sheldon Jackson, le *Bear* resta en mer plus de six mois et le missionnaire remarqua que deux jeunes officiers montraient des signes d'irritation, contrariés de rester si longtemps loin de leur port d'attache et de servir sous un capitaine noir. Vers la fin de la construction de l'école du cap Prince-de-Galles, il surprit une de leurs récriminations :

— N'as-tu pas remarqué que le révérend Jackson favorise toujours les écoles presbytériennes alors qu'il devrait répartir l'argent et les matériaux de construction impartialement ? Les baptistes et les méthodistes sont condamnés à la portion congrue, mais c'est bien normal puisqu'il est presbytérien lui-même et drôlement acharné.

Quand le *Bear* accosta à Desolation Point, l'autre officier lança :

— J'aimerais bien voir les comptes des fonds de Jackson. Il a donné au jeune pasteur d'ici trois fois plus d'argent qu'ailleurs, et quand je lui en ai demandé la raison, il m'a répondu : « C'est mon église. » Qu'entendait-il par là ? Il ne me l'a pas expliqué et je n'ai pas posé la question.

Ensuite le *Bear* fit un long détour jusqu'au cap Navarin dans le but ridicule d'embarquer des rennes de Sibérie pour les acclimater en Alaska où ils nourriraient les Eskimos prêts à mourir de faim. Les officiers exprimèrent alors ouvertement leur mécontentement.

— Pourquoi faisons-nous ça ? demanda l'un d'eux.

— Pour permettre à des bonnes gens de rester en vie, répliqua le capitaine.

L'autre officier déclara :

— Si Dieu avait voulu que les Eskimos de l'Alaska se nourrissent de rennes, il leur en aurait mis de notre côté du détroit de Béring.

— Le docteur Jackson vous répondrait que nous allons réparer les oublis du Seigneur, répondit Healy sans la moindre rancœur.

Mais les jeunes officiers eurent de bonnes raisons de se plaindre. En effet quand le *Bear* revint chez les indigènes à qui ils avaient généreusement remis des cadeaux, pour les remercier de leur assistance à des naufragés américains, ceux-là même qui leur avaient promis de leur vendre des rennes pour aider les Eskimos d'Alaska refusèrent de se séparer d'un seul animal de leurs troupeaux. Les officiers, de plus en plus furieux, durent longer sur l'ordre de Healy près de deux mille kilomètres de côtes sibériennes en suppliant en vain les Asiatiques têtus de leur céder des rennes. Et ils remarquèrent que Jackson était aussi inefficace que leur capitaine pour acheter du bétail. À la fin de cette patrouille vaine, l'un des jeunes gens écrivit à son père :

> *Cette traversée a été un gâchis honteux du temps et de l'argent de l'État. Je commence à croire que Jackson et Healy comptent vendre les rennes pour leur compte s'ils parviennent à en obtenir. Le gouvernement des États-Unis ferait bien d'ouvrir une enquête sur ce scandale.*

Malgré leurs efforts acharnés, les deux complices dans cette tentative humanitaire ne purent acquérir un seul renne au cap Navarin. Ils durent remonter vers le nord jusqu'au cap Dejnev, où la côte sibérienne tourne brusquement vers l'est et l'Amérique. Un village de la région leur céda dix-neuf têtes de leur précieux bétail, mais le même officier écrivit :

> *Au prix de prières véhémentes, indignes de représentants de notre grande démocratie, ils achetèrent enfin dix-neuf animaux, mais pour une somme démesurée. Toute cette affaire sent mauvais.*

Au cours de la traversée de la mer houleuse des Tchouktches, trois rennes moururent, mais seize survécurent et devinrent la base d'un troupeau dans les Aléoutiennes. D'autres animaux suivraient par la suite le même chemin.

*
**

Si le capitaine Healy passa en cour martiale à son retour, ce fut en partie par sa propre faute, car après avoir débarqué les rennes, il aurait dû rentrer directement à son port d'attache de San Francisco pour accorder à son équipage épuisé une permission à terre. Mais il était tellement passionné par la mer de Béring qu'il décida de lancer une dernière reconnaissance rapide vers le nord — Jackson ferait au total trente-deux voyages différents au pays des Tchouktches. Ce fut au cours de cette sortie qu'il repéra le baleinier américain *Adam Foster* en train de chasser des phoques en haute mer. Il se dirigea vers lui à toute vapeur et, toutes voiles dehors, se rangea le long du bateau coupable et ordonna à ses hommes de monter à bord du baleinier. Une trentaine de gaillards obéirent puis Jackson et Healy sautèrent sur le bateau capturé.

Mais les chasseurs de phoques, qui comptaient gagner beaucoup d'argent s'ils parvenaient à livrer leur cargaison illégale à Hawaii ou en Chine, se défendirent âprement. Healy reçut une blessure à l'épaule gauche et une estafilade sanglante à la joue. Enragé par ce qu'il considérait comme un acte de guerre, il ordonna à ses hommes de terrasser les agresseurs. Quand ce fut fait, il se calma, mais ordonna trois représailles :

— Le rhum et la mélasse, par les sabords. Toutes les peaux à la mer. Réunissez les six meneurs et les hommes qui m'ont agressé, et à la vergue.

Jackson ne comprit pas ce que ce dernier mot impliquait, mais les jeunes officiers le savaient et l'un d'eux s'approcha du missionnaire et lui chuchota.

— Oh ! Pas ça ! Ce sont des Américains !

Il protestait ainsi, persuadé que le pasteur se rangerait de son côté contre le capitaine Healy et son comportement d'ivrogne blasphémateur. Il découvrit bientôt qu'il se trompait lourdement. Jackson n'était pas son homme ; il soutiendrait Healy.

Et, sous les yeux horrifiés des jeunes officiers, les neufs marins passèrent à la vergue : on leur ligota les poignets dans le dos puis on fixa une corde aux liens et on passa la corde sur une vergue. Ensuite, des marins du *Bear* hissèrent les coupables de sorte que la pointe de leurs orteils effleure à peine le pont. On les maintint ainsi, dans des souffrances atroces, pendant sept minutes. Puis on les laissa tomber sur le pont. Plusieurs étaient sans connaissance.

Healy s'avança vers eux et dit :

— On ne prend jamais les armes contre un bateau du gouvernement des États-Unis.

L'un des officiers murmura à Jackson :

— Mais ils n'ont pas pris les armes !

Le missionnaire, convaincu que tout délit méritait châtiment, défendit Healy :

— Les hommes punis vendaient du rhum et chassaient des femelles pleines.

À leur retour à bord du *Bear*, deux choses se produisirent. Mike Healy, agité par la douleur de ses blessures et l'émotion de l'abordage d'un navire en pleine mer, s'enivra ; et l'un des officiers s'accrocha avec Sheldon Jackson dans une discussion passionnée des événements de l'après-midi.

— Aucun capitaine n'a le droit d'arraisonner un autre bateau, de monter à son bord et de passer à la vergue neuf de ses marins.

— Le capitaine Healy a reçu l'ordre précis de le faire. Il doit mettre fin à la chasse illégale des phoques. Et punir les hommes et les bateaux qui vendent de l'alcool aux indigènes.

— Mais sûrement pas hisser des hommes à une vergue, les poignets ligotés dans le dos. Révérend Jackson, c'est inhumain !

— C'est la loi de la mer. Depuis toujours. À la place de la pendaison. Estimez-vous heureux qu'il ne leur ait pas donné la grande cale.

Consterné de voir un pasteur approuver ce comportement, l'officier lança une phrase qu'il aurait regrettée plus tard s'il avait été plus sensible :

— Vous ne parlez vraiment pas en chrétien ! Défendre un homme comme Healy...

Jackson se leva de la couchette sur laquelle il était assis, se dressa de toute sa petite taille et fixa le jeune insolent dans les yeux :

— Michael Healy dans la mer de Béring me fait songer à saint Pierre sur le lac de Tibériade. Je suis certain que le pêcheur Pierre était un marin de sac et de corde, mais le Christ l'a choisi comme apôtre et a fondé sur lui sa première Église. L'Église d'Alaska dépend des actes du capitaine Healy.

Cette comparaison parut si détestable à l'officier qu'il s'écria :

— Comment pouvez-vous dire une chose pareille d'un homme qui blasphème et s'enivre tout le temps ?

— Je suis persuadé que saint Pierre jurait et buvait aussi à bord de son bateau ! lança Jackson.

Le jeune officier quitta la cabine en claquant la porte.

Plus tard ce soir-là, quand Healy se fut plus ou moins rétabli de sa saoulerie, Jackson se rendit auprès de lui, laissa le perroquet se poser sur son épaule gauche et annonça :

— Michael, je crois que nous nous sommes fait des ennemis irréductibles de vos deux jeunes officiers. Ils ne peuvent pas comprendre pourquoi vous ne vous comportez pas comme un capitaine de roman et ils estiment que je devrais ressembler davantage aux pasteurs qu'ils ont rencontrés aux États-Unis.

— Ils sont jeunes, Sheldon. Ils n'ont jamais pourchassé l'*Erebus* d'un bout à l'autre de la mer de Béring.

— Ils croient que je devrais vous condamner parce que vous blasphémez et buvez trop.

— Je le crois moi aussi, Sheldon ! Et d'ailleurs je pense aussi que vous avez oublié vos devoirs de ministre de Dieu quand vous avez obligé le père Dimitri à devenir presbytérien pour conserver l'église que vous lui donniez.

Pour mettre fin à ces pensées lugubres, Healy claqua des doigts.

— Ils voudraient que nous soyons des dieux ! dit-il. Mais nous ne sommes que des hommes.

Les deux réprouvés discutèrent longtemps dans la nuit froide, et s'interrogèrent sur ce que les deux jeunes officiers devaient comploter.

*
**

Ils le découvrirent vite. En effet, quand le *Bear* repassa à Kodiak avec trois prisonniers embarqués aux Pribilov, les officiers envoyèrent au Bureau central des Douanes de San Francisco un télégramme qui portait des accusations graves contre leur commandant :

> *Michael Healy, capitaine du patrouilleur des douanes* Bear, *est resté constamment ivre pendant son service, sans souci de ses responsabilités ; il a à maintes reprises utilisé un langage vulgaire et insultant envers ses officiers et ses hommes ; et il s'est comporté avec une cruauté extrême à l'égard de neuf marins américains du baleinier* Adam Foster. *En tant qu'officiers sous ses ordres, nous réclamons qu'il soit déféré en cour martiale.*

Tandis que le *Bear* continuait sa patrouille au large des côtes sibériennes, l'*Adam Foster* était retourné à San

Francisco et ses marins avaient fourni à la presse locale un récit épouvantable de leur confrontation avec le *Bear*, accusant le capitaine Healy d'avoir passé, sans raison valable, neuf marins américains à la vergue.

Le scandale éclata aussitôt, et une puissance plus redoutable que le capitaine de l'*Adam Foster* se lança dans la guérilla contre Mike Healy. Mme Danforth Weigle, présidente de l'Union des femmes chrétiennes en faveur de la tempérance dans la région de San Francisco, recherchait depuis quelque temps une affaire exemplaire de capitaine de bateau qui insultait ses hommes sous l'influence de l'alcool. Dès qu'elle lut les articles fleuris sur le comportement de Mike Healy, elle déposa une plainte en bonne et due forme contre lui, appuyée par tout son comité : elle réclama qu'il soit rappelé au port, jugé en cour martiale et chassé de son poste. Aussitôt, tous les envieux trouvèrent que ce marin nègre se prenait vraiment pour plus qu'il n'était, et s'unirent pour exiger son passage en justice et son renvoi.

S'inclinant devant les protestations du public, et notamment les pressions exercées par la Ligue de tempérance, les supérieurs de Healy lui câblèrent à Kodiak de rentrer aussitôt à San Francisco pour se défendre en cour martiale des accusations lancées contre lui : ivresse pendant le service, comportement grossier et abusif envers ses subordonnés et, dans le cas des neuf marins américains, application de châtiments cruels depuis longtemps bannis dans les marines des pays civilisés.

Il avait quitté Kodiak longtemps avant l'arrivée du télégramme et il passa l'été à sillonner les confins des mers septentrionales. À la fin de la saison, comme il rentrait vers le sud il apprit les dépositions qui l'incriminaient et en discuta avec le révérend Jackson.

— Ils ont l'intention de me couler, Sheldon. Le capitaine de l'*Adam Foster* qui dépose une plaine ! J'aurais dû le faire pendre à sa vergue.

Ce fut Jackson qui devina la véritable nature du danger que représentait ce passage en cour martiale.

— Les femmes, Michael. De tous vos ennemis, ce seront les plus puissants. Je vous le dis par expérience : les femmes décident toujours en dernier ressort.

— Est-ce que je peux compter sur votre appui ?
— Sans réserve. Mais je suis inquiet.
— Vous viendrez à San Francisco ? Déposer en ma faveur ?
— Vous êtes le meilleur capitaine qui ait jamais navigué dans la mer de Béring, Russe ou Américain.
— James Cook est venu par ici lui aussi, vous savez.
— Je n'avais pas inclus les Anglais.
Ils convinrent donc de faire bloc contre les forces considérables liguées pour perdre Healy, mais jamais Jackson n'eut l'occasion de fournir le témoignage qu'il avait promis. En effet, quand le *Bear* relâcha à Sitka, l'indomptable petit missionnaire dut affronter lui aussi une sorte de cour martiale ; Washington avait envoyé dans l'île un contrôleur spécial, doté des pleins pouvoirs, pour enquêter sur les nombreuses accusations de malversations lancées contre lui. On ne le jeta pas en prison cette fois-là, mais il ne pourrait pas se rendre à San Francisco pour témoigner en faveur de son ami, car il devait sauver son propre cou.

***

Le passage de Michael Healy en cour martiale fut particulièrement lamentable. Cinq officiers supérieurs des forces armées du pays siégèrent en jugement d'un héros populaire aigri, et les mêmes journaux qui avaient monté sa réputation en épingle en le présentant comme le sauveur du Grand Nord parurent se complaire à l'humilier en le traitant de tyran, de brute, de salopard mal embouché et d'ivrogne. Cette attitude, d'ailleurs, se comprend un peu, car dès le premier jour du procès, les preuves contre le marin parurent irréfutables. Des jeunes marins à l'allure impeccable déposèrent l'un après l'autre : alors qu'ils n'avaient rien fait de mal, « simplement essayé de défendre notre bateau, comme vous auriez fait vous-mêmes, il est monté à bord, il nous a insultés et fait passer à la vergue ». Ils expliquèrent avec force détails horribles le sens de cette expression, et l'un d'eux montra à la cour les cicatrices qu'il gardait de cette épreuve de sept minutes : les liens lui avaient déchiré la peau des poignets. Des traces que rien n'effacerait.

Ensuite, Mme Danforth Weigle enfonça les clous dans le cercueil de Michael Healy. Elle rêvait depuis longtemps de ce procès qui marquerait le triomphe de sa Ligue de tempérance, dans la lutte pour la suppression de l'alcool à bord des bateaux. Femme de belle allure, à la voix grave et cultivée, ce n'était pas du tout une de ces viragos toujours en croisade. Son témoignage bref et précis fit beaucoup d'effet.

— Les marins américains sont depuis trop longtemps les victimes de brutes ivrognes qui tyrannisent leurs hommes dès qu'ils quittent le port et échappent à la juridiction des tribunaux. Aucun cas plus sauvage que celui du capitaine Michael Healy n'a été porté à notre connaissance, et nous demandons qu'il soit jeté en prison pour ses crimes et renvoyé de son poste dans l'administration des États-Unis.

Elle demanda que l'on entende comme témoins les membres de son comité spécialisés dans les aspects juridiques du problème, et ces dames finirent d'exécuter l'officier de marine noir. Quand l'accusation en eut terminé, la plupart des observateurs dans la salle d'audience bondée supposèrent que le sort de Healy était réglé. Les articles publiés dans les journaux ressemblaient à des notices nécrologiques et déploraient la fin lamentable d'une carrière qui avait eu ses moments de noblesse, notamment quand le *Bear*, au cours de plusieurs missions de sauvetage, avait sauvé de nombreux marins dont les bateaux étaient bloqués dans la banquise.

Mais les traditions de la mer ont la vie dure, et quand le procureur eut fini, commença un étrange défilé de marins ordinaires, qui vinrent témoigner spontanément en faveur d'un capitaine à qui ils devaient la vie. De jeunes officiers qui avaient servi sous ses ordres racontèrent que sa volonté indomptable avait sauvé plusieurs fois le *Bear* alors que la banquise semblait prête à l'écraser. Un représentant de l'empire russe déclara à la cour que les officiers responsables de Petropavlovsk considéraient Mike Healy et le *Bear* comme leur bras droit le long de la côte sibérienne et il y eut un instant d'émotion dramatique quand un naufragé de Point Hope monta à la barre.

— Nous avons perdu notre bateau en octobre, quand la glace est venue soudain. Neuf d'entre nous ont pu gagner la côte. Le reste est par le fond.

— Avez-vous pu emporter à terre des provisions du bateau ?

— Pas beaucoup.

— Combien de temps êtes-vous restés bloqués ?

— Jusqu'en juin de l'année suivante.

— Comment avez-vous survécu ?

— Nous avons construit des abris contre le vent. Avec du bois d'épave.

— Je veux dire : qu'avez-vous mangé ?

— Nous avons tué deux caribous. Nous nous sommes rationnés. Nous avons mangé la couenne du lard. Tout.

Il se tut, se détourna des juges et chercha des yeux son sauveur, Michael Healy.

— Ensuite, il est arrivé avec le *Bear*.

— Continuez.

D'une voix très basse, qui ne parvint pas jusqu'au fond de la salle, il dit :

— Il a compris aussitôt. En avril et en mai il n'y a pas de caribous, et nous n'avions plus de provisions. Il a compris que nous avions été obligés de manger les cadavres de nos morts.

Ces derniers mots se perdirent dans un murmure, et la cour demanda au marin de les répéter, mais un homme du premier rang dit à voix haute :

— Des cannibales !

Et toute la salle réagit. Quand l'ordre fut rétabli, le marin poursuivit :

— Le capitaine Healy savait ce que nous avions fait... ce que nous avions été forcés de faire... et il nous a pris sous son aile comme si nous étions ses enfants. Pas de sermon, pas de morale. Je me rappelle exactement ses paroles : « Nous sommes tous des hommes de la mer. Nous creusons un sillon difficile. »

La salle garda le silence pendant que le marin se retirait, et à la fin des dépositions de la défense, le tribunal semblait beaucoup moins certain de la culpabilité de Healy que la veille. Sans doute la cour l'aurait-elle cependant reconnu coupable, au moins sur plusieurs chefs d'accusation, si un incident n'était pas venu troubler les débats.

À l'arrière de la foule, un des officiers de police cria soudain :

— Vous ne pouvez pas entrer là !

Et une voix rauque répliqua :

— Essayez de nous en empêcher.

Un colosse d'un mètre quatre-vingt-treize, dont la tête s'ornait d'une énorme masse de poils couleur de neige — cheveux et barbe — pénétra dans la salle d'audience, suivi par deux officiers et un simple matelot.

— Pour qui vous prenez-vous donc ? lança le président de la cour martiale.

— Capitaine Emil Schransky, de l'*Erebus*, New Bedford, répondit l'intrus.

Comme des questions de marine étaient en jugement, il sollicitait l'autorisation de témoigner.

— Votre témoignage sera-t-il en relation directe avec l'affaire ? demanda l'officier qui présidait.

— Absolument.

On lui permit de venir à la barre. Sans même un regard pour son vieil ennemi, il commença, d'une voix contenue :

— S'il y a dans la salle un journaliste de San Francisco, il pourra vérifier que depuis plus de dix ans, Mike Healy, l'accusé, et moi, nous nous sommes affrontés d'un bout à l'autre de la mer de Béring. Il était pour les Eskimos ; moi, je m'en fichais. Il était contre la chasse des phoques en haute mer ; moi, c'était ma mine d'or. Il combattait tous ceux qui apportaient du rhum et de la mélasse aux Eskimos ; moi, non. Pendant des années je lui ai fait la nique, parce que j'avais un meilleur bateau. Puis on lui a confié le *Bear* avec sa machine à vapeur, et il m'a battu. Il a failli me couler. Il m'a menacé de mort si je revenais trafiquer sur sa mer. Je me suis dit : « Schransky, quand tu avais le meilleur bateau, tu as fait ce qu'il te plaisait. À présent, il a le meilleur bateau et il fera ce qu'il lui plaira. »

— Ensuite ?

— Je me suis dit : « Laissons-le régenter la mer de Béring à sa guise. Le Pacifique est grand. » Je suis parti.

— Pourquoi vous êtes-vous présenté ici aujourd'hui ?

— Parce que nous avons lu, mes hommes et moi, ce que vous étiez en train de faire à Mike Healy. Nous avons lu les jérémiades des hommes de l'*Adam Foster*. L'*Adam Foster* ! un bateau lamentable. Vraiment, un bateau comme ça n'a pas le droit de porter des accusations contre qui que ce soit. Mes hommes ne perdraient même pas le temps de cracher sur l'*Adam Foster*.

Les trois marins qui l'accompagnaient acquiescèrent.

— Quant à ces bonnes femmes qui l'accusent de boire... Qu'a-t-il fait lorsqu'il a arraisonné l'*Erebus* ? Il a vidé tout notre rhum et notre mélasse par les sabords. Demandez donc à l'*Adam Foster* ce qu'il a fait quand il les a capturés. Je parie qu'il a commencé par jeter leur rhum à la mer. Healy a tout fait pour protéger les Eskimos de l'alcool.

Et il termina sa déposition par une déclaration surprenante.

— Je me suis battu contre Healy pendant dix ans, et j'avais toujours un meilleur bateau que lui. Mais il m'attaquait sans cesse avec une fureur de tigre, parce qu'il représente les meilleures traditions de la mer. Même un bateau remarquable comme le *Bear* ne serait bon à rien sans un commandant comme Healy. Ce maudit Nègre au perroquet m'a chassé des mers arctiques, et il fallait avoir de sacrées qualités pour y parvenir. Si nous nous retrouvions face à face en mer nous lutterions de nouveau, et l'homme au meilleur bateau gagnerait.

De la barre des témoins, il salua son ennemi de longue date, puis se retira au fond de la salle, suivi par ses hommes.

Les juges quittèrent la salle, puis revinrent après la plus brève délibération possible pour rendre leur verdict :

— Les citoyens qui ont lancé des accusations contre le capitaine Michael Healy ne l'ont pas fait à la légère. Ses actes leur ont semblé regrettables. Mais la mer est gouvernée par de nobles traditions accumulées pendant des siècles grâce aux expériences de nombreux pays. Si ces lois de la mer ne sont pas imposées par des capitaines comme Michael Healy, aucun bateau ne pourra naviguer en sécurité. Cette cour le déclare non coupable sur tous les chefs d'accusation.

Le public, aux deux tiers en faveur d'une condamnation, le reste pour l'acquittement, lança des protestations et des vivats. Emil Schransky se leva de son banc, poussa un cri sauvage et salua Healy de nouveau.

Quand l'ordre fut rétabli, la cour continua la lecture de son verdict :

— Mais comme même le capitaine le plus compétent ne doit pas se livrer impunément à l'intempérance en mer ou à un langage insultant envers ses subordonnés, ce tribunal doit tenir compte qu'à trois reprises dans le passé le capitaine Healy a reçu de sévères réprimandes pour ébriété et mauvaise conduite — en 1872, en 1888 et en 1890. Nous recommandons qu'il soit privé de commandement pour une période de deux ans.

Mais sa vie turbulente continua. En 1900, au cours du voyage où il reprit son commandement, il évita de passer de nouveau en cour martiale pour insultes à l'égard d'une passagère, uniquement parce que ses protecteurs le firent déclarer « atteint de démence temporaire ». Et en 1903, au terme de sa dernière traversée, il fut de nouveau réprimandé pour « langage indécent, indigne d'un officier, en présence de ses officiers et de son équipage ». Impénitent, il s'installa à terre, où il mourut l'année suivante.

***

À Sitka, l'opposition à Sheldon Jackson déterra de vieilles accusations contre lui, mais formulées par de nouveaux citoyens, beaucoup plus efficaces. À mesure que la population de l'Alaska s'accroissait, le nombre des mineurs, des hommes d'affaires et des tenanciers de bar augmentait en proportion, et ces groupes s'étaient toujours montrés violemment anti-Jackson. Comme leurs porte-parole étaient maintenant plus cultivés, ils parvinrent à faire de lui le portrait d'un dictateur sinistre.

— Il donne des leçons de conduite à tout le monde mais ce n'est qu'un tyran impie, sans le moindre sentiment chrétien.

Il eut également un nouveau corps d'ennemis : les membres de l'Église orthodoxe russe, prêts à prendre les armes contre le petit missionnaire, s'il déclarait la guerre à leur culte et à leur langue — il ne s'en privait pas. Enfin on entendit une voix nouvelle, et d'autant plus convaincante :

— Si le révérend Jackson passe six mois de l'année à Washington pour ses affaires personnelles et les six autres mois en mer avec son acolyte ivrogne sur le *Bear*, combien de temps lui reste-t-il pour remplir ses devoirs en Alaska ?

Devant toutes ces protestations, Jackson semblait en mauvaise posture, mais l'enquêteur n'était pas un imbécile, et avant de passer aux conclusions, il sollicita un entretien discret avec Carl Caldwell, devenu juge à part entière à la cour d'Alaska.

— Tout ce que ses ennemis disent de Jackson est exact, lui confia Caldwell. Mais ses ennemis disent la même chose de moi, et si vous vous installiez ici, ils vous assèneraient les mêmes accusations. Personne ne peut rester neutre quand il s'agit de Jackson. Très souvent il m'agace, et je suis certain qu'il vous irriterait vous aussi. Mais étant donné la nature même de ses ennemis, vous devez conclure qu'il constitue une des forces les plus positives de l'Alaska. Il représente l'avenir.

De même que la cour martiale de San Francisco, l'homme envoyé par le gouvernement à Sitka commença par concéder que les accusations contre Jackson avaient été lancées de bonne foi. Tout homme aurait eu de nombreuses raisons de détester ce petit bonhomme toujours en train de s'agiter. Mais comme Mike Healy, il était nécessaire à l'équilibre de la société. Le verdict fut donc : « Toutes accusations abandonnées avec préjudice », ce qui signifiait, comme l'expliqua Caldwell :

— On ne pourra pas les lancer de nouveau contre lui.

Mais bien entendu, cela s'appliquait seulement à l'Alaska, car au retour de Jackson à Washington, des membres de sa propre Église conspirèrent contre lui, l'accusèrent de détournement de fonds, de désobéissance aux ordres et d'arrogance dans l'exercice de ses efforts missionnaires. Ses défenseurs firent observer qu'au moment où d'autres se prélassaient dans des bureaux au milieu des douceurs de l'administration, il se trouvait en première ligne, les manches retroussées, en train de gagner des âmes à Dieu. Des femmes loyales, pour rappeler au public ses réalisations étonnantes, publièrent une petite brochure qui résumait sa carrière.

> *Il s'est consacré sans relâche à l'œuvre de Dieu, du Colorado à l'Arizona, au Montana et à l'Alaska en revenant chaque année à Washington pour informer le Congrès. Il a parcouru presque deux millions de kilomètres par tous les moyens de transport connus, et notamment à pied. Il a organisé à partir de rien plus de soixante-dix congrégations, pour lesquelles il a construit de ses mains plus de quarante églises. Il lui est souvent arrivé de prendre la parole quatre ou cinq fois par jour, au total plusieurs millions de sermons et allocutions. Les organisations religieuses qu'il a lancées ont recueilli pour les œuvres missionnaires et autres activités charitables la somme totale de 20 364 475 dollars, car il se consacrait inlassablement à l'œuvre de Dieu. Nous ne reverrons pas de sitôt son pareil.*

Mais peut-être le portrait le plus fidèle de ce petit homme agressif qui se fit toute sa vie des amis et des ennemis en proportion égale, se révéla-t-il au cours de sa bataille contre le ministère des Postes, dont il était un fonctionnaire salarié. Puisque le Grand Pays était désormais américain, Jackson estimait que ses villages devaient porter de respectables noms américains. Et comme il avait le droit de choisir ces noms, il s'attacha à honorer les presbytériens qui avaient contribué à civiliser le nouveau territoire. Ainsi, il abandonna de beaux noms eskimos et tlingits pour les remplacer par Young, Hill, Rankin, Gould, Willard et surtout Norcross et Voorhees, tous bons presbytériens et les deux derniers membres de sa famille qu'il désirait couvrir d'honneur. Par un de ces changements de nom révélateurs, il se débarrassa de Chilkoot, attaché à un beau village à l'ouest de Skagway, et lui substitua Haines, nom de la présidente du Comité des femmes presbytériennes, qui n'avait jamais vu l'Alaska mais avait contribué généreusement aux œuvres de Jackson. Mais sa principale décision fut d'abandonner le vieux nom historique tlingit de Howkan en faveur de son propre nom : Jackson.

Cela provoqua des tempêtes, car les résidents n'avaient aucune envie de perdre leur histoire. Mais Jackson se montra intraitable et remua ciel et terre pour que Washington ne tienne aucun compte des protestations locales et conserve le nouveau nom, qui lui faisait honneur. Quand les démocrates prirent le pouvoir sous Grover Cleveland, le ministère des Postes rétablit le nom ancien, mais avec l'orthographe Howcan. Jackson, dans un accès d'humeur qui montrait qu'il n'avait ni honte ni sens du ridicule, inonda Washington de requêtes pour que Howcan reprenne son nom « authentique » de Jackson. Ce fut sans effet, mais dès que les républicains revinrent au pouvoir, il adressa une lettre cinglante à John Wanamaker, le nouveau directeur général des Postes, de religion presbytérienne.

> *Avec le retour des républicains au gouvernement, nous comptons bien recevoir une juste attention... Au cours de l'administration Cleveland, les démocrates reprirent le nom d'Howkan pour me faire insulte. Avec notre victoire républicaine, la ville est redevenue Jackson. J'apprends maintenant qu'il existe un mouvement local en faveur du retour à Howkan. Je vous serais obligé de signifier à l'employé chargé de ces propositions que vous désirez conserver Jackson.*

Mais ses ennemis l'emportèrent, et changèrent de nouveau Jackson en Howcan, avec l'orthographe fautive.

*
**

Les deux géants de l'Alaska, Michael Healy et Sheldon Jackson, ne sont pas sans rappeler les deux autres géants du passé : Vitus Béring et Alexandre Baranov, le premier était un marin expérimenté capable d'imposer sa volonté sur les océans du Nord. Et le second, insignifiant d'allure et même comique, faisait preuve d'une détermination colossale pour aller de l'avant en dépit de toutes les oppositions. Chacun laissa sur l'Alaska une marque indélébile, notamment le petit Baranov, en apparence moins important ; mais la plus grande similarité entre ces explorateurs et rêveurs, c'est qu'ils avaient tous les quatre un défaut majeur. Ce ne furent pas des conquérants sublimes à la manière d'Alexandre le Grand, ni des bâtisseurs de continents comme Charlemagne. Mais des hommes ordinaires, qui buvaient trop, se montraient ridiculement vaniteux, commençaient des choses qu'ils ne finissaient jamais, ou faisaient l'objet des railleries de leurs collègues. Tous les quatre subirent des tracasseries officielles, des enquêtes judiciaires ou les réprimandes d'une cour martiale. Tous les quatre finirent leur vie dans une sorte de disgrâce.

L'Alaska n'engendra pas des surhommes, mais au cours de sa période de formation, il fut servi par des personnages de caractère et de détermination.

Heureux pays qui bénéficia d'hommes de cette trempe.

Fin du premier tome

Faits et fiction

1. *L'affrontement des blocs.* Les diverses conceptions géologiques de ce chapitre ont été précisées et vérifiées au cours des dernières décennies mais exigent encore des mises au point. L'histoire particulière des différents terrains d'Alaska n'a pas été totalement définie, mais les grands faits de base – comme l'existence, la genèse, les mouvements et la collision des plaques – sont en général acceptés. Il ne saurait exister d'autre explication à la formation et à l'histoire agitée des îles Aléoutiennes.

2. *Béringia.* Peu de théories géologiques sont acceptées de façon aussi générale que celle-ci – et surtout l'idée qu'un passage existera probablement de nouveau dans moins de vingt-cinq mille ans. Les déplacements d'animaux d'Asie vers l'Amérique du Nord sont rarement contestés, mais l'on discute encore de l'existence et du fonctionnement d'un corridor sans glaces vers le reste de l'Amérique du Nord. Le fait que les mastodontes soient arrivés longtemps avant les mammouths paraît irréfutable.

3. *L'arrivée des hommes.* La plus ancienne preuve matérielle de la présence d'êtres humains sur le sol de l'Alaska semble se trouver sur une petite île au large des Aléoutiennes. Elle ne remonterait qu'à douze mille ans avant notre ère. Mais d'autres découvertes problématiques d'une date très antérieure, au Canada, en Californie, au Mexique et en Amérique du Sud, incitent de nombreux spécialistes à postuler des arrivées d'êtres

humains en Alaska dès quarante et trente mille ans avant notre ère. Sans tenir compte de ces dates, il paraît certain que l'ordre d'arrivée fut le suivant : Athapascans d'abord, Eskimos beaucoup plus tard, et enfin les Aléoutes qui sont probablement une branche des Eskimos. Les Tlingits seraient de toute évidence une ramification des Athapascans.

4. *Russes, Anglais, Américains.* Le tsar Pierre le Grand, Vitus Béring, Georg Steller et Alexeï Tchirikov sont des personnages historiques dont nous avons relaté fidèlement les actes. Bien que le capitaine James Cook et ses deux officiers subalternes William Bligh et George Vancouver aient effectivement navigué dans les eaux d'Alaska à l'époque, nous les avons présentés ici dans un décor imaginaire. Les citations de leurs livres de bord le sont aussi. Le bateau américain *Evening Star*, Noah Pym et tout son équipage relèvent de la fiction, de même que l'île de Lapak. Mais le meurtre « expérimental » de huit Aléoutes s'est produit.

5. *Russie orthodoxe et chamanisme.* Les faits religieux sont historiques, les personnages religieux sont tous imaginaires. Les données relatives à l'île de Kodiak sont historiques. Alexandre Baranov est un personnage historique de grande importance.

6. *La colonisation de Sitka.* Kot-le-an est un chef tlingit authentique. Cœur-de-Corbeau est fictif. Le prince Dimitri Maksoutov, le baron Edouard de Stoeckl et le général américain Jefferson C. Davis sont des personnages historiques représentés fidèlement. Le père Vassili Voronov et sa famille sont imaginaires, mais il est exact qu'un prêtre-héros orthodoxe de la région fut appelé par Saint-Pétersbourg pour devenir métropolite de Toutes les Russies.

7. *La période de chaos.* Le capitaine Michael Healy et le Dr Sheldon Jackson sont historiques. Le *Bear* était un bateau réel, tel que nous l'avons décrit. Le capitaine Emil Schransky et son *Erebus* sont imaginaires. Les difficultés de Healy et de Jackson avec la justice sont tout à fait réelles.

Table

Cet ouvrage a été composé par Eurocomposition
à 92310 Sèvres, France
et achevé d'imprimer en février 1991
sur les presses de l'Imprimerie Bussière
à Saint-Amand-Montrond (Cher)

PRESSES POCKET - 8, rue Garancière - 75285 Paris
Tél. : 46-34-12-80

N° d'impression : 594.
Dépôt légal : mars 1991.

Imprimé en France